Adjudication Rules and Application of Law on Intellectual Property Disputes

Selected Cases from Shanghai Pudong New Area People's Court on the 30th Anniversary of the Founding of Its Intellectual Property Division

知识产权
裁判规则与法律适用

浦东法院知识产权庭
建庭30周年精品案例集

朱 丹/主 编

于馨淼 包晔弘/副主编

法律出版社
LAW PRESS · CHINA

北京

图书在版编目(CIP)数据

知识产权裁判规则与法律适用 : 浦东法院知识产权庭建庭30周年精品案例集 / 朱丹主编. -- 北京 : 法律出版社, 2024

ISBN 978-7-5197-9196-4

Ⅰ. ①知… Ⅱ. ①朱… Ⅲ. ①知识产权法—案例—浦东新区 Ⅳ. ①D927.513.340.5

中国国家版本馆CIP数据核字(2024)第105870号

知识产权裁判规则与法律适用:浦东法院知识产权庭建庭30周年精品案例集

ZHISHI CHANQUAN CAIPAN GUIZE YU FALÜ SHIYONG: PUDONG FAYUAN ZHISHI CHANQUAN TING JIANTING 30 ZHOUNIAN JINGPIN ANLI JI

朱 丹 主编

策划编辑 蒋 橙
责任编辑 蒋 橙
装帧设计 李 瞻

出版发行 法律出版社
编辑统筹 法律应用出版分社
责任校对 朱海波
责任印制 刘晓伟
经　　销 新华书店

开本 787毫米×1092毫米 1/16
印张 54.5　**字数** 1093千
版本 2024年8月第1版
印次 2024年8月第1次印刷
印刷 固安华明印业有限公司

地址:北京市丰台区莲花池西里7号(100073)
网址:www.lawpress.com.cn
投稿邮箱:info@lawpress.com.cn
举报盗版邮箱:jbwq@lawpress.com.cn

销售电话:010-83938349
客服电话:010-83938350
咨询电话:010-63939796

书号:ISBN 978-7-5197-9196-4
定价:196.00元

凡购买本社图书,如有印装错误,我社负责退换。电话:010-83938349

序

1990年4月，党中央、国务院作出了开发开放浦东的重大战略决策，由此掀开了中国改革开放向纵深推进的崭新篇章。1994年6月，为进一步服务保障科技创新和文化繁荣，在上海市高级人民法院的关心、支持下，上海市浦东新区人民法院在全国基层法院中率先成立知识产权审判庭，浦东法院知识产权审判从此走上专业化的发展道路。

回眸30年，我国知识产权立法、执法、司法不断健全。2008年，国务院发布《国家知识产权战略纲要》，标志着中国知识产权事业进入科学发展的新阶段。党的十八大以来，以习近平同志为核心的党中央高度重视知识产权保护工作。习近平总书记深刻指出，创新是引领发展的第一动力，保护知识产权就是保护创新。2013年，党的十八届三中全会审议通过《中共中央关于全面深化改革若干重大问题的决定》，提出要“加强知识产权运用和保护，健全技术创新激励机制，探索建立知识产权法院”。2018年，习近平总书记在博鳌亚洲论坛开幕式主旨演讲中指出，加强知识产权保护是完善产权保护制度最重要的内容，也是提高中国经济竞争力最大的激励。2021年，中共中央、国务院《知识产权强国建设纲要（2021—2035）》颁布实施，最高人民法院发布《关于加强新时代知识产权审判工作为知识产权强国建设提供有力司法服务和保障的意见》。2022年，党的二十大报告强调“加强知识产权法治保障，形成支持全面创新的基础制度”。同年，上海市委、市政府印发《上海市知识产权强市建设纲要（2021—2035）》和《上海市知识产权保护和运用“十四五”规划》。

为更好地贯彻落实中央和市委的战略部署，浦东法院30年来不断探索、勇于创新，始终将知识产权司法保护工作放到国家和上海发展大局中认识、谋划和推进，聚焦重大战略，强化服务保障，积极担当作为，知识产权审判工作取得以下主要成效，为浦东乃至上海经济社会的高质量发展营造了良好的知识产权司法保护环境。

一是打造机制创新“先行区”。不断推动知识产权审判领域机制创新，强化知识产权全链条保护。1996年，经上海市高级人民法院批准，浦东法院在全国率先探索知识产权“三合一”审判机制，该机制被称为知识产权司法保护“浦东模式”。2008年，《国家知识产权战略纲要》发布，明确提出推行知识产权“三合一”审判模式。2016年，最高人民法院颁布《关于在全国法院推进知识产权民事、行政和刑事案件审判“三合一”工作的意见》，在全国法院全面推进知识产权审判“三合一”工作。2023年12月，最高人民法院张军院长在第五次全国法院知识产权审判工作会议上指出，要做实知识产权案件“三合一”审判机制改革，提升知识产权保护整体效能。

与此同时，浦东法院被最高人民法院确定为第一批“中国知识产权审判基层示范法院”；与全国首家落地境内的国际仲裁调解组织——世界知识产权组织仲裁与调解上海中心开展诉调工作对接，联合化解全国第一例境外争议解决机构参与调解的涉外知识产权案件；第一个成立自由贸易区知识产权法庭，最高人民法院知识产权审判庭同时在浦东法院设立自贸区知识产权司法保护调研联系点；探索构建专家陪审、专家鉴定、专家咨询、专家辅助、专家调解“五位一体”的知识产权审判专家支持机制；在全市率先适用知识产权侵权惩罚性赔偿制度，并持续加大适用力度，已在33件案件中予以适用。

二是打造精品案件“示范区”。“一个案件胜过一打文件。”30年间，浦东法院涌现出一大批具有引领性、示范性、开创性的精品案件。其中，全国首例涉电商平台不正当竞争诉前行为禁令，彰显知识产权司法救济的“浦东速度”；“奇迹MU”网络游戏著作权侵权案，为网络游戏的著作权保护提供新的解决思路；“美卓”商标侵权案、“勃贝雷”涉外定牌加工商标侵权案等多起涉外案件的裁判，提升了中国法院司法公信力和国际影响力；在北京冬奥会、卡塔尔世界杯足球赛期间对盗播体育赛事行为作出的诉前行为禁令，被写入全国“两会”最高人民法院工作报告。

截至目前，浦东法院知识产权审判庭共有4起案件入选《最高人民法院公报》，6起案件入选历年中国法院十大知识产权案件，13起案件入选历年中国法院50件典型知识产权案例，2起案件入选人民法院反垄断及反不正当竞争典型案例，1起案件入选人民法院十大民事行政案件，7起案件入选全国法院系统历年优秀案例分析，5起案件入选《人民法院案例选》，5起案件入选中国法院年度案例，12起案件入选人民法院案例库。

三是打造司法铁军“领航区”。高度重视队伍革命化、正规化、专业化、职业化建设，努力打造涉外知识产权司法保护优选地。30年来，浦东法院培养出一支政治坚定、理论深厚、经验丰富、能力突出、具有国际视野的知识产权法官队伍，走出了2位全国审判业务专家、1位全国法院知产审判工作先进个人、4位上海法院审判业务骨干，并为最高人民法院、上海市高级人民法院、上海知识产权法院输送10余位高层次知识产权审判人才。浦东法院知识产权审判庭先后获评知识产权审判基层示范法院、全国打击侵权假冒工作先进集体、全国法院知识产权审判工作先进集体、全国法院先进集体、全国知识产权保护工作成绩突出集体、人民法院知产审判工作先进集体等。

30年成就的取得，凝聚了浦东法院知识产权法官的智慧和奉献。这本《知识产权裁判规则与法律适用：浦东法院知识产权庭建庭30周年精品案例集》，精心挑选了浦东法院知识产权审判庭建庭30年来具有代表性的新类型、疑难复杂、社会影响大的52个“精品案例”，内容涵盖著作权、商标权、反不正当竞争等民事案件，知识产权刑事、行政案件，以及知识产权保全类案件。这些案例认定事实清晰、审判程序规范、适用法律准确，实现了政治效果、社会效果、法律效果的有机统一。浦东法院对这些案例进行提炼和总结，汇编成册予以公开出版，充分发挥精品案例对司法实践的指导作用、对社会冲突的预决作用、对市场主体的引导作用、对竞争行为的规范作用、对社会公众的教育作用、对法学研究的促进作用。为进一步提升浦东法院知识产权审判的国际影响力，本书采用中英文对照体例，由浦东法院知识产权审判庭法官与同济大学上海国际知识产权学院师生共同完成编撰、翻译和审校，此举也是浦东法院贯彻落实上海市高级人民法院关于深化院校合作、加强涉外法治建设、加快储备精通国际法律和惯例的高素质涉外审判人才和后备力量等工作要求的具体实践。

百舸争流，奋楫者先。当前，上海正在加快打造国际知识产权保护高地和国际知识产权中心城市。上海市委、市政府提出，到 2025 年，知识产权制度建设进一步加强、保护体系进一步完善、质量效益进一步提升、服务功能进一步增强、国际合作进一步深化，国际知识产权保护高地基本建成；到 2035 年，上海知识产权创造、运用、保护、管理和服务等方面关键性指标处于全球主要城市前列，知识产权促进经济社会发展贡献更加显著，制度完备、体系健全、环境优越、水平领先的国际知识产权中心城市基本建成。面对新形势、新任务、新挑战，浦东法院将把握机遇，积极探索，勇于创新，坚持国际视野，聚焦国家战略，立足上海实际，以“而今迈步从头越”的气魄和决心，为发展新质生产力、服务高质量发展蓄势赋能，为推进中国式现代化贡献司法智慧和力量！

朱丹

2024 年 6 月

Preface

In April 1990, the Central Committee of the Communist Party of China ("CCCPC") and the State Council made a significant strategic decision to develop Pudong, opening a new chapter which meant that China's reform and opening-up was going deeper. In June 1994, in order to further serve and protect technological innovation and cultural prosperity, in the concern and support by Shanghai High People's Court, Shanghai Pudong New Area People's Court was the first to set up the intellectual property division among the primary people's courts in China. Since then, Shanghai Pudong New Area People's Court has embarked on the path of specialization in the development of intellectual property adjudication.

Looking back over the past three decades, China's intellectual property legislation, law enforcement and adjudication have been continuously improved. In 2008, the State Council issued the Outline of the National Intellectual Property Strategy, marking a new stage of scientific development of China's intellectual property career. From the 18th CPC National Congress onward, CCCPC with Comrade Xi Jinping at its core has attached great importance to the protection of intellectual property. General Secretary Xi Jinping profoundly pointed out that, innovation is the primary driver of development, and protecting intellectual property means protecting innovation. In 2013, the Third Plenary Session of the 18th CPC Central Committee deliberated and passed the Decision on Some Major Issues Concerning Comprehensively Deepening the Reform, which put forward the need to "strengthen the application and protection of intellectual property rights, improve the incentive mechanism for technological innovation, and explore ways to set up intellectual property courts". In 2018, General Secretary Xi Jinping pointed out in his keynote speech at the opening ceremony of the Boao Forum for Asia that, strengthening the protection of intellectual property rights is the centerpiece of the system for improving property rights protection, and it would provide the biggest boost to the competitiveness of China's economy. In 2021, CCCPC and the State Council promulgated and implemented the Guidelines for Building a Powerful Country with Intellectual Property Rights (2021 - 2035), and the Supreme People's Court issued the

Opinions on Strengthening Intellectual Property Trial Work in the New Era to Provide Strong Judicial Services and Guarantee for Building a Powerful Country with Intellectual Property Rights. In 2022, the Report to the 20th CPC National Congress emphasized that "strengthening legal protection of intellectual property rights, in order to establish a foundational system for all-around innovation". In the same year, the Shanghai Municipal Party Committee and Municipal Government issued the Guidelines for Building Shanghai as a Powerful City with Intellectual Property Rights (2021 – 2035) and the 14th Five-Year Plan for the Protection and Utilization of Intellectual Property Rights in Shanghai.

In order to better implement the strategic plan of CCCPC and the Shanghai Municipal Party Committee, Shanghai Pudong New Area People's Court has been continuously exploring and innovating for 30 years, and has always put the judicial protection of intellectual property into the overall situation of the development of the country and Shanghai for recognition, planning and promotion, focusing on the major strategies, strengthening the services and protection, and taking an active role, and has achieved the following major results in the trial work of intellectual property rights, which have created a sound judicial protection environment for intellectual property rights for the high-quality economic and social development of Pudong and even Shanghai.

First, creating a "pioneer area" of mechanism for innovation. Shanghai Pudong New Area People's Court constantly promotes innovation in the field of intellectual property trial mechanism, strengthens the whole chain of intellectual property protection. In 1996, Shanghai Pudong New Area People's Court was the first in China to explore the "three-in-one" trial mechanism for intellectual property, known as the "Pudong model" for judicial protection of intellectual property rights. In 2008, the Outline of the National Intellectual Property Strategy was released, which explicitly proposed the implementation of the "three-in-one" trial mode of intellectual property rights. In 2016, Shanghai Pudong New Area People's Court promulgated the Opinions on Promoting the "Three-in-One" Trial of Civil, Administrative and Criminal Intellectual Property Cases in National Courts, which comprehensively promoted the "three-in-one" trial of intellectual property in courts nationwide. In December 2023, President Zhang Jun of the Supreme People's Court pointed out at the fifth national court intellectual property trial work conference that, it was necessary to carry out the reform of the "three-in-one" trial mechanism for intellectual property cases, and to enhance the overall effectiveness of intellectual property protection.

At the same time, Shanghai Pudong New Area People's Court was recognized by the Supreme People's Court as one of the first batch of China Intellectual Property Trial Primary

Demonstration Courts; docked with the Shanghai Center for Arbitration and Mediation of the World Intellectual Property Organization ("WIPO"), the first international arbitration and mediation organization in China, to jointly resolve the first intellectual property case in China in which an overseas dispute resolution institution participated in the mediation; also was the first to set up the Intellectual Property Court of Free Trade Zone, and the Intellectual Property Division of the Supreme People's Court set up a research contact point for judicial protection of intellectual property rights in the Free Trade Zone in Shanghai Pudong New Area People's Court at the same time; explored the construction of "five-in-one" expert support mechanism, namely expert jury, expert appraisal, expert counseling, expert assistance, expert mediation, for intellectual property trials; it was the first court in Shanghai to create the punitive damages in intellectual property infringement cases, and has continued to increase its application in 33 cases.

Second, creating a "demonstration zone" for instructive cases. "One case can be more valuable than a dozen documents." Over the past 30 years, Shanghai Pudong New Area People's Court concluded a large number of leading, demonstrating, and pioneering instructive cases. Among these cases, China's first pre-litigation injunction against unfair competition on an e-commerce platform showed the "Pudong Speed" in judicial relief for intellectual property rights; the "Miracle MU" online game copyright infringement case provided a new solution for the protection of copyrights in online games; the rulings on multiple foreign-related cases, such as the "Metso" trademark infringement case and the "Burberry" trademark infringement case of foreign-related original equipment manufacturing, have enhanced the judicial credibility and international influence of Chinese courts; the pre-litigation injunctions issued against the unauthorized broadcasting of sports events during the Winter Olympics Games Beijing and FIFA World Cup Qatar were included in the Report on the Work of the Supreme People's Court delivered at the annual sessions of China's National People's Congress and the National Committee of the Chinese People's Political Consultative Conference.

Up to now, the Intellectual Property Division of Shanghai Pudong New Area People's Court has had 4 cases selected by the Gazette of the Supreme People's Court, 6 cases listed among Top 10 Intellectual Property Cases by Chinese Courts of the Year, 13 cases included in Top 50 Typical Intellectual Property Cases by the Chinese Courts of the Year, 2 cases included in Typical Cases on Antitrust and Anti-Unfair Competition by People's Courts, 1 cases listed among Top 10 Civil and Administrative Cases by People's Courts, 7 cases included in the Excellent Case Analysis of the National Court System of the Year, 5 cases included in the *Selected Cases form People's Courts*, 5 cases selected as Annual Cases by Chinese Courts, and

12 cases included in the People's Court Case Database.

Third, creating a "navigational zone" for the iron force of justice. Shanghai Pudong New Area People's Court attached great importance to the revolutionization, formalization, specialization and professionalization of the team, work hard to build a preferred forum for judicial protection of foreign-related intellectual property rights. During 30 years, Shanghai Pudong New Area People's Court cultivates a politically firm, theoretically profound, experienced and competent intellectual property judges with an international outlook, among them, there are two national experts in trial practice, one advanced individual in intellectual property trial work in national courts, four backbones of trial practice in Shanghai courts, and also sends more than 10 high-level intellectual property trial talents for the Supreme People's Court, Shanghai High People's Court and Shanghai Intellectual Property Court. The Intellectual Property Division of Shanghai Pudong New Area People's Court has been honored as a Model Primary Court for Intellectual Property Adjudication, National Advanced Collective for Combating Infringement and Counterfeiting, Advanced Collective in Intellectual Property Trial Work in National Courts, Advanced Collective in National Courts, National Collective with Outstanding Achievements in Intellectual Property Protection and Advanced Collective in Intellectual Property Trial Work of People's Courts, etc.

The achievements of 30 years have gathered the wisdom and dedication of the intellectual property judges in Shanghai Pudong New Area People's Court. This book, *Adjudication Rules and Application of Law on Intellectual Property Disputes: Selected Cases from Shanghai Pudong New Area People's Court on the 30th Anniversary of the Founding of its Intellectual Property Division*, carefully selected 52 instructive cases representative of new types, hard and complex cases with high social influence in the 30 years since the founding of the Intellectual Property Division, covering civil cases such as copyright, trademark and anti-unfair competition, intellectual property criminal and administrative cases, and intellectual property preservation cases. These cases are clear in their fact findings, standardized in their trial procedures and accurate in their application of the law, realizing the organic unity of political, social and legal effects. Shanghai Pudong New Area People's Court has refined and summarized these cases, compiled and published, giving full play to the guiding role of selected cases in judicial practice, pre-determination of social conflicts, guidance to market players, regulatory effects on competitive behavior, educational role for the public, promotion of legal research. To further enhance the international impact of intellectual property adjudication by Shanghai Pudong New Area People's Court, this book is written in both Chinese and English, and drafted, translated and proofread by judges of Intellectual Property

Division of Shanghai Pudong New Area People's Court, together with teachers and students of Shanghai International College of Intellectual Property of Tongji University. This act is also a work practice by Shanghai Pudong New Area People's Court to satisfy the requirements of Shanghai High People's Court on deepening cooperation between institutions, strengthening the construction of the rule of law in relation to foreign affairs, and accelerating the stockpiling of high-calibre foreign-related adjudication manpower and reserve forces who are well-versed in international laws and practices.

Success only favors those who boldly forge ahead. At present, Shanghai is accelerating to build an international intellectual property protection highland and an international intellectual property center city. The Shanghai Municipal Party Committee and Municipal Government propose that, by 2025, the construction of the intellectual property system have been further strengthened, the protection system further improved, the quality and efficiency further enhanced, the service function further strengthened and international cooperation further deepened, the international intellectual property protection highland basically built; by 2035, key indicators of intellectual property creation, utilization, protection, management and services in Shanghai are at the forefront of major global cities, the contribution of intellectual property rights to economic and social development has become more pronounced, and an international intellectual property center city with a complete and sound system, a superior environment and a leading level has basically been built. Facing new situations, tasks and challenges, Shanghai Pudong New Area People's Court will surely seize the opportunity, explore actively, innovate boldly, adhere to the international perspective, focus on the national strategy, and base itself on the actual situation in Shanghai, with the boldness and determination of "taking the first step now". Moreover, Shanghai Pudong New Area People's Court will build up momentum and empower itself to develop new productivity and serve high-quality development, and contribute its wisdom and strength to promote Chinese-style modernization.

Zhu Dan

June 2024

目录

著作权民事纠纷案件

商标权民事纠纷案件

不正当竞争民事纠纷案件

知识产权合同案件

知识产权刑事案件

知识产权行政案件

知识产权保全案件

Contents

Civil Copyright Cases

Civil Trademark Cases

Civil Competition Cases

Intellectual Property Contract Cases

Intellectual Property Criminal Cases

Intellectual Property Administrative Cases

著作权民事纠纷案件

01

未经许可创作的演绎作品仍受著作权法保护

——龚某某诉浙江某电子商务有限公司等著作权侵权纠纷案

裁判要旨

演绎作品只要相对原作品而言具备了独创性，且不违反法律的强制性规定，就应当受著作权法保护。未经原著作权人许可的演绎作品作者，只在使用演绎作品时受到限制，并不影响其在演绎作品遭他人侵权时主张权利。

基本案情

原告：龚某某

被告：浙江某电子商务有限公司

被告：王某

2007年4月26日，原告龚某某有感于自己的炒股经历和当时火爆的股市，根据信乐团歌手阿信演唱的歌曲《死了都要爱》（署名的作曲者为Yoo Hae Jin、作词者为Lee Hyun Kyu）的曲调重新填写了《死了都不卖》歌词（以下简称龚版歌词），发表于Loveinhere. com网上，署名"凯哥"。同年5月6日，原告请被告王某演唱该歌曲。王某歌唱后将录音文件通过QQ传给原告，原告将该录音文件挂在原告的个人主页上。随后，该歌曲在网上流传。2007年5月至6月，原告作为《死了都不卖》歌曲的词作者、王某作为演唱者，接受了上海人民广播电台《记录2007》节目、新民网《新闻夜总会》栏目、杭州电视台《新闻60分》节目的访谈。访谈中，被告王某谈到是"原告将《死了都不卖》歌词给她并让她演唱"，或者"从朋友处拿到歌词"。但同时，两被告签订了著作权许可使用合同，开始了合作关系：约定被告王某将龚版歌词许可浙江某电子商务有限公司使用，浙江某电子商务有限公司负责取得歌曲的使用权，并推广歌曲和歌手。

2007年5月25日，经被告王某修改的歌词（以下简称王版歌词）以及署名"作词：王某"的《死了都不卖》歌曲开始在浙江某电子商务有限公司的娱乐基地网站上传播，方式为歌曲的试听、下载。2007年10月1日，该网站的推荐彩铃、最新金曲彩铃、最新点击彩铃栏目的彩铃列表中显示有男、女声版和DJ版的《死了都不卖》；在最新点击彩铃和彩铃订购本月排行榜中，该歌排在首位。至本案诉讼期间，该歌曲仍在浙江某电子商务有限公司网站传播。该网站通行的货币为"豆豆"，花费一定数量的"豆豆"便可获得在该网站上进行歌曲投票、歌曲下载、彩铃赠送等功能。用户可通过注册成网站会员、参与上传歌曲、给歌曲打分、评论等活动免费获赠"豆豆"，也可通过发送短信充值、银行卡充值等有偿方式购买"豆豆"。

经比对，龚版歌词与《死了都要爱》歌词总字数均为189个字，其中83个字相同；两者每句的字数相同，但内容分别为炒股和爱情。龚版歌词和王版歌词内容均为炒股，总字数均为189个字，其中23个字不同。另据新华网报道，2007年谷歌和百度对搜索关键词进行排名，系争歌名《死了都不卖》进入谷歌"年度中国热榜"和百度2007搜索风云榜"十大上升最快"的第四位。

原告龚某某诉称，两被告以营利为目的，擅自使用原告创作的龚版歌词作品，严重侵害了原告的署名权、修改权、保护作品完整权、改编权、表演权、信息网络传播权、复制发行权、获得报酬权。原告诉请判令：两被告停止侵害行为，公开赔礼道歉，并赔偿经济损失40万元、精神损害抚慰金5万元及为制止侵权的合理支出13,184.7元。

被告浙江某电子商务有限公司辩称，其使用王版歌曲是经过词权利人即被告王某和曲权利人某唱片公司许可的，故不构成侵权。原告的歌词属于抄袭，本身不具有著作权，原告的请求权基础不存在。涉案歌曲真正的词曲作者均未参与本案，故应驳回原告的诉讼请求。

被告王某辩称，《死了都不卖》抄袭了《死了都要爱》，故被告浙江某电子商务有限公司与原告都不享有著作权。歌曲的真正权利人某唱片公司没有加入本案诉讼，故应驳回原告的诉讼请求。况且涉案作品本来就是免费传播，被告王某并没有因此获得经济利益，不可能造成原告损失。

【法院裁判】

上海市浦东新区人民法院经审理认为，龚版歌词最早于网上发表时的署名即为原告，被告王某虽辩称其参与了创作，但未提供任何证据，其在接受媒体采访时的表述与该辩称也明显不符，故被告王某关于参与了龚版歌词创作的辩称意见不予采纳。原告是《死了都不卖》歌词的著作权人，有权提起本案诉讼。原告歌词对《死了都要爱》歌词是否构成侵权，是原告与《死了都要爱》歌词作者之间的关系，不属于本案的审理范围，不影响原告在自己作品被侵权时向他人主张权利。

王版歌词是对龚版歌词的抄袭，不能构成新的作品。被告王某未经原告许可，将该作品当作自己的作品许可被告浙江某电子商务有限公司组织演唱后在网络上传播，构成对原告文字作品的署名权、修改权、表演权、信息网络传播权、获得报酬权的侵犯，应承担相应的民事责任。但两被告的行为尚未构成对原告保护作品完整权、改编权、复制权、发行权的侵犯。

被告就侵犯著作权而赔礼道歉的范围应与其侵权行为的范围相适应。鉴于《死了都不卖》歌曲通过浙江某电子商务有限公司网站传播的时间较长、范围较广，两被告应在该网站上刊登书面致歉启事，消除侵权造成的影响。原告并未举证证明被告的侵权行为对其产生了较大的负面社会影响，公开赔礼道歉已能起到消除影响和精神抚慰的作用，对其精神抚慰金的请求不予支持。

被告浙江某电子商务有限公司的网站是营利性网站，其传播涉案歌曲的行为具有营利性。原告未提供因侵权遭受经济损失的证据和被告获利的证据，两被告也未提供足以认定传播涉案作品获利数额的证据，故根据两被告侵权行为的性质、范围以及原告作品的独创性程度等因素酌定两被告应承担的赔偿数额。原告为制止侵权所实际支付的合理费用，两被告应予赔偿。

上海市浦东新区人民法院作出（2007）浦民三（知）初字第120号民事判决：（1）两被告停止对原告龚某某《死了都不卖》文字作品著作权的侵权行为；（2）在浙江某电子商务有限公司娱乐基地网站首页显著位置，以不小于7cm×9cm的面积，连续30日刊登书面道歉启事；（3）赔偿原告龚某某经济损失1.5万元及合理费用1.2万元。

一审判决后，原、被告均未提起上诉。

【案例评析】

一、龚版歌词、《死了都要爱》歌词、王版歌词三者的关系

音乐作品作为一种可分割使用的合作作品，词作者和曲作者对各自创作的词曲部分单独享有著作权，在不侵犯歌曲整体著作权的情况下，可以单独行使各自的权利。原告在本案中主张的是其对龚版歌词作品所享有的词作者权，而两被告以“龚版歌词抄袭了《死了都要爱》歌词”“王版歌词与龚版歌词并不相同”为抗辩的主要理由，故本案首先需要判断的两个问题是：龚版歌词与《死了都要爱》歌词的关系、龚版歌词与王版歌词的关系。

1. 龚版歌词是《死了都要爱》歌词的演绎作品。所谓演绎作品，是指在已有作品的基础上经过再创作行为而产生的新作品，主要包括改编作品、翻译作品、注释作品、整理作品等。2001年《著作权法》第12条规定：“改编、翻译、注释、整理已有作品而产生的作品，其著作权由改编、翻译、注释、整理人享有，但行使著作权时不得侵犯原作品的著作权。”一方面，演绎作品对原作品有很强的依附性，它使用了原作品中业已存在的素材或创作元素，是在原作品基础上的再创作，与原作品之间具有显而易见的相同或相似性。这种相同或相似性将它与原作品紧密联系在一起，并严格区别于一个与原作品毫无关联的新作品。另一方面，演绎作品在原作品的基础上，融入了演绎作者自己的特点与个性，具备了新的、可识别的独创性，足以使它区别于原作品，构成一个独立的新作品，此乃抄袭作品与演绎作品的重要分界。演绎作品所要求的独创性通常要高于原作品，美国法官认为演绎作品要获得版权，需要有实质性的改变，而不仅仅是微小的改变，以使原作品和演绎作品之间达到天才性的不同，才可以受到版权法的保护。①

本案中，龚版歌词是根据《死了都要爱》的曲调重新填词创作而成的，其在句式的长短、节奏、编排、衔接等方面都深深受到《死了都要爱》歌词的影响，利用了其中脍炙人口的创作元素，因此龚版歌词对《死了都要爱》歌词具有很强的依赖性。与此同时，原告将其本人的炒股经历和当时异常火爆的股市行情融入填词创作中，使龚版歌词以股市为主题，以股民心声为内容，特色鲜明，与《死了都要爱》的爱情主题迥然相异，并使用了不同的文字表达，客观上足以被识别为一个新的作品。因此龚版歌词相比《死了都要爱》歌词，具有新的独创性，构成《死了都要爱》歌词的演绎作品。

2. 王版歌词是对龚版歌词的抄袭。首先，原告证据显示王某曾在接受媒体采访时称"原告将《死了都不卖》歌词给她并让她演唱"，或"从朋友处拿到歌词"，且龚版歌词的发表时间早于王版歌词，因此可以判断，在娱乐基地网站上挂出署名王某的王版歌词之前，王某就已经接触过龚版歌词。其次，将龚版歌词与王版歌词进行比较，二者主题内容相同，均为股市，差别仅在个别非关键文字上的改动。这种改动如此轻微，难以使王版歌词具有显著区别于龚版歌词的独创性，故可以判断二者已构成实质性相似。根据"接触 + 实质性相似"的作品侵权判断标准，可以得出结论，王版歌词是抄袭龚版歌词的侵权作品。

二、未经许可创作的演绎作品仍受著作权法保护

演绎作品与原作品之间的紧密关系，决定了原作品作者对演绎作品享有一定权利。根据我国《著作权法》的规定，这种权利体现为许可权和不受侵犯权，即演绎作品的作者对原作品进行再创作时，应征得原作品作者的许可，并依照规定支付报酬；同时原作品作者仍享有署名权，再创作人不得对原作品进行歪曲、篡改等。本案中，龚版歌词应当获得而并未获得《死了都要爱》歌词作者的许可，属于未经许可创作的演绎作品。

未经许可创作的演绎作品可否得到《著作权法》的保护，可否在遭到他人侵权时主张权利，是本案的争议焦点。笔者认为，演绎作品是否获得原作品著作权人的许可，并不影响演绎作品著作权人在自己作品受到侵害时向他人主张权利，具体理由如下：

第一，演绎作品与原作品相比，具有新的创造性成分。未经许可的演绎行为是在未经原权利人同意的情况下创设新的作品，演绎作品作者的智力劳动成果具有独立的价值，实际上也增加了原作品权利人的利益，故应该认定演绎作品作者对演绎作品中的新创作性成分享有著作权。

---

① See William F. Party, *Copyright Law and Practice*, The Bureau of National Affais Inc. , 1994, p. 161, 166 – 167.

第二,涉案纠纷发生时的立法并没有作出否定性规定。根据《著作权法实施条例》第 2 条的规定,具有独创性并能以某种有形形式复制的智力成果就是作品。第 6 条规定,著作权自作品创作完成之日起产生。《著作权法》第 4 条规定,依法禁止出版、传播的作品,不受本法保护。其针对的是因内容违反法律,宣扬色情、暴力、封建迷信等而被有关行政机关禁止出版、传播的作品,并不包括在私法层面涉嫌侵犯他人著作权的作品。上述规定从正反面框定了作品受保护的条件。龚版歌词符合作品所要求的独创性,也不属于不受法律保护的作品范畴,故其应自创作完成之日起便具有著作权,受《著作权法》的保护。

第三,著作权是一种私权利,应遵从私法自治原则。原作品的作者固然有权向未经其许可创作演绎作品的作者主张侵权权利,也有权放弃行使这种权利,是否主张皆其自由,法院不必越俎代庖。演绎作品的侵权人并非原作品的权利人,亦无权代为主张,且法律只规定演绎作品作者利用作品时不得侵犯原作品作者的著作权,这并不影响其在演绎作品被侵权时向他人主张权利。故龚版歌词的创作是否获得《死了都要爱》词作者的许可,与本案系争问题无涉,不必在本案中处理,被告以之进行抗辩缺乏依据。

第四,从著作权法的立法精神和数字技术的发展现状来看,应该对未经许可创作的演绎作品进行保护。著作权法旨在鼓励作品的创作,基于资源的有限性,著作权法自当鼓励充分利用已有作品进行再创作的行为。与此同时,现代科学技术的发展,前所未有地加速了作品的传播,使取得作品资料并进行加工创作变得更加容易。但面对海量的作品和深居其后的原创作者,要一一追溯并征得原作者的同意并非易事,也将极大地增加创作成本而削弱创作热情。故对大量未经许可的演绎作品先行保护,同时保留原作者的追索权利,可以最大限度地利用资源,鼓励创作,又兼顾权利人的著作权保护。

【典型意义】

本案涉及对未经许可创作的演绎作品的著作权保护。该案件又被称为"第一股歌案",受到了社会的广泛关注。本案明确了演绎作品的著作权保护并不以该作品获得原作品的授权为前提条件,只要演绎作品满足了独创性要求,即应当受到保护。本案审理情况被《法制日报》等多家媒体报道,并被多部著作权法教材引用,具有很大的开拓示范意义。

【案例索引】

案号:

一审:上海市浦东新区人民法院(2007)浦民三(知)初字第 120 号

一审:陈惠珍、倪红霞、董怡娴

编写人:陈惠珍

02

破坏软件技术保护措施构成著作权侵权

——上海某网络技术有限公司等诉北京某科技有限公司等著作权侵权纠纷案

裁判要旨

软件序列号是著作权人为保护其对软件享有的著作权而采取的技术措施。未经著作权人许可,擅自破解软件序列号的,属于故意破坏软件技术保护措施的行为,构成著作权侵权。以序列号方式保护的软件,在被许可期限届满后仍能使用的,使用人应举证证明权利来源正当。不能提供的,法院可以运用民事诉讼中的事实推定规则,认定使用人存在破解软件序列号的行为,应承担侵权责任。

基本案情

原告:上海某网络技术有限公司

原告:上海某科学器材有限公司

被告:北京某科技有限公司

被告:北京某科技有限公司上海分公司

案外人合肥某网络技术有限公司(以下简称合肥某公司)与被告北京某科技有限公司的法人均为钱某某。2006 年 2 月 27 日,两原告取得了易图 WebDraw 软件 V2.0(以下简称 WebDraw 软件)的计算机软件著作权登记证书。同年 10 月 10 日,上海某科学器材有限公司出具授权委托书,将由两原告共同开发的 WebDraw 软件,全权委托上海某网络技术有限公司行使包括许可他人使用及签订相关合同等有关著作权权属的财产权。同年 10 月 23 日,合肥某公司与上海某网络技术有限公司签订《WebDraw 软件最终用户许可协议》,约定合肥某公司向上海某网络技术有限公司购买 WebDraw 软件,期限自 2006 年 11 月 1 日至 2007 年 10 月 30 日,使用的网址为 www.namedia.cn,授权使用费为 4000 元。上海某网络技术有限公司授予合肥某公司软件产品使用的一个序列号,该序列号只在购买使用期内有效,并且该序列号与合肥某公司所属的唯一网站域名相捆绑。该协议约定,未经上海某网络技术有限公司同意,合肥某公司不得出租、出借、转让和销售该软件产品。协议签订后,合肥某公司于2006年10月30日向上海某网络技术有限公司支付了WebDraw软件授权费4000元。同年11月14日,因合肥某公司欲变更软件捆绑的网址,其与上海某网络技术有限公司又签订了用户许可协议,该协议的内容除软件使用的网址变更为www. namex. cn及使用费为1500元外,其余内容与2006年10月23日的协议内容相同。同年11月16日,合肥某公司又向上海某网络技术有限公司支付了上述费用。上海某网络技术有限公司随后将系争软件与www. namex. cn网站相捆绑,并根据网站的网址和网站被授权的到期日期设置了一个序列号;软件被许可使用的期限到期后,系统会出现要求购买新的序列号才能使用的提示信息。

2007年1月24日,北京某科技有限公司成立,该公司成立后,即负责域名为www. namex. cn网站的经营管理(网站的域名仍登记在合肥某公司名下),并利用原告的WebDraw软件在上述网站上从事"名片天下"的业务。同年5月11日,北京某科技有限公司上海分公司成立,该公司随后利用上述网站在上海地区从事与北京某科技有限公司相同的业务。

两原告诉称,其系WebDraw软件的著作权人。自2007年5月起(被告北京某科技有限公司的侵权时间应自2007年1月成立起计算,被告北京某科技有限公司上海分公司的侵权时间自2007年5月成立之日起计算,为计算方便,对两被告侵权时间统一自被告北京某科技有限公司上海分公司成立之日起计算),两被告在"名片天下"网站(网址www. namex. cn)上未经两原告许可擅自使用上述软件为其客户提供名片的设计服务,侵犯了原告的合法权益。原告诉请判令:两被告立即停止侵权,删除使用WebDraw软件的所有程序,赔偿原告20万元及为制止侵权支出的合理费用3346元。审理中,两被告于2008年12月中旬已停止使用系争软件,遂两原告申请撤回要求两被告停止侵权、删除软件程序的诉请。

两被告辩称,两被告与合肥某公司系由同一股东开设,合肥某公司先后于2006年10月和11月与原告上海某网络技术有限公司签订使用系争软件的协议,并支付了相关费用,协议上注明使用系争软件的网址即为www. namex. cn。合肥某公司使用系争软件的目的是从事"名片天下"的业务,该业务的内容是在网上为用户设计和制作名片。后合肥某公司为了专门从事"名片天下"的业务,注册成立两被告公司。域名为www. namex. cn的网站由被告北京某科技有限公司负责经营管理,合肥某公司与上海某网络技术有限公司的使用协议至2007年10月30日期满,期满后合肥某公司因疏忽未及时向上海某网络技术有限公司缴纳使用费,上海某网络技术有限公司也未提醒合肥某公司,现两被告愿按每年4000元的标准向两原告缴纳费用。

【法院裁判】

上海市浦东新区人民法院经审理认为,两原告取得了 WebDraw 软件的计算机软件著作权登记证书,两原告系该软件的著作权人,除法律规定可合理使用的情形外,他人未经许可不得侵犯两原告对系争软件享有的著作权。对于系争软件的使用方式,原告上海某科学器材有限公司已出具授权委托书,全权委托原告上海某网络技术有限公司行使包括许可他人使用及签订相关合同等有关著作权权属的财产权。上海某网络技术有限公司据此单独与案外人合肥某公司签订了两份许可协议,该两份许可协议的内容系双方的真实意思表示,双方均应按约履行。协议履行期间,合肥某公司基于业务需要将与系争软件捆绑使用的网站交由被告北京某科技有限公司经营管理。虽然合肥某公司和上海某网络技术有限公司的协议约定,未经上海某网络技术有限公司同意,合肥某公司不得出租、出借、转让和销售该软件产品,但合肥某公司将网站整体移交北京某科技有限公司使用,并未擅自复制、销售、出租、出借和转让系争软件。故在 2007 年 10 月 30 日前合肥某公司获得许可的期限内,北京某科技有限公司在经营管理 www. namex. cn 网站时使用系争软件的行为应已获得上海某网络技术有限公司的许可,并已缴纳相关费用。两被告在该段期间使用系争软件的行为并未侵犯两原告的合法权益,两原告在收取了合肥某公司支付的许可费后,又重复向两被告主张权利,于法无据,法院不予支持。至于 2007 年 10 月 30 日之后两被告使用系争软件的行为,由于系争软件系通过使用序列号来控制用户的使用期限的,用户获得许可的期限到期后,软件会要求用户购买新的序列号才能继续使用。但本案中,两被告在被许可期限届满后仍能使用系争软件。对此,两原告认为,系两被告采用技术手段破解了系争软件的序列号所致,两被告对此予以否认,表示许可期限到期后,系统并未出现提示信息,两被告并未破解密码,其系正常使用软件。法院认为,两被告的辩称有违合肥某公司与上海某网络技术有限公司在许可协议中关于序列号使用情况的约定,也不符合常理。现两被告未能举证证明在被许可期限届满后仍能使用系争软件的其他合法依据,法院采纳两原告的意见,即两被告在许可期限到期后,为了能继续使用软件,采用技术手段破解了软件的序列号。两被告的行为侵犯了两原告对系争软件享有的著作权,理应立即停止侵权行为并依法承担赔偿责任。至于两被告应赔偿的损失,因两原告的损失和两被告的获利情况无法确定,由法院参照上海某网络技术有限公司授权合肥某公司使用时收取的许可费用标准、两被告在被许可期限届满后擅自使用的期限、系争网站的经营规模、两被告的过错程度合理酌定。两被告对两原告主张的为本案诉讼产生的费用均予以确认,相关费用作为两原告为本案诉讼所产生的合理费用,由两被告承担。

上海市浦东新区人民法院作出(2008)浦民三(知)初字第 453 号民事判决:判令被告北京某科技有限公司、北京某科技有限公司上海分公司于判决生效之日起 10 日内赔偿原告上海某网络技术有限公司、上海某科学器材有限公司损失人民币 1 万元、合理费用人民币 3346 元。

一审判决后,原、被告均未提起上诉。

【案例评析】

一、破坏软件技术保护措施是侵犯软件著作权的方式之一

破坏软件技术保护措施的行为系我国《著作权法》修改后及《计算机软件保护条例》实施后增加的一种新的侵犯软件著作权的行为。实践中,这种侵权方式并不多见。技术保护措施,是指权利人主动以技术手段采取措施,保护和管理自己的权利,防止他人的侵权行为。随着技术水平的发展,权利人采取的技术保护措施形式多样,亦在不断更新中。就计算机软件的技术保护措施而言,序列号保护方法是目前共享软件普遍采用的反盗版措施,也是目前最流行、应用最多的一种保护方式。当用户缴纳一定的费用从软件公司获得许可并使用软件后,软件公司一般都通过设置序列号的形式来控制用户被许可的期限。当过了共享软件的许可期限后,系统会出现提示信息要求用户输入新的序列号,然后才能继续使用。此时用户必须到软件公司再次缴纳使用一定期限的许可费,软件公司会根据用户的信息重新计算出一个新的序列号,用户输入该序列号后,才能继续使用软件。这种以设置序列号的方式实现的加密方式实现起来比较简单,不需要额外的成本,用户购买也非常方便,目前80%在互联网上的软件都是以这种方式来保护的。但正是因为这种保护方式操作方法的简便性,有相当一部分软件人员为提高自己的编程水平或出于其他目的,会针对出现的这种保护方式进行跟踪分析,找出相应的方法或制作出破解工具软件,并在网络上免费发布,供网络用户随意下载使用,这为用户破解软件序列号提供了方便之门。用户破解软件序列号的行为属于《著作权法》第47条第6项、《计算机软件保护条例》第24条第1款第3项关于"故意避开或者破坏著作权人为保护其软件著作权而采取的技术措施"的行为,依法应承担相应的法律责任。本案中,在系争软件设置了序列号来控制软件使用期限的情况下,两被告在期限届满后如何继续使用系争软件,是确定其是否构成著作权侵权的关键。对此,原、被告陈述不一,法院依法适用民事诉讼中的事实推定规则,确定了两被告的侵权事实。

二、事实推定规则的运用

所谓事实推定,是指法官在法律没有明确规定的情况下,根据逻辑规则和经验法则,由已知的案件事实推出待证的案件事实,并且允许当事人提出反证推翻的一种诉讼证明方法。[①] 事实推定,也称可反驳的事实推定,它来源于特定案件中的具体事实,其推理依据是人类的理性认识和普遍经验。事实推定有时又被称为暂时性的推定,这是因为否认事实推定的一方当事人负有证明推定事实不存在的"暂时性"的举证责任。推定制度属于证据法中诉讼证明的内容,我国目前没有专门的证据法,在《民事诉讼法》中也未对推定制度作任

---

① 参见刘庆伟:《论民事诉讼中的事实推定》,中国政法大学2007年硕士学位论文。

何规定，推定的概括性依据存在于我国的司法解释中。最高人民法院《关于适用〈中华人民共和国民事诉讼法〉若干问题的意见》第75条规定："下列事实，当事人无需举证……(3)根据法律规定或已知事实，能推定出的另一事实……"2001年最高人民法院《关于民事诉讼证据的若干规定》第9条规定："下列事实，当事人无需举证证明……(三)根据法律规定或者已知事实和日常生活经验法则，能推定出的另一事实……"

事实推定属于法官自由心证的范围，是法官拥有自由裁量权的非证据证明方式，有一定的风险性。其适用必须遵循严格的条件，即待证事实无证据可以证明，有适用事实推定的必要；事实推定的基础事实必须是确定可靠的；基础事实与推定事实之间具有常态联系，推定符合经验法则；事实推定没有反证推翻。本案中，原、被告对两被告在被许可期限届满后仍能使用的原因陈述不一，且均未能对自己的主张提供证据，而该事实的确定系本案定案的关键，故有适用事实推定的必要。案件涉及的序列号在软件中的运行模式与法院需推定的两被告的侵权方式具有紧密的关联性，系本案用以事实推定的基础事实。对于该基础事实，原、被告均确认一致，即系争软件设置了序列号作为其著作权的保护方式。在正常使用软件的情况下，软件被许可期限届满后，系统应会根据事先设置的序列号的控制信息，要求用户输入新的序列号才能继续使用，该基础事实已经被双方确定为可靠的事实。合肥某公司获得许可的期限至2007年10月30日届满，之后合肥某公司及两被告均未向原告上海某网络技术有限公司另行缴纳许可费。基于前述确定的基础事实，两被告在未取得新的序列号的情况下是无法继续使用系争软件的。但现两被告仍在使用系争软件，与软件捆绑的网站又由两被告实际控制，那么，据此推定两被告在被许可期限到期后仍能使用的原因只有一个，即两被告破解了原告上海某网络技术有限公司对系争软件设置的序列号的算法，自行输入了新的序列号。当然，对于上述推定的事实，两被告可以提供诸如原告上海某网络技术有限公司在软件中设置的序列号出错，其在到期后未出现提示信息等证据来推翻该推定的事实。但两被告只是以上述理由口头抗辩，未提供相关的证据，故无法推翻法院推定的事实。法院据此以该推定的事实确认了两被告的侵权方式，并确定了两被告应承担的赔偿责任。

【典型意义】

软件序列号是计算机软件著作权人保护其软件著作权所采取的有效措施。未经著作权人许可，擅自破解软件序列号的，属于故意破坏软件技术保护措施的行为，构成著作权侵权。本案判决明确，对于设置了技术保护措施的软件，使用人绕开该技术措施使用软件的，应当说明其所采取的合理措施及正当理由，否则可推定其破坏了软件技术保护措施，应当承担侵权责任。本案获评2009年中国法院知识产权司法保护50件典型案例、2009年度上海十大版权典型案件，被收录于《2010年上海法院案例精选》(上海人民出版社2011年版)，以及《中国知识产权指导案例评注》(中国法制出版社2011年版)。

【案例索引】

案号：

一审：上海市浦东新区人民法院（2008）浦民三（知）初字第453号

审判组织：

一审：倪红霞、杜灵燕、孙国瑛

编写人：杜灵燕

03

网络游戏画面可作为类电影作品受著作权法保护

——上海某信息科技有限公司诉广州某信息科技有限公司等著作权侵权、侵害商标权及不正当竞争纠纷案

裁判要旨

网络游戏的整体画面，在角色设置，等级设置，场景图、武器、装备的造型设计等方面具有独创性，且能以有形形式复制的，属于著作权法规定的作品。网络游戏整体画面的表现形式、创作方法均与电影作品较为相似，可认定为类电影作品进行保护。网络游戏的整体画面是否构成实质性相似，可通过比对情节、角色、地图、场景等游戏素材，以相关公众的一般注意力为标准加以认定。

基本案情

原告：上海某信息科技有限公司

被告：广州某信息科技有限公司（以下简称广州某科技公司）

被告：广州某网络科技有限公司（以下简称广州某网络公司）

被告：上海某信息技术有限公司（以下简称上海某技术公司）

韩国某公司于2001年11月创作完成网络游戏《MU（3Donlinegame）》（以下简称《奇迹MU》）。2002年，该游戏由案外人引进中国运营，多次被游戏杂志及网站报道，获得了诸多荣誉。原告经授权，于2013年获得该游戏在中国的独家运营权，并可以自身名义维权。

被告广州某科技公司于2013年12月开发完成网页游戏《奇迹神话》，并于2014年1月授权被告广州某网络公司在中国独家运营，双方就该游戏的合作运营、推广、收费、收入分成等进行了具体约定。

两款游戏均为角色扮演游戏，以MU王国/神迹王国的人类对抗入侵的魔族为背景。玩家穿戴武器装备并使用技能，进入不同等级限制的游戏地图完成游戏任务，进入地图后的画面为由街道、建筑、装饰、海域、树林、怪物、非玩家角色（non-player character，NPC）等

构成的固定场景。《奇迹 MU》共 16 个地图,《奇迹神话》共 24 个地图。《奇迹神话》在 400 级之前的 18 个地图与《奇迹 MU》的相应地图名称及等级限制顺序基本相同,仅对个别文字及 2 个地图的等级限制进行了调整;《奇迹神话》17 个地图的大量场景图与《奇迹 MU》中相应场景图的构成素材、颜色、方位及整体布局相同,仅在具体细节方面略有差别。两款游戏均有剑士、魔法师和弓箭手三个玩家角色,《奇迹神话》中角色的技能与《奇迹 MU》中相应技能的名称、描述相同或基本相同。此外,《奇迹神话》中的 29 个武器、105 个装备、47 个怪物、5 个 NPC 与《奇迹 MU》中相应素材的名称、造型相同或基本相同,仅在具体细节设计上略有差异。

广州某网络公司经营的《奇迹神话》官网上发布有《奇迹神话》的推广文章,内容大多包括"十年神话,奇迹再现……将十年前风靡一时余热至今的游戏玩法最大限度地还原……"等。广州某网络公司经营的论坛中,多名网友发帖称《奇迹神话》为网页版的《奇迹 MU》。

原告曾于 2013 年和 2014 年授权案外人根据《奇迹 MU》开发网页游戏,原告收取固定分成款和运营收入的分成。

上海某信息科技有限公司诉称,《奇迹 MU》游戏的整体画面构成类电影作品,其中的游戏地图、场景、角色、武器、装备、怪物、NPC 的名称及造型等素材还分别构成文字作品、美术作品。《奇迹神话》的上述游戏素材与《奇迹 MU》的构成实质性相似,故画面也构成实质性相似。广州某科技公司将原告游戏改编为网页游戏的行为,侵犯了原告的改编权;广州某科技公司、广州某网络公司深度合作运营《奇迹神话》,共同侵犯了原告的复制权、信息网络传播权;被告上海某技术公司为《奇迹神话》进行推广并提供链接,构成帮助侵权。此外,广州某科技公司、广州某网络公司在网页游戏的宣传稿中使用"MU"的行为构成商标侵权;三被告的行为还构成擅自使用原告的知名商品特有名称"奇迹",擅自使用原告的知名商品特有装潢及虚假宣传,并违反了《反不正当竞争法》第 2 条的规定。原告诉请判令:三被告停止侵权、消除影响,广州某科技公司、广州某网络公司赔偿原告经济损失 1000 万元及合理费用 10.5 万元,上海某技术公司就不正当竞争行为承担 50 万元的连带赔偿责任。审理中,原告撤回要求上海某技术公司停止侵权的诉讼请求。

被告广州某科技公司辩称:(1)运营权并非法定权利,《奇迹 MU》的知名度也非原告经营成果,故原告没有诉权。(2)《奇迹 MU》的游戏画面不构成类电影作品,两款游戏存在很多实质性区别,相同部分只是魔幻类游戏的基本构思,未侵犯原告著作权。(3)网页游戏的文章非由其发布,对"MU"也非商标性使用,不构成商标侵权。(4)"奇迹"属于中文常用词汇,不是原告游戏的特有名称;原告主张的图片不构成特有装潢;原告主张的宣传内容主要是介绍《奇迹神话》,不会对网友产生误导,不构成虚假宣传;本案也不符合适用《反不正当竞争法》第 2 条的条件。(5)原告主张的巨额赔偿缺乏事实和法律依据。

被告广州某网络公司同意广州某科技公司的答辩意见,同时辩称其作为网络游戏运营企业，已尽到审查义务。

被告上海某技术公司辩称，其提供免费的游戏信息发布平台，无法判断涉案游戏是否侵权，不应承担侵权责任，且网站已关闭。

【法院裁判】

上海市浦东新区人民法院经审理认为：第一，游戏运营必然涉及对游戏中作品的复制、发行、信息网络传播行为，其竞争利益也由经营者享有，原告作为涉案游戏的独家运营商，有权提起本案诉讼。第二，关于著作权侵权。(1)原告主张的图片构成美术作品，相应名称或简介的表达过于简单，不具有独创性，但将其组合成一个整体可视为游戏剧情而认定为文字作品。(2)原告主张的游戏整体画面具有独创性，并能以有形形式复制，是应受著作权法保护的作品。从网络游戏的创作过程来看，其中游戏策划、素材设计等创作人员的功能与电影创作过程中的导演、编剧、美工、音乐、服装设计等类似，编程过程则相当于电影的拍摄。从表现形式上来看，游戏画面由一系列有伴音或者无伴音的画面组成，具有和电影作品相似的表现形式。虽然不同玩家操作网络游戏所呈现的连续画面可能有一些差别，但其主体部分相同，且不同画面也均系由开发商预先设置好的，玩家不可能超出游戏开发者的预设对画面作出增加或修改。因此，《奇迹 MU》的连续画面构成类电影作品。(3)两款游戏的大量游戏素材相同或类似，对于不具备特殊鉴赏力的普通观众和游戏玩家而言，其整体画面相似度极高，不足以带来不同的美感，构成实质性相似。故广州某科技公司与广州某网络公司侵犯了原告的复制权、信息网络传播权。但上海某技术公司作为网络服务提供者，不存在主观过错，不构成侵权。第三，广州某科技公司、广州某网络公司的行为还构成虚假宣传的不正当竞争。第四，广州某科技公司、广州某网络公司就其侵权行为应共同承担停止侵害、消除影响、赔偿损失等民事责任。根据原告实际从涉案游戏对外授权中所获得的经济利益，可证明两被告侵权行为给原告造成的损失已超过了法定赔偿的最高限额。故以此为基础，并综合考虑原告游戏的商业价值和知名度，被告的侵权故意，侵权行为的性质、影响等因素，在法定赔偿最高限额以上确定赔偿数额。

上海市浦东新区人民法院作出(2015)浦民三(知)初字第 529 号民事判决，判决被告广州某科技公司与被告广州某网络公司：(1)立即停止侵害著作权行为；(2)立即停止擅自使用涉案知名商品特有名称及虚假宣传的不正当竞争行为；(3)共同赔偿原告经济损失 500 万元及合理开支 104, 990 元；(4)共同在《中国知识产权报》上发布公开声明消除影响，同时分别在各自的网站首页刊登相同内容的声明；(5)驳回原告的其他诉讼请求。

一审判决后，被告广州某科技公司、广州某网络公司提起上诉。上海知识产权法院作出(2016)沪 73 民终 190 号民事判决：(1)维持原审判决第一项、第四项、第五项；(2)变更原审判决第二项为：广州某科技公司、广州某网络公司立即停止虚假宣传的不正当竞争行为；(3)变更原审判决第三项为：广州某科技公司、广州某网络公司赔偿上海某信息科技有限公司经济损失 400 万元及合理开支 104, 990 元。

【案例评析】

在网络游戏的著作权保护司法实践中,对作品类型主要从两个角度进行界定:(1)从游戏运行过程的角度。网络游戏在玩家操作过程中,由游戏引擎运行并调取相应游戏素材,其中游戏引擎由计算机程序和文档构成,属于计算机软件作品的范畴。(2)从视听界面的角度。随着玩家的操作,网络游戏在屏幕端呈现出一系列的动态画面,由文字、图片、音乐、小视频等不同游戏素材构成,分别属于文字作品、美术作品、音乐作品、类电影作品等。在以往的司法实践中,网络游戏权利人均系从以上角度进行维权,法院亦系从不同角度分别予以保护,即分别认定为计算机软件作品、文字作品、美术作品、音乐作品等。本案法院基于原告将屏幕端呈现的一系列画面的整体作为类电影作品进行的权利主张,在作品类型及实质性相似的认定方面均有一定的创新性,较好地应对了法律认定方面的挑战。

一、网络游戏画面符合类电影作品的定义

《著作权法实施条例》规定,电影作品和以类似摄制电影的方法创作的作品,是指摄制在一定介质上,由一系列有伴音或者无伴音的画面组成,并且借助适当装置放映或者以其他方式传播的作品。因此,类电影作品除满足独创性要求外,还需具备以下特征:(1)以某种介质为载体,如胶片、磁盘等;(2)以一系列画面为表现形式,可以有伴音或无伴音;(3)借助某种设备传播。从文义上理解,类电影作品在创作方式上还应满足"摄制"这一特征,然而根据《保护文学和艺术作品伯尔尼公约》(以下简称《伯尔尼公约》)关于类电影作品的描述,其本质在于表现形式而非创作方法。[①] 我国作为《伯尔尼公约》的成员国,对类电影作品的保护不应与该公约的精神相抵触。若坚守"摄制"这一创作方式,将会使许多利用新技术制作的视听类作品无法纳入其中,例如在动画制作领域大行其道的 CG(Computer Graphics)动画,便是利用计算机技术制作的动画。根据作品分类的实质因素进行判断分析,认定类电影作品的关键在于其表现形式而非固定在有形载体上的方式。类电影作品这一类作品的表现形式在于动态的连续活动画面,这亦是区别于静态画面作品的特征性构成要件。

就本案原告主张的网络游戏而言,其系游戏玩家操作游戏角色,遵循一定的游戏规则在游戏场景中升级打怪,游戏引擎按照其软件的功能设计调用故事情节、图片、音乐、界面设计等游戏素材后,在屏幕端呈现出由文字、图片、声音等组合而成的连续动态图像。《奇迹 MU》作为一款角色扮演游戏,还具有一定的故事情节,构成画面主体内容的图片、音乐、界面设计等集合了多个部门游戏开发人员的创作。可见,游戏整体画面是全体开发人员智

---

① 《伯尔尼公约》第 2 条第 1 项对类电影作品的表达为"assimilated works expressed by a process analogous to cinematography",即以类似摄制电影的方法表现的作品。

力创造的结晶，在其等级设置，地图名称以及地图、场景图的图案造型设计，职业角色设置及技能设计，武器、装备的造型设计等方面均具有独创性，并能以有形形式复制，是应受著作权法保护的作品。关于作品类型，涉案游戏在运行过程中呈现的是连续动态的一系列游戏画面，给人以视听的体验，具有和电影作品相似的表现形式。除表现形式外，涉案网络游戏还具有和类电影作品类似的创作过程。网络游戏的创作过程主要包括两个阶段：一是游戏策划人员进行游戏总体设计，选择游戏引擎、模式、风格、剧情等开发方向；二是在确定需要实现的功能后交予程序员进行具体的代码编写，并由相关人员负责故事情节以及各类文字、图片、音乐等游戏素材的设计。其中，游戏策划、素材设计等创作人员的功能与电影创作过程中的导演、编剧、美工、音乐、服装设计等类似，游戏的编程过程则相当于电影的拍摄。综上，涉案网络游戏具有一定的故事情节，综合了导演、编剧、美工、音乐等多个创作手段，其表现形式和创作过程均与电影高度相似，可将其整体画面认定为类电影作品进行保护。

二、关于游戏画面保护的域外实践

从比较法的角度来看，许多国家已将游戏的整体画面作为视听作品进行保护。例如，美国法院自 1982 年的“Stern Electronics, Inc. v. Kaufman”案开始，确定了电子游戏在屏幕上的整体画面可以作为视听作品进行保护。在该案中，法院认定，游戏中反复出现的画面和声音实质部分的集合体可以作为视听作品受到版权保护，两款游戏的外观表现在实质上相似，故侵权成立。[①] 在游戏产业发展较早的日本，1984 年东京地方法院在“Pac-man 游戏”案中指出，使用者对手柄如何操纵，影像会产生何种变化，都是由既定程序设置好的，使用者不可能对画面、文字进行新的描绘，只是单纯地将预置在程序中的画面、文字等数据的提取顺序进行简单的排列组合，因此游戏影像是以电子信号的形态固定在 ROM 中的程序上的，故法院据此将该游戏影像认定为电影作品。[②] 此外，根据 WIPO 的一篇报告，比利时、德国、法国、意大利、南非和瑞典等国亦有将电子游戏的整体画面作为视听作品进行保护的案例。[③]

在上述案例及报告中，所涉及的游戏系“电子游戏”即“Video Game”。电子游戏是本案所涉网络游戏的上位概念，指的是所有依托于电子设备平台而运行的游戏。电子游戏的游戏形式及主要分类标准根据不同的技术发展水平而发展变化。早期的电子游戏主要是强调人机互动，基于运行平台的不同，分为主机游戏、街机游戏、便携游戏和电脑游戏。随着计算机技术尤其是网络技术的发展，计算机成为电子游戏运行的主要平台，而在人机互

---

① See Stern Electronics, Inc. v. Kaufman, 669 F. 2 d 852, 865 (2 d Cir. 1982). 转引自陆茵：《从国外关于计算机游戏侵权的判例看计算机游戏的著作权保护》，华东政法大学 2013 年硕士学位论文。

② 東京地裁昭和 56 年(ワ)第 8371 号損害賠償請求事件。转引自陆茵：《从国外关于计算机游戏侵权的判例看计算机游戏的著作权保护》，华东政法大学 2013 年硕士学位论文。

③ See WIPO, *The Legal Status of Video Games: Comparative Analysis in National Approaches*, at http://www.wipo.int/export/sites/www/copyright/en/activities/pdf/comparative_analysis_on_video_games.pdf, July. 2, 2016.

动基础上还支持玩家之间互动的网络游戏更是成为市场份额最大的电子游戏。当下，电子游戏的分类标准更加多元化，例如，根据是否需通过互联网连接分为单机游戏和网络游戏；根据玩法特征不同分为电子竞技游戏与非电子竞技游戏；最为常见的分类标准系根据游戏内容的不同，分为角色扮演游戏（玩家扮演游戏中的角色，强调剧情发展和个人体验，具有升级和技能成长要素的游戏，如本案的《奇迹 MU》《仙剑奇侠传》）、战略游戏（各方势力运用游戏规则展开较量的游戏，如《魔兽争霸》）、动作游戏（以打斗、过关为主的游戏类型，如《马里奥》《魂斗罗》）、冒险游戏（以探险、寻宝、生存等为主题的游戏，如《古墓丽影》）、益智游戏（用于培养和开发智力的休闲游戏，如《俄罗斯方块》）、格斗游戏（如《街头霸王》）、卡片游戏、养成类游戏、音乐游戏、体育游戏、射击游戏等。

三、玩家的交互性操作不影响对网络游戏整体画面的定性

与传统的电影作品相比，网络游戏的连续活动画面随着游戏玩家的操作而产生变化，具有双向性及互动性，且不同操作会呈现不同的画面。传统电影作品的连续活动画面是固定单向的，不因观众的不同而发生变化。与美国、日本等国认定为视听作品或电影作品的电子游戏相比，本案涉案网络游戏也因其强调玩家间互动的特性，而使其游戏画面具有更多的可变性和不确定性。但不能仅因此就否定其类电影作品的性质，理由在于：(1)玩家操作网络游戏所呈现的画面内容中，地图、场景、怪物、NPC 等素材所组成的画面以静止的状态出现，构成游戏中所有故事、事件发生的场景，其在游戏中的位置、功能等不因不同玩家或不同时间的操作而发生变化。同时，由于具有统一的故事线索和主线任务，游戏的绝大部分故事情节、人物角色、游戏画面、音乐等都是重复出现的。可见，虽然不同玩家操作网络游戏所呈现的连续画面可能有一些差别，但其主体部分是相同的。(2)即便因操作不同而产生不同的连续画面，也均系由开发商的既定程序预先设置好的，具有有限的可能性，玩家不可能超出游戏开发者的预设对画面作出修改或增加。不同玩家只要选择相同的角色，使用相同的武器、装备、技能，以相同的路线、进程完成相同的任务，就可以得出完全相同的一系列动态画面。(3)玩家的交互性操作本身并不构成著作权法意义上的创作行为。产生作品的劳动过程必须能够体现出劳动者的智力创造过程，若仅仅按照既定的规则机械完成，即使劳动者必须具备某种技能或知识，由此形成的成果也不是作品。玩家操作行为的实质是在游戏开发商创作好的场景中，按照设计好的游戏规则进行娱乐活动。上述过程中，游戏画面由游戏引擎按照既定规则，调取开发商预先创作的游戏素材自动生成，只要触发特定条件，无论谁来操作，也无论何时操作，屏幕上所显示的视听效果都是一样的。因此，玩家的行为并不具备作品创作的特征，不会对网络游戏整体画面的独创性认定产生实质性影响。

网络游戏整体画面可纳入类电影作品的类型予以保护，并不意味着任何一个网络游戏的画面均可被认定为类电影作品，仍需根据其视听界面的具体内容进行判断。即便不能认定为类电影作品，网络游戏画面的组成部分如单幅画面、文字、图片、音乐等，只要符合独创性要求，仍可被分别认定为不同作品获得保护。

【典型意义】

本案系首例将网络游戏整体画面作为独立的作品类型进行保护的案件，具有很强的开创示范意义。在此后全国的司法实践中，各地法院纷纷将游戏整体画面作为类电影作品或视听作品予以保护。本案获评 2015～2016 年中国版权行业十大热点案例、2017 年度上海法院知识产权司法保护十大案件、2017 年度上海十大版权典型案件、中律评杯 2017 年度十大反不正当竞争案例，案例分析获评全国法院系统 2017 年度优秀案例分析暨“促公正 · 法官梦”第四届全国青年法官优秀案例评选活动一等奖，并入选《人民法院案例选》（2017 年第 12 辑）。

【案例索引】

案号：

一审：上海市浦东新区人民法院（2015）浦民三（知）初字第 529 号

二审：上海知识产权法院（2016）沪 73 民终 190 号

审判组织：

一审：倪红霞、叶菊芬、黄文雅

二审：陆凤玉、陈瑶瑶、高卫萍

编写人：叶菊芬

04

动画形象及电影名称的法律保护

——美国某企业公司等诉厦门某影视动漫有限公司等
著作权侵权及不正当竞争纠纷案

裁判要旨

简单的设计思路作为思想不应被垄断，应当允许合理的参考与借鉴。但是，当多重的设计组合充分展示出动画形象的独有特征时，这种设计的组合不再属于不受保护的思想，而进入独创性表达的范畴，受著作权法的保护。在认定电影名称是否属于反不正当竞争法所保护的商业标识时，要考虑电影市场的特殊性，不应过分强调宣传的持续时间或放映的持续时间等因素，而应当考察电影投入市场前后的宣传情况、所获得的票房成绩、相关公众的评价以及是否具有持续的影响力等因素。对经过权利人的使用，已经能够发挥区别商品来源作用的电影名称，可认定为具有一定影响力的商业标识。

基本案情

原告：美国某企业公司（以下简称某制作公司）

原告：美国某动画公司（以下简称某动画公司）

被告：厦门某影视动漫有限公司（以下简称厦门某动漫公司）

被告：北京某影视文化传媒有限公司（以下简称北京某文化公司）

被告：上海某传媒技术有限公司（以下简称上海某传媒公司）

某制作公司和某动画公司是动画电影《赛车总动员》（英文名称为《Cars》）和《赛车总动员 2》（英文名称为《Cars 2》）及其电影海报、电影中动画形象“闪电麦坤”和“法兰斯高”的著作权人。两部电影先后于 2006 年、2011 年在我国电影院上映。一些媒体使用《赛车总动员》《飞车正传》《汽车总动员》等作为《Cars》的译名进行了报道。在案件审理期间，公众可至某知名视频网站点播上述电影。某知名视频网站使用的电影名称为《汽车总动员》和《汽车总动员 2》，并注明别名为《赛车总动员》和《赛车总动员 2》。

电影《赛车总动员》获得第 64 届金球奖年度最佳动画长片奖、第 34 届安妮奖年度最佳动画长片奖、第78届美国国家电影评论协会奖年度最佳动画长片奖等奖项。至2006年10月1日，《赛车总动员》的国际票房已超过2亿美元；至2011年8月7日，《赛车总动员2》的国际票房已超过2.6亿美元。上述两部电影在豆瓣电影网、时光网上的评分均超过7分。

动画电影《汽车人总动员》由厦门某动漫公司出品，由北京某文化公司发行。厦门某动漫公司于2014年向有关部门进行电影剧本(梗概)备案、立项时所使用的名称为《小小汽车工程师》。2015年5月4日，厦门某动漫公司经有关部门批准，将《小小汽车工程师》更名为《汽车人总动员》。

2015年4月27日，厦门某动漫公司的法定代表人发布微博称：动画电影《汽车人总动员》将在暑期档7月3日全国公映，敬请期待。该微博配图中有"《汽车人总动员》电影推介"字样。

电影《汽车人总动员》于2015年7月上映，上海多家影院进行了放映。电影海报上突出显示"汽车人总动员 The Autobots"字样，其中"人"字被轮胎遮挡，海报主角为动画形象K1、K2。多个视频网站向公众提供电影《汽车人总动员》的在线播放服务。

在《汽车人总动员》上映前后，多家媒体刊发文章指出《汽车人总动员》涉嫌抄袭的问题，一些报道称有观众误认为《汽车人总动员》是某制作公司的电影而购买了电影票。在豆瓣电影网、时光网、格瓦拉网，《汽车人总动员》的得分均不超过2.5分。猫眼票房分析网公布的数据显示，自2015年7月3日至7月14日，该电影的票房收入为563万元。

两原告诉称，《汽车人总动员》中的动画形象"K1""K2"与《赛车总动员》《赛车总动员2》中的动画形象"闪电麦坤""法兰斯高"构成实质性相似，《汽车人总动员》的电影海报与《赛车总动员2》的电影海报构成实质性相似，构成著作权侵权。《汽车人总动员》的电影名称与《赛车总动员》系列电影名称近似；电影海报中，"人"字被轮胎遮挡，电影名称成为《汽车总动员》。厦门某动漫公司的电影使用《汽车人总动员》或者《汽车总动员》的电影名称，均会误导公众，构成不正当竞争。原告诉请判令：被告厦门某动漫公司、北京某文化公司停止著作权侵权及不正当竞争行为；被告上海某传媒公司停止通过信息网络向公众提供侵权作品；被告厦门某动漫公司、北京某文化公司连带赔偿两原告经济损失300万元及合理费用100万元。

被告厦门某动漫公司辩称：(1)《汽车人总动员》中的动画形象是其独立创作的，与原告电影的动画形象不构成实质相似，两者的电影海报也不相似。(2)电影取名《汽车人总动员》并无不当，无攀附原告商誉或实施不正当竞争的意图。(3)被告厦门某动漫公司、北京某文化公司有明确分工，不构成共同侵权。(4)即使构成侵权，原告主张的赔偿金额也过高。

被告北京某文化公司辩称：(1)北京某文化公司没有侵犯原告的著作权。(2)原告关于被告擅自使用知名商品特有名称的主张不成立。(3)原告主张以被告获利为损害赔偿依据,而被告并未获利。

被告上海某传媒公司辩称,上海某传媒公司系经合法授权播放该电影,从未收到过任何关于该电影涉嫌侵权的通知或投诉,对存在侵权行为并不知晓。上海某传媒公司已于2015 年 11 月 20 日将该电影下线。

【法院裁判】

上海市浦东新区人民法院经审理认为,电影《赛车总动员》《赛车总动员 2》中的动画形象“闪电麦坤”及“法兰斯高”具有独创性,整体动画形象具有美感,属于美术作品,其电影海报亦属于美术作品。《赛车总动员》《赛车总动员 2》曾在国内影院上映,厦门某动漫公司、北京某文化公司有机会接触上述电影。“K1”“K2”与“闪电麦坤”及“法兰斯高”构成实质性相似。厦门某动漫公司、北京某文化公司构成著作权侵权。

《赛车总动员》《赛车总动员 2》取得了较高的票房收入,获得了众多奖项及奖项提名,媒体对两部电影进行了大量的报道,公众对该电影的评价较高,视频网站至今仍提供上述两部电影的在线播放服务。经过大量的使用、宣传,《赛车总动员》这一电影名称已经能够发挥区别商品来源的作用,属于知名商品特有名称。

《汽车人总动员》作为电影名称,以相关公众一般注意力为标准,公众不会将其与某制作公司、某动画公司的涉案电影混淆,不构成与某制作公司、某动画公司知名商品特有名称的近似。《汽车人总动员》的海报中,“人”字被轮胎遮挡,遮挡之后该电影名称的视觉效果变成了《汽车总动员》,相关公众容易产生误认,故属于擅自使用知名商品特有名称的不正当竞争行为。

上海市浦东新区人民法院作出(2015)浦民三(知)初字第 1896 号民事判决:(1)判决三被告停止侵权;(2)被告厦门某动漫公司赔偿原告经济损失 100 万元,被告北京某文化公司对其中的 80 万元承担连带赔偿责任;(3)被告厦门某动漫公司和北京某文化公司赔偿原告合理开支 353, 188 元。

一审判决后,被告厦门某动漫公司、北京某文化公司提起上诉。上海知识产权法院作出(2017)沪 73 民终 54 号民事判决:驳回上诉,维持原判。

【案例评析】

一、动画形象著作权侵权的认定

本案涉案电影的“闪电麦坤”具有公路赛车通常具有的结构及样式,“法兰斯高”具有 F1 方程式赛车通常具有的结构及样式。这些赛车通常具有的结构和样式已进入公有领域。某制作公司、某动画公司在此基础上进行了变形。“闪电麦坤”是流线型带尾翼的公路赛车,采用红色作为其车身的主要涂装色,两侧有火焰的图案,展现了该角色充满活力、拼搏进取的性格特征。“法兰斯高”是 F1 方程式赛车,“法兰斯高”的驾驶舱被设计为头盔状，车身较现实中的车身进行了相应缩短，并增加了更大的弧度使拟人化的形象更为协调。车身设计成绿、白、红三色，说明其是来自意大利的赛车。“法兰斯高”的整体设计突出其自信、强悍的性格特征。上述两个动画形象在既有车辆样式的基础上进行了独创性设计，尤其是其拟人化的脸部具有很高的独创性，整体动画形象具有美感，属于美术作品，受我国《著作权法》的保护。《赛车总动员2》的电影海报背景为蓝色立体感的地球形状，地球的下方为以“闪电麦坤”为代表的四辆拟人化汽车形象，车辆下方有浅色车辆倒影。该电影海报具有独创性，属于受著作权法保护的美术作品。

将电影《汽车人总动员》中的动画形象“K1”“K2”与《赛车总动员》《赛车总动员2》中的动画形象“闪电麦坤”及“法兰斯高”相较，“闪电麦坤”及“法兰斯高”的色调更加艳丽、饱满，“K1”“K2”的色调较为灰暗，眼睛和嘴部都较为粗糙。虽然两者存在一定区别，但两者仍有很多相似之处，尤其是在拟人化的部分，两者都是将前挡风玻璃处设计为眼部，并包含了可上下移动的上眼睑，都将进气格栅处设计为嘴部。此外，两者还采用了近似的涂装色，“K1”和“闪电麦坤”都采用红色为涂装色，“K2”和“法兰斯高”亦采用相同的三色涂装色。简单的某种设计思路作为思想不应被垄断，应当允许合理的参考与借鉴。但是，当多重的设计组合充分展示出拟人化的独有特征后，这种设计的组合不再属于不受保护的思想，而进入独创性表达的范畴。某制作公司、某动画公司的“闪电麦坤”和“法兰斯高”动画形象通过拟人化的眼部、嘴部以及特定色彩的组合，构成独创性表达，而厦门某动漫公司、北京某文化公司恰恰在上述设计组合上复制了某制作公司、某动画公司的作品。“K1”“K2”使用了“闪电麦坤”“法兰斯高”具有独创性的表达特征，两者构成实质性相似。

《赛车总动员》《赛车总动员2》都曾在国内上映。媒体在2006年、2011年曾对上述电影及其中的动画形象、电影海报作了报道。厦门某动漫公司、北京某文化公司有机会接触上述作品。

原告还主张，《汽车人总动员》的电影海报和《赛车总动员2》的构成实质性相似，“K1”“K2”使用了某制作公司、某动画公司“闪电麦坤”及“法兰斯高”动画形象最具独创性的眼部和嘴部表达方式，两者几乎没有差别。《汽车人总动员》电影海报中的“K1”“K2”与“闪电麦坤”及“法兰斯高”的动画形象构成实质性相似。但就海报整体而言，两者在构图、背景等方面均存在较大的差别，故两者不构成实质性相似。

二、电影名称受反不正当竞争法保护的条件

根据2007年最高人民法院《关于审理不正当竞争民事案件应用法律若干问题的解释》[①]第1条的规定，人民法院认定知名商品，应当考虑该商品的销售时间、销售区域、销售额和销售对象，进行任何宣传的持续时间、程度和地域范围，作为知名商品受保护的情况等因素，进行综合判断。不同于普通商品的销售、宣传，电影的放映和宣传有其特殊性。通常

① 该司法解释已于2020年修正。

情况下，电影在影院连续上映的时间不会超过 1 个月。制片方或发行方通常会在电影放映前及放映期间进行集中宣传，档期结束后通常不再进行宣传。因此在认定电影的知名度时，不应过分强调宣传的持续时间或放映的持续时间，而应当考察电影投入市场前后的宣传情况、所获得的票房、相关公众的评价以及是否具有持续的影响力等因素。某制作公司、某动画公司的两部涉案电影均取得了较高的票房收入，获得了众多奖项及奖项提名，媒体对其进行了大量报道，公众对电影的评价较高。影院放映结束后，视频网站至今仍提供涉案电影的在线播放服务，故上述两部电影仍然在相关公众中具有较高的影响力。《反不正当竞争法》[①]第 5 条第 2 项规定的知名商品特有名称的特有性，是指能够区别商品来源的显著性。"赛车总动员"一词并非英文名称"Cars"的直译，"赛车"是一类汽车的称呼，"总动员"的含义是为完成某项重要任务动员全部力量；将电影的主角"赛车"和表明发动力量的"总动员"结合在一起，用于拟人化赛车题材电影作品的名称，使该名称具有一定的独特性。经过权利人的使用、宣传，相关公众会将《赛车总动员》这一电影名称与某制作公司、某动画公司联系在一起，这一电影名称已经能够发挥区别商品来源的作用，属于知名商品特有名称。

某制作公司、某动画公司主张，涉案电影又译为《汽车总动员》，故《汽车总动员》亦属于原告的知名商品特有名称。对此，在可资参考的"索爱"商标争议行政案[②]中，最高人民法院认为，争议商标"索爱"，无论是作为未注册商标的简称，还是作为企业名称或知名商品特有名称的简称，其受法律保护的前提是，对该标识主张权利的人必须有实际使用该标识的行为，且该标识已能够识别其商品来源。在争议商标申请日前，索尼爱立信公司并无将争议商标作为其商业标识的意图和行为，相关媒体对其手机产品的相关报道不能为该公司创设受法律保护的民事权益。本案中，根据《电影管理条例》第 5 条第 1 款的规定，国家对电影摄制、进口、出口、发行、放映和电影片公映实行许可制度。《赛车总动员》和《赛车总动员 2》是某制作公司、某动画公司经过有关部门批准在国内使用的电影名称。虽然有的报纸、网站将《Cars》《Cars 2》译为《汽车总动员》《汽车总动员 2》，但某制作公司、某动画公司在我国并未主动将《汽车总动员》《汽车总动员 2》作为电影名称进行商业性的使用，故《汽车总动员》《汽车总动员 2》不属于知名商品特有名称。

本案的特殊之处在于，厦门某动漫公司的涉案电影经批准使用的名称为《汽车人总动员》，电影片头的名称亦是《汽车人总动员》。但该电影海报中，"人"字被轮胎遮挡，遮挡之后该电影名称的视觉效果变成了《汽车总动员》。原告主张，被告使用《汽车人总动员》《汽车总动员》的电影名称均构成不正当竞争。对此法院认为，上述两种情况应分别认定，并着重考察是否会导致相关公众混淆。

---

① 《反不正当竞争法》已于 2017 年、2019 年分别修改，本案例中所引用的条文均为 2017 年修订前的《反不正当竞争法》条文。

② 最高人民法院（2010）知行字第 48 号驳回再审申请通知书。

电影的名称通常使用较短的词句，不同制片者拍摄相同题材电影的情况也较为常见，故应合理界定构成知名商品特有名称的电影名称的保护范围，否则可能会侵占公有领域的资源。厦门某动漫公司的电影《汽车人总动员》这一名称中，"汽车人"一词有多种含义，可指汽车业的从业人员，也可指类似变形金刚这类高度拟人化的汽车形象等。其语境中的含义与"赛车"一词具有较大区别。一部动画电影以《汽车人总动员》为名称，以相关公众一般注意力为标准，公众并不会将其与某制作公司、某动画公司的涉案电影混淆或者误认，故《汽车人总动员》的电影名称与电影《赛车总动员》的名称不构成近似。

《汽车人总动员》的海报中，"人"字被轮胎遮挡，遮挡之后该电影名称的视觉效果变成《汽车总动员》。《汽车总动员》和《赛车总动员》仅一字之差，且赛车属于汽车的一种类别，相关公众在隔离比对的情况下，容易产生误认。根据现有证据，已经有观众对两者产生误认，以为涉案侵权电影是某制作公司、某动画公司制作的系列电影。厦门某动漫公司、北京某文化公司的上述行为，主观上具有攀附某制作公司、某动画公司知名动画电影名称的故意，客观上易使相关公众产生误认，从而属于不当利用某制作公司、某动画公司涉案电影的在先商誉，构成擅自使用知名商品特有名称的不正当竞争行为。

【典型意义】

在国家政策的鼓励和支持下，中国的动漫产业快速发展，产业规模不断扩大，涌现出一批优秀的原创作品。一些国产原创动画电影不仅取得了良好的口碑，也取得了较高的票房收入。在创作过程中，简单的某种设计思路作为思想不应被垄断，应当允许合理的参考与借鉴，但不能使用他人独创性的表达，抄袭和"傍名牌"最终要付出代价。本案获评2017年度中国版权行业十大热点案例、2017年上海法院知识产权司法保护十大案件、2017年度上海十大版权典型案件、2017年上海知识产权十大典型案件、2019年中国法院年度案例，并入选《人民法院案例选》(2018年第10辑)。

【案例索引】

案号：

一审：上海市浦东新区人民法院(2015)浦民三(知)初字第1896号

二审：上海知识产权法院(2017)沪73民终54号

审判组织：

一审：朱丹、徐俊、邵勋

二审：黎淑兰、徐飞、凌崧

编写人：徐俊、邵勋

05

有一定创作高度的家具造型可认定为美术作品

——某家具(上海)有限公司诉上海某甲实业有限公司等著作权侵权纠纷案

裁判要旨

实用艺术品具备实用性与艺术性的双重属性。在现行著作权法下,当其实用功能可以与艺术美感在物理上或观念上相独立,且艺术设计部分达到一定水准的创作高度时,可作为美术作品获得著作权法保护。其中,创作高度标准可从创作者和公众认知两个角度综合认定。从创作者角度看,实用艺术品的造型应体现作者在美学领域的独特创造力,且艺术性应强于实用性;从公众认知角度看,应使一般公众足以将其看作艺术品。

基本案情

原告:某家具(上海)有限公司(以下简称某家具公司)

被告:上海某甲实业有限公司(以下简称上海某甲公司)

被告:上海某乙实业有限公司(以下简称上海某乙公司)

原告系一家经营家具的公司。2013 年 7 月,原告与西班牙设计师所在的公司签订《家具设计著作权许可协议书》,约定该公司许可原告在中国独占使用其家具设计图纸及设计方案,原告及其关联公司自 2012 年开始支付的费用均为作品许可费。2016 年 12 月,双方再次签订相同内容的许可协议,并附有授权产品清单,包括涉案 15 件家具。2013 年 3 月至 2016 年 2 月,原告陆续收到设计师通过电子邮箱发送的涉案 15 件家具的设计图纸,图纸中包含家具的整体效果图及平面、立面、剖面的详细尺寸图。上述家具采用几何组合的方式,由大量三角形、多边形、条形或圆形等几何块面拼接、组合、堆叠而成。上述家具中,有 13 件分别在 2013 ~2015 年的中国国际家具展览会上展出。原告开有实体店并接受家具定制业务,有 12 件家具均曾定制销售,成交价从 1 万余元到 7 万余元不等。

两被告的场馆内陈列有大量家具,其中包括原告主张两被告侵权的 15 件家具。经比对，上述家具除与原告的一餐椅的椅背、椅面设计以及一书架的挡板、一茶几的底座高度有区别外，其余造型设计与原告的基本相同。

原告某家具公司诉称，其托西班牙设计师设计了涉案15件家具且享有独占性使用权，并将上述家具在我国销售和参展。涉案家具的造型设计具有独特的艺术美感，其立体造型及设计效果图构成美术作品，分解设计图属于图形作品。两被告在其共同经营的某家具场馆陈列的15件家具与原告的家具造型相同，侵害了原告的著作权。原告诉请判令：两被告停止侵权、消除影响并赔偿损失83.58万元。

两被告共同辩称，家具是实用艺术品，不受《著作权法》保护。被控侵权家具系上海某乙公司自行设计的，上海某甲公司代加工后陈列在展厅用于内部学习交流以激发灵感，从未销售也不想销售。与原告家具类似的产品很多，被告模仿的是他人的家具，双方的家具不构成实质性相似。

【法院裁判】

上海市浦东新区人民法院经审理认为，本案的主要争议焦点在于，原告关于涉案家具立体造型的主张是否成立。涉案家具同时具有实用功能和艺术美感，系实用艺术品。当其实用功能与艺术美感能够相互独立，且艺术设计部分达到一定水准的艺术创作高度时，其中具有美感的部分可以作为美术作品获得著作权法保护。

1. 关于原告主张的设计要点的实用功能与艺术美感是否能相互独立。上述设计即便进行改动，也不会影响其实用功能的实现，故其实用功能与艺术美感均可在观念上分离。

2. 关于以上设计要点是否达到一定水准的艺术创作高度。涉案15件家具中，有5件家具所涉及的造型通过几何线条和面块的不同组合，模拟出山谷、山峰、飞鸟等形态，达到一种来源于现实又区别于现实的艺术效果。上述造型的艺术性明显高于实用性，甚至无任何实用功能，均达到了一定水准的艺术创作高度，能够使一般公众将其看作艺术品，故构成美术作品。但其余10件家具的造型设计较为简单，这种“简洁美”没有体现出实用艺术品作为美术作品所需要的艺术创作高度，也与同类家具区别不大，不构成美术作品。

3. 关于两被告是否构成侵权。原告的前述5件家具均曾展出，其中4件还曾销售，两被告作为家具行业经营者，存在接触的可能。被告的相应家具与前述5件家具的独创性造型部分的构成、组合相同，整体外观亦相同，但被告无法提供设计图，亦未就此作出合理解释，本院有合理的理由相信两被告曾接触到原告的上述家具。两被告称与前述设计类似的家具很多，但未提交证据予以证明。综上，两被告共同侵犯了原告对涉案作品享有的复制权、发行权。

上海市浦东新区人民法院作出(2017)沪0115民初32234号民事判决：(1)两被告立即停止侵害原告对涉案5个作品享有的复制权、发行权；(2)两被告共同赔偿原告经济损失20万元及为制止侵权行为支出的合理开支4.1万元；(3)驳回原告的其他诉讼请求。

一审判决后,两被告提起上诉。上海知识产权法院作出(2018)沪73民终452号民事判决:驳回上诉,维持原判。

【案例评析】

随着社会的发展,一方面,人们对生活品质的要求越来越高,导致对实用物品的需求也超出功能需求,而开始越来越追求审美方面的需求;另一方面,技术进步也使得产业界能够提供更多融入美感要素的实用物品。随着3D打印技术的进一步发展,人们日常生活中会出现越来越多的实用艺术品。实用艺术品作为一种富有美感并适于工业应用的产品的外观,可以作为外观设计专利权的客体获得保护。同时,作为一种由线条、平面、颜色及其组合构成的立体造型,其也可能作为著作权法的客体获得保护。

一、著作权法对实用艺术品的保护现状

受著作权法保护的实用艺术品,又可称为实用艺术作品。《伯尔尼公约》第2条第1款将"实用美术作品"(works of applied art)规定为与图画、油画、建筑、雕塑、雕刻及版画等美术作品并列的文学艺术作品的范围;第2条第7款允许成员国规定保护实用艺术品的范围和条件,并强调若实用艺术品的来源国未对实用艺术品提供专门保护,则实用艺术品应作为艺术作品(artistic works)受到保护。世界知识产权组织编写的《著作权与邻接权法律术语汇编》将实用艺术作品定义为"具有实际用途的艺术作品,无论这种作品是手工艺品还是工业生产的产品"。《伯尔尼公约指南》还明确指出,实用艺术作品涵盖小摆设、首饰、家具、壁纸、装饰品、服装等。具体到各国立法层面,《美国版权法》第101条规定,实用物品的设计应视为"绘画、图形或雕塑作品",但仅以该设计中所含之绘画、图形或雕塑的特征可使其区别于且能独立于物品的实用功能而存在者为限。《德国著作权法》第2条第1款第4项规定,受保护的著作包括"建筑艺术、实用艺术著作及其草图在内的美术著作",将实用艺术品规定为美术作品。《日本著作权法》第2条第2款规定,美术作品包括美术工艺品。①

我国现行立法中,《著作权法》未将实用艺术作品明确列明为著作权法的保护客体。在此情况下,只能回归我国著作权法关于作品的定义,并结合与实用艺术品与立体美术作品相同的表达方式,来确定其作品类型,进而确定其认定标准。

二、实用艺术品被认定为美术作品的条件

与书法、绘画等纯粹为满足人们美感需求的传统美术作品相比,实用艺术作品具备实用性(功能性)和艺术性(美学性)的双重属性。若将实用艺术作品作为美术作品进行保护,可能会使保护范围延及其功能性层面,而这属于专利法而非著作权法的保护领域。因此,将实用艺术品认定为美术作品时,其在认定条件上应与传统美术作品有所区别。王迁

① 参见《十二国著作权法》,《十二国著作权法》翻译组译,清华大学出版社2011年版,第147、365、720页。

教授认为,实用艺术品只有符合以下三个条件才能作为美术作品受到著作权法保护:(1)实用艺术品中的实用功能和艺术美感必须能够相互独立,包括物理上的独立和观念上的独立。(2)实用艺术品中能够独立存在的艺术设计具有独创性。(3)实用艺术品应当达到较高水准的艺术创作高度。① 以上观点被实务界普遍采纳。由于达到较高艺术创作水准的作品必定具备独创性,故该类案件审理中最大的难点在于实用功能和艺术美感独立与否的认定(以下简称可分离性标准),以及是否达到较高水准的艺术创作高度的认定(以下简称创作高度标准)。

(一)关于可分离性标准的认定

著作权法追求的目的是鼓励创作。一般而言,创作者都会不知不觉受到先人的启发,故必须允许人们自由使用他人作品中所蕴含的思想,从而鼓励人们在此基础上创作出更为丰富的具有独创性的表达。因此,著作权法只保护具有独创性的表达,而不保护思想,哪怕是具有开创性的思想。这是著作权法的基本原理,也是著作权法和专利法在基本功能上的区别。《与贸易有关的知识产权协定》(Agreement on Trade-Related Aspects of Intellectual Property Rights,TRIPs)第9条第2款明确规定,版权保护应延及表达,而不延及思想、工艺、操作方法或数学概念等。我国《著作权法》虽未对此作出明确规定,但理论界及实务界均普遍认同该原理。思想和表达间并非一直泾渭分明,当对某种思想只有一种或极其有限的表达时,思想和表达就会混在一起,无法在二者之间划出明确的界限。此时若对表达进行保护,会导致表达所依附的思想本身也被垄断,因此在此情形下将表达也视为思想而不予保护,这就是所谓的混同原则。②

就实用艺术品而言,其实用功能属于“思想”范畴,艺术美感则属于“表达”范畴。实用功能和艺术美感作为抽象出来的概念,均需附着于某种载体甚至是同一载体。当二者附着于不同物质载体时,其界限比较分明,这就是前文所说的“物理上的独立”。当二者附着于同一载体时,只有能通过某种方式将艺术美感从实用功能中分离或者说独立出来,著作权法才对该美感表达予以保护,这就涉及“观念上的独立”。

关于物理上的独立,是指可以将承载美感的部件从整个实用艺术品上拆卸下来。此种类型在司法实践中比较容易判断。关于观念上的独立,是指实用艺术品中的实用功能和艺术美感融合在一个物体上,无法从物理上加以分离,但改动艺术部分的设计不会影响实用功能实现的情形。相反,对于仅仅出于功能需求而设计的某种表达,即便其具备一定的美感,但由于该功能所决定的物品形状同物品功能不可分离,出现了思想与表达的混同,也不受著作权法保护。例如,为降低汽车高速行驶时遇到的空气阻力及保持车身平稳而将汽车外观设计为流线型,无论该设计具有多高的价值,甚至可能获得设计类的奖项,其也不能受

① 参见王迁:《著作权法》,中国人民大学出版社2015年版,第96~98页。

② 参见王迁:《著作权法》,中国人民大学出版社2015年版,第50~51页。

到著作权法的保护。否则,可能会使著作权法沦为保护实用技术方案的工具,与著作权法的立法目的相悖。

(二)关于创作高度标准的认定

根据我国《著作权法实施条例》第 4 条的规定,美术作品是指绘画、书法、雕塑等以线条、色彩或者其他方式构成的有审美意义的平面或立体的造型艺术作品。根据上述定义,"审美意义"是认定美术作品的一个重要概念,这也是美术作品作为一种体现了"美"的价值取向的作品类型对于创造性高度的特殊要求。但在实践中,由于对"美"的观念极具主观性、个人性且不断发展变化,对"审美意义"的认定并没有严格而统一的标准。因此,在传统美术作品的实际认定中,一般认为只要创作者将其对美学的独特观点在物质载体上以可视的方式表现出来,符合最低限度的创造性的要求,就能构成美术作品,较少涉及对于"审美意义"高低与否的判断。但实用艺术品要获得著作权法保护,需要满足比传统美术作品更高水准的创作高度要求。之所以有这样的要求,是基于以下原因:

一是基于对实用艺术品的双重保护模式。如前所述,具有一定美感的实用品有可能受到著作权法和外观设计专利法的双重保护,但二者的保护条件不同:(1)取得模式不同。获得外观设计专利权需要经过申请程序、支付申请费用、等待较长时间,而作品完成即取得著作权,也无须支付任何费用。(2)保护期限不同。外观设计专利权的期限只有 10 年,而著作权的保护期限为作者终生及死后 50 年。即便《著作权法》修改草案将实用艺术作品的保护期定为 25 年,但仍比专利保护期长得多。(3)保护范围不同。对美术作品而言,无论在何种载体上,只要使用了与实用艺术品相同或实质性相似的表达,均构成侵权。但外观设计专利权的保护必须以相同或类似产品为载体,不能脱离该产品而单独存在。由此可见,实用艺术品作为美术作品获得保护的门槛较低,程序成本几乎为零,而保护力度却较高。在追求生活品质的现代社会,许多日用品都或多或少有一些美感。若不对实用艺术品的"审美意义"或者说创作高度作出一定的要求,而对美感较低的实用品均予以著作权法的保护,设计者将不再有动力去申请外观设计专利权,从而导致外观设计专利权的制度设计落空。

二是基于公共利益的考虑。与绘画、雕塑等传统美术作品的载体相比,实用艺术品一般用于工业化大规模生产,且必须满足人们的某种实用需求。基于这一点,在对实用艺术品进行著作权保护时,应考虑到对公共利益的影响,避免因过度保护而不当挤占其他市场主体的经营空间。如果将实用艺术品在设计中的每一点变化和更新都认定为美术作品由设计者垄断,则有可能出现日常消费的所有产品均可获得著作权法的保护,使得设计者对物品的实用性功能实现事实上的垄断,从而阻碍竞争,不利于科技进步、文化繁荣、社会发展。

基于上述理由,我国理论界和实务界都将实用艺术品达到一定创作高度作为保护条件。艺术或美本身就是一个难以界定的概念,创作高度的判断更是难上加难。在审判实践中，一般可以从创作者角度及公众认知角度两个方面进行综合认定：(1)从创作者角度来看，由于美术作品体现了作者在美学领域的独特创造力，那么对于既有欣赏价值又有实用价值的实用艺术品而言，其要作为美术作品获得保护，也应体现出作者在美学领域的独特创造力，且应明显强于其在实用功能方面的创造力。(2)从公众认知角度来看，实用艺术品应达到一定的艺术程度，使一般公众足以将其看作艺术品，也即一般公众看到该设计的第一感觉是“好美”而非“好有用”。例如，在“乐高积木”案和“宜家儿童椅凳”案中，法院均指出“(实用艺术作品的)艺术性要求该物品具有一定的艺术创作高度，这种创作程度至少应使一般公众足以将其看作艺术品”。当然，无论是美学与实用功能领域创造力的比拼，还是一般公众认知的判断，在实践认定中也并无更有可操作性的认定标准，而更需要裁判者的自由裁量权。

本案中，原告主张的涉案家具的具体设计均可在观念上相分离，满足可分离性标准。

【典型意义】

随着社会的发展，人们对生活品质的要求越来越高，对实用物品也会提出更多的审美需求；而技术的进步，也使得产业界提供更多符合公众审美需求的实用物品成为常态。同时，面对实用艺术品更新迭代快、设计风格表达与实用性混合的特点，完善对实用艺术品的司法保护也显得越发迫切和重要。本案不仅为家具作为实用艺术品如何保护探索了路径，也为将实用艺术品认定为美术作品提供了参考，具有一定的实践和理论探索意义。本案获评2019年度上海十大版权典型案件、2019年中国十大最具研究价值知识产权裁判案例，并入选2020年《人民法院案例选》。

【案例索引】

案号：

一审：上海市浦东新区人民法院(2017)沪0115民初32234号

二审：上海知识产权法院(2018)沪73民终452号

审判组织：

一审：倪红霞、叶菊芬、孙宝祥

二审：胡宓、黄旻若、杨馥宇

编写人：叶菊芬

06

思想表达区分理论在文学作品著作权侵权判定中的适用

——刘某某诉周某某等著作权侵权纠纷案

裁判要旨

著作权法保护的是作品的表达，而不延及作品的思想。被控侵权作品只有在接触并与权利人的作品在表达上构成相同或实质性相似的情况下，才构成侵权。判断作品是否构成实质性相似，首先要判断权利人主张的元素属于思想还是受著作权法保护、具有独创性的表达，其次要剔除属于公有领域的表达和表达方式有限的表达。文学作品中除文字本身外，故事情节也属于表达。故事情节的相似性比对，应当与人物、人物关系、事件结合起来，而不是停留在抽象的情节上。

基本案情

原告：刘某某

被告：周某某

被告：某电视台等

原告刘某某，笔名南嫫，系陕西省作家协会会员，曾在中央电视台《东方之子》栏目任记者，担任《财神》周刊、《视点》栏目执行主编，《女友》杂志社记者。2010 年 6 月 23 日，原告开始在"天涯论坛"连载发布小说《暗箱》。2011 年 1 月小说《暗箱》一书出版，署名"南嫫"。该书共 39 章，32 万字。该书在"内容简介"中介绍：有着 50 多年辉煌历史的国防厂被残留的氯气罐炸成一片瓦砾，省长刘云波万万没有想到他到南岭后启动的国企改制竟如此惨烈收场。国防厂的老工人拉出了"血债血还"的标语在市政府前示威游行，政府、厂房工人和收购国防厂的资方展开了艰难的谈判。此时，真正的幕后推手已经悄然无声地打扫干净门前雪。在女记者季子川面前，国防厂并购以及江东半岛开发中"暗箱操作"的内幕一步步被揭开。然而，越接近真相，她越感到恐慌，也许更让她感到恐慌的是：她不得不面临天理与情感的抉择。

被告周某某系中国当代作家、编剧，中国作家协会主席团委员，江苏省作家协会副主席，中国作家协会第九届全国委员会委员。著有《人民的名义》《人间正道》等多部小说，并有部分小说被改编为电视剧。小说《人民的名义》于2017年1月出版，2017年3月第6次印刷，该书共54章，30万字。

电视剧《人民的名义》于2017年3月28日在湖南卫视“金鹰独播剧场”播出，编剧为周某某、孙某某，由最高人民检察院影视中心、中共江苏省委宣传部、中央军委后勤保障部金盾影视中心及本案其他7个被告等10家单位共同出品。据介绍，自开播以来，网络总播放量破19亿，市场占有率突破25%，网络点击量高达220亿，周某某版税收入1400万元。

《人民的名义》讲述：国家能源局某处处长赵德汉经人举报涉嫌贪污受贿，国家反贪总局侦查处处长侯亮平就此案展开调查。在调查过程中，侯亮平通知汉东省京州市反贪局局长陈海关注与此案关系紧密的京州市副市长丁义珍，但因汉东省省委的抓捕会议经汉东省公安厅厅长祁同伟泄密，丁义珍成功出逃至加拿大。后侯亮平至汉东省老检察长陈岩石处了解丁义珍主管的光明湖项目与大风厂问题。同时，京州市委书记李达康担心丁义珍的出逃引发投资商撤退，便抓紧推进大风厂拆迁项目，从而引发大风厂拆迁危机“九一六”大火事件。此次事件后，汉东省反贪局局长陈海围绕大风厂股权变动问题展开调查，在掌握初步线索后遭到暗害，成为植物人。侯亮平被派往汉东省接替陈海的职务，继续围绕大风厂股权质押案件展开调查。到任后，侯亮平得到新任汉东省委书记沙瑞金的支持，并根据其发小蔡成功的举报，以京州市委书记李达康的妻子、城市银行副行长欧阳菁和山水集团为切入点进行调查。随着调查的深入，侯亮平挖出了盘根错节的利益链条，也打破了以往汉东省的政治生态平衡。汉东省委副书记高育良、省公安厅厅长祁同伟开始对侯亮平进行遏制与反击，侯亮平遭到停职审查处理。在汉东省老检察长陈岩石、现任检察长季昌明、京州市公安局局长赵东来的帮助下，侯亮平摆脱构陷，最终查实高育良、祁同伟等违法违规事实。

原告刘某某诉称，电视连续剧《人民的名义》故意剽窃原告长篇小说《暗箱》独有的作品内容、结构、人物、情节、细节，进行肆意改编和嫁接演绎。被告周某某侵害了原告的作品改编权、摄制权、署名权、获得报酬权，同时对原告作品续集的创作和出版销售造成了实质性妨碍和侵害，给原告造成了精神和财产上的巨大损失。其余7名被告应当连带承担侵权的民事责任。原告诉请判令：(1)8名被告停止侵权行为，停止侵权电视剧《人民的名义》的一切播出、复制、发行、信息网络传播的行为。(2)被告周某某停止出版、销售小说《人民的名义》。(3)8名被告在全国性媒体上刊登经原告和法院书面认可的致歉声明，消除侵权影响，恢复原告著作权权益。(4)8名被告赔偿原告经济损失1800万元，互负连带责任。(5)8名被告承担原告为制止侵权、保护权益而花费的合理费用20万元。

8名被告共同辩称，被告作品《人民的名义》与原告作品《暗箱》在作品主线、核心事件、叙事结构、故事桥段、人物关系设计、人名、暗扣等方面均不同，并未侵犯原告的著作权。

【法院裁判】

上海市浦东新区人民法院经审理认为，著作权法所保护的是作品中作者具有独创性的表达，即思想或情感的表现形式，不包括作品所反映的思想或情感本身。在文学作品中，表达不仅体现在文字上，也体现在作品的具体内容中，包括作者对素材、情节等的设计、编排和取舍，同时要排除公有领域的内容及表达方式有限的表达。被控侵权作品只有在接触并与权利人的作品在表达上构成相同或实质性相似的情况下，才构成侵权。

本案中，原告刘某某主张其作品与被告作品在“整体结构”及“老国营厂命运发展”“男主人公腐败变迁过程”“男主人公夫妻关系变化”等主题方面，以及其他不存在内在逻辑串联关系的情节方面，构成被告作品与原告作品整体外观上的相似性，导致作品给人以相似的欣赏体验，从而侵害了原告的改编权、署名权、摄制权和获得报酬权。

关于作品的整体结构比对。如果仅是结构、主题相似，而缺少事件、情节和人物等细节的相似，则无法简单地归入著作权法的保护范围。只有当故事的主题和结构通过故事情节的设计、发展，按照逻辑顺序、前后衔接关系贯穿起来，形成足够具体、个性化的表达后，才受著作权法的保护。经比对，原、被告作品反映的主题不同，形成作品整体结构的情节组成内容、发展顺序、层次作用均不同。原告所作的作品整体结构对比，是基于其主观需要对两部作品中的部分情节进行了不当的概括和拼凑，人为造成两部作品整体结构相似的假象，故原告在本案中主张的作品整体结构相似没有事实依据，法院不予支持。

关于作品具体情节的比对。文学作品的相似性比对中，故事情节是关键的比对内容。如果两部作品在主要情节的具体细节描述、事件的逻辑关系以及人物角色的重要特征与相互关系上相似，而不是停留在抽象情节和次要情节上的相似，则可以认定构成实质性相似。同时，判定作品构成实质性相似还应当将确定的相似之处结合全文进行整体比对，而不是孤立地对相似之处进行一对一的比对。本案中，原告将其主张作品相似的具体情节分为四个方面，包括：老国营厂命运发展；男主人公腐败变迁过程；男主人公夫妻关系变化；其他相似情节。经比对，原告主张的内容缺少具体的相似情节支撑，其主张的抽象情节属于思想范畴，不受著作权法保护，而原、被告作品对于情节的表达也不相同。原告在比对时将多个人物及故事情节集合在一个轨迹中，拼凑痕迹明显，更说明原、被告的作品在该情节表达上的不同。

关于人物关系和人物设置的比对。法院认为，被告作品包含了三条主线，第一条主线是检察机关查处贪腐事件，第二条主线是政府领导班子中的权力斗争，第三条主线是一个普通工人家庭的命运变化，每一条线上均附着多个人物和人物关系。因此两部作品围绕各自的主线设置的人物及人物关系在整体数量上相差悬殊。原、被告作品中基于人物和人物关系产生的具体情节并不相似。在题材类似的情况下，原告脱离了具体情节的抽象的人物特征难以受著作权法的保护。

关于人名等其他细节的比对。法院认为,作者在创作过程中对人物角色取名可能会根据其所处的年代、性格特征等作一定的考虑。但从思想和表达二分法的角度来分析,人物的名称过于简短,很难构成有别于思想的表达,无法获得著作权法的保护,更何况原、被告作品中的人物姓名并不完全相同。同时,原告主张姓名相似的人物在故事中的角色、人物性格、人物特征、经历等均不相同,且没有关联性和延续性,因此完全没有可比性。

综上,原、被告作品既不存在文字表达上的字面相似,也不存在作品整体结构、具体情节、人物关系等具体表达上的非字面相似。故原告主张各被告侵犯其改编权、署名权、摄制权、获得报酬权没有事实和法律依据,法院不予支持。

上海市浦东新区人民法院作出(2017)沪 0115 民初 84551 号民事判决:驳回原告的全部诉讼请求。

一审判决后,原告提起上诉。上海知识产权法院作出(2019)沪 73 民终 268 号民事裁定:驳回上诉,维持原判。

【案例评析】

本案系知名反腐电视剧及小说《人民的名义》被诉侵犯著作权纠纷案,涉及小说作品实质性相似的判断问题。原告刘某某主张被告的作品使用了其作品中最核心的具有独创性的表达,在作品的整体结构和故事脉络、情节、人物等方面高度雷同。作品的相似可以是整部作品的相似,也可以是部分内容的相似。小说属于文字作品,主要由故事的结构、环境、人物(包括人物特征、人物性格、人物关系、人物对白等)、情节等要素组成。在这些要素中,故事的结构是框架,故事的环境、人物、情节等均附着于框架之上,使之成为有血有肉的故事。接触 + 实质性相似是判断作品是否构成抄袭的原则,实质性相似是指在后作品与在先作品相比在具体表达上相同或相似,使读者产生相同或相似的欣赏体验。表达不仅包括字面文字也包括非字面的具体内容。判断作品是否构成实质性相似,可从文字的表达及对上述要素的具体表达进行比对后进行综合判定。其中,情节的比对是核心,也最复杂,难度最大。在作品著作权侵权比对中一般采用三步检验法:首先要判断权利人主张相似的部分属于思想还是属于受著作权法保护的具有独创性的表达,其次剔除属于公有领域的表达和表达方式有限的表达,最后将剩余的部分进行实质性相似比对。

一、小说结构

小说的结构是指小说开端(交代背景)—发展(展现走向)—高潮(反映冲突)—结局(深化主题)的过程,可以采取按时间顺序,或者事件发展顺序,或者倒叙等方式展开。在作品的相似性比对中,对结构的分析往往与情节相互交织,形成足够具体、个性化的表达后,才受著作权法的保护。判断作品的结构是否相似,应从作品的主题、情节、故事发展顺序、情节层次的作用等方面展开比对。

本案中,原告认为,从整体结构看,在事件的发展过程中,原、被告作品中有 18 处情节完全相似。经比对可以发现,原、被告作品均存在企业转制的情况,但原告作品通过描写企业转制,以川汇集团收购一石厂为明线,通过各种回忆连接起江东项目的暗线,从中揭示官商勾结和官员的腐败现象,反腐并非故事的重点。但被告作品《人民的名义》中,反腐主题贯穿了小说的全过程,作品从查处贪官入手,以最高人民检察院检察官的办案历程为主线,以大风厂的股权争夺为辅线,通过环环相扣的追查情节,展现汉东省各种触目惊心的官商勾结贪腐现象,反腐是故事的重点。因此两部小说的主题和侧重点并不相同。在此前提下,两部作品的结构存在较大的差异。原告提炼的所谓结构并不准确,其是对两部作品中存在的非重点、并不能体现小说结构的相似内容进行了比对,因此,原、被告作品有着完全不同的创作路径、主题和情节脉络,在整体结构上难谓相似。

二、人物

人物是小说的灵魂,是小说中不可或缺的要素。人物可以通过人物的形象、性格、动作、神态、语言等进行刻画,通过故事情节来展现、塑造和充实,同时推动故事的发展。小说中的人物要素包含人物关系、人物性格、人物特征等。单纯的人物关系(如夫妻关系、父母与子女的关系、朋友关系、上下级关系),以及一般常见的人物性格、人物的外貌特征等,属于公有素材,不能被垄断,因此不受著作权法保护。但人物的性格、特征、人物之间的相互关系等又通过情节展现,或随着情节的发展而产生变化。只有与具体事件相结合塑造出的人物和人物关系,才可能作为有独创性的表达,受著作权法的保护。

本案中,原告在"人物关系"上主张 4 处共 15 组人物关系的相似,包括政府官员、女人、资方、企业方。原告在人物关系的相似性比对中,脱离作品中的具体情节,将两部作品中没有任何对应关系的人物予以比对,比如两部作品中均存在上下级关系、同学关系、家庭成员关系等,同时由于两部作品均涉及官场和企业转制,又不可避免地都存在厂长、工人、省委书记、市委书记等角色的设定,这种单纯的人物关系属于思想范畴,不应被任何人垄断,亦不受著作权法的保护。原告还将被告作品中多个人物的性格结合起来与原告作品中的一个人物进行比对,如原告将其作品中的刘云波与被告作品中的高育良、李达康对比,认为刘云波和高育良均是大学教授从政,有政治理想、老谋深算,三人均作风果断强硬、不贪财。原告提炼的人物性格是抽象的,比对的人物在作品中的角色、地位、作用也不同,在没有具体情节支撑的情况下,原告对单纯的人物关系寻求著作权法的保护显然是不恰当的。

三、情节

小说讲述的故事来源于生活,但又非真实生活的再现。故事情节是小说的核心,往往虚构的成分较多,比现实生活中的事件更加突出、完整和具有代表性。与人物相结合、足够具体、具有独创性的故事情节属于著作权法的保护对象,但如果是思想层面的相似则不受著作权法保护。在相似的主题下,存在一定的相似情节属于正常现象,而且也应当允许合理的借鉴。

本案中,原告将其主张的作品相似的具体情节分为四个方面,包括:老国营厂命运发展；男主人公腐败变迁过程；男主人公夫妻关系变化；其他相似情节。在上述四个方面下又提炼了多个情节。经比对，原告主张的相似情节，或提炼不准确，或是公有领域的素材如夫妻从恩爱到感情淡漠，或将具体表达剥离后抽象出单纯的情节如官员沉迷美色而导致腐败等。这些情节的提炼都脱离了具体的人物关系、事件走向，过于概括抽象，对情节进行填充的表达更不相同，不足以使读者产生两部作品相似的感受。因此，两部作品具有独创性表达的具体情节并不存在实质性相似之处。

著作权法对作品的保护及于表达，不延及思想。从上述分析可知，本案中原告虽将两部作品的结构、人物、情节等进行了详细的比对，但其比对均未结合逻辑关系和具体的事件，而是零碎地提取出其中抽象的内容。这些内容或归纳不准确，或不属于受著作权法保护的具有独创性的表达。因此，两部作品既不存在文字表达上的字面相似，也不存在作品整体结构、具体情节、人物关系等具体表达上的非字面相似，被告作品未侵害原告的作品著作权。

【典型意义】

近年来，因热门小说、影视等文学艺术作品而发生的著作权侵权纠纷频发，引发热议，本案即知名反腐作品《人民的名义》被诉侵犯著作权纠纷案。本案详细论述了题材类似的小说作品实质性相似的判断规则，通过对整体结构、作品具体情节、人物关系和人物设置等进行比对后，法院认定涉案小说及同名电视剧与原告小说《暗箱》不构成实质性相似。本案获评2020年度上海十大版权典型案件、2019年度中国版权行业十大热点案件。中国教育电视台针对本案制作了专题节目《热播剧侵权官司》。

【案例索引】

案号：

一审：上海市浦东新区人民法院（2017）沪0115民初84551号

二审：上海知识产权法院（2019）沪73民终268号

审判组织：

一审：金民珍、徐俊、倪红霞

二审：胡宓、杜灵燕、易嘉

编写人：倪红霞

07

体育赛事直播节目的司法保护路径

——某网络有限公司诉上海某传媒技术有限公司著作权侵权及不正当竞争纠纷案

裁判要旨

体育赛事直播节目作为连续画面的一种是否构成著作权法意义上的作品,其判断标准是独创性的有无而非独创性的高低。将独创性的高低作为判断连续画面是否构成作品的标准并无法律依据且给权利的保护带来较大的不确定性。通过机位的设置、镜头的切换衔接、"蒙太奇"手法的运用、慢动作的回放、精彩镜头的捕捉、故事的塑造等,导播的人格因素在节目制作过程中显露无遗。体育赛事直播节目充分体现了创作者在其意志支配下对连续画面的选择、编辑、处理,具有独创性,可以认定为著作权法意义上的类电影作品(视听作品)。

基本案情

原告:某网络有限公司

被告:上海某传媒技术有限公司

《欧洲足球锦标赛规则(2014—16)》第10条规定,欧洲足球协会联盟(以下简称欧足联)是2016年法国欧洲足球锦标赛所有知识产权的独家所有人;针对比赛项目及赛程表的所有权利、与比赛及参赛者有关的欧足联记录的数据和统计的数据亦由欧足联独家享有。

2016年10月7日,欧足联出具授权书,确认欧足联根据2014年8月5日签订的媒体权利协议授予中央电视台在中华人民共和国境内对2016年欧洲足球锦标赛的所有足球赛事进行实时播出、延迟播出和制作集锦(音频和视听)的媒体权利。授权期限自2014年8月5日至2016年12月31日,中央电视台可在中华人民共和国境内分许可前述媒体权利。

2009年4月20日,中央电视台向原告出具授权书,约定,中央电视台将其拍摄、制作或者广播的享有著作权或与著作权有关的权利或者获得相关授权的该台所有电视频道及其所含全部电视节目通过信息网络(包括但不限于互联网络、移动平台、IP电视、车载电视等新媒体传播平台）向公众传播、广播（包括但不限于实时转播或延时转播）、提供的权利，授权原告在全世界范围内独占行使，原告可以针对侵权行为以自己的名义采取各种法律措施。

被告在其经营的网站“PPTV 聚力”（www. pptv. com）中，通过信息网络，向公众提供原告享有权利的 2016 年欧洲足球锦标赛“法国 VS 罗马尼亚”“瑞士 VS 阿尔巴尼亚”两场足球赛事节目的网络实时转播服务，并在“PPTV 聚力”网站首页设立“2016 年法国欧洲杯”专题页面，向公众推荐相关赛事。

原告某网络有限公司诉称，被告的行为已严重侵害了原告对涉案足球赛事节目的广播权或其他权利，同时分流了本属于原告网站的用户流量，构成对原告的不正当竞争。原告诉请判令：被告赔偿原告经济损失及为维权支出的合理费用 300 万元。

被告上海某传媒技术有限公司辩称：首先，其对涉案足球赛事节目构成我国《著作权法》意义上的作品且属于类电影作品（视听作品）的定性没有异议，但其以网络实时直播的方式播放涉案作品的行为并未侵害涉案足球赛事节目广播权，该行为涉及的权利应属于 2010 年《著作权法》第 10 条第 1 款第 17 项规定的“应当由著作权人享有的其他权利”。其次，在被告制作的“智取法兰西”节目中，涉案足球赛事节目以背景屏幕方式呈现，是为了配合节目录制而对涉案足球赛事节目的适当引用，属于合理使用。再次，被告录制的“智取法兰西”节目以竞猜、答题为主，与原告节目的受众、传播渠道均不同，二者不存在竞争关系，也不会给原告带来损失，不构成对原告的不正当竞争。最后，原告未能提供有效证据证明其获得涉案足球赛事节目所支出的成本，其主张的赔偿金额缺乏相应的证据证明。

【法院裁判】

上海市浦东新区人民法院经审理认为，本案争议焦点为涉案足球赛事直播节目是否构成《著作权法》意义上的类电影作品（视听作品）；如构成类电影作品（视听作品），则涉案被诉行为侵害原告就涉案足球赛事节目所享有的何种权利类型？

首先，关于涉案足球赛事节目独创性的问题。涉案足球赛事节目经过素材选择、机位设置、画面的剪辑和编排等步骤，并融入回放、特效等因素，属于文学艺术领域的“独创性的表达”，且具有可复制性，可以作为《著作权法》规定的类电影作品（视听作品）加以保护。理由如下：我国法律对类电影作品（视听作品）的构成要件作了详尽的规定，涉案足球赛事节目是否属于类电影作品（视听作品）的关键在于对独创性以及固定性的认定。第一，我国《著作权法实施条例》规定，只有具备“独创性”的劳动成果才能成为著作权法意义上的作品。著作权法对于电影和类电影作品（视听作品）独创性的要求，一般而言只要是体现了作者的个性就跨过了门槛，满足最低限度独创性的要求即可，而非将独创性的高低作为判断电影和类电影作品（视听作品）与录像制品的标准。第二，从当前足球赛事现场直播的产业实践来看，直播的足球赛事节目始终处于可复制的状态，数字信号承载的连续画面确定可感知。从涉案足球赛事直播节目的摄制过程来看,在节目进行的过程中,球场上一旦出现犯规、进球,导播通常会立即插播犯规、进球的回放镜头,该回放镜头亦可充分说明涉案足球赛事节目在摄制的同时即实现了固定,符合我国著作权法关于类电影作品(视听作品)"摄制在一定介质上"即固定性的要求。

其次,关于受侵害作品的权利类型的问题。涉案侵权行为既不属于广播权控制的行为,也不属于信息网络传播权控制的行为,而是侵害了原告对涉案足球赛事节目"应当由著作权人享有的其他权利"。理由如下:第一,根据我国2010年《著作权法》第10条的规定,广播权是以无线方式公开广播或者传播作品,以有线传播或者转播的方式向公众传播广播的作品,以及通过扩音器或者其他传送符号、声音、图像的类似工具向公众传播广播的作品的权利。此处的"有线转播"仅限于将无线广播信号通过有线电缆传送给特定区域的受众,并不包含互联网转播。尽管广播权的内涵和外延存在法律解释的空间,但这种解释应当尊重既有的产业格局,不宜破坏现有的利益平衡。第二,我国《著作权法》仅规定了属于交互式传播的信息网络传播权,并未规定"向公众传播权"。涉案足球赛事的互联网实时转播属于非交互式传播。因此,应认为涉案侵权行为侵害了原告对涉案足球赛事节目"应当由著作权人享有的其他权利"。

上海市浦东新区人民法院作出(2017)沪0115民初88829号民事判决:被告赔偿原告经济损失及合理开支共计215万元。

一审判决后,被告提起上诉。上海知识产权法院作出(2020)沪73民终581号民事判决:驳回上诉,维持原判。

【案例评析】

一、足球赛事直播节目的保护路径——《著作权法》抑或《反不正当竞争法》

从进入司法领域的案件来看,足球赛事直播节目的保护路径在《著作权法》与《反不正当竞争法》之间摇摆。学者对此亦众说纷纭、莫衷一是。笔者认为,作为智力成果的一种,足球赛事直播节目属于《著作权法》规制的范围,《反不正当竞争法》并非解决此类纠纷的适当路径。

首先,从知识产权专门法和反不正当竞争法的关系来看,最高人民法院曾指出,要妥善处理好两者的关系,在激励创新的同时,还要鼓励公平竞争。《反不正当竞争法》补充保护作用的发挥不得抵触知识产权专门法的立法政策,凡是知识产权专门法已作穷尽性规定的领域,《反不正当竞争法》原则上不再提供附加保护,允许自由利用和自由竞争;但在与知识产权专门法的立法政策相兼容的范围内,仍可以从制止不正当竞争的角度给予保护。从上述司法政策可知,《反不正当竞争法》所提供的保护不能与《著作权法》立法政策相抵触。凡是《著作权法》已作穷尽性规定的领域,《反不正当竞争法》不应当再提供附加保护。当前,我国学术界及司法界对足球赛事直播节目的性质主要有作品、录像制品、广播信号三种意见。但不论是通过作品的著作权还是录像制作者权、广播组织权的相关邻接权加以保护，足球赛事直播节目均可以也应该在《著作权法》的框架内予以解决。足球赛事直播节目的保护属于《著作权法》已作穷尽性规定的领域，《反不正当竞争法》不应再提供附加保护。

其次，从足球赛事直播节目的交易特点来看，通过《反不正当竞争法》规制足球赛事直播节目，将给足球体育赛事以授权、许可为核心的市场交易带来极大的不稳定性。《著作权法》系权利保护法，著作权及相关权利的权利内容和保护范围均有明确的法律规定，其具有清晰的权利边界，且具有排他性的对世权。但《反不正当竞争法》系行为规制法，其保护的系未上升为权利的法益，系因其他经营者的不当行为所触发的被动性保护，其保护的范围、内容需通过个案认定。故适用《反不正当竞争法》对足球赛事直播节目进行保护，只是一种消极的权益保护，而非积极的赋权保护。这种消极的权益保护无法满足足球赛事直播节目许可市场以权利为前提的授权机制的需求，不能为足球赛事直播节目的许可、转让等流转提供必要的法律保障。

最后，从履行国际条约的义务来看，我国已于 2006 年批准加入《世界知识产权组织版权条约》。该条约规定作者享有“向公众传播的权利”，即“以授权将其作品以有线或无线方式向公众传播，包括将其作品向公众提供，使公众中的成员在其个人选定的地点和时间可获得这些作品”。此处的“向公众传播的权利”明显包括以网络直播的方式传播。因此，将足球赛事直播节目的网络直播纳入《著作权法》的调整范围亦是全面履行国际条约义务的应有之义。

因此，不论是从法律适用的顺位关系、市场交易特点还是从履行加入的国际条约的义务等方面来看，足球赛事直播节目均可以也应该在《著作权法》框架内予以保护。

二、足球赛事直播节目性质认定——作品抑或制品

我国《著作权法》将连续画面分为著作权保护的电影和类电影作品（视听作品）以及邻接权保护的录像制品。据此，实践中出现了电影和类电影作品（视听作品）与录像制品的区别是独创性的有无还是独创性的高低的争议。对此，笔者认为，电影和类电影作品（视听作品）与录像制品作为动态连续画面，其区别仍在于独创性的有无而非独创性的高低。

首先，将独创性的高低作为判断连续画面是否构成作品的标准并无法律依据。我国《著作权法实施条例》第 2 条仅将独创性的有无作为判断是否构成《著作权法》意义上的作品的条件，并未对独创性的高低提出要求。诚然，根据作品的类型、表达形式、创作手段的不同，判断某种类型的作品是否具有独创性的元素、角度、方式、侧重点可能有所不同。如文字作品着重于考量人物、情节与故事背景，美术作品更多关注线条、色彩、形状，而音乐作品则更侧重旋律、和声、节奏等。但是否构成作品的法定标准应当只有一个，那就是独创性的有无。

其次，将独创性的高低作为判断标准将给权利保护带来较大的不确定性。正如美国大法官霍姆斯所言,“由仅仅受过法律训练的法官来判断作品的价值是件危险的事情”。由于每位法官的年龄、受教育程度、美学修养、生活阅历等不同,其对作品创作高度和艺术价值的理解也可能不同。如果作品独创性的高低最终需要法官来裁判,很有可能会出现一位法官认定某作品的独创性高而另一位法官认定该作品的独创性低甚至缺乏独创性的现象。如此,将给法律适用的统一性带来极大的困难,权利保护也会由此存在较大的不确定性。

最高人民法院在《关于充分发挥知识产权审判职能作用推动社会主义文化大发展大繁荣和促进经济自主协调发展若干问题的意见》中指出:要妥善处理作品的独创性与独创高度的关系,既维护给予作品著作权保护的基本标准的统一性,又注意把握各类作品的特点和适应相关保护领域的特殊需求,使保护强度与独创高度相协调。要妥善适用著作权法有关著作权的概括性规定,及时保护创作者的新权益。故笔者认为,在处理独创性有无与独创性高低的关系上应坚持以下三项规则:一是给予作品著作权保护的基本标准原则上是统一的,只要体现作者的个性就满足独创性的最低要求;二是作品独创性的高度关系作品的保护强度,而非给予作品著作权保护的条件;三是著作权法要给保护创作者的新权益留下足够的空间。

最后,涉案足球赛事直播节目独创性分析路径。如前所述,一连续画面是否属于《著作权法》意义上的作品的判定标准是独创性的有无,且在判定中仍应坚持体现作者个性的最低独创性要求。那么如何判定一连续画面是否具有了最低的独创性要求?对此,笔者认为,对连续画面客体性质的判定可以遵循这样一个层进式方式展开:最底层为固定机位拍摄的有伴音或无伴音的连续画面,如交通摄像头拍摄的监控画面,或者绑在动物身上的摄像头录制的画面。该类连续画面未经过拍摄人的任何选择,属于机械录制,故该类画面应为录像制品。上一层为使用少量镜头及简单镜头切换,无拍摄内容上的构思及镜头衔接上的创作的连续画面,如课堂教学录像、名人演讲视频、风景画面录像等。该类连续画面尚未体现创作者的智力投入和画面取舍,系以忠实记录、还原拍摄内容为目的的连续画面,仍属于录像制品的范畴。再上一层,运用多镜头,实现拍摄画面镜头景别的变化,画面的调度、选择,画面剪切的连续性,节奏的变化,声音与画面的搭配等效果。该层次的连续画面是录像制品与作品的分界线,该类连续画面体现了创作者对连续画面的选择、编辑、处理,反映了创作者的个性,可以构成《著作权法》意义上的类电影作品(视听作品)。最上层为有明确的创作意图并将创作意图完美呈现的视频类艺术作品,该类作品充分体现作者的创作意图和连续画面的美感,熟练并专业运用多景别拍摄技巧,镜头连续性上达到专业水准,注重蒙太奇效果的使用、画面和声音之间的艺术搭配等,典型代表为高水准的电影创作等。

涉案足球赛事节目通过多机位的设置、镜头的切换、慢动作的回放、精彩镜头的捕捉、故事的塑造,并加以导播创造性的劳动,充分体现了创作者在其意志支配下的对连续画面的选择、编辑、处理,故根据上述层进式判断方法,可以将其认定为《著作权法》意义上的类电影作品(视听作品)。

三、判断足球赛事直播节目是否具有独创性应当避免的误区

首先，不能因为摄制者无法控制比赛本身的进程、运动员动作、比赛结果等客观情况，就否定其拍摄的独创性。正如摄影师不能控制非洲草原上老虎的捕猎进程、运动方向、捕猎结果等，但其拍摄并剪辑完成的《动物世界》无疑可构成《著作权法》保护的作品。

其次，不能将体育赛事与体育赛事节目等同起来。比如，体操运动员表演的艺术体操和花样滑冰运动员表演的花样滑冰虽然都是《著作权法》保护的"表演"，但若前述"表演"是由一台固定摄像机摄录且未进行剪辑的录像，或者是运动场内的监控录像，那么该"表演"节目也会因为其独创性较低甚至没有独创性而不能被认定为作品。相反，摄影师拍摄城市交通早晚高峰主题的纪录片，虽然镜头中拥堵的车流和地铁中密集的人群都不是在"表演"，但据此拍摄的纪录片仍是《著作权法》所保护的作品。

最后，足球赛事直播节目构成《著作权法》意义上的作品并不意味着所有的体育赛事节目均构成作品。大型足球赛事直播节目通过机位设置、镜头的切换、"蒙太奇"手法的运用、慢动作回放、精彩镜头的捕捉、故事的塑造以及导播自身风格的融入，已具有了区别于普通录像制品的显著特征，特别是随着 VR、AR 等现代技术手段在转播中的应用，相信足球赛事转播的创作空间和独创性水平会得到进一步提高。但是，体育赛事节目类型多样，它既包括 NBA、足球比赛、奥运会开幕式等大型比赛活动的转播，也包括如跳高、跳远、举重等纯竞技项目的转播；因此，一项体育赛事节目是否构成著作权法意义上的作品，仍需根据其是否符合最低独创性的标准进行个案判断。

笔者认为，知识产权制度具有公共政策性，著作权制度作为知识产权制度重要的组成部分，其自身的产生、发展必然要遵循知识产权公共政策性这一本质特征。著作权制度既不可能凭空产生，也不可能通过多方模仿、借鉴而达到成熟。著作权制度只有扎根于它所要服务的社会，随着社会的变迁而不断调整、适应，才能达到调整各方利益，促进产业发展和社会进步的效果。

【典型意义】

本案系涉体育赛事直播节目的典型案件。近年来，我国体育产业发展迅速，市场规模持续增长。但在知识产权保护领域，体育赛事直播节目的定性和保护路径在理论界和司法界颇具争议，不同法院作出的判决存在较大差异。在此背景下，本案判决从我国参加的国际条约、著作权法基本理论和产业实践出发，对体育赛事直播节目的性质、保护路径和方式进行了详细的论述，说理充分，对人民法院审理此类案件具有较强的指导意义。本案引起了理论界、实务界和产业界极大的关注，多家官方媒体及报刊对该案进行了深度报道。上海电视台新闻综合频道根据该案制作专题法制节目《盗播风云》。本案庭审获评第三届全国法院"百场优秀庭审"，案例评析获评全国法院系统 2023 年度优秀案例分析二等奖。

【案例索引】

案号：

一审：上海市浦东新区人民法院(2017)沪0115民初88829号

二审：上海知识产权法院(2020)沪73民终581号

审判组织：

一审：金民珍、徐俊、姜广瑞

二审：张本勇、杨韡、范静波

编写人：姜广瑞

08

音频平台著作权侵权责任的司法判定

——某计算机系统公司诉某网络技术公司著作权侵权纠纷案

裁判要旨

音频平台作为网络服务提供者，明知或者应知音频平台主播传播侵权音频，未采取制止侵权的必要措施，构成帮助侵权，应承担相应的民事责任。在认定主观上是否明知或应知时，应综合考虑权利作品的知名度、侵权规模、侵权音频的存在形式及上传者身份等因素。在认定是否采取制止侵权的必要措施时，应审查平台有无采取删除、屏蔽、断开链接等必要措施，或者提供技术支持等行为。

基本案情

原告：某计算机系统公司

被告：某网络技术公司

文字作品《三体》作者为刘某某，该作品获得第73届"雨果奖"最佳长篇小说奖等多项世界级科幻小说大奖，出版涉及16个语种，具有较高知名度。2016年5月27日，刘某某与某计算机系统公司及其关联公司签订独家合作协议及授权书，约定将《三体》的改编权授权给某计算机系统公司，授权性质为独占性授权，授权使用方式为将授权作品的录制成音频作品的权利独占性地授予某计算机系统公司。某计算机系统公司有权在授权期限内将其改编录制成音频作品，改编录制完成后的音频作品的著作权及录音制作者权利归某计算机系统公司永久所有。在被告某网络技术公司运营的www.lizhi.fm网页及荔枝App中搜索"三体"，存在数十个主播账户上传的大量《三体》音频，部分为全集音频，播放量较大。部分主播为荔枝独家内容主播、荔枝成长主播、荔枝认证有声书主播。荔枝银牌独家直播主播"竹子竹子"于2020年4月8日在苹果手机端荔枝App中直播"刘某某科幻小说～女音讲述"，直播内容包括《三体》小说的相关内容。2019年4月、7月，2020年4月、5月，原告方向被告发送了下线告知函等，要求对《三体》等链接停止侵权。被告某网络技术公司于2019年1月、8月、11月，2020年3月、4月进行了删除《三体》相关音频的操作。案件审理中，某网络技术公司提供了部分上传涉案作品主播的身份信息。

原告某计算机系统公司诉称，被告某网络技术公司开发、经营“荔枝”App，通过其官网和“荔枝”App 提供了大量未经授权的《三体》有声小说的在线收听、播放、缓存下载服务。被告某网络技术公司在原告发送警告函严重警告的情况下，仍然对相关音频不采取下架措施，恶意十分明显。原告诉请判令：被告赔偿原告经济损失 500 万元及为维权支出的合理开支 171,481.79 元，并刊登声明，消除影响。

被告某网络技术公司辩称：(1)某网络技术公司系信息网络存储空间服务提供者，涉诉音频由用户上传至荔枝 App，某网络技术公司对用户上传的海量音频无事先审查的义务和能力，且在荔枝平台显著位置提供了投诉渠道，尽到了平台方的合理注意义务。某网络技术公司为用户提供信息网络存储空间服务，并无事先监控的义务和能力。(2)原告自始未发送有效的通知，某网络技术公司已及时屏蔽涉案音频，不存在过错。

【法院裁判】

上海市浦东新区人民法院经审理认为，即使涉案被控侵权音频系网络用户上传，被告某网络技术公司仍构成间接侵权。在涉案权利作品具有较高知名度的情况下，相关音频内容侵害著作权的可能性极高，某网络技术公司对此应当承担更高的注意义务，应在平台的日常经营管理中及时发现。被告某网络技术公司在接到原告发送的侵权通知后未能及时作出删除、屏蔽侵权音频或断开链接等的合理反应。故被告某网络技术公司构成帮助侵权，应对涉案网络用户侵害作品著作权的行为承担侵权责任。

上海市浦东新区人民法院作出(2019)沪 0115 民初 85544 号民事判决：(1)被告某网络技术公司于本判决生效之日起 10 日内赔偿原告某计算机系统公司经济损失 500 万元；(2)被告某网络技术公司于本判决生效之日起 10 日内赔偿原告某计算机系统公司为制止侵权行为所支付的合理开支 171,481.79 元；(3)被告某网络技术公司于本判决生效之日起 10 日内，就著作权侵权行为在其官网(http://www.lizhi.fm/)首页连续 15 日刊登声明，消除影响(声明内容须经本院审核)；(4)驳回原告某计算机系统公司的其他诉讼请求。

一审判决后，被告提起上诉。上海知识产权法院作出(2021)沪 73 民终 818 号民事判决：驳回上诉，维持原判。

【案例评析】

流量经济时代对文化创意产业业态的影响巨大，知名作品的衍生有声书更是为平台带来了巨大流量。对知名度较高的作品全平台大规模侵权的行为，增加了知识产权权利人的维权难度，也对平台责任的司法认定提出挑战。《著作权法》修改后，对于侵犯著作权行为的认定有所变化，在被告行为侵犯多项著作权权利时，亦应审慎处理。

一、音频作品信息网络传播权侵权中平台责任的认定

（一）平台性质的判断

网络服务提供者是提供了侵权作品还是仅作为信息网络存储空间，需要从平台性质出发进行判断。本案中，一方面，被告某网络技术公司的《服务协议和隐私政策》中明确其提供信息存储空间服务和互联网直播服务；另一方面，对于原告某计算机系统公司取证的被控侵权音频节目，被告平台均标明了主播的名称。因此，在无相反证据的情况下，结合被告运营模式，能够认定某网络技术公司系网络服务提供者，相关音频由网络用户提供。

（二）侵权样态的判断

若侵权音频系由相关网络用户发布，网络服务提供者仅是通过其经营的平台提供信息存储空间的网络服务，网络服务提供者不构成直接侵权。但即使涉案被控侵权音频系网络用户上传，网络服务提供者仍可能构成间接侵权。

最高人民法院《关于审理侵害信息网络传播权民事纠纷案件适用法律若干问题的规定》第7条第3款规定，网络服务提供者明知或者应知网络用户利用网络服务侵害信息网络传播权，未采取删除、屏蔽、断开链接等必要措施，或者提供技术支持等帮助行为的，人民法院应当认定其构成帮助侵权行为。第9条规定，人民法院应当根据网络用户侵害信息网络传播权的具体事实是否明显，综合考虑以下因素，认定网络服务提供者是否构成应知：(1)基于网络服务提供者提供服务的性质、方式及其引发侵权的可能性大小，应当具备的管理信息的能力；(2)传播的作品、表演、录音录像制品的类型、知名度及侵权信息的明显程度；(3)网络服务提供者是否主动对作品、表演、录音录像制品进行了选择、编辑、修改、推荐等；(4)网络服务提供者是否积极采取了预防侵权的合理措施；(5)网络服务提供者是否设置便捷程序接收侵权通知并及时对侵权通知作出合理的反应；(6)网络服务提供者是否针对同一网络用户的重复侵权行为采取了相应的合理措施；(7)其他相关因素。根据2010年《著作权法》第40条第1款的规定，录音录像制作者使用他人作品制作录音录像制品，应当取得著作权人许可，并支付报酬。

本案中，可以从以下几个方面判断网络服务提供者是否构成间接侵权。

1. 涉案权利作品的知名度。涉案作品《三体》是中国最具知名度的科幻小说之一，具有很高的商业价值。在涉案权利作品具有较高知名度的情况下，被告某网络技术公司应当认识到著作权人通常不会允许他人在向公众开放的网络平台上免费传播其收费作品。某网络技术公司平台上的小说等音频内容系由作者自行上传或由网络用户取得著作权人许可后制作上传的可能性极小，相关音频内容侵害著作权的可能性极高，某网络技术公司对此应当承担更高的注意义务，应在平台的日常经营管理中及时发现。

2. 侵权音频的存在形式及上传者身份。本案中，大多数音频名称中直接标明“三体”或“刘某某”字样，部分主播对于《三体》是全集录制播放。在部分主播播放《三体》音频的页面下方含有“大家还在听”“你可能还喜欢”“优质播单推荐”的链接。链接的主播名称有的

包含“三体”，被推荐链接的主播粉丝数达到几千人甚至上万人。被告平台有众多主播传播《三体》音频，有的主播系排名靠前的主播，如银牌独家直播主播、独家内容主播、优秀主播等。对于独家主播等有影响力的主播，某网络技术公司对其播出的内容有更高的注意义务。

3. 网络服务提供者是否采取制止侵权的必要措施。原告某计算机系统公司 2019 年 4 月 1 日即通过邮件向某网络技术公司发送侵权通知，并提供了刘某某出具的授权书及侵权音频列表，上述通知已构成有效通知。此后，某计算机系统公司又多次向某网络技术公司发送侵权通知。但被告平台仍有大量侵权音频，包括一些有影响力的主播在某计算机系统公司发出侵权通知后，仍持续在该平台提供《三体》音频。因此，某网络技术公司在接到原告发送的侵权通知后未能及时作出删除、屏蔽侵权音频或断开链接等合理的反应。

综上，网络服务提供者明知或者应知其平台主播传播侵权音频，未采取制止侵权的必要措施的，构成帮助侵权，应承担相应的民事责任。

二、音频作品著作权侵权的权利厘清

（一）改编权、复制权和信息网络传播权

在音频作品被侵权的情况中，多涉及改编权、复制权、信息网络传播权等著作权权利。对于改编权，《著作权法》上的改编权是指“改变作品，创作出具有独创性的新作品的权利”。在保留原作品基本表达的情况下，通过改变原作品创作出新作品的行为，属于《著作权法》中规定的改编行为。如果侵权音频仅是针对权利作品进行朗读，朗读行为未改变文字表达的方式，不属于改编行为。如果侵权音频改变了原作品的基本表达，产生了新作品，则属于改编行为。对于复制权和信息网络传播权，《著作权法》上的复制权是指“以印刷、复印、拓印、录音、录像、翻录、翻拍、数字化等方式将作品制作一份或者多份的权利”，信息网络传播权是指“以有线或者无线方式向公众提供，使公众可以在其选定的时间和地点获得作品的权利”。在网站及应用程序上提供涉案作品的有声读物，同时包含复制和信息网络传播行为，未经著作权人许可的，侵犯著作权人对权利作品享有的复制权和信息网络传播权。

（二）网络直播侵犯音频著作权的权利类型判断

直播即直接播送，是一种向公众直接提供内容的实时传播行为。本案中，被控侵权行为系在直播间中朗读权利作品并通过网络进行公开播送的行为，该项传播行为的关键在于通过网络实时直播。网络实时直播采用了非交互式的传播方式，与信息网络传播权所控制的行为不同，公众不能在其个人选定的时间和地点获得作品，只能在指定的时间获得作品。在 2020 年《著作权法》修正之前，网络直播行为侵犯的权利类型不属于该法第 10 条第 1 ~ 16 项中的任何一项，主要侵犯第 10 条第 17 项“应当由著作权人享有的其他权利”，即“他项权”。2020 年《著作权法》修正后，直播行为侵犯的权利应当归为《著作权法》第 10 条第 11 项之“广播权”。

本案中，关于被告某网络技术公司是否构成侵权。被告某网络技术公司提供了主播的用户信息（包括手机号、姓名及身份证号），该信息在被告后台显示，网页前台信息仅显示直播名称及波段号。即使被告某网络技术公司提供的主播身份信息真实，据此可以认定直播行为的实施者为相应主播，但被告某网络技术公司与用户之间的《个人直播协议及隐私协议》约定，用户在平台提供直播服务期间产生的所有成果（主播成果）的全部知识产权（包括但不限于著作权、商标权等知识产权以及相关的一切衍生权利）的所有权归平台所有。平台有权对上述知识产权成果进行自主使用并获得收益，包括但不限于编辑、推广、展示，或许可平台网络合作伙伴使用，或提供给平台其他用户搜索、收听、下载、分享等。平台有权以自己的名义对上述用户让渡的知识产权进行单独维权。并且平台直播开设充值入口，向收听直播的用户提供充值赠送金币服务；《主播提现规则》规定了主播提现时，平台亦可以获得一定比例的费用。因此，被告未经原告许可，通过网络公开直播原告享有著作权的作品，直接实施了侵权行为，属于直接侵权行为。

三、超过法定赔偿最高限额判赔的考量因素

关于赔偿损失，因原告没有证据证明其因侵权受到的损失或者被告因侵权获得的利益，故适用法定赔偿。但如果综合案件多种因素，能够证明金额明显超过法定赔偿的最高限额时，可以在法定赔偿最高限额之上酌情确定赔偿数额。

1. 权利作品的知名度。《三体》的知名度很高，获得多项国际奖项，特别是2015年获得"雨果奖"最佳长篇小说奖后，作品的知名度在更大范围内提升。在音频App行业中，对于知名度较高的作品，向音频软件授权的费用通常较高，对于知名度不高的作品，授权价格则相对较低。

2. 侵权平台的规模及侵权具体事实。被告某网络技术公司的荔枝App规模很大，在音频软件行业内属于头部公司，注册用户、活跃用户及音频节目数量均较大。在如此大的平台上，侵权主播数量多，部分主播粉丝数量多，特别是部分主播对《三体》进行了全集侵权，侵权的规模较大，播放量也很大。被告平台上的侵权行为集中在《三体》热度较高的时间段，在原告发送通知后仍继续侵权行为，也反映出其主观过错程度。

3. 关于赔偿金额的确定。对于难以证明权利人受损或者侵权人非法获利的具体数额，但有证据证明前述数额确已超过法定赔偿最高限额的，不应适用法定赔偿方法，而应综合全案的证据情况，在法定赔偿最高限额以上合理确定赔偿数额。

4. 侵权成本与侵权所获利益的综合考量。作为大型音频平台，实施如此大规模的侵权行为，虽然音频大部分是免费提供的，但被告获得的流量及其他利益是很大的。且侵权成本很低，不用付出授权费用就任意大规模、长时间使用权利作品。所以在确定赔偿金额的时候，也要考虑判决的示范和导向作用。如果侵权付出的代价远小于侵权获得的利益，将会助长侵权行为的发生和持续。本案的判赔应体现出严格保护知识产权、加大赔偿力度的价值导向。

【典型意义】

互联网时代催生了多元化的文化创意产业形态，有声书作为新兴的阅读体验渠道，孕育了大量音频平台。涉案作品《三体》曾获第73届“雨果奖”最佳长篇小说奖，具有较大的社会影响力。在对权利作品全平台大规模侵权时，音频平台侵权责任的认定标准需要明确，对音频平台侵权责任的认定以及在确定判赔金额时，应坚持严格保护知识产权、加大赔偿力度的价值导向。该案的判决有助于规范有声书翻录、播出行为，强化平台主体责任，督促平台完善内部版权监控和管理机制，从而促进新兴文化业态的有序发展。

本案获评2021年度上海版权十大典型案件、2022年度中国十大传媒法事例、2022年度中国新文娱十大影响力案例。

【案例索引】

案号：

一审：上海市浦东新区人民法院（2019）沪0115民初85544号

二审：上海知识产权法院（2021）沪73民终818号

审判组织：

一审：倪红霞、王潇、林新建

二审：吴盈喆、邵勋、叶菊芬

编写人：王潇

商标权民事纠纷案件

09

商标共同侵权行为的认定与法律责任承担

——海南某药业有限公司诉上海某彩印有限公司等侵害商标权纠纷案

裁判要旨

在商标侵权案件审理中，法院根据被告对法定义务的违反足以认定其具有主观过错。共同侵权行为致人损害引发的诉讼构成共同诉讼，对于必须追加的被告，法院可依职权追加。原告不要求追加被告承担民事责任的，法院应予准许，但原告不得要求被告承担其他被告应承担的责任。被告之间的免责约定不得对抗原告提起侵权诉讼的权利。

基本案情

原告：海南某药业有限公司

被告：上海某彩印有限公司（以下简称某彩印公司）

被告：上海浦东某印刷厂（以下简称某印刷厂）

原告是“养生堂”注册商标的注册人。1995 年 7 月 2 日，某印刷厂为商标印制委托方，某彩印公司为商标印制方，双方签订了一份总金额为 52,500 元的加工合同。合同约定：印制方根据委托方来样加工 50 万只规格为 120mm × 85mm 的“养生堂龟鳖养生胶囊”复合包装袋，每只单价 0.15 元，于同年 8 月 10 日送货至委托方；委托方预付 50% 报酬，余款于货到委托方后结清；印制方预收制版费 10,400 元，产值满 40 万元返还制版费；在合同的其他约定事项处盖有“如印刷物涉及侵权问题，概由委托方负责”章。合同签订当日，某印刷厂法定代表人向某彩印公司交付了“养生堂龟鳖养生胶囊”复合包装袋实样、制版用的设计黑稿。此后，某彩印公司委托山西省运城市某制版厂制版，某印刷厂向某彩印公司支付制版费 10,400 元。1995 年 8 月 16 日，某彩印公司向某印刷厂交付“养生堂龟鳖养生胶囊”复合包装袋 38 万只，某印刷厂支付加工款 39,900 元。某彩印公司印制的“养生堂龟鳖养生胶囊”复合包装袋的版面设计、规格大小与原告的“养生堂龟鳖养生胶囊”复合包装袋完全相同，中文版面和日文版面均有“养生堂”注册商标和原告的企业名称。某印刷厂委托某彩印公司印制“养生堂龟鳖养生胶囊”复合包装袋未出示商标注册证、被许可印制“养生堂”注册商标的授权书等证明文件。原告于1996年7月起将“养生堂龟鳖养生胶囊”复合包装袋的规格从120mm×85mm×0.06mm（旧版）改为130mm×90mm×0.062mm（新版），版面设计除字体放大外，无其他变化。广州市某实业股份有限公司证明，原告印制旧版复合包装袋单价为每只0.086元，新版复合包装袋每只0.10元。原告的龟鳖丸、辅助材料报表记载，至1996年6月30日，旧版“养生堂龟鳖养生胶囊”复合包装袋库存量为6,040,000只。

案件审理中，原告称旧版“养生堂龟鳖养生胶囊”复合包装袋库存量是根据定制数与销售量确定的，大部分旧版复合包装袋已销毁，无销毁记录，现库存已不足10万只。某印刷厂因印制“养生堂龟鳖养生胶囊”包装袋，侵犯了原告的“养生堂”注册商标，于1997年7月5日同原告达成赔偿协议，由某印刷厂赔偿原告经济损失43.5万元，原告不再追究某印刷厂的侵权责任。某印刷厂已履行协议。

原告海南某药业有限公司诉称，被告某彩印公司置国家法律规定于不顾，在被告某印刷厂未出具任何证明文件的情况下，承接印制了其“养生堂龟鳖养生胶囊”复合包装袋，该行为已构成对原告注册商标专用权的侵权。原告诉请判令：被告某彩印公司向原告赔礼道歉、消除影响，赔偿经济损失50万元。

被告某彩印公司辩称，其受某印刷厂委托印制了38万只“养生堂龟鳖养生胶囊”复合包装袋，不是擅自制造、假冒原告注册商标，故不属于故意侵权人；本案故意侵权人是某印刷厂，原告在自行免除某印刷厂的侵权责任后，无权要求某彩印公司就同一事实另行承担民事赔偿责任；原告诉称的损失既不合理又无事实依据，根据某彩印公司与某印刷厂的合同约定，如有损失应由某印刷厂承担。

被告某印刷厂辩称，其已就印制“养生堂龟鳖养生胶囊”包装袋的侵权行为向原告作出赔偿，故在本案中不应再承担相应的民事责任。

【法院裁判】

上海市浦东新区人民法院经审理认为，原告是“养生堂”商标注册人，依法享有“养生堂”商标专用权，任何人未经其许可，不得伪造、擅自印制有“养生堂”商标标识的包装物。根据《商标印制管理办法》第4条第1款的规定，委托印制注册商标的，应当出示商标注册证；未提供规定的证明文件，商标印制单位不得承接印制。本案中，两被告置国家的法律及相关规定于不顾，在商标印制委托人无任何证明文件的情况下，承接印制了“养生堂龟鳖养生胶囊”复合包装袋，该行为符合我国《商标法》的规定，已构成对原告注册商标专用权的侵权。两被告的行为严重影响了“养生堂龟鳖养生胶囊”的商品声誉，社会危害性极大，两被告应对其行为承担相应的法律责任。某彩印公司受某印刷厂委托印制“养生堂龟鳖养生胶囊”复合包装袋，不核查有关证明文件，过错责任是明显的，其关于自己不属于故意侵权人的理由不能成立,亦不能以合同约定对抗原告要求其承担的民事责任。根据某印刷厂与原告签订的经济赔偿协议书,确定某印刷厂的赔偿中未包括“养生堂龟鳖养生胶囊”复合包装袋。两被告是本案所涉侵权行为的共同侵权人,依法应共同承担向原告赔礼道歉、消除影响、赔偿经济损失的民事责任。本案中,原告未主张某印刷厂承担民事责任,符合《民事诉讼法》第 13 条第 2 款关于“当事人有权在法律规定的范围内处分自己的民事权利和诉讼权利”的规定,应予准许。但原告的处分不能损害第三人的利益,故其无权要求某彩印公司承担某印刷厂应承担的民事责任。

上海市浦东新区人民法院作出(1998)浦知初字第 17 号民事判决:(1)被告某彩印公司应在判决生效之日起 30 日内,在《杭州日报》刊登致歉声明(版面为 9cm×10cm),向原告公开赔礼道歉、消除影响;(2)被告某彩印公司赔偿原告经济损失 4 万元。

一审判决后,原、被告均未提起上诉。

【案例评析】

一、共同侵权行为致人损害产生的诉讼构成共同诉讼

在共同侵权行为致人损害产生的诉讼中,共同侵权人对造成的损失负连带赔偿责任,由此产生的诉讼属于必要的共同诉讼。在本案中,某印刷厂为商标印制委托方,某彩印公司为商标印制方,两者签订加工合同,加工生产“养生堂龟鳖养生胶囊”复合包装袋的行为侵犯了原告商标权。某印刷厂与某彩印公司系共同侵权人,共同不法侵害了原告民事权益,造成了实际损失,并对该损失负连带责任。这种损害赔偿的法律关系是基于某印刷厂与某彩印公司的共同侵权行为这一事实而发生的。某印刷厂与某彩印公司在主观上也都具有共同致损的意图。侵权行为的共同性和造成损害的不可分性,决定了赔偿责任的连带性。在本案审理过程中,某彩印公司曾申请追加某印刷厂为本案第三人,因共同诉讼人与第三人在参加诉讼的条件、地位、享有的诉讼权利和承担的诉讼义务方面都有较大区别,所以法院决定追加某印刷厂为本案共同被告。

二、对法定义务的违反构成明显的主观过错

法官在考察被告人的主观过错时,应依自由心证,合理确定经验法则中的注意义务。在原告证明被告有违反该注意义务的行为时,将提出证据的责任转移给被告,若被告的举证还不足以证明其充分履行了注意义务,就应径行判定被告具有过错。这里所说的注意义务,根据知识产权司法实践经验的积累,主要包括知识产权法律法规规定的一般义务、行政规章和规范性文件规定的义务、合理审查的义务、签署知识产权担保协议的义务等。本案中,原告是“养生堂”商标注册人,依法享有“养生堂”商标专用权,任何人未经许可,不得伪造和擅自印制有“养生堂”商标标识的包装物。根据《商标印制管理办法》第 4 条第 1 款的规定,委托印制注册商标的,应当出示商标注册证;未提供规定的证明文件,商标印制单位不得承接印制。在商标印制委托人某印刷厂未提供任何证明文件的情况下,某彩印公司就承接印制了“养生堂龟鳖养生胶囊”复合包装袋，该行为直接违反了法律法规设定的审查义务，符合我国《商标法》的规定，构成对原告注册商标专用权的侵犯，而且这种侵犯具有明显的主观过错。

三、当事人的合同约定不能对抗第三人的侵权之诉

某彩印公司与某印刷厂在合同中约定，印制行为带来的侵权责任由某印刷厂承担。某彩印公司据此主张免除自己的责任。因合同的效力一般仅及于有合同关系的当事人，不能当然剥夺局外第三人因受到损害而提起侵权赔偿的权利。因此，某彩印公司与某印刷厂的约定不能对抗原告的侵权之诉，原告仍然有权向某彩印公司提起诉讼。

四、原告在免除某印刷厂侵权责任后，无权要求某彩印公司承担某印刷厂应承担的民事责任

根据某印刷厂与原告签订的经济赔偿协议书，可确定某印刷厂的赔偿中未包括“养生堂龟鳖养生胶囊”复合包装袋。某印刷厂与某彩印公司是本案所涉侵权行为的共同侵权人，依法应共同承担向原告赔礼道歉、消除影响、赔偿损失等民事责任。本案中，原告未主张某印刷厂承担民事责任，符合《民事诉讼法》第 13 条第 2 款关于“当事人有权在法律规定的范围内处分自己的民事权利和诉讼权利”的规定。但原告的处分不能损害第三人的利益，故其无权要求某彩印公司承担某印刷厂应承担的民事责任。

五、关于侵权损害赔偿的认定

本案中，原告以被告侵权使自己改版造成的直接损失，即对 604 万只原复合包装袋进行销毁带来的损失为请求赔偿的依据。经查，自 1996 年 7 月起，原告改版“养生堂龟鳖养生胶囊”复合包装袋的情况属实，但新、旧版复合包装袋无明显区别。原告报表反映的复合包装袋库存量与审理中原告声称的实际库存量相差甚远，又无销毁记录等证据证明，故原告以弃用旧版复合包装袋 604 万只为由，计算经济损失和主张赔偿不当。鉴于某印刷厂曾向某彩印公司支付过印制费，原告改版“养生堂龟鳖养生胶囊”复合包装袋的确增加了成本，被告的侵权行为造成严重后果以及“养生堂龟鳖养生胶囊”商品声誉受到损害等多方面的因素，法院酌定由某彩印公司赔偿原告经济损失 4 万元。

【典型意义】

本案审理于 1999 年。彼时，我国知识产权保护尚处于起步阶段，知识产权司法审判亦在摸索中不断前行。筚路蓝缕，栉风沐雨。上海市浦东新区人民法院作为率先探索知识产权审判的法院之一，开创性地审理了一批知识产权典型案件，为知识产权法律规则的完善、裁判经验的积累和市场秩序的规范，奠定了扎实的基础，也为后来者提供了宝贵的审判与研究素材。

【案例索引】

案号：

一审：上海市浦东新区人民法院(1998)浦知初字第17号

审判组织：

一审：徐亚丽、董磊、孙玉

编写人：徐亚丽、徐俊

10

对游戏名称的合理使用不构成商标侵权

——某股份有限公司诉上海某网络发展有限公司侵害商标权纠纷案

裁判要旨

在服务商标与游戏名称并存的情况下,应当结合游戏的产生和发展背景、游戏名称的使用方式、社会公众对游戏名称的认知以及被诉商标侵权的使用方式,综合认定是否构成商标的合理使用。如果使用游戏名称仅表示提供服务中的游戏类型、性质、内容、规则,并且标明服务来源,属于合理使用,不构成商标侵权。

基本案情

原告:某股份有限公司

被告:上海某网络发展有限公司

原告在我国台湾地区注册成立,于2005年3月21日在大陆地区注册了"大富翁"文字商标,核定服务项目第41类,范围包括"(在计算机网络上)提供在线游戏"等项目,注册有效期限至2015年3月20日。原告的商标是繁体的"大富翁"三个文字。原告在其以往开发的单机版游戏上使用过"大富翁"文字。使用方式如下:原告与案外人自1998~2002年签订的5份协议,都把"大富翁"称作软件"产品",如《大富翁四》《大富翁五》《大富翁六加强版之大家来抢钱》《大富翁七》《大富翁七游宝岛》《大富翁八》等。在原告提供的三份"大富翁"游戏实物上,分别明显标示了"大富翁6""大富翁7游宝岛""大富翁8"字样,其中"大富翁"三个字采用艺术化字体,这三份实物的外包装上多处标示了"softstar"的图形、文字注册商标标记。在其注册的类别上,原告至今未推出过"大富翁"网络游戏,也未进行过以"大富翁"为商标的网络运营。

被告于2003年9月28日获得"盛大"文字商标注册证,核定服务项目第41类,范围包括"(在计算机网络上)提供在线游戏"等项目。2005年8月22日,国家版权局颁发了软著登字第040838号计算机软件著作权登记证书。该登记证书载明作品首次发表日期为2005

年7月16日。著作权人盛某信息技术(上海)有限公司系被告的关联公司,其授权被告运营该游戏。

2005年7月18日、8月2日,原告授权委托北京市海淀区公证处分别对被告的rich.poptang.com、rich.sdo.com/web1.0/index.asp两个网站出现"盛大富翁"图形、文字标识及被告对《盛大富翁》游戏进行推介、在线指导时使用《盛大富翁》游戏名称的页面进行了证据保全。2006年3月16日,原告委托台湾地区板桥地方法院所属民间公证人詹孟龙事务所对被告的www.sdo.com网站中出现"盛大富翁"标识和《盛大富翁》游戏名称使用情况进行网页目击公证。前述公证页面显示:被告在运营网络游戏《盛大富翁》的过程中,对《盛大富翁》游戏有介绍和在线指导,在页面上出现两种"盛大富翁"的LOGO,一种标记以橘黄色"盛大富翁"文字的艺术化字体和九栋大楼外形的彩色图形为主要部分,下面还有红色的"SNDA RICHMAN"的艺术化英文字。另一种标记由橘黄色"盛大富翁"文字的艺术化字体和下方的红色"SNDA RICHMAN"的艺术化英文字组成,其中"富"字的一点用绿色、闪光的圆珠代替,"田"字底则以白色红底的骰子代替。在"游戏介绍"栏的文字介绍是:"《盛大富翁》是由盛大网络自主研发的一款休闲网络游戏。"在"新手问答"栏的内容是:"《盛大富翁》是一款开房间方式的对战类休闲网络游戏。玩家在游戏中掷骰子前进,目的是通过买地盖房等商业活动在经济上击败对手并成为大富翁。"在"财富新闻"栏的文字介绍是:"《盛大富翁》是由盛大网络自主研发推出的,以掷骰子、买土地、建房子以及使用卡片道具为基本模式的绿色休闲游戏。"在URL栏标明"盛大在线""盛大富翁,永久免费的网络大富翁游戏"。另外,网页上标明了网站版权所有人是被告上海某网络发展有限公司以及电信业务经营许可证、互联网出版经营许可证、网络文化经营许可证的编号,在网页左下角有明显的"SNDA""SHANDA 盛大网络"标识。

关于"大富翁"的诞生和流传,被告提供的证据显示:是一款以掷骰子点数下棋、以假钱进行模拟房地产交易的游戏,最早出现于20世纪30年代的美国。当时正处于美国1929年开始的经济"大萧条"时期,一个失业的美国人Charles Darrow设计了一款叫"Monopoly"的游戏,让陷于逆境的人能够在纸上买地建屋起酒店,过一把大富翁的瘾。就这款游戏,美国人Charles Darrow于1935年取得了"盘式游戏装置"的美国专利。这款游戏问世后立即成为美国最畅销的游戏并流传全世界,至今全世界大约卖出了2亿套该款游戏,玩过该游戏的人数超过6亿。"强手大富翁"游戏棋在我国目前的国内市场上还有销售。在流传中,这种游戏的英文名称是"Monopoly",中文名称是"大富翁"。

关于"大富翁"游戏的发展,被告提供的证据显示:"大富翁"游戏以多种语言、多种版本畅销世界各地,玩法其实差不多,只是游戏内的地名及货币不同。在计算机、互联网、手机出现后,产生了新形式的"大富翁"游戏,并发展为PC版、网络版、手机版的"大富翁"游戏。这些游戏仍然是靠掷骰子进行并模拟现实经商。

关于"大富翁"在消费者中的影响,被告的证据显示:"大富翁"问世后,受到消费者的欢迎，香港特区定期举行专门的国际“大富翁”比赛，《大富翁的赚钱智慧》一书已出版，讲述消费者从“大富翁”游戏中体会经商之道。

原告某股份有限公司诉称，被告通过计算机网络推出网络在线游戏《盛大富翁》，与原告的《大富翁》电子游戏属于同类服务项目，且《盛大富翁》与《大富翁》在文字组合、含义、读音等方面均构成近似，《盛大富翁》并没有改变《大富翁》的基本含义，客观上已经对众多游戏用户造成混淆和误解。原告诉请判令：(1)被告立即停止侵权；(2)被告赔偿原告经济损失50万元及其他损失44,825.3元(其中包括律师费、公证费、差旅费)。

被告上海某网络发展有限公司辩称，“大富翁”是一类模拟商业风险的智力游戏棋的通用名称，被告有权正当使用。被告的游戏名称“盛大富翁”系由被告的企业字号“盛大”和通用词汇“富翁”两部分组成，属合理使用，且与原告的商标不相同也不相近似。被告的企业字号“盛大”已经注册了商标，在业内有知名度，不会造成与原告商标的混淆。原告的“大富翁”文字仅在其单机版游戏上作为商品名称使用过，而在第41类“(在计算机网络上)提供在线游戏”项目上从未使用过涉案商标。因此被告的游戏名称“盛大富翁”并没有侵犯原告的商标专用权。

【法院裁判】

上海市浦东新区人民法院经审理认为，根据我国《商标法》的规定，原告作为“大富翁”商标的注册人，就该注册商标享有专用权，并受法律保护，但无权禁止他人正当使用。关于“大富翁”文字是否属于一类游戏的名称，应综合考虑以下因素确定：其一，所争议的文字的含义。“大富翁”虽无一类游戏名称的字面含义，但被告提供的证据足以证明英文“Monopoly”与中文“大富翁”的相互对应关系并共同指向一种“按骰子点数走棋的模拟现实经商之道的游戏”。其二，争议商标的注册人自身对该文字的认知和使用情况。在原告创作的PC版游戏中，不管是授权许可协议还是实际销售的PC版游戏商品，“大富翁”都被当作游戏的名称使用，而在其注册的核定服务项目类别上从未使用过“大富翁”。其三，同行业经营者及消费者对该文字的认知和使用情况。被告提供的证据能够证实，此类游戏的经营者和消费者把“Monopoly”或“大富翁”当作一类“按骰子点数走棋的模拟现实经商之道的游戏”。关于被告对“盛大富翁”是否属于合理使用：被告将“盛大富翁”图形、文字标识使用于其运营《盛大富翁》网络游戏的网站，对《盛大富翁》游戏的推出者有明确的介绍，网页上也标明了网站的所有者即被告的名称。被告所要传达的信息是，《盛大富翁》是一款“由盛大公司推出的大富翁类游戏”。由于原告注册的商标本身是一类“按骰子点数走棋的模拟现实经商之道的游戏”的名称，又未实际使用，故其显著性和知名度极其有限。进入被告网站的相关公众对“盛大”字号必然有所认知，不太可能将“盛大富翁”标识中的文字以及《盛大富翁》游戏的名称解读成“盛+大富翁”。故被告使用“盛大富翁”标识和《盛大富翁》游戏名称的行为不构成侵犯原告“大富翁”注册商标专用权。

上海市浦东新区人民法院作出(2006)浦民三(知)初字第125号民事判决:驳回原告的诉讼请求。

一审判决后,原告提起上诉。上海市第一中级人民法院作出(2007)沪一中民五(知)终字第23号民事判决:驳回上诉,维持原判。

【案例评析】

本案的争议焦点主要有两个:一是"大富翁"是否属于一类商品的名称;二是被告对"盛大富翁"的使用是否属于合理使用。

一、关于"大富翁"是否属于一类商品的名称

商品的名称是指在某一范围内被普遍使用的某一种类商品的名称,包括规范的商品名称、约定俗成的商品名称以及商品的简称。其作用主要是用来区别不同种类的商品,通过对商品质量、功能、用途等特点进行简明扼要的概括,使此一种类的商品与另一种类的商品相互区分,并方便社会公众对商品的指代与识别。商品的名称都由文字构成,如果按照文字的描述功能划分,大致可分为两类:一是直接描述商品的原料、功能、用途、使用方法等特点,如电脑、电风扇、自行车等,这是最常见的一种;二是文字本身没有明确含义的臆造词,或虽有字面含义但是约定俗成为一类特定商品的名称,如阿司匹林、沙发、手机等。商标与商品名称分别发挥着不同的作用,商标的作用在于区别商品或服务的不同来源,商品名称的作用则在于区别不同种类的商品。商标依附于商品存在,商标与商品名称通常以连用的形式发挥各自的作用,如某某牌电风扇、某某牌自行车。消费者通过认牌购货来满足其对商品的需求,而经营者则用商标来引导消费者的购买行为。

考察争议商标是否构成一类商品的名称一般应综合考虑以下因素:所争议的文字的含义;争议商标的注册人自身对该文字的认知和使用情况;同行业经营者及消费者对该文字的认知和使用情况。分析本案的具体情况:其一,从"大富翁"的字面含义看,"大富翁"意为"超过一般的拥有大量财产的人",与一类游戏本无关联。但一种"按骰子点数走棋的模拟现实经商之道的游戏"被命名为"Monopoly"并与中文"大富翁"对应使用,共同指向这类游戏后,"大富翁"在表示一类游戏时,便有了另外的含义。本案中的证据足以证明英文"Monopoly"与中文"大富翁"的相互对应关系和所指的同一性。其二,从争议商标的注册人自身对该文字的认知和使用情况看,在原告创作的PC版游戏中,不管是授权许可协议还是实际销售的PC版游戏商品,"大富翁"都被当作游戏的名称使用,原告也从未在其注册的第41类项目上使用过"大富翁"。其三,从同行业经营者及消费者对该文字的认知和使用情况看,被告提供的证据能够证实,此类游戏的经营者和消费者把"Monopoly"或"大富翁"当作一类"按骰子点数走棋的模拟现实经商之道的游戏"。这类游戏最初以棋牌类形式的游戏出现,进入20世纪80年代的电子计算机时代后,游戏的经营者们又将"大富翁"引入PC版游戏、网络版游戏、手机版游戏的领域。正像传统游戏象棋、扑克之类进入计算机和互联网后，仍然在消费者中产生约定俗成的名称“电脑象棋”“网络扑克”一样，“大富翁”在进入新的领域后，也仍未改变其“按骰子点数走棋的模拟现实经商之道的游戏”的本质元素。这使得“大富翁”作为一类“按骰子点数走棋的模拟现实经商之道的游戏”的名称，在PC版游戏领域、手机版游戏领域、网络版游戏领域都得到了延伸。因此，能够确认“大富翁”是一类“按骰子点数走棋的模拟现实经商之道的游戏”的名称。

根据我国《商标法》的规定，原告作为“大富翁”商标的注册人，就该注册商标享有专用权，并受法律保护。但2002年《商标法实施条例》第49条同时规定：“注册商标中含有的本商品的通用名称、图形、型号，或者直接表示商品的质量、主要原料、功能、用途、重量、数量及其他特点，或者含有地名，注册商标专用权人无权禁止他人正当使用。”因此，尽管原告注册的是第41类服务商标，但由于“大富翁”是一类游戏的名称并在相关公众中广为人知，原告不能禁止他人对“大富翁”在表示一类“按骰子点数走棋的模拟现实经商之道的游戏”时的正当使用。

二、关于被告对“盛大富翁”的使用是否属于合理使用

从被告的使用方式及主观意愿看，被告将“盛大富翁”图形、文字标识使用于其运营《盛大富翁》网络游戏的网站，对《盛大富翁》游戏的推出者有明确的介绍，网页上也标明了网站的所有者即被告的名称。被告主观上所要传达的信息是：《盛大富翁》是一款“由盛大公司推出的大富翁类游戏”；使用“盛大富翁”标识的网站是“由盛大公司运营的网站。”

从客观效果看，《盛大富翁》网络游戏及标识使用于被告经营的网站，只有进入被告网站才能看见标识和游戏。进入被告网站的相关公众对“盛大”字号必然已经有所认知，对“盛大富翁”认读并理解为“盛大＋富翁”的可能性很大，而认读并理解成“盛＋大富翁”的可能性几乎没有。

因此，被告对“盛大富翁”标识、文字的使用方式，指明了服务的内容，直接反映了服务的来源，也反映了该标识与被告的关系。故被告使用“盛大富翁”标识和《盛大富翁》游戏名称的行为是对一类“按骰子点数走棋的模拟现实经商之道的游戏”的名称的使用，旨在说明游戏的类型、性质、内容、规则。这样的使用不会造成相关公众对服务来源的误认，是一种合理使用，故被告不构成侵犯原告“大富翁”注册商标专用权。

【典型意义】

本案涉及对游戏名称的使用是否构成合理使用的认定。本案判决明确法律在保护注册商标的同时，也保护合理、正当使用商标的行为。如果他人将注册商标用于游戏名称，只是为了概括或说明游戏的对战目的、规则、特点和内容，则不应被认定为商标侵权行为。本案较早地通过裁判的形式明确了合理使用的构成要件，划定了注册商标的保护边界，具有很强的引领和示范意义。本案入选《最高人民法院公报》（2011年第12期）。

【案例索引】

案号：

一审：上海市浦东新区人民法院（2006）浦民三（知）初字第125号

二审：上海市第一中级人民法院（2007）沪一中民五（知）终字第23号

审判组织：

一审：陈惠珍、徐俊、倪红霞

二审：刘军华、沈强、刘静

编写人：陈惠珍

11

网络交易平台经营者帮助侵权的司法认定

——某(上海)时装贸易有限公司诉浙江某网络有限公司等侵害商标权纠纷案

裁判要旨

网络交易平台经营者对于网络商户的侵权行为一般不具有预见和避免的能力,故不当然为此承担赔偿责任。但如果网络交易平台经营者知道网络商户利用其所提供的网络服务实施侵权行为,仍然为侵权行为人提供网络服务或者没有采取必要措施,则其应当与网络商户承担共同侵权责任。网络交易平台经营者是否知道侵权行为的存在,可以结合权利人是否发出侵权警告、侵权现象的明显程度等因素综合判定。网络交易平台经营者是否采取了必要的避免侵权行为发生的措施,应当根据网络交易平台经营者对侵权警告的反应、避免侵权行为发生的能力、侵权行为发生的概率大小等因素综合判定。

基本案情

原告:某(上海)时装贸易有限公司(以下简称某时装公司)

被告:杜某某

被告:浙江某网络有限公司(以下简称某网络公司)

案外人某公司是第1545520号注册商标和第1326011号注册商标的权利人。第1545520号注册商标核定使用的商品为第25类的服装,第1326011号注册商标核定使用的商品为第25类的夹克(服装)、短裤、工作服等。某公司授权原告在中国独占使用上述注册商标。原告使用上述商标生产的休闲女装被上海市名牌推荐委员会推荐为2009年度上海名牌。

被告某网络公司是某购物网站的经营管理者。个人卖家在该购物网站注册账户并通过实名认证即可开设网络店铺,在该店铺发布待售的商品信息,包括价格、尺码、颜色、图片等。非该购物网站商城的卖家和买家通过某购物网站实现交易时,该购物网站不收取费用。

某网络公司制定并发布《某购物网站服务协议》《商品发布管理规则》《某购物网站用户行为管理规则》等规则，这些规则多处提到禁止用户发布侵犯他人知识产权的商品信息，并制定了相关处罚措施。卖家发布、销售侵权商品的，根据其侵权次数、情节等因素，将受到警告、扣分、限制发布商品信息、店铺屏蔽、关闭账户等处罚措施。某购物网站还公布了知识产权侵权投诉途径，权利人可通过电话、信函、电子邮件等途径向某网络公司投诉。

根据涉案数据，某网络公司删除的商品信息数量约占某时装公司投诉总量的85%。某时装公司的投诉涉及14个商标，某网络公司根据某时装公司的投诉删除商品信息后，有的卖家会向某网络公司提出异议，并提供其销售的商品具有合法来源的初步证据。某网络公司会将卖家的异议转交某时装公司。某时装公司有时会撤回投诉，撤回投诉的原因，有的确实属于错误投诉，有的则是其暂时无法判断是否侵权。上述投诉中，包含某时装公司于2009年9月29日至11月11日针对杜某某的7次投诉，其中有3次涉及涉案商标，4次涉及某公司的另一个注册商标。某网络公司接到某时装公司投诉后即删除了杜某某发布的商品信息，杜某某并未就此向某时装公司及某网络公司提出异议，某网络公司也未对杜某某采取处罚措施。直至2010年9月，某网络公司才对杜某某进行扣分等处罚。

杜某某在某购物网站开设了一家名为“传说中de傀傀”的店铺。某时装公司提交的公证书载明：“传说中de傀傀”创店时间为2008年2月7日，卖家信用为606，买家信用为109，宝贝数量为1037，其中有一款“品牌原单TW小熊（PNR2）后绣花小熊连帽磨毛卫衣”的服装，该服装绣有一个卡通小熊的图案，服装吊牌印有第1326011号注册商标的文字及心形图案，售价75元，库存72件，30天售出0件。某时装公司的代理人支付了80元（其中5元为快递费）购买了一件上述服装。

原告某时装公司诉称，被告杜某某销售侵害原告注册商标专用权的商品，被告某网络公司纵容、帮助商户实施侵权行为。原告诉请判令：两被告共同赔偿原告经济损失3万元、合理费用54,900元，并向原告赔礼道歉。

被告杜某某辩称，其所售商品系从其他网站订购的，其不知这些服装是侵权商品；原告举证证明其只销售了一件侵权商品，原告主张的经济损失及合理费用过高。

被告某网络公司辩称：数年来，原告有20%的投诉是错误投诉，原告的轻率投诉引起了某购物网站卖家的大量异议，并对某网络公司的商誉造成损害；某网络公司对卖家的真实身份进行审核，及时删除了权利人投诉的侵权商品信息，某网络公司已经采取了合理审慎措施保护他人的知识产权；某网络公司善意删除原告投诉的商品信息，并不能就此推定某网络公司明知杜某某屡次侵权而怠于采取任何措施；在本案中，原告只是公证购买了杜某某销售的一件商品并鉴定为假货，并不能由此认定其他7次投诉的商品均为假货。综上，某网络公司并不构成侵权。

【法院裁判】

上海市浦东新区人民法院经审理认为,某时装公司经某公司许可而对第1545520号注册商标和第1326011号注册商标享有的独占许可使用权受法律保护。杜某某销售的服装上有与第1545520号、第1326011号注册商标相同或近似的商标,已侵犯原告注册商标专用权。杜某某不能举证证明其销售的商品有合法来源,应当依法承担赔偿责任。

某网络公司接到某时装公司的投诉通知后,对投诉内容进行了审核并删除了杜某某发布的商品信息。根据某网络公司的相关管理规则,其在接到某时装公司投诉并经核实后应对杜某某采取限制发布商品信息、扣分直至冻结账户等处罚措施,但某网络公司除删除商品信息外没有采取其他任何处罚措施。某网络公司有条件、有能力针对特定侵权人杜某某采取措施,但在知道杜某某多次发布侵权商品信息的情况下,未严格执行其管理规则,依然为杜某某提供网络服务,为杜某某销售侵权商品提供便利条件,系对杜某某继续实施侵权行为的放任、纵容,具有主观过错,构成帮助侵权,应当依法承担连带赔偿责任。

因原、被告均未举证证明杜某某侵权所得利益或者某时装公司被侵权所受损失,故综合考虑涉案商标具有较高知名度以及杜某某网店经营规模较小、获利不多等因素,酌定经济损失赔偿额,并根据维权支出的真实性、关联性、必要性和合理性,酌定合理费用。因被告侵权并不涉及原告的人格利益,故原告要求被告赔礼道歉的诉讼请求不予支持。

上海市浦东新区人民法院作出(2010)浦民三(知)初字第426号民事判决:(1)被告杜某某、某网络公司共同赔偿原告经济损失3000元、为制止侵权而支出的合理费用7000元;(2)驳回原告的其他诉讼请求。

一审判决后,被告某网络公司提起上诉。上海市第一中级人民法院作出(2011)沪一中民五(知)终字第40号民事判决:驳回上诉,维持原判。

【案例评析】

一、网络交易平台经营者帮助侵权责任的构成要件

普通侵权损害赔偿实行过错责任原则,法律规定对于一些特殊场合,实行过错推定原则。由于过错推定原则加重了加害人的证明责任,故以法律明确规定为限。根据2001年《商标法》第52条的规定,销售侵犯注册商标专用权的商品属侵犯注册商标专用权的行为。2001年《商标法》第56条第3款规定,销售不知道是侵犯注册商标专用权的商品,能证明该商品是自己合法取得的并说明提供者的,不承担赔偿责任。从上述条文可知,非法销售行为的构成,并不以销售者主观上是否存在过错为前提,只要行为人实际销售了侵犯商标权的商品,即构成侵犯商标权的行为,应当承担停止侵权的责任。对于商品销售者而言,只有在知道销售的商品是侵犯注册商标专用权的商品时,才需承担赔偿责任。对于销售者主观过错的认定采用过错推定的方式,由销售者承担证明自己不存在过错的举证责任。通常情况下,销售者可通过证明该商品是有合法来源的来证明其主观上不存在过错。

网络交易平台经营者并不直接销售商品，故其不承担直接侵权责任。在《侵权责任法》施行之前，[①]对于网络交易平台经营者的商标侵权责任没有明确的法律规定。根据2002年《商标法实施条例》第50条第2项的规定，故意为侵犯他人注册商标专用权行为提供仓储、运输、邮寄、隐匿等便利条件的属于侵犯注册商标专用权的行为。审判实务中通常依据该规定及民法中关于共同侵权的规定认定网络交易平台经营者是否构成帮助侵权。帮助行为的构成要件有：一是帮助人一般均出于故意，其和施行人之间具有共同致人损害的意思联络。在特殊情况下，虽然没有意思联络，但帮助人意识到被帮助人的行为是侵权行为而提供帮助，并客观上对加害行为起到了辅助作用，亦构成帮助侵权。二是帮助人实施了帮助行为，帮助可以是积极的，也可以是消极的。三是帮助人实施的帮助行为与受害人遭受的损害之间存在因果关系。[②] 网络交易平台经营者知道网络用户利用其交易平台实施商标侵权行为，仍然对他人的这种侵权行为提供实质性帮助的，即构成帮助侵权。审判实务中，对于网络交易平台经营者侵权责任认定的争议焦点和难点，在于其是否具有过错，即如何认定网络交易平台经营者知道网络用户利用其网络服务实施侵权行为。

二、网络服务提供者主观过错的认定

《侵权责任法》（已失效）第36条第3款规定，网络服务提供者知道网络用户利用其网络服务侵害他人民事权益，未采取必要措施的，与该网络用户承担连带责任。对于“知道”的理解有两种不同意见：一种意见认为，只要证明网络交易平台经营者知道不特定的网络用户实施侵权行为即可；另一种意见认为，需证明网络交易平台经营者知道特定的网络用户实施侵权行为。

笔者认为，网络交易平台经营者对卖家发布的商品信息没有事先审查的义务，也没有主动搜寻、删除侵权信息的义务。主要理由：第一，法律并没有规定网络交易平台经营者有此项义务。第二，商品信息由网络用户上传，网络交易平台经营者无法预见网络用户将上传的商品信息的内容。第三，即使网络交易平台经营者概括地知道网络中存在大量侵权信息，要求其对信息进行监控在技术上也是不可行的。商品信息的数量巨大，类型十分复杂，不同的权利人还可能在不同类的商品上注册相同的商标，网络交易平台无法从中甄别和屏蔽侵权信息。对此，即使是权利人自身也会判断错误。第四，如果要求网络交易平台经营者对所有商品信息进行主动审查，势必极大增加网络服务成本，其后果是导致网络交易成本增加，这些成本将转嫁给网络用户，这不利于电子商务的发展，最终将损害社会公共利益。因此，不能因为网络交易平台中存在大量的侵权信息就认定网络交易平台经营者存在过错，也不能因网络交易平台经营者知道可能有网络用户利用其网络服务实施侵权行为而认定其存在过错。

---

① 本案被告实施侵权行为时，《侵权责任法》尚未施行，故法院依据《民法通则》等法律中关于共同侵权的有关规定作出判决。

② 参见王利明：《侵权责任法研究》（上），中国人民大学出版社2011年版，第539页。

网络交易平台经营者是否知道侵权行为的存在，可以结合权利人是否发出侵权警告、侵权现象的明显程度等因素综合判定。网络交易平台经营者收到权利人符合要求的侵权通知后，就知道了侵权事实的存在。但“通知”并非认定“知道”的唯一方法，当用户上传的特定内容的侵权信息，已经明显到像一面鲜亮红旗公然飘扬，而网络服务提供者又能够看到这些内容时，则网络服务提供者不能采取不闻不问、视而不见的“鸵鸟政策”，放任侵权内容的传播。① 当然，权利人要对存在“红旗”这一事实承担证明责任。

三、“通知与移除”规则的适用

《信息网络传播权保护条例》规定了“通知与移除”规则，该规则一方面可以推动权利人积极地寻找和发现侵权信息，保护自己的利益；另一方面也促使网络服务提供者及时制止侵权行为，防止侵权后果蔓延。② 本书认为，由于商品交易平台提供的是信息存储服务，“通知与移除”规则的原理可同样适用于认定网络交易平台经营者帮助侵权责任的情形。根据“通知与移除”规则，权利人的通知书应当包含下列内容：(1)权利人的姓名(名称)、联系方式和地址；(2)要求删除或者断开链接的商品信息和网络地址；(3)构成侵权的初步证明材料。

本案中，某时装公司发给某网络公司的函中均明确指出侵权商品信息的具体网络地址，同时某时装公司还附上商标证等权利证明，并说明了其认定侵权的主要理由，故某时装公司所发的通知符合相关法律要求。某网络公司在接到某时装公司的函后，应当及时删除某时装公司所指的侵权商品信息。某网络公司也确实及时删除了侵权商品信息，并根据某时装公司的要求，将发布侵权商品的卖家信息告知某时装公司。因此，在及时删除侵权信息方面，某网络公司没有过错。

四、制止侵权的必要措施的认定

网络服务提供者删除侵权信息后，如果网络用户仍然利用其提供的网络服务继续实施侵权行为，则网络服务提供者应当进一步采取必要的措施制止继续侵权。哪些措施属于必要的措施，应当根据网络服务的类型、技术可行性、成本、侵权情节等因素确定。具体到网络交易平台经营者，这些措施可以是对网络用户进行公开警告、降低信用评级、限制发布商品信息直至关闭该网络用户的账户等。

就本案而言，某网络公司作为国内较大的网络交易平台经营者，完全有能力对网络用户的违规行为进行管理，某网络公司也实际制定并发布了一系列的网络用户行为规则。根据当时施行的《某购物网站用户行为管理规则(非商城)》③的规定，用户有商标侵权的违规行为的，每次都将受到限制发布商品 14 天、下架所有商品信息、公示处罚(警告)14 天的处罚。对于情节特别严重的违规行为，某网络公司有权对用户作永久封号处理。某网络公司

---

① 参见王迁：《网络环境中的著作权保护研究》，法律出版社 2011 年版，第 292 页。

② 参见王迁：《网络环境中的著作权保护研究》，法律出版社 2011 年版，第 252～253 页。

③ 此后，某网络公司对用户行为管理规则等规定又进行了多次修正。

若能够严格根据其制定的规则对违规行为进行处理，虽不能完全杜绝网络用户的侵权行为，但可增加网络用户侵权的难度，从而达到减少侵权的目的。

某网络公司接到某时装公司的投诉通知后，对投诉的内容进行了审核并删除了杜某某发布的商品信息。根据某购物网站当时有效的用户行为管理规则，某网络公司在接到某时装公司的投诉并经核实后还应对杜某某采取限制发布商品信息、扣分直至冻结账户等处罚措施，但某网络公司除删除商品信息外没有采取其他任何处罚措施。在7次有效投诉的情况下，某网络公司应当知道杜某某利用其网络交易平台销售侵权商品，但某网络公司对此未采取必要措施制止侵权，杜某某仍可不受限制地发布侵权商品信息。某网络公司有条件、有能力针对特定侵权人杜某某采取措施，在知道杜某某多次发布侵权商品信息的情况下，未严格执行其管理规则，依然为杜某某提供网络服务，此是对杜某某继续实施侵权行为的放任、纵容。某网络公司故意为杜某某销售侵权商品提供便利条件，构成帮助侵权，具有主观过错，应承担连带赔偿责任。

【典型意义】

在网络购物越发普遍的今天，如何衡量网络交易平台经营者的注意义务成为重要的司法议题，在面对个案时，法官一方面要保障电子商务的良性发展，维护消费者的权益；另一方面要维护商家的知识产权，提升企业家的创业热情。换言之，法官要在公共利益和个人利益之间寻求最佳平衡，把握好裁量的尺度。本案入选最高人民法院公报案例（2012年第1期），并获评2011年上海法院知识产权司法保护十大案例、2011年中国法院知识产权司法保护十大案件、2011年上海保护知识产权十大典型案例。

【案例索引】

案号：

一审：上海市浦东新区人民法院（2010）浦民三（知）初字第426号

二审：上海市第一中级人民法院（2011）沪一中民五（知）终字第40号

审判组织：

一审：许根华、邵勋、沈卉

二审：刘军华、桂佳、陆凤玉

编写人：许根华、邵勋

12

以仿冒商业标识为手段侵害经营秘密应分别规制各行为

——某贸易(深圳)有限公司诉上海某国际贸易有限公司等侵害商标权及不正当竞争纠纷案

裁判要旨

企业高级管理人员通过使用与所在单位的注册商标相同的商标、与所在单位的字号近似的字号等仿冒手段,将所在单位的特定业务"飞单"给他人的,其"仿冒"手段行为与"飞单"结果行为侵害了不同民事权利,不产生结果吸收手段的法律后果,应当对两者分别进行法律规制,即手段行为分别构成侵害商标权、侵害企业名称权的行为,结果行为构成侵害经营秘密的行为。

基本案情

原告:某贸易(深圳)有限公司(以下简称深圳某公司)

被告:上海某国际贸易有限公司(以下简称上海某公司)

被告:仇某

法国某股份有限公司(以下简称法国某公司)是国际著名车载通信产品供应商,系G944420号"Parrot"及图和G947073号、G650645号"Parrot"商标注册人,上述商标分别核定使用在存储程序软件、无线电话、声音或图像传输用具等商品、服务上,均在注册有效期内。原告于2006年4月成立,经营范围为无线电通信科技产品的咨询、批发、进出口等业务,系涉案商标在中国的独占许可使用人。被告上海某公司于2005年1月成立,注册资本100万元,股东为被告仇某等三人,由仇某担任法定代表人,经营范围为汽车电子产品研发和销售等。自2012年5月21日被告公司变更为现名称,变更时曾申请变更名称为上海某甲国际贸易有限公司,变更申请材料由仇某签名。

2011年11月21日,原告、仇某签订劳动合同,约定:仇某担任原告的区域商务经理,负责经营管理工作,在合同期内不得与其他单位建立劳动关系,不得以任何形式从事与原告相同、类似或者竞争的业务，不得截留原告的业务机会或者企图说服供应商、客户不与原告产生业务关系；仇某承诺已取得并将取得的与原告、客户等有关的目前及预期中的客户名单等信息属于保密资料，不得披露、提供给他人或者允许他人使用。自2012年4月10日起，仇某兼任法国某公司上海代表处首席代表，自2013年1月1日起兼任原告上海分公司的区域商务经理。

2012年5月3日，某案外公司向仇某发送向"Parrot"采购车载数字电视盒及其天线、软件、组件等产品的需求信息。次日，仇某将该信息转发给上海某公司，要求跟进此事。就上述采购事宜，仇某与案外人多次洽谈，在电子邮箱地址、电子邮件文本、合同磋商文本等中突出使用了涉案商标，并使用了"Parrot S. H. Co. Ltd.""parrot 中国""Parrot"等字样的企业名称，该企业的地址与原告上海分公司的地址十分接近。在上述过程中，该案外公司向仇某提供了采购询价单、订购量、说明书、技术数据、时间安排、联系人信息、合同磋商文本等具体材料。在案外公司选定"Parrot"品牌为供应商后，仇某提交了上海某公司为供应商的合同，双方随后签订合同，上海某公司由此取得合同款项157万余元。2013年7月，案外公司因上海某公司迟迟未能履行合同而向法国某公司问询，导致诉讼。案外公司确认因法国某公司的"Parrot"品牌车载通信产品在全球享有知名度，故向该公司的在华机构即原告采购，但仇某误导其签订涉案合同。

原告深圳某公司诉称，被告仇某自2012年4月起担任法国某公司上海代表处的首席代表，自2013年1月起担任原告上海分公司的区域商务经理，代表原告就上述业务项目与案外公司进行磋商，知悉原告的商业秘密。仇某在原告处工作期间又系被告上海某公司的股东、法定代表人，向该公司披露了涉案商业秘密；该公司使用涉案商业秘密，并通过仇某使用涉案商标、原告的电子邮箱、与原告"派诺特"字号相近似的"派若特"字号等手段，误导案外公司认为上海某公司与原告及涉案商标之间存在联系，从而与上海某公司达成原本属于原告的商业交易。两被告共同构成侵害原告的商标独占许可使用权、企业名称权以及商业秘密。原告诉请判令：(1)两被告立即停止侵害原告商标权的行为；(2)两被告立即停止不正当竞争行为，停止使用含有"派若特"字样的企业名称；(3)两被告赔偿原告经济损失以及为维权支出的合理开支共计50万元。

两被告共同辩称，上海某公司以自己的名义与案外公司洽谈涉案业务，但尚未签订正式合同，也未生产任何产品，更未使用原告商标，故未侵害原告商标权。仇某在原告处从事管理工作，其使用原告商标的行为系职务行为，故亦未侵害原告商标权。原告的"派诺特"字号无市场知名度，不为公众熟知，且上海某公司合法成立，该名称与原告的名称在行政区划、字号、组织形式上有区别，故未侵害原告的企业名称权。上海某公司生产汽车配件，原告不生产车用产品，双方没有同业竞争关系，且原告在涉案业务发生前与案外公司无任何合作，不存在与案外公司有关的商业秘密，故未侵害原告商业秘密。

【法院裁判】

上海市浦东新区人民法院经审理认为：第一，根据2001年《商标法》第52条的规定，未经商标注册人的许可，在同一种商品上使用与其注册商标相同或者近似的商标的，属于商标侵权行为。仇某基于具有原告区域商务经理的身份，有权在为原告的商业活动中使用涉案商标，但其为了其系股东、法定代表人的上海某公司的利益，将涉案商标使用于上海某公司与案外公司的商业活动，不属于正当履行职务的行为，故两被告构成侵害原告的商标独占许可使用权。

第二，根据1993年《反不正当竞争法》第2条第1款的规定，经营者在市场交易中，应当遵循自愿、平等、公平、诚实信用的原则，遵守公认的商业道德。在企业名称发生冲突时，应当根据诚实信用、公平竞争和保护在先权利的原则进行调整。涉案车载数字电视盒属于无线通信产品、车用电子产品，原告与上海某公司均经营上述产品，双方存在同业竞争关系。仇某在获悉涉案业务信息后，为截取该业务而变更上海某公司的原名称，意欲变更登记与原告"派诺特"字号相同的字号，实际变更的"派若特"字号与原告"派诺特"字号仅一字之差，两者读音、字体近似，且"Parrot"品牌在车载通信产品行业具有一定知名度，而上海某公司的英文企业名称"Parrot S. H. Co. Ltd. "中的字号以及简称"parrot 中国""Parrot"中的字样与原告的英文字号"Parrot"相同，双方的地址十分接近，足以导致相关公众对上海某公司与原告产生混淆，使得案外公司误认为上海某公司系原告而与其发生交易，故两被告构成侵害原告企业名称权的不正当竞争。

第三，根据1993年《反不正当竞争法》第10条第3款的规定，商业秘密是指不为公众所知悉、能为权利人带来经济利益、具有实用性并经权利人采取保密措施的技术信息和经营信息。原告主张保护的经营信息为案外公司提供的缔约信息、询价单、说明书、技术数据、时间安排、联系人信息、服务协议磋商文本等，上述信息由案外公司针对特定业务发送给原告，他人无法从公共渠道获得，具有非公开性，且能够给原告带来商业利益，具有实用性。原告亦通过劳动合同对仇某经营过程中获悉的商业信息采取了保密措施，故上述信息属于1993年《反不正当竞争法》第10条第3款规定的商业秘密。根据1993年《反不正当竞争法》第10条第1款和第2款的规定，经营者不得违反约定或者违反权利人有关保守商业秘密的要求，披露、使用或者允许他人使用其所掌握的商业秘密。第三人明知或者应知前述违法行为，获取、使用或者披露他人的商业秘密，视为侵犯商业秘密。仇某违反原告的保密要求向上海某公司披露涉案商业秘密，上海某公司明知仇某的违法行为仍积极使用涉案商业秘密，故两被告构成侵害原告经营秘密的不正当竞争。

第四，《侵权责任法》（已失效）第8条规定，二人以上共同实施侵权行为，造成他人损害的，应当承担连带责任。仇某既是原告的区域商务经理，又是上海某公司的法定代表人和经理，其利用担任原告区域商务经理的职务便利，为上海某公司谋取利益，将本应属于原告的商业机会"飞单"至上海某公司，上海某公司在明知上述事实的情况下积极与案外公司洽谈,并实际获得该商业机会。故两被告具有共同侵权的故意,分工合作实施侵权行为,主观过错严重,构成共同侵权,应当承担连带责任。

上海市浦东新区人民法院作出(2013)浦民三(知)初字第483号民事判决:(1)两被告立即停止侵害原告的G944420号、G650645号、G947073号注册商标独占许可使用权,立即停止对原告的不正当竞争行为,停止使用含有"派若特"字样的企业字号;(2)两被告赔偿原告经济损失(含合理费用)40万元。

一审判决后,两被告提起上诉。上海市第一中级人民法院作出(2014)沪一中民五(知)终字第82号民事判决:驳回上诉,维持原判。

【案例评析】

本案系公司高级管理人员通过一系列组合手段,仿冒单位身份,实施"飞单"行为所引发的涉及侵害商标权、企业名称权、经营秘密的典型案件,具有一定的代表性;判决结果明确了"仿冒单位身份"的手段行为与"飞单"的结果行为因侵害不同民事权利而应当被分别规制的法律适用规则。

一、仿冒单位身份实施"飞单"的行为特征

所谓"飞单",通常是指员工为谋取私利,将在履行职务期间获得的客户对其所在单位的商品、服务的需求信息交予第三方,积极促使第三方与客户达成商业交易的行为。"飞单"行为大致可分为两类:一类是员工直接将客户的需求信息转售给第三方,由第三方履行,第三方支付员工介绍费等;另一类是员工在获得客户的需求信息后,由自己或者与自己有直接经济利益关系的第三方完成交易。一般而言,无论是哪一类"飞单"行为,在交易过程中特别是在签署合同时,客户均已知晓与其发生交易关系的对方并非该员工所在的单位。本案所涉"飞单"行为与前述第二类"飞单"行为在形式上较为相近,但客户却始终误认为其仍在与员工所在单位进行交易,直至对方难以履行合同后才发现交易主体有误,故属于一类新型的"飞单"行为,具有仿冒单位身份的典型特征。

首先,在"飞单"行为的发生背景上,其通常发生在交易产品不具有较大替代性、产品价值较高的高科技产品等市场领域。在该领域中,客户对交易方的品牌知名度、履行能力等影响交易达成与否的因素更为注重,往往存在特定或者相对固定的交易对象,一般不会基于价格等方面的原因而轻易改变交易对象,因此员工进行"飞单"的难度较大,完成"飞单"的可能性较小。

其次,在"飞单"行为的实施主体上,其通常系具有谈判权、决策权的公司高级管理人员或者负责具体业务操作的专业销售人员等。上述人员基于职务、岗位等因素,既较易获得第一手的客户需求信息,也较易控制该类信息的知悉范围,还容易取得客户的信任,易使客户误以为是在与上述人员所代表的单位即其希望的特定对象磋商业务、达成交易。

最后,在"飞单"行为的实施手段上,其通常表现为仿冒单位身份。客户在磋商中主要关注的是品牌所指向的特定交易对象，故仿冒所在单位的身份更易获得交易机会。其往往表现为使用单位商标或者近似商标，使用单位名称中的字号或者近似字号等商业标识，并辅以使用单位的地址、电话、邮箱等资源，通过一系列组合手段误导客户，造成客户自始至终混淆、误认，从而获得交易机会。

二、仿冒单位身份实施“飞单”的行为规制

对于仿冒单位身份实施“飞单”行为的法律适用，一种观点认为，“飞单”是目的、结果，本质上侵害的是单位的经营秘密，而“仿冒单位身份”仅是实现目的、追求结果的一种手段；故应当将“飞单”的行为结果即侵害商业秘密作为法律关系，以此为请求权基础进行裁判，而“仿冒单位身份”的行为手段仅系认定侵权情节、主观过错的考量因素。另一种观点认为，“仿冒单位身份”与“飞单”虽为手段与结果的关系，但两者侵害的民事权利不同，不产生结果吸收手段的法律后果，即使侵权人最终未能获得客户业务，其行为手段亦已构成相应的侵权，故应当对两者分别进行规制。本案裁判采纳了第二种观点。

首先，就侵权行为侵害的客体而言，商标权、字号权、经营秘密等系权利人依法享有的不同民事权利，同一行为人实施的不同侵权行为完全可能侵害不同民事权利，只要符合侵权构成要件，就分别成立相互独立的侵权。本案中，“仿冒单位身份”手段是侵权行为的表现形式之一，被告使用原告商标、近似字号的行为分别符合侵害商标权、企业名称权的构成要件，构成各自独立存在的侵权；“飞单”结果是被告披露、使用原告经营秘密行为所造成的损害后果，是侵权行为与损害后果的综合。因此，被告实施了三个不同性质的侵权行为，应当分别予以规制。

其次，就法律适用的参考角度而言，本案情形类似于刑法中的“牵连犯”，可参考“牵连犯”的法律适用规则。牵连犯是指出于一个犯罪目的，实施数个犯罪行为，数个行为之间存在手段与目的或者原因与结果的牵连关系，分别触犯数个罪名的犯罪状态；因手段行为与目的行为系独立的犯罪，触犯了不同罪名，故依法应当分别定罪。本案中，被告为了实现截留涉案业务的唯一目的，实施了“仿冒单位身份”的手段行为以及“飞单”的结果行为，侵害了不同民事权利，故应当对其分别予以规制。

最后，就司法规制的效果而言，本案中的“飞单”行为具有较大的主观恶性，损害后果较为严重，适用商标法、反不正当竞争法的规定分别予以规制，有利于体现侵权性质、情节、过错等与民事责任承担的一致性，具有较好的法律效果和社会效果。

【典型意义】

本案系公司高级管理人员仿冒单位身份实施“飞单”行为引发的涉商标权、企业名称权、经营秘密的典型案件。本案对“仿冒单位身份”的行为特征、“飞单”的行为后果进行了梳理，认定仿冒所在单位商标的行为构成商标侵权，仿冒所在单位企业字号的行为构成侵害企业名称权，“飞单”行为构成侵害商业秘密，对同类案件的审理具有参考意义。本案获评 2014 年中国法院 50 件典型知识产权案例、2014 年上海法院知识产权十大案件。

【案例索引】

案号：

一审：上海市浦东新区人民法院（2013）浦民三（知）初字第 483 号

二审：上海市第一中级人民法院（2014）沪一中民五（知）终字第 82 号

审判组织：

一审：许根华、郭杰、虞勇强

二审：唐震、刘晓波、胡古月

编写人：许根华、郭杰

13

定牌加工出口贸易中商标侵权责任的司法认定

——某公司诉某进出口公司侵害商标权纠纷案

裁判要旨

定牌加工中使用与注册商标相同或近似标识的行为是否构成商标侵权需要结合原告注册商标的正当性，被告是否尽到必要、合理的审查注意义务，定牌加工产品是否在国内销售，被告在出口目的国商标注册等具体情况来综合认定。

基本案情

原告：某公司

被告：某进出口公司

原告系一家英国公司，成立于1920年。原告在第18类行李箱、旅行袋、手提包、钱包等商品上注册了G732879号图形商标（彩色格子）及G987322号图形商标（黑白格子）。2014年9月，原国家工商行政管理总局商标局作出商标驰字[2014]256号批复，认定原告使用在第25类衬衣、夹克商品上的G732879号图形商标为驰名商标。2001年8月21日，经厄瓜多尔知识产权局—IEPI—国家工业产权局核准，原告获得了证号为12701－01图形商标（彩色格子）的商标注册，核定使用商品范围为国际分类第18项，即行李物品、箱子、手提包、旅行箱等。

2013年4月，案外人某贸易公司与被告签订购买承诺和信息备忘录，双方约定某贸易公司作为境外买方公司的代理人向被告订购7000件箱包，FOB价格为10.85美元/件，发运时间为2013年5月5日，运送方式为海运。

2013年4月15日，被告委托案外人某箱包公司生产涉案商品，订单载明：拉杆拖轮包54cm×28cm×26cm、购物袋43cm×15cm×32cm、化妆包21cm×13cm×13cm，数量7000套，出货到厄瓜多尔，单价53元/套，颜色米色黑黄格，同2010年出货。订单还附有拉杆拖轮包、购物袋、化妆包的样品图片。

2013 年 5 月 21 日，被告以一般贸易方式向上海海关申报出口厄瓜多尔拉杆包、手提包、化妆包(无品牌)共 21,000 个(1750 箱)，申报价值合计 70,000 美元。因涉嫌侵犯原告在海关总署备案的知识产权，该批货物被上海海关查扣。2015 年 3 月 4 日，原告向上海海关提出采取知识产权保护措施的申请。2015 年 9 月 18 日，上海海关作出沪关知字[2015]第 28 号行政处罚决定书，认定被告出口上述货物的行为构成出口侵犯他人商标专用权货物的行为，决定没收上述侵权货物并处罚款 44,000 元。

上海市公安局静安分局曾对被告假冒注册商标案进行立案侦查。案外人某贸易公司业务员崔某某和被告公司经理张某某承认，涉案商品是翻单产品，2010 年曾为哥伦比亚的客户做过一批一模一样的箱包。

原告某公司诉称，被告的上述行为侵害了原告的注册商标专用权。原告诉请判令：被告停止侵权，赔偿经济损失及合理费用共计 300 万元。

被告某进出口公司辩称，涉案商品外观与原告涉案商标不近似，被告仅为外贸代理商，并非涉案商品的生产者、销售者，且被告提供代理服务时已尽到合理注意义务。

【法院裁判】

上海市浦东新区人民法院经审理认为，以销售为目的，通过指定产品的款式、规格、图案等，委托他人加工生产涉案商品，并以出口的形式销售涉案商品，应被认定为涉案商品的生产者和销售者。本案中，涉案商品的款式、规格、图案等均由被告指定，涉案商品的生产加工完全体现了被告的意志，其委托定牌加工企业使用与注册商标相同或近似图案的面料的行为构成商标法意义上的商标使用。同时，被告以销售者的身份与案外人某贸易公司进行交易，涉案商品的出口货物报关单中填写的经营单位和发货单位均为被告，该报关单、发票和装箱单中均有被告公司及其法定代表人的签章，故该行为足以证明被告是涉案商品的生产者和销售者。同时，被告对涉案商品的生产、销售存在过错。涉案商标经过原告的长期使用和广泛宣传，已经具有较高的市场知名度和较强的显著性。被告作为一家自营和代理货物进出口业务的商贸公司，长期从事进出口业务，对涉案商标的认知能力应比普通相关公众更高，应当知道来源于英国的具有较高知名度的涉案商标。显然被告对涉案商标未尽到合理必要的审查注意义务，具有过错。故法院认定被告委托定牌加工的行为构成商标侵权。

上海市浦东新区人民法院作出(2016)沪 0115 民初 13990 号民事判决：(1)被告停止侵权；(2)被告赔偿原告经济损失及合理费用共计 63 万余元。

一审判决后，被告提起上诉。上海知识产权法院作出(2017)沪 73 民终 21 号民事判决：驳回上诉，维持原判。

【案例评析】

一、涉外定牌加工行为商标侵权审查判断的司法政策

涉外定牌加工是指境外委托方提供商标，委托我国境内加工方加工产品，将商标印制在加工产品上，并将产品全部返回境外委托方销售，境外委托方向境内加工方支付加工费的贸易方式。涉外定牌加工行为是否构成商标侵权，在理论界和司法实践中有较大争议。对此，2009年4月21日最高人民法院印发的《关于当前经济形势下知识产权审判服务大局若干问题的意见》对涉外定牌加工中商标使用问题审慎表态：妥善处理当前外贸"贴牌加工"中多发的商标侵权纠纷，对于构成商标侵权的情形，应当结合加工方是否尽到必要的审查注意义务，合理确定侵权责任的承担。

2016年7月8日，时任最高人民法院知识产权审判庭庭长的宋晓明在全国法院知识产权审判工作座谈会暨全国法院知识产权审判"三合一"推进会上的总结讲话中对定牌加工的法律问题指出，对于定牌加工引发的法律问题的认识和处理，并不仅仅取决于法律逻辑，更取决于价值判断和利益衡量。在处理定牌加工问题时，既要考虑我国企业整体创新能力较弱、处于全国经济贸易价值链的中低端、对外加工贸易比重较大的既有状态，又要考虑推动我国从全球经济贸易价值链的低端向高端跃迁，实现从中国制造向中国创造转变的现实需求，区别情况予以稳妥处理。同时，定牌加工问题还涉及商标民事程序与行政程序的交织和叠合，需要实现两个程序的协调。综合已有判例，法院内部对于定牌加工问题已经达成了一定共识：对于境外委托方在目的国拥有正当合法的商标权，产品全部出口该目的国，我国境内加工方已经尽到必要、合理审查注意义务的，原则上可以认定境内加工方的生产加工行为不构成侵犯商标权；对于境内加工方的生产加工行为构成商标侵权的情形，亦应结合境内加工方是否尽到必要的审查注意义务，合理确定其应承担的侵权责任；境内商标权人生产的贴附商标的产品全部出口境外，他人以三年不使用为由申请撤销境内商标权的，可以不予支持。

根据上述司法政策和原则精神，在涉外定牌加工商标侵权案件审理中，被控侵权方已尽到商标权事先审查义务，且商品全部用于出口的，中国境内的消费者不会对该商品产生混淆和误认，不构成商标侵权。但是个案的情况千差万别，在具体的个案中，是否构成商标侵权还是要根据案情进行具体分析。

二、被告应否被认定为涉案商品的生产者和销售者

原告主张被告是涉案商品的生产者和销售者，被告辩称其仅为涉案商品的外贸代理商，不应承担商标侵权责任。对此，法院根据涉案商品的订单、出口货物报关单以及相关证人证言等证据，认定被告为涉案侵权产品的生产者和销售者。首先，被告与某箱包公司签订的订单明确规定了所订购产品的款式、规格、图案及验货标准，并要求该箱包公司根据订单采购指定图案的原料进行加工生产。其次，虽然被告辩称涉案商品是该箱包公司根据某贸易公司的指示安排生产的，但某贸易公司的购买承诺、信息备忘录中只明确了产品的价

格、数量和交货日期,对产品的款式、规格等并没有作出约定,且某贸易公司的业务员崔某某称,系由被告提交样品,经境外采购商确认后同意工厂生产的。再次,张某某(被告公司业务经理)、袁某某(某箱包公司法定代表人)在上海市公安局静安分局经侦支队的询问中承认,涉案商品的样品由被告提供,某箱包公司负责采购面料并加工。由此可见,涉案商品的款式、规格、图案等均由被告指定,生产加工行为完全体现了被告的意志,故足以认定被告是涉案商品的共同生产者之一。最后,被告以销售者的身份与某贸易公司进行交易,涉案商品出口货物报关单中填写的经营单位和发货单位均为被告,该报关单、发票和装箱单中均有被告公司及其法定代表人的签章,故法院认定被告系涉案商品的销售者。据此,法院对被告辩称其仅为涉案商品外贸代理商的意见不予采纳。

三、被告是否尽到了必要合理的审查注意义务

我国《侵权责任法》(已失效)第 6 条第 1 款规定:“行为人因过错侵害他人民事权益,应当承担侵权责任。”《侵权责任法》中的过错责任即要求行为人应当尽到对他人的谨慎和注意义务,努力避免损害结果的发生。对于贴牌加工案件,通常认为加工企业如有过错应与委托方共同承担侵权责任。对于涉外定牌加工纠纷案件,境外委托方通常不参与诉讼,仅有国内加工企业作为被告。因此,在确定国内加工企业是否存在过错时,应当考虑个案不同因素,对其注意义务适用不同的标准。

一般而言,国内加工企业接受境外委托时,应当对境外委托人在境外是否享有注册商标专用权或者取得合法授权许可进行必要的审查,并结合涉案商标的知名度进行综合判定。本案中,涉案商品的境外采购方在出口目的国厄瓜多尔并不享有任何商标权益,而原告早在 2001 年即在厄瓜多尔注册了涉案 G732879 号商标。涉案商标经过原告的长期使用和广泛宣传,已经具有较高的市场知名度和较强的显著性。被告作为长期从事进出口业务的商贸公司,对注册商标的认知能力应比普通相关公众更高,在从事生产及代理销售与涉案商标相关的产品时,应尽到与商标知名度相对应的注意义务。鉴于被告无法证明其在接受委托时曾审核过境外采购方的商标情况,未尽到相应的审查义务,存在明显过错,故其应当承担相应的侵权责任。

目前,进一步加大损害赔偿力度,使损害赔偿数额全面反映知识产权的市场价值已成为一种共识。特别是对于故意侵权、重复侵权行为,法院在判决赔偿数额时应将侵权人的主观恶意作为一种情节予以考虑,以进一步加大对侵权人的制裁。本案被告曾于 2010 年向哥伦比亚出口一批同样带有涉案侵权标识的商品,且由于海关检查属于抽查,不能排除被告存在其他未被发现的生产、销售侵害原告注册商标专用权商品的行为。故被告的行为构成重复侵权和故意侵权,侵权情节较为严重。据此,法院根据涉案商标的知名度、侵权商品数量、被告主观过错、重复侵权情节等因素酌定被告赔偿原告经济损失 30 万元,并全额支持了原告的合理费用 33 万余元。

【典型意义】

涉外定牌加工为我国对外经济合作的重要方式，在此类案件的处理中，既要考虑我国对外加工贸易比重较大的既有状态，又要为中国制造向中国创造转变预留司法裁量空间。本案的涉案商标是为大众所熟知的“BURBERRY”格子图案注册商标，该商标知名度较高，案件社会影响较大。与传统的定牌加工案件不同，本案中订购涉案商品的外方企业在国外也不享有商标专有权利，其系根据被告提供的样品委托被告生产的。被告在接到订单后，又转而委托案外人代为加工，再销售给外方企业。因此，法院在本案中认定被告直接实施了涉案商品的生产和销售行为，未尽到合理的审查注意义务，构成商标侵权。同时，结合既有的海关记录等相关证据，认定被告存在重复侵权的主观故意，故进一步加大了制裁力度，维护了正常的商标管理秩序和商标权人的合法利益。本案入选《中国法院 2019 年度案例：知识产权纠纷》，并被中国外商投资企业协会优质品牌保护委员会评选为“2017 ~ 2018 年度知识产权保护十佳案例”。

【案例索引】

案号：

一审：上海市浦东新区人民法院（2016）沪 0115 民初 13990 号

二审：上海知识产权法院（2017）沪 73 民终 21 号

审判组织：

一审：朱丹、宫晓艳、邵勋

二审：吴盈喆、郑卫、刘静

编写人：宫晓艳

14

诉讼外自认可作为知识产权损害赔偿的依据

——某矿机(天津)国际贸易有限公司等诉沈阳某机械设备制造有限公司等侵害商标权及不正当竞争纠纷案

裁判要旨

知识产权侵权案件中,常难以确定权利人所受损害或侵权人非法获利的具体数额,在确定赔偿金额时,只能参考多种因素适用法定赔偿。侵权人在诉讼外的自认可以作为其侵权获利的重要证据,对判赔金额产生较大影响。侵权人在其经营平台、社交平台等上发布的自认信息,具有一定合理性及可信度的,可以成为顶格判赔的重要依据。

基本案情

原告:某矿机(天津)国际贸易有限公司(以下简称某国际贸易公司)

原告:某矿机(天津)国际贸易有限公司上海分公司(以下简称某国际贸易公司上海分公司)

原告:某矿机(天津)国际贸易有限公司北京分公司(以下简称某国际贸易公司北京分公司)

原告:某公司

被告:沈阳某机械设备制造有限公司(以下简称沈阳某机械公司)

被告:沈阳某粉磨设备制造有限公司(以下简称沈阳某粉磨公司)

原告某国际贸易公司及其上海分公司、北京分公司与两被告均生产并销售矿山机械产品。原告企业及产品在矿山机械领域具有很高的知名度。原告某公司注册享有“美卓”“Metso”“metso”等多个商标,并许可原告某国际贸易公司及其上海分公司、北京分公司使用上述商标并进行维权。两被告未经原告许可,擅自在其网站、微信公众号及相关展会上虚构与原告有合作或授权生产关系、持有原告技术和图纸的事实,并宣称可以生产原装的原告产品,甚至采用与原告部分产品相同的产品编号或仅在原告产品编号前加上 ST,

且将其产品称为美卓产品。被告还在展会海报及微信公众号上将原告“metso”商标作为被告品牌下的商标。被告于微信公众号发布的破碎机产品的宣传图片上突出使用“Metso”标识，在对其破碎机等产品的文字描述中擅自使用“美卓”“Metso”标识。此外，被告在微信公众号中宣称与美卓及关联品牌的产品交易量和交易金额非常大，有80余次提到曾向相关国家和地区出口或销售给国内客户，所涉国外客户众多，涉及美国、日本、俄罗斯、加拿大等诸多国家和地区。还两次发布文章称已经向世界许多国家出口数百台西蒙斯（原告关联品牌）圆锥破碎机，并自称每年为全球几十个大型矿山和采石场提供服务。

四原告诉称，两被告在相关网站及微信公众号上发布和传播关于其自身和产品的误导性信息，构成虚假宣传的不正当竞争行为，亦违反了《反不正当竞争法》第2条的诚信原则。两被告在其网站、微信公众号、宣传图片、员工Facebook账号的产品图片、展会的宣传海报及其员工发送的产品宣传册上突出使用“美卓”“Metso”“metso”商标，构成对原告6个注册商标专用权的侵害。两被告通过围绕原告搭建的商业模式，攀附了原告产品的知名度和商誉，对原告商誉和生产经营活动造成严重损害。四原告诉请判令：（1）两被告立即停止在其销售和推广中的虚假宣传行为；（2）两被告立即停止违反《反不正当竞争法》第2条诚实信用原则的行为；（3）两被告立即停止侵害原告注册商标专用权的行为，包括在产品上和对产品的宣传活动中使用与原告注册商标相同或近似的商标；（4）两被告在被告官方网站、官网微信公众号、交易平台和某英主页、《中国知识产权报》、《中国工商报》、《法制日报》及新浪、网易、搜狐网站上刊登声明、消除影响；（5）两被告赔偿原告经济损失300万元；（6）两被告赔偿原告为制止侵权行为所支出的合理费用10万元。

两被告共同辩称：（1）被告沈阳某机械公司在made-in-china.com、某英网，以及被告沈阳某粉磨公司在某网站上注册并发布了相关推广内容，但这些内容与原告的关联性不大。涉案微信公众号由被告沈阳某粉磨公司经营；涉案网站www.sanlandcrusher.com、www.sanland.com由两被告共同经营。收到本案诉状后，被告已停止微信公众号的运营并删除某英网中的内容。被告网站上的被控侵权行为也已停止或进行了整改。原告主张的其他网站与被告无关，相关内容并非被告发布。（2）两被告使用相同的办公场所和员工，在经营过程中并无具体分工及区分。两被告经营范围都是生产制作各种矿山、电站等机械产品及零部件。目前主要以被告沈阳某粉磨公司为对外经营主体。两被告在生产经营中均是根据客户要求来图加工并在产品上贴附客户需要的商标。原告产品型号都是行业内通用名称，被告在这些产品型号前加上“ST”字样后已能够起到区分的作用。（3）被告并不知晓原告的注册商标，并无侵权的主观故意。被告公司在历史上曾与原告某公司的前身美国某公司签订技术协议，因此，被告在宣传时提到过这段历史。但是被告工作人员在宣传时确实存在夸大宣传的情形。（4）因法律意识欠缺，被告根据客户提供的图纸和要求贴附的标签生产了产品，但原告并未使用涉案商标，仅在三台破碎机产品及部分小配件上使用了原告在他案中主张的其他商标，且被告并未扩大加工量。（5）原告主张的不正当竞争行为应当适用《反不正当竞争法》中的具体行为条款，不应当另行适用《反不正当竞争法》第 2 条的规定。《反不正当竞争法》所规定的虚假宣传行为是针对广告经营者的不正当竞争行为，被告是生产厂家，不适用该条款。被告确实存在虚假宣传行为，但不违反《反不正当竞争法》中关于虚假宣传的认定，被告不构成不正当竞争行为。(6)原告并无证据证明被告行为给原告造成了损失。

【法院裁判】

上海市浦东新区人民法院经审理认为：(1)关于被告行为是否构成虚假宣传行为。原、被告为同业竞争者，经营行为应受我国《反不正当竞争法》的调整。本案中，被告未能提供证据证明其已获得原告许可和授权，或曾经与原告有许可关系，并且亦无证据证明其持有原告技术和图纸，却虚构与原告有合作或授权生产关系、持有原告技术和图纸的事实，并宣称可以生产原装的原告产品，甚至采用与原告部分产品相同的产品编号或仅在原告产品编号前加上 ST，将其生产的产品称为美卓产品。被告还在展会的海报及微信公众号上以图表的形式将“metso”商标作为“SANLAND”品牌下面的三个商标之一。被告所实施的上述一系列行为，会使相关公众认为其系原告授权商或有权生产经营原告产品的生产商，其生产的产品即为原告产品，或被告与原告具有关联关系，从而欺骗和误导相关公众，严重损害原告利益，构成虚假宣传的不正当竞争行为。(2)关于被告行为是否需同时适用《反不正当竞争法》第 2 条的原则性条款。适用该条款的前提是被告行为不属于《反不正当竞争法》中规定的具体行为类型，但本案被告行为已构成《反不正当竞争法》中的虚假宣传行为，已无适用《反不正当竞争法》第 2 条规定的必要。(3)关于被告行为是否构成对原告商标权的侵害。被告所实施的第一项行为是以图表的形式将“metso”商标作为“SANLAND”品牌下面的三个商标之一，该行为仅仅系为了向相关公众表达其与原告之间的关联关系，应属于虚假宣传的调整氾畴，已被本院认定。故被告并非将该标识作为商业标识使用，不属丁商标使用行为。关于第二项行为，被告微信公众号中发布的破碎机产品图片上以显著的文字标注“Metso”字样，意欲向相关公众表示图片所展示的破碎机系“Metso”品牌的破碎机，系将“Metso”作为识别其产品来源的商业标识使用。该标识与原告商标构成近似，所涉产品与原告商标商品类别系类似商品，构成对原告注册商标专用权的侵害。关于第三项行为，被告将其生产的破碎机等产品称为“美卓”或“Metso”产品，与原告商标构成相同或近似，所涉产品与原告商标商品类别系相同或类似商品，故被告行为构成对该两商标权的侵害。(4)关于被告如何承担民事责任。就本案被告所实施的行为，被告理应承担停止侵权、消除影响及赔偿损失的责任。其中，关于被告应承担的赔偿金额，原、被告对被告侵权获利及原告损失未能提供充分证据证明。基于上述因素，本院认为，根据现有证据结合被告宣传的内容已经足以证明被告侵权获利之丰厚。被告虽然表示其微信公众号中的内容系宣传所需，并非其实际获利情况，但被告对其主张未能举证。鉴于被告不能提供证据否定自己宣传内容的真实性，本院采纳原告主张。原告在本案中主张的赔偿金额符合法律规定，本院予以全额支持。原告主张的律师费、公证费及翻译费亦属原告在本案中为制止侵权所支出的合理费用范畴，本院均予以支持。据在案证据及被告陈述，涉案侵权行为系由两被告共同实施，因此而产生的民事责任应由两被告共同承担。

上海市浦东新区人民法院作出(2017)沪0115民初83471号民事判决：(1)两被告停止商标侵权及不正当行为，刊登声明、消除影响；(2)两被告赔偿原告经济损失人民币300万元及合理费用10万元。

一审判决后，被告提起上诉。上海知识产权法院作出(2019)沪73民终104号民事判决：驳回上诉，维持原判。

【案例评析】

自认制度旨在减少诉讼成本，提高诉讼效率，因为证明以及质证和认证需要投入大量的时间和人力、物力。对诉讼中的自认，《民事诉讼法》已有较为明确的规定。对于诉讼外的自认，目前法律上尚无明确的规定，但实际审判中涉及诉讼外的自认并不少见。如何把握其效力，已成为民事诉讼中完善证据认定规则的一项迫切需求。

一、诉讼外自认的定义

最高人民法院《关于适用〈中华人民共和国民事诉讼法〉的解释》第92条第1款规定：一方当事人在法庭审理中，或者在起诉状、答辩状、代理词等书面材料中，对于己不利的事实明确表示承认的，另一方当事人无须举证证明。最高人民法院《关于民事诉讼证据的若干规定》第3条规定："在诉讼过程中，一方当事人陈述的于己不利的事实，或者对于己不利的事实明确表示承认的，另一方当事人无需举证证明。在证据交换、询问、调查过程中，或者在起诉状、答辩状、代理词等书面材料中，当事人明确承认于己不利的事实的，适用前款规定。"因此，诉讼中的自认需符合以下要件：(1)在诉讼活动中作出；(2)自认内容为于己不利的事实。诉讼外的自认与诉讼中的自认相区别，具有以下特点。(1)时间：发生于法庭审理之外，可以是案件诉讼期间，也可以是立案前。(2)对象：自认并非向该案的法官作出，对于该案来说，是一种非正式陈述。(3)形式：可以是口头也可以是书面，例如当事人在庭审之外对案外人或对方当事人的陈述，当事人在另案中的庭审陈述，当事人发布的自我宣传推广内容、公示信息等。①

二、诉讼外自认的效力

理论上认为，诉讼上的自认具有如下效力：自认的事实无须证据证明(免证效)；法院不能对自认的事实进行审理(审理排除效)；法院必须以自认的事实为判断基础(判断拘束

---

① 参见杜灵燕、俞丹：《诉讼外自认在知识产权侵权损害赔偿中的适用》，载《中华商标》2020年第Z1期。

效);当事人不能随意撤回自认(撤回限制效)。[①] 但诉讼外的自认仅是认定所承认事实真实性的一种间接事实,因此与诉讼中的自认效果不能等同。由于作出的时间、背景、场合不同,自认人在作出自认时与诉讼中所处的地位及维护的利益均不相同,缺乏相应法律程序的保障,仅能够具有一般的证据效力,不能直接免除对方当事人的举证负担。[②] 诉讼外的自认因其发生时间、场合不同,其证明的效力也不同。罗森贝克教授和松本博之教授亦指出,诉讼外自认通过适用经验法则在何种程度上具有推定要件事实的效力,要取决于案件情况,但陈述者越是理解自认的意义,其效力越强。因此,在不同案件中,由于当事人自认的场合、内容等有所不同,需要结合具体案情及案件中其他证据等综合判断。

三、诉讼外自认的审查方式

对于诉讼外自认是否具有证据效力的衡量认定,可从以下三个步骤依次审查判断:

第一,对诉讼外自认的可信度开展初步筛查。一方面,结合被告作出自认的语境、情形,对自认内容仔细审查,形成对自认可信度高低的初步把握。通常可信度较高的自认包括:(1)于己不利事实的自认。(2)符合日常情理、交易习惯、行业惯例的自认。另一方面,由于诉讼外的自认并非向法院作出的,自认人并不一定谨慎地考虑过法律后果,自认缺乏规范性和正式性,陈述的内容可能偏离真相。故对不同自认应仔细甄别,若发现明显有悖于常理的,应判断为可信度较低的自认,很可能最终得到法院的否定性判定。

第二,在判断可信度高低的基础上,结合原告举证的其他证据综合判定自认的证明力。由于诉讼外的自认不能直接免除对方当事人的举证责任,所以即使是可信度较高的自认,法官仍应要求对方当事人针对其主张的事实继续举证,并结合其他证据综合判断内容的真实性,根据其他证据审查其是否能佐证自认,形成完整的证据链以达到证明目的。对于可信度较低的自认,亦可结合其他证据,审定能否提高自认的可信度及证明力,全面判断该节事实的真实性。

第三,由否认自认的当事人提交反驳证据。在完成上述两个步骤后,自认内容已达到很高的可信度及证明力,当事人若坚持否定自认内容,可将举证责任向陈述自认的当事人倾斜,要求其提供反驳证据。如反驳证据确凿充分,足以否定自认的真实性,则对该诉讼外的自认不予采信。反之,则自认具有证明力,采信该自认内容,对自认指向的事实主张作出肯定性判定。

具体到本案中,酌定原告经济损失赔偿依据的重要证据是被告在微信公众号上的自我宣传,即被告在诉讼外的自认。法院亦是依据以上三个步骤综合审查自认的有效性及证明力的。本案被告在微信公众号中自我宣称与原告美卓及关联品牌的产品交易量和交易金额非常大,80 余次提到曾向相关国家和地区出口或销售给国内客户,其中所涉国外客户众

---

① 参见陈国欣:《限制自认的类型化分析——〈民事证据规定〉第 7 条的理论阐释》,载《证据科学》2022 年第 2 期。

② 参见杨夏:《诉讼外限制性自认的效力》,载《人民司法(案例)》2018 年第 26 期。

多,涉及美国、日本、俄罗斯、加拿大等诸多国家和地区。被告还曾两次发布文章称其公司已经向世界许多国家出口数百台西蒙斯(原告关联品牌)圆锥破碎机,并自称每年为全球几十个大型矿山和采石场提供服务。该节自认对于被告侵权产品的销售范围、销量等已予以详尽具体的阐述,具有较强的可信度。在此基础上,法院结合原告举证的被告其他侵权表现证据,包括被告诉前致原告的道歉信,被告网站上展示的诸多侵权产品图片及型号,被告公司规模,被告在某网站设有英文网页,被告微信公众号文章的发布采用中英文形式,部分文章还有俄文版等。这些证据与被告诉讼外的自认相互印证,能够形成完整的证据链,因此其在微信公众号自认指向的事实具有很强的真实性。被告虽否认其自认内容,主张系为宣传所需,并非其真实获利情况,却未能提供反驳证据证明其实际获利,其反驳主张无法得到支持。故法院对被告公众号上的自认内容予以采信。上述证据足以证明被告具有较大的经营规模,就侵权产品发生过多次国内外交易,被告获利丰厚。最终,法院综合原告产品售价较高、原告企业及产品具有相当高的知名度以及被告各具体侵权情节,适用被告自认内容作为损害赔偿的关键证据,顶格判赔 300 万元,全额支持原告的诉讼请求。

【典型意义】

本案判决将诉讼外的自认规则引入知识产权损害赔偿的适用。在确定知识产权损害赔偿金额时,常难以确定权利人实际损失及被告获利金额,法律规定的法定赔偿金额跨度又非常大。若被告在诉讼外曾有自认,很可能成为佐证其侵权情节的依据。在对被告诉讼外自认的可信度进行合理审查后,结合其他侵权证据,认定被告侵权获利丰厚,支持原告诉请并对被告顶格判赔。本案判决后,《人民法院报》、《法制日报》、上海电视台新闻综合频道、东方卫视、中国知识产权、凤凰新闻等多家媒体均对本案判决进行了第一时间报道;芬兰驻沪总领事馆、上海芬兰商会来访浦东新区人民法院交流座谈并表示感谢。本案获评 2019 年上海法院加强知识产权保护力度典型案件。

【案例索引】

案号:

一审:上海市浦东新区人民法院(2017)沪 0115 民初 83471 号

二审:上海知识产权法院(2019)沪 73 民终 104 号

审判组织:

一审:杜灵燕、邵勋、孙闫

二审:黎淑兰、钱光文、范静波

编写人:杜灵燕

15

有一定影响的在先商标的认定及保护路径

——香港某科技有限公司诉美国某公司等侵害商标权纠纷案

裁判要旨

先于商标注册人使用与注册商标相同或近似并有一定影响的商标的，注册商标专用权人无权禁止在先使用人在原有范围内继续使用，二者可以共存。若商标注册人系以不正当手段抢先注册他人在先使用的有一定影响的商标，则其商标权不受法律保护。在认定被控商标是否构成在先使用的有一定影响的商标时，应甄别原、被告的实际使用状况及商标注册人的真实注册意图。对原告抢注商标不具有使用意图，也未进行实际使用，明显违反诚实信用原则的，可合理降低被告在先商标“有一定影响”的证明标准。被告有证据证明其在先商标在一定的地域范围或领域内持续稳定使用，有一定的经营业绩或宣传量，使得该商标为特定地域或领域内的相关公众所知悉的，即可认定为“有一定影响”。

基本案情

原告：香港某科技有限公司（以下简称香港某科技公司）

被告：美国某公司

被告：某电子元器件（上海）有限公司（以下简称上海某公司）

2015 年 12 月 18 日，案外人裴某出资 1 万港元，在香港特别行政区注册成立原告公司。同年 12 月 31 日，原告向我国商标局申请注册第 18766213 号“Ambitmicro”商标；2017 年 2 月 7 日获准注册，核定使用在第 9 类计算机存储装置、计算机硬件、芯片（集成电路）、半导体器件等商品上。

被告美国某公司于 2010 年 1 月 20 日成立于美国，生产、销售“Ambiq Micro”品牌的芯片、微控制器、实时时钟等产品。2012 年 8 月 19 日，该公司向美国专利商标局申请注册“Ambiq Micro”商标（第 9 类半导体装置），并于 2013 年 4 月 30 日获准注册。自 2014 年 1 月起，该公司在中国通过多个经销商销售其产品，包括被告上海某公司。在 2015 年 12 月 31 日前，其中一经销商 5 个月的货款达 6 万多美元，另一经销商 4 个月内 4 次进口被诉产品的总价近35万美元，多个业内期刊及网站对其进行报道。该公司在“2016年全球最值得关注的60家半导体新兴企业一览”中排名第二，在“2017年中关村论坛”入选“2017盛景全球创新大奖TOP 21榜单”。

原告2017年2月7日获准注册“Ambitmicro”商标后，自同年5月31日开始多次向美国某公司及其投资方、经销商发送警告函，并向监管部门投诉，称美国某公司的“Ambiq Micro”微控制器等产品侵害了原告商标权。美国某公司收到律师函后，于同年7月以原告商标系恶意抢注为由向原商标评审委员会提出无效宣告请求，并在我国大陆及香港特别行政区、澳门特别行政区、台湾地区申请注册第9类商品上的“Ambiq Micro”等商标，除大陆地区的商标被原告提起异议外，其余均获准注册。

原告公司成立后未经营，仅在2018年4月26日与案外人达成一笔关于销售260个Ambitmicro品牌SD卡、U盘及TF卡的交易，货款人民币8700元。原告的网站上原先展示的产品系标价为0的Microsoft Windows、戴尔、索尼等商品，“公司新闻”中均系与原告无关的新闻。在前述交易后，原告在其网站上增加以上三款产品，但参数介绍分别系手机、财务管理软件及windows 7的介绍。

原告香港某科技公司诉称，其在第9类商品上享有“Ambitmicro”注册商标专用权，被告美国某公司未经许可，擅自在其生产的微控制器等产品上使用“Ambiq Micro”商标，侵犯了原告的商标权。被告上海某公司在原告向监管机构投诉后，仍继续销售该产品，亦侵犯了原告的商标权。原告诉请判令：两被告停止侵权；美国某公司赔偿原告40万元；上海某公司对其中的5万元承担连带责任。

被告美国某公司辩称：(1)“Ambiq Micro”系其在先使用且有一定影响的商标及商号，原告无权禁止其使用；(2)原告注册“Ambitmicro”商标系恶意抢注，也未对该商标进行真实的使用；(3)原告持续向美国某公司及其关联方恶意发送警告函和工商投诉，并提起本案诉讼，系企图通过滥用商标权谋取不当得利。

被告上海某公司辩称：(1)其在监管机构因原告投诉而询问时向美国某公司了解情况，美国某公司告知已提起商标无效争议；(2)其销售的商品均有合法来源，且不存在主观过错。即使美国某公司侵权，其作为销售者亦无须承担赔偿责任。

【法院裁判】

上海市浦东新区人民法院经审理认为，本案的争议焦点主要在于被告美国某公司的商标先用权抗辩是否成立。根据《商标法》第59条第3款的规定，商标先用权抗辩成立的条件在于：(1)被控行为系在同一种商品或者类似商品上使用与原告注册商标相同或者近似的商标；(2)被告具有使用在先的客观事实；(3)被告在先使用的商标有一定的影响。

首先，美国某公司在同一种商品上使用了与原告注册商标近似的商标。美国某公司在集成电路、芯片等产品及宣传中使用了“Ambiq”“Ambiq Micro”标识，上述产品与原告的涉案“Ambitmicro”注册商标核定使用的计算机硬件、芯片(集成电路)、半导体器件属于相同商品;美国某公司使用的标识与原告的“Ambitmicro”商标相比,其中的“Ambiq Micro”与原告商标仅有一个字母的区别,从外观上看极为近似,容易使相关公众产生混淆,构成近似商标。

其次,美国某公司使用被诉侵权标识的时间先于原告申请注册“Ambitmicro”商标之日。商标先用权抗辩中的在先使用,应是在中国市场的使用。美国某公司于2010年成立于美国,将被控侵权标识登记为其商号,2012年开始在其产品上使用“Ambiq Micro”商标并在美国进行了商标注册。可见,美国某公司最早在美国将“Ambiq Micro”作为商号及商标使用。自2014年1月开始,美国某公司通过经销商在中国销售被诉侵权产品,而原告于2015年12月31日申请注册“Ambitmicro”商标,故美国某公司使用被诉侵权标识的行为先于原告申请注册“Ambitmicro”商标之日。

最后,美国某公司在先使用的被诉侵权标识在2015年12月31日前已在中国市场具有一定的影响。关于认定“有一定影响”时应考虑的因素,根据最高人民法院《关于审理商标授权确权行政案件若干问题的规定》第23条第2款的规定,在先使用人举证证明其在先商标有一定的持续使用时间、区域、销售量或者广告宣传的,人民法院可以认定为有一定影响。本案中对在先使用的商标是否“有一定影响”的认定,可以参考前述规定。根据查明的事实,从销售时间、区域来看,美国某公司自2014年1月开始在中国市场通过数个经销商销售被诉侵权产品,至原告申请注册“Ambitmicro”商标时,已持续使用两年,销售的地域范围涵盖多个省级行政区。从销售量来看,现有证据证明,仅在深圳,美国某公司一个销售商便在短短4个月内进口被诉侵权产品金额达35万美元,其余数个经销商与美国某公司之间亦存在关于被诉侵权产品的交易。可见,在原告申请注册涉案商标前,被诉侵权产品在中国已经有一定的销售规模。从宣传及报道情况来看,美国某公司通过其公司官网、经销商网站及相应论坛对该品牌进行宣传,在业内期刊及网络平台上均有一定的媒体报道量。此外,美国某公司于2016年入选全球最值得关注的60家半导体新兴企业,可证明其在该时间点之前的经营业绩和业内地位获得了行业的高度认可。

综上,美国某公司的商标先用权抗辩成立,原告对两被告的指控不成立,法院不予支持。

本案中,美国某公司经营的被诉侵权产品系科技密集型产品,直接使用该产品的客户系集成电路、半导体行业的其他高科技企业而非终端消费者,故美国某公司及其产品的影响范围主要在该行业内。原告系自然人成立的一人公司,并不具备该行业的相应技术能力,其法定代表人亦自认在注册涉案商标前对该行业不了解,但其在公司成立当月即申请注册涉案商标,商标获准注册后3个月即开始明确针对美国某公司的多个经销商发送侵权警告函并向监管部门投诉,甚至还向美国某公司的投资方发送侵权警告函,而所涉商品系原告并不了解的高科技商品。可见,原告申请注册涉案商标,有刻意针对美国某公司之嫌。

原告在香港特别行政区成立后，并未在香港特别行政区进行任何经营，而仅在涉案商标获准注册将近1年且美国某公司已就该商标提出无效宣告申请9个月时，与案外人达成了一笔关于U盘等小型存储设备的交易，该种使用行为并不符合商业活动中使用商标的惯常做法；同时，原告所称的宣传该商品的网站内容也存在明显的不合理之处。据此可以认定，原告申请注册涉案商标时并不具有真实的使用意图，也未对该商标进行真实的使用。

综合考虑以上事实，法院认定原告申请注册涉案商标系出于不正当的目的，其申请注册涉案商标、获准注册后批量发送侵权警告函、进行行政投诉以及提起本案诉讼的行为，明显违反了诚实信用原则，其相关权利主张不应得到法律的保护和支持。

上海市浦东新区人民法院作出（2018）沪0115民初46794号民事判决：驳回原告的诉讼请求。

一审判决后，原、被告均未提起上诉。

【案例评析】

商标先用权保护制度是指在商标注册制的制度背景下，为保护商标在先使用人利益的一种制度设计。商标权的取得途径有两种：一是使用取得制，二是注册取得制。从商标的本质来看，其只有在实际使用中才能发挥识别来源的作用并积累商誉，才有获得法律保护的必要和正当性。为此，目前各个国家和地区多不再单纯采取一种商标权取得制度，而是融合吸收两种制度的优点。英美法系国家早期的商标保护一般以使用为基础，并按照使用的先后确定商标权的归属。即便后来在法律中规定了商标注册制度，商标使用在商标注册中也有重要作用，要求注册人有使用商标的意图，《美国兰姆法》《英国商标法》《加拿大商标法》中均有此规定。① 在采取注册取得制的国家，如法国、日本等，则往往会规定商标先用权保护制度，作为克服商标注册制缺陷的补救措施。② 我国《商标法》亦采取此种制度设计，在规定商标权注册取得制的基础上，通过规定商标先用权保护制度，平衡商标注册人与商标在先使用人之间的利益。

根据商标先用权保护制度的具体规定，商标是否“在先使用”及是否“有一定影响”系司法审查的重点。

一、关于商标在先使用的审查

根据《商标法》第48条的规定，商标的使用是指将商标用于商品、商品包装或者容器以及商品交易文书上，或者将商标用于广告宣传、展览以及其他商业活动中，用于识别商品来源的行为。商标局还于2018年8月13日发布《提供商标使用证据的相关说明》，对商标使用的具体表现形式、不视为商标使用的证据等进行了具体规定。根据以上规定，当事人提

---

① 参见王迁：《知识产权法教程》（第6版），中国人民大学出版社2019年版，第409～410页。

② 参见王莲峰：《商标先用权规则的法律适用——兼评新〈商标法〉第59条第3款》，载《法治研究》2014年第3期。

交的商标使用证据，在形式上可以表现为商品、交易文书、传统或网络宣传媒介等；证据应能体现出商标标识和使用时间；应系公开的商业领域使用证据；应系真实的商业使用，不能仅有许可合同，也不能是象征性使用；不能仅提交销售合同或商品等孤证。此外，当事人还应避免提交单方制作的证据，如交易双方自行印制的订单、发货单等单据。以上证据因无法证明交易是否实际发生，证明力非常有限，需与合同、发票、付款凭证等证据相互配合才能证明商标的使用情况。

二、关于在先商标“有一定影响”的认定

《商标法》第 32 条关于商标恶意抢注及第 59 条第 3 款关于商标先用权抗辩的规定中均使用了“有一定影响的商标”的表述。二者作为从不同层面对在先商标进行保护的制度，使用了相同的法律术语，根据体系解释的原则，其含义也应相同。

商标的影响力主要涉及广度和深度两个方面，影响广度是指在先商标的影响范围是否应遍及全国，还是可以仅局限于部分区域；影响深度是指相关公众对该商标的认知状态是否应达到熟知的程度，还是只要知悉即可。根据最高人民法院《关于审理商标授权确权行政案件若干问题的规定》第 23 条第 1 款的规定，商标申请人明知或应知“有一定影响”的在先商标的，推定其构成“以不正当手段抢先注册”。实践中，对该“明知或应知”的主观状态往往会根据在先商标的影响广度和深度来认定，影响范围越大、程度越深，则更易于认定商标注册人存在“明知或应知”。该认定方式可能导致商标恶意抢注成立时，在先商标的影响力大于仅成立商标先用权抗辩的情形。但这是因为恶意抢注中“不正当手段”要件使得在先商标的影响力被拔高，而非因为对“有一定影响”的认定标准不同。

最高人民法院《关于审理商标授权确权行政案件若干问题的规定》第 23 条第 2 款对《商标法》第 32 条中“有一定影响”的认定进行了规定。商标先用权抗辩中“有一定影响”的认定可以参考该规定。关于影响力的认定因素，主要可以综合以下因素进行考量：(1)在先商标的使用情况，包括该商标的持续使用时间，使用该商标的商品的销售区域、市场份额、行业排名、销售量、销售额等；(2)在先商标的宣传情况，包括宣传的时间、方式、程度、范围等；(3)其他使该商标产生一定影响的因素，如被媒体报道的情况、获得荣誉等市场声誉情况等。关于影响力的认定标准，该规定仍采用“一定”的表述，实践中需要结合具体案情个案认定。笔者认为，认定标准不宜过高，否则可能挤压未注册商标权利行使和保护的空间，与立法设立该制度的本意背道而驰。现行《反不正当竞争法》中关于“有一定影响的商品名称、包装、装潢”的规定可为在先使用的未注册商标提供保护，该规定由“知名商品特有的名称、包装、装潢”修订而来。笔者认为，二者的保护力度没有本质区别，至少现行法律的保护力度不会更低，也即“有一定影响”不会比“知名商品”的知名度要求更高。在该内容修订前的《反不正当竞争法》的司法适用中，关于“知名商品”的认定一般仅要求在特定的地域范围（如省、地市等市场范围）内具有知名度即可，无须在全国范围内知名。[①] 对于知名的程度，司法解释也仅要求为相关公众所“知悉”，无须像驰名商标那样为相关公众所“熟知”。因此，就在先商标“有一定影响”的影响广度而言，只要在其主要使用区域有一定影响即可，并不要求在全国范围内有一定影响。就影响深度而言，在先商标通过在其主要使用区域内稳定且持续地发挥识别商品来源的功能，使得该商标为特定地域或领域内的相关公众所知悉即可，不需要达到为相关公众“熟知”的程度。在具体认定中，只要在前述认定因素的一个或几个层面获得一定业绩即可，并不需要在全部层面均形成较大的规模。

此外，虽然“有一定影响”属于客观事实，但若商标注册人明知在先商标的存在而仍予注册，在注册后不投入正常的商业使用，反而向先使用人兜售商标或起诉索赔，该种行为反映了商标注册人的恶意，能在一定程度上佐证在先商标“有一定影响”。因此，商标注册人的主观状态与“有一定影响”的认定会相互交织。

三、违反诚实信用原则注册的商标不予保护

商标恶意抢注的构成要件完整地被包含于商标先用权抗辩的构成要件，满足前者要件的，必然同时满足后者的要件，但反之则不然。当被控侵权人的商标先用权抗辩成立，但商标注册人并非以不正当手段抢先注册商标时，被控侵权人可在原有范围继续使用被控商标，与商标注册人实现商标共存。若恶意抢注成立，根据《商标法》的现有规定，商标在先使用人不仅可以根据《商标法》第 59 条第 3 款的规定继续使用商标，还可以根据《商标法》第 32 条、第 45 条第 1 款的规定向行政机关申请宣告注册商标无效。若商标在先使用人放弃行使无效宣告权，或超过 5 年行使期，其仍可主张商标先用权抗辩而在原有范围内继续使用商标。

在商标侵权纠纷中，当原告商标权的取得过程违反《商标法》第 7 条第 1 款规定的诚实信用原则时，法院有可能直接适用诚实信用原则，对原告的商标权不予保护。恶意抢注商标、恶意囤积商标系较为典型的违反诚实信用原则的商标权取得行为。当此类商标权人针对商标在先使用人提起商标侵权之诉，而二者之间关于商标效力的行政纠纷又尚在处理过程中时，法院以诚实信用原则保护商标在先使用人的合法权益，能有效遏制恶意抢注商标、批量囤积商标等不诚信行为。

此外，不以使用为目的注册涉案商标且存在恶意的，根据 2019 年 11 月 1 日起施行的《商标法》增加的相应条款，不以使用为目的的恶意商标注册申请，应当予以驳回，且任何人均可提出异议或申请宣告无效。可见，不以使用为目的恶意申请商标注册的行为亦属于一种典型的不诚信行为，其商标权不应受到法律保护。

---

① 参见孔祥俊：《商标与不正当竞争法：原理和判例》，法律出版社 2009 年版，第 704 页。

【典型意义】

本案准确适用了关于商标先用权保护的法律规定,合理确定商标是否“在先使用”及是否“有一定影响”的认定规则,有力规制了商标恶意抢注这一违反诚实信用的行为,依法维护了商标注册和使用秩序。本案获评 2019 年度上海法院知产司法保护十大案件。

【案例索引】

案号:

一审:上海市浦东新区人民法院(2018)沪 0115 民初 46794 号

审判组织:

一审:金民珍、叶菊芬、倪红霞

编写人:叶菊芬

16

商标侵权惩罚性赔偿适用的要件解构

——某公司诉某运动器材公司侵害商标权纠纷案

裁判要旨

商标侵权惩罚性赔偿适用于恶意侵权而且情节严重的情形。认定恶意可考虑是否存在重复侵权行为;认定情节严重可考虑侵权行为的性质、侵权方式、持续时间、地域范围、规模、后果等因素。赔偿基数可根据侵权商品销售量与侵权商品单位利润乘积计算的侵权获利确定,其中侵权商品销售量可根据侵权人的商品宣传内容确定,侵权商品单位利润可参考同类产品酌情确定。赔偿倍数可根据侵权人的恶意程度、侵权情节的严重程度确定。在侵权人拒绝履行证据披露义务构成举证妨碍的基础上,可采用优势证据标准,参考权利人提交的证据确定赔偿额。

基本案情

原告:某公司

被告:某运动器材公司

原告于1993年8月在美利坚合众国加利福尼亚州注册,主要从事运动器材的生产销售、健身课程的推广。原告系第17787572号"MOTR"商标的注册人,该商标核定使用于第28类"锻炼身体肌肉器械、体操器械、手动操作的健身器材(锻炼身体器械)、用于瑜伽和体育健身活动的弹力带"等商品,有效期自2016年10月14日至2026年10月13日。原告曾参加2006年北京国际健身大会,"MOTR"品牌健身器材及健身项目的相关信息可见于微信、搜狐网,以及《长江商报》《新快报》等媒体。2011年,被告因出口西班牙的产品涉嫌侵犯原告商标和专利权利被原告发函警告,后被告在和解协议中承诺不再实施侵权行为。2017年11月11日,原告代理人在被告的工厂购买了三个普拉提滚筒产品,并取得付款凭证一张。付款凭证上领款人为"某运动器材公司"。产品的手柄处标有"MOTR"标识、拉伸带的两端连接处标有"E"和"MOTR"标识,产品手册的封面标有"MOTR"标识,光盘中的培训视频多处出现"MOTR"标识和原告的公司名称。2017年12月29日,被告经营的微信商城售卖的一款最热产品为“Motr 移动的普拉提床”。该微信商城的客服在2017年10月6日至12月9日多次在朋友圈发文推销标有“MOTR”标识的普拉提滚筒产品。2018年3月15日,被告参加2018第五届中国(上海)国际健身、康体休闲展览会时,在其展位内展示普拉提滚筒产品,产品顶端的手柄等处标有“MOTR”标识,原告申请公证处到展会现场进行证据保全公证。

原告某公司诉称,被告的行为构成商标侵权,且被告明知原告公司以及原告涉案商标的知名度,又存在重复侵权的情形,因此主张按照被告的侵权获利计算赔偿数额,并要求对被告的恶意侵权行为适用3倍的惩罚性赔偿。原告诉请判令:(1)被告停止侵犯第17787572号“MOTR”注册商标专用权的行为;(2)被告赔偿原告包括律师费、公证费、差旅费等合理支出在内的经济损失300万元。

被告某运动器材公司辩称,被告的行为未侵犯原告涉案“MOTR”商标。“MOTR”商标为“Movement On The Roller”的英文首字母缩写,因其产品使用方式符合“在滚轮上的运动”中文含义,故涉案商标属于对产品功能、用途的描述,不具有显著性。“MOTR”标识已成为普拉提滚筒产品的通用名称,市场中存在多家同业竞争者生产以“MOTR”为品名的产品,被告对该标识的使用属于正当使用。被告公司经营规模小,系根据用户需求购买零部件进行组装,其使用“MOTR”标识的时间短,加之涉案产品受众范围小,不存在大量生产、销售的行为。

【法院裁判】

上海市浦东新区人民法院经审理认为,涉案“MOTR”商标为臆造词,作为商标具有较强的显著性,且经过原告及其合作商家的持续使用和广泛宣传,已经能与原告之间建立唯一对应的关系。被告使用的“MOTR”标识与原告的涉案商标完全相同,且商品类别与原告涉案商标核定使用的商品相同。被告对“MOTR”标识的使用行为属于当时的《商标法》第57条第1项规定的在同一种商品上使用与注册商标相同的标识的行为,侵犯了原告的注册商标专用权。原告主张以“侵权人因侵权所获得的利益”来计算赔偿数额,计算公式为“侵权获利=产品销售量×(产品单价-产品成本)”,因被告拒绝提交相关销售数据、原始凭证和财务账册,故法院参考原告的主张和提供的证据逐一确定上述公式中各项参数的具体数值,在此基础上确定侵权获利数额。考虑到以下因素,法院决定在侵权获利金额的基础上适用3倍的惩罚性赔偿:一是被告曾在和解协议中承诺不再侵权但仍继续实施侵权行为,侵权恶意极其严重;二是被告全面模仿原告商标及产品,攀附原告商誉的意图十分明显;三是被告2016年的公司年销售总额已达800余万元,具有较大的生产经营规模;四是被告通过微信商城、微信朋友圈、工厂、展览会等线上、线下多种渠道推广和销售侵权产品,产品售往多个省市,产品销售渠道多、涉及地域范围广,侵权行为影响较大;五是被告的侵权行为不仅造成市场混淆,而且侵权产品还存在脱胶的质量问题,会使消费者误购并误认为原告的产品存在质量问题，进而给原告的商业信誉带来负面评价，侵权后果较为严重。上述确定的侵权获利金额的3倍已超过300万元，鉴于原告在本案中主张包含合理支出在内总计300万元的损害赔偿金额，因此对其主张予以全额支持。

上海市浦东新区人民法院作出（2018）沪0115民初53351号民事判决：（1）被告立即停止实施商标侵权行为；（2）被告赔偿原告经济损失及合理支出共计300万元。

一审判决后，原、被告均未提起上诉。

【案例评析】

惩罚性赔偿制度，区别于填平性赔偿，其所确定的赔偿数额超出了实际损害数额，是一种集补偿、惩罚、遏制等功能于一体的制度，①旨在提高侵权行为的代价，扭转“维权成本高、侵权代价低”的局面。为加强知识产权司法保护，惩罚和遏制知识产权侵权行为，2013年修正的《商标法》第63条第1款对“惩罚性赔偿”进行了规定，即侵犯商标专用权的赔偿数额可以按照“权利人的损失”“侵权人获得的利益”“商标许可使用费的倍数”依次进行确认，“对恶意侵犯商标专用权，情节严重的，可以在按照上述方法确定数额的一倍以上三倍以下确定赔偿数额”，这是知识产权领域首次引入惩罚性赔偿制度，在2019年再次修正时将赔偿倍数的上限从3倍提高至5倍。

一、适用惩罚性赔偿的主观要件——“恶意”的认定

“恶意”系惩罚性赔偿制度适用的主观要件。至于何为“恶意”，学界普遍认为“恶意”的过错程度至少不低于“故意”，对是否完全等同于“故意”，尚有不同观点。有观点认为，“恶意”应理解为“直接故意”，而不包含“间接故意”；②也有观点认为，“恶意”与“故意”同义，但不包括民法中的“重大过失”；③还有观点认为，“恶意”在原则上不包括“重大过失”，只有在符合法定情形的例外情况下，才可以推定此处的“重大过失”等同于“故意”。④ 鉴于尚无明确的概念界定，在司法实践中也倾向于将“恶意”认定为“直接故意”，并且通过对个案经验的总结逐步归纳“恶意”的典型表现形式，具体而言，包括以下形式：

第一类是行为人受到行政处罚或收到法院禁令后继续实施侵权行为。如在某木业（中山）有限公司与浙江某地板有限公司等侵害商标权及不正当竞争纠纷案中，法院认为：浙江某地板有限公司和某木业（中山）有限公司有过多年的OEM代工合同关系，在双方合作期间内以及合同解除后，浙江某地板有限公司从事针对涉案商标的侵权行为，其主观上系基于对涉案商标的了解，恶意从事侵权行为谋取该商标所蕴含的商业利益。其在某木业（中山）有限公司发出侵权警告后继续实施侵权行为，在全国各地的多家经销商因商标侵权和

① 参见王利明：《美国惩罚性赔偿制度研究》，载《比较法研究》2003年第5期。

② 参见朱丹：《侵犯商标专用权惩罚性赔偿责任的司法适用》，载《人民法院报》2014年8月27日，第7版。

③ 参见侯凤坤：《新〈商标法〉惩罚性赔偿制度问题探析》，载《知识产权》2015年第10期。

④ 参见舒媛：《商标侵权惩罚性赔偿适用情形研究》，载《法学评论》2015年第5期。

不正当竞争被予以行政处罚后仍不停止侵权行为,在法院下达禁令后拒不履行,继续在其生产、销售的地板商品及网站上使用为禁令所禁止使用的标识,侵权恶意极其严重。①

第二类是行为人收到权利人警告后继续实施侵权行为。如在某有限公司与某汽车股份有限公司、安徽某汽车销售有限公司侵害商标权及不正当竞争纠纷案中,法院认为:某有限公司在两被告实施涉案活动前曾向某汽车股份有限公司发出律师函要求停止侵权,某汽车股份有限公司应积极履行注意义务,本着诚实信用的原则尊重他人商标权的合理权利界限。但某汽车股份有限公司、安徽某汽车销售有限公司并未采取恰当的应对措施,反而在明知举办涉案活动涉嫌侵权的情况下,仍然大量、突出使用与某有限公司具有较高显著性和知名度的注册商标相近似的标识,并结合引人误解的宣传,故意混淆相关公众对涉案活动的来源指向,侵权的主观恶意明显。②

第三类是行为人与权利人签署和解协议后又实施侵权行为,如"平衡身体案"所示情形。之所以将此与前述两类情形并列为同等程度,因以下两方面之考量。其一,尽管未受法院禁令或行政处罚等强制力的制裁,但行为人在先签有和解协议,其对行为性质与行为后果已有明确认知。在此前提下,行为人违反和解协议再次实施侵权行为,显见其对侵害结果的积极追求,主观恶意极为明显。其二,从契约效力的角度审视,行为人违背既有协议条款的约定,重复实施为双方合意所禁止的行为,亦非诚信经营的市场主体应有之作为,显然违背了诚实信用的基本原则。

二、适用惩罚性赔偿的客观要件——"情节严重"的认定

现行法律均以"情节严重"作为知识产权惩罚性赔偿适用的客观要件,但关于"情节严重"的内涵与外延不明确。学界观点虽有差别,但多数认为情节严重包括侵权次数和侵权后果等考量因素,多次侵权是情节严重的情形之一。司法实践中也认为"情节严重"是指被诉行为造成了严重损害后果,③并以侵权规模和侵权结果作为归类的主要标准。④ 最高人民法院《关于依法加大知识产权侵权行为惩治力度的意见》对"从高确定法定赔偿数额时应当考虑的因素"进行了归纳总结,这些考虑因素亦可被视为"情节严重"的情形,即是否主要以侵权为业,是否存在重复侵权,侵权行为是否持续时间长,是否涉及区域广,是否可能危害人身安全、破坏环境资源或者严重损害公共利益。本案中,法院考虑到被告生产规模大、销售渠道多、涉及地域范围广、侵权行为影响较大等因素,以及侵权产品存在产品质量问题会对原告的商业信誉带来负面评价,认定侵权后果较为严重。

① 江苏省苏州市中级人民法院民事裁定书,(2016)苏05民初41号。

② 广东省高级人民法院民事判决书,(2017)粤民终2347号。

③ 北京市高级人民法院《关于侵害知识产权及不正当竞争案件确定损害赔偿的指导意见及法定赔偿的裁判标准》(2020年)第1.13条。

④ 北京市高级人民法院《关于侵害知识产权及不正当竞争案件确定损害赔偿的指导意见及法定赔偿的裁判标准》(2020年)第1.16条。

三、惩罚性赔偿的使用方法

（一）赔偿基数的确定

知识产权损害赔偿额的确定，具有多方面的现实复杂性，如知识产权价值难以量化、被诉侵权产品的数量难以查明、利润率和知识产权贡献率难以精确计算、许可使用和市场交易的证据少、侵权行为和损害结果之间的因果关系难证明等。[①] 学术界和司法实务界受实践的惯性推动，往往将损害赔偿的认定限定为一种精确的认定，即认为作为裁判结果的赔偿数额必然经历如数学推演般的精确计算，在无法得出精确数字的情况下，法官更倾向于适用法定赔偿方法确定赔偿数额，在综合案件事实的基础上根据法官的心证和经验作出推断。

权利人就损害赔偿的举证存在天然困难，其原因在于有关侵权产品销量、侵权获利等数据资料主要掌握在行为人手里，虽然权利人可以通过公开渠道查询行为人销售数量、收入或利润的大概数据，或侵权产品在特定时间段、特定店铺的大概销售数据，但确切的数额仍须通过审核行为人的账簿方能确定。而行为人为避免对其不利的裁判结果，往往以种种借口拒绝提交相应资料，使审理陷入僵局。为破解这一难题，举证妨碍规则便应运而生。如《商标法》第 63 条第 2 款规定：人民法院为确定赔偿数额，在权利人已经尽力举证，而与侵权行为相关的账簿、资料主要由侵权人掌握的情况下，可以责令侵权人提供与侵权行为相关的账簿、资料；侵权人不提供或者提供虚假的账簿、资料的，人民法院可以参考权利人的主张和提供的证据判定赔偿数额。最高人民法院发布的《关于知识产权民事诉讼证据的若干规定》第 25 条也规定，人民法院依法要求当事人提交有关证据，其无正当理由拒不提交、提交虚假证据、毁灭证据或者实施其他致使证据不能使用行为的，人民法院可以推定对方当事人就该证据所涉证明事项的主张成立。本案中，在原告已初步举证的前提下，法院明确要求被告提交相关账簿、资料等证据，但被告始终拒绝提交，故法院最终直接参考原告的证据推定侵权商品的销量和该商品的单位利润。

（二）赔偿倍数的确定

惩罚性赔偿适用的另一困难之处在于赔偿倍数的确定。北京市高级人民法院在《关于侵害知识产权及不正当竞争案件确定损害赔偿的指导意见及法定赔偿的裁判标准》（2020年）中有所涉及，但措辞较为简单，仅表述为“在法定倍数范围内酌情确定”，且“惩罚性赔偿的‘倍数’可以不是整数”。司法实践中，惩罚性赔偿的倍数确定问题其实是法官自由心证的过程，往往考虑侵权人的主观恶意程度和侵权情节的严重程度，判决惩罚性赔偿的金额应当与侵权程度相适应，做到“罚当其责”。在某体育公司诉浙江某鞋业公司等侵害商标权及不正当竞争纠纷案中，[②]法院认为，某鞋业公司等知道其使用涉案被诉标志可能会给

---

① 参见徐俊：《知识产权惩罚性赔偿基数问题研究》，载《中国知识产权杂志》总第 158 期。

② 北京知识产权法院民事判决书，（2018）京 73 民终 2132 号。

消费者造成严重误导,导致商品来源混淆误认,仍然继续生产和销售侵权商品,其主观恶意明显,侵权情节严重,应按照某鞋业公司因侵权获利的3倍确定赔偿数额。在"平衡身体案"中,法院综合考量被告的主观恶意明显,侵权情节严重,确定3倍的惩罚性赔偿。

在知识产权领域确立惩罚性赔偿制度,是我国加大知识产权保护力度、推动国家创新驱动发展战略的重要举措。在法律适用中厘清相应概念的内涵和外延,明确相应的适用标准,是法官准确适用惩罚性赔偿制度的前提。在具体适用的过程中,法官应摒弃对实际损失、侵权获利及许可使用费的高精度期待,将注意力集中到对行为人主观恶意和侵权行为情节严重的准确适用。同时,法官可积极释明并引导当事人就损害赔偿进行举证,灵活应用证据规则确定惩罚性赔偿的基数;合理科学确定惩罚性赔偿的倍数。只有当适用标准更加统一、适用情形更加精准时,惩罚性赔偿的惩戒、预防侵权的制度价值才能得以实现。

【典型意义】

本案系上海法院首例知识产权侵权惩罚性赔偿案件,体现了人民法院为加大惩罚性赔偿适用力度,在适用条件审查和赔偿基数确定上的积极探索。该案判决后被媒体广泛报道,受到各方普遍关注和好评。本案获评2019年度中国法院十大知识产权案件、2019年上海法院加强知识产权保护力度典型案例、上海市高级人民法院参考性案例、2019年上海法院依法保障民营企业健康发展典型案例。

【案例索引】

案号:

一审:上海市浦东新区人民法院(2018)沪0115民初53351号

审判组织:

一审:宫晓艳、邵勋、姜广瑞

编写人:宫晓艳

17

商业标识纠纷中通用名称正当使用抗辩的司法审查

——某有限公司诉广州某甲生物科技有限公司等侵害商标权及不正当竞争纠纷案

裁判要旨

由于特定的历史起源、发展过程和长期唯一的提供主体以及客观的市场格局，保持着产品和品牌混合属性的商品名称，仍具有指示商品来源的意义，不能认定为通用名称。如商业标志虽系生物菌株名称，但并未有国家标准、行业标准等规范性文件认定其为通用名称或型号，且权利人系唯一经营主体并积极维护该商业标识的使用秩序，不应认定为通用名称，相应的商标权利及有一定影响的商品名称权益均应受保护。

基本案情

原告：某有限公司

被告：广州某甲生物科技有限公司（以下简称某甲公司）

被告：广州某乙生物科技有限公司（以下简称某乙公司）

被告：珠海经济特区某药业有限公司（以下简称某药业公司）

被告：上海市浦东新区某母婴用品店（以下简称某母婴用品店）

原告某有限公司系丹麦公司，创立于1874年，是全球知名益生菌供应商之一。“LGG”鼠李糖乳杆菌菌株于1983年被分离出来并获得专利。1987年，案外人某公司获得该菌株研发权利，现原告经授权为全球范围内该菌株的唯一经营者。原告在第5类婴儿食品、乳酸杆菌、乳酸菌等上注册第G745098号、第G697132号、第G991379号“LGG”商标，其中第G991379号商标还核定使用于第29类、第32类“乳酸杆菌；乳酸菌；营养酸奶”等商品。上述商标均在有效期内。凤凰资讯、网易等就LGG与原告的对应关系等作大量报道。“LGG”菌株被广泛应用于国内外婴幼儿奶粉及配方辅助食品中。妈咪爱、美赞臣等多家公司或品牌与原告合作推出产品。上述产品除标注自身品牌，还会以较大字体标注

“LGG”或“含鼠李糖乳杆菌(LGG®)”,并在配料表中标注“鼠李糖乳杆菌 LGG®”。

20 世纪 80 年代,原告从乳品发酵剂分离出具有调节人体肠道菌群与提高人体免疫力功能的“BB-12”益生菌菌株,于 1985 年开始在世界范围内使用于食品和食品补充剂。80 年代,原告通过捷成洋行向中国销售产品,并在 2003 年之后先后在北京、天津、上海设立办事处。原告在出售相应菌株产品时,购销双方除经销协议外,还签订《商标许可协议》约定不得将“BB-12”用作产品名称使用。

2007 年,当时的卫生部发布《新资源食品卫生审查批件》,认定“鼠李糖乳杆菌 GG”“动物双歧杆菌 BB-12”符合相关规定,生产企业显示为原告。

“某某熊”多款产品在产品包装及产品网页、配料表及相关宣传活动中使用与“LGG”“BB-12”系列商标构成近似的标识。被告某甲公司系“某某熊”产品总经销商,开设经营“某某熊”产品旗舰店、官方网站和微信号。被告某乙公司是经被告某甲公司授权的经销商,在淘宝网开设店铺销售“某某熊”产品。被告某药业公司是被诉产品的实际生产者。被告某母婴用品店在其实体店铺中销售“某某熊”产品。

原告某有限公司诉称,四被告构成对“LGG”的商标侵权、擅自使用有一定影响的商品名称“BB-12”。原告诉请判令:停止商标侵权及不正当竞争行为,消除影响及赔偿经济损失(包括合理开支)100 万余元。后原告申请撤回要求被告某母婴用品店承担赔偿经济损失的主张。

四被告辩称:(1)被诉产品不构成商标侵权或不正当竞争。“LGG”“BB-12”为特定益生菌种的通用名称、通用型号,缺乏显著性。被诉产品并未突出显示“LGG”“BB-12”。(2)被告某甲公司、某乙公司、某母婴用品店为被诉产品的销售方,能够说明商品来源。被告某药业公司作为被诉产品的受托生产商已尽到注意义务。

【法院裁判】

上海市浦东新区人民法院经审理认为:首先,原告系“LGG”系列商标权人,其享有的商标权利依法受到保护。“BB-12”经过长时间的使用和大量宣传,已足以使相关公众将其与原告的该款菌株产品联系起来,构成有一定影响力的商品名称。其次,关于被告主张“LGG”“BB-12”缺乏显著性、系通用名称的抗辩。法院认为,被告未提交证据证明国家标准、行业标准等规范性文件认定“LGG”“BB-12”属于通用名称或通用型号。被告以当时的卫生部公布的《可用于婴幼儿食品的菌种名单》为依据。但回函等并不属于规范性文件,不能以此为据证明“LGG”“BB-12”已成为国家标准或行业标准规定的通用名称或通用型号。故涉案标识不属于法定的通用名称或通用型号。“LGG”“BB-12”也不构成约定的通用名称或型号,理由如下:从“LGG”的发展历史以及它与相关概念之间的逻辑关系来看,“LGG”为臆造词。从客观的市场格局来看,原告独家经营“LGG”菌株产品,并获得较多荣誉,拥有较大的市场份额,具有较高的知名度。“LGG”作为原告商品来源的意义,并没有通用化,不能被认定为通用名称。原告积极制定并维护商标使用规则,防止商标淡化。原告通过官网、媒体报道等积极宣传商标信息、积极将商标与自己的特定产品相联系,纠正商标被错误引用等防止或制止商标退化的行为。即使部分公众对其进行通用化使用,也不应将其认定为通用名称或型号,否则会使权利人的权益受到损害,也会破坏已有的市场秩序。再次,被诉产品未经原告许可,在产品外包装、网页宣传突出使用与“LGG”“BB－12”近似的被诉侵权标识,起到了识别商品来源的作用,构成商标侵权及擅自使用有一定影响的商品名称。配料表对菌株号的使用及网页中关于菌株号及功能的描述性使用并非作为标识来源性质的使用,不构成商标侵权或不正当竞争。最后,关于民事责任承担。被告某甲公司不仅为被诉产品京东店铺等的经营者,还代生产商支付加工费用和下达生产计划,应认定为被诉产品的组织生产者。被告某乙公司为被诉产品的销售商,对其销售被诉产品应为明知。被告某药业公司系受托加工被诉产品。被告某母婴用品店系被诉产品的销售商。四被告侵犯了涉案权利商标的注册商标专用权,被告某甲公司、某药业公司、某乙公司的被诉行为还构成擅自使用有一定影响的商品名称。

上海市浦东新区人民法院作出(2019)沪0115民初20342号民事判决:(1)四被告停止侵害第G745098号、第G697132号、第G991379号注册商标专用权的行为及涉案不正当竞争行为;(2)被告某甲公司、某乙公司、某药业公司刊登声明、消除影响,赔偿经济损失80万元及为制止侵权所支付的合理开支。

一审判决后,原、被告均提起上诉。上海知识产权法院作出(2021)沪73民终340号民事判决:驳回上诉,维持原判。

【案例评析】

本案涉及商业标识侵权通用名称抗辩的司法审查。商业标识和通用名称抗辩看似分处私权、公益两个领域,但其中的利益冲突影响企业的利益甚至产业发展。

一、通用名称的定义

通用名称、图形、型号,是指在一定范围内被普遍使用的某一商品或服务种类的名称、图形或型号(为便于行文,以下统称为通用名称)。《商标法》第59条第1款规定:“注册商标中含有的本商品的通用名称、图形、型号,或者直接表示商品的质量、主要原料、功能、用途、重量、数量及其他特点,或者含有的地名,注册商标专用权人无权禁止他人正当使用。”在商标侵权纠纷中,通用名称抗辩是重要的正当使用抗辩事由。

司法实践中,通用名称区分为法定通用名称及约定俗成通用名称两类。根据最高人民法院《关于审理商标授权确权行政案件若干问题的规定》(以下简称《商标授权确权规定》)第10条的规定,“诉争商标属于法定的商品名称或者约定俗成的商品名称的,人民法院应当认定其属于商标法第十一条第一款第(一)项所指的通用名称”。据此,法定通用名称是指依据法律规定或者国家标准、行业标准属于商品通用名称的情况,约定俗成通用名称是指相关公众普遍认为某一名称能够指代一类商品的情况。

二、通用名称认定的依据和司法路径

（一）关于法定通用名称的认定

“法定”事实上是一个较为宽泛的概念，既包括国家的法律法规等具有法律效力的条文，也包括国家标准、行业标准等规范性文件。在司法实践中需较为准确地把握“法定”的范围。

国家行政管理机关所出具的官方文件类型较为多样，既包括规定、规范、标准等，也包括批示、复函等，对何种官方文件可以作为法定通用名称认定的依据较难把握。本案中被告主张当时的卫生部《可用于食品和婴幼儿食品的菌种名单》以及国家卫健委针对被告某某熊公司咨询的回复函构成依据，应从文件的法律效力及内容关联性两方面考察。

首先，官方文件应具有对某一行业或某类主体普遍适用的法律效力，而非仅针对某一特定主体或特定问题的具体规定或解释。上述被告所援引函件虽属行政主管部门出具的官方函件，但其仅为针对特定问题的回复，并不具有对外的行政效力，并非具有普遍适用性的规范性文件。

其次，官方文件应具有将某一标识作为商标法上通用名称的意思表示。在“稻花香”侵害商标权纠纷案中，最高人民法院认为《主要农作物品种审定办法》规定的通用名称是指根据该品种审定办法审定公告的主要农作物品种名称，用以指代该特定品种，其与商标法意义上指代某一类商品的通用名称含义并不完全相同，不能仅以审定公告的名称为依据，认定该名称属于商标法意义上的通用名称。① 本案中，当时的卫生部所公布的菌种名单并非正式的国家标准，且名单中大多数菌株号均为有效注册商标，也进一步印证了该名单中列明相应菌株号并非将其作为行业中一类商品的通用名称，而是将该等标识用于指示特定经营主体所生产的特定菌株产品。

（二）关于约定俗成通用名称的认定

不同于法定通用名称，约定俗成的通用名称的认定标准应当是相关公众已经普遍认为某一名称作为一类产品或服务的通用名称。可以从以下几个方面入手考察：

考察对象应限于以消费者为主的相关公众。相关公众，是指与商标所标识的某类商品或者服务有关的消费者和与前述商品或者服务的营销有密切关系的其他经营者。正如美国最高法院在“Booking. com”商标案中所指出的，一个名称是否为通用名称取决于其对消费者的意义。②

考察范围一般应当以全国作为地域范围。根据《商标授权确权规定》第 10 条第 2 款的规定，约定俗成的通用名称一般以全国范围内相关公众的通常认识为判断标准，对由于历

---

① 最高人民法院民事判决书，(2016)最高法民再 374 号。

② See United States PTO *v.* Booking. com B. V. , 140 S. Ct. 2298.

史传统、风土人情、地理环境等形成的相关市场固定的商品，法院可以认定其为相关市场内的通用名称。随着互联网经济的发展，司法对通用名称的认定原则上应当以全国范围作为考察的地域维度。然而，我国历史悠久、幅员辽阔，某些名称在一定地域范围内因历史传承及地方文化风俗等因素已经成为局部市场的被相关公众认可的通用名称，一般亦予以支持。

考察方式可采用文献调查、消费者调查等方式。正如美国最高法院在"Booking. com"商标案中提出的，判断消费者是否实际上将某个术语视为一个类别的名称，或者是否将其视为能够区分该类别中某一成员的术语的证据不仅包括消费者调查，还包括字典、消费者和竞争对手对该术语的使用情况，以及与消费者如何理解该术语含义有关的其他证据。《商标授权确权规定》第10条第1款规定，"被专业工具书、辞典等列为商品名称的，可以作为认定约定俗成的通用名称的参考"。除司法解释所列举的专业工具书及辞典之外，行业调查报告、媒体宣传报道、相关专业学术期刊报纸等文献亦可作为参考。本案中，原告提交了大量媒体报道、专业报纸杂志、原告与产业链相关经营者合作协议等证明了上述两标识已经与原告及原告产品形成了稳定的对应关系，且该对应关系得到了消费者、学术界及同行业其他经营者的认可。

（三）通用名称认定的其他考量因素

1. 标识自身的显著性

商标的显著性分为固有显著性及获得显著性。一般来说，标识本身越独特，所使用的商品类别与标识可能的本身含义相差越大，标识所使用商品所属行业其他经营者使用类似标识得越少，那么该标识在指定商品之上的固有显著性就越高。此外，根据《商标法》第11条的规定，即使是缺乏显著特征的标识，亦可以经过使用获得显著性从而在某类商品或服务上作为商标注册。标识自身的显著性越强，被淡化为通用名称的难度越大，具体到案件中则对提出通用名称正当使用抗辩的被告的举证要求越高。本案中，原告主张的标识"LGG""BB－12"作为臆造词，因在菌株产品上具有较强显著性而不易被淡化为通用名称。被告若要证明该商标已经被淡化为通用名称，具有较大的证明难度。

2. 权利人对涉案标识作出的反淡化努力

权利人为防止涉案标识淡化为通用名称所作出的努力亦是认定其是否构成通用名称的参考因素。本案中，原告在从事市场经营时，通过购销协议、商标许可协议中始终要求交易相对方以约定方式使用其商标并避免直接作为产品名称使用。同时，原告亦通过各种宣传途径积极将商标与其特定产品相联系，纠正商标的错误引用。原告的该种反淡化努力客观上起到了维持商标与其特定商品稳定联系的作用，对判定涉案商标是否已经成为通用名称具有意义。

需要注意的是，对于因显著性不足或经过淡化而已经成为某种商品或服务通用名称的标识而言，使用人所作的营销、宣传等商业上的投入并不能作为其主张享有商标权益的理由。在“沁州黄”侵害商标权纠纷案中，最高人民法院指出，注册商标权人不能因其在该商品市场推广中的贡献主张对该通用名称享有商标权。①

三、通用名称正当使用抗辩中的司法审查要素

对通用名称类正当使用抗辩，可主要考量使用行为主观方面是否出于善意以及客观方面是否具有必要性与合理性、是否构成了商标性使用三个方面。

（一）主观方面：是否具有通用名称正当使用的善意

在商业活动中，市场经营主体的善意往往表现为遵守商业道德并遵循行业中的诚实信用惯例。本案中，原告在中国境内销售相关菌株产品时，均通过购销协议及商标许可协议对标识使用方式进行了明确约定。而被告在未经许可的情况下使用包含原告权利商标的标识并且标注“®”“TM”等用于强调商标的符号、配料表中亦使用了上述标识，难言善意。

（二）客观方面：使用行为是否具有必要性与合理性

所谓正当性商标使用中的必要性，是指对他人商标的正常使用应当限于说明或者描述自己经营商品或服务的必要范围，并且其使用行为应该具有合理性。本案中，应当注意的是“LGG”与“BB－12”除了是原告的商标之外，也是原告所生产的菌株产品的名称，被告亦证明了其商品中确有相关产品作为原料。然而，被告未经许可在其商品内外包装中以单独颜色突出使用原告商标并且标注“®”“TM”等符号的行为，显然已经超出了必要范畴。

（三）客观方面：是否起到识别商品来源的作用

成立通用名称正当使用抗辩，要求被告的使用行为客观上不能将标识作为商标进行使用，即对标识的使用不能起到识别商品来源的作用。本案中，被诉行为包括在被诉产品及相关网页宣传中使用。特别是，在上述包含了原告权利商标（或有一定影响商品名称）的组合标识中，“LGG”与“BB－12”以区别于标识中其他字母的单独颜色出现，起到识别商品来源的作用，属于商标性使用，不满足正当性使用的抗辩前提。

【典型意义】

本案涉及商业标识纠纷中通用名称正当使用抗辩的司法审查问题。在市场经济中，涉通用名称案件的审判通常决定企业的命运甚至产业的发展，其中产生的利益冲突考验司法智慧。本案梳理了商标侵权案件中通用名称抗辩的司法审查路径，对涉通用名称商标侵权案件的审理具有参考意义。本案案例评析获评2022年全国法院系统优秀案例分析优秀奖、2022年中国十大最具研究价值知识产权裁判案例。

① 最高人民法院民事裁定书，（2013）民申字第1642号。

【案例索引】

案号：

一审：上海市浦东新区人民法院（2019）沪 0115 民初 20342 号

二审：上海知识产权法院（2021）沪 73 民终 340 号

审判组织：

一审：杜灵燕、袁田、林新建

二审：何渊、陈瑶瑶、杜灵燕

编写人：袁田、庄雨晴

18

老字号服务商标与商品商标权利冲突的司法判定

——上海某餐饮(集团)有限公司等诉上海某食品股份有限公司等侵害商标权及不正当竞争纠纷案

裁判要旨

判断商标使用在商品商标类别还是服务商标类别上,需要结合商标类别的权利边界对被诉标识的具体使用行为进行分析。为提供服务而在服务场所,服务招牌,服务工具,带有服务商标的名片、明信片、赠品等服务用品,带有服务商标的账册、发票合同等商业交易文书,广告及其他宣传用品上的使用应被视为对服务商标的使用。

基本案情

原告:上海某餐饮(集团)有限公司(以下简称某餐饮集团公司)

原告:上海某馒头店有限公司(以下简称某馒头店公司)

被告:上海某食品股份有限公司(以下简称某食品公司)

被告:上海某餐饮管理有限公司(以下简称某餐饮管理公司)

被告:上海市浦东新区某小笼店(以下简称某小笼店)

被告:向某某

同治十年(1871年),南翔镇“日华轩”点心店店主黄明贤始创“南翔馒头”。光绪二十六年(1900年),曾在“日华轩”店当学徒的吴翔昇至城隍庙开设“长兴楼”。后该店更名为“某翔馒头店”。1949年后,某翔馒头店持续经营,并以此为基础成立原告某餐饮集团公司。某翔馒头店作为其内部单位继续经营,并于1994年注册第772405号“南翔”商标,核定使用于第43类餐馆服务,有效期至2024年11月20日。第772405号“南翔”商标于2006年被商务部认定为“中华老字号”,于2009年变更注册人名义至原告某餐饮集团公司。原告某馒头店公司系原告某餐饮集团公司的全资子公司。2019年,原告某餐饮集团公司将包含第772405号“南翔”商标在内的多个商标普通许可授权给原告某馒头店公司使用。

吴家馆的小笼馒头源自南翔镇“日华轩”，于1949年后更名为凤巢酒家，受嘉定某某服务公司主管。嘉定某某服务公司于1986年在第38类小笼包等商品上注册第260205号“南翔”商标。该商标有效期至2026年8月19日。后上海某味速冻食品厂作为上海“94专项”项目成立并受让第260205号“南翔”商标，于1993年、1996年、1997年先后注册第640055号、第808760号、第1023475号“南翔”商标，核定使用商品均为第30类汤圆、小笼包等。20世纪，某味速冻食品厂注销，上述商标均变更注册人名义为被告某食品公司。2019年，被告某食品公司授权被告某餐饮管理公司使用上述“南翔”商品商标。被告向某某经营的被告某小笼店系加盟店铺之一。两被告某食品公司、某餐饮管理公司自2019年开始超出其商标核定使用范围，开展餐饮加盟业务，将“南翔”“南翔小笼”标识用于店招、店内装潢、海报、餐具等物品上。被告在招商加盟宣传中使用“始创清朝同治十年”“百年南翔”等宣传。

两原告诉称，四被告的以下行为构成商标侵权及不正当竞争：被告某食品公司、某餐饮管理公司在涉案特许经营项目的招商加盟中、四被告在餐馆门店的经营中使用“南翔”“南翔小笼”标识，构成对第772405号“南翔”商标权的侵害，并构成擅自使用有一定影响的服务名称。被告某食品公司、某餐饮管理公司在招商加盟宣传中使用“始创清朝同治十年”等相关传承历史、原告门店照片及消费者评价截图的行为以及四被告在餐馆门店的经营中使用“始创清朝同治十年”的行为构成虚假宣传。两原告诉请判令：被告立即停止侵权、消除影响并赔偿经济损失及合理费用300万元。

被告某食品公司辩称，其未实施两原告所述的商标侵权及不正当竞争行为。被告某食品公司仅授权被告某餐饮管理公司及加盟店铺使用其“南翔”商标、字号及荣誉。涉案招商的行为均由被告某餐饮管理公司单独实施，与被告某食品公司无关。

被告某餐饮管理公司辩称，被告某餐饮管理公司使用“南翔”的权利基础有三：一是基于被告某食品公司合法授权使用的注册在小笼包、烧卖等商品上的“南翔”系列商标。二是基于被告某食品公司合法授权使用的字号“南翔”，且自身的字号亦为“南翔”。三是基于“南翔”地名的正当使用。其次，被告某餐饮管理公司不存在虚假宣传行为。被告某食品公司的南翔小笼制作工艺传承自“日华轩”的分支吴家馆，且持有的“南翔”商品商标被评为“中华老字号”。被告某餐饮管理公司经某食品公司授权，有权在直营店和加盟店中使用“清朝同治十年”“百年南翔”“非物质文化遗产”“中华老字号”等进行宣传，不构成虚假宣传。

被告某小笼店、向某某辩称，向某某与被告某餐饮管理公司签订加盟合同。

【法院裁判】

上海市浦东新区人民法院经审理认为：首先，关于被诉行为是否构成对原告服务商标专用权的侵害。被诉侵权标识为“南翔”“南翔小笼”,与原告的服务商标“南翔”分别构成相同、近似商标。关键在于判断被诉标识的使用与原告服务商标的使用在类别上是否构成相同或类似,容易导致混淆。第一,涉案经营行为属于餐饮服务的提供行为。第二,被诉标识使用于餐饮店铺的店招、店内装潢、小票、海报、餐具上,这些物品并非被告之商品商标所指向的商品或者指示其商品来源所必需,而是用于提供餐饮服务的工具、用品等,附着于其上的标识也并非用于指示该物品的来源,而是用于指示餐饮经营者的服务来源。故应认定被告对被诉标识的使用与原告服务商标的使用在类别上构成相同。被告在餐饮服务特许加盟的招商展会、网站和微信公众号的宣传中对被诉标识的使用,与上述使用性质相同。故被诉侵权行为构成对原告服务商标专用权的侵害。

其次,关于被告某食品公司、某餐饮管理公司基于地名、字号合法使用的抗辩是否成立。根据查明的事实,涉案店铺均不位于南翔镇内,却在店招、店内装潢等处将“南翔”“南翔小笼”突出标注,亦无其他任何关于地理位置的描述、介绍。以一般消费者的认知,该种标注方式应为指示来源意义的商标性使用,而非对地理位置的说明或描述。故对两被告的该项抗辩意见,法院不予采纳。关于字号,原告服务商标获准注册的时间为 1994 年,并于 2006 年被认定为“中华老字号”,被告字号与两原告的服务商标处于长期共存状态。两被告于 2019 年开展餐饮加盟业务时,应当预见如将“南翔”字号授权他人使用,会造成相关公众对商品和服务来源产生混淆,以及商品和服务提供者间存在关联关系的误认,会损害原告的合法权益,但被告放任这种结果发生,甚至在原告采取维权行为之后,仍未停止上述行为,其攀附商誉的主观恶意明显,构成对原告服务商标专用权的侵害。故被告关于被诉行为系基于地名、字号合法使用的抗辩均不成立。

最后,关于被诉行为是否构成不正当竞争。结合在案证据及被告的历史渊源,被诉宣传行为有事实依据,尚不足以达到引人误解或需要适用反不正当竞争法予以规制的程度,故对该主张,法院不予支持。

上海市浦东新区人民法院作出(2019)沪 0115 民初 84502 号民事判决:(1)被告某食品公司、某餐饮管理公司、某小笼店、向某某立即停止侵害原告上海某餐饮集团公司、某馒头店公司第 772405 号商标的行为;(2)被告某食品公司、某餐饮管理公司赔偿经济损失 200 万元及为制止侵权所支付的合理开支 342,000 元;(3)被告某食品公司、某餐饮管理公司刊登声明、消除影响。

一审判决后,被告某食品公司、某餐饮管理公司提起上诉,上海知识产权法院作出(2021)沪 73 民终 597 号民事判决:驳回上诉,维持原判。

【案例评析】

本案主要涉及老字号背景下商品商标和服务商标权利冲突的司法判定。

商标按照识别对象的不同可以分为商品商标与服务商标,二者的权利边界看似泾渭分明,但当使用的载体表现为商品时,则可能产生权利冲突。服务商标在我国发展得较晚。1982 年,我国《商标法》尚没有关于服务商标的规定。1993 年我国《商标法》第一次修正时,才增加了对服务商标的保护规定,目前,我国关于服务商标的管理规定主要见于《商标法》第 4 条第 2 款“本法有关商品商标的规定,适用于服务商标”,以及《关于保护服务商标若干问题的意见》《商标侵权判断标准》等。

基于上述法律、法规,服务商标的使用具有以下特征:第一,服务商标无法附着于无形的“服务”上,而需要附着于相关商品上。根据《关于保护服务商标若干问题的意见》,在下列情形下的使用,视为服务商标的使用:(1)服务场所;(2)服务招牌;(3)服务工具;(4)带有服务商标的名片、明信片、赠品等服务用品;(5)带有服务商标的账册,发票、合同等商业交易文书;(6)广告及其他宣传用品;(7)为提供服务所使用的其他物品。第二,服务商标必然存在一定程度的跨类使用。如前所述,服务商标必然使用于一定物质载体之上,而物质载体必然属于一定商品类别,那么该服务商标实际产生了一定程度的跨类使用。第三,“互联网 + ”模式下商品商标和服务商标的重合范围进一步加大。传统产业中,各商品或服务种类之间相互边界较为清晰,一般不存在交叉或重合,消费者也能较容易区分商标所指向的商品或服务类别。互联网信息时代,对信息传播方式、交易模式和消费观念都产生了深刻的影响。“互联网 + ”环境下的商品或服务呈现出复合性的特征,如以 App 为例,其属于《商品和服务分类表》中的第 9 类计算机软件类产品,同时,其提供的服务如教育培训、销售等,分属于其他类别。

本案系较少见的涉老字号商品商标和服务商标权利冲突,面对商品商标和服务商标的权利冲突,首先应根据最高人民法院《关于审理注册商标、企业名称与在先权利冲突的民事纠纷案件若干问题的规定》第 1 条第 2 款,判断侵权人是否存在超范围或不规范使用其注册商标的情况,否则不属于人民法院处理的范围。再对被诉行为属于商品商标使用抑或服务商标使用作出判断。

首先,区分核心在于判断商品提供行为、服务提供行为。一般认为,商标的功能包括来源指示功能、质量保证功能以及广告宣传功能。服务商标发挥的是指示服务来源、保证服务质量、宣传服务的功能,与商品商标的主要功能一致,特殊之处在于服务商标的使用附着于物质载体之上,如服务招牌、服务工具等。因此要对涉案物质载体上的商标使用行为作出评判,判断其标识使用行为指示来源的核心系提供服务还是提供商品。如在原告上海某投资咨询有限公司诉被告上海某生物医药集团有限公司等侵害商标权纠纷案中,原告为“田子坊”商标权利人,该商标核准使用于第 32 类奶茶等商品上,被告经营的店铺在店招、店内装潢、饮料杯上使用“田子坊”等字样,原告主张被诉行为构成商标侵权。法院经审理认为,被告在店招、店内装潢、饮料单、招商广告上使用“田子坊”字样,正是为了识别相应的饮料产品。虽然饮料杯子上有“田子坊”字样,但由于饮料属于液体,必然需要相应的容器。饮料杯子属于必需的服务用品,是被告所提供的饮品服务的组成部分。因此,上述使用方式均为服务商标的使用，未超出范围，且不会引起对商品来源的混淆，故判决驳回原告的诉讼请求。

其次，区分途径为重点审查载体和行为的模式、场域。就载体而言，《关于保护服务商标若干问题的意见》规定，在服务场所，服务招牌，服务工具，带有服务商标的名片、明信片、赠品等服务用品，带有服务商标的账册、发票、合同等商业交易文书，广告及其他宣传用品以及为提供服务所使用的其他物品上使用服务商标，被视为服务商标的使用。就行为而言，商品提供行为主要表现为批量化、规模化地生产和销售，一般是先有商品的生产，然后再是消费者的购买。而服务提供行为主要表现为个体化的现做现卖，一般是现有消费者的购买要约，然后才有服务的提供。[①] 被诉店铺均系基于消费者的购买要约提供餐饮服务，被诉标识使用于餐饮店的店招、店内装潢、收银小票上，故被诉行为应属于餐饮服务的提供。

再次，系争标识的知名度、历史因素应予考量。最高人民法院在“稻香村”商标异议复审行政纠纷案中指出，应对历史、现实以及业已形成的市场秩序给予充分的尊重，在尽可能地划清商业标识之间界限的基础上，公平合理地作出判断。本案原、被告享有权利的“南翔”商标均系“中华老字号”，分别核定使用于服务、商品类别上，双方长期共存，已然形成相应的市场格局和法律秩序，并为公众认可和接受。双方应珍惜并共同维护“南翔”商标的良好形象和声誉，谋求共存发展。现被告作为同业经营者，其行为已超出其商品商标指示其商品来源的必要范围，产生标识其服务系来源自原告或与原告有特定关系者的效果，构成对原告服务商标专用权的侵害。

最后，对边界重合地带应审慎认定侵权。就标识的使用形态而言，部分使用形态属于典型的商品商标使用方式，如将该标识附着于商品外包装上对外销售。部分使用形态属于典型的服务商标使用方式，如将标识使用于店招、店内装潢、广告宣传等上。但随着现代服务贸易不断发展，二者的重合地带也日益增多，较为常见的如服务工具、服务有关的物体等。本案中，原告主张的被诉侵权标识使用场合包括餐饮店铺的店招、店内装潢、小票、海报、餐具上，法院认定构成对服务商标的使用。

【典型意义】

本案系涉中华老字号“南翔”商标侵权及不正当竞争纠纷。在涉老字号案件的审理中，既要给予老字号企业充分的法律保护，又要尊重其历史传承与时代背景，平衡其中的利益关系。原、被告享有权利的商标长期共存，均获得“中华老字号”等荣誉，相关权利划分的历史与法律秩序已然形成，并被相关公众认可和接受。双方均应遵守诚实信用原则，共同维持“南翔”商标的良好形象及声誉，恪守权利界限，在各自商标核准的类别上进行使用，避免相关公众产生混淆。本案受到社会广泛关注，中央电视台、人民网、东方网均作出

---

① 参见凌宗亮：《商品商标与服务商标的权利边界与侵权判断》，载《中华商标》2015 年第 3 期。

报道。本案文书获评上海法院“100 篇优秀裁判文书”“100 个示范庭审”，以及第五届全国法院百篇优秀裁判文书。

【案例索引】

案号：

一审：上海市浦东新区人民法院（2019）沪 0115 民初 84502 号

二审：上海知识产权法院（2021）沪 73 民终 597 号

审判组织：

一审：金民珍、宫晓艳、袁田

二审：何渊、易嘉、杜灵燕

编写人：袁田、林巧

19

正品分装行为的商标侵权判定

——某润滑剂(上海)有限公司诉上海某润滑技术有限公司等侵害商标权纠纷案

裁判要旨

将正品分装入非法制造的假冒注册商标的包装中的行为是否构成商标侵权,应综合考量正品分装行为中对注册商标的使用是否属于合理使用、分装行为是否破坏了正品的品质,是否损害了商标权利人的商品商誉、是否排除商标权利用尽原则等条件进行认定。刑事诉讼的证明标准为排除合理怀疑,而民事诉讼的证明标准为高度盖然性,刑事诉讼的证明标准高于民事诉讼的证明标准。对被告人在刑事诉讼中自认的事实,即使未在刑事案件中作为定罪量刑的依据,但仍可根据民事诉讼中的自认规则,结合相关证据,在民事案件中予以认定。

基本案情

原告:某润滑剂(上海)有限公司(以下简称某润滑剂公司)

被告:上海某润滑技术有限公司(以下简称某润滑技术公司)

被告:邹某

被告:袁某某

原告某润滑剂公司经授权,取得第9722186号"KLÜBER LUBRICATION"等克鲁勃系列商标(核定使用在第4类工业用油、润滑油等商品上)的许可使用权及获得侵权赔偿的权利,并在授权期限内。被告某润滑技术公司曾系克鲁勃润滑油经销商。该公司法定代表人、实际控制人邹某(占股99.505%)在未经克鲁勃系列注册商标权利人许可的情况下,指使袁某某等公司员工,将低价购入的其他品牌润滑油自行灌装至专门定制的容器内,并贴附印制有权利人注册商标的贴纸,再以正品"克鲁勃"品牌润滑油的价格对外予以销售,从中非法获利。后邹某、袁某某于2019年6月被公安机关抓获,经审计,邹某等人制造、销售上述自行灌装的假冒"克鲁勃"润滑油的非法经营数额共计26万余元。上海市浦东新区人民法院作出

(2019)沪0115刑初4810号刑事判决，以邹某、袁某某犯假冒注册商标罪，判处有期徒刑并处罚金。

此外，邹某还指使袁某某等公司员工，向他人定制小罐，将大罐正品克鲁勃润滑油分装成小罐润滑油，加贴自行委托印制的假冒克鲁勃系列注册商标的标识后予以销售。邹某在公安机关供述称，其无法实现原装润滑油的真空生产环境，在自行分装过程中会有一些杂质混进润滑油中，影响油的品质，但是其在分装时会十分小心，尽量减少杂质。袁某某在公安机关供述称，分装的目的是拓宽小罐克鲁勃润滑油的市场，并赚取更多利润。被告某润滑技术公司的多名员工在公安机关的询问笔录中证实，某润滑技术公司的分装活动在2016年至2017年开始。根据某润滑技术公司员工的证言及其提供的产品出库记录，某润滑技术公司灌装及分装克鲁勃润滑油的销售金额为300余万元，邹某在刑事案件审理中对该出库记录不持异议。

原告某润滑剂公司诉称，三被告的灌装、分装行为侵害了其商标权，侵权恶意明显，非法获利数额巨大，且假冒润滑油与正品在产品质量上相差甚远，已给克鲁勃品牌及消费者造成损害。原告诉请判令：三被告立即停止商标侵权行为，连带赔偿原告经济损失2500万元，以及合理费用25万元。

三被告辩称，原告主张的侵权行为已经在另案刑事诉讼中进行了认定，并由相关人员承担了刑事责任，不存在其他的侵权行为。分装的润滑油系被告某润滑技术公司通过合法渠道购买的克鲁勃品牌正品，涉案分装行为中的商标使用属于指示性合理使用，故分装行为不构成侵权。被告邹某、袁某某作为公司员工系职务行为，不应当承担侵权责任。

【法院裁判】

上海市浦东新区人民法院经审理认为，被告被控侵权行为包含灌装和分装两种情况。将其他品牌的低价润滑油灌装为克鲁勃品牌润滑油并进行销售的行为，属于商标法规制的未经许可，在同一种商品上使用与其注册商标相同的商标的行为，侵害了原告的注册商标专用权。

关于将大罐正品“克鲁勃”品牌润滑油分装成小罐“克鲁勃”品牌润滑油的行为：(1)被控分装小罐上贴附商标的行为属于商标法意义上的使用行为。被告自行购入小罐，将正品分装入上述小罐中，并贴附假冒“克鲁勃”标识，其作用是向客户表明分装后的小罐润滑油来源于克鲁勃品牌权利人。此种标识添附行为并没有改变商标的来源识别功能，并非为了说明、描述、指示商品而正当使用涉案商标，不属于指示性使用等合理使用。(2)被控分装行为破坏了商标的品质保证功能。被控分装行为系被告在不具备润滑油灌装环境和条件、不保证包装罐符合润滑油灌装要求的情况下进行的，完全不能保证润滑油应当达到的洁净程度，不能保持润滑油原有的品质，使相关公众对该商品的认可度和信赖度降低，在一定程度上会损害原告的品牌声誉。(3)被控分装行为不适用商标权利用尽原则。适用商标权利用尽原则时,使用人必须保证商品来源于商标权利人,且销售中不能对商品进行任何形式的改变,不能影响商标的来源识别功能和品质保证功能。被控分装行为破坏了润滑油的包装,或将低等级润滑油标识为高等级润滑油,损害了产品的质量和商标权利人的信誉,不能适用商标权利用尽原则。综上,涉案分装行为属于《商标法》规定的"给他人的注册商标专用权造成其他损害的"商标侵权行为。

关于责任承担。邹某作为某润滑技术公司的大股东和实际控制人,应与某润滑技术公司共同承担侵权的民事责任。被告袁某某系某润滑技术公司员工,仅获得工资收益,并不参与利益分成,故不应与某润滑技术公司及邹某共同承担赔偿责任。根据邹某的自认及某润滑技术公司多位员工的证言,被告某润滑技术公司及邹某至少从 2017 年开始实施灌装及分装行为,故本案侵权行为的涉案金额不能仅以刑事案件中认定的金额为限,还应综合考虑邹某的供述、某润滑技术公司员工的证言及提供的出库记录、定制假冒油桶、标识的数量等因素确定赔偿金额。

上海市浦东新区人民法院作出(2020)沪 0115 民初 26507 号民事判决:(1)被告某润滑技术公司、邹某于本判决生效之日起 10 日内连带赔偿原告经济损失 200 万元,合理开支 15 万元;(2)驳回原告的其他诉讼请求。

一审判决后,原告、被告某润滑技术公司提起上诉。上海知识产权法院作出(2021)沪 73 民终 596 号民事判决:驳回上诉,维持原判。

【案例评析】

本案系商标权刑事案件的被告人被判处刑罚后,商标权利人又对其另行提起的侵害商标权纠纷民事案件。本案涉及的问题包括未在刑事部分予以评价的正品分装行为是否构成商标权侵权、已经被判处刑罚的被告人是否还需承担民事侵权责任及如何承担。要解决这些问题,一方面需要厘清民事侵权与刑事犯罪的边界,民事诉讼与刑事诉讼之间不同的证明标准;另一方面则依托"三合一"审判机制的优势,借助刑事案件中搜集的相关证据来固定民事案件的相关事实,以弥补权利人的举证难问题。

商标权系由商标法赋予的权利,刑法对商标权的保护不能脱离商标法规定的范畴,否则便成了无本之木。若某种行为构成假冒注册商标罪,则该行为必然还依据商标法构成民事侵权。本案被告将其他品牌润滑油自行灌装至贴附"克鲁勃"商标的容器中并予以销售的行为,构成假冒注册商标罪,已得到刑事判决的认定,则该行为还当然构成民事侵权。《商标法》第 67 条第 1 款规定:未经商标注册人许可,在同一种商品上使用与其注册商标相同的商标,构成犯罪的,除赔偿被侵权人的损失外,依法追究刑事责任。因此,尽管被告已经承担了刑事责任,仍然不能免除其应承担的民事侵权责任。

相反地,未被追究刑事责任的行为,并不意味着该行为必然不构成民事侵权。例如,在同一种商品上使用与注册商标近似的商标,或者在类似商品上使用与注册商标相同或者近似的商标，容易导致混淆的行为，并未受到刑法规制，但构成民事侵权。针对定牌加工、正品分装等在同一种商品上使用与注册商标相同商标的行为，是否构成民事侵权，仍存在一定的争议，公诉机关抑或考虑到刑法的谦抑性，或证据未达到“排除合理怀疑”程度等情况，而未提起公诉，但不影响权利人就该行为主张民事侵权责任。

一、正品分装行为的侵权判定

将大包装商品拆分为小包装商品销售是市场较为常见的一种销售方式，特别是一些大包的进口商品，分装后便于销售。在此过程中必然会涉及商品的重新包装，也就会涉及对权利人商标的使用。正品分装过程中的商标使用行为是否构成商标侵权在司法实践中尚有一定的争议。在浙江省余杭区人民法院审理的“不二家”商标侵权案中，被告钱某某未经不二家公司许可，将不二家公司生产的糖果分装到其自行印制的不同的包装盒中销售，法院认为，虽然商品本身来源于不二家公司，从相关公众的角度看，并未产生商品来源混淆的实际后果，但商品的外包装除了发挥保护与盛载商品的基本功能外，还发挥着美化商品、宣传商品、提升商品价值等重要功能，钱某某的行为会降低相关公众对涉案商标所指向的商品声誉，从而损害涉案商标的信誉承载功能，属于《商标法》规定的“给他人的注册商标专用权造成其他损害的”行为，构成商标侵权。在江苏省南京市中级人民法院审理的老凤祥股份有限公司与苏果超市有限公司等侵害商标权纠纷上诉案中，超市销售的铅笔由正品10 支装分包成4 支装，法院认为，被控侵权铅笔本身为正品，且包装上使用了与涉案注册商标相同的标识，并明确标注了该商品的生产厂家，已足以说明商品的来源，超市等销售被控侵权商品不足以导致消费者对商品的来源产生混淆和误认。故法院驳回了老凤祥股份有限公司的诉讼请求。在上海市第三中级人民法院审理的非法制造“费列罗”注册商标标识案中，被告人刘某等委托他人非法制造带有“费列罗”注册商标的标签、塑料盒等包装材料，对“费列罗”正品巧克力进行包装后销售，并篡改了部分生产日期，法院以非法制造注册商标标识罪对被告人进行定罪量刑。

笔者认为，正品分装行为是否构成商标权侵权，不能一概而论，而应结合个案，从被控分装行为是否属于商标性使用、分装是否影响了商品质量、是否适用商标权用尽原则等方面进行综合评判。

（一）正品分装是否属于商标性使用

一般而言，商标侵权以属于商标法意义上的商标性使用为前提。《商标法》第 48 条规定：“本法所称商标的使用，是指将商标用于商品、商品包装或者容器以及商品交易文书上，或者将商标用于广告宣传、展览以及其他商业活动中，用于识别商品来源的行为。”认定属于商标使用行为的关键在于，该行为是否能够用于识别商品的来源。本案被告某润滑技术公司原系克鲁勃品牌润滑油的经销商，由于客户需要小罐的润滑油，将购买的大罐克鲁勃润滑油分装入其自行定制的小罐油桶中，并在油桶上贴附了原告的权利商标。被告某润滑技术公司的上述商标贴附行为，其主观上是为明示润滑油的来源，让消费者了解该润滑油的出处，从而提高润滑油的销量；客观上，消费者亦能通过包装上的商标判断商品的来源。因此，被告某润滑技术公司在正品分装销售时贴附商标的行为完全满足商标性使用的条件。

被告某润滑技术公司提出，其在分装时使用权利商标是为了说明其销售的是克鲁勃品牌润滑油，因此属于对商标的合理使用。合理使用是指尽管使用了与他人相同或近似的商标，但不会产生识别商品来源的功能，如描述性使用、说明性使用、指示性使用等，其本质上不是对他人注册商标的使用。如《商标法》第59条规定，对注册商标中含有的商品通用名称、图形、型号等，他人可以正当使用。但本案涉案行为不属于对权利商标的合理使用。首先，本案的克鲁勃系列商标，显著性强，并非通用标志或描述性标志，被告某润滑技术公司的使用行为不可能构成描述商品性质的描述性使用。其次，说明或指示自己提供的商品的用途、服务对象和真实来源的说明性使用、指示性使用行为，必须善意、合理且符合商业惯例，以不使消费者混淆为前提。[①] 换言之，若销售者对他人商标的使用仅仅是指示性的，那么消费者便不会误认为该商品来源于商标权人。被告某润滑技术公司定制小号油罐，贴附原告商标，且完全模仿了正品的包装装潢，消费者仍会认为这些产品直接来源于原告，且其目的是增加润滑油的销量，主观上不具有善意。因此，被告的行为亦不构成说明性或指示性使用。

(二)正品分装是否影响了商品质量

商标对商品具有质量保证功能，《商标法》第1条关于"促使生产、经营者保证商品和服务质量，维护商标信誉"的立法目的便有所体现。同时，《商标法》第7条"商标使用人应当对其使用商标的商品质量负责"、第42条"转让注册商标的……受让人应当保证使用该注册商标的商品质量"，以及第43条"……许可人应当监督被许可人使用其注册商标的商品质量。被许可人应当保证使用该注册商标的商品质量"等，对商标权人的品质控制权和商标实际使用人的品质保证义务作出了规定。消费者会以商标作为判断商品质量的因素，商标因此还承载着商标权人积累的商誉。若商标使用人的商品质量与商标权人的商品质量存在差异，则意味着商标权人丧失了对该商品的品质控制力，其商誉也可能遭受损害。

本案涉及的商品是润滑油，润滑油作用于机械设备之中，能够降低机械摩擦力，减少机械运转时的磨损，延长机械使用寿命。一旦润滑油中混入了灰尘、发丝、水汽等杂质，则这些杂质会不可避免地改变润滑油的凝点、流动性等物理或化学性质，甚至可能加速机械设备的磨损、腐蚀，引发机械故障。将大罐润滑油分装为小罐的行为，特别区别于对物质结构较稳定的诸如铅笔、文具等商品的分装，更容易因为混入这些杂质而降低润滑油的功效，影响其品质。被告邹某亦在刑事案件的讯问笔录中承认，原装润滑油的生产过程都是真空的，但其不具备真空分装的环境和条件，其能采取的措施，只有操作小心、第一时间完成封

---

① 参见王迁：《知识产权法教程》，中国人民大学出版社2021年版，第643页。

口等，尽量减少杂质混入。综上可以认定，本案的分装活动无法保证分装润滑油的品质，实际已对润滑油的品质产生了影响，破坏了克鲁勃系列商标的品质保证功能。

（三）正品分装是否适用商标权用尽原则

商标权利用尽是指享有商标权的商品经由商标权人或被许可人以合法方式销售或转让后，商标权人对该特定商品上的商标权即告穷竭，其无权禁止合法取得该商品的所有权人在市场上再行销售或直接使用。换言之，合法取得正品后进行转售的行为，并不侵害商标权。但在转售时，还必须保证不对商品进行改变，否则，一旦对商品质量造成影响，仍然会破坏商标的品质保证功能，损害商标权人的商誉。最高人民法院在相关裁判中指出，从商标标示特定商品与特定来源之间联系的功能出发，通常可以根据改变程度是否足以实质性影响商品性质以及消费者的选择，来判断改变后再次出售的行为是否构成商标侵权。①

被告的正品克鲁勃润滑油来源合法，但被告在将润滑油再次销售时，破坏了正品包装，如前所述，其改变程度已经影响了商品质量，并进一步影响消费者的选择，可能会对商标权人的商誉造成影响，故其分装行为不适用商标权利用尽原则。

综上，被告某润滑技术公司在正品分装过程中对权利商标的使用属于商标性使用，未落入注册商标的合理使用范畴，且该分装行为影响了商品质量，对权利人造成损害，亦无法适用商标权利用尽原则，故构成商标侵权。

二、刑民交叉案件中不同的证明标准不影响证据的互认

鉴于知识产权案件中当事人对侵权行为的举证比较困难，权利人在取证困难时，往往会借助行政执法或刑事侦查手段获取证据，从而优先考虑行政或刑事保护，待有定论后再提起民事赔偿。同时依托知识产权“三合一”审判机制，审判人员在审理刑事案件后，继续审理关联民事案件，将对案情有更深入的、客观的了解。因此，“先刑后民”的审理模式发挥了较大的优势，这也是长期以来审判实践中对审理中发现犯罪线索后普遍采用的刑事优先原则。但在知识产权侵权案件中，一方面，刑事处罚并不能覆盖知识产权权利人受到的经济损失，民事案件的审理并非必须以刑事案件的处理结果为依据；另一方面，“先刑后民”原则适用在此类案件中，也可能带来在先刑事判决认定构成犯罪，而民事审判中认为不构成侵权的尴尬。最高人民法院在2021年审结的“香兰素”案中指出：本案被诉侵权行为已涉嫌侵犯商业秘密犯罪，本院将依法将相关线索移送公安机关处理。表明根据案件的具体情况，知识产权案件亦可以采用“先民后刑”的诉讼程序，先对民事赔偿部分作出判决，再追究侵权人的刑事责任，而不必一味地遵循“先刑后民”原则。但无论是“先刑后民”还是“先民后刑”，抑或“民刑同行”，均不影响不同程序之间有条件的证据互认。基于民事案件与刑事案件不同的证据标准，在刑事案件中未被采纳的证据可能会在民事案件中被采纳。

本案中，基于取证上的原因，商标权利人同样采取了“先刑后民”的诉讼策略，前期通

① 最高人民法院民事裁定书，（2019）最高法民申4241号。

过公安机关的介入固定了相关侵权证据，包括取得了被告人及证人的口供，为其主张民事赔偿打下了基础。刑事诉讼和民事诉讼采用不同的证明标准，刑事诉讼要求综合全案证据，对所认定事实已排除合理怀疑；民事诉讼则要求能够确信待证事实的存在具有高度盖然性即可。因此，刑事诉讼的证明标准高于民事诉讼。尽管刑民衔接案件的证据标准不同，未被刑事诉讼所采信的相关证据，仍可用于民事诉讼中的事实认定，因此民事案件中的判赔金额往往可能高于刑事案件中认定的犯罪金额。

被告邹某及某润滑技术公司其他公司员工在公安机关的讯问笔录中，均证实某润滑技术公司实施灌装及分装行为的时间至少从 2017 年开始，至 2019 年 6 月案发结束；某润滑技术公司员工向公安机关提供的出库记录证实，该公司侵权持续时间内灌装及分装的销售金额至少为 300 余万元；相关人员的笔录还证实，邹某曾删除过部分出库记录。被告邹某在刑事诉讼中对上述证据均不持异议。由于无法准确区分灌装及分装的具体金额，邹某供述的灌装金额没有确切的证据证实，在刑事案件中，囿于较高的证据标准，仅认定邹某等人灌装润滑油的非法经营额为 26 万余元。但在民事案件中，上述证据和邹某的自认均可作为确定其民事侵权损害赔偿额的依据。结合“克鲁勃”品牌的知名度、被告实施侵权行为的主观恶性、被告灌装及分装行为的利润较高、公安机关查获的侵权标贴与油罐的数量等因素，判决被告赔偿经济损失 200 万元，符合民事证据的认定标准。

【典型意义】

本案涉及商品正品分装行为的商标侵权判定及知识产权刑民衔接中不同的证明标准对案件处理的影响。刑事诉讼与民事诉讼具有不同的证明标准，证据确实、充分是刑事案件的定罪标准，而在民事诉讼中，可以根据自认规则采信当事人对事实的陈述。本案的处理对正品分装销售行为的商标侵权判定及厘清知识产权刑民衔接中案件事实的认定与证明标准具有一定的价值。本案获评 2021 年上海法院加强知识产权保护力度典型案件、2021 年中国十大最具研究价值知识产权裁判案例。

【案例索引】

案号：

一审：上海市浦东新区人民法院（2020）沪 0115 民初 26507 号

二审：上海知识产权法院（2021）沪 73 民终 596 号

审判组织：

一审：倪红霞、陆光怡、王潇

二审：何渊、杨馥宇、陈瑶瑶

编写人：倪红霞、杨岸松

不正当竞争民事纠纷案件

20

对知识产权即发侵权应依法规制

——上海某服务有限公司诉上海某食品科技有限公司不正当竞争纠纷案

裁判要旨

经营者制作宣传册对其产品服务作夸大、不实、虚假宣传，使人自然将宣传内容与其相联系，若宣传内容使用了诸如“绝无仅有”“最高水准”等顶级用语，则违反了国家的有关规定，构成对其他经营者所提供的服务的贬低，侵害了其他竞争对手的合法权益，构成不正当竞争。该宣传册虽未散发，但一旦散发，就会产生侵害竞争对手商业信誉的损害后果。该行为完全符合即发侵权的行为特征。为防止损害结果的实际发生，应当判令被告停止相应宣传行为。

基本案情

原告：上海某服务有限公司

被告：上海某食品科技有限公司

原告是一家为客户提供后勤服务的企业，其经营范围是：为工商企业、办公大楼和外国国际学校等各类企事业单位提供餐饮服务、清洁服务、洗衣服务、绿化服务及后勤管理咨询。被告原系食品生产企业，2000 年 9 月 25 日，被告经国家工商行政管理局（现为国家市场监督管理总局）核准增加了为客户提供公共供餐服务等后勤服务的经营范围。被告受其投资方亚洲某食品公司的委托，印制了“Eurest（怡乐食）宣传册”，该宣传册主要内容有：（1）宣称 Compass 集团属下的某食品公司提供膳食服务，业务遍及 65 个国家，年营业额超过 70 亿美元，“拥有非常广泛的全球业务经验和资金优势”“对各种资源开发和利用的能力远远领先于其他从业机构”。（2）团体供餐是某食品公司的强项。（3）某食品公司作出了“迄今中国绝无仅有的膳食服务承诺”。1995 年，应北京市政府的邀请，某食品公司帮助北京四个公立学校制定了一套改善学校午餐膳食的方案，与营养学家一起商讨并运用了专业技术来加强食物摄入过程中的营养均衡。因其贡献，某食品公司作为完全由外商独资经营的企业取得了在中国的经营许可。（4）提供名扬世界的食品质量与服务承诺，“以最高水准的专业知识与质量为工商企业、保健业和教育部门提供多元化的服务”,“提供最高品质的食物以及依据客户需求制定的服务方式”。(5)在宣传册的封底印有“怡乐食/上海某食品科技有限公司(被告)”和“怡乐食/上海某食品科技有限公司浦东分公司”的联系方式(包括地址、邮政编码、电话号码、传真号码和网址)。此外,被告和中欧国际工商学院于1999年8月3日签订《供餐协议书》一份,约定:自同月23日起,由中欧国际工商学院提供食堂场地和相应设备,被告为中欧国际工商学院提供早、中、晚三餐的供餐服务。

原告上海某服务有限公司诉称,被告不仅无证、超范围从事经营活动,还采取引人误导的虚假宣传、威胁利诱、恶意拉拢原告员工等手段,谋取不应有的竞争优势,扰乱了正常的生产经营秩序,严重干扰了原告的合法经营活动并造成了经济损失,其行为违反了《反不正当竞争法》的规定。原告诉请判令:(1)被告立即停止不正当竞争行为;(2)被告赔偿原告经济损失10万元。

被告上海某食品科技有限公司辩称:(1)被告未实施任何不正当竞争行为与原告进行竞争,故对其诉讼请求不予认可。(2)法律上并无生产性企业和服务性企业之分,原告自称是服务性企业,但从原告的章程上看,也具有生产性质。所以,原告的划分方法毫无意义,其认为被告超越了经营范围是不存在的。(3)原告诉称的宣传册与被告无关。

【法院裁判】

上海市浦东新区人民法院经审理认为:(1)两原告的经营范围主要涉及公共供餐等后勤服务,被告的经营范围在变更以前,主要涉及食品生产,双方经营范围不同,不应存在竞争关系,但被告向中欧国际工商学院等单位提供公共供餐服务,说明被告和原告已形成了事实上的同业竞争关系。2000年9月25日,被告的经营范围经核准变更后已扩大到公共供餐等后勤服务,由此,原、被告属于同一行业,具有同业竞争关系。(2)当时的《反不正当竞争法》规定,经营者不得利用广告或者其他方法,对商品的质量、制作成分、性能、用途、生产者、有效期限、产地等作引人误解的虚假宣传。被告印制“Eurest(怡乐食)宣传册”虽系受其投资方委托,但宣传册封底上的“怡乐食/上海某食品科技有限公司”和“怡乐食/上海某食品科技有限公司浦东分公司”及其联系方法(包括地址、邮政编码、电话号码、传真号码和网址)等内容,使人自然将宣传内容与被告相联系,认为其内容是对被告的宣传。“Eurest(怡乐食)宣传册”的内容宣称,某食品公司在团体供餐上“对各种资源开发和利用的能力远远领先于其他从业机构”、作出了“迄今中国绝无仅有的膳食服务承诺”,“以最高水准的专业知识与质量为工商企业、保健业和教育部门提供多元化的服务”,“提供最高品质的食物以及依据客户需求制定的服务方式”等,其内容已构成对其他公共供餐经营者所提供的服务的贬低;“Eurest(怡乐食)宣传册”的内容还宣称,1995年,应北京市政府的邀请,某食品公司帮助北京四个公立学校制定了一套改善学校午餐膳食的方案,与营养学家一起商讨并运用了专业技术来加强食物摄入过程中的营养均衡。上述业绩并不属于被告,以被告的名义宣传显属不当。“Eurest(怡乐食)宣传册”的封底上印有“怡乐食/上海某食品科技有限公司浦东分公司”的名称及其联系方法,被告亦承认其并无该分支机构,该内容显属不实。因此,“Eurest(怡乐食)宣传册”的内容违反了《反不正当竞争法》的规定,构成不正当竞争,侵害了其他所有竞争对手的合法权益。由于原告没有充分证据证明被告使用或散发过宣传册,因此,被告的不正当竞争行为尚未对原告的合法权益造成直接损害,原告诉称的损失与被告的不正当竞争行为没有必然的因果关系。原告请求判令被告消除影响并赔偿损失,证据不足,法院不予支持。但该宣传册一旦使用或散发,即会构成对包括原告在内的所有竞争对手合法权益的直接侵害,因此,为了防止损害结果的实际发生,应当禁止被告使用或散发该宣传册。(3)《反不正当竞争法》规定,经营者不得捏造、散布虚伪事实,损害竞争对手的商业信誉、商品信誉。原告指控被告对其员工实施了威胁利诱、恶意拉拢;在相关客户处对原告及其业务人员进行造谣和诋毁,阻挠原告正常开展业务等行为,没有相关证据证明。因此,原告指控被告对其实施了《反不正当竞争法》禁止的商业诋毁不正当竞争行为,证据不足,法院不予支持。

上海市浦东新区人民法院作出(2000)浦知初字第16号民事判决:(1)禁止被告上海某食品科技有限公司使用、散发“Eurest(怡乐食)宣传册”;(2)驳回原告的其他诉讼请求。

一审判决后,原、被告均未提起上诉。

【案例评析】

一、即发侵权的含义

即发侵权是指侵权损害的后果即将发生,但是尚未发生的侵权行为。TRIPs第50条规定的“临时措施”中,第3款规定成员的司法机关应当制止即发侵权行为:司法机关应有权要求临时措施之请求的申请人提供任何可以合法获得的证据,以使该机关自己足以确认该申请人系权利持有人,确认其权利正在被侵犯或侵权活动即将发生,该机关还应有权要求申请人提供足以保护被告和防止申请人滥用权利的诉讼保证金,或提供与之同等的担保。

正确理解即发侵权,应当把握以下几点:其一,被制止的是将要发生的侵权行为,即行为人已经为实施实际侵权行为准备了条件,如不制止,将会导致实际损害后果的出现;其二,尚未对权利人造成实际损害,只是对权利人有实际侵害之虞;其三,制止即发侵权行为的措施由司法当局采取,其他机关、组织和个人无权采取。

对即发侵权行为予以制止的意义在于,它可以将侵权行为消灭在萌芽状态,使之不会对权利人造成实际损害,更有效地保护权利人的知识产权。

二、即发侵权对中国传统侵权行为归责原则理论的挑战

中国传统民法理论认为,除法律另有规定外,认定侵权行为、承担民事责任应当具备四项要件:其一,损害事实;其二,民事违法行为的存在;其三,损害事实和行为之间的因果关系;其四,行为人的过错。受此理论影响,1986年《民法通则》(已失效)第106条第2款规定：公民、法人由于过错侵害国家的、集体的财产，侵害他人财产、人身的，应当承担民事责任。对知识产权侵权行为的归责原则，一般认为，传统的侵权行为归责原则同样适用。

即发侵权对上述理论和法律规定提出了挑战。根据即发侵权的理论，行为人只是为实施侵权行为准备了条件，尚未实际实施，也未对权利人造成实际损害，也即只有违法民事行为的存在，没有损害事实。如果按照传统侵权行为的归责原则，行为人的这种为实施侵权行为所作的准备行为是不能被认定为侵权行为的。我们只有待其实施实际的侵权行为产生损害后果时才能追究其民事责任。这样的话，我们就无法将侵权行为制止在萌芽状态。因此，根据传统民法侵权行为归责原则理论，无法解释和制止这种尚未产生损害结果的侵权行为。但是，如果对这种侵权行为予以放任，权利人的知识产权将陷入危险之中，法律也将因为不能给予权利人及时、有效的保护而面临尴尬的境地。长此以往，权利人将会因其知识产权无法得到有效、全面和及时保护而对法律丧失信心。因此，TRIPs 在知识产权保护中引入即发侵权理论，明确知识产权侵权行为的构成要件有别于一般的民事侵权行为，进一步发展了知识产权侵权行为归责原则理论，也加大了对知识产权的保护力度。

三、即发侵权在中国立法和司法领域中的应用

为了适应加入 WTO 的需要，我国对知识产权立法进行了大幅修改，以期与 TRIPs 相适应。接受和引进即发侵权理论，也是法律修改的内容之一。在 2000 年 8 月 25 日修正的《专利法》中，增加了有关许诺销售的规定：发明和实用新型专利权被授予后，除本法另有规定的以外，任何单位或者个人未经专利权人许可，都不得实施其专利，即不得为生产经营目的制造、使用、许诺销售、销售、进口其专利产品，或者使用其专利方法以及使用、许诺销售、销售、进口依照该专利方法直接获得的产品（《专利法》第 11 条第 1 款）。这里规定的许诺销售就是即发侵权的一种表现形式，它在合同法中的原意是销售要约的邀请，它是指通过博览会、橱窗等方式对他人专利产品的演示，实际上是一种促销行为和推销现象。许诺销售即使未将货物卖出，仍旧构成对权利人的侵害，因为这项权利属于权利人所有。为了有效制止即发侵权，《专利法》第 61 条第 1 款还规定权利人有权申请诉前临时禁令和财产保全的权利：专利权人或者利害关系人有证据证明他人正在实施或者即将实施侵犯其专利权的行为，如不及时制止将会使其合法权益受到难以弥补的损害的，可以在起诉前向人民法院申请采取责令停止有关行为和财产保全的措施。在 2001 年 10 月 27 日修正的《著作权法》和《商标法》中，也分别增加了权利人有权对即发侵权申请诉前临时禁令和财产保全权利的规定：著作权人或者与著作权有关的权利人有证据证明他人正在实施或者即将实施侵犯其权利的行为，如不及时制止将会使其合法权益受到难以弥补的损害的，可以在起诉前向人民法院申请采取责令停止有关行为和财产保全的措施（《著作权法》第 49 条第 1 款）；商标注册人或者利害关系人有证据证明他人正在实施或者即将实施侵犯其注册商标专用权的行为，如不及时制止，将会使其合法权益受到难以弥补的损害的，可以在起诉前向人民法院申请采取责令停止有关行为和财产保全的措施（《商标法》第 57 条第 1 款）。上述法律对即发侵权予以制止的规定,进一步提高了我国知识产权的保护水平。

四、即发侵权的处理

权利人发现侵权人实施即发侵权行为,可以根据有关法律规定,在诉前向人民法院申请临时禁令或者财产保全措施。临时禁令是指在诉讼开始之前,人民法院应权利人的请求而发出的迫使侵权行为人临时停止侵权行为的命令,其目的是制止即将发生的侵权行为。临时禁令是我国在知识产权立法中为适应 TRIPs 的要求而增加规定的民事措施,对于临时禁令的申请是否准许,应当根据《民事诉讼法》关于财产保全的规定来决定,一般来说,可以从以下几个方面考虑:其一,情况是否紧急;其二,权利人是否存在胜诉可能性;其三,权利人是否面临不可挽回的损失;其四,双方当事人利益的平衡;其五,对社会公共利益的影响。

由于即发侵权尚未给权利人造成实际经济损失,因此,在案件的实体处理中,人民法院一般根据当事人的诉讼请求,判令侵权行为人承担停止侵权、赔礼道歉等民事责任,而对权利人关于赔偿经济损失的诉讼请求,人民法院则不予支持。

本案中,被告在为其投资方印制的"Eurest(怡乐食)宣传册"中署有被告的名称及具体联系方式(包括地址、邮政编码、电话号码、传真号码和网址)等内容,使人自然将宣传内容与被告相联系,认为其内容是对被告的宣传;宣传册中的内容使用了诸如"绝无仅有""最高水准"等顶级用语,违反了国家的有关规定。该宣传册虽未散发,但被告印制该宣传册一旦散发,就会产生侵害竞争对手商业信誉的损害后果。因此,被告印制"Eurest(怡乐食)宣传册"的行为完全符合即发侵权的行为特征。因此,人民法院根据当事人的诉讼请求,判令被告禁止使用"Eurest(怡乐食)宣传册"。由于被告的侵权行为尚未对原告造成实际损害,因此,对于原告请求判令被告赔偿经济损失 10 万元的诉讼请求,人民法院依法判决不予支持。

【典型意义】

我国于 2001 年 12 月 11 日正式加入 WTO,如何在知识产权审判中执行 WTO 的 TRIPs,如何深入理解和领会 TRIPs 规定的内容和要求,是当前人民法院面临的新课题。本案适用即发侵权理论处理不正当竞争纠纷,在早期对接国际 TRIPs 上作出有益探索。本案曾发表于《人民法院报》(2022 年 1 月 28 日),收录于《上海法院案例精选(2002)》。

【案例索引】

案号:

一审:上海市浦东新区人民法院(2000)浦知初字第 16 号

审判组织:

一审:徐亚丽、陈惠珍、孙玉

编写人:孙玉

21

反不正当竞争法一般条款在游戏赛事转播司法保护中的适用

——上海某文化传媒有限公司诉广州某网络科技有限公司著作权侵权及不正当竞争纠纷案

裁判要旨

电子竞技游戏赛事的网络直播具有商品属性，赛事转播权承载着播出商因播出行为可以获得的商誉和经济利益，属于一种财产性的民事权益。根据我国《反不正当竞争法》一般条款的规定，对擅自转播赛事的行为可以从制止不正当竞争的立场予以规制。

基本案情

原告：上海某文化传媒有限公司（以下简称上海某传媒公司）

被告：广州某网络科技有限公司（以下简称广州某网络公司）

DOTA2 游戏系世界知名电子竞技游戏。2014 年 4 月，原告与该游戏在中国的运营商签订合同，约定由双方合作举办 DOTA2 亚洲邀请赛、原告在中国对该赛事享有独家的视频转播权。此后，原告投入大量资金举办了 DOTA2 亚洲邀请赛，并通过其经营的电子竞技游戏直播网站"火猫 TV"网站对该赛事进行了全程、实时的网络直播，播出内容为计算机软件截取的游戏自带的比赛画面以及原告制作的对游戏主播和直播间的摄像画面、解说、字幕、灯光、照明、音效等内容。被告广州某网络公司系电子竞技游戏直播网站"斗鱼 TV"的经营者，未经授权，在其网站对涉案赛事进行了实时的视频直播，播出画面来源于涉案游戏的旁观者观战功能，并在视频播放框上方突出使用了原告的"火猫 TV"品牌标识。

原告上海某传媒公司诉称，被告未经授权，在其经营的"斗鱼 TV"网站全程、实时直播了涉案赛事，并擅自使用原告的品牌标识，还散播其拥有涉案赛事的版权、有权进行直播等不实消息，侵害了原告对涉案音像视频作品享有的信息网络传播权，还构成违反诚实信用原则和公认的商业道德以及虚假宣传的不正当竞争，造成原告重大经济损失。原告诉请判令：被告停止侵权，赔偿经济损失 800 万元、合理开支 211，000 元，登报消除影响。

被告广州某网络公司辩称，被告直播的涉案赛事画面来源于该游戏的旁观者观战功能，并在直播时使用了自己的解说、音效等，即使原告享有其主张的权利，被告也没有实施著作权侵权行为或者不正当竞争行为。被告在直播时标注原告的品牌标识系对承办涉案赛事的原告的尊重，被告未宣传拥有涉案赛事版权等虚假消息，故不构成虚假宣传的不正当竞争。

【法院裁判】

上海市浦东新区人民法院经审理认为，本案系著作权侵权和不正当竞争纠纷案件，争议焦点主要是：被告是否侵害原告的信息网络传播权或者其他著作权，被告是否构成对原告的不正当竞争，侵权构成前提下被告应当承担的民事责任。关于著作权争议，被告直播涉案赛事的行为不落入信息网络传播权的控制范围，且原告行使著作权的主体资格存在明显缺陷，故原告指控被告侵害其著作权的主张不能成立。关于不正当竞争争议，原告经涉案游戏运营商授权，取得了涉案赛事在中国的独家视频转播权。电子竞技网络游戏进入市场领域后具有商品属性，涉案转播权承载着原告可以由此获得的商誉和经济利益，属于我国侵权责任法保护的一种财产性的民事利益，根据我国《反不正当竞争法》第 2 条的规定，可以给予制止不正当竞争的保护。原、被告具有同业竞争关系，被告明知涉案赛事由原告举办，原告享有涉案赛事的独家视频转播权，原告付出了较大的办赛成本。被告明知转播他人举办的游戏比赛须获得相关授权许可系视频网站行业的商业惯例，但在未取得任何授权许可的情况下，向其用户提供了涉案赛事的部分场次比赛的视频直播，其行为直接损害了原告独家行使的转播权能够为原告带来的市场竞争优势，侵害了原告的合法权益，亦损害了网络游戏直播网站行业的正常经营秩序，严重违反了诚实信用原则和公认的商业道德，具有主观恶意，构成对原告的不正当竞争。同时，被告在视频播放框上方突出使用原告的品牌标识，易使网络用户产生被告与涉案赛事、与原告具有合作关系、被告有权进行直播、被告播出的是正版的比赛内容、被告的直播内容与原告的直播内容相同等方面的错误认识，误导网络用户在被告网站观看比赛，损害了原告作为涉案赛事举办方、独家视频转播权人享有的合法权益，构成引人误解的虚假宣传的不正当竞争。关于民事责任，因被告已经停止侵权，故无须承担停止侵权的民事责任，但应当赔偿原告经济损失和维权的合理费用，并消除影响。

上海市浦东新区人民法院作出(2015)浦民三(知)初字第 191 号民事判决：被告赔偿原告经济损失 100 万元和合理开支 10 万元，并在实施侵权行为的网站发布消除影响的声明。

一审判决后，被告提起上诉。上海知识产权法院作出(2015)沪知民终字第 641 号民事判决：驳回上诉，维持原判。

【案例评析】

一、问题的提出：赛事转播权的知识产权保护

近年来，电竞游戏风靡全国，作为一种娱乐方式为大众熟悉，随之而来的商业利益更是引人注目。有利益的地方必有纠纷。电竞游戏的法律定位及侵权认定存在诸多难题。游戏赛事具有巨大的经济利益。赛事转播权是赛事主办方、播出方享有的民事权益，但在现行法律体系中对转播权的定性不明。一种观点认为，赛事转播权并非一项法定权利，只能通过合同法进行保护，无法通过侵权法保护；另一种观点认为，赛事权利人已经针对赛事转播权进行竞卖、打包销售、独家转让等商业营销，其中蕴含巨大的商业利益，是一种财产权益，因此，在尚未成为法定权利类型之前，有必要根据《侵权责任法》（已失效）第 2 条之规定，从“财产权益”的角度予以保护。① 目前较为一致的观点是，通过合同法保护并不充分。而比较对赛事直播权的侵权法保护路径，通常有著作权法和反不正当竞争法两种选择。在著作权法方面，目前较为统一的观点为：由于赛事本身不构成作品，对赛事转播权本身不宜采用著作权法进行保护，但赛事转播的录音录像制品应受著作权法保护。② 在反不正当竞争法方面，如本案中，游戏权利人以《反不正当竞争法》第 2 条一般条款作为依据进行维权。实际上，在互联网不正当竞争案件中，该条款的适用已经超越传统具体条款的适用范围，成为审判实践中适用越来越广泛的条款。因此，明确以该条款认定不正当竞争行为的标准和路径尤为重要。

二、反不正当竞争法一般条款的适用标准

《反不正当竞争法》作为知识产权法中的兜底法，实际保护的是除著作权、专利权、注册商标专用权之外的法益。《反不正当竞争法》第 2 条规定：“经营者在市场交易中，应当遵循自愿、平等、公平、诚实信用的原则，遵守公认的商业道德……”就规范性质而言，该条属于法律原则。只有“穷尽规则，方能适用法律原则”。

在适用该条款之前，需要对反不正当竞争法的立法宗旨有较为透彻的理解，反不正当竞争法的精髓是维护商业伦理和商业道德，这与维护竞争自由的反垄断法有区别。该宗旨在《反不正当竞争法》第 1 条得到明确规定，即保障社会主义市场经济健康发展，鼓励和保护公平竞争，制止不正当竞争行为，保护经营者和消费者的合法权益。对具体的不正当竞争行为，《反不正当竞争法》第二章列举了 11 种。《反不正当竞争法》第 2 条作为一般条款，可以对这 11 种类型之外的不正当竞争行为进行判断。但是，一般条款应该在类型化条款没有作出规定的前提下适用。③

对该条款的适用，最高人民法院《关于充分发挥知识产权审判职能作用推动社会主义

① 参见董文涛：《“体奥动力案”：未经许可网络转播体育赛事侵权案件法律问题研究》，载《电子知识产权》2014 年第 1 期。

② 参见于凯旋：《体育赛事转播的法律保护》，载《电子知识产权》2015 年第 9 期。

③ 参见蒋舸：《反不正当竞争法一般条款的形式功能与实质功能》，载《法商研究》2014 年第 6 期。

文化大发展大繁荣和促进经济自主协调发展若干问题的意见》指出,“既要充分利用原则规定的灵活性和适应性,有效制止各种花样翻新、层出不穷的不正当竞争行为,又要防止原则规定适用的随意性,避免妨碍市场自由公平竞争”。但是具体的适用标准仍不明晰。最高人民法院在“海带配额”不正当竞争案判决书①及《知识产权案件年度报告(摘要)(2010)》为该原则性规定的适用提出了较有可操作性的指导原则和条件。

在“海带配额”不正当竞争案中,最高人民法院认为,在正常情况下能够合理预期获得的商业机会,可以成为法律特别是《反不正当竞争法》所保护的法益;但基于商业机会的开放性和不确定性,只有当竞争对手不遵循诚实信用原则和违反公认的商业道德,通过不正当手段攫取他人可以预期获得的商业机会时,才为《反不正当竞争法》所禁止。关于何为商业道德,该案有一段较为经典的说理:“商业道德要按照特定商业领域中市场交易参与者即经济人的伦理标准来加以评判,它既不同于个人品德,也不能等同于一般的社会公德,所体现的是一种商业伦理。经济人的追名逐利符合商业道德的基本要求,但不一定合于个人品德的高尚标准……”

最高人民法院认为,适用《反不正当竞争法》第2条的一般规定认定构成不正当竞争应当同时具备以下条件:(1)法律对该种竞争行为未作出特别规定;(2)其他经营者的合法权益因该竞争行为受到了实际损害;(3)该种竞争行为确实违反诚实信用原则和公认的商业道德,具有不正当性。对竞争行为,尤其是不属于《反不正当竞争法》第二章列举的行为,应当以该行为是否违反了诚实信用原则和公认的商业道德作为基本判断标准;在反不正当竞争法中,诚实信用原则主要体现为公认的商业道德;商业道德所体现的是一种商业伦理,是交易参与者共同和普遍认可的行为标准,应按照特定商业领域中市场交易参与者即经济人的伦理标准来加以评判。

本案涉及的赛事转播权虽然并没有被明文规定为一种权利,如同“海带配额”案中的商业机会,符合“法律对该种竞争行为未作出特别规定”。但是赛事转播需要付出一定的财力成本,并能获得一定的商誉及经济利益,因此具有商品属性,属于应予保护的民事利益。如果未获相关授权的主体擅自转播比赛,将会损害其他经营者的合法权益,侵害转播权人独家行使转播权的市场竞争优势,侵害该优势为其带来的商誉、经济利益,也损害了网络游戏直播网站行业的正常经营秩序,违反了诚实信用原则和商业道德,因此未经授权转播的行为应当适用反不正当竞争法一般条款予以规制。

三、反不正当竞争法一般条款在本案中的适用逻辑

在适用《反不正当竞争法》一般条款的司法实践中,部分判决围绕竞争行为违反公认的商业道德展开,如在“海带配额”不正当竞争案中,法院先明确了特定领域的商业道德,再判断该行为是否违反了公认的商业道德。在本案中,法院采用了另一种思路,即直接适

① 参见最高人民法院民事判决书,(2009)民申字第1065号。

用了《反不正当竞争法》第 2 条的规定，集中论证竞争行为是否破坏他人经营并因此获益。审理思路如下：

第一步，论证被侵权企业拥有法律保护的合法权益。在本案中，原告经授权取得了涉案赛事的独家视频转播权。我国法律法规虽然没有明文规定转播权为一种民事权利，但体育比赛的组织方、主办方，包括类似于体育比赛的电子竞技网络游戏比赛的开发商、运营商等，对他人转播比赛行为进行相关授权许可，系国际国内较长时期以来的通常做法、商业惯例。电子竞技网络游戏进入市场领域后具有商品属性，开发商、比赛转播商等主体通过投放广告、扩大流量等获得经济利益，赛事游戏转播行为中承载的商誉及经济利益属于法律保护的合法权益。

第二步，论证竞争行为是否属于破坏他人经营的行为并因此获益。重点在于分析竞争行为是通过何种方式破坏了他人的经营行为，以及造成了何种损害后果。原、被告均系专业的网络游戏视频直播网站经营者，双方具有同业竞争关系，被告明知涉案赛事由原告举办，原告付出较大的办赛成本，且明知转播他人举办的游戏比赛须获得相关授权许可系视频网站行业的商业惯例，被告直播涉案赛事的行为直接损害了原告独家行使转播权能够为原告带来的市场竞争优势，侵害了该市场竞争优势能够为原告带来的商誉、经济利益等合法权益，亦损害了网络游戏直播网站行业的正常经营秩序，严重违反了诚实信用原则和公认的商业道德，具有主观恶意，法院最终认定被告的行为构成对原告的不正当竞争。

【典型意义】

本案直接适用我国《反不正当竞争法》一般条款的规定，从竞争行为是否破坏他人经营并因此获益的角度论证是否构成不正当竞争。在信息网络时代的发展背景下，本案针对电子竞技游戏赛事的网络直播行为依法予以法律规制，有效推动电子竞技游戏行业公平健康有序发展。本案获评 2016 年度中国法院 50 件典型知识财产权案例、2016 年上海知识产权十大典型案例、2016 年度人民法院十大民事行政案件。

【案例索引】

案号：

一审：上海市浦东新区人民法院（2015）浦民三（知）初字第 191 号

二审：上海知识产权法院（2015）沪知民终字第 641 号

审判组织：

一审：许根华、邵勋、郭杰

二审：陆凤玉、徐燕华、杨馥宇

编写人：许根华、袁田

22

未经许可大量使用其他网站的信息可构成不正当竞争

——上海某信息咨询有限公司诉北京某科技有限公司等不正当竞争纠纷案

裁判要旨

在互联网领域，即使双方的经营模式存在不同，只要是在争夺相同的网络用户群体，即可认定存在竞争关系。未经许可大量完整使用点评信息达到实质替代程度的行为明显造成对同业竞争者的损害。对信息使用市场竞争行为是否具有不正当性的判断，应当综合考虑涉案信息是否具有商业价值，能否给经营者带来竞争优势，请求救济方获取信息的正当性、难易程度和成本付出，竞争对手使用信息的范围和方式等因素加以评判。信息抓取行为是否符合网站爬虫协议（robots 协议），只涉及抓取网站信息行为是否符合公认的行业准则的评价判断，不能解决抓取网站信息后的使用行为是否合法的问题。市场主体抓取网站信息即使不违反网站爬虫协议（robots 协议），仍应当本着诚实信用的原则和公认的商业道德，合理控制来源于其他网站信息的使用范围和方式。

基本案情

原告：上海某信息咨询有限公司（以下简称上海某信息公司）

被告：北京某科技有限公司（以下简称北京某科技公司）

被告：上海某软件技术有限公司（以下简称上海某软件公司）

上海某信息公司是某点评网的经营者。北京某科技公司除了向公众提供电脑端的某地图软件，还推出适用于移动设备的某地图软件。该地图可为网络用户提供商户信息查询、团购等服务，用户可以对商户进行评论。上海某信息公司举证的公证书主要涉及某地图软件中餐饮类的数百家商户。公证书显示，此类商户大部分点评信息来源于某点评网等网站，直接由该地图软件用户撰写的点评数量不多。某地图软件对来源于其他网站的信息，标注了信息的来源，如对来源于某点评网的点评信息，标注“来自某点评”等标识。此外,某地图软件中其他类型的商户也有大量来自某点评网的点评信息。

早期版本的某地图软件少量、部分使用某点评网的用户点评,已显示的点评不会被完整显示,点击“查看全文”,页面会跳转至某点评网的相关页面。后期版本的某地图软件越来越多地使用某点评网的用户点评,如上海某信息公司在2014年11月26日对某地图软件Android 7.6版进行公证时,商户一有31条点评信息,商户二有90条点评信息,上述点评信息中,大部分点评信息来源于某点评网,且每条点评信息均予以全文显示。

某知识问答平台是北京某科技公司推出的另一个产品。该知识问答平台中包括提问和回答,通常由一个用户提出问题,由其他一个或数个用户提供答案。当网络用户在该知识问答平台搜索餐饮商户名称时,北京某科技公司会直接向网络用户提供来自某点评网的点评信息。

上海某软件公司运营的某街景地图网站向网络用户提供实景地图,该地图未向用户提供来自某点评网的信息。该网站通过API(应用程序编程接口)调用了涉案地图软件或其他地图软件。在该街景地图网页,街景地图和地图软件在同一个页面展示。街景地图中没有被控侵权的信息,涉案信息存在于地图软件中。

2013年4月16日9时41分,某网络用户在其微博发布评论:“某地图软件的美食部分在大量直接引用某点评网评论和介绍,但仅允许用北京某科技公司用户账号登录进行评论,怎么回事? @某点评网@某地图软件。”该微博仅有一条回复,即“某地图软件”官方微博于当日17时24分的回复:“亲我们现在是合作关系呀。”

上海某信息公司确认,北京某科技公司搜索行为未违反某点评网robots协议。

原告上海某信息公司诉称,自2012年起,被告北京某科技公司未经许可,在某地图软件、某知识问答平台中大量使用某点评网点评信息,直接替代了某点评网向用户提供内容,给上海某信息公司造成了巨额损失,其行为违背公认商业道德和诚实信用原则,构成不正当竞争。“某点评”等标识属于知名服务特有名称,北京某科技公司网站使用了上述标识,使相关公众对服务来源产生误认,属于擅自使用知名服务特有名称的不正当竞争行为。2013年4月16日,某地图软件官方微博在某个人用户的微博中回复“亲我们现在是合作关系呀”,构成虚假宣传。被告上海某软件公司与北京某科技公司有深度合作关系,其将含有侵权内容的地图软件内嵌于自己网站中,扩大了北京某科技公司的侵权范围,与北京某科技公司构成共同侵权。原告诉请判令:两被告立即停止不正当竞争行为;两被告共同赔偿上海某信息公司经济损失9000万元及合理费用453,470元;两被告在《中国知识产权报》及各自网站刊登公告,消除影响。

被告北京某科技公司辩称,某点评网为用户提供以餐饮为主的消费点评、消费优惠等业务,北京某科技公司提供搜索服务,两者没有直接竞争关系。某点评网中的用户点评绝大部分不属于作品,上海某信息公司关于其对用户点评享有权益的主张无法律依据。某点评网的robots协议未禁止北京某科技公司搜索引擎访问其网站点评信息,北京某科技公司仅有限地展现来自某点评网的用户点评，且设置了指向某点评网的链接，不会给上海某信息公司造成损失。北京某科技公司使用“某点评”等标识，是为了标注信息的来源，不构成不正当竞争。北京某科技公司微博中的回复不是宣传行为。

被告上海某软件公司辩称，上海某软件公司街景地图没有使用某点评网信息，涉嫌侵权的信息在地图软件上，上海某软件公司网站通过 API 调用地图软件，上海某软件公司与北京某科技公司不存在共同故意或过失。无论北京某科技公司是否构成不正当竞争，上海某软件公司均不构成不正当竞争。

【法院裁判】

上海市浦东新区人民法院经审理认为，北京某科技公司在某地图软件、某知识问答平台中大量使用了这些点评信息，其行为具有明显的“搭便车”“不劳而获”的特点，违反了公认的商业道德和诚实信用原则，构成不正当竞争。

某地图软件、某知识问答平台对来源于某点评网的信息，标注了“来自某点评”等标识，北京某科技公司该行为系为了指示信息的来源，属于对他人标识的合理使用，并无不当，不构成不正当竞争。

北京某科技公司在某个人用户微博中回复“我们现在是合作关系”，不构成虚假宣传。该行为有较强的针对性，系针对某个人用户微博的回复。除了少数关注了该个人用户的网络用户，其他网络用户一般不会看到这条微博，影响极其有限，不会给原告造成损害。

上海某软件公司通过应用程序编程接口（API）调用地图软件，并非单纯指向地图软件中的点评信息，其主观上没有与北京某科技公司共同实施侵权行为的故意，其行为符合行业通行做法，不违背公认的商业道德和诚实信用原则，并无不当，不构成不正当竞争。

上海市浦东新区人民法院作出（2015）浦民三（知）初字第 528 号民事判决：（1）被告北京某科技公司停止以不正当的方式使用原告上海某信息公司运营的某点评网的点评信息；（2）被告北京某科技公司赔偿原告上海某信息公司经济损失 300 万元及为制止不正当竞争行为所支付的合理费用 23 万元；（3）驳回原告上海某信息公司的其他诉讼请求。

一审判决后，北京某科技公司提起上诉。上海知识产权法院作出（2016）沪 73 民终 242 号民事判决：驳回上诉，维持原判。

【案例评析】

某点评网的点评信息均由网络用户提供，属于用户生成的内容（user generated content，UGC）。本案主要的争议焦点是北京某科技公司大量使用某点评网的点评信息是否构成不正当竞争，对此，可以从以下几个方面进行分析：

一、北京某科技公司和上海某信息公司是否存在竞争关系

反不正当竞争法所调整的竞争关系不限于同业者之间的竞争关系，还包括为自己或者他人争取交易机会所产生的竞争关系以及因破坏他人竞争优势所产生的竞争关系。竞争本质上是对客户即交易对象的争夺。在互联网行业，将网络用户吸引到自己的网站是经营者开展经营活动的基础。即使双方的经营模式存在不同，只要双方在争夺相同的网络用户群体，即可认定存在竞争关系。本案中，北京某科技公司的某地图软件亦为网络用户提供商户信息及点评信息，并提供部分商户的团购等服务。某点评网和地图软件都为用户提供LBS服务（基于位置的服务）和O2O服务，两者在为用户提供商户信息和点评信息的服务模式上近乎一致，存在直接的竞争关系。此外，北京某科技公司还通过搜索技术从某点评网等网站获取信息，并将搜索引擎抓取的信息直接提供给网络用户，其和某点评网一样都向网络用户提供商户信息和点评信息。因此，可以认定北京某科技公司与上海某信息公司存在竞争关系。

二、上海某信息公司是否因北京某科技公司的竞争行为受到损害

北京某科技公司使用了部分某点评网的点评信息，按照常识，网络用户通常不会完整查看某商户的几百条甚至几千条点评信息后才作出选择，通过几十条甚至十几条评论就足以作出选择。虽然某地图软件中设置了指向某点评网的链接，但由于该地图软件中的每一条点评信息都是完整的，用户并不需要再去某点评网查看该信息。故该地图软件替代某点评网向网络用户提供信息，会导致某点评网的流量减少。该地图软件在大量使用某点评网点评信息的同时，又推介自己的团购等业务，攫取了某点评网的部分交易机会。此外，北京某科技公司通过其知识问答平台代替某点评网向公众提供信息，也会截取某点评网的流量，给上海某信息公司造成损害。

三、北京某科技公司的行为是否具有不正当性

对涉及信息使用的市场竞争行为是否具有不正当性的判断，应当综合考虑以下因素：涉案信息是否具有商业价值，能否给经营者带来竞争优势，信息获取的难易程度和成本付出，对信息的获取及利用是否违法、违背商业道德或损害社会公众利益，竞争对手使用信息的方式和范围。针对本案北京某科技公司使用某点评网点评信息的行为是否具有不正当性，具体分析如下：第一，某点评网的点评信息是上海某信息公司的核心竞争资源之一，能给上海某信息公司带来竞争优势，具有商业价值。以某点评网为代表的点评类网站的出现，有效拓展了消费者获取商户信息的途径，解决了商户和消费者之间信息不对称的问题。第二，上海某信息公司为运营某点评网付出了巨额成本。此类网站，在开办的早期通常只有投入而没有收益，甚至需要额外支付费用吸引用户发布点评。只有点评数量达到一定规模，网站才有可能进入良性循环。也只有网站的浏览量达到一定的数量，网站才有可能通过广告、团购等途径获取收益。第三，某点评网的点评信息由网络用户发布，网络用户自愿在某点评网发布点评信息，上海某信息公司获取、持有、使用上述信息未违反法律禁止性规定，也不违背公认的商业道德。第四，北京某科技公司并未对某点评网中的点评信息作出贡献，却在自己的软件中大量使用了这些点评信息，其行为具有明显的“搭便车”“不劳而获”的特点。综上，北京某科技公司大量、全文使用涉案点评信息的行为违反了公认的商业道德和诚实信用原则，给上海某信息公司造成了实质损害，具有不正当性，构成不正当竞争。

早期某版本的该地图软件只提供三条来自某点评网的点评信息，每条点评信息均未全文显示，且每条点评信息均设置了指向信息源网站的链接，我们认为此类使用方式，不足以替代某点评网向公众提供点评信息，不会对上海某信息公司造成实质损害，该类行为不违背公认的商业道德和诚实信用原则，不构成不正当竞争。

四、robots 协议的法律效力

robots 协议（机器人协议）是指互联网站所有者使用 robots. txt 文件，向网络机器人（webrobots）给出网站指令的协议。网站通过 robots 协议告诉网络机器人哪些内容可以抓取，哪些内容不能抓取。有观点认为，上海某信息公司可以通过修改某点评网的 robots 协议达到禁止北京某科技公司获取某点评网信息的目的，上海某信息公司有自力救济的途径，司法不应介入。北京某科技公司抓取某点评网信息未违反网站的 robots 协议，北京某科技公司不构成不正当竞争。北京某科技公司亦将此观点作为其抗辩意见。我们认为，这种观点有些偏颇。

首先，搜索引擎服务商抓取其他网站的信息和使用这些信息是两个不同性质的行为。在著作权侵权纠纷案件中，不会因为网站 robots 协议允许搜索引擎抓取网站上的作品，就据此认定搜索引擎服务商使用这些作品不构成侵权。我们认为，对不属于著作权保护对象的其他信息，也应该对搜索引擎服务商获取信息的行为和使用信息的行为分别进行判断，不能因搜索引擎服务商获取其他网站信息的行为合法，就直接推定其使用这些信息的行为不构成不正当竞争。

其次，robots 协议并非网站保护自身合法权益的有效工具。对被告公司这种具有市场支配地位的搜索引擎，大部分网站通常不可能对其进行屏蔽。某点评网的 robots 协议若禁止被告抓取网站信息，将会导致网站流量减少。要求原告以自身遭受重大损失为代价进行自力救济，对原告并不公平。

最后，要求网站通过 robots 协议实行自力救济不一定符合公共利益。一方面，搜索引擎服务商要遵守网站的 robots 协议；另一方面，网站也不能任意限制搜索引擎抓取网站信息。中国互联网协会于 2012 年 11 月 1 日发布的《互联网搜索引擎服务自律公约》第 7 条规定，遵循国际通行的行业惯例与商业规则，遵守机器人协议（robots 协议）。第 8 条规定，互联网站所有者设置机器人协议应遵循公平、开放和促进信息自由流动的原则，限制搜索引擎抓取应有行业公认合理的正当理由，不利用机器人协议进行不正当竞争行为，积极营造鼓励创新、公平公正的良性竞争环境。

北京某科技公司的搜索引擎抓取涉案信息虽不违反某点评网的 robots 协议，但这并不意味着北京某科技公司可以任意使用上述信息，北京某科技公司应当本着诚实信用的原则和公认的商业道德，合理控制来源于其他网站信息的使用范围和方式。北京某科技公司拥有强大的技术能力及领先的市场地位，若不对北京某科技公司使用其他网站信息的方式依法进行合理规制，其完全可以凭借技术优势和市场地位，以极低的成本攫取其他网站的成果，达到排挤竞争对手的目的。

【典型意义】

互联网行业的竞争十分激烈，充分的竞争促使互联网企业不断进行技术创新和商业模式的创新。面对不断涌现的新型不正当竞争纠纷，司法既要有一定的谦抑性，避免简单地以社会公德取代商业道德，给企业创新提供试错空间；司法也不能无所作为，消极地以法无明文规定为由，拒绝保护企业合法权益。本案获评2014～2016年中国互联网法治十大影响性案例、《中国审判》2016年十大典型案例、中国案例法学研究会2016年十大知识产权案例、2017年度上海法院十大典型案例、2017年上海法院知识产权司法保护十大案件、2017年度中国十大最具研究价值知识产权裁判案例、中律评杯2017年度十大反不正当竞争案例，并刊载于《中国审判》。

【案例索引】

案号：

一审：上海市浦东新区人民法院（2015）浦民三（知）初字第528号

二审：上海知识产权法院（2016）沪73民终242号

审判组织：

一审：徐俊、邵勋、许根华

二审：何渊、陈瑶瑶、范静波

编写人：徐俊、邵勋

23

同人作品人物形象保护范围的界定

——上海某娱乐信息科技有限公司诉北京某文化传媒有限公司等著作权侵权及不正当竞争纠纷案

裁判要旨

同人作品中,原作的人物形象等要素只是情节展开的媒介和作者叙述故事的工具,难以作为表达受到著作权法的保护。如果被控侵权图书仅使用了与原作相同的人物名称、关系等要素,但这些要素和自己的情节组合之后形成了一个全新的故事内容,这个故事内容与原作在情节上并不相同或相似,不构成对原作著作权的侵犯。图书中的人物形象等要素系由原作作者创作,在没有明确约定排除相关权益的情况下,原作作者有权使用其在原作小说中的这些要素创作出新的作品。

基本案情

原告:上海某娱乐信息科技有限公司(以下简称上海某娱乐公司)

被告:北京某文化传媒有限公司(以下简称北京某文化公司)

被告:北京某出版科技有限公司(以下简称北京某出版公司)

被告:某出版社

被告:上海某传媒连锁有限公司(以下简称上海某传媒公司)

被告:张某某(笔名天下霸唱)

第三人:某影视传媒有限公司

《鬼吹灯》系列作品(二部八卷)(以下简称权利作品)的作者为张某某。2007 年 1 月,张某某将涉案作品著作权中的财产权全部转让给原告,并许可原告进行再创作和开发外围产品。《鬼吹灯Ⅰ》中的《精绝古城》及《鬼吹灯Ⅱ》分别被改编成电影《九层妖塔》和《鬼吹灯之寻龙诀》(以下简称《寻龙诀》)。

2014 年 4 月,张某某将其创作完成的《摸金校尉之九幽将军》(以下简称《摸金校尉》)一书交由被告北京某出版公司出版,北京某出版公司随后授权被告某出版社出版该书。

2015 年 12 月,《摸金校尉》出版发行。经电影《寻龙诀》出品方第三人某影视传媒有限公司许可,图书封面上使用了该电影的海报,并粘贴有“电影《鬼吹灯之寻龙诀》12 月 18 日全国公映”的信息。封面尾部标有电影台词。封底标注了电影监制、导演、主要演员对书和作者的评论。被告北京某文化公司在新浪、豆瓣、微信公众号上宣传推广《摸金校尉》图书时,还实施了一系列将该图书与电影《寻龙诀》建立关联的行为。

将权利作品和《摸金校尉》进行比对,两者均系盗墓题材的作品,主要人物名称、人物形象及人物关系、人物经历基本相同。盗墓时遵循的规矩也相同。但两书的故事情节、故事内容完全不同。

原告上海某娱乐公司诉称,被告实施了以下行为:(1)创作、出版、发行的涉案图书大量使用了原告作品人物名称、人物形象、人物关系、盗墓方法、盗墓需要遵循的禁忌规矩等独创性表达要素,侵犯了原告享有的演绎权,即原告对权利小说享有的改编权及其他权利;(2)在宣传推广涉案图书过程中使用“鬼吹灯”“胡八一”“shirley 杨”“王胖子”字样及与电影《寻龙诀》有关的宣传推广行为,分别构成擅自使用原告知名商品特有名称及虚假宣传的不正当竞争行为;(3)若法院对上述主张均不予认定,则要求对前述行为认定构成违反《反不正当竞争法》第 2 条的不正当竞争行为。原告诉请判令:(1)被告北京某文化公司、北京某出版公司、某出版社、张某某立即停止出版发行中文简体纸质图书《摸金校尉》过程中侵犯著作权及不正当竞争的行为;(2)被告北京某文化公司、北京某出版公司、某出版社、张某某共同在《新民晚报》刊登声明、消除影响;(3)被告北京某文化公司、北京某出版公司、某出版社、张某某共同赔偿原告经济损失及合理支出共计 2000 万元;(4)被告上海某传媒公司停止销售图书《摸金校尉》。

五被告辩称:其一,《摸金校尉》一书中的故事情节、故事内容与《鬼吹灯》系列小说完全不同,时间线也没有延续《鬼吹灯》系列小说,是一部全新创作的新作品。其二,被告并无虚假宣传的内容。其三,原告主张的人物形象、盗墓的规矩和禁忌等并非故事情节,属于思想范畴,不应当受到著作权法的保护。其四,原告从张某某处只获得了续写作品的一般许可,张某某仍然保留自己续写和许可他人续写作品的权利。其五,原告与张某某应共同享有涉案系列小说的知名度以及由此产生的知名商品特有名称的权益。其六,张某某使用自己创作的人物形象、设定、方法再创作,是行业中作者继续创作的正常方式,并不违反商业伦理道德。

【法院裁判】

上海市浦东新区人民法院经审理认为:(1)被控侵权图书使用相同人物等要素的行为性质认定。权利作品中的人物形象等要素只是作品情节展开的媒介和作者叙述故事的工具,难以作为表达受到著作权法的保护。被控侵权图书虽然使用了这些要素,但上述要素和自己的情节组合之后形成了一个全新的故事内容,这个故事内容与原告作品在情节上并不相同或相似,也无任何延续关系,不构成对原告著作权的侵犯。(2)宣传推广被控侵权图书的行为性质认定。电影《寻龙诀》系根据原告《鬼吹灯Ⅱ》改编,故《鬼吹灯Ⅱ》系该电影的原著小说。但被控侵权图书封面封底的使用方式及被告一系列的对外宣传推广行为,易使相关公众将被控侵权图书误认为是电影《寻龙诀》的原著或与原著内容有关联。该行为可能会造成取代原告原著小说地位的后果,会对原告利益造成重大的损害。被告宣传推广的整体行为及被控侵权图书封面封底的使用方式构成引人误解的虚假宣传行为。(3)五被告的民事责任认定。被告北京某文化公司、北京某出版公司需要就共同组织出版及推广图书过程中实施的行为共同承担责任。被告某出版社未参与图书的宣传推广行为,仅需要就图书封面封底的虚假宣传行为与被告北京某文化公司、北京某出版公司共同承担责任。而被告张某某并未参与图书的出版发行及被控侵权图书的推广,故无须就本案虚假宣传行为承担法律责任。

上海市浦东新区人民法院作出(2015)浦民三(知)初字第838号民事判决:(1)被告北京某文化公司、北京某出版公司、某出版社立即停止虚假宣传行为;(2)被告上海某传媒公司立即停止销售带有涉案封面封底的图书;(3)被告北京某出版公司、北京某某公司、某出版社在《新民晚报》上刊登声明、消除影响;(4)被告北京某文化公司、北京某出版公司赔偿原告经济损失90万元;(5)被告某出版社对上述赔偿金额中的60万元承担连带赔偿责任;(6)被告北京某文化公司、北京某出版公司、某出版社赔偿原告合理费用12.6万元;(7)驳回原告的其他诉讼请求。

一审判决后,原告和被告北京某文化公司、北京某出版公司、某出版社提起上诉。后均申请撤回上诉。上海知识产权法院作出(2017)沪73民终273号民事裁定:准许上诉人撤回上诉。

【案例评析】

通常而言,同人作品系指同好者在原作或原型的基础上进行的再创作活动之产物,①其核心即为对已有作品的二次创作。② 只要借用了其他作品的人物形象或其他设定,一般都认定为同人。本案被控侵权图书虽与通常意义的同人作品略有区别,即被控侵权图书的作者并非原作爱好者而系原作作者本人,但因作者已将原作著作权转让给他人,因此,其在创作新作时对原作元素的利用与同人小说并无多大差异,由此产生的法律问题与通常意义的同人小说是完全相同的。

一、人物名称、形象能否成为原作的表达

本案原告首先主张通过改编权对其人物名称、形象等要素进行保护。我国《著作权法》规定,改编权是改编作品,创作出具有独创性的新作品的权利。因此,改编后的作品首先需要具备独创性,形成一个新的作品。其次,新作品的内容是在原作品基础上创作出来的。

---

① 参见王铮:《同人的世界:对一种网络小众文化的研究》,新华出版社2008年版,第3页。

② 参见龚琳:《同人二次创作作品的著作权性质分析》,载《白城师范学院学报》2012年第4期。

根据著作权“思想与表达二分法”原则，受著作权法保护的作品必须是能够被他人客观感知的外在表达，即作品中抽象的思想本身是不受著作权法保护的，只有对思想的具体表达才受《著作权法》保护。因此，仅根据原作品的思想创作出新作品并非受改编权控制的行为，只有在保留原作品基本表达的情况下通过改变原作品创作出新作品，才是著作权法意义上的改编行为。[①] 本案著作权部分的处理关键在于甄别新作在创作过程中是否利用了原作的表达内容，即原作中的人物名称、形象等要素是否构成原作的表达，从而获得著作权法的保护。

美国法院判断人物形象是否能获得著作权保护的主要方法为“充分明确法”和“故事被叙述法”。“充分明确法”来源于尼古拉案，[②]在随后的审判中将其发展成两步骤的逻辑判断模型：[③]第一步是判断该人物形象是否被充分描述，不再仅仅是一种思想。[④] 第二步是判断被诉侵权人是否抄袭了这种描述的过程而并非仅仅是一个大体而抽象的框架。[⑤]

美国联邦第九巡回上诉法院不满足于“充分明确法”的开放性，[⑥]在“马耳他之鹰”案[⑦]中提出了用“故事被叙述法”来分析作品人物形象的可版权性。该案中，美国联邦第九巡回上诉法院的观点是，只有当人物形象本身真正构成被叙述的故事时，其可以作为著作权保护的客体，但当人物形象只是作为故事叙述的棋子而存在时，其并不能被著作权法保护。

审判实践中，受保护的表达与不受保护的思想观念很难区分，往往需要根据作品的种类、性质和特点等作出个案认定。文字作品中的人物形象等要素往往只是作品情节展开的媒介和作者叙述故事的工具，从而难以构成表达本身。只有当人物形象等要素在作品情节展开过程中获得充分而独特的描述，并由此成为作品故事内容本身时，才有可能获得著作权法保护。离开作品情节的人物名称与关系等要素，因其过于简单，往往难以作为表达受到著作权法的保护。因此，本案中，涉案《摸金校尉》是否侵犯了原作的著作权，尚需审查《摸金校尉》使用人物名称、关系等要素后所呈现出的故事情节是否与原作的故事情节有相同或相似之处。经比对，《摸金校尉》有自己独立的情节和表达内容，《摸金校尉》将这些要素和自己的情节组合之后形成了一个全新的故事内容，这个故事内容与原告作品在情节上并不相同或相似，也无任何延续关系。《摸金校尉》中所使用的原作的盗墓方法、盗墓需要遵循的禁忌规矩也只是盗墓行业内口诀类的内容，并无具体的情节，无法成为《鬼吹灯》

---

① 参见王迁：《知识产权法教程》（第5版），中国人民大学出版社2016年版，第155页。

② See Nicolas *v.* Universal Pictures Corporation et al.，45 F.2d 119（2nd Cir.1930），参见华劼：《借用文学作品人物角色创作的版权问题研究——美国判例研究的启示》，载《江苏社会科学》2017年第4期。

③ See Gregory S. Schienke, *The Spawn of Learned Hand-AReexamination of Copyright Protection and Fictional Characters: How Distinctly Delineated Must the Story be Told?*, 9 MARQ. INTELL. PROP. L. REV. 63, 68–69(2005).

④ See Jasmina Zecevic, *Distinctly Delineated Fictional Characters that Constitute the Story being Told: Who are They and do They Deserve Independent Copyright Protection?*, 8 VAND. J. ENT. & TECH. L. 371(2006).

⑤ See Melvilleb, Nimmer & Davidnimmer, Nimmeroncopyright 2.12(Matthew Bender & Co. ed. 2004).

⑥ See Mark Bartholomew, *Protecting the Performers: Settinga New Standard for Character Copyright A bility*, 41 SANTACLARAL. REV. 341, 347(2001).

⑦ See Warner Bros. Pictures, Inc. *v.* Columbia Broad. Sys. Inc., 216 F.2d 945, 946(9th Cir. 1954).

中独立的表达内容。因此,原告所主张的人物名称、人物形象等要素仍然属于思想范畴本身,而不能作为著作权法所保护的客体。《摸金校尉》并非《鬼吹灯》的改编作品。

二、不正当竞争的可能性探讨

当同人作品用于非商业目的时,原作者一般均持宽容的态度,如《哈利·波特》的作者在官方网站上声明:只要读者们不把小说中的人物形象用于违背伦理、道德以及色情等用途,就可以在不经本人授权的情况下,以非商业性的目的进行同人作品的创作。但当同人作品被运用于商业目的时,基于重大的经济利益,纠纷往往就会产生。

在同人作品纠纷案件中,原作权利人通常认为,同人作品未经其许可擅自将其作品用于商业活动时,这种行为会侵占原作的市场份额并损害原作的经济利益,因此,即便不能通过著作权法保护,也应当通过《反不正当竞争法》予以保护。对此,实务中存在两种观点。第一种观点认为,被借用的原作品都是已发表的作品,基于其已定性的题材、内容以及表现方式,吸引的目标群体基本固定,占据的市场份额也相对稳定。由于同人作品对原作品的依赖性,大众在看过同人作品后很有可能对与其相关的作品进行研究,进一步起到推广原作品的作用。①此时,同人作品的创作会给原作品注入新鲜的血液,它的传播与关注度,必然会增加原作品的市场曝光度。因此,同人作品的出现并不会损害原作的利益,在著作权法不保护的情况下,不应再通过反不正当竞争法予以保护,否则就会产生变相规避著作权法的现象。第二种观点认为,原作为营造其知名度花费了大量的时间和精力,新作通过不当攀附原作已经形成的知名度,可以轻而易举地吸引原作的粉丝,进而迅速占领市场,打造属于自己的知名度,这对原作实际上是不公平的。倘若按照著作权法原理不能对原作予以保护,至少从不正当竞争角度,新作作者的行为实际上是一种不劳而获的行为,即未经原作作者许可,不当攀附了原作的知名度,符合不正当竞争法需要规范的行为要件,应当通过反不正当竞争法予以规制。

实践中,对同人作品的商业使用问题,应当区分情形。倘若同人作品的内容系恶搞原作或用于描写色情内容,这些不良行为在一定程度上会影响公众对原作的阅读兴趣,并会损害到原作权利人的声誉。因此,对同人作品恶搞原作,使原作角色人物形象等受到歪曲、篡改,如将原作正直善良的人物改编成人人唾弃的反面角色等,导致公众对原作的评价降低,从而歪曲、篡改了原作作者的创作本意。在这种情况下,完全可以按照著作权法中规定的作者所享有的保护作品完整权来保护原作的权益。倘若原作著作权被转让,对受让的著作财产权人而言,其虽然无法就该种行为通过主张著作权的人身性权利来维权,但仍然可以考虑通过对《反不正当竞争法》的适用来保护自己的财产性权益。

同人作品创作完毕后,如果仅仅是许可出版社出版新书,不作任何附加的宣传,宣称新作与原作关系,鉴于新书中的内容已通过著作权法予以明确,属于合理使用的范围,那就不应当再通过《反不正当竞争法》予以规制。但实践中这种情形很少,新书的发布势必要采

---

① 参见骆天纬:《同人作品的著作权问题研究——以〈此间的少年〉为例》,载《知识产权》2017 年第 8 期。

取宣传推广措施,若不与原作建立关联,新书的推行将困难重重。如果新书推广时采取了一些不当的宣传方式,使他人误以为新作是原作的改编作品,或者是经过原作著作权人许可创作及推广。这种情况必然会产生一定的损害后果,表现方式可能并不直接体现在对原作图书市场的影响,更多的是体现在衍生品市场上。随着图书市场的繁荣,图书所体现的价值并不像传统销售模式那样,仅通过图书的销售来获利,更多地体现在衍生品的开发上,如将图书改编成游戏、影视剧、录音制品等。倘若一本图书运作成功,给权利人带来的利益是丰厚的,特别是影视剧的改编等,好的剧本有时候可以直接决定影视剧的优劣。因此,一些热门的影视剧通常都是根据热门小说改编,仅仅就影视剧改编授权所获得的收入,热门图书著作权人就可能获得千万元的进项。因此,图书衍生品市场的商业利益是非常可观的。在这种情况下,同人作品借助于原作的知名度和影响力迅速占领市场后,在衍生品的开发上可能会与原作权利人形成竞争关系。同样具有知名度的小说人物形象所开展的不同的故事情节及相对低廉的许可费用可能会对衍生品开发者更有吸引力,这无疑掠夺了原作的商业机会或对原作衍生品对外许可的费用会有一定的影响。而这样的结果就是借助原作苦心经营的知名度后短期内迅速获得的,显然会降低原作作者创作的积极性,不利于文化市场的繁荣和发展。因此,这种行为已经导致消费者对新作与原作的关系产生混淆和误认,并损害到原作权利人的利益,属于反不正当竞争法虚假宣传行为的构成要件,应当认定为虚假宣传行为并予以规制。

【典型意义】

本案系全国首例同人作品著作权侵权及不正当竞争纠纷案,涉及文学作品人物形象保护范围的确定。本案明确,保护同人作品的人物形象,一方面应充分尊重原作的正当权益,另一方面也要保障创作和评论的自由。本案获评2019年度上海法院知识产权司法保护十大案件、2019年度上海十大版权典型案件、2019年度中国十大娱乐法事例、2017年度中国十大版权热点案件。

【案例索引】

案号:

一审:上海市浦东新区人民法院(2015)浦民三(知)初字第838号

二审:上海知识产权法院(2017)沪73民终273号

审判组织:

一审:徐俊、杜灵燕、张毅

二审:凌崧、杨馥宇、徐飞

编写人:杜灵燕

24

中国企业在对外贸易中使用的英文名称受反不正当竞争法保护

——江苏某集团股份有限公司诉湖南某化工有限责任公司不正当竞争纠纷案

裁判要旨

涉案经营者在对外贸易经营活动中使用的英文企业名称，属于当时的《反不正当竞争法》第5条第3项规定的企业名称。其他经营者在出口的商品上擅自使用他人英文企业名称，误导公众的，属于擅自使用他人企业名称的不正当竞争行为，受我国《反不正当竞争法》调整。不正当竞争行为的损害赔偿额，可以根据权利人在被侵权期间因被侵权受到的损失予以确定。权利人因被侵权受到的实际损失可以根据侵权商品的销售量乘以权利人商品的单位利润所得之积计算。在查明侵权商品销售量年度区间分布时，可以侵权商品年度销售量乘以权利人商品该年度单位利润所得之积计算权利人实际损失。权利人商品的利润一般应按照营业利润计算，在销售利润的基础上扣除相应的销售费用、管理费用、财务费用、营业税金及附加。

基本案情

原告：江苏某集团股份有限公司（以下简称江苏某公司）

被告：湖南某化工有限责任公司（以下简称湖南某公司）

原告江苏某公司于1998年9月29日成立，登记经营范围为农药制造、加工、分装、复配等。江苏某公司的《对外贸易经营者备案登记表》载明，其英文企业名称为“JIANGSU TIANRONG GROUP CO.,LTD.”。印度政府农业部（农业合作司）植物保护、检疫和储存局中央农药登记委员会于2015年10月9日出具的文件载明，江苏某公司生产的杀螟丹原药（最少有效含量98%）已通过印度政府的登记。

被告湖南某公司于2003年9月15日成立，登记的经营范围包括杀螟丹原药生产等。2014年5月6日，上海市浦东新区市场监督管理局（以下简称浦东市监局）查扣了湖南某公司生产的欲出口至印度的杀螟丹原药16,000千克，该批杀螟丹外包装上标注了"Manufacturer：M/s. Liyang Chemical Factory，China（Jiangsu Tianrong Group Company，Ltd.，China）"（与原告英文企业名称相同），包装袋上没有其他商标、企业名称等标识。

湖南某公司于2014年5月16日给浦东市监局的函件中称：在包装袋上印有江苏某公司的厂名是客户的特殊要求。其自2008年起委托印度克某某公司进行登记，由于印度登记工作周期较长，登记证尚未取得，预计2014年年底能获得登记。

浦东市监局于2014年7月5日作出的浦市监案处字［2014］第150201402201号行政处罚决定书载明：湖南某公司使用江苏某公司英文企业名称，违反了《产品质量法》第30条、第37条的规定，属冒用他人厂名的行为。责令湖南某公司改正，并作处罚如下：没收杀螟丹原药16,000千克（640包），罚款30万元。

根据上海海关提供的湖南某公司2012年6月至2014年1月的报关资料，湖南某公司部分批次的商业发票和装箱单的唛头栏标注的生产企业名称为江苏某公司的英文企业名称，部分批次的商业发票和装箱单的唛头栏标注的生产企业名称为"SUNDAT（S）PTE. LTD.，SINGAPORE"（新加坡某化工有限公司）。原、被告确认，商业发票和装箱单上标注的生产企业名称为江苏某公司英文企业名称的杀螟丹共计3,971,920美元，原、被告确认按1美元兑换人民币6.1565元计算人民币金额。

江苏某公司2012年度至2014年度的审计报告中单列了杀螟丹的营业收入、营业成本等数据。湖南某公司2012年度至2014年度的审计报告中，只有公司营业收入、营业成本等数据，没有单列杀螟丹的营业收入和营业成本。

原告江苏某公司诉称，被告为向印度出口杀螟丹原药，擅自使用了江苏某公司的英文企业名称。经核实，被告因出口涉案商品获利10,421,922.08元。湖南某公司擅自使用江苏某公司的企业名称，给江苏某公司造成损失，构成不正当竞争。原告诉请判令：被告赔偿原告经济损失10,421,922.08元及支出的律师费50万元。

被告湖南某公司辩称，湖南某公司此前通过新加坡某化工有限公司向印度出口杀螟丹。此次应印度客户的要求，在包装袋上使用了江苏某公司的英文企业名称，这批货物已被浦东市监局查扣。湖南某公司此前出口印度的杀螟丹包装袋上没有标注江苏某公司的英文企业名称，仅在部分批次的商业发票和装箱单上使用了江苏某公司的英文企业名称。湖南某公司使用江苏某公司的英文企业名称仅是为了出口，并未使销售对象误认为涉案商品是江苏某公司生产的，也未影响江苏某公司的商品出口，没有给江苏某公司造成经济损失。江苏某公司的英文企业名称未经企业登记主管机关依法登记注册，不属于反不正当竞争法所保护的企业名称。湖南某公司的行为不构成不正当竞争，江苏某公司的诉讼请求没有事实和法律依据，应予驳回。即使湖南某公司的行为构成不正当竞争，由于湖南某公司商品的利润率很低，获利很少，江苏某公司主张的赔偿金额及律师费金额均过高。

【法院裁判】

上海市浦东新区人民法院经审理认为,江苏某公司的英文企业名称与其中文企业名称存在对应关系,且江苏某公司在经营活动中实际使用该英文名称,该英文企业名称已具有识别市场经营主体的作用,属于《反不正当竞争法》第 5 条第 3 项规定[①]的企业名称,依法受《反不正当竞争法》保护。湖南某公司在出口印度的杀螟丹上使用了江苏某公司的英文企业名称,主观上具有仿冒的故意,客观上引人误认为是江苏某公司的商品,挤占了江苏某公司的出口市场份额,给江苏某公司造成了损害。湖南某公司的行为不仅损害了江苏某公司的合法权益,也扰乱了正常的对外贸易市场秩序,属于《反不正当竞争法》第 5 条第 3 项规定的擅自使用他人企业名称的不正当竞争行为。

不正当竞争行为的损害赔偿额,可以根据权利人在被侵权期间因被侵权受到的损失,即侵权商品的销售量乘以权利人相同商品的单位利润所得之积计算。根据江苏某公司的年度审计报告,可以计算出江苏某公司杀螟丹产品的营业利润率。法院根据湖南某公司出口的杀螟丹的金额及江苏某公司该商品的营业利润率,计算出江苏某公司经济损失为 3,125,069.20 元。

上海市浦东新区人民法院作出(2015)浦民三(知)初字第 1887 号民事判决:被告赔偿原告经济损失 3,125,069.20 元及合理费用 20 万元。

一审判决后,原、被告均未提起上诉。

【案例评析】

一、企业在对外贸易中使用的英文企业名称获得《反不正当竞争法》保护的条件

我国企业在开展国内经营活动时通常使用中文名称,但在对外贸易经营活动中则通常需要使用英文名称。目前,企业法人登记主管机关并不受理中国企业英文企业名称的核准登记。根据当时的《对外贸易法》第 9 条的规定,从事货物进出口或者技术进出口的对外贸易经营者,应当向国务院对外贸易主管部门或者其委托的机构办理备案登记。在备案时需要提交对外贸易经营者备案登记表,该表中有一栏是“经营者英文名称”。对外贸易经营者可自行确定英文名称,该英文名称可以是中文名称的英译或者意译,也可以是完全无对应关系的其他名称。有关部门在备案登记时不会对对外贸易经营者的英文名称进行实质审查。

本案的主要争议焦点是中国企业在对外贸易中使用的英文企业名称是否属于《反不正当竞争法》第 5 条第 3 项规定的企业名称。最高人民法院《关于审理不正当竞争民事案件应用法律若干问题的解释》[②](以下简称《不正当竞争解释》)第 6 条第 1 款规定:企业登记

① 《反不正当竞争法》已于 2017 年修订、2019 年修正,本书中所引用的条文均为 2017 年修订前的《反不正当竞争法》条文。

② 该司法解释已于 2020 年修正,本书中所引用的条文均为 2020 年修正前的条文。

主管机关依法登记注册的企业名称，以及在中国境内进行商业使用的外国（地区）企业名称，应当认定为《反不正当竞争法》第5条第3项规定的“企业名称”。具有一定的市场知名度、为相关公众所知悉的企业名称中的字号，可以认定为《反不正当竞争法》第5条第3项规定的“企业名称”。根据该解释，《反不正当竞争法》保护的企业名称包括三类情形：一是企业登记主管机关依法登记注册的企业名称，二是在中国境内进行商业使用的外国（地区）企业名称，三是具有一定的市场知名度、为相关公众所知悉的企业名称中的字号。

《反不正当竞争法》保护的企业名称是否仅限于上述三类，有两种相反的观点。一种观点认为，除法律、司法解释明确规定的情形外，其他标识企业身份的名称不能被认定为企业名称。另一种观点认为，司法解释列举了几种可被认定为企业名称的情形，但并不排除其他可以被认定为企业名称的情形。我们认为，第二种观点显然更为合理。企业名称是市场主体的名称和企业重要的营业标识，消费者或者其他经营者可以通过不同的营业标识识别经营主体。《反不正当竞争法》保护企业名称的目的是制止造成市场混淆的不正当竞争行为。企业在经营活动中正当使用的企业名称，不管是中文企业名称还是英文企业名称，只要其具有标识经营主体的作用，就应当受法律保护。

司法实践中，对《反不正当竞争法》所称的企业名称包括哪些类型，亦存在逐步扩大范围的趋势，曾先后将字号、企业名称的简称视为企业名称进行保护。最高人民法院于2007年发布的《不正当竞争解释》规定了企业字号获得反不正当竞争法保护的条件。最高人民法院于2009年发布的《关于当前经济形势下知识产权审判服务大局若干问题的意见》指出：“对于具有一定市场知名度、为相关公众所熟知、已实际具有商号作用的企业名称中的字号、企业或者企业名称的简称，视为企业名称并给予制止不正当竞争的保护。”最高人民法院在（2008）民申字第758号山东起重机厂有限公司与山东山起重工有限公司侵犯企业名称权纠纷案民事裁定书中明确：对于具有一定市场知名度、为相关公众所熟知并已实际具有商号作用的企业或者企业名称的简称，可以视为企业名称。由此可见，《反不正当竞争法》第5条第3项规定的企业名称不限于经企业登记主管机关依法登记注册的企业名称，虽然《反不正当竞争法》及司法解释未明确规定英文名称可以获得《反不正当竞争法》的保护，但亦不能由此推论英文名称不受《反不正当竞争法》的保护。

对外贸易是我国经济的重要组成部分，中国企业在对外贸易中使用的企业名称逐渐成为重要的商业标识，承载着企业的商誉。江苏某公司进行对外贸易经营者备案登记时所用的英文名称为“JIANGSU TIANRONG GROUP CO.，LTD.”。江苏某公司生产的杀螟丹农药在印度有关部门进行登记时也使用这一英文企业名称。“JIANGSU TIANRONG GROUP CO.，LTD.”与江苏某公司的中文企业名称存在对应关系，且江苏某公司在经营活动中实际使用该英文名称，该英文企业名称已具有识别市场经营主体的作用，属于《反不正当竞争法》第5条第3项规定的企业名称，依法受《反不正当竞争法》保护。江苏某公司和湖南某公司均为从事杀螟丹原药生产、出口的企业。由于湖南某公司生产的杀螟丹尚未通过印度农业部门的登记,其无法以自己的名义向印度出口杀螟丹。湖南某公司在出口商品上使用江苏某公司的英文名称,主观上具有仿冒的故意,客观上引人误认为是江苏某公司的商品,挤占了江苏某公司的出口市场份额,给江苏某公司造成了损害。湖南某公司的行为不仅损害了江苏某公司的合法权益,也扰乱了正常的对外贸易市场秩序,属于《反不正当竞争法》第 5 条第 3 项规定的擅自使用他人企业名称的不正当竞争行为。

二、损害赔偿额的确定

在司法实践中,绝大部分知识产权侵权案件无法查明权利人的损失金额或者侵权人的获利金额,法院只能酌定赔偿金额。本案中,根据海关留存的被告报关资料,法院查明了被告使用原告英文名称出口杀螟丹的总金额。2002 年最高人民法院《关于审理商标民事纠纷案件适用法律若干问题的解释》(已被修改)第 14 条规定,“商标法第五十六条第一款规定的侵权所获得的利益,可以根据侵权商品销售量与该商品单位利润乘积计算;该商品单位利润无法查明的,按照注册商标商品的单位利润计算”。第 15 条规定,“商标法第五十六条第一款规定的因被侵权所受到的损失,可以根据权利人因侵权所造成商品销售减少量或者侵权商品销售量与该注册商标商品的单位利润乘积计算”。参照上述规定,本案可以根据侵权商品销售量与该商品的单位利润乘积确定赔偿金额。因此确定侵权产品的销量及权利人产品的单位利润是确定赔偿额的关键。本案中,双方确认了侵权商品的销售量,但对该商品的单位利润存在争议。在确定利润率时,应解决两个问题:一是利润的类型,二是相关费用的分摊。

第一,利润类型。利润有营业利润和销售利润之分,商标法和反不正当竞争法没有明确规定赔偿利润是指营业利润还是销售利润。自 2001 年 7 月 1 日起施行的最高人民法院《关于审理专利纠纷案件适用法律问题的若干规定》(已被修改)第 20 条第 3 款规定:“侵权人因侵权所获得的利益可以根据该侵权产品在市场上销售的总数乘以每件侵权产品的合理利润所得之积计算。侵权人因侵权所获得的利益一般按照侵权人的营业利润计算,对于完全以侵权为业的侵权人,可以按照销售利润计算。”此后的专利司法解释一直沿用该规定。最高人民法院指出:“在现行的会计制度下,利润的概念一般涉及营业利润、产品销售利润和净利润。营业利润为产品销售利润减去管理、财务等费用后的利润;销售利润为产品销售收入减去相应的销售成本(包括制造成本和销售费用)、产品销售税金及附加等费用后的利润。净利润为营业利润减去所得税后的利润。由于在一般情况下销售利润远远大于营业利润,因此,以哪一种利润来计算赔偿,涉及当事人利益重大,需要对此予以明确。”①

我们认为,在商标侵权纠纷中,亦可参照上述规定,即侵权人因侵权所获得的利益一般按照侵权人的营业利润计算;对完全以侵权为业的侵权人,可以按照销售利润计算。财务

① 参见曹建明主编:《新专利法司法解释精解》,人民法院出版社 2002 年版,第 101 页。

费用、管理费用等一般在企业支出中占有相当大的比例，而正常情况下这些费用确实为被告的实际支出，因此应当将其从被告侵权获利中相应扣减，即一般性的侵权行为以营业利润计算，对当事人比较公平，也符合侵权人获利的实际。因本案被告除销售侵权商品外，还有其他正常的经营业务，涉案商品的货值仅占其营业收入的一小部分，被告并非以侵权为业，故本案按照营业利润计算赔偿金额更为合理。

第二，分摊规则。在计算赔偿金额时，是选择使用被告产品的利润率还是原告产品的利润率，这主要取决于原告的主张及双方举证的情况。侵权商品销售量与该被告销售该商品的单位利润的乘积，可以计算出被告的侵权获利。而侵权商品销售量与原告销售该商品的单位利润的乘积，可以计算出原告的损失。该计算方式推定被告每销售一件侵权产品，就挤占了原告一件产品的市场份额，原告就少销售了一件产品。本案中，原、被告均提交企业的年度审计报告。湖南某公司的年度审计报告中只有整个公司的利润表，报告中未单列杀螟丹的营业收入和营业成本，根据其年度审计报告，无法计算出杀螟丹的利润率。江苏某公司的年度审计报告中不仅有公司的利润表，还单列了杀螟丹的营业收入和营业成本，能够据此计算出江苏某公司杀螟丹的利润率。因湖南某公司杀螟丹的单位利润无法确定，故可根据江苏某公司杀螟丹的单位利润计算赔偿金额。

【典型意义】

人民法院在“走出去”的中国企业发生知识产权纠纷时依法积极行使司法管辖权，通过积极的司法管辖和准确的法律适用，助力知识产权保护平台的构建完善，推动“一带一路”的贯彻实施，为“中国制造”乘风出海保驾护航。本案入选《最高人民法院公报》(2018年第10期)。

【案例索引】

案号：

一审：上海市浦东新区人民法院(2015)浦民三(知)初字第1887号

审判组织：

一审：宫晓艳、邵勋、李加平

编写人：邵勋、袁田

25

购物助手破坏购物网站用户黏性的行为构成不正当竞争

——浙江某网络有限公司诉上海某网络科技有限公司等不正当竞争纠纷案

裁判要旨

某一经营行为是否违反所涉领域内公认的商业道德,可从行为的目的、方式、后果等方面进行分析,并对该领域内各方利益主体进行考量和平衡。购物助手通过在购物网站页面插入减价标识的方式,使购物网站用户转而至购物助手所在网站进行交易,属恶意破坏购物网站用户黏性的行为,违反了该领域公认的商业道德,构成不正当竞争。

基本案情

原告:浙江某网络有限公司(以下简称浙江某公司)

被告:上海某网络科技有限公司(以下简称上海某科技公司)

被告:某软件(上海)有限公司(以下简称上海某软件公司)

原告浙江某公司系某购物网站的经营者。该网站系网络购物平台,同时还提供多种支付手段、售后管理等客户服务、交流工具或平台、信用评价、各种收费或免费推广服务等与购物相关的增值服务及特色服务。

被告上海某科技公司于2011年12月正式上线某购物助手网站。该网站首页设置与某购物网站类似,提供针对其他购物网站的垂直搜索服务。被告上海某软件公司系上海某科技公司的关联公司。

经上海某科技公司委托,上海某软件公司开发某购物助手并提供技术支持。该购物助手于2012年9月正式上线,用户可通过某购物助手网站及其他第三方平台下载。

用户安装、运行某购物助手软件后登录某购物网站时:(1)每个网页的顶部会置顶插入一行内容,从左到右依次为被告网站标识、“双11返场”等推荐图片(点击图片后会跳转至该商品或活动所在的其他购物网站)、带有被告网站标识的搜索框(在该搜索框进行搜索时，会跳转至某购物助手网站的搜索结果页面）、登录入口、收藏按钮、“某购物助手网站购物车”及缩放图标。（2）在商品详情页的购买信息中插入了二维码、“收藏并降价提醒”图标、推荐图片、价格走势标识（点击则展开价格走势图），还在原有页面的“立即购买”“加入购物车”按钮旁边或下方插入带有优惠标识的减价按钮。（3）点击减价按钮则跳转至某购物助手网站的宝贝详情页，与某购物网站原有页面大致相同，点击购买按钮则进入某购物助手的注册/登录界面，登录后完成下单、付款等流程，款项直接进入上海某科技公司的账户。之后由上海某科技公司的员工根据用户填写的信息在某购物网站下单，相应销售者向用户发货。

经鉴定，运行该软件后，组成某购物网站的动态网页代码文件被修改，插入了外来代码形成新的网页文件；原有页面与插入元素先后渲染，叠加显示成用户看到的网页，但用户无法区分该先后过程。

网络上存在大量投诉某购物助手与某购物网站关系的帖子，亦有介绍如何在购物网站使用某购物助手以获得优惠的介绍帖。“浙江某公司内网”中有大量关于某购物助手和某购物助手网页的客服记录，内容包括用户反映在某购物网站购物付款时弹出某购物助手和某购物助手网页，以为是该网站新增功能等。

原告浙江某公司诉称，被告上海某科技公司经营的某购物助手网站与原告经营的某购物网站有直接竞争关系。被告上海某软件公司开发完成某购物助手，由上海某科技公司在某购物助手网站提供下载。用户安装并运行该购物助手后登录某购物网站时，某购物助手以修改页面代码的方式在某购物网站各层级页面中嵌入多种标识，使被告的信息及推荐的商品等在原告页面中得到免费展示，还导致用户误认为原告和被告之间存在合作关系，将大量原打算在原告网站交易的用户引至被告网站，破坏了原告网站的交易，并严重影响了原告网站的用户体验，导致用户流失。被告的上述行为利用原告网站谋取不正当利益，侵犯了原本应当属于原告所享有的合法利益，构成不正当竞争。原告诉请判令：（1）两被告立即停止不正当竞争行为；（2）两被告赔偿原告经济损失 1000 万元及合理费用 15 万元；（3）两被告在某购物助手网站首页连续 3 个月刊登声明消除影响，在一些知名网络门户网站首页连续 7 天刊登声明消除影响。诉讼过程中，鉴于被诉行为已停止，原告撤回第一项诉讼请求。

两被告辩称：（1）某购物助手网站的最终用户不是网购用户而是有代购和搜索比价服务需求的用户，其与原告之间不存在直接竞争关系。（2）某购物助手网站提供的服务未违反诚实信用原则和公认的商业道德。从行为目的看，是满足用户关于网络购物的合理需求，无“流量劫持”或“搭便车”之故意；从行为手段看，使用的是浏览器扩展技术这一合法中立的技术，且充分尊重和保障了用户的知情权和选择权；从行为结果看，被告未获取直接利益，未损害原告平台的利益，相反对其有促进作用。（3）上海某软件公司受上海某科技公司委托开发该购物助手，并不参与运营，相应功能需求由上海某科技公司提出，上海某软件公司已尽到合理审慎的义务,不存在过失,不应承担连带责任。(4)原告主张的损害赔偿缺乏依据,亦无须消除影响。

【法院裁判】

上海市浦东新区人民法院经审理认为:(1)互联网经济使传统产业类别与行业边界渐趋模糊,在网络背景下判断是否存在竞争关系,应从经营者具体实施的经营行为出发加以考察。虽然原、被告网站的经营模式存在不同,但具有相同的用户群体,在经营中争夺与相同用户的交易机会,故存在竞争关系。(2)在“用户为王”的互联网竞争中,将网络用户吸引到自己的网站是经营者开展经营活动的基础,培养“用户黏性”是获得竞争优势的关键。原告通过长期积累和大量投入形成的用户群体和用户黏性,是其核心竞争资源,涉案购物助手以价格补贴的方式引导原先选择在某购物网站直接购物的用户改为选择在某购物助手网站获得购物服务,减损了某购物网站作为购物入口优先选择的优势,破坏了某购物网站的用户黏性,对原告造成了实质性损害。(3)购物助手这一商业模式解决了网购信息不对称的问题,能够提升消费者福祉,同时也有助于提高竞争的充分性。对购物助手行为正当与否的判断应从增进社会整体利益出发,综合衡量购物网站经营者、消费者及购物助手经营者等多方利益。具体而言,应就购物助手是否充分尊重用户权益、是否明确标注标识来源、作用方式的合理程度、对网购交易的介入程度等进行审查后进行综合评判。涉案购物助手软件未经许可,在某购物网站页面关键位置插入相应标识,以提供价格补贴的方式引导原先选择在某购物网站直接购物的用户改为选择在某购物助手网站获得购物服务,破坏了某购物网站的用户黏性,其本质系利用他人多年经营所获得的竞争优势以谋求自身的交易机会,违反了购物助手这一领域公认的商业道德,具有不正当性,构成不正当竞争。

上海市浦东新区人民法院作出(2015)浦民三(知)初字第1962号民事判决:(1)上海某科技公司、上海某软件公司自判决生效之日起10日内共同赔偿浙江某公司经济损失100万元及为制止侵权行为所支付的合理开支10万元;(2)上海某科技公司、上海某软件公司自判决生效之日起15日内,共同在某购物网站网和某购物助手网站首页上连续15日发布公开声明,以消除因其不正当竞争行为对浙江某公司造成的不良影响。

一审判决后,两被告均提起上诉。上海知识产权法院作出(2017)沪73民终197号民事判决:驳回上诉,维持原判。

【案例评析】

互联网领域的竞争日新月异,很多网络从业者实施的损害其他经营者利益的行为并未被《反不正当竞争法》具体规定,为此受损一方多会选择以该法第2条的原则性条款为依据起诉。在该条的适用实践中,被控行为是否具有不正当性是认定的重点和难点。

一、不正当性的认定标准

在互联网这样一个竞争充分，且不同经营者往往需要互相导入流量、各种产品间具有一定依附性、关联性的市场领域，很多经营行为，尤其是有一定开创性的新型经营模式，均会或多或少地损害其他经营者的利益，但也会给消费者带来一定的福利。反不正当竞争法所要保护的法益具有多元性，除了要保护经营者的合法权益外，还通过规制不正当竞争行为保护消费者利益乃至公共利益。因此，在互联网领域，损害竞争对手利益的行为，并不代表必然构成不正当竞争。只有在造成损害的同时，被控行为还具有不正当性时，才能认定为不正当竞争。该种不正当性，即《反不正当竞争法》所规定的违反诚实信用原则和公认的商业道德。在市场竞争中，诚实信用原则亦体现为公认的商业道德，即特定商业领域中市场交易参与者普遍认知和接受的行为标准。应从更多利益主体的角度，分析被控行为对经营者利益、消费者利益及竞争秩序所产生的影响，并对影响后果进行严格而精细的利益考量和比对分析，防止脱离竞争法的目标进行泛道德化评判。在具体认定中，应分析特定商业领域的一般实践、交易双方的主观状态、行为方式、行为后果等因素，在此基础上进行多方利益的平衡及评判。

二、关于购物助手行为正当与否的评判

（一）购物助手领域的一般情况

购物助手是随着网络购物的不断发展应运而生的一种服务模式，其核心功能在于比价，即为消费者提供纵向比价、横向比价、降价提醒等比价服务；有的还提供垂直搜索、全网收藏等服务。上述功能的运作原理与搜索引擎类似，即通过爬虫技术检索各大购物网站的商品信息并进行大数据分析后，为消费者提供价格、款式等方面的参考。这一商业模式借用了不同购物网站的用户基础，有利用他人平台拓展业务之嫌。但该商业模式通过技术的创新和整合，使消费者可实现不同购物平台商品间的实时比较，解决了网购信息不对称的问题，能提高价格透明度、促进选择的多样化，有助于提升消费者福祉。同时，也使购物平台更愿意通过个性化服务吸引用户，有助于鼓励创新，提高竞争的充分性。从这个角度来看，购物助手相对于购物网站所实施的竞争行为，属于应受鼓励的良性竞争，购物网站应对这一商业模式有一定的容忍义务。但是，购物网站经营者对其网站的展示空间享有正当权益，购物助手若要在该空间拓展服务须谨慎适度。购物助手应充分尊重用户的知情权与选择权，所插入信息的内容、位置、功能等应受到一定的限制，以避免不当干扰购物网站的正常经营或使消费者对交易对象或平台产生混淆。

（二）涉案购物助手行为正当与否的评判

某购物助手网站系为网络购物提供比价、垂直搜索、帮购等服务的购物助手软件。从行为方式来看，某购物助手网站在某购物网站商品详情页插入的标识和按钮系直接嵌入某购物网站页面的显著位置，与某购物网站原有页面内容融为一体，且减价按钮还引导消费者至被告网站交易。用户无法选择关闭上述信息，该行为破坏了原告网站页面的完整性，使原告无法按照自己的意愿在自己网站上正常展示信息,已属过度妨碍原告正常经营的行为。

从行为后果来看:(1)某购物助手网站所提供的服务能为消费者带来福利,具有一定的正面市场效应;(2)某购物助手网站借助消费者对原告平台服务质量的信任及追求优惠的心理而增加了被告网站的用户注册量及交易量,被告可从中获利;(3)原告因被告行为而受损。对电子商务网站而言,流量入口具有很高的经济价值。某购物网站以提供免费平台为基础,通过极为丰富的商品、服务供量,以及多样化的增值服务和特色服务,培育出大量稳定的用户,使其成为消费者网络购物时最优先选择的流量入口,具有极高的用户黏性。虽然某购物助手网站的帮购服务仍系在某购物网站下单,并无证据显示原告网站总体流量有所减少,但消费者的流量起始入口发生了变化,即原先选择在某购物网站直接购物的用户改选择在某购物助手网站获得购物服务。此外,由于某购物助手网站的介入,与某购物网站商户进行交易的是被告而非消费者,这意味着原告将无法掌握相应消费者在消费过程中所产生的数据信息,而这些数据信息对于电子商务类网站无疑具有巨大的商业价值。可见,某购物助手网站的涉案行为破坏了原告网站的用户黏性,损害了原告的合法权益。长此以往,还有可能导致网络购物平台失去培育用户黏性的动力,破坏网络购物这一行业的市场竞争秩序。另外,某购物助手网站的减价按钮将消费者引至被告网站进行交易,还可能使消费者对提供服务的主体产生混淆。

虽然涉案软件在用户安装前作了一定告知,但该告知内容难以有效消除相关公众在软件使用过程中所产生的混淆。从利益衡量的角度来看,被告行为对原告所造成的损害与其实现的正面效应不符合比例原则。被告提供比价、帮购等服务并非必须通过该手段来实现,可通过更为适当的方式开展业务。例如,被告在审理中提供了返利网、搜狗购物助手等其余购物助手的证据,但上述购物助手均未采取在购物网站页面核心位置插入减价按钮的方式,更未介入消费者与相应网络卖家之间的交易。购物助手为消费者提供比价等服务的行为值得肯定,但其提供服务的具体方式应予以适度规制。禁止某购物助手网站的涉案行为,并非禁止购物助手这一商业模式,不会对购物助手经营者及行业利益造成实质影响,却能够保护原告目前的主要盈利模式。

综上,法院认定某购物助手的涉案行为违反了购物助手领域公认的商业道德,构成不正当竞争。

【典型意义】

本案系我国首次认定恶意破坏网站用户黏性行为构成不正当竞争的判决。该判决从行为目的、方式、后果及利益平衡的角度,分析该领域内公认商业道德的考量因素,对同类案件的认定具有一定的指导意义。判决还指出了购物助手这一商业模式的正当行为边界,有助于购物助手领域乃至电商行业竞争秩序的进一步规范。本案受到中央电视台、《人民法院报》、《新民晚报》等数十家媒体报道，并入选《中国法院年度案例（2019）》、《人民法院案例选》（2018 年第 11 辑）、2017 年度中国十大最具研究价值知识产权裁判案例。

【案例索引】

案号：

一审：上海市浦东新区人民法院（2015）浦民三（知）初字第 1962 号

二审：上海知识产权法院（2017）沪 73 民终 197 号

审判组织：

一审：徐俊、倪红霞、叶菊芬

二审：何渊、徐飞、范静波

编写人：叶菊芬

26

底层安全软件经营者竞争行为正当性的认定

——上海某网络科技有限公司诉北京某网络科技有限公司等不正当竞争纠纷案

裁判要旨

底层安全类软件经营者利用其特权及用户信任,以保障计算机系统安全为名,超出软件运营合理限度,擅自或通过虚假弹窗、恐吓弹窗等方式诱导用户变更浏览器主页,干预其他软件运行或实施区别对待其他软件的行为,使对方不能享有平等的被选择权,损害其他经营者或消费者合法权益的,构成不正当竞争。

基本案情

原告:上海某网络科技有限公司

被告:北京某网络科技有限公司

被告:北京某移动科技有限公司

被告:北京某安全软件有限公司

原告上海某网络科技有限公司主要经营2345网址导航、2345王牌浏览器等互联网产品,其中2345网址导航的用户超过4000万,日访问用户达2500万,在同行业内排名前列。

被告北京某网络科技有限公司系金山网络网站(首页网址www.ijinshan.com)和猎豹移动网站(首页网址www.cmcm.com)的主办单位。金山网络网站在百度搜索结果中标记为金山毒霸官网,其首页为金山毒霸10软件的下载页面,网站产品介绍中包含金山毒霸软件,资讯中心中则对金山毒霸、金山网络等主题进行了宣传和介绍。猎豹移动网站对猎豹移动产品作了介绍,称核心产品包括金山毒霸软件,同时也提供诸如毒霸网址大全等多平台类产品。

被告北京某移动科技有限公司系毒霸网址大全(首页网址www.duba.com)和标题为"金山毒霸官网"的网站(首页网址www.duba.net)的主办单位。后者提供金山毒霸11软件的下载服务,并载有金山毒霸软件的各历史版本介绍。

被告北京某安全软件有限公司系金山毒霸软件最终用户许可协议显示的软件运营者。根据全国企业信用信息公示系统查询结果，三被告对外公示的联系电话与电子邮箱均相同。

金山毒霸软件在安装、运行及卸载过程中存在以下六类情形：

1. 在金山毒霸的“垃圾清理”功能中点击“一键清理”后，用户在IE浏览器中设置的主页2345网址导航变更为毒霸网址大全。

2. 点击金山毒霸的“立即升级”按钮，待升级完毕重启金山毒霸后，弹窗显示“立即锁定毒霸网址大全为浏览器主页，保护浏览器主页不被篡改”，并在左侧设置默认勾选。在未进行其他操作的前提下打开2345王牌浏览器，原设置的主页2345网址导航变更为毒霸网址大全。随后去除前述方框内默认勾选并关闭金山毒霸窗口，打开2345王牌浏览器，原设置的主页2345网址导航仍变更为毒霸网址大全。

3. 点击金山毒霸的“一键云查杀”按钮，再点击“版本升级”按钮完成升级后，打开IE浏览器、2345王牌浏览器及360安全浏览器，原设置的主页2345网址导航均已变更为毒霸网址大全；打开搜狗高速浏览器及猎豹安全浏览器，原设置的主页2345网址导航未被变更。卸载金山毒霸后，上述浏览器主页均恢复为2345网址导航。

4. 安装完成金山毒霸后，弹窗显示“设置浏览器主页为毒霸导航”，左侧设置默认勾选，右侧设置“我知道了”按钮。在未点击“我知道了”按钮的情况下打开IE浏览器，原设置的主页2345网址导航变更为毒霸网址大全；去除前述默认勾选再点击“我知道了”按钮后打开IE浏览器，主页仍变更为毒霸网址大全；卸载金山毒霸后再打开IE浏览器，其主页恢复为2345网址导航。

5. 金山毒霸运行过程中，弹窗显示“金山毒霸10开启安全网址导航，防止误入恶意网站建议您开启安全网址导航，远离病毒、欺诈网站，安心上网”，下方设置“一键开启”按钮。点击该“一键开启”按钮后打开IE浏览器，原设置的主页2345网址导航变更为毒霸网址大全；打开2345王牌浏览器，显示主页仍为原设置的2345网址导航；卸载金山毒霸后，IE浏览器主页恢复为2345网址导航。

6. 安装完成金山毒霸前后，打开IE浏览器主页，均为已设置的主页2345网址导航。卸载金山毒霸后再打开IE浏览器，显示主页变更为毒霸网址大全。

原告上海某网络科技有限公司诉称，原告系专业的互联网公司，旗下2345品牌产品在业界享有较高的知名度和美誉度。其中，核心产品2345网址导航（域名为www.2345.com）在导航网站中排名前三，用户数量达4000万。三被告共同经营金山毒霸软件，自2014年始即在该软件的安装、运行、升级和卸载等各个环节中利用多种技术手段，擅自将用户浏览器中设定的2345网址导航主页劫持为毒霸网址大全。在此过程中，三被告还针对原告经营的2345浏览器与其他浏览器实施了区别对待行为。流量对互联网企业而言具有极其重要的经济价值，三被告的上述行为显然有违诚实信用原则和公认的商业道德，不仅导致 2345 网址导航的流量大幅下降,也严重影响了原告产品的用户体验与评价,对原告造成了极大的经济损失和商誉损害。原告诉请判令:(1)三被告立即停止对原告实施篡改主页、劫持流量等不正当竞争行为;(2)三被告在官网首页(域名分别为 www. duba. com、www. ijinshan. com 及 www. duba. net)顶部公开澄清事实、消除影响,并连续刊登不少于 30 天的致歉声明,该声明的面积不小于 10cm ×10cm;(3)三被告共同赔偿原告经济损失 1000 万元;(4)三被告共同赔偿原告支出的公证费 13, 060 元。

三被告共同辩称:第一,北京某安全软件有限公司是金山毒霸软件的独立经营者,三被告之间不存在混同经营的情况,故北京某网络科技有限公司、北京某移动科技有限公司并非本案适格被告。其中,北京某网络科技有限公司仅在金山网络网站(域名为 www. ijinshan. com)提供金山毒霸软件的下载服务,该网站亦非金山毒霸官网。而北京某移动科技有限公司仅是毒霸网址大全的经营者,从未参与金山毒霸软件的经营,也未与北京某安全软件有限公司合作通过金山毒霸软件劫持浏览器主页以推广毒霸网址大全。第二,通过对不同版本的金山毒霸软件进行操作演示可以发现,该软件在下载、安装、运行和卸载的过程中均不存在原告指控的流量劫持行为。第三,金山毒霸软件版本升级更新频繁,即便原告指控的相应版本存在流量劫持行为,因其持续时间极短,也不会对原告造成较大损失。况且原告经营的 2345 浏览器、2345 安全卫士等系列软件均具有防护功能,能够实现用户浏览器主页多渠道锁定而免遭篡改。第四,就本案纠纷所涉情况,原告已针对三被告及金山毒霸软件进行了诋毁性的回应,导致大量用户卸载金山毒霸软件,故原告指控的不正当竞争行为已不复存在。

【法院裁判】

上海市浦东新区人民法院经审理认为,北京某安全软件有限公司已自认其系金山毒霸软件的经营者。北京某网络科技有限公司、北京某移动科技有限公司虽否认共同参与经营金山毒霸软件,但三被告法定代表人同一,主要办事机构所在地与联系方式相同,在通过网站及其他形式对外宣传产品时主体高度混同。加之北京某网络科技有限公司、北京某移动科技有限公司各自主办的网站均带有金山毒霸官网标记,并在首页显著位置提供金山毒霸软件的下载服务,且金山毒霸 11 软件在安装、运行过程中发送数据请求的对象网站亦分别归属于北京某网络科技有限公司、北京某移动科技有限公司,故可据此判定三被告实际共同经营金山毒霸软件,均系本案适格被告。

三被告在金山毒霸软件安装、运行及卸载过程中实施了变更网络用户浏览器主页的行为。作为安全软件以及与原告经营的一般终端软件具有直接竞争关系软件的经营者,三被告在发挥安全软件正常功能时未采取必要且合理的方式,超出合理限度实施了干预其他软件运行的行为并给其他经营者造成损害。三被告利用网络用户对其作为安全软件经营者的信任,或未告知用户,或通过虚假弹窗、恐吓弹窗变更用户浏览器主页,直接侵害了网络用户的知情权和选择权，在非法获利的同时亦使原告的合法权益及良好商誉受到实际损害。同时，三被告在通过金山毒霸软件变更网络用户浏览器主页过程中实施的区别对待行为，会使网络用户对不同浏览器的使用体验产生差异，不当影响原告产品的用户体验与评价。故三被告的上述行为除违反诚实信用原则和公认的商业道德外，亦有违平等竞争的原则，构成不正当竞争。

上海市浦东新区人民法院作出（2016）沪 0115 民初 5555 号民事判决：（1）三被告于本判决生效之日起立即停止实施本案所涉不正当竞争行为。（2）三被告于本判决生效之日起10 日内在域名为 www. duba. com、www. ijinshan. com 及 www. duba. net 网站首页顶部居中通栏位置以五号字体全文显示形式刊登声明，消除因对原告实施本案所涉不正当竞争行为所造成的不良影响，声明的内容、发布位置须经本院审核，声明须连续保留 30 日。如不履行，本院将在相关媒体发布本判决的主要内容，费用由三被告负担。（3）三被告于本判决生效之日起 10 日内连带赔偿原告经济损失 300 万元及合理费用 13, 060 元。（4）驳回原告的其他诉讼请求。

一审判决后，三被告均提起上诉。上海知识产权法院作出（2018）沪 73 民终 5 号民事判决：驳回上诉，维持原判。

【案例评析】

互联网市场竞争，向来以流量为王，而网址导航是极其重要的流量入口之一。在国内互联网环境下，网址导航网站很大程度上适应了我国互联网用户的需求，在无须记忆网址、无须进行搜索的情况下即可浏览各类网站。基于上述便捷性及易用性，网址导航网站在提供导航的过程中，能够为各类网站带去可观的流量，在互联网入口特性方面占据了十分重要的地位。网址导航经营者一方面向网络用户提供网址链接服务、页面服务（包含搜索、购物、实用信息等服务），另一方面向广告主（包括网址类、展示广告类、搜索类等）收取费用，以期实现经营上的良性循环，而用户数量和导航使用量正是其经营之本。基于用户习惯，相较于以直接键入网址、搜索或以链接等方式进入网址导航网站，被设置为用户浏览器主页显然使网站导航的使用频率更具稳定性，故能否更多占据终端用户的浏览器主页成为网址导航网站经营者获得更高经济利益的关键。

本案中，三被告所实施的行为，事实上是利用其金山毒霸作为底层安全软件优势，变更用户浏览器主页为自己经营的毒霸网址大全，上述行为客观上剥夺了用户接触、使用原告所经营的网址导航网站的机会，攫取和劫持原告流量，无疑将使原告遭受重大的经济损失。对此竞争行为，并无先例判决可予参考，又因互联网市场竞争的时不我待，亟须司法来定分止争。

对该行为的法律评价，未落入 2017 年修订的《反不正当竞争法》第二章所列举具体的不正当竞争行为范围，因此需要以《反不正当竞争法》第 2 条这一一般条款来寻求适用。法院经审理后认为：

首先，原告的合法权益确因该竞争行为受到实际损害。原告经营其2345网站导航系合法经营行为，享有相应的经营利益。三被告利用金山毒霸软件变更用户浏览器原主页2345网址导航为毒霸网址大全，直接抢夺流量导入所带来的经济利益，损及原告的合法权益。

其次，三被告该竞争行为有违诚实信用原则和公认的商业道德。本案中，三被告经营的金山毒霸软件利用其作为底层安全软件所享有的系统优先权限、网络用户对其的信任，通过多种方式擅自诱导用户或强制用户变更浏览器主页为毒霸网址大全，完全超出了底层安全软件为实现其功能所必需的行为限度。正是基于底层安全软件在计算机系统内的“特权”地位，对其竞争行为正当性判断应适用相对严格标准。三被告作为安全软件以及与原告经营的一般终端软件具有直接竞争关系软件的经营者，在发挥安全软件正常功能时未采取必要且合理的方式，超出合理限度实施了干预其他软件运行的行为并给其他经营者造成损害。以上情节足以判定三被告的竞争行为有违诚实信用原则和公认的商业道德。

最后，三被告的竞争行为侵害消费者福利。不正当竞争法维护市场公平竞争秩序，其最终目的在于通过公平竞争，使用户获得最优的商品和服务，以保护消费者福利。网络用户对浏览器主页设置拥有完全的自主决定权，直接影响网络用户的使用体验和消费福祉。金山毒霸作为底层安全软件，拥有网络用户对此类软件的天然信赖，却擅自或以虚假弹窗、恐吓弹窗等方式干预网络用户对一般网络服务的选择，未对网络用户的知情权和选择权加以充分保障，侵害了消费者福利。

据此，法院认定三被告的行为违反《反不正当竞争法》第2条第1款、第2款之规定，构成不正当竞争。

同时，三被告在通过金山毒霸软件变更网络用户浏览器主页过程中实施的区别对待行为，会使网络用户对不同浏览器的使用体验产生差异，不当影响原告产品的用户体验与评价。据此法院认定，此行为除违反诚实信用原则和公认的商业道德外，亦有违平等竞争的原则，亦构成不正当竞争。

就三被告应当承担的民事责任，法院基于对原、被告用户数、流量价值，原告获得用户的成本，被告侵权行为的持续时间、范围、主观恶意等因素的考察，确定赔偿损失金额为当时法律规定的顶格数额300万元，具备科学性，适当填补了原告的损失，提高了被告侵权行为的成本。

【典型意义】

在网络技术不断发展、网络领域竞争日趋激烈的当下，网址导航网站为各大网站带来了巨大的流量，也令各经营主体为此争夺不休。本案的审判，对底层安全软件经营者竞争行为的正当性判断标准加以厘定，对规范流量争夺行为、确立互联网领域内的竞争规则具有典型意义。本案的特殊之处还在于,案件审理时适用的是2017年修订的《反不正当竞争法》,该法第二章中并未对涉及互联网的不正当竞争行为进行列举式规制。但法院依据我国反不正当竞争法原理及《反不正当竞争法》第2条的规定,认定三被告所实施的变更网络用户浏览器主页的行为虽不属于《反不正当竞争法》第二章所列举的范围,但仍因违反诚实信用原则和公认的商业道德,扰乱市场秩序,原告的合法权益确因该竞争行为受到实际损害,从而构成不正当竞争。至2019年《反不正当竞争法》修正,顺应社会发展,推出"互联网专条"。其中的第12条第2款第2项恰与本案法院认定的不正当竞争行为相契合,因此,本案判决也对《反不正当竞争法》顺应社会发展并逐步完善起到了很好的探索作用。本案获评2018年中国法院十大知识产权案件、2018年上海知识产权十大典型案件、2018年上海法院知识产权司法保护十大案件。

【案例索引】

案号:

一审:上海市浦东新区人民法院(2016)沪0115民初5555号

二审:上海知识产权法院(2018)沪73民终5号

审判组织:

一审:杨捷、冯祥、李加平

二审:丁文联、易嘉、杨馥宇

编写人:杨捷

27

将知名游戏名称作为电影名称使用构成不正当竞争

——某出版公司诉某电影发行有限责任公司等侵害著作权、商标权及不正当竞争纠纷案

裁判要旨

文学艺术创作鼓励自由表达,任何人都不能垄断文字的表达,特别是表达有限的作品名称。电影名称通常短小精悍,反映电影的主题思想、人物、情节等,是对电影内容的高度概括和提炼。公众有利用相同的名称创作不同电影作品的自由。即使电影名称被注册为商标,也不能阻止他人将注册商标作为电影名称进行正当使用,否则将造成不合理的垄断。但文学创作的自由也有边界,不正当地使用他人作品名称仍可能构成侵权。游戏与影视剧虽处于不同领域,但在消费对象上有极大的重合。知名游戏的名称应受反不正当竞争法保护。

基本案情

原告:某出版公司

被告:某电影发行有限责任公司(以下简称某发行公司)

被告:某译制片制作有限责任公司(以下简称某制作公司)

被告:上海某传媒技术有限公司(以下简称某传媒公司)

涉案游戏《使命召唤》(*Call of Duty*)是一款由原告某出版公司最早于2003年在美国开始发售的第一人称射击系列网络游戏,现已发行16部。2012年6月15日,原告的*Call of Duty Online* V1.0.0.1由腾讯游戏独家代理运营。《使命召唤》游戏无论是在美国还是在中国均具有较高的知名度。

原告就“”美术作品于2014年1月27日在国家版权局获得登记。

原告于2013年在商标局分别注册了两个“使命召唤”商标,核定使用商品为第9类,包

括计算机游戏软件、通过视频点播服务提供的以暗示主题为特点的电影和电视节目(可下载)等;核定服务项目为第41类,包括电影制作、电影发行、在计算机网络上提供在线游戏等。

2015年3月,被告某发行公司以买断方式引进电影《狙击抢手》(*The Gunman*),并委托被告某制作公司对该影片进行汉语译制。2015年5月,涉案电影《狙击抢手》更名为《使命召唤》。2015年9月18日在国内影院发行。该电影是一部美英法合拍的动作片,讲述了一个国际组织的特工为了他的爱人想要退出组织,在完成最后一项任务后,被人追杀而在欧洲展开逃亡的故事。至2015年10月17日下映,获得票房398万余元。2015年12月被告某传媒公司获得涉案电影非独家信息网络传播权,期限至2017年12月18日。被告某传媒公司官网有涉案电影《使命召唤》的剧照、简介及播放,在电影预告片中显示的片名"使命召唤"与原告主张著作权的"使命召唤"字体相同。

"电影《使命召唤》官方微博"上有电影《使命召唤》剧照,有"电影《使命召唤》终极预告火热出炉……绝地反击,为真相而战"的宣传,有"这电影的英文名是 *The Gunman*,和 *Call Of Duty* 根本就是两个意思……"等评论。并有"不死老兵 重出江湖 泰利尔"等内容及电影剧照,在剧照中使用的"使命召唤"文字字体与原告主张著作权的"使命召唤"相同。

原告某出版公司诉称,各被告未经原告许可,将原告注册的"使命召唤"商标用作涉案电影的中文名称,构成对原告就"使命召唤"商标享有的注册商标专用权的侵害。涉案电影使用并展示的该等明显具有误导性的中文名称,与Call Of Duty/《使命召唤》知名系列游戏的中文名称相混淆,已经导致相关公众的误认,已明显构成不正当竞争。此外,涉案电影的海报和预告片中使用的"使命召唤"艺术汉字明显剽窃了原告享有著作权的美术作品,构成了对原告著作权的侵害。原告诉请判令:(1)各被告立即停止侵犯原告注册商标专用权、著作权的侵权行为及攀附原告商誉、损害原告合法权益的不正当竞争行为;(2)被告某发行公司及某制作公司在全国性报纸(《中国电影报》)上刊登声明,消除影响;(3)被告某发行公司及某制作公司连带向原告支付赔偿金200万元;(4)被告某发行公司及某制作公司连带赔偿原告支出的律师费、公证费、调查费及其他相关合理费用,共计70万元。

被告某发行公司辩称,原告提交的证据不足以证明其享有合法的著作权,原告起诉主体不适格。某发行公司不存在侵犯原告著作权、商标权及不正当竞争的行为。原告主张的赔偿金额没有事实和法律依据,主张的律师费亦不合理,不应得到支持。

被告某制作公司辩称,其不存在侵犯原告著作权、商标权及不正当竞争的行为。被告某制作公司的行为是接受被告某电影发行公司的委托对涉案影片进行汉语译制,某制作公司无权对影片名称进行更改。某制作公司译制涉案影片时,该片片名为《狙击枪手》,至于为何改名为《使命召唤》,其并不知道。某制作公司没有获得发行收益。

被告某传媒公司辩称,其经某(常州)文化传媒有限公司授权在互联网进行传播行为,涉案电影已经公开放映,某传媒公司不清楚原告诉称的情况,其没有实施侵权行为,不应承担相关责任。

【法院裁判】

上海市浦东新区人民法院经审理认为，原告主张著作权的作品“”属于受我国《著作权法》保护的美术作品。涉案电影《使命召唤》在电影发行时使用了与原告作品中完全相同的“使命召唤”美术字，并在网络上传播，侵害了原告对其美术作品享有的信息网络传播权。

关于商业标识侵权。电影名称的主要功能与商标不同，因此电影名称并不能等同于商品或服务标识。原告在第9类商品及第41类服务上注册了“使命召唤”商标，仅说明原告取得了在上述类别中的电影载体等商品及电影制作、电影发行等服务上标注“使命召唤”的专有权利，并不代表原告在电影名称上也获得了“使命召唤”的专有权。故涉案电影使用“使命召唤”不构成商标侵权。

现有证据证明涉案游戏具有较高的市场知名度和影响力，“使命召唤”在游戏领域已能与原告建立特定联系。涉案电影使用“使命召唤”的名称，属于攀附原告“使命召唤”知名游戏商誉的行为，构成不正当竞争。

关于虚假宣传。原告主张虚假宣传的表述确有不妥之处，但尚不足以构成虚假宣传。故原告的主张不予支持。

上海市浦东新区人民法院作出（2016）沪0115民初29964号民事判决：（1）被告某发行公司立即停止对原告某出版公司享有的涉案美术作品著作权的侵害；（2）被告某发行公司立即停止在涉案电影上使用“使命召唤”作为电影名称的不正当竞争行为；（3）被告某发行公司在《中国电影报》（除中缝外）上刊登声明，就其侵权行为消除影响；（4）被告某发行公司赔偿原告某出版公司经济损失30万元；（5）被告某发行公司赔偿原告某出版公司合理开支30万元；（6）驳回原告某出版公司的其他诉讼请求。

一审判决后，原告某出版公司及被告某发行公司提起上诉。上海知识产权法院作出（2018）沪73民终222号民事判决：驳回上诉，维持原判。

【案例评析】

本案涉及知名游戏名称的法律保护问题。本案所要解决的争议问题是，被告将与原告相同的游戏名称作为电影名称使用，是否侵犯原告的注册商标专有权，游戏名称能否作为有一定影响的商品名称予以保护，被告的行为是否构成擅自使用有一定影响的商品名称的不正当竞争行为。

作品名称作为文化创意领域重要的商业标志，标识特定作品系其基础功能。但作品名称一般比较短小，难以构成著作权法保护的作品，同时作品名称通常是对作品内容的高度概括和提炼，与商标的识别功能又迥然有别。因此，作品名称在创造性或者标识性（显著性）上达不到知识产权的严格要求。① 在德国，作品名称享有标题权，由《商标与其他商业标志法》第5条调整，并在具体规则上准用商标法其他条款的规定，反不正当竞争法则提供一种补充和兜底性保护。如果作品名称不能得到著作权法和商标法的保护，则可以考虑通过《反不正当竞争法》第6条第1项中作为有一定影响的商品名称进行保护，在司法实践中也已经有判例。如在《人再囧途之泰囧》案中，北京市高级人民法院认定电影《人在囧途》为知名商品，且"人在囧途"经过大量使用、宣传，能够实际上发挥区别商品来源的作用，为知名商品的特有名称。该案被告在其电影名称中使用了"人再囧途"造成相关公众的混淆误认，构成不正当竞争。② 同时，对具有较高知名度的作品名称，在商标确权中，可以主张在先权利，阻止甚至禁止他人的注册。③ 而在在先作品名称已被注册为商标的情况下，在后的作品使用与注册商标相同的名称是否构成侵害商标权，还是属于反不正当竞争法的调整范围，存在一定的争议。如在《轩辕剑传奇》案中，北京市朝阳区人民法院认为电影名称系对电影主题、内容的高度概括，仅具有描述性，并不体现电影来源，不构成商标性使用，商标侵权行为并不成立。但《轩辕剑》系列游戏作为知名商品，"轩辕剑"一词又具有很强的显著性，"轩辕剑"构成知名商品的特有名称，被告使用"轩辕剑"字样作为其电影名称的主体部分，容易导致相关公众产生误解，引起混淆，构成擅自使用知名商品特有名称的不正当竞争行为。④

商标具有专有属性，其有权禁止他人在相同或类似商品上使用与注册商标相同或近似的商标，如果给予单个的作品名称商标权的保护，将会不适当地垄断作品名称。当然，一些特定作品在特定条件下，如期刊名称，由于其经使用已经成为某种商品的代名词，已经产生了来源识别作用，其不仅是作品名称，也已经成为具有识别作品的标识，具有双重性质，因此可以受到商标法的保护。由于电影名称是对电影内容的高度概括，体现的是电影要反映的主题，而不是指代商品或服务的来源，其并不具有标识出处的功能，故在一般情况下，电影作品名称的使用并非商标性使用。本案中，《使命召唤》游戏名称被注册在商品分类第9类计算机游戏软件、通过视频点播服务提供的以暗示主题为特点的电影和电视节目（可下载），关于军事主题行动的电影胶片（已曝光）等商品，及第41类电影片的制作（娱乐服务）、电影制作、电影发行、在计算机网络上提供在线游戏等服务上。商标的功能在于标识商品或服务的来源，原告在第9类商品和第41类服务上注册商标能够指代该些商品和服务的来源，但上述商品和服务的范围并未延及游戏或电影名称。在一般情况下，单个的作

---

① 参见彭学龙：《作品名称的多重功能与多元保护——兼评反不正当竞争法第6条第3项》，载《法学研究》2018年第5期。

② 参见北京市高级人民法院民事判决书，（2013）高民初字第1236号。

③ 2017年最高人民法院《关于审理商标授权确权行政案件若干问题的规定》，在相关商品上使用具有较高知名度的作品名称和角色名称，会使公众产生误认的，名称所有人可以主张在先权利。

④ 参见北京市朝阳区人民法院民事判决书，（2015）朝民（知）初字第41020号。

品名称并不具有指示商品来源的功能，其更多的是体现文学艺术上的内涵，因此原告对其游戏名称的使用并不能等同于其在上述类别上对注册商标的使用。故原告在软件等商品和电影制作等服务上注册了商标并不能阻止他人在电影名称上合理使用与注册商标相同的商标。因此被告使用与原告注册商标相同的电影名称并不能落入原告注册商标的保护范围内。

虽然注册商标的权利范围不能延及电影名称，但不代表游戏、电影等作品名称不能作为“有一定影响的”商品名称受反不正当竞争法的保护。若要获得保护，必须满足一定的条件。包括权利人的作品是否具有较高的知名度，被控侵权方使用相同的作品名称是否具有攀附的主观恶意，被控侵权方使用相同的作品名称是否具有合理的理由，是否会造成相关公众的混淆等。本案中，《使命召唤》作为原告某出版公司开发和发行的游戏，经宣传和运营，该游戏名称已为相关公众所了解，无论是在美国还是在中国，在市场上已产生了较高知名度。该知名度的取得是原告某出版公司创造性劳动的结晶，其所带来的商业价值和商业机会也是原告投入大量劳动和资本所获得。因此，“使命召唤”已经构成有一定影响的商品名称。同时，从涉案电影的更名过程及公映前的宣传情况看，被告使用“使命召唤”作为电影名称具有一定的主观恶意。“使命召唤”的含义并没有体现涉案电影的主题和内容，涉案电影的剧情与“使命召唤”的含义完全没有关联，而原告在电影宣传中又不断以各种方式提到原告的游戏，反映出其“搭便车”的主观故意，并故意让消费者将电影与游戏联系起来，且事实上也已经造成相关消费者的混淆。因此，被告的行为属于擅自使用他人有一定影响的商品名称的不正当行为，构成不正当竞争。

作品名称是对作品内容的高度概括和提炼，一般比较简短，不具有获得著作权保护要求的独创性，公众有利用相同的名称创作不同作品的自由。即使作品名称被注册为商标，也不能阻止他人对作品名称进行正当使用，否则将造成不合理的垄断。随着文化创意产业的发展，作品名称凸显出作为商品名称的商业价值，是智力劳动和资本的凝结，不正当地使用他人有一定影响的作品名称有可能构成不正当竞争行为。对作品名称的法律保护方式的选择体现了商标法和反不正当竞争法两者不同的法益保护，也是寻求权利人和社会公众利益更好地平衡。

【典型意义】

本案的审理涉及注册商标的权利范围能否延及电影名称的使用，将他人注册在游戏上的文字注册商标作为电影名称使用时的正当性、合理性判断，以及电影名称能否作为有一定影响力的知名商品特有名称而受反不正当竞争法保护等疑难法律问题。

上海电视台、《人民法院报》、原《上海法制报》对本案判决进行了报道。本案获评 2018 年中国法院 50 件典型知识产权案例、2018 年上海法院加强知识产权保护力度典型案件。

【案例索引】

案号：

一审：上海市浦东新区人民法院(2016)沪 0115 民初 29964 号

二审：上海知识产权法院(2018)沪 73 民终 222 号

审判组织：

一审：倪红霞、叶菊芬、李加平

二审：钱光文、范静波、何渊

编写人：倪红霞

28

有一定影响的商品装潢与注册商标权利冲突的司法规制

——某贸易(中国)有限公司诉某有限公司等不正当竞争纠纷案

裁判要旨

注册商标专用权人若将注册商标作为商品装潢长期使用并具有一定影响,则有权选择反不正当竞争为法律依据主张有一定影响的商品装潢。作为同业竞争者,在明知他人的商品包装装潢有一定影响的情况下,仍然在其生产的同类商品的相同位置上使用与原告近似的标识,即便其使用的标识系其享有的注册商标,但主观过错明显,客观上足以导致消费者对商品来源产生混淆、误认,则违背了诚实信用原则和公认的商业道德,侵害原告的在先权益,构成不正当竞争。

基本案情

原告:某贸易(中国)有限公司(以下简称某贸易公司)

被告:某有限公司(以下简称某公司)

被告:赵某某

原告是美国某公司体育运动产品在中国的总代理商,经美国某公司授权使用第 175152 号“NB”商标、第 175153 号“NEW BALANCE”商标、第 5942394 号“N”商标,非独占使用在“New balance”运动鞋两侧的“N”字母装潢,并享有诉权。自 2004 年起即有生效判决查明,美国某公司在其运动鞋两侧中央位置(接近鞋带)上使用了“N”标识,其在产品宣传中也突出宣传该“N”标识。亦有生效判决查明美国某公司的“New balance”运动鞋至少自 1995 年开始即在中国境内进行生产销售。“New balance”运动鞋两侧突出使用了大写、粗体的英文字母“N”标识。“New balance”运动鞋专卖店在全国范围内开设店铺,在包括网络、报纸、杂志等各种媒体持续宣传时均突出展示了鞋两侧 N 字母装潢。

被告某公司的法定代表人系泉州市某班伦体育用品有限公司(以下简称某体育用品公

司)的绝对控股股东。某公司持有多个“斜杠N”系列注册商标:1997年5月8日核准注册的第997335号“”商标、2007年8月7日核准注册的第3954764号“”商标、2008年8月21日核准注册的第4236766号“”商标均经某体育用品公司转让至某公司名下。被告某公司在全国范围内有2000余家店铺,有实体店和网店,其大规模开店自2011年开始。

在上海市多个区域以及北京市、江苏省等多地均有标有“NEW·BARLUN某巴伦”“NEW·BARLUN”“N NEW·BARLUN某巴伦”等字样的店铺,这些店铺多为被告某公司的授权经销商。其中一家店铺即为被告赵某某经营的店铺。从这些店铺中公证购买的运动鞋款式、尺码、颜色各不相同,但整体观之,所有公证实物均在鞋两侧显著位置印有斜杠N标识。

2006年4月13日,浙江省杭州市中级人民法院(2004)杭民三初字第393号民事判决书认为,美国某公司将N字母作为标识在其运动鞋的两侧中央位置(接近鞋带)上突出使用,经过其反复、长期宣传、使用,使本来不具有固有或天然的区别性的“N”商业标识,因为继续使用等产生了区别性,在消费者心中与特定厂家的特定产品联系起来,已经具有了另外的标识特定商品的意义,成为区分美国某公司与其他运动鞋企业产品的重要商业标识。2012年4月23日,上海市黄浦区人民法院(2010)黄民三(知)初字第368号民事判决书认为,“New balance”运动鞋系知名商品,“New balance”鞋两侧中央位置靠近鞋带处使用大写、粗体的“N”字母标识,属于知名商品的特有装潢。某体育用品公司在鞋两侧使用“N”图形标识与“New balance”运动鞋的“N”字母整体相似,构成对美国某公司的不正当竞争。原告的知名商品特有装潢形成时间早于被告的第4236766号注册商标专用权的形成时间。在两者因相似而可能造成相关消费者混淆的情况下,某体育用品公司应当采取附加区别性标识的方式使用第4236766号注册商标,对已在先形成的知名商品特有装潢予以避让,避免消费者混淆。

原告某贸易公司诉称,被告某公司经营、被告赵某某销售印有斜杠N标识的行为,侵犯了原告有一定影响的鞋两侧N字母商品装潢,构成不正当竞争。原告诉请判令:(1)两被告立即停止不正当竞争行为;(2)被告某公司赔偿原告经济损失及原告为制止侵权行为的合理支出共计3000万元;(3)被告赵某某赔偿原告经济损失及原告为制止侵权行为的合理支出共计50万元,被告某公司对此承担连带责任;(4)两被告在《中华工商时报》非中缝版以及新浪网首页位置刊登公告消除影响。

被告某公司辩称,其享有第997335号“”、第4236766号“”注册商标专用权,商标合法有效,其在核准商品项目类别上使用注册商标的行为符合法律规定,不存在侵犯他人合法权益或权利的情形。

【法院裁判】

上海市浦东新区人民法院经审理认为:首先,本案纠纷在于被告“斜杠 N 标识”在运动鞋两侧使用的装潢是否具有违法性,原告作为美国某公司在中国的总代理商,与被告某公司存在实际竞争利益,美国某公司与原告约定本案由原告行使相关诉讼权益,故某贸易公司系本案适格原告。

其次,“New balance”运动鞋两侧 N 字母装潢能否作为有一定影响的商品装潢受到保护的问题。(1)“New balance”运动鞋在中国境内销售时间长、销售区域广、销售对象多、销售金额大且持续宣传的时间久、范围广、程度深,并屡次获得司法和行政保护,“New balance”运动鞋具有较高的知名度。(2)“New balance”运动鞋绝大多数鞋款均使用了在鞋两侧 N 装潢,该装潢包含两个要素:其一,位置要素,即鞋两侧中央靠近鞋带处;其二,图形要素,即“N”字母,该图形要素与原告的第 5942394 号“N”商标图形一致。虽然视觉效果上仅为大写、加粗的 N 字母图形,显著性和识别性并不强,原本不具有固有标志识别特定商事主体或商品的含义,但是美国某公司及原告在广告宣传中大量且长期地通过展示“运动鞋两侧 N 字母装潢”来进行商品宣传,已经足以使相关公众将运动鞋两侧使用“N 字母装潢”的商品与“New balance”运动鞋相联系,使该装潢具有了识别商品来源的显著特征,具有显著性。(3)证据显示,原告“New balance”运动鞋两侧 N 装潢在被告第 4236766 号注册商标申请日之前(2004 年 8 月之前)就已经形成“有一定影响的商品装潢”。(4)在被诉侵权行为可能同时构成商标侵权及不正当竞争时,属于请求权竞合。在涉及请求权竞合的案件中,权利人可以明确择一法律关系对涉案行为进行主张。本案原告明确主张通过《反不正当竞争法》而非《商标法》保护其权益,已经就法律保护依据进行了选择,并无不当。

最后,被控侵权标识在鞋两侧的使用方式与原告鞋两侧的 N 字母装潢构成近似,被告某公司生产或授权经销的运动鞋与原告的“New balance”运动鞋,在鞋两侧所使用的“斜杠 N 标识”或“N 字母”均为各自装潢中最主要、最显著的部分。某公司使用的标识虽系其注册商标,但作为同业竞争者,在明知原告的“New balance”运动鞋两侧 N 字母装潢具有一定影响的情况下,仍然在其生产的同类商品的相同位置上使用与原告近似的标识,其攀附原告商誉、造成市场混淆的主观过错明显,客观上足以导致消费者对商品来源产生混淆、误认,违背了诚实信用原则和公认的商业道德,侵害原告的在先权益,构成不正当竞争。

上海市浦东新区人民法院作出(2017)沪 0115 民初 1798 号民事判决:被告某公司立即停止对原告“New balance”运动鞋两侧 N 字母装潢的不正当竞争行为;就其不正当竞争行为在《中华工商时报》非中缝版刊登声明,消除影响;赔偿原告经济损失 1000 万元及合理费用 80 万元;驳回原告的其他诉讼请求。

一审判决后,被告某公司提起上诉。上海知识产权法院作出(2020)沪 73 民终 327 号民事判决:驳回上诉,维持原判。

【案例评析】

本案涉及注册商标与有一定影响的商品装潢冲突下的司法处理，二者系不同的权利，具有不同的权利属性，但难免存在权利冲突。本案从诚实信用原则出发，为二者的权利冲突之司法解决方式提供了思路。

一、注册商标与有一定影响的商品装潢之异同

从功能性上来说，注册商标存在之本质即为一种识别性标记，目的是建立起商品或服务与市场提供者之间的联系，以便消费者区分商品来源。而商品装潢的原本功能性目的只是修饰、美化商品以激发消费者的购买欲望，但在经营者的长期使用下，有一定影响的包装装潢亦承载了能够识别商品或者服务来源的功能，也能够便于消费者区分商品来源。需要注意的是，《反不正当竞争法》于 2017 年修订后，用“有一定影响的商品名称、包装、装潢”的表述替代了原“知名商品特有的名称、包装、装潢”的表述，修订后的表述更突出强调了保护的价值在于包装装潢的识别性。正因二者在识别商品来源作用的方面存在共性，对包装装潢相似性的判断可参考商标相同或近似的判断方法。在相同商品上使用相同或者视觉上基本无差别的商品名称、包装、装潢，应当视为足以造成和他人知名商品相混淆。而就“影响力”的问题，装潢附着在商品之上，判断商品装潢是否有一定的影响，其所指向商品本身的知名度系重要的衡量因素之一。商品的知名度可以从商品的销售时间、销售区域、销售额和销售对象，进行宣传的持续时间、程度和地域范围，作为知名商品受保护的情况等因素进行综合判断，这与判断商标知名度的方法也较为相似。

虽注册商标与有一定影响的商品装潢二者均有识别商品或者服务来源的作用，但二者之异则在于注册商标专用权系经过行政授权程序取得，“有一定影响的商品装潢”系因其使用而产生了相应的识别价值，法律因此给予保护的民事权益。两种权利或权益的取得路径不同，注册商标专用权由《商标法》予以保护，而“有一定影响的商品装潢”由《反不正当竞争法》保护，两种法律对类似的功能进行分别规定，不可避免会存在权利冲突。一旦二者出现冲突，很容易造成市场混淆，使消费者难以确定商品来源，损害经营者和消费者的利益。

二、注册商标与有一定影响的商品装潢权利冲突的几种情形及司法处理思路

如上文所述，注册商标与有一定影响的商品装潢难免存在权利冲突。从本案来看，被告某公司的一项抗辩是，既然原告的 N 字母商标核准注册有效，原告无权再就同样的标识提起不正当竞争之诉；另一项抗辩则是其在运动鞋两侧使用的“斜杠 N 标识”与其第 4236766 号“N”注册商标基本一致，被告即认为，既然己方对其注册商标享有注册商标专用权，即便原告的“New balance”运动鞋两侧 N 字母装潢具有一定影响，被告也有权使用其商标标注在其商品之上。这两项抗辩正体现了两种商业标识出现权利冲突的具体情形，对这些不同情形权利冲突的司法处理分述如下。

(一)注册商标权利人能否以反不正当竞争法为法律依据主张有一定影响的商品装潢

在涉及请求权竞合的案件中，权利人可以明确择一法律关系对涉案行为进行主张。这一点在其他的司法案件中亦有体现，[①]法院亦认为有一定影响的包装、装潢与外观设计专利属于两种不同的权利，当事人有权选择适用。“有一定影响的商品装潢”系《反不正当竞争法》明确规定的受保护权益，其与注册商标权分属彼此独立的知识产权类型。相关司法解释也明确在先取得的合法权益包括商标权、知名商品特有装潢等。商标权与“有一定影响的商品装潢”在构成要件、形成时间、权利客体、保护范围及期限等方面均不同。二者虽然均属于商业标识，但“有一定影响的商品装潢”还包括位置、在商品上的呈现方式等综合要素。特别是根据当时的《商标法》第36条规定，经审查异议不成立而准予注册的商标，商标注册申请人取得商标专用权的时间自初步审定公告3个月期满之日起计算。自该商标公告期满之日起至准予注册决定作出前，对他人在同一种或者类似商品上使用与该商标相同或相近似的标志，无法通过商标侵权进行法律救济。因此，在被诉行为可能同时构成商标侵权及不正当竞争时，两种请求权基础不同，属于请求权竞合，可择一主张。

本案中，原告主张的有一定影响的商品装潢与其第5942394号注册商标都均具有“N”字母，原告把第5942394号“N”商标放置于运动鞋两侧，既是展示商品的商标，同时又作为商品的装潢。在“N”字母标识在商品上同时体现两种功能的情况下，原告选择适用《反不正当竞争法》保护已构成有一定影响的商品装潢的民事权益，并无不当。

(二)注册商标专用权人在商品上使用其注册商标是否当然具有不可归责性

任何权利都有其边界，商标权亦不例外。享有商标专用权不代表其拥有对商标进行使用的绝对权利，商标专用权与其他的知识产权一样，系专有权，即排他性权利。对商标权与其他权利可能存在的冲突，我国已有相应的规定。如《商标法》就规定，申请注册的商标，应当有显著特征，便于识别，并不得与他人在先取得的合法权利相冲突。2008年最高人民法院《关于审理注册商标、企业名称与在先权利冲突的民事纠纷案件若干问题的规定》亦提到，原告以他人注册商标使用的文字、图形等侵犯其著作权、外观设计专利权、企业名称权等在先权利为由提起诉讼，符合《民事诉讼法》第108条规定的，人民法院应当受理。2017年《反不正当竞争法》第6条规定：“经营者不得实施下列混淆行为，引人误认为是他人商品或者与他人存在特定联系：(一)擅自使用与他人有一定影响的商品名称、包装、装潢等相同或者近似的标识……”可见，被控侵权行为是否为注册商标的使用行为，不构成不正当竞争案件的抗辩事由。只要被告在后的标识使用行为与他人在先有一定影响的商品装潢构成近似，容易导致消费者混淆，就构成不正当竞争。就本案而言，虽然被告某公司享有第4236766号“N”注册商标的专用权，但若其在商品上使用该商标的行为落入了其他在先权利(益)的保护范围内，仍然应当承担相应的责任。

---

① 参见上海市浦东新区人民法院民事判决书，(2018)沪0115民初28722号。

（三）诚信原则的适用——权利冲突解决之判断准则

诚实信用作为民商事活动的黄金准则，在解决权利（益）冲突的问题上，亦可作为判断准则予以适用。判断市场经营者是否诚实信用，应遵循两项规则：一是保护在先权益，二是防止市场混淆。

1. 保护在先权益，立足于保护在先的合法权利或利益，制止的是对已经存在的他人合法权益的侵害。对“在先”的判断，权利（益）形成的时间尤为重要。注册商标有明确的申请、公告和核准时间，而“一定影响的商品装潢”之权益是通过经营者的使用而逐步形成的，在司法实践中需要依据大量证据进行个案分析以确定其形成的时间。本案中，结合原告提供的大量知名度证据以及有关的民事、行政判决，均可以认定原告的鞋两侧N字母装潢在被告的第4236766号“”注册商标申请日之前已经形成“有一定影响的商品装潢”。反观被告，并未提供证据证明上述注册商标申请日之前，已经将该标识使用在鞋两侧中央靠近鞋带处。可见某公司使用的斜杠N标识虽系其注册商标，但原告的鞋两侧N字母装潢使用在先。那么，在被告取得商标专用权之后，理应对在先形成的鞋两侧N字母装潢进行合理的位置避让。

2. 防止市场混淆，即需要通过防止误导或者混淆维护公平竞争的市场秩序。如前文所述，注册商标与有一定影响的商品装潢都有识别商品来源的功能。欲解决二者冲突，需要回归两种商业标识之本质，判断权利人在使用其权利时不会导致公众的误导或者混淆。具体到本案中，需要判断的是，在运动鞋两侧相近似位置的两种标识使用行为是否容易导致消费者的混淆。经比对，原、被告的两种标识区别并不明显，均系大写的英文字母N的视觉效果，均使用在同种产品即运动鞋上，且使用的位置均位于鞋两侧中央靠近鞋带处。结合原告提供的证据，大量消费者产生了实际混淆，误以为被控侵权产品为“New balance”运动鞋而予以购买。考虑原告运动鞋的较高知名度，这种混淆是普遍存在的。

3. 主观过错的认定。被告的标识使用行为是否构成不正当竞争，除以上两点因素需要考虑外，还可结合被告的主观程度进行判断。认定“New balance”运动鞋系知名商品特有装潢已有生效判决，而被告某公司与上述生效判决的当事人存在关联，理应知晓相关情况。在此情况下某公司仍然受让第4236766号注册商标并继续大规模生产销售侵害原告N字母装潢的运动鞋产品，主观过错明显。

综上，被告某公司使用的标识虽系其注册商标，但作为同业竞争者，在明知原告的“New balance”运动鞋两侧N字母装潢具有一定影响的情况下，仍然在其生产的同类商品的相同位置上使用与原告近似的标识，其攀附原告商誉、造成市场混淆的主观过错明显，客观上足以导致消费者对商品来源产生混淆、误认，违背了诚实信用原则和公认的商业道德，侵害原告的在先权益，构成不正当竞争。

【典型意义】

有一定影响的商品装潢权益与注册商标权分属彼此独立的知识产权类型,可作为不同的民事权利(益)并存且分别作为提起侵权诉讼的请求权基础。使用注册商标的行为,如果侵害了在先知名商品特有装潢的权益,根据保护在先权利及诚实信用原则,可认定构成不正当竞争。本案获评 2022 年上海法院加强知识产权保护力度典型案件,案例分析获评全国法院系统 2022 年度优秀案例分析二等奖。

【案例索引】

案号:

一审:上海市浦东新区人民法院(2017)沪 0115 民初 1798 号

二审:上海知识产权法院(2020)沪 73 民终 327 号

审判组织:

一审:金民珍、徐俊、孙闫

二审:胡宓、杜灵燕、易嘉

编写人:孙闫、王琳泷

29

境外企业英文字号简称可认定为有一定影响的企业名称

——某公司等诉深圳市某影业有限公司不正当竞争纠纷案

裁判要旨

境外企业的英文字号、英文字号简称以及在中国使用的中文字号，经过该企业在中国长时间的持续使用和广泛宣传，在相关领域内具有较高知名度，为相关公众所知悉，可以认定为有一定影响的企业名称。他人擅自使用上述企业英文字号、英文字号简称以及在中国使用的中文字号，引人误认为是境外企业商品或者与境外企业存在特定联系的，构成不正当竞争。

基本案情

原告：某电影公司

原告：某公司

被告：深圳市某影业有限公司

某集团是20世纪初美国好莱坞八大电影公司之一，于1924年在美国成立。某集团及其关联公司使用的英文企业字号为“METRO-GOLDWYN-MAYER”，简称“MGM”。在中国，该集团的中文字号以米特罗、高德温及梅耶三家公司的中文译名首字组合而成，即“米高梅”。两原告皆为某集团旗下公司。

某集团及其影片很早进入中国市场，自1953年起，中国媒体即以“米高梅公司”指代某集团及其关联公司，部分报道中还以“MGM”作为某集团的英文简称，少部分报道则以“Metro-Goldwyn-Mayer”作为其名称。

自2007年至今，某集团参与投资、制作、发行的《007：大战皇家赌场》《007：大破量子危机》等影片在中国公映，取得了较高的票房。在上述影片部分电影海报中印有“MGM”标识，在部分海报中还印有“美国米高梅影片公司出品”字样。影片《007：大战皇家赌场》《007：大战天幕杀机》等在我国以光碟形式出版发行。在这些出版物封面、封脊、封底、光碟盘面以及正片内容中多标注了“MGM”标识，其版权标记中标注了“METRO-GOLDWYN-MAYER STUDIOS INC.”，或标注包含了“METRO-GOLDWYN-MAYER”的某集团关联公司名称。

2017 年 2 月 27 日，在爱奇艺、PPTV、乐视、响巢看看、腾讯视频等网站上，提供某集团投资、制作、发行的《大饭店》等影片的在线播放服务。这些电影的出品时间跨度从 20 世纪 30 年代直至 2016 年，在其片头、片尾的版权标记中均包含了“METRO-GOLDWYN-MAYER”字样，部分还标记了“MGM”字样。

被告深圳市某影业有限公司成立于2008 年 11 月 17 日，注册资本为2000 万元，经营范围为投资电影院（不含电影放映，具体项目另行申报）、投资影视剧（不含电影放映、制作）、影视设备的研发及销售等。被告企业名称原为深圳市某数码影院有限公司，其于2013 年 6 月 17 日变更企业名称为现名称。被告还注册并使用域名 mgmchn. com 及 mgmchn. cn。

被告在其经营活动中，存在以下涉案行为：(1) 于 2013 年 6 月 17 日变更原企业名称深圳市某数码影院有限公司为现名称，即深圳市某影业有限公司；(2) 于 2013 年 6 月 22 日注册域名 mgmchn. com、mgmchn. cn 并使用，上述网站用于宣传、推广其加盟、开办米高梅影城业务，在此过程中使用“MGM”“米高梅”“METRO GOLDWYN MAYER”等标识；(3) 在其主办的上述两个域名的网站、微博、微信公众号中使用“MGM”“米高梅中国”“米高梅（中国）影业”“米高梅”等标识，用于宣传、推广米高梅影城加盟业务，其中还以“米高梅中国”“米高梅（中国）影业”“米高梅影业”“米高梅”等自称，未规范使用其企业名称“深圳市某影业有限公司”；(4) 在其办公场所的装潢、悬挂证书、发放的副券、名片及宣传册中使用“MGM”“米高梅”“米高梅影业”“METRO-GOLDWYN-MAYER”等标识，并以“米高梅”“米高梅影业”“米高梅（中国）影业”“MGM（CHINA）FILMS LTD”等自称；(5) 在上述网站、微博、微信公众号及其办公场所的装修、悬挂证书、发放的副券、名片及宣传册中，使用“米高梅品牌背景”“米高梅发展历史”“米高梅与奥斯卡”“米高梅日前与美国某电影公司等国际权威机构建立多元化合作伙伴关系”“米高梅品牌在中国唯一授权单位”“METRO GOLDWYN MAYER 米高梅旗下巨星云集 至今拥有170 项奥斯卡奖 米高梅是好莱坞最负盛名的电影公司之一”“百年米高梅”“深圳市某影业有限公司进入中国以来”“米高梅第四代影院，第四代影院的概念由米高梅娱乐集团在美国娱乐之都拉斯维加斯创立，曾在北美地区引起了广泛关注”“米高梅（中国）影业提供影院加盟运营全套服务……米高梅一方面将美国先进的影院商业模式成功引入国内，成为中国影院产业转型升级的引领者；另一方面也将众多国内优秀电影大片，输出到美国，架起了一座中美两国文化交流的桥梁，被美国总统奥巴马称为中美两国文化交流的使者”“米高梅诞生于世界电影诞生的时代”等文字描述，使用某集团旗下知名艺人经典合影以及“百年电影　百年米高梅”视频等，明示或暗示其与某集团及两原告存在授权许可或其他特定关系；(6) 除北京市、上海市外，在经其授权加盟的全国其他地区的米高梅影城的店招、店内装饰、指示牌、广告、电脑屏幕、电影票、

VIP 卡、会员卡、名片等上使用了"米高梅""MGM""mgm"等标识;(7)申请注册多个与原告米高梅公司第 1147898 号、第 5144810 号、第 879822 号及第 879825 号注册商标相同或近似商标等。

两原告诉称,原告某电影公司是原告某公司的母公司,是美国领先的娱乐公司,为全球观众开发、投资、制作和发行优质的视听内容。1924 年,由三家公司合并后形成名为"METRO-GOLDWYN-MAYER"的新公司,简称"MGM",即某集团。某集团是世界上历史最悠久的电影制片集团之一,其使用的雄狮标识从 1924 年某集团成立起就一直与米高梅品牌紧密联系。在某集团成立至今的近百年历程中,已经因向全球观众开发、投资、制作和发行优质的视听内容而获得了极高的知名度。因某集团在中国相关公众中具有极高的知名度和美誉度,其使用的中英文企业名称以及商号、简称应当得到相应的法律保护,包括且不限于"米高梅""MGM""METRO-GOLDWYN-MAYER"等。被告与两原告及某集团全无关联,在成立之始的 2008 年,其企业字号并不是"米高梅"。但其后为攀附某集团,被告恶意将企业字号变更为"米高梅"。经查,被告以"米高梅""MGM"以及相关雄狮标识于中国各地授权第三方开办米高梅影院,其中在中国上海市即授权两案外人开办米高梅国际影城。在上述影院装潢、会员卡、电影票、海报以及被告提供的副券、工作人员名片、宣传册等上使用了侵害两原告权利的"米高梅""MGM"及雄狮图案。同时,被告还注册、使用了域名为 mgmchn. com 及 mgmchm. cn 的网站用于宣传、开拓影院加盟业务,其在宣传中假借米高梅集团商誉,还实施了相关的虚假宣传行为。被告上述行为构成不正当竞争,应当承担本案两原告主张的全部民事责任。两原告诉请判令:(1)被告立即无条件移转 mgmchn. cn、mgmchn. com 域名至原告某公司名下;(2)被告立即撤回或注销第 1147898 号等注册商标申请或注册;(3)被告立即停止实施针对两原告的涉案不正当竞争行为;(4)被告针对除北京市外的全国范围内的不正当竞争行为赔偿原告某公司经济损失及为制止侵权所支出的合理开支 300 万元;(5)被告公开消除因本案侵权行为给两原告造成的不良影响。

被告深圳市某影业有限公司辩称,"米高梅""MGM"字号不属于两原告独享,经检索,在中国和美国均有其他相同和近似的企业名称存在。根据法律规定,若构成仿冒,需要以误导公众为要件,而被告行为没有误导公众,故不构成不正当竞争。被告在宣传的显著位置规范使用了企业名称的全称。被告业务与两原告业务不存在竞争,双方不是竞争者关系,不会构成不正当竞争。就赔偿数额,被告认为不能依据其与案外公司的合同来推定其收益,两原告主张的赔偿金额明显过高。

【法院裁判】

上海市浦东新区人民法院经审理认为:(1)两原告字号"米高梅"属有一定影响的企业名称。被告在与某集团及两原告没有任何授权及关联关系的情况下,使用"米高梅"字号,并从事授权加盟、开办米高梅影城项目,足以引人误认为其与某集团及两原告间存在特定联系,产生混淆,因此该行为已构成不正当竞争。(2)经某集团及两原告的持续经营及使用,“MGM”英文字号简称在娱乐业领域,特别是电影业领域享有很高知名度,为相关公众所知悉,具有一定影响。被告在与某集团及两原告全无关联的情形下,为商业目的使用“mgm”注册域名,并用于推广米高梅影城加盟业务,故意造成与某集团及两原告提供服务的混淆,其攀附某集团及两原告商誉的恶意显而易见。故被告注册、使用涉案域名的行为构成不正当竞争。(3)“METRO-GOLDWYN-MAYER”英文企业字号在娱乐业领域,特别是电影业领域享有较高知名度,为相关公众所知悉,系具有一定影响的企业名称。被告使用的“METRO GOLDWYN MAYER”与两原告请求保护的“METRO-GOLDWYN-MAYER”标识,除其单词间横杠外,并无实质性差别。被告将上述标识用于其授权加盟、开办米高梅影城项目,足以引人误认为其与某集团及两原告间存在特定联系,产生混淆,该行为亦构成不正当竞争。(4)被告在其网站、微博、微信公众号及办公场所的装潢、悬挂证书、发放的副券、名片及宣传册中,使用“米高梅品牌背景”“米高梅发展历史”“米高梅与奥斯卡”“米高梅目前与美国米高梅电影公司等国际权威机构建立多元化合作伙伴关系”“米高梅品牌在中国唯一授权单位”“METRO GOLDWYN MAYER 米高梅旗下巨星云集 至今拥有 170 项奥斯卡奖 米高梅是好莱坞最负盛名的电影公司之一”“百年米高梅”“深圳市某影业有限公司进入中国以来”等文字描述,使用某集团旗下知名艺人经典合影以及“百年电影　百年米高梅”视频等用于宣传,明示或暗示其与某集团及两原告存在授权许可或其他特定关系。上述行为属虚假或者引人误解的商业宣传,足以欺骗、误导消费者,已构成虚假宣传的不正当竞争行为。

上海市浦东新区人民法院作出(2017)沪 0115 民初 85362 号民事判决:(1)被告于判决生效之日起立即停止实施涉案不正当竞争行为;(2)被告于判决生效之日起 30 日内将域名 mgmchn. cn 及 mgmchn. com 移转至原告某公司名下,由原告某公司注册使用;(3)被告于判决生效之日起 30 日内变更企业名称,并不得在变更后的企业名称中使用“米高梅”字样;(4)被告于判决生效之日起 10 日内赔偿原告某公司经济损失及为制止侵权所支出的合理开支合计 300 万元;(5)被告于判决生效之日起 60 日内开始在《环球银幕》上连续三期发表声明,消除因实施本案侵权行为给两原告造成的不良影响;(6)驳回两原告的其他诉讼请求。

一审判决后,原、被告均未提起上诉。

【案例评析】

近年来我国文娱产业蓬勃发展,其中的影视行业作为支柱,亦取得了跨越式的进步。在行业高速发展之时,市场主体的品牌意识也越发强烈,近年来可见的连锁品牌影院如雨后春笋般冒出。当市场培育出品牌意识之后,“傍名牌”“搭便车”的现象必然会发生。本案涉及的就是一个典型的影院行业“傍名牌”行为,而且这个案件最明显的特点是原告在影视行业具有非常高的知名度，“米高梅”以及电影片头吼叫的雄狮形象可谓是家喻户晓。被告行为属全方位“傍名牌”，其在企业名称、标识使用、域名设置以及宣传推广中全面攀附原告，恶意明显。

本案中值得探讨的法律问题是，原告主张“MGM”系其企业英文字号简称，被告擅自使用上述“MGM”，构成不正当竞争。在反不正当竞争法上，对企业名称的保护在我国司法实践中有一个演进的过程。1993 年《反不正当竞争法》第 5 条规定：“经营者不得采用下列不正当手段从事市场交易，损害竞争对手：……（三）擅自使用他人的企业名称或者姓名，引人误认为是他人的商品……”这是最早的关于侵害企业名称的仿冒条款，该条款规定相对简单，在之后的司法实践中产生了一定程度的争议。比如这里保护的企业名称的范围到底有多大？是企业名称全称，还是字号，还是简称，抑或外文名称也能获得保护？1993 年《反不正当竞争法》适用 20 多年后终迎来修订，2017 年修订的《反不正当竞争法》第 6 条规定：“经营者不得实施下列混淆行为，引人误认为是他人商品或者与他人存在特定联系：……（二）擅自使用他人有一定影响的企业名称（包括简称、字号等）、社会组织名称（包括简称等）、姓名（包括笔名、艺名、译名等）……”从上述条款的变化中可以看出，与 1993 年《反不正当竞争法》相比，修订后的关于侵害企业名称的仿冒条款有如下特点：一是提出了企业名称须有一定影响的要求；二是进一步明确了企业名称的范围；三是仿冒行为后果中增加了与他人存在特定联系的情形。

究其根本，这里保护的企业名称，就是企业的商号，商号使用的目的在于区别市场经营主体。据世界知识产权组织《关于反不正当竞争保护的示范规定》的注释，商号的作用是识别企业及其经营活动，并将自己与其他企业或者其他企业的经营活动区别开来。基于此，企业在经营活动中使用的与企业名称有关的标识，且该标识起到了区别于其他企业经营活动的目的，则该标识就可依据仿冒条款进行保护。因此，本案中法院对此行为的评判遵循了以下要件：

一、企业外文字号简称在国内使用后已具有识别性

“MGM”是某集团及两原告英文企业字号“METRO-GOLDWYN-MAYER”三个英文单词首字母组成的英文企业名称简称，故其与原告企业名称存在关联。根据在案证据，从某集团进入中国市场后，就以“MGM”作为其英文企业名称简称使用，其方式为在电影海报、出版物、电影片头、片尾等载体上使用“MGM”指代某集团及其关联公司，且在媒体报道中亦以“MGM”指代某集团。由此，“MGM”已具备识别性，可用于识别两原告及其经营活动，并与其他企业经营活动区别。

二、该企业外文字号简称具有一定影响

经某集团及两原告在国内的持续经营及使用，该“MGM”英文企业名称简称在娱乐业领域，特别是电影业领域享有很高知名度，为相关公众所知悉。因此法院判定其具有一定影响，某集团及两原告对“MGM”享有合法有效的民事权益。

三、被告行为属擅自使用，且引人误认为是原告提供的服务或者与原告存在特定联系

涉案被控侵权域名主要以及具有显著性的部分"mgm"与两原告享有合法权益的"MGM"文字构成、排列顺序完全相同，仅存在字母大小写的差别，故已构成相同，足以造成相关公众的误认。被告对"mgm"不享有权益，也无注册、使用该域名的正当理由。而被告在与某集团及两原告全无关联的情形下，为商业目的使用"mgm"注册域名，并用于推广米高梅影城加盟业务，故意造成与某集团及两原告提供服务的混淆，足以使他人误认为是原告提供的服务或与原告存在特定联系。

故法院根据以上要件事实，最终认定被告的行为构成不正当竞争，并承担相应的法律责任。

【典型意义】

本案对境外企业在国内使用的英文字号简称实施保护，进一步明确构成仿冒的不正当竞争行为的要件及侵权后果，使司法实践对企业名称的保护更为全面。本案两原告系美国企业，被告为中国企业，但法院仍对境外企业在知识产权上予以了平等保护，体现了国内司法对国内外权利人一视同仁。在判赔额上，法院基于案件事实全部支持了原告诉请金额，也切实维护了境外企业在我国经营的合法权益。本案获评 2019 年上海法院加强知识产权司法保护力度典型案件。

【案例索引】

案号：

一审：上海市浦东新区人民法院(2017)沪 0115 民初 85362 号

审判组织：

一审：宫晓艳、邵勋、杨捷

编写人：杨捷

30

网络抢购服务不正当性的判定

——上海某国际金融资产交易市场股份有限公司等诉西安某软件科技有限公司不正当竞争纠纷案

裁判要旨

经营者提供的网络抢购服务应当遵循《反不正当竞争法》"互联网专条"之规定，不得利用技术手段，通过影响用户选择或者其他方式，妨碍、破坏其他经营者合法提供的网络产品或者服务的正常运行。在网络抢购服务不属于该条列明的具体行为类型从而适用兜底条款进行评价时，除应考量其对目标平台及用户是否造成损害外，还应审查是否具有不正当性。若网络抢购服务利用技术手段，为目标平台的用户提供不正当抢购优势，破坏目标平台既有的抢购规则并刻意绕过监管措施，对目标平台的用户黏性和营商环境造成严重破坏，应认定构成不正当竞争。

基本案情

原告：上海某国际金融资产交易市场股份有限公司

原告：上海某互联网金融信息服务有限公司

被告：西安某软件科技有限公司

两原告共同运营"陆金所"平台，并在该平台内提供债权转让产品的交易服务。债权转让产品由购买理财产品的用户转让而产生，其转让价格、约定出借利率、投资期限等各不相同，产品数量有限且发布时间不固定。因此，"陆金所"平台用户需要经常登录浏览可供购买的债权转让产品信息，并通过产品详情页内的"立即投资"选项，在输入交易账号、交易密码和验证码后对中意的产品进行抢购。为确保用户在抢购债权转让产品时享有公平竞争的机会，两原告对平台用户的交易行为采取了一定的监管措施。除通过发送站内信提示用户不得向辅助抢购软件泄露账户信息外，两原告还对平台内成交耗时显著过短的用户采取复杂化验证码等方式规避利用辅助软件进行抢购的行为。

被告运营"掌上陆智投"微信小程序、"陆智投"安卓手机应用以及"陆智投科技"网站等互联网载体,向用户提供名为"陆金所代购工具"的网络抢购服务。用户通过上述载体安装"陆金所代购工具"后,预先输入用户名、登录密码、交易密码等信息,设定所需购买的产品金额范围后即可启动抢购任务。该抢购工具会通过安卓模拟器登录"陆金所"平台,对发布的债权转让产品信息不断进行刷新,并根据用户设定的金额范围自动筛选,对符合条件的债权转让产品自动提交购买申请。在此期间,用户无须再行登录"陆金所"平台,直至最终确认交易即可。相较于通过手动方式抢购的用户,使用"陆智投代购工具"的用户在浏览筛选产品信息、作出交易判断和完成交易流程等环节上均具有一定的时间优势,其对债权转让产品的抢购成功概率大幅提升。同时,"陆智投代购工具"还对自动抢购的成交耗时进行程序控制,使其尽可能接近并略微领先于正常人工抢购的成交耗时,避免因成交耗时显著过短而受到"陆金所"平台的监管。受"陆智投代购工具"的影响,多位用户向"陆金所"平台投诉其无法正常进行债权转让产品的抢购。

两原告共同诉称,被告提供的抢购服务不仅破坏了两原告平台的公平交易规则,剥夺了其他会员的公平交易机会,也令两原告通过会员制度建立的市场优势受到损害,构成不正当竞争。原告诉请判令:(1)被告立即停止涉案不正当竞争行为;(2)被告公开发布声明,消除因涉案不正当竞争行为造成的不良影响;(3)被告赔偿原告经济损失及为维权支付的合理开支共计50万元。

被告西安某软件科技有限公司辩称,原、被告双方并非同业经营者,不存在竞争关系。被告提供的抢购服务是在用户授权的前提下为其高效购入两原告平台的债权转让产品,本质上属于代理行为。被告既不阻碍用户正常登录两原告平台进行交易,也不影响两原告平台其他注册用户的正常购买行为。用户投诉称无法正常进行债权转让产品的抢购,原因在于此类产品发布数量少、发布时间具有随机性,与被告提供的抢购服务之间不存在因果关系。

【法院裁判】

上海市浦东新区人民法院经审理认为,用户为抢购"陆金所"平台的债权转让产品,需要对该平台投入持续性的全面关注,这正是两原告作为一种营销模式推出此类产品的预期结果,能够为其带来可观的竞争利益。被告运营的抢购服务,实质是由软件系统代替人工方式为用户抢购"陆金所"平台的债权转让产品,并以此形成更高的抢购成功概率。该种抢购服务方式不仅使用户不再对"陆金所"平台发布的金融产品信息存有高度依赖,导致两原告的流量利益减损,也剥夺了通过人工方式正常抢购的用户本可获得的潜在交易机会,破坏了"陆金所"平台正常的商业生态。同时,被告运营的抢购服务对"陆金所"平台规则的颠覆破坏了产品抢购的公平基础,其刻意规避两原告监管机制的程序设定体现明显的主观过错,具有不正当性。由此足可认定,被告经营的抢购服务利用技术手段,通过为"陆金所"平台少量用户提供不正当抢购优势的方式,妨碍两原告金融业务的正常开展,对两原告及“陆金所”平台用户的整体利益均造成了损害，应当给予反不正当竞争法上的否定评价。

上海市浦东新区人民法院作出（2019）沪0115 民初11133 号民事判决：（1）被告自判决生效之日起立即停止通过抢购服务干扰两原告债权转让产品销售的不正当竞争行为；（2）被告自判决生效之日起立即停止涉案虚假宣传的不正当竞争行为；（3）被告自判决生效之日起10 日内在微信公众号“陆智投”连续15 日刊登声明、消除影响；（4）被告自判决生效之日起10 日内赔偿两原告经济损失及为制止侵权行为所支付的合理开支共计50 万元；（5）驳回两原告的其他诉讼请求。

一审判决后，原、被告均未提起上诉。

【案例评析】

反不正当竞争法“互联网专条”通过示例性规范的方式明确了互联网环境下参与市场竞争所应遵循的规则。经营者提供的网络抢购服务，虽不属于“互联网专条”明确规制的不正当竞争行为，也应遵循该条之兜底规定，不得利用技术手段，通过影响用户选择或者其他方式，妨碍、破坏其他经营者合法提供的网络产品或者服务的正常运行。在适用“互联网专条”之兜底条款判定网络抢购服务是否构成不正当竞争时，应参照最高人民法院“海带配额案”[①]确立的裁判规则，评判被诉行为是否符合以下四项条件：（1）被诉行为系利用技术手段干扰他人网络产品或服务正常运行的行为；（2）被诉行为不属于该条明确列举的互联网不正当竞争行为；（3）反不正当竞争法保护的法益因被诉行为受到实际损害；（4）被诉行为基于互联网商业伦理具有不正当性。鉴于前两项条件的判定已基本为本案事实分析所涵盖，对被告实施的涉案行为是否构成不正当竞争的判定，可同时从是否造成损害结果以及是否具有可归责性两个方面进行分析。

一、涉案网络抢购服务的损害结果分析

对互联网环境下法益损害的判定，系基于因果关系的实证分析，应将公共利益（市场秩序）、经营者利益和用户利益进行“三元叠加”予以综合考量。其中，经营者利益主要在于经营者不受强制、自由开展经营活动的利益，消费者利益主要在于消费者作出理性的商业决定的自由，公共利益主要在于竞争机制以及社会福祉最大化的目标是否受损。

本案中，两原告经营互联网金融平台，其中债权转让产品具有数量少、热度高、随机性强的特点。有意购买的用户不仅需要登录两原告平台浏览信息以确定符合需求的目标产品，更需要提高信息浏览频度以期在目标产品发布后的最短时间内进行抢购。依用户的一

---

① 参见最高人民法院民事裁定书，（2009）民申字第1065 号。最高人民法院在该裁定书中指出：“总体而言，适用反不正当竞争法第二条第一款和第二款认定构成不正当竞争应当同时具备以下条件：一是法律对该种竞争行为未作出特别规定；二是其他经营者的合法权益确因该竞争行为而受到了实际损害；三是该种竞争行为因确属违反诚实信用原则和公认的商业道德而具有不正当性或者说可责性。”

般访问习惯,其所浏览的内容既包括最终决定购买的产品,也包括其他备选产品,在关注不断变化的产品信息时投入大量的时间成本。用户为抢购特定债权转让产品必须投入持续性的全面关注,正是两原告作为一种营销模式推出该类产品所期待的结果,能为两原告带来可观的流量利益。

用户正常抢购两原告的债权转让产品,大致需要经过产品检索、购买决策、密码输入和交易确认四个环节,每一环节均依靠用户人工完成。而被告运营的抢购服务实质是由软件系统代替人工方式为用户抢购两原告的债权转让产品。由于软件系统在抢购流程的各环节耗时更少,使用被告抢购服务的用户较其他用户而言,在同等条件下具有更高的抢购成功率。尽管债权转让产品的抢购属于平台用户间的利益竞争,但被告通过运营抢购服务介入其中并为部分用户提供抢购优势的行为,却已造成三方面的损害后果:

一是对平台流量利益的减损。使用被告抢购服务的用户只需要事先确定目标产品的金额范围即可设置自动抢购,其行为模式已由先浏览产品信息再评估产品是否符合需求,转变为先确定需求再搜索是否存在契合的产品。此时用户不再对两原告平台发布的金融产品信息存有高度依赖,失去了继续投入时间成本的驱动力,访问两原告平台的频度将不可避免地呈下降趋势。即便如被告辩称,被告抢购服务根据用户预设需求通过安卓模拟器访问两原告平台并检索产品信息,但这与用户人工抢购时采取的全面信息浏览相比显然大幅减损了两原告平台的流量利益。更何况两原告平台尚有其他自营、非自营金融产品在售。用户为抢购债权转让产品进行信息浏览时,有充分机会接触产品,亦不乏在未能购得理想的债权转让产品时从中寻找替代产品之可能。因此,被告抢购服务导致用户对两原告平台的访问频度下降,也减少了两原告其他金融产品的展示机会。

二是对用户潜在交易机会的剥夺。由于被告抢购服务的介入,通过人工方式正常抢购的用户购得两原告债权转让产品的概率大幅降低,这使本应由平台全体投资者公平竞争的投资收益向小部分投资者严重倾斜。被告的抢购服务客观上改变了债权转让产品在两原告平台用户间的收益分配,对其中大部分用户在市场投资活动中本应享有的机会利益造成了减损。

三是对平台营商环境的破坏。尽管被告抢购服务在短期内可促使两原告平台债权转让产品快速成交,但单纯追求成交速率的做法与两原告平台的远期利益并不相符。两原告平台需要依靠用户关注度和活跃度实现持续运营,通过用户习惯的培育和用户黏性的建立不断吸纳新的投资者和资本注入,债权转让产品正是其积累用户群体、拓展影响范围的重要载体。但在被告抢购服务促成的快速交易中,少数用户借助计算机系统的优势提升了其对目标产品的抢购成功概率,挤占了其他用户获得投资收益的空间,更使两原告平台与“外挂横行”之类的负面形象产生关联。长此以往,两原告平台最依赖的投资者信心将受到冲击。由此导致的用户黏性降低、投资者与资本流向其他投资渠道等后果,将使两原告平台的经营活动难以维系,其在现阶段获得的短期成交利益无法弥补平台整体价值的减损。

二、涉案网络抢购服务的可归责性分析

市场经济条件下竞争与损害相伴而生。市场主体对特定竞争利益的争夺实属商业常态，而竞争行为通常会导致一方受损。因此，竞争利益受到损害并非反不正当竞争法对受损方施以民事救济的充分条件，只有当相关竞争行为同时具有可归责性时，方受反不正当竞争法规制。本案中，尽管被告的抢购服务对两原告平台造成了损害，但仍需要从以下两个方面考量其可归责性。

一方面，被告的抢购服务对两原告平台规则的颠覆破坏了产品抢购的公平基础。两原告平台根据债权转让产品随机发布的特点，已经在销售过程中建立起“先购先得”的抢购规则。用户竞争的核心标准即抢购所耗时长，其由发现产品耗时和达成交易耗时两部分组成，每一部分都受特定因素的影响。发现产品耗时一般与用户浏览产品信息的频率呈负相关，即用户登录两原告平台浏览产品信息的频率越高，发现目标产品所耗时长就越短。达成交易耗时则受主客观两方面因素的影响——网速、计算机响应速度等是取决于技术条件的客观因素，决策果断性、操作熟练度等是取决于用户自身特质的主观因素。除极小概率偶发因素的影响外，每一用户都根据其自身特质及投入的成本对抢购成功这一结果事件享有特定概率，这也正是两原告平台用户相互竞争所依赖的基础。用户参与两原告平台债权转让产品的抢购，实则是对上述抢购规则的认可和接纳，同意按照两原告平台预设的概率影响因素在相对公平的环境下进行抢购，并愿意投入一定的时间或经济成本改善相应的概率影响因素。被告抢购服务的介入，虽从表象上体现为通过技术手段提升抢购成功率，但该种技术手段的实质并非为改善概率影响因素，而是从根本上颠覆既有规则，破坏用户之间抢购产品的公平竞争基础。通过正常方式进行抢购的用户，无论其如何缩短抢购所耗时长，都无法抗衡被告抢购服务通过自动操作形成的时长优势。故此时抢购规则已然发生改变，用户不再根据其对应的影响因素对抢购成功享有特定概率，抢购成功率整体上向使用被告抢购服务的用户严重倾斜，用户之间公平竞争的基础丧失殆尽。

另一方面，被告的抢购服务刻意规避两原告的监管机制，反映了被告对该行为所持的主观故意。两原告平台为遏制违规抢购、维系既定的抢购规则，专门设置了相应的监管机制，对成交时长过短的非正常交易行为进行管控。但被告的抢购服务不仅破坏了两原告平台既定的抢购规则，还通过设置抢购时长下限的方式，刻意绕开两原告平台的监管，隐匿其行为痕迹。由此可见，被告明知两原告平台的抢购与监管规则，也能够较为准确地预见其抢购服务可能导致的不良后果，但其对该种后果的发生持积极期待的态度。

综上，被告提供的抢购服务利用技术手段，通过为两原告平台用户提供不正当抢购优势的方式，妨碍两原告债权转让产品抢购业务的正常开展，对两原告及平台用户的整体利益造成了损害，不正当地破坏了两原告平台公平竞争的营商环境。在同时符合“损害”与“可归责性”的前提下，被告实施的涉案行为构成不正当竞争，应当给予反不正当竞争法上的否定评价。

【典型意义】

近年来科技金融行业不断发展，通过网站和手机应用等网络平台推出的科技金融产品广受用户欢迎，同时也催生了各类网络抢购服务。网络抢购服务作为经营者实施的市场竞争行为，如何通过反不正当竞争法加以评价与规范，不仅关乎科技金融企业竞争利益和投资用户消费者利益的保护，更对维护金融平台营商环境具有重要意义。本案获评2020年中国法院50件典型知识产权案例、2020年上海法院知识产权司法保护十大案件，判决书获评第四届全国法院"百篇优秀裁判文书"、2020年度上海法院十大优秀裁判文书。

【案例索引】

案号：

一审：上海市浦东新区人民法院(2019)沪0115民初11133号

审判组织：

一审：金民珍、徐俊、姜广瑞

编写人：徐俊、徐弘韬

31

搜索关键词隐性使用的不正当竞争判定

——上海某软件科技有限公司诉某投资管理(北京)有限公司等不正当竞争纠纷案

裁判要旨

在搜索引擎后台将他人商业标识设置为关键词的行为未破坏该商业标识的识别性,不会导致相关公众的混淆,故不属于反不正当竞争法规定的商业混淆等类型化不正当竞争行为。该种使用方式未对经营者利益、消费者利益和公共利益组成的“三元叠加”法益造成实质性损害,也未违反诚实信用原则和商业道德,亦不应再适用反不正当竞争法原则性条款予以规制。

基本案情

原告:上海某软件科技有限公司(以下简称上海某软件公司)

被告:某投资管理(北京)有限公司(以下简称某投资公司)

被告:北京某科技有限公司(以下简称北京某科技公司)

原告是一家集移动应用定制开发、互动营销解决方案、移动应用云平台服务于一体的科技公司,主营 VR 全景制作及加盟服务,官方网站域名为“www. 720think. com”。原告发现通过被告北京某科技公司运营的“www. baidu. com”网站搜索“上海××科技有限公司”,搜索结果显示,第一个链接为原告公司官方网站。而将搜索页面下滑至末端,最后一个链接条目为“3DVR 全景加盟_VR 招商加盟_VR 全景营销系统代理”,底下有“本月 66 人已咨询相关问题 3DVR 全景加盟酷雷曼 3DVR 全景加盟……电话咨询:24 小时人工在线”的介绍,下面有“酷雷曼加盟更省心”“广告”等字样。进入该链接条目,即进入域名为“4g. kuleiman. com”的网站,网站首页有“制作优质的全景作品　提供完善的全景平台”。该网站的经营主体为被告某投资公司。被告某投资公司于 2019 年 7 月 9 日进行了添加 URL 的操作,添加的 URL 名称即为“www. 720think. com”。

原告上海某软件公司诉称,被告某投资公司采用非正当方式,将原告 www. 720think.

com 作为关键词在搜索引擎进行推广，使原告潜在客户在搜索原告企业名称时，在搜索页面出现被告的推广链接，属于恶意抢占原告客户源的行为。被告北京某科技公司作为国内专业从事搜索推广服务的知名公司，理应严格审查被告某投资公司的行为是否构成侵权，其未尽到合理审查义务，应承担侵权责任。两被告的行为违反了《反不正当竞争法》规定，构成对原告的不正当竞争。原告诉请判令：(1)两被告立即停止不正当竞争行为；(2)两被告共同赔偿原告经济损失 40 万元，以及为制止侵权所支出的律师费 1 万元和公证费 3995 元。因涉案被诉行为已停止，原告撤回第(1)项诉请。

被告某投资公司辩称，其行为不构成《反不正当竞争法》规定的混淆性不正当竞争行为及虚假宣传不正当竞争行为。被告广告链接位于搜索结果页面最后一位，原告并未因被告设置的关键词而湮没在搜索链接中，该行为并未利用原告商誉，未给原告造成实际性损害。其行为没有违反诚实信用原则和公认的商业道德，该行为不具有不正当性和可责性。

被告北京某科技公司辩称，被告某投资公司推广链接有明显的“广告”标志，在前端亦未将原告任何信息作为商业标识在其推广链接的标题、描述或其网站页面中向公众展示。被告某投资公司仅在系统后台设置原告网址的 URL 为关键词，且搜索原告企业名称的前台展现上，原告官网链接仍然位居搜索结果第一位，涉诉链接在最后一位，已经保证了原告网址对消费者的可见性。被告设置推广链接的行为未导致搜索原告企业名称信息时的网络用户在搜索结果中不能发现或难以发现原告的网站链接，或者对原被告产品的混淆误认而错误购买被告产品。

【法院裁判】

上海市浦东新区人民法院经审理认为，适用《反不正当竞争法》第 2 条认定某一行为是否属于不正当竞争行为，一般应具备以下条件：(1)法律对该种竞争行为未作出特别规定；(2)反不正当竞争法保护的法益因被诉行为受到实际损害；(3)该竞争行为确因违反诚实信用原则和公认的商业道德具有不正当性和可责性。

(1)《反不正当竞争法》未对涉案行为作出特别规定。本案中，被告某投资公司虽在被告北京某科技公司提供的系统后台将原告的 URL 设置为关键词，但在前端均不存在与原告企业字号、URL 等任何内容相关的信息。在推广链接的底部明确标注了“广告”字样、载明了被告注册商标“酷雷曼”且显示在搜索页面的最下方的情况下，相关公众在施以一般注意力的情况下，不会将原告与被告的产品来源混淆或对二者存在特定关系发生混淆，故涉案行为不属于《反不正当竞争法》混淆条款规制的内容。

(2)《反不正当竞争法》所保护的法益未因被诉行为受到实际损害。虽然被告将原告的 URL 设置为搜索关键词，但原告官方网站依旧出现在搜索结果首位。这种无须支付费用的“显示”已经保证了商业标识专用权人的网址对消费者的可见性。被告的行为未剥夺消费者信息选择的权益。从消费者利益的角度来看，若允许选用他人商标、企业名称、域名等商业标识作为关键词，则能够帮助消费者获得更多的信息和选择的机会，降低其搜索成本。互联网用户使用某一商业标识作为搜索词进行搜索时，其目的也有可能是寻找该商业标识所有人竞争对手的信息。这些信息只要不是虚假或误导性的，就有助于消费者作出理性的购买决策。本案被告行为未破坏市场主体辨识度，未扰乱正常的市场秩序。

（3）该竞争行为未违反诚实信用原则和公认的商业道德。自由竞争是市场经济的根本属性，任何竞争都会产生竞争者之间的利益减损，竞争与损害相伴而生、如影随形。因此，竞争对手之间彼此进行商业机会的争夺是竞争的常态和应有特征，也是市场竞争所鼓励和提倡的。在付费搜索广告服务中，关键词选用行为本身，是一种市场竞争的手段。在开放的竞争环境下，隐性关键词的使用方式符合现代销售和合法竞争的精神，该竞争行为并不违反诚实信用原则和公认的商业道德。

上海市浦东新区人民法院作出（2020）沪 0115 民初 3814 号民事判决：驳回原告的全部诉讼请求。

一审判决后，原告提起上诉，但未按时缴纳案件受理费。上海知识产权法院作出（2021）沪 73 民终 772 号民事裁定：本案按上诉人自动撤回上诉处理。

【案例评析】

所谓搜索关键词的隐性使用行为，是指在互联网搜索引擎的后台系统内部将其他经营者的商标、企业名称或域名等标识作为搜索关键词进行使用的行为。搜索关键词的隐性使用是与搜索关键词的显性使用相对应的概念，在显性使用的情形中，使用人往往是将其他经营主体的商业标识设置为关键词并展示在其运营的网站或广告内容之中，使他人的商业标识可以直接向互联网用户进行展示。对搜索关键词的显性使用，司法实践中主要是通过商标侵权判定，从商标性使用、商标混淆或驰名商标淡化等路径入手进行规制，我国已有的司法判决对显性使用行为多认定为构成商标侵权。[①] 然而对搜索关键词的隐性使用行为，由于关键词仅设置于搜索引擎的后台中，因而用户并不能在推广网页中看到该等搜索关键词，故一般不会涉及商标侵权行为。[②] 在司法实践中，多数案例是从反不正当竞争的角度入手对搜索关键词的隐形使用行为进行评价的。同时，由于搜索关键词的隐性使用行为并不属于《反不正当竞争法》及相关司法解释明确规定的不正当竞争行为，实践中法院大多依据《反不正当竞争法》第 2 条的一般条款进行评价。

---

① 参见陶乾：《隐性使用竞争者商标作为付费搜索广告关键词的正当性分析》，载《知识产权》2017 年第 1 期。

② 搜索关键词的隐形使用行为能否构成商标性使用的问题，在实践中也存在一定的争议，例如上海市普陀区人民法院在“恋舞 OL”的一审判决中认为：“通过将‘恋舞’‘恋舞 OL’设置为《梦幻恋舞》的关键词这种方式，实际上将‘恋舞’‘恋舞 OL’商标与《梦幻恋舞》产品建立了联系，属于商业使用别人注册商标的行为，仍属于商标法保护的领域。”［参见上海知识产权法院民事判决书，（2019）沪 73 民终 130 号］然而，实践中的主流观点认为搜索关键词的隐性使用行为不会构成商标侵权，参见北京市高级人民法院民事判决书，（2013）高民终字第 1620 号；江苏省高级人民法院民事裁定书，（2017）苏民申 2676 号；北京市高级人民法院民事判决书，（2018）京民再 177 号等。

一、关键词隐性使用不正当竞争判定中的“三元叠加”法益考量

《反不正当竞争法》第 2 条规定，不正当竞争行为，是指经营者在生产经营活动中，违反法律规定，扰乱市场竞争秩序，损害其他经营者或者消费者的合法权益的行为。据此，反不正当竞争法保护的法益是公共利益(市场秩序)、经营者利益和消费者利益的“三元叠加”。依一般条款认定不正当竞争行为，不能像判断绝对权侵权那样简单清晰，尤其不能简单以经营者权益受到竞争行为的损害来反推行为不正当，而需要综合考量竞争秩序和消费者利益等各种关系。[①] 因而，适用《反不正当竞争法》第 2 条判定某一行为的损害时，须就该“三元叠加”的法益进行全面衡量。

(一)市场经营者利益的考量

在市场经济中，市场竞争主要表现为对资源和商业机会的争夺。正如最高人民法院在“山东食品与马某庆案”民事裁定书中所指出的，在反不正当竞争法上，一种利益应受保护并不构成该利益的受损方获得民事救济的充分条件。商业机会虽然作为一种可以受到反不正当竞争法保护的法益，但本身并非一种法定权利，而且交易的达成并非完全取决于单方意愿而需要交易双方的合意，因此他人可以自由参与竞争来争夺交易机会。[②] 诚然，商业机会可以成为一种受反不正当竞争法保护的法益。然而，反不正当竞争法对法益的保护具有限制并需要特定的方式，具有不确定性和有条件性，只有在他人实施不正当竞争行为时，才能通过制止该不正当竞争行为加以保护。[③]

本案中，原告诉称其交易机会可能会因被告某投资公司将其 URL 设置为关键词的行为而减少。然而，这种具有一定概率的交易机会的损害并不能当然获得法律保护。在竞争自由原则下，市场竞争者均有权利通过正常的商业手段争夺交易机会，一方竞争者难以仅因为另一方的市场竞争行为可能降低自己获得交易机会的概率而证明自己受损。原告是否获得该交易机会，其关键还在于自身产品质量、价格、售后服务等相较于被告某投资公司是否更具有竞争力。被告隐性使用原告 URL 的行为并不必然导致原告交易机会的丧失，原告事实上并未能证明其因被告的行为受到实际损失。本案被告北京某科技公司所提供的隐性关键词付费搜索服务是一种正常的商业推广服务，并未影响权利人自己的网页同时出现在自然搜索结果中，也未影响权利人在自然搜索中的排位，因而关键词的选择并没有剥夺原告有效使用自己 URL 来告知和赢取客户的机会。

(二)消费者合法权益的考量

反不正当竞争法主要是通过规范和调整竞争关系、维护竞争秩序，来实现对消费者权益的保护。因此反不正当竞争法仅调整经营者实施的涉及竞争关系和竞争秩序的损害消

---

① 参见孔祥俊:《反不正当竞争法新原理・原论》，法律出版社 2019 年版，第 20～21 页。

② 参见最高人民法院民事裁定书，(2009)民申字第 1065 号。

③ 参见孔祥俊:《反不正当竞争法新原理・总论》，法律出版社 2019 年版，第 315 页。

费者权益的行为。① 从这个层面上来讲，反不正当竞争法保护的消费者权益与公共利益，也即竞争秩序，是息息相关的。而在搜索关键词的隐性使用类不正当竞争纠纷中，应当重点考察的是隐性关键词的使用行为是否因扰乱公平的市场竞争秩序而增加了消费者使用搜索引擎搜索商品或服务的选择成本，进而损害消费者的合法权益。

本案中，被告某投资公司的推广网页中并没有包含虚假或误导性信息，网页信息中清楚地表明了自己的身份而未包含原告商标、企业名称等商业标识，且推广内容附有明确的广告标记，使其与一般自然搜索结果可以区分，因此消费者在一般情况下可以清楚地将原告与被告进行区分，而不会增加其选择成本。反之，互联网用户使用某一商业标识作为搜索词进行搜索时，其目的既有可能是寻找与该商业标识相关的信息，也有可能是寻找该商业标识所有人竞争对手的信息，隐性关键词的使用行为仍可能帮助消费者获得更多的信息和选择的机会，降低其搜索成本。

（三）公共利益的考量

反不正当竞争法对公共利益的保护体现在对市场竞争秩序的维护，公平的市场秩序对相关市场及整个经济社会领域的发展都至关重要。而所谓的对竞争秩序的损害，即是指经营者的行为不当地损害了他人的竞争优势或不当地获取竞争利益，从而导致相关市场丧失公平、正常的竞争秩序，其结果往往表现为市场上资源及商业机会的分配与相关经营者商业上的投入失调。正如本案判决书中所述，在关键词搜索中，良好的市场秩序要求各市场主体保持清晰的可辨识度，消费者不会对不同市场主体提供的产品、服务产生来源混淆。在这种情况下，一方面推广链接中既未出现容易导致消费者混淆的标识，也未影响搜索结果的自然排名，不会影响到原告潜在客户的识别与判断，不当然构成对原告竞争优势的损害；另一方面被告通过购买设置后台隐性关键词服务向目标群体展示自己的网页链接，争取潜在的商业机会属于正常的商业推广行为，也并不属于不当地获取竞争利益。因而，本案中关键词的隐性使用行为未对正常的竞争秩序造成影响。

二、反不正当竞争法中诚实信用原则及商业道德的价值与标准

反不正当竞争法是维护商业伦理的法律。效率价值取向的商业伦理与世俗道德存在明显的差异，因此在适用《反不正当竞争法》第2条来评价行为人是否违反诚实信用原则、是否违反商业道德时，应当考量商业伦理中维护竞争自由和符合市场精神的价值取向，避免仅用世俗道德标准来衡量商业道德。② 正如最高人民法院在“山东食品与马某庆案”民事裁定书中所指出的：“商业道德要按照特定商业领域中市场交易参与者即经济人的伦理标准来加以评判，它既不同于个人品德，也不能等同于一般的社会公德，所体现的是一种商业伦理。经济人追名逐利符合商业道德的基本要求，但不一定合于个人品德的高尚标准；

① 参见王瑞贺主编：《中华人民共和国反不正当竞争法释义》，法律出版社2018年版，第4页。

② 参见王艳芳：《商业道德在反不正当竞争法中的价值与标准二重构造》，载《知识产权》2020年第6期。

企业勤于慈善和公益合于社会公德,但怠于公益事业也并不违反商业道德。"①

事实上,追逐利益是市场经营者的"商人本性",自由竞争是市场竞争的本质属性。对同一交易机会,竞争对手之间一方有所得,另一方即有所失。利益受损方要获得民事救济,还必须证明竞争对手的行为具有不正当性。只有竞争对手在争夺商业机会时不遵循诚实信用的原则,违反公认的商业道德,通过不正当的手段攫取他人可以合理预期获得的商业机会,才为反不正当竞争法所禁止。② 具体到本案中,在付费搜索广告服务提供商与广告商之间形成一种信息的交换,这是一种以"竞争对手的目标消费者群体的信息"为客体的交易,是一种帮助广告商定位到竞争对手的目标消费者群体的服务。因而,通过付费的方式选取搜索关键词并将其使用于搜索引擎后台以向潜在的目标群体推广自身的网页链接,其本身仅是一种正常的市场竞争手段。只要行为人的关键词使用行为没有不正当地影响到关键词原权利人的商业利益或合理预期中的商业机会,就不能仅以行为人通过使用关键词获取了利益而认定其行为违反了诚实信用原则与商业道德。而在推广链接并未展示其隐性使用的关键词并且明确标注其作为广告推广链接的身份时,特别是推广链接在搜索结果中的排位低于关键词原权利人的链接时,推广链接并未影响到原权利人链接对消费者的可见性与识别性,没有以混淆等方式干扰消费者的信息选择,也没有减少原权利人的商业机会,因而该种市场竞争行为不应受到反不正当竞争法的否定评价。

三、结语

反不正当竞争法的立法目的及适用价值不仅在于对不正当竞争行为的规制,还在于通过创造公平的市场竞争秩序保护经营者在法律框架内的竞争自由。正因如此,在判定一个行为是否属于不正当竞争行为时,应严格审查该行为是否损害了经营者利益、消费者利益和公共利益所组成的"三元叠加"法益,并且在商业伦理层面理解反不正当竞争法中的诚实信用原则及商业道德。作为一种新兴的市场竞争手段,关键词隐性使用客观上一般不会构成对"三元叠加"法益的损害,主观上也并不与商业道德相悖,不宜受到反不正当竞争法的否定评价。

【典型意义】

随着互联网经济的蓬勃发展,市场主体对其相关网页在搜索引擎中的搜索关键词选用已经成为一种市场竞争手段。将他人的商标、企业名称或其他商业标识添加为搜索关键词进行隐性使用是否构成不正当竞争,在实践中具有较大争议。本案判决明确了搜索关键词隐性使用案件的裁判思路,体现了对经营者在法律框架内竞争自由的维护,对维护互联网搜索领域公平有序的市场竞争环境具有一定指导意义。本案获评 2021 年中国新文娱十大

---

① 参见最高人民法院民事裁定书,(2009)民申字第 1065 号。

② 参见北京市高级人民法院民事判决书,(2013)高民终字第 1620 号。

影响力案例，案例分析获评全国法院系统 2022 年度优秀案例分析三等奖。

【案例索引】

案号：

一审：上海市浦东新区人民法院（2020）沪 0115 民初 3814 号

二审：上海知识产权法院（2021）沪 73 民终 772 号

审判组织：

一审：宫晓艳、姜广瑞、林新建

二审：凌崧、杨馥宇、陈瑶瑶

编写人：姜广瑞、庄雨晴

32

设定相同 App 唤醒策略干扰他人互联网服务的不正当竞争判定

——某网络技术有限公司诉江苏某软件技术有限公司不正当竞争纠纷案

裁判要旨

在互联网经济环境下,经营者之间是否属于同业竞争关系,并非提起不正当竞争之诉或认定不正当竞争的必要前提。经营者利用网络从事生产经营活动,不得妨碍、破坏其他经营者合法提供的网络产品或服务的正常运行。在适用"互联网专条"兜底条款对非类型化互联网竞争行为进行评价时,应重点审查原告依法应受保护的法益是否因被诉行为受到实际损害,以及被诉行为基于互联网商业伦理是否具有不正当性。互联网竞争行为正当与否的判定应以互联网市场为场景展开,对经营者利益、消费者利益和公共利益"三元叠加"的利益进行衡量,保障市场主体不受非法干扰的经营自由,维护普遍遵循的商业惯例,促进互联网市场的开放、创新、效率与安全。

基本案情

原告:某网络技术有限公司

被告:江苏某软件技术有限公司

原告是"支付宝"App(以下简称"支付宝")支付功能的运营主体。截至 2020 年 6 月,"支付宝"已拥有相当体量的月度活跃用户、月度活跃商家、金融机构合作伙伴以及数字支付交易规模。原告经许可使用"alipay"注册商标,并将 www. alipay. com 作为其官网网址。被告是"家政加"App(以下简称"家政加")的运营主体,提供家庭服务业产品的研发和运营。截至 2018 年,已有 37,000 家企业使用被告研发的家政管理系统,录入家政服务人员超过 370 万人。

为实现手机 App 之间的顺利跳转,苹果公司在 iOS 系统内以 URL Scheme 作为通信方式,用于识别、唤醒特定的手机 App 或功能模块。手机 App 的开发者可以自主设定相应的

URL Scheme唤醒策略，若不同的手机App设定相同的URL Scheme，则跳转过程会发生冲突。为此，企业用户通常选择以商标、品牌等具有识别性和专属性的标识作为手机App的URL Scheme。原告将跳转至“支付宝”的URL Scheme设定为“alipays://”和“alipay://”。第三方手机App的开发者根据原告的前述设定进行配置后，即可在用户需要时由该第三方手机App跳转至“支付宝”完成支付。原告按照单笔支付金额以0.6%～1.2%的费率收取服务费。

涉案版本的“家政加”设定了与“支付宝”相同的URL Scheme。在仅安装“支付宝”的苹果手机中，用户通过“拼多多”等第三方手机App和“淘宝”等网站进行交易并选择“通过支付宝付款”后，可根据手机系统提示正常跳转至“支付宝”进行支付。若同时安装“支付宝”和涉案版本的“家政加”后重复前述付款步骤，手机系统提示将要跳转至“家政加”，并询问用户选择“取消”还是“打开”。若用户选择“取消”，则将停留在第三方手机App或网页的待支付页面而无法继续支付；若用户选择“打开”，则将跳转至“家政加”，且手机系统还会默认对“支付宝”的唤醒均跳转至“家政加”。为此，支付宝公司先后接到用户投诉及合作商户的安全警示。

原告某网络技术有限公司诉称，被告实施的涉案行为将原本跳转至“支付宝”的用户引流至“家政加”，不仅妨碍“支付宝”的正常运行，也不正当地利用原告的市场成果，明显有悖于URL Scheme设置的行业惯例、公认的商业道德以及诚实信用原则，给原告造成了经济损失和商誉损害。原告诉请判令：(1)被告立即停止涉案不正当竞争行为；(2)被告就其不正当竞争行为发表书面声明消除不良影响；(3)被告赔偿原告经济损失以及为制止不正当竞争行为支付的合理开支共计100万元。审理中，原告确认被诉不正当竞争行为已经停止，申请撤回第(1)项诉讼请求。

被告江苏某软件技术有限公司辩称，原、被告运营的手机App在功能上不相重合，不具有竞争关系。出现URL Scheme设置相同的情况系因开发失误，且该行为影响轻微、持续较短。只有在苹果手机上同时安装“支付宝”和“家政加”的用户需要跳转至“支付宝”时，才会被错误导向“家政加”。该些用户已是被告的用户，不存在抢夺原告用户流量、利用其市场成果等情形。

【法院裁判】

上海市浦东新区人民法院经审理认为，尽管原、被告的主营业务不同，但涉案行为已充分体现双方对流量等互联网经营利益的竞争，原告提起不正当竞争之诉具有事实基础。本案中，被诉行为虽利用技术手段干扰“支付宝”的正常运行，但并不属于《反不正当竞争法》第12条第2款明确列举的互联网不正当竞争行为，故应适用该条之兜底条款，综合考量原告受反不正当竞争法保护的法益是否因被诉行为受到实际损害，被诉行为基于互联网商业伦理是否具有不正当性，进而判定被诉行为是否构成不正当竞争。就损害而言，被诉行为不仅导致原告通过“支付宝”获取的流量利益、交易收益减损，用户评价降低，也限制了用户对支付工具的自由选择，扰乱了手机 App 市场的竞争秩序。就不正当性而言，开发者选择与自身具有直接指向关系的标识作为 URL Scheme 已成为行业惯例。被告在“家政加”中设定与“支付宝”相同的 URL Scheme，导致“支付宝”的正常唤醒受到干扰，缺乏正当理由。综上，被诉行为对“支付宝”的正常运行产生实质性妨碍，构成不正当竞争。

上海市浦东新区人民法院作出（2020）沪 0115 民初 87715 号民事判决：（1）被告自判决生效之日起 10 日内在其公司网站、微信公众号“家政加”连续 7 日以及《中国知识产权报》非中缝版面刊登声明、消除影响；（2）被告自判决生效之日起 10 日内赔偿原告经济损失 30 万元及为制止不正当竞争行为所支付的合理开支 185，269 元，以上共计 485，269 元；（3）驳回原告的其他诉讼请求。

一审判决后，被告提出上诉后又撤回上诉。上海知识产权法院作出（2021）沪 73 民终 852 号民事裁定：准许上诉人撤回上诉。

【案例评析】

本案系互联网领域的新类型不正当竞争纠纷，涉及竞争关系在不正当竞争诉讼中的定位、“互联网专条”类型化条款的适用范围和“互联网专条”兜底条款的适用条件等争点，以下分别讨论。

一、竞争关系在不正当竞争诉讼中的定位

既往司法实践通常将竞争关系的有无作为判断不正当竞争行为成立与否的前置要件。最高人民法院的司法政策曾认为，认定不正当竞争，除了具备一般民事侵权行为的构成要件以外，还要注意审查是否存在竞争关系。存在竞争关系是认定构成不正当竞争的条件之一。①

所谓竞争关系，就广义而言是指市场主体之间在竞争过程中形成的一种社会关系。受早期市场发展的成熟度所限，市场竞争主要发生在同业之间，因此将竞争关系作为认定不正当竞争的前置条件有其合理性。但严格拘泥于同业竞争关系，将会使反不正当竞争法的调整范围受到很大限制。尤其在互联网经济蓬勃发展之际，不同业务领域泾渭分明的传统格局已发生改变。各类经营行为互相交织，目标群体彼此重合，竞争模式已从同业竞争发展为流量竞争、数据竞争、平台竞争和生态竞争。市场竞争边界和竞争关系趋于模糊，竞争关系相对性地消解在互联网经济下已成为不争的事实。因此，我们需要明确反不正当竞争法保护的不是特定竞争者而是竞争秩序，它作为行为法旨在禁止与竞争秩序不一致的行为，实现更广泛的竞争自由。最高人民法院的司法政策也已提出新的要求：“根据新法关于

① 参见曹建明：《加大知识产权司法保护力度　依法规范市场竞争秩序——在全国法院知识产权审判工作座谈会上的讲话（2004 年 11 月 11 日）》，载最高人民法院民事审判第三庭编：《知识产权审判指导与参考》（第 9 卷），法律出版社 2005 年版，第 16 页。

公共利益、经营者利益和消费者利益一体保护的精神，正确认识竞争关系的法律定位，竞争关系并非认定不正当竞争或者提起不正当竞争之诉的条件。”①

以本案为例，尽管原、被告的主营业务不同，但涉案行为直接表现为“家政加”设置与“支付宝”相同的 URL Scheme 作为唤醒策略，客观上导致同时安装该两款手机 App 的用户通过“支付宝”付款时跳转至“家政加”。涉案行为已充分体现原、被告之间对流量等互联网经营利益的竞争，原告提起不正当竞争之诉具有事实基础。

二、“互联网专条”类型化条款的适用范围

本案中，被诉行为虽利用技术手段干扰“支付宝”的正常运行，但并不属于《反不正当竞争法》第 12 条即“互联网专条”第 2 款明确列举的互联网不正当竞争类型。首先，被诉行为并未在“支付宝”中插入链接，也受制于 iOS 手机系统的要求无法强制进行目标跳转。其次，尽管 iOS 手机系统在跳转的过程中提示用户将要打开“家政加”，并为用户提供“取消”或“打开”的选项，但此时用户的选择范围仅限于是否跳转至“家政加”，无法对“支付宝”进行修改、关闭或卸载，故被诉行为不属于误导、欺骗、强迫用户修改、关闭、卸载“支付宝”的行为。最后，被诉行为显然也不属于互联网专条第 2 款第 3 项明确禁止的“恶意对其他经营者合法提供的网络产品或者服务实施不兼容”的行为。由此可见，随着互联网产业的不断发展，经营业态与竞争模式更为丰富和多样，产业实践中大量诉争的竞争行为难以在“互联网专条”的类型化条款中找到适用路径。竞争领域的创新永无止境，企图运用概念的定义系统来代替流动的意义评价难以成功。竞争行为的公平性检验只能有赖于法官在具体场景中的求索，在对生活事实描述的基础上，运用细节性经验知识比较和权衡，同时进行价值追问和效能评估。对本案面临的法律适用困难，需要进一步评估“互联网专条”兜底条款是否存在调整的可能。

三、“互联网专条”兜底条款的适用

“互联网专条”的兜底条款规定了其他妨碍、破坏其他经营者合法提供的网络产品或者服务正常运行的行为。在适用该条款时，需要重点审查原告受反不正当竞争法保护的法益是否因被诉行为受到实际损害，被诉行为基于互联网商业伦理是否具有不正当性，进而判定是否构成不正当竞争。

本案中，被诉行为对原告利益的损害主要体现在三个方面：一是流量利益减损。被告对“家政加”设定与“支付宝”相同的 URL Scheme，使本希望通过“支付宝”进行支付的用户被引导至“家政加”。尽管用户可以选择是否跳转至“家政加”，但其无法进入“支付宝”是不争的事实。而一旦用户选择跳转至“家政加”，则后续每次对“支付宝”的唤醒都将默认

① 参见陶凯元：《以习近平新时代中国特色社会主义思想为指引　全面开启新时代知识产权司法保护新征程——在第四次全国法院知识产权审判工作会议暨知识产权审判工作先进集体和先进个人表彰大会上的讲话（2018 年 7 月 9 日）》，载陶凯元主编、最高人民法院民事审判第三庭编：《知识产权审判指导》（总第 31 辑），人民法院出版社 2019 年版，第 29 页。

跳转至“家政加”。可见,原告以“支付宝”作为流量入口的经营模式受到被诉行为的干扰,被告则可能通过被诉行为获取本属于原告的流量利益。二是交易收益减损。对通过“支付宝”进行支付的交易,原告按照单笔交易金额收取一定比例的服务费。若用户无法通过“支付宝”进行支付,则原告的服务费收益将不可避免地减少。三是用户评价降低。原告作为提供支付功能的金融服务企业,须确保“支付宝”的安全性。受被诉行为影响,终端用户与合作商户都对“支付宝”的安全性提出了质疑。

综上可见,被诉行为对原告的损害是显而易见的。但在市场经济条件下,竞争与损害相伴而生。竞争行为天生携带着威胁他人利益的基因,指望竞争者温文尔雅是不切实际的。竞争利益受损并不必然构成不正当竞争,只有竞争行为同时具有不正当性时,才需要适用反不正当竞争法进行规制。在传统市场领域,竞争行为具有不正当性的结论主要基于违反诚信原则或商业道德。但在强调共享、共治、开放和包容的互联网经济环境下,其商业伦理有别于传统商业伦理,需要更为有效、直接的话语体系和分析工具积极回应现实需求。利益衡量的实质判断无疑是较为现实和妥当的选择,即以竞争本身为基础形成的利益权衡框架作为不正当竞争的认定依据。判定互联网领域竞争行为的不正当性,更多基于经营者利益、消费者利益和公共利益(市场秩序)的“三元叠加”利益衡量,保障市场主体不受非法干扰的经营自由,维护市场经营者普遍遵循的商业惯例,促进互联网市场的开放、创新、效率与安全。

本案中,被诉行为不仅有损原告利益,也对消费者利益造成了损害。对通过何种支付工具完成交易,消费者理应享有充分的自主选择权。被诉行为不仅干扰“支付宝”的正常跳转,更使以“支付宝”作为首选支付工具的消费者只能另选其他支付工具,不合理地增加其交易成本。同时,被诉行为还严重扰乱了代表社会公共利益的市场竞争秩序。主要体现如下:

1. 破坏经营自由。“互联网专条”明文规定,不得妨碍、破坏其他经营者合法提供的网络产品或者服务正常运行。换言之,经营者享有经营自主权,其所选择的产品或者服务的运行方式能够得以实现。如果不对经营自主利益进行保护,放任一方的行为直接干扰另一方提供的产品或服务,必然引发另一方的防御或反击,造成巨大的社会成本和资源浪费。涉案行为的出现,使手机 App 之间准确跳转的目标无法实现,直接干扰了“支付宝”的正常运行。若此类行为得以允许,则手机 App 开发者为争夺竞争利益将无序利用 URL Scheme,社会公众使用手机 App 的便捷性和安全性将受到严重影响。

2. 损害经营效率。商业惯例是市场主体共同遵循的行为方式,是最有效率的集体共识。同一产业领域的经营者为规范各方经营行为、寻求该领域整体利益最大化,往往会在经营活动中逐步探索形成普遍性做法与约束性规范。商业惯例作为给定的行动模式,必然限制经营者的行动自由,因此未必受到每个经营者的拥护。尽管如此,经营者仍应遵循它,否则相关市场就可能过于低效,以致无法产生足以吸引经营者进入的潜在福利。就本案而言,尽管手机 App 的开发者可以自主设定其所对应的 URL Scheme,但从各开发者的具体应用来看,选择与自身具有直接指向关系的标识作为 URL Scheme 已成为行业惯例。除“支付宝”外,“微信”“微博”“优酷”等常见的手机 App 设定的 URL Scheme 均与开发者存在较强的对应性。究其原因,接受来自其他手机 App 的跳转是开发者对手机 App 设定 URL Scheme 的主要目标之一,故准确和便捷是开发者设定 URL Scheme 时需要考虑的基本要求。通过选择与开发者指向性较强且简明扼要的标识作为 URL Scheme,特定手机 App 方能最高效地被其他手机 App 的开发者所识别并设置跳转。被诉行为显然违背了手机 App 开发领域的商业惯例,损害了经营效率。

综上,被告作为“家政加”的开发者,与“alipay”标识之间并无关联,在原告已预设“alipay”作为“支付宝”的 URL Scheme 并予以公示的情况下,被告仍在“家政加”的特定版本中设定相同的 URL Scheme 作为唤醒策略。该种设定相同 App 唤醒策略干扰他人互联网服务的行为构成不正当竞争。

【典型意义】

本案为全国首例涉 App 唤醒策略的互联网不正当竞争纠纷判决。本案对手机 App 设定 URL Scheme 作为唤醒策略实现通信的技术原理和功能目标进行了事实梳理,并在此基础上通过“三元叠加”的利益衡量认定涉案行为构成不正当竞争,保障市场主体不受非法干扰的经营自由,维护作为集体共识的商业惯例,促进了科技金融服务市场电子收付领域的效率与安全。本案获评 2022 年度人民法院反不正当竞争典型案例,案例分析获评 2022 年全国法院优秀案例评析二等奖。在该起纠纷中,法院还依申请采取了诉前行为保全措施,迅速、高效地制止了涉案不正当竞争行为。诉前行为保全案获评 2020 年中国法院 50 件典型知识产权案例、2020 年上海法院加强知识产权保护力度典型案件。

【案例索引】

案号:

一审:上海市浦东新区人民法院(2020)沪 0115 民初 87715 号

二审:上海知识产权法院(2021)沪 73 民终 852 号

审判组织:

一审:徐俊、姜广瑞、徐弘韬

二审:陈惠珍、何渊、杜灵燕

编写人:徐俊、徐弘韬

知识产权合同案件

33

互联网文字作品作者的认定方法

——上海某信息技术有限公司诉常某某著作权许可使用合同纠纷案

裁判要旨

对网络文字作品作者的认定，总的原则应当以兼顾权利保护与促进信息网络产业健康发展为核心，平衡作者、网络服务提供者和社会公众的各方利益。具体证明要求和标准，则应以文字作品的创作规律为主要依据判断作者，再从主、客观两方面考察。主观方面，可以考察当事人的主观目的、动机等因素。客观方面，可以根据利益取得机制、作品的宣传内容、可能产生的混淆等因素判断。当上述诸因素足以证明充分的相反事实时，可以不以署名作为认定作品作者的依据。

基本案情

原告：上海某信息技术有限公司（以下简称某公司）

被告：常某某

原告系网络文学网站起点中文网的经营者，被告为原告的签约作者。

2014 年 1 月及 10 月，原、被告签订《文学作品独家授权协议》，约定协议作品为《余罪》《商海谍影》。协议还约定被告将协议作品相关著作权独家授予原告并发表于原告平台，协议作品为至 2019 年 1 月 24 日被告创作的所有长篇小说。被告依约创作《余罪》《商海谍影》，原告向被告合计支付报酬 419 万余元。但除上述作品外，被告未在协议期内将其他作品授权原告。2016 年 5 月，由《余罪》改编的网络剧推出后成为现象级网剧，极大提升了被告的知名度。

2016 年 1 月，被告发布微博称“某某要奴才，不要人才”。同年 12 月原告某集团发布微博，配图列示其众多知名作品，但未包括被告作品。被告在转发该微博时评论“以某某的气量，这棵大树快倒了，送你一个字：呸！”。次年 1 月被告在转发他人微博时评论“这合同比某某的厚道多了”。

2016 年 8 月，被告设立常某某工作室，其妻张某某为签约作者。后该工作室与某文化公司签订协议，约定将张某某以笔名常某乙（与常某某同音不同字）创作的《第三重人格》著作权授权予某文化公司。后在某文化公司的网络文学平台上分别发表署名为常某某的作品《第三重人格》《危险拍档》，两部小说与《余罪》《商海谍影》类型趋同，都是罪案、刑侦、卧底等题材，文笔语言风格亦类同。被告还在微信朋友圈中发帖称“人生第二次当被告了，伟大而……的某某在告我这么一位仆了八年的作者。八年给你们创收几百万，最终却砸我饭碗，不让我发新书，摸着你们已经黑了的良心，你们肯定没有愧疚。这样最好，我也不必有什么愧疚了”。

2016 年 8 月，和讯网新闻《大神写手频频换“马甲”为哪般?》中述“写了一部《余罪》而大火后，常某某日前有了新动作，那就是签约另一家网站，只不过更名为常某乙。常某某和常某乙是同一人，写手也不避讳这事，甚至还有意让人知道自己改了名字，要多多捧场”。2017 年 2 月，澎湃网新闻《回望 2016 网文市场：IP 改编火热，头部作者议价能力增强》中述“2016 年中《余罪》大火。耐人寻味的是，小说作者常某某之后不久就跳槽去了某某”。《第三重人格》的百度百科中介绍常某乙为某某小说网作家，曾用笔名常某某发表《余罪》。常某某的百度百科中称其本名为常某乙，常某乙一般指常某某。《知音》2016 年 9 月发表文章，主要内容为被告与张某某婚恋生活的描写。其中提及被告上大学前曾因涉嫌犯罪入狱，张某某系教师。谈及《余罪》时称“余罪也一直活在自己身份的纠结中，就像常某某那些年生活的缩影”，还称“如今，他正在创作小说《第三重人格》”。

2017 年 4 月《危险拍档》实体书出版，署名为常某乙，在其封面上宣传：一个传奇线人的卧底日记；作者亲身卧底，真实还原地下世界的残酷、凶险、算计和血腥。在其腰封上宣传：《余罪》后，“老常”又一现象级刑侦小说。

原告某公司诉称，原、被告签订《文学作品独家授权协议》，约定被告于 2014 年 1 月 25 日至 2019 年 1 月 24 日创作的所有作品全部著作权独家授予原告。但被告仅完成《商海谍影》后就停止创作，却在《余罪》大火后，发起设立常某某工作室，并招募其妻张某某为签约作者，使用笔名与被告名字极其近似的常某乙，其实质是金蝉脱壳以继续发表作品。原告诉请判令：(1)被告继续履行协议；(2)被告停止为他人创作非协议作品；(3)被告停止实施为非协议作品的宣传、商业推广活动；(4)被告停止发表不利于原告形象、名誉的言论，并删除不当言论；(5)被告赔偿原告违约金及经济损失 1000 万元。

被告常某某辩称，其已按合同约定将协议作品独家授权予原告。被告有创作和不创作的自由，是否继续创作不受合同限制。涉案新作品系张某某创作，被告不是作者，故被告未违约，无须承担违约责任。

【法院裁判】

上海市浦东新区人民法院经审理认为，本案主要争议焦点是协议期内于第三方网络文学平台上发表的文字作品《第三重人格》《危险拍档》的作者是被告常某某,还是笔名为常某乙的张某某。虽涉案争议作品署名为常某乙,但基于原、被告纠纷发生的背景、被告与张某某间的特殊身份关系、常某乙与常某某间的混淆关系、被告部分自认创作作品的事实以及文字作品的创作规律等,法院认为,有确实、充分的相反证据能够证明,上述作品的实际创作者为被告。故被告行为构成违约,并应承担违约责任。

上海市浦东新区人民法院作出(2017)沪0115民初90500号民事判决:(1)被告删除涉案微博并支付原告违约金1,259,697元;(2)驳回原告的其他诉讼请求。

一审判决后,被告提起上诉。上海知识产权法院作出(2019)沪73民终138号民事判决:驳回上诉,维持原判。

【案例评析】

本案是网络文学平台与知名写手间纠纷的典型案件,其争议焦点就是网络文字作品的作者认定问题。司法实践中,在没有相反证明情况下,署名通常被推定为作者。至于相反证据的证明要求和标准,并没有明确的法律规定。而文学创作过程极其私人化,很少有直接证据能证明创作过程,特别是网络文学,本案审理难点即在于此。

通过审理,我们认为,对网络文字作品作者的认定,原则上应当以兼顾权利保护与促进信息网络产业健康发展为核心,平衡作者、网络服务提供者和社会公众的各方利益。在具体证明要求和标准上,首先,应以文字作品的创作规律为主要依据判断作者。其次,从主、客观两方面分析:主观方面,可以考察当事人的主观目的、动机等因素。客观方面,可以根据利益取得机制、作品的宣传内容、可能产生的混淆等因素判断。当上述诸因素足以证明充分的相反事实时,可以不以署名作为认定作品作者的依据。

一、应当以兼顾权利保护与促进信息网络产业健康发展为核心,平衡作者、网络服务提供者和社会公众的各方利益

利益平衡是著作权保护中的永恒话题,平衡的中心点是如何激励创作和创新。整个著作权制度的发展过程就是各方主体利益平衡的斗争史,静态上持续的利益抢夺,动态上趋向的利益平衡推动著作权制度演进。在互联网时代,该种利益抢夺和平衡的表现更具复杂性。

最高人民法院《关于审理侵害信息网络传播权民事纠纷案件适用法律若干问题的规定》在引言中指出,依法保护信息网络传播权,促进信息网络产业健康发展,维护公共利益。第1条明确规定,人民法院审理侵害信息网络传播权民事纠纷案件,应当兼顾权利人、网络服务提供者和社会公众的利益。因此,在认定网络文字作品的作者时,作者利益应予考虑,但亦应兼顾网络服务提供者和社会公众与其的利益平衡,既要鼓励创作,也要促进信息网络产业的健康发展。

常某某系作者,某公司系网络服务提供者,常某某作品的受众以及起点中文网的服务对象则是社会公众。以起点中文网为代表的付费网络文学网站主要经营模式是：网站与作者签约、支付报酬获得作品著作权，提供网站平台供作者发表、传播作品并予推广，再通过付费阅读以及作品著作权的经营获得收入；作者通过创作并向网站让渡部分著作权权利，取得在网站平台发表作品的机会，再通过合同约定获得收入；社会公众通过付费获得心仪的作品。在该模式下，各主体安居其位，以适当对价获得相应服务或报酬，既鼓励作者创作，又促进网络文学产业健康发展。其结构恰如稳定的三角形，抽离其中任何一根利益链条，都可能破坏模式的稳定。

但如前文所述，静态的利益抢夺始终存在。网站与作者签约时，会因作者知名度的高低致话语权不同，合同约定的权利义务有所差异。当合同期内作者知名度发生变化时，双方话语权与原合同条款失衡，利益抢夺随时可能产生。常某某在成名后不满与原告签订的合同，以常某乙名义在第三方平台发表作品就是该种利益抢夺的情形。

从利益平衡角度看，常某某、某公司以及社会公众之间通过起点中文网的经营模式均可获得相应利益，该行业发展模式较为健康。在平台与作者的合同中，平台的市场影响力、作品的质量、作者的知名度等当然影响双方的话语权，并直接决定合同条款优劣。对已成名作者，平台支付的对价一定较高。对未成名作者，平台支付较低对价，在网站中施以推广，以期其中部分作者提高知名度，为平台带来更多收益，起到对未成名作者的扶持、培养作用。本案中，通过《余罪》的成功，常某某从默默无闻到具备知名度，体现该模式对作者的培育作用。常某某从某公司处获得的稿酬达到400余万元，也体现了激励效应。没有这种机制和平台的培育，普通作者很难有机会发表、传播作品，互联网文学行业也无法得到进一步发展。因此，常某某的行为首先不符合诚信原则。其次，若诸多作者效仿之，则使平台对作者的培育投入化为乌有，直接危及行业基础。对某公司而言，其平台经营机制被直接破坏、收入减损。长此以往，其他作者可能发表作品无门，最终遏制创作。对社会公众而言，虽从短期看，能够获得常某某的更多作品。但从长期看，破坏行业健康经营机制，降低网络服务提供者积极性，最终社会公众将可能无法获得更多新作品。

因此，以兼顾权利保护与促进信息网络产业健康发展为核心，从平衡权利人、网络服务提供者和社会公众的各方利益判断，常某某的行为需要规制。

二、以文字作品的创作规律为主要依据，再从主、客观两方面分析认定网络文字作品的作者

以版权保护为目的主张作者身份的个人必须展示、证明其“具有独创性、智力性生产、思维、概念等事实的存在”。因此我们认为，虽有署名，但仍应着力对创作过程的证明，可以文字作品创作的基本规律为主要依据，再从案件主体的主、客观各事实来判定作品的作者。

（一）以文字作品创作的基本规律为主要依据

每位作家的作品都有属于自己独特的“风格指纹”。正如一审判决中所述，金庸长于武侠，琼瑶擅写言情，但如果让两位大家互换创作类型，可能都会举步维艰。认定文字作品的作者,创作的基本规律是主要依据。具体而言,可从作者基本的作品类型、题材,创作作品的生活基础等角度判定。若进一步细化,可以审查具体的用词习惯、语言风格。有一个经典事例,被称为美国宪法圣经的《联邦党人文集》由很多篇文章组成,有两位政治家先后称其中的12篇文章是自己创作的。为搞清楚这些文章的作者到底是谁,历史学家从政治观点角度出发进行梳理、研究,历经几个世纪也未得到一致答案。后来,这个让历史学家争论好几个世纪的问题,却被统计学家轻易解决。统计学家的方法简单实用,就是统计文章中一些常用词的词频规律,然后比对,真相很快水落石出,这些文章的作者直指詹姆斯·麦迪逊。在经过大量验证后,这一结果得到历史学家和统计学家的一致认可。可见,文字创作始终有规律可循,个人创作的诸多特质、细节乃至习惯都很难复制。

本案中的四部涉案作品,其类型趋同,都是罪案、刑侦、卧底等题材,文笔语言风格亦类同,因此作者为同一人更符合文字作品创作的基本规律。常某某相对复杂的生活阅历决定其具有创作该类作品的基础。而张某某作为女教师,不存在这种现实经历和生活经验,也就基本没有创作该类作品的可能性。因此,从文字作品创作的基本规律判断,后续新作品的作者仍是常某某。

(二)从当事人主观方面考察

主观方面,主要考察当事人的主观目的、动机等因素,是否存在在作品上虚假署名的故意。本案中,常某某显然对与某公司签订的合同不满,其发表的微博、朋友圈也充分反映该种情绪。但网络文学作者的热度通常时效性较短,常某某既急于发表新作品,进一步提升其知名度,又受制于其新创作的作品需要发表于起点中文网的合同约定。因此常某某有充分的主观目的和动机,以他人名义在第三方平台发表自己的作品,既规避其与某公司的合同,又使公众认为是其新作品。

(三)根据案件各客观事实判断

从案件各客观事实认定作者,可着重考察以下几点:(1)利益取得机制,虽然作品署名为他人,但利益是否最终仍然流向作者;(2)与真实作者的攀附程度,作品虽署名虚假,但最终指向一般都是真实作者;(3)在社会公众端,是否产生混淆,或者明知作品就是真实作者所创作;(4)其他可证实作者身份的事实等。因个案事实有所不同,参考因素会存在差异。但究其根本,作品最终的利益归属以及社会公众对作品作者的认知,即作品带来的"名利"两个重要因素,是判断真实作者的关键。

本案中:(1)从利益取得机制判断,常某某与张某某系夫妻,在婚姻关系存续期间,新作品著作财产权所获经济利益归两人共同所有。作品署名常某某或常某乙,对被告而言获得的经济利益基本相同。(2)与真实作者的攀附程度,常某某与张某某笔名常某乙仅一字之差,且读音完全相同,对读者而言,极易混淆。(3)社会公众的认知,常某某在宣传新作品时刻意将其与常某某绑定,而不宣传是其工作室签约作者常某乙作品,以致读者、媒体以及网络平台上绝大多数观点均认为常某乙就是《余罪》作者常某某。(4)其他事实,大量的新闻报道、实体书宣传等间接证据亦证明常某某自认其创作了《第三重人格》《危险拍档》。

【典型意义】

网络文学是我国互联网业态的重要组成部分。近年来，因不满与网站签订的创作协议，作者通过改名换姓、“暗度陈仓”的方式跳开网站另发作品的现象时有发生。本案的审理为制止这种不当行为、规范互联网文学市场起到了一定作用。本案判决后，2020 年 11 月 16 日，最高人民法院《关于加强著作权和与著作权有关的权利保护的意见》发布。本案对作品作者的认定，符合该意见第 1 条、第 3 条的规定，既保护真实创作者的权益，又统筹兼顾传播者和社会公众利益的要求，并结合作品性质、类型、表现形式以及行业习惯、公众认知习惯等因素作出综合判断。本案案例分析获评 2020 年全国法院优秀案例评析二等奖。

【案例索引】

案号：

一审：上海市浦东新区人民法院（2017）沪 0115 民初 90500 号

二审：上海知识产权法院（2019）沪 73 民终 138 号

审判组织：

一审：杨捷、林新建、李加平

二审：陆凤玉、陈瑶瑶、易嘉

编写人：杨捷

34

特许经营合同中“合同目的不能实现”的司法认定

——郑某等诉南京某餐饮管理服务公司特许经营合同纠纷案

裁判要旨

合同目的是当事人欲通过合同履行得到预期利益，合同目的能否实现是行使合同法定解除权的核心要件。在存在多个合同目的的情况下，应结合合同目的落空对当事人预期利益的影响程度判断解除权是否产生。区域代理型的特许经营合同兼具自营业务及返点收益双重目的，特许人导致返点收益的合同目的落空时，合同当事人之间的信任基础丧失，被许可人享有法定解除权。

基本案情

原告：郑某

原告：蒋某

被告：南京某餐饮管理服务有限公司（以下简称南京某餐饮公司）

2018年9月1日，两原告（乙方）和被告（甲方）签订《餐饮服务协议书》以及《补充协议》，约定：(1)拟投资项目名称为“乌叶”。(2)服务期限为一年，自2018年9月1日起至2019年8月31日止。(3)代理方式包括单店服务或区域服务，乙方选择区域服务，向甲方一次性支付合同服务费298,000元，除了享受单店客户所能享受的合同权利外，还可享受该区域新成交客户服务合同金额的返点。返点计算方式为：新成交客户若是由乙方推荐的，乙方可享受新成交客户合同服务金额50%的服务费返点；新成交客户若是甲方自行发展的，乙方可享受新成交客户合同服务金额20%的服务费返点。甲方应按约定向乙方支付本条所述的居间服务费用，否则视为甲方违约。若新成交的客户委托甲方公司购买原材料，乙方还可以享受新成交客户原材料购买合同价款10%的物料返点。(4)乙方每年向甲方交纳5000元运营服务费。

在合同签订当日，原告与被告员工的谈话录音显示：被告称，浦东新区的新增单店客户的物料都要从原告处过一下，原告有10%的物料返利；对于新增单店客户，被告有系统可以查询等。2019年4月1日，被告向原告发送《××餐饮代理客户返利接收确认函》，上载单店客户信息、投资金额、合同返利金额、返利说明等。其中"返利说明"记载："按照合同约定：(合同款减去单店抽奖费用)乘以20%加上首批材料的10%给予返款。"2019年4月4日，两原告收到该确认函后，在与被告工作人员的微信群里对函件中记载的返点计算方式提出疑问，表示双方合同约定的签约新客户返点无须扣除抽奖费用，另外关于新客户的原材料购买返点也没有约定仅系首次购买的原材料费用。

协议签订后，原告向案外人采购设备并装修店铺共计花费102,629.09元。此后，双方发生纠纷，被告未再向原告供货。

两原告诉称，在协议履行过程中，原告发现被告不具有"两店一年"资质，亦没有合法有效的注册商标，其多次催要特许经营资质证明，被告迟迟不提供，也未按照合同约定提供一对一的营建规划服务。而对合同中明确的返点规定，被告亦未按约定进行返点。由于区域加盟需要一次性支付服务费298,000元，单店加盟仅需要一次性支付几万元，两者服务费价格相差较大，原告之所以选择区域加盟而非单店加盟，其目的就是获得返点收益。现返利收益无法兑现，原告合同目的落空，无法继续履行合同。两原告诉请判令：(1)解除两原告与被告签订的《餐饮服务协议书》及《补充协议》；(2)被告返还两原告已支付但被告尚未发货的货款21,868.65元；(3)被告赔偿两原告已付服务费损失298,000元，设备采购、物料破损、装修装潢等经济损失的80%共计82,200.07元。

被告南京某餐饮公司辩称，不同意原告解除合同的诉讼请求。双方签订的协议属真实意思表示，合法有效，因原告未支付第二年运营服务费，合同自动到期终止。被告是否具有"两店一年"资质及注册商标均不是被告开展特许经营的必备条件。关于合同约定的返点规则，被告向原告说明了该规则具体细节，并未违反合同约定。自涉案项目开展以来，被告提供了一系列咨询、选址、培训等活动及后续经营督导和辅助服务，已经提供了一对一营建规划服务。对原告诉请中的未发货货款及物料破损损失同意返还，其余费用则均不同意返还。

【法院裁判】

上海市浦东新区人民法院经审理认为，本案的主要争议焦点在于，原告是否可以"合同目的不能实现"为由单方解除涉案合同。《合同法》(已失效)第94条第4项规定，当事人一方有其他违约行为致使不能实现合同目的的，另一方可以解除合同。故原告是否拥有合同解除权，要考虑是否由于被告的违约行为导致其合同根本目的不能实现。本案《餐饮服务协议书》第2.2条明确记载，客户可选择进行单店加盟，或者区域代理。本案被告自述及通话录音证据表明，在区域代理与单店加盟服务费相差巨大的情况下，原告之所以选择服务费更为昂贵的区域代理，是期望通过返点福利更快回本。由此可见，本案中的《餐饮服务协议书》兼顾特许经营与区域代理的双重性质,原告缔结该合同的根本目的:一系被特许人在特许人指导下使用特许人的相关经营资源,在特定经营模式下开展特许业务;二系获得区域新客户及新客户物料购买费的返点收益。双方合同明确约定了新客户由被告自行发展时,新客户服务费以及新客户物料购买费的返点规则。且双方签约时,被告方在解释合同条款时不但未对上述返点条款进行任何限制解释,反而强调被告方有后台系统可以查询到新客户的情况,且原材料必须通过被告方购买。故双方合同中对返点规则已经进行了明确清晰的约定,双方均应恪守。但是,从被告提供给原告的返利接受确认函、被告和原告后续往来微信记录以及被告庭审陈述可以看出,被告实际计算的返点规则扣除了新客户的单店抽奖费用,且物料购买费的返点仅限于首批物料,被告还明确表示无法提供后台系统供原告查询新客户的情况。被告的上述行为不仅违反了合同的约定,而且让原告陷入对新增客户数量、新增客户服务费数额、新增客户物料购买费等基础数据完全被动接受却无法核实的境地,使其选择区域加盟的合同目的落空。因此,原告具有合同解除权。

上海市浦东新区人民法院作出(2019)沪0115民初79125号民事判决:(1)解除原、被告于2018年9月1日签订的《餐饮服务协议书》及《补充协议》;(2)被告返还两原告未发货货款21,868.65元,返点金额9760元,并赔偿两原告服务费损失238,000元、物料损失53元;(3)驳回两原告的其他诉讼请求。

一审判决后,被告提起上诉。上海知识产权法院作出(2020)沪73民终84号民事判决:驳回上诉,维持原判。

【案例评析】

一、合同法定解除权与合同目的的关系

《民法典》第563条第1款第1~4项的条文表述中有两项解除事由均直接提及"不能实现合同目的"。该款第1项与第4项同将不能实现合同目的作为行为后果列为解除事由,按实务中一般观念区分,第4项可约等于根本违约,第1项的不可抗力解除虽是从原因层面设置解除条件,但最终仍同于第4项的判断标准。而第2项与第3项分别从合同履行期限届满前后不同维度设置解除条件,但落脚点都在于债务人的履行意愿,在第2项的预期违约制度设计下,债务人要有拒绝履行合同义务的意思表达,在第4项的迟延催告制度安排下,债务人则要有拒不履行的行为表现,在这种债务人无履行意愿的情况下,债权人合同订立的目的自然落空,故而享有合同解除权。可见,《民法典》第563条第1款规定的解除事由考量点虽显分散,但均可归结于合同目的无法实现,合同目的是否落空是判断法定解除权的根本所在。

由此,合同解除权的行使目的在于让当事人摆脱合同原定权利义务的约束,解除权的发生虽不以当事人的过错为前提,但核心为合同目的,当事人订立合同时所期待的取得利益若还有生存空间,法定解除权并不一定能发挥效用。正因合同目的是法定解除权的关键因素，本案原告诉请解除系争合同的直接理由便是无法取得合同订立时所预期的“返利”，被告对此的抗辩也集中在“返利”能否纳入合同目的的范围内，可以看出，双方主要争议焦点在于原告是否享有合同解除权，背后的实质问题是系争合同的合同目的是否已经落空，法院审查原告是否享有法定解除权的主要考量因素即合同目的的构成条件及实现与否的标准。

二、合同解除语境下合同目的的判断要素

（一）合同目的的本质

解决本案解除权的行使争议首先应划定合同目的的司法认定标准，从《民法典》合同编整体的条文内容来看，涉及合同目的的表述有 11 处，但未有合同目的的条文定义。但对合同目的的实质理解仍需要借助最初的立法状态分析，在合同解除的语境下讨论合同目的。合同法定解除的前提是合同继续存在的基础丧失，合同义务得不到完全履行或者合同义务的履行已对债权人无实际意义，守约方本欲从合同履行中得到的各项利益落空，继续维系合同对双方均无必要，此时法律方可介入合同当事人的自由意思中，赋予守约方单方解除合同的权利，脱离合同对待给付义务的约束。由此对应到合同目的落空的解释上，可以认为合同目的不能实现即指当事人基于合同产生的预期利益无法实现，合同目的约等于合同预期利益。被理解为合同目的的合同预期利益在形态上已作扩展，不仅局限于经济利益，合同中的身份利益、人格利益等非经济利益落空亦可纳入法定解除的事由考量。因此，本案原告的合同目的应从原告欲从合同履行中获得的各种利益的角度考量。

（二）合同目的的区分

在合同目的的判断方法上，已有学者从抽象视角和具体视角梳理归纳了典型交易目的的类型。① 在典型合同目的的判定上依客观标准可识十之八九，但认定非典型合同的目的并非易事。实践中，法院在区分合同目的时常会与合同动机产生混淆。相较于合同动机，合同目的具有一定客观性，是当事人订立合同所希望达到的结果，可以从当事人的意思表示中反映或者推断出来。动机与目的偶尔会出现重叠或吸收现象，当动机出现在意欲之内时，动机与目的同为一事，行为的背后原因与预达效果出现同化，此时的合同动机则可看作目的。此外，合同条款与合同目的也存在关联，合同条款是当事人意思表示的外化形式，是合同目的的固化和合同内容的表现，一般可用来直接认定合同权利义务关系。与合同目的相比，合同条款往往形式上更易分辨识别，但在合同条款的理解上产生争议时，就可能需要结合合同目的分析合同条款的真实含义，而合同目的往往需要合同条款来呈现，但又高于合同条款本身，二者互为补充。实践中，为了降低证明不能的风险，当合同动机明示于合同条款中、作为合同订立或履行基础条件时，合同动机就有了升格为合同目的的可能。从本案双方当事人签订的《餐饮服务协议书》及《补充协议》的主要内容可以看出，原告订立合

---

① 参见崔建远：《论合同目的及其不能实现》，载《吉林大学社会科学学报》2015 年第 3 期。

同的直接目的在于投资获利，形式上是采用合作加盟的方式开展商业活动，双方之间的合同实为特许经营关系。原告的投资获利属于动机层面，双方订立的合同中并未明确投资的风险处理问题，故原告缔约后能否最终获利并不能纳入合同目的能否实现的考量中，原告不能以投资亏损导致目的落空为由主张解除合同。从双方建立的特许经营关系来看，原告作为被特许人，其从事商业经营是建立在利用被告已有的品牌资源基础上，故被告授权原告合理使用品牌进行经营当然是原告选择缔约的目的，此为合同目的之一。而本案当事人之间签订的合同不同于单纯的特许经营权合同，原告选择了区域代理的形式，与单点加盟不同的是，区域代理在交纳更高的合作服务费的条件下可以享受区域内新成交店铺服务费及材料购买费的返点政策，在合同条款明确表述了区域代理的条件、内容时，原告期望通过区域代理获得更多投资收益的目的也是缔约的重要因素，即为合同目的之二。

（三）双重合同目的对法定解除权的影响

合同当事人之间关于权利义务关系的约定并没有固定程式，复合型合同的合同目的也在往多元化的方向发展。多元合同目的在重要性排列上可能存在主次之分，主合同目的一般基于合同主给付义务产生，次合同目的则产生于从给付义务、附随义务，甚至是合同动机。主合同目的落空当然会导致合同无法继续履行，产生法定解除权自不待言，而次合同目的落空则需要结合目的落空的原因、程度、对当事人继续履行合同的影响、解除的后果处理等多种因素综合判断。但在多个合同目的不存在主次之分时，则可独立考量，若单个合同目的落空将会使当事人合同预期的大部分利益丧失，继续维持合同关系实无意义，应赋予当事人解除权。

本案在原告双重合同目的影响下，其合同解除权行使问题需要进一步分析。结合本案相关事实，正如被告抗辩所称，原告客观上享受到了被告品牌的经营优势，也已实际利用被告的品牌运营经验、物料提供等基础顺利开展了相关的餐饮活动，并获得了一定的经营收益，从特许经营权的实现角度上，原告前期经营目的已然实现。但原告选择区域代理的形式获得返利同样是重要的合同目的，双方在缔约时已经约定了返点规则，而现在被告单方对返点规则进行“扣除了新客户的单店抽奖费用且物料购买费的返点仅限于首批物料”的限缩解释，并明确表示无法提供后台系统供原告查询新客户的情况，被告的行为明显不合约定，与原告获得预期返利的目的相距甚远，此目的已然不能实现。本案原告的两个合同目的并无主次之分，不存在目的吸收的解释，两个同等位阶的合同目的均得以实现才是合同继续履行的前提，因此，被告的违约行为虽未使原告特许经营的目的落空，但导致返利目的不能实现，原告预期的重要利益已然丧失，符合我国法律关于法定解除权的事由构成要件，原告享有法定解除权。

三、特许经营权合同法定解除的特殊考量

特许经营的特殊性在于，特许人是通过输出其成功的经营模式即无形资产进行盈利，被特许人则是复制特许人的成功商业模式进行商业运营。鉴于特许人对其经营资源有绝对的信息优势，这个优势贯穿特许经营权合同磋商、缔约、履行过程中，所以实际上，在特许经营合同地位上双方并不完全对等，双方合同地位的差异一般会体现在特许经营合同的条款制定上，以特许经营者事先拟制的格式条款为典型。特许经营合同的“事先拟制”并无权威部门监管或第三方中立机构的介入。这种合同条款的事先拟制和无示范文本的特点会直接反映在合同的内容上，如特许人与被特许人权利义务分担不够合理，对被特许人的义务履行和违约条款有较多规定，对特许经营者的义务及违约责任却鲜有涉及。于是，合同履行的过程中一旦双方发生纠纷，若仅从合同约定的角度出发，被特许人难以寻找合适的合同解除依据。因此，在司法实践中，在由被特许人提起诉讼主张解除合同的案件中，原告通常有两种合同法定解除路径：一是特许经营合同特有的“冷静期”条款；二是特许人的违约行为导致合同目的不能实现。

当被特许人欲以合同目的落空为由解除合同时，法定解除权的司法判定核心就在于对合同目的落空的把握上。如前文所述，特许经营合同具有地位不完全对等的天然特征，且不同于即时履行合同，特许人商业模式的输出并非通过一次性义务的履行得以完成，成功的商业模式推广涵盖了企业管理、质量控制、商品销售、广告宣传、店面装潢、标志设计、人员招聘、员工培训等各个方面，特许经营往往需要特许人长期、持续地对被特许人进行经营指导、员工培训等，[①]这种长期的合作关系决定了特许经营合同的继续履行基础是双方的信任关系，若特许人的违约行为已经打破了被特许人对持续经营的合理信赖，自然难谓特许经营合同的目的实现，被特许人行使法定解除权并未不妥。因此，从特许经营合同的个体特性来看，单就被告拒不提供后台系统供原告查询加盟新客户情况的行为而言，就已经让原告陷入对新增客户数量、新增客户服务费数额、新增客户物料购买费等基础数据完全被动接受却无法核实的境地，使其选择区域加盟的合同目的落空，原告可以合同目的无法实现为由解除合同。

【典型意义】

特许经营合同双方具有地位不完全对等的天然特性，这种差异一般会体现在特许经营合同的条款制定上，以特许经营者事先拟制的格式条款为典型。合同履行的过程中一旦双方发生纠纷，若仅从合同约定的角度出发，被特许人难以寻找合适的合同解除依据。本案的审理综合把握合同履行的全过程，探究双方当事人真实意思表示，寻找和识别合同订立的根本目的，从而为被特许人行使法定解除权找到理论依据和事实基础。本案案例分析获评全国法院系统 2021 年度优秀案例分析二等奖。

---

① 参见李自柱：《商业特许经营合同任意解除权的理解和适用》，载《中国工商报》2016 年 4 月 27 日，第 3 版。

【案例索引】

案号：

一审：上海市浦东新区人民法院(2019)沪 0115 民初 79125 号

二审：上海知识产权法院(2020)沪 73 民终 84 号

审判组织：

一审：孙闫

二审：刘静、吴盈喆、杨韡

编写人：孙闫

35

知识产权合同僵局的司法认定及后果处理

——某影业有限公司与温某某著作权许可使用合同纠纷案

裁判要旨

著作权许可使用合同陷入僵局时，违约方不得依据《民法典》第563条解除合同，但可依据《民法典》第580条申请法院终止合同权利义务关系。法院终止合同权利义务关系应符合合同陷入僵局的事实要件、合同目的无法实现的实质要件以及通过诉讼方式的程序要件。违约责任的产生与认定与法院终止合同权利义务关系具有一定的独立性，法院可结合责任约定、第三人获益、合同对价、作品影响力、主观状态、减损情况等因素，根据诚信原则和公平原则认定损失赔偿数额。

基本案情

原告（反诉被告）：某影业有限公司

被告（反诉原告）：温某某

温某某系武侠系列小说《四大名捕》的作者。2016～2018年，温某某（授权方）与某影业有限公司（被授权方）围绕《四大名捕》系列全部小说的各项著作权权能先后签订七份著作权许可使用合同。本案系争合同系上述七份合同之一，即2017年4月9日温某某（乙方）与某影业有限公司（甲方）签署的《动漫改编权合作许可协议》。

该协议主要约定：甲、乙双方已经签署有关《四大名捕》系列（包括《逆水寒》系列）小说作品乙方授权甲方独家全案运营的《独家合作协议》，并达成相关补充协议。双方同意前述协议项下相关动漫产品的授权合作开发以本协议的具体约定为准；乙方同意将其文学作品《四大名捕》全部系列作品在本协议项下约定的权利许可给甲方独家使用及双方进行相关合作。该协议对《四大名捕》系列文学作品的动漫改编事宜及双方在改编过程中互负的权利义务进行了详细约定。授权期限自2017年4月9日至2027年4月9日。授权许可费的支付方式为：甲方承诺将本方运作本协议约定改编作品、演绎作品、二次著作权作品以及周边衍生产品所获得实际收益（甲方税后）的30%分配给乙方，甲方无须就授权作品在本协议项下的合作或授权向乙方支付其他任何形式的报酬和费用,除非双方另行达成其他协议。违约责任条款约定了乙方不得擅自将合同项下已经授予甲方的所有著作权权利另行授予他人,否则乙方构成违约并需要支付甲方500万元违约金。

自2018年开始,温某某频繁在公众媒体上指责某影业有限公司并要求单方解除与某影业有限公司就《四大名捕》小说的著作权许可使用合同关系。同年起,温某某与某影业有限公司之间就上述围绕《四大名捕》系列小说签订的七份合同陆续产生了十余次诉讼与仲裁纠纷。同年6月开始,将《四大名捕》部分小说的简体中文版纸质图书出版发行权独占性地授予其他公司,《四大名捕》纸质图书随后由其他公司出版发行。同年12月,温某某将《四大名捕》系列作品的信息网络传播权及转授权、电子出版物制作发行权等权利独家授予其他公司,后经公证,《四大名捕》系列小说在某平台上的总点击量已逾533万次。某影业有限公司主张根据第三方出版图书价格及电子书大致收益情况,估算损失达400余万元。

系争合同签订至今,某影业有限公司未实际履行。某影业有限公司表示,鉴于温某某频繁在公开场合无故指责某影业有限公司并宣称取消授权,导致包括系争合同在内的多份涉《四大名捕》系列小说的著作权许可使用合同均处于停滞状态,无法开展项目运营。若温某某停止公开诋毁,则合同可以正常履行。

原告某影业有限公司诉称,自2018年6月15日起,被告违反系争合同的约定,未经原告同意擅自将涉案系列作品著作权陆续授予他人,构成违约,应承担相应违约责任。原告诉请判令:被告支付原告违约金200万元。

被告温某某辩称,系争合同自2017年4月签署至今并无任何履行。原告指控被告的三项违约行为,均与系争合同没有关系。原告指控被告的三项违约行为,均系涉案系列文字作品的出版权和信息网络传播权。根据系争合同约定,原告向被告主张违约责任的前提是造成损失以及温某某有转让收益的情况。但温某某没有转让作品,且某影业有限公司未产生损失。

反诉原告温某某诉称,某影业有限公司有多项违约行为,系争合同约定解除条件已经成就。另外,系争合同的法定解除条件也已经成就。系争合同签约至今,某影业有限公司从未开展任何开发项目,其消极不作为的行为表明其不会履行系争合同的主要义务。根据《民法典》的相关规定,当事人一方以自己行为表明不履行主要债务时,合同依法可以解除。最后,即便法院不认可反诉原告具有法定解除或约定解除权,但根据《民法典》第580条合同僵局的相关规定,该系争合同的权利义务也应当终止。反诉原告诉请判令:解除《动漫改编权合作许可协议》,如果前述诉请不被支持,请求终止该合同的权利义务关系。

反诉被告某影业有限公司辩称,不同意反诉原告的全部反诉请求。反诉被告没有变更统筹负责人。反诉原告的违约导致反诉被告利益受损,反诉被告正常维权,不属于对反诉原告权利的损害。系争合同中没有对反诉被告开发进度有要求,反诉被告有权自己安排开发事宜。关于双方之间的大量诉讼，除本案外，均是反诉原告提起。不能因为反诉原告主动提起大量诉讼就可以成为合同解除的理由。

【法院裁判】

上海市浦东新区人民法院经审理认为，本案的争议焦点在于：(1)本诉中，原告主张被告违约的事实是否成立；(2)如果被告违约，违约金数额如何确定；(3)反诉中，反诉原告是否具有合同解除权；(4)系争合同是否可以依据《民法典》第580条由法院判决终止权利义务关系。

一、本诉原告主张违约事实是否成立

原告在对应的各份合同约定授权期限内独家享有《四大名捕之逆水寒》全球范围内信息网络传播权和发行权、独家享有《四大名捕》21部正传的信息网络传播权、出版权及发行权。被告擅自在原告获得独占性许可权利期间将上述作品的信息网络传播权或者出版发行权再行授权给第三方，违反了系争合同第4.2.7条的约定。故原告主张被告温某某擅自将上述文字作品的信息网络传播权或出版发行权授权他人的行为，构成违约，具有合同依据，法院予以确认。

二、被告的违约赔偿数额如何确定

关于违约金的数额，人民法院应当以实际损失为基础，兼顾合同履行情况、当事人的过错程度以及预期利益等综合因素，根据公平原则和诚实信用原则予以衡量，并作出裁决。考虑到《四大名捕》系列文字作品在我国武侠小说领域极高的知名度和影响力、被告温某某擅自授权他人的主观恶意以及被告温某某因授权他人可能的获益等因素，原告自行将违约金数额调整至200万元，尚属合理，一审法院予以全额支持。

三、反诉原告是否具有合同解除权

法院认为，系争合同没有对反诉被告的开发进度进行约定。反诉原告亦无证据证明反诉被告"明确表示或以自己的行为表明不再履行合同主要债务"。故结合本案具体案情，并不适用《民法典》第563条第2款规定之情形解除合同。

四、系争合同是否可以依据《民法典》第580条由法院判决终止权利义务关系

就本案系争合同，某影业有限公司自合同签约至今，客观上未履行系争合同项下任何涉案作品改编动漫的义务，属于"当事人一方不履行非金钱债务"，也属于《民法典》第580条规定的除外情形：(1)事实上不能履行；(2)债务标的不适于强制履行；(3)合同目的已经无法实现。可以预见到，系争合同继续存续下去，也无法履行，合同的目的已经无法实现。

上海市浦东新区人民法院作出(2020)沪0115民初75558号民事判决：支持反诉原告要求终止系争合同权利义务关系的反诉请求。

一审判决后，原、被告均提起上诉。上海知识产权法院作出(2022)沪73民终130号民事判决：驳回上诉，维持原判。

【案例评析】

一、司法终止合同法律关系的规范基础

(一)司法终止权的立法渊源

合同僵局并非规范意义上的法律术语,更多是在描述合同履行状态的一种事实问题,陷入合同僵局的当事人无法正常行使合同创设的权利,履行请求权的权能被架空,但对应的给付义务并未消灭,合同权利义务关系在实际履行过程中显得名不副实。

有关合同僵局的规范可追溯至1999年《合同法》第110条,该条主要从合同义务的可履行性角度列举了三类债权人不得请求继续履行的情形,当出现履行不能、不得强制履行等法定事由时,实际履行请求权被排除,此时合同继续存在的意义何在,令其早日消灭,方为正途。① 直至《全国法院民商事审判工作会议纪要》第48条进一步明确,对于部分形成僵局的长期性合同,可在特定条件下由法院判决解除合同。至此,国内司法至少在通过"解除合同"打破合同僵局方面暂时形成相对统一的裁判意见。

《民法典》与原《合同法》不同的是,将司法终止权的适用范围进一步限缩,将"合同无法继续履行"与"合同目的无法实现"并列为规范要件,唯有合同目的落空时,司法权才会介入打破无存在价值的合同僵局。

(二)司法终止权的价值考量

1. 司法终止权与意思自治的平衡。《民法典》第119条强调的"合同必须严守"也是司法裁判中援用最多的条款,这就意味着合同成立后的约束力非经当事人意志或法定因素介入会持续发生效力。为了维护意思自治在合同关系中的地位,法律对强制介入合同约束力也持谨慎态度,《民法典》对限制合同约束力的情形大致可分为三类:第一类是对合同约束力限制较大的权利,如委托合同中的任意解除权;第二类是对合同约束力具有一定限制的权利,如继续性合同中的终止权;第三类则是对合同约束力限制较小的权利,如情势变更等。②《民法典》对司法终止权的行使施加了诸多限制,约束性条件高于一般法定解除权,也正是考虑到合同僵局中的当事人意思自由,尤其是债权人的权利行使自由仍应受到重视,唯有融入其他价值考量因素,才能证成司法终止权的正当性。

2. 司法终止权体现的效率价值。司法解除权的对象是继续履行失去实际意义、继续维持效力有害无益、不利于社会经济运转的僵局合同,③涉案著作权许可合同为涉及《四大名捕》系列小说文字作品的动漫改编许可协议,合同双方在缔约后数年对合同的实质履行未进一步,若合同僵局一直持续,无形中制约了《四大名捕》系列小说传统文字作品向动漫作品转型升级的发展节奏。通过司法途径终止涉案合同,有利于实现社会效益和经济效益相

---

① 参见崔建远:《关于合同僵局的破解之道》,载《东方法学》2020年第4期。

② 参见武腾:《民法典实施背景下合同僵局的化解》,载《法学》2021年第3期。

③ 参见徐博翰:《论违约方解除权的教义学构造》,载《南大法学》2021年第1期。

统一，促进文化产业繁荣发展。

3. 司法终止权并非鼓励效率违约。效率违约与司法终止权之所以会产生关联，主要是在法律后果的处理上均是排除合同履行，但司法终止权虽有效率因素考量，其逻辑基础并非效率违约理论，赋予法院终止合同僵局的权力并非意味着法院支持当事人效率违约。效率违约的理论背后是纯经济因素考量，往往会引发合同当事人不顾合同严守、诚信履约等原则而肆意违约，这是社会主义司法制度所摒弃的。

（三）司法终止权并非合同法定解除权

《民法典》第563条对应的法定解除权本质上是法律赋予当事人的自有权利，除了不可抗力事由外，权利主体均限定为守约方，违约方被排除了依单方意思解除合同的可能。《民法典》第580条的司法终止权显然不同于《民法典》第563条的法定解除权，尤其是对违约方导致合同僵局的情形，法院虽可依违约方的申请作出终止合同的判决，但合同终止的决定权仍在法院手中。

二、司法终止合同法律关系的规范要件

（一）事实要件：双方陷入合同履行僵局

合同僵局的形成客观上表现为无法履行的一种事实状态，根据《民法典》第580条第1款的规范要件，唯有当事人的合同义务性质为非金钱给付义务时，才存在形成履行僵局的可能。本案双方当事人订立的著作权许可合同期限长达10年，属于典型的长期合同，且许可使用合同中约定的义务为以《四大名铺》为基础进行相应动漫作品的改编，改编作品具有一定的创新性思想表达，非外在物理强制手段所能实现。双方自订立合同后已就著作权授权事宜发生多场诉讼或仲裁，温某某亦多次在公开场合发表解除合作的言论，就温某某个人而言，要求其配合履行合同义务已无可能。故法院认为涉案合同已无法履行且不适用强制履行，此种情形下构成著作权许可合同僵局状态。

（二）实质要件：合同目的无法实现

著作权许可合同中许可方与被许可方的一般合同目的并不相同，温某某作为许可方，其直接目的是获得许可费用，某影业有限公司作为被许可方的合同目的在于获得许可权，进而进行作品改编后再盈利。从某影业有限公司的角度看，虽然其取得了一定的著作权，但因温某某的违约行为，改编作品已毫无可能，某影业有限公司不可能从此获利；从温某某的角度看，合同约定的是后期盈利分成模式，因合同陷入僵局，其亦无法获得后期的商业合作收益，故在某影业有限公司的合同目的无法实现时即满足司法终止合同的实质要件。

（三）程序要件：通过诉讼方式行使

实践中，考虑到长期性的合同僵局不仅对当事人无意义，对社会整体资源可能亦是一种浪费，因此，若司法机关在诉讼中发现合同僵局的情形，可通过行使释明权的方式适当引导当事人申请终止合同法律关系，以此实现实质正义。

三、司法终止合同法律关系的责任承担

（一）违约责任的双重独立

从《民法典》第580条中“不影响违约责任的承担”的表述看，司法终止合同后，当事人可参照解除合同主张损失赔偿，依《民法典》第584条的赔偿规则处理，也就是说，合同责任的承担与合同法律关系的终止相对独立，当事人不得以合同权利义务关系消灭为由拒绝承担责任。

实践中需要注意的是，守约方在合同履行及解除上具有法律上的优势地位，除了司法终止的维权路径外，往往还有其他更为经济有效的方式。鉴于司法终止是法院打破合同僵局的强制手段，打破僵局的后果理应一并处理，若守约方提出了赔偿诉请，法院应引导其主张违约责任。若守约方未提出赔偿诉请，则法院可先就打破合同僵局形成心证，在形成终止合同的裁判倾向时，应及时向守约方释明违约责任的承担问题，引导其提出违约损害赔偿。若守约方坚持不主张违约责任，法院在裁判时应注明守约方可另行主张权利，以此平衡双方合同利益关系。

（二）损失赔偿的特殊考量

本案合同中约定了违约责任条款，在适用《民法典》第584条、第585条，根据诚信原则和公平原则认定损失赔偿时应注意以下几点：（1）违约金数额；（2）第三人获益情况；（3）合同对价；（4）作品影响力；（5）主观状态；（6）减损情况。法院在综合考量上述因素的前提下，全额支持某影业有限公司的赔偿请求。

【典型意义】

本案系法院适用司法打破合同僵局制度判决终止著作权许可使用合同权利义务关系的典型案例。合同双方在缔约后数年对合同的实质履行未进一步，若合同僵局一直持续，无形中制约了《四大名捕》系列小说传统文字作品向动漫作品转型升级的发展节奏。本案通过司法途径终止涉案合同，个案裁判所体现的价值是要把社会效益放在首位，社会效益和经济效益相统一，更好地释放文化产业潜能。

【案例索引】

案号：

一审：上海市浦东新区人民法院（2020）沪0115民初75558号

二审：上海知识产权法院（2022）沪73民终130号

审判组织：

一审：孙闫、王琳泷、刘嘉洛

二审：范静波、凌宗亮、叶菊芬

编写人：孙闫、卞贵龙

36

集成电路布图设计合同中违约及责任的认定

——某通信科技股份有限公司诉某电子科技有限公司等集成电路布图设计创作合同纠纷案

裁判要旨

集成电路布图设计是由《集成电路布图设计保护条例》调整的一类特殊客体。因涉及电路设计、芯片流片、封装测试各阶段技术事实,且相较于其他技术开发,集成电路布图设计又有其行业特殊性,增加了案件事实查明的难度。法院通过证据规则确定目标芯片中不符合约定指标的问题,判定造成未达标的主要原因系设计方设计出现问题,在依据违约责任的前提下,适当考虑集成电路行业的特殊情况,合理确定开发方向委托方返还研发费用的数额。

基本案情

原告(反诉被告):某通信科技股份有限公司(以下简称某通信公司)

被告(反诉原告):某电子科技有限公司(以下简称某科技公司)

被告:袁某某

2020年7月30日,某通信公司与某科技公司签订《技术服务合同》,合同履行期限自2020年7月30日至2021年7月30日。设计开发项目为470－510 MHz无线收发芯片,工艺要求SMIC 55nm LL。芯片功能约定26项具体指标。某科技公司负责上述规格的芯片设计,设计周期共4个月,需要在合同签订之日起2个月内完成“收发器行为级模型供算法系统仿真验证及原理图确认”,提交前仿指标报告;后2个月完成“版图确认”,提交后仿指标报告及芯片流片所需的GDS版图。研发费合计230万元,某通信公司于合同签订后5日内支付40万元,设计指标确认符合要求后5日内支付40万元,GDS版图上传第三方流片系统后支付70万元,芯片测试结果符合要求且设计原理图交付后5日内支付80万元。某科技公司应获得相应PDK(涉案芯片工艺制程文件),据此设计。验收由双方按照约定的指标共同检测确定。如某科技公司未能交付符合约定指标的设计及违反工作条件,应退还某通信公司所支付的全部研发费用。

合同履行中,某通信公司于2020年8月6日及10月10日对部分指标进行了变更。某科技公司于2020年10月23日交付设计指标报告(前仿报告)、于2021年3月15日交付GDS版图、于4月2日交付后仿指标报告、于4月14日交付原理图。某通信公司于2020年8月6日付款40万元,12月10日付款40万元,2021年3月18日付款70万元。4月6日,某通信公司委托第三方流片,支付流片费377,194元。10月22日,某通信公司就流片返回的芯片进行检测,发现芯片的接收模块完全不工作、数据发送不正常,同时还存在发射模块杂散异常、底噪过高及锁相环部分相位噪声与规格不符等问题。11月11日,某通信公司向某科技公司发送文件《YB2001测试总结》,归纳了涉案芯片存在的问题,对方未提出异议。之后至12月29日,双方多次沟通,但芯片问题始终未能解决。沟通中,袁某某承认芯片接收模块不工作、发送模块不正常。某科技公司的项目负责人朱某向某通信公司的项目负责人王某某表示其重新复查设计后,发现存在I0走线过长,ERC(电气规则检查)中存在问题。

原告某通信公司诉称,《技术服务合同》明确约定芯片设计需要实现的技术标准。然而,根据被告某科技公司设计所生产的芯片,检测后发现存在严重的功能缺失和瑕疵。芯片设计周期为合同签订之后4个月内,被告某科技公司直至2021年3月中旬才交付GDS版图,严重逾期。此外,被告某科技公司也未按约自行获取设计工艺文件,反而要求原告提供。因被告某科技公司未能按约完成设计,应当返还研发费用并赔偿资金占用损失。被告袁某某系被告某科技公司唯一股东,其无法证明两被告之间财产独立,故应对公司债务承担连带责任。原告诉请判令:(1)被告某科技公司返还研发费用150万元并赔偿逾期利息损失;(2)被告袁某某对被告某科技公司的债务承担连带责任。

被告某科技公司辩称,其已按合同约定完成设计工作,并交付了全部设计成果。各阶段设计均经仿真测试验证并通过,证明设计不存在问题。其未按合同约定期限完成设计的原因系原告在合同履行中变更部分需求。在交付每期阶段成果后,原告均支付了阶段研发费,说明其验收确认。流片系第三方负责,实物芯片出现指标不达标并非其责任。

被告袁某某辩称,其个人财产与公司财产相互独立,不应承担连带责任。

反诉原告某科技公司诉称,其已根据合同约定为反诉被告某通信公司提供芯片设计,完成全部阶段性义务,开发成果经过测试验证,并交付了全部设计成果。2021年12月,某通信公司以芯片完全不工作等理由不支付合同尾款,但该芯片指标不达标并非反诉原告责任。反诉原告诉请判令:某通信公司向其支付合同未付款项80万元及逾期利息损失。

反诉被告某通信公司辩称,某科技公司未按约定履行芯片设计义务。经检测,芯片出现了无法收发信号的重大缺陷。合同约定80万元款项的支付前提是芯片封装测试结果符合要求,现芯片不达标的原因系反诉原告交付的设计不符合约定,故其无权要求支付剩余款项。

【法院裁判】

上海市浦东新区人民法院经审理认为，某科技公司未按合同约定自行取得 PDK 文件，①构成违约。某科技公司于 2021 年 3 月 15 日交付 GDS 版图、②4 月 2 日交付后仿③指标报告，严重超过设计周期，且无合理理由，构成违约。

就某科技公司是否交付符合合同约定的设计。首先，应确定样品芯片是否存在不符合合同约定的问题。因涉案芯片系一款无线收发芯片，对信号的接收和发送系其基本功能，某科技公司已自认芯片存在上述功能缺失和瑕疵。同时，合同约定对芯片功能需要双方共同验收，而在收到某通信公司发送的检测报告后，双方之后多次沟通中均未对该报告的检测结论提出异议，视为认可目标芯片存在其他未达标部分。故法院认定涉案芯片存在上述与约定不符的问题。其次，在集成电路芯片设计中，前期仿真、后期仿真均是理论模拟结果，前后仿真测试通过不代表最终形成的实物芯片可以完全实现合同约定的所有指标，也无法得出芯片设计中不存在任何问题的结论。合同约定的验收是指针对流片后的芯片实物，根据约定的标准逐一检测，以此判断芯片是否达标。因此，某通信公司的付款行为仅是履行其对应阶段的义务，不代表确认设计无误。最后，某科技公司履行义务时存在如下事实：第一，其项目负责人朱某多次向某通信公司的技术人员询问关于中芯国际“smic 55nm ll”制程文件的细节，又表示和其之前设计的 40nm 不同，一定程度上反映设计人员对涉案芯片所采用 55nm ll 工艺制程不熟悉并缺乏设计经验。第二，在双方沟通解决芯片问题期间，朱某曾在双方微信群中承认芯片的寄存器出现错误、后仿测试出现问题，之后又向某通信公司项目负责人表示设计中存在 I0 走线过长，ERC 存在问题，均表明设计中存在工作不严谨、设计不周全的情况。第三，某科技公司提出可能系流片生产工艺或在流片环节中产生了寄生效应造成芯片无法达到设计指标。法院认为，其未就工艺问题影响芯片功能的可能性进行举证。作为设计方，在设计之初就应充分考虑寄生问题并尽量避免。即使无法避免，也不至于流片后的芯片出现不接收信号、发送信号不正常等基本功能的重大缺失和瑕疵。综上，法院认定涉案芯片未达标的主要原因系某科技公司的设计不符合约定。

因某科技公司未交付符合约定的芯片设计，某通信公司有权依据约定，要求其承担返还研发费用的违约责任。对返还的具体金额，法院在认定某科技公司未交付符合约定的设计系涉案合同目的无法实现的主要原因外，还考虑到芯片领域内，其设计开发存在较高难度和失败风险，双方均系领域内从业主体，而合同对流片失败后的补救措施未进行约定，反

---

① PDK 全称 process design kit，即工艺设计套件或制程设计套件。由晶圆代工厂创建，定义了该工厂的制程工艺，设计人员可以向代工厂申请获得，并在设计过程中使用。

② GDS 是一种标准化文件格式，主要用于芯片设计周期结束时将完成的最终设计发送到晶圆厂，包含晶圆厂所需的全部必要信息，包括晶体管配置和其他将被蚀刻到硅基板上的功能组件。

③ 后仿即后期仿真验证，指检验芯片设计的正确性。

映双方缔约时对芯片研发中可能产生的困难及风险预计不足。即便某科技公司已向某通信公司交付芯片设计原理图,虽具有价值,但涉案合同自订立至今已逾三年,芯片行业发展迅速,性能指标更新较快,即使改进设计,实现全部指标,现有市场价值也将相当程度地减少。综上,法院确定某科技公司向某通信公司返还已付研发费用的2/3,即100万元。合同履行中,袁某某系某科技公司唯一股东,其提交的证据不足以证明两者之间财产独立,故应对公司债务承担连带责任。

关于某科技公司的反诉请求。合同约定支付80万元的前提是回片封测的测试结果符合要求,而涉案芯片的测试结果未符合要求,该项付款义务的前提条件未成就。故对其反诉请求均不予支持。

上海市浦东新区人民法院作出(2022)沪0115民初74327号民事判决:被告某科技公司向原告某通信公司返还研发费用100万元并支付资金占用期间的利息,袁某某承担连带责任,驳回原告的其他本诉诉讼请求,驳回反诉原告的全部反诉诉讼请求。

一审判决后,原、被告均未提起上诉。

【案例评析】

对集成电路布图设计创作合同纠纷的审理,可从以下几个方面进行:

一、通过整体解释明确歧义条款的含义

虽然集成电路布图设计创作合同纠纷具有一定特殊性,但本质仍属于合同纠纷,在原告主张被告违约的情况下,应要求原告明确其主张被告违约的具体事实以及构成违约的合同依据或法律依据。往往因当事人订立合同的能力欠缺或缺乏合同法律意识,部分条款的约定存在歧义或不够明确,而这些条款又是判断违约与否的重要依据。对此,应当遵循《民法典》第142条规定,按照条款词句的文义、上下文、合同性质和目的,依次对合同进行解释。①

本案中,某通信公司认为某科技公司违约行为之一是未自行获取涉案项目的工艺文件,即由某代工厂创建的定义该工厂制程工艺的设计套件。涉案合同在第二点"工作条件"中便约定,"由乙方获得相应工艺文件,据此设计目标"。这里的"获得"究竟仅指结果,即某科技公司获得工艺制程文件后再完成设计,至于哪方提供在所不问;还是特别强调获得过程,即某科技公司应自行向某代工厂申请芯片制程文件后完成设计。对此双方各持不同理解。

涉案纠纷发生后,双方未能就涉案条款再行协商确定,而文义解释确实存在两种含义,此时应将该条款置于合同中作整体解释。在合同关于违约责任的约定中,明确某科技公司对该条义务的违反需要承担违约责任。因此,前述条款中"获得"若仅是强调某科技公司

① 参见最高人民法院民事判决书,(2020)最高法知民终394号。

取得制程文件这一结果，该条约定则显冗余，因为合同已确定芯片是以中芯国际的55nm ll工艺进行流片，故必须使用某代工厂的制程文件进行设计，否则无法委托其流片。而强调某科技公司应自行获取设计所需工艺制程文件这一过程，符合其作为设计方在设计进程初始就应准备好设计文件的基本义务，也符合PDK文件的取得系设计方履约内容的重要组成部分，故合同确定设计方对该项义务的违反需要承担违约责任，如不作此理解，则逻辑无法自洽。

再从合同的性质和目的看，涉案合同系委托设计合同：某通信公司作为委托方，权利义务是支付费用而获取设计；某科技公司是设计方，权利义务是交付设计而赚取设计费。PDK文件是设计方据以设计的前提，由设计方向某代工厂申请取得也符合合同性质和目的。故某科技公司要求某通信公司向其提供涉案PDK的行为构成违约。

二、对逾期履行的判断

某通信公司主张某科技公司在履行周期内两次逾期交付设计成果，一阶段逾期交付前期仿真报告，二阶段逾期交付后期仿真报告及GDS版图，构成违约。所谓履行期限，是指合同当事人依照法律规定和合同约定应当履行合同义务的时间。[①] 是否构成逾期履行违约，需要满足债务人在履行期届满未履行债务，同时债务人未履行该债务不具有正当事由。

判断设计方是否逾期交付，首先应确定设计方各阶段的履行期限。本案中，合同约定一阶段履行周期自合同签订之日起2个月，二阶段履行周期为自合同签订之日起4个月。其次应确定设计方实际交付之日，交付记录显示某科技公司分别逾期15日交付一阶段成果，逾期3个月交付二阶段成果，客观上都超过了履行期限。

然而，超过履行期限并不意味着义务人必然构成逾期履行违约，尤其在委托设计、技术开发等合同中，委托人经常根据实际情况变化临时要求变更、增加需求，因此需要查实委托人是否实施了导致设计开发工作量增加的行为，再评估增加的工作量占据整个项目或阶段项目工作量的比例，并考虑逾期时间，公平合理地确定设计开发一方是否构成逾期履行违约。

本案一阶段设计周期内，某通信公司要求新增两个芯片引脚并要求变更接口标准，相当于部分内容需要重新设计，对整个阶段项目影响较大，考虑到某科技公司客观逾期的天数仅15天，且交付当月又逢国庆假期，故认定其逾期交付具有正当理由，不构成逾期履行违约。在二阶段设计周期内，某通信公司仅要求在涉案芯片的1项指标中增加1个模块，相对于整个芯片项目26项技术指标来说，该部分增加的工作量占比极小，并未显著增加工作量，而某科技公司却逾期3个月交付，大幅超过二阶段履行期限，且无其他合理理由，故认定其构成逾期履行违约。

三、技术事实的查明路径

本案中，双方核心的争议焦点在于某科技公司交付的设计是否符合合同约定。对此，

---

① 参见王利明：《合同法研究》（第2卷）（第3版），中国人民大学出版社2015年版，第21页。

可分解为以下内容并依次查明确定：首先确定设计是否合格的评判依据，其次确定芯片是否存在不合约定的缺陷，最后确定造成缺陷与设计之间是否存在因果关系。

（一）依据合同确定设计合格与否的标准

因双方未订立补充协议，纠纷产生后也无法协商一致，故仍应以涉案合同作为评判双方权利义务的准则。其第 4 条约定验收标准和方式为双方按前述约定的 26 项具体标准共同进行。虽然该条款没有明确验收的对象，但约定验收是比照 26 项具体规格参数进行检测，因集成电路布图设计仅是虚拟三维图像，只有对实物芯片进行检测，才能确定是否具备 26 项具体指标。因此，合同验收条款针对的对象是流片后的实物芯片而非布图设计，对某科技公司交付的三维设计不存在验收环节，客观上也无法通过查看三维布图设计就能确定设计是否符合约定。故在本案中，判断设计是否符合约定，唯有通过验收其设计的芯片是否符合 26 项具体指标才能确定。

（二）适用举证责任确定芯片问题与原因

审理中，因双方均未申请对芯片现存问题及造成原因进行司法鉴定。故对于上述技术事实的查明需要依据现有证据并运用举证责任予以确定。举证责任分配上具有法定性，实体法律规范本身包含了法律对举证责任分配的内容，同时也应充分根据案件实际情况，按照诚实信用原则、公平原则等因素分配举证责任。①

对芯片存在的不符合约定的问题，某通信公司认为主要分为芯片接收信号功能缺失、发送信号功能瑕疵及芯片其他功能瑕疵。某科技公司除确认芯片发送信号模块确实存在问题，但对列举的其他问题，均以其未参与芯片检测为由不予认可。根据双方在芯片检测期间的沟通记录，某科技公司已承认芯片存在接收信号模块不工作的情况。合同约定芯片返还后由双方比照合同确定的技术标准，共同验收。在实际履行中，某科技公司曾向某通信公司明确表示其不具备检测条件，也不负有该义务，实际均由某通信公司进行检测，将发现的与约定标准不符的问题逐一反馈某科技公司，再由后者负责解决。对该模式，在长达数月的沟通中，某通信公司均未提出异议，视为其认可验收方式的实际变更，故不得再以未参与验收为由，否认存在上述问题。

对造成芯片问题的具体原因，首先，某科技公司作为设计方，芯片构造与功能架构源自其设计，其设计与实物密不可分。况且涉案芯片选择的工艺制程本身属于成熟的流片技术，非为本案芯片特别定制。如其认为系生产工艺造成实物芯片功能不达标，应承担相应的举证责任，否则其提出系生产工艺造成芯片功能不达标的意见仅是主观猜测，无法得到支持，只能作出芯片设计决定芯片功能的惯常推断。其次，虽然芯片在采用金属材质布线后金属的电气效应会产生一定的耦合现象使部分功能可能会受到影响，②但不至于出现芯

① 参见郑学林、刘敏、宋春雨、潘华明：《关于新〈民事诉讼证据规定〉理解和适用的若干问题》，载最高人民法院民事审判第一庭编著：《〈最高人民法院关于民事诉讼证据的若干规定〉适用手册》，法律出版社 2020 年版，第 72 页。

② 参见金善子：《版图设计中的寄生参数分析》，载《中国集成电路》2006 年第 11 期。

片接收模块不工作、发送模块不正常的重大问题。作为设计方，本身负有在设计中采取措施尽量避免寄生问题或在设计中充分预留余量将寄生因素的影响降至最低，以保障芯片得以实现既定指标，然而其对此亦未进行任何举证，实际生产的芯片又存在基本功能的缺失，应认为其设计中考虑不周，仿真工作不充分。最后，通过梳理双方间的沟通记录，能够确定其设计人员对涉案芯片采用的工艺制程不熟悉、自认设计中存在布线过长、电气规则存在问题的事实，表明设计方存在业务不熟悉、工作不严谨，故其设计造成芯片功能不达标的原因力进一步增加。从高度盖然性的角度出发，综合判定芯片功能不达标的主要原因系某科技公司的设计。

四、多因素考量确保责任比例适当

当事人在合同中对违约责任作出约定的，如违约金的计算、约定违约金等，也可以认为是合同中的结算、清理条款。① 在确定芯片未达标的主因系某科技公司设计之后，某通信公司自可依据合同约定要求前者承担返还研发费用的违约责任。对具体返还的数额，除主要考虑某科技公司违约导致涉案合同的目的无法实现之外，也要考虑违约方对合同的履行程度以及守约方是否存在非违约但足以影响合同履行的行为。还需要考虑合同标的涉及的行业惯例等，恰如其分地确定数额，以平衡双方的利益。

首先，某科技公司已交付全部设计成果。即使某通信公司认为芯片未达约定指标，设计成果无任何价值，但其亦可在此基础上独立或委托第三方进行修改完善，最终完成项目，对委托方仍具有一定价值。涉案项目研发周期在 2020 年至 2021 年，而芯片行业发展迅速，芯片性能指标的更新迭代较快，考虑合同订立至今已逾 3 年，即使芯片全部指标最终实现，其市场价值也会在一定程度上减少。

其次，涉案合同未对流片失败后如何补救进行约定，反映在合同订立之初，双方均过于乐观，对芯片研发可能产生的困难及风险预计不足，一定程度上导致流片失败后，涉案合同出现难以为继的困境。某通信公司自身也系业内企业，在本案中对其行为虽不至评价为过失，但确有欠缺之处。

最后，双方均未举证在集成电路行业领域内，流片一次成功是否属于业界常态。相反，大量的实例显示每一款芯片研发都面临着较高概率的失败风险，故涉案合同的约定内容实际是要求某科技公司的设计必须一次流片成功，对于设计方来说略显苛责。

【典型意义】

集成电路布图设计创作合同纠纷的审理往往涉及大量技术术语及标准需要确定含义，案件事实查明难度较大。本案通过证据规则判定造成合同未完全履行的主要原因，在依据违约责任的前提下，适当考虑集成电路行业的特殊情况，合理确定开发方向委托方返还研

① 参见王利明主编：《中国民法典释评 · 合同编 · 通则》，中国人民大学出版社 2020 年版，第 506 页。

发费用的数额,对集成电路布图设计创作合同纠纷的审理具有指导意义。本案发表于《人民司法》。

【案例索引】

案号:

一审:上海市浦东新区人民法院(2022)沪 0115 民初 74327 号

审判组织:

一审:徐婷姿、谢晓俊、陈瑶

编写人:谢晓俊

知识产权刑事案件

37

明知他人假冒注册商标仍出租房屋的以共同犯罪论处

——陈某某假冒注册商标案

裁判要旨

在明知他人生产假冒注册商标商品的前提下，仍然将房屋予以出租，为他人假冒注册商标提供生产场所等便利条件的，构成了事中协助的共同犯罪，应以假冒注册商标罪的共犯论处。

基本案情

公诉机关：上海市浦东新区人民检察院

被告人：陈某某

2005 年 6 月中旬，被告人陈某某将位于本市浦东新区三林镇天花庵村闵北队某宅某号的自有私房第三层阁楼以每月 500 元租赁给一林姓男子，并一次性收取 6 个月的租金 3000 元。2005 年 8 月，被告人陈某某在明知该男子将所租房屋用于包装生产假冒“中华”“红双喜”“牡丹”卷烟的情况下，仍然继续将阁楼租赁给该男子。2005 年 10 月 13 日，上海市公安局浦东分局会同上海市烟草专卖局浦东新区分局在上述地点查获假冒“中华”“红双喜”“牡丹”注册商标的卷烟共计 1364.4 条，散支烟 413.5 公斤，假冒上述品牌的包装纸 149,400 张、封口 18,000 张、塑封 115 公斤、内衬纸 52 公斤、舌头 9.5 公斤等，共计价值 263,740.37 元。上海市浦东新区人民检察院认为被告人陈某某的供述等证据事实均足以认定。被告人陈某某在开庭审理过程中对上述事实亦无异议。

【法院裁判】

上海市浦东新区人民法院经审理认为，“中华”“红双喜”“牡丹”注册商标经我国国家商标局核准注册，依法受法律保护，上海某公司享有上述注册商标专用权。对于犯罪事实认定部分，本案中被告人的行为构成假冒注册商标罪的共同犯罪的认定要件主要有三：首先,他人实施假冒注册商标的犯罪行为成立,这是被告人陈某某构成共同犯罪之前提。从现场查获的卷烟数量和鉴定机构的鉴定结论可以证明被告人出租的房屋内实施的生产假冒卷烟的行为已经构成假冒注册商标罪。其次,确认被告人在主观上存在明知他人在实施假冒注册商标的犯罪行为之故意。被告人陈某某虽称其在林姓男子租借房屋时并不知道租借的用途,但在房屋出租期间被告人已经发现其在包装假冒"中华""双喜"等注册商标的卷烟,因此被告人对他人实施的假冒注册商标的犯罪行为是明知的。据被告人陈某某供述,其也曾要求租借方退租,由此说明被告人必然知道这是违法犯罪行为。最后,被告人出租房屋确为他人实施假冒注册商标的犯罪行为提供生产场所等便利条件。被告人与林姓男子之间虽然没有事先共同预谋,但知道该男子在实施犯罪行为时仍继续将房屋出租,为他人实施犯罪行为提供了场所,被告人的行为实际上是帮助他人共同实施犯罪行为,构成了共同犯罪中的事中协助。综上,被告人在主观上明知他人实施假冒注册商标的犯罪行为,客观上实施了为他人假冒注册商标提供条件和帮助的行为,其行为符合共同犯罪的主客观要件,故对于被告人的行为应以假冒注册商标罪的共犯论处。

被告人陈某某在明知他人生产带有假冒"中华""红双喜""牡丹"注册商标的卷烟及包装纸、封口等相关材料的情形下,仍然将房屋出租,为他人假冒注册商标提供生产场所,且假冒卷烟的非法经营额达26万余元,属情节特别严重,根据最高人民法院、最高人民检察院《关于办理侵犯知识产权刑事案件具体应用法律若干问题的解释》第16条的规定,其行为应属共犯,构成假冒注册商标罪。公诉机关指控被告人陈某某犯假冒注册商标罪,罪名成立,应予支持。鉴于被告人陈某某自愿认罪,认罪态度较好,依法酌情予以从轻处罚。

上海市浦东新区人民法院作出(2006)浦刑初字第583号刑事判决:(1)被告人陈某某犯假冒注册商标罪,判处有期徒刑3年,缓刑3年,并处罚金人民币1.2万元。(2)查获的假冒注册商标的卷烟及包装辅料、工具等予以没收。(3)被告人陈某某的违法所得3000元予以追缴,上缴国库。

一审判决后,被告人未提起上诉,公诉机关未提起抗诉。

【案例评析】

一、被告人出租房屋的行为是否构成假冒注册商标罪的共同犯罪

根据2003年12月最高人民法院、最高人民检察院、公安部、国家烟草专卖局发布的《关于办理假冒伪劣烟草制品等刑事案件适用法律问题座谈会纪要》规定,明知或者应当知道他人实施假冒注册商标的行为,提供房屋、场地、设备、车辆、贷款、资金、账号、发票、证明、技术等设施和条件,用于帮助、生产、销售、储存、运输假冒伪劣烟草制品、非法经营烟草制品的,应认定为共犯,依法追究刑事责任。2004年12月最高人民法院、最高人民检察院《关于办理侵犯知识产权刑事案件具体应用法律若干问题的解释》(以下简称《解释》)对于侵犯知识产权的共同犯罪问题更是作出进一步明确规定,《解释》第16条规定:"明知他人实施侵犯知识产权犯罪，而为其提供贷款、资金、帐号、发票、证明、许可证件，或者提供生产、经营场所或者运输、储存、代理进出口等便利条件、帮助的，以侵犯知识产权犯罪的共犯论处。”该条“共犯”规定有利于切断为知识产权犯罪提供方便条件的渠道和缩限知识产权犯罪活动的空间，有益于惩治知识产权犯罪的帮助行为。①

共同犯罪是指二人以上共同故意犯罪。共同犯罪包括事前共谋和事中协助，有两个成立条件：(1)主观方面必须具有共同的犯罪故意，即各共同犯罪人知道自己在和其他人共同实施犯罪行为。(2)客观方面必须有共同的犯罪行为。即共同犯罪人在参与共同犯罪时，不管分工、参与程度如何，都具有共同的犯罪目的，彼此之间相互联系，相互配合，行为之间具有关联性。最高人民法院、最高人民检察院的《解释》符合《刑法》上对于共同犯罪构成要件之规定。首先，犯罪主体在主观上明知他人在实施犯罪行为，本案中被告将自有私房阁楼租于犯罪行为人林某，根据共同空间中活动事实及犯罪实施客观条件，被告必然对林某在其阁楼上所实施的犯罪行为明知。其次，在共同犯罪中，各共犯之间的犯意联系可以通过明示或暗示、默认的方法得以实现，也可以通过相互之间的默契得以实现。② 本案中被告提供便利条件或帮助与实施侵犯知识产权的犯罪行为是不可分割的，被告提供了储存场所等经营条件，正是有了这些客观条件和帮助才能使林某之犯罪行为得以持续、顺利进行，虽然被告并未直接实施具体的知识产权犯罪行为，但提供条件者与行为实施者之间只是分工、参与程度上的不同，只要在明知情况下为实施知识产权侵权犯罪行为提供便利条件或帮助构成共同犯罪。最后，他人实施知识产权犯罪的目的是获取非法利益，为他人提供便利条件的目的也是获取非法利益。本案中被告基于对房租的稳定收益预期，在明知他人实施知识产权犯罪行为前提下仍将房屋出租给他人并以此获益，可见他们的目的是共同的，且被告作为提供帮助者获得的非法利益正是他人获得的非法利益中的一部分。综上所述，从被告人陈某某出租房屋行为的主客观因素综合判断，该行为为知识产权犯罪行为提供了便利条件，应当予以规制，构成共同犯罪。

二、关于非法经营数额的计算

根据《解释》第 12 条的规定，非法经营数额是指行为人在实施侵犯知识产权行为过程中，制造、储存、运输、销售侵权产品的价值。已销售的侵权产品的价值，按照实际销售的价格计算。制造、储存、运输和未销售的侵权产品的价值，按照标价或者已经查清的侵权产品的实际销售平均价格计算。侵权产品没有标价或者无法查清其实际销售价格的，按照被侵权产品的市场中间价格计算。但该条没有明确产品制造过程中的半成品等是否应当包括在非法经营额中。本案假冒注册商标的卷烟是在制造包装过程中被查获的，尚未销售，因此不存在销售价格，而在卷烟上也未标明价格，故本案中法院根据价格鉴定机构作出的估

---

① 参见肖乾利：《知识产权刑事保护的贡献与立法完善——解读〈关于办理侵犯知识产权刑事案件具体应用法律若干问题的解释〉》，载《河北法学》2006 年第 2 期。

② 参见宋歌：《没有积极作为能否与他人构成共同犯罪》，载《人民检察》2004 年第 7 期。

价结论计算非法经营额，其中不但包括已包装好的假冒注册商标的卷烟的价值，还包括散支烟、包装盒和商标纸等的价值。在本案中散支烟和包装盒上均标有假冒的注册商标，犯罪分子已经在实施犯罪行为，由于被查获而非犯罪分子主观意愿，才未能将剩余部分包装成最终成品，因此散支烟、包装盒和商标纸的价值应当计算在非法经营额中。

【典型意义】

本案判决明确了被告人出租房屋的行为构成假冒注册商标罪的共同犯罪，需具备主观方面具有共同的犯罪故意以及客观方面有共同犯罪行为的构成要件。对侵犯知识产权共同犯罪的司法实践，有利于切断为知识产权犯罪提供方便条件的渠道和缩限知识产权犯罪活动的空间，有益于惩治知识产权犯罪的帮助行为，从而有效遏制恶意侵害商标权的违法犯罪行为。

【案例索引】

案号：

一审：上海市浦东新区人民法院（2006）浦刑初字第583号

审判组织：

一审：汤黎明、陈惠珍、倪红霞

编写人：倪红霞

38

篡改软件许可协议的行为定性

——徐某某等侵犯著作权案

裁判要旨

被告人在取得软件公司的开放式许可协议后，为了谋取非法利益，擅自在该份许可协议的空白处添加未经授权的软件名称，其行为特征符合司法解释规定的伪造、涂改著作权人授权许可文件的情形，损害了软件著作权人的合法权益，属于《刑法》第217条规定的未经著作权人许可。被告人出售了未经授权许可使用的计算机软件产品，由于计算机软件的特殊性，被告人无须提供相关软件的复制件。同时，被告人提供了相应软件的非法安装序列号，使相关软件能够被买受人正常使用，应当视为被告人完成了复制发行行为。

基本案情

公诉机关：上海市浦东新区人民检察院

被告人：徐某某

被告人：姜某某

2006年7月，被告人徐某某、姜某某得知某乳品公司需要购买"Windows XP"等7种某公司的软件，经预谋后，向某数码公司购买了某公司价值78,591元的"Windows XP"软件67套，并据此取得了某公司的开放式许可协议。后利用某公司可在试用期取得软件安装序列号的便利，将取得的6种试用软件名称擅自添加在该份开放式许可协议上。后通过某电子公司、某信息公司转手销售给某乳品公司，共非法获利294,409元，其中被告人徐某某分得150,000元，被告人姜某某分得144,409元。

2007年12月3日，被告人姜某某被公安机关抓获，同年12月5日，被告人徐某某至公安机关投案自首。同年12月10日，被告人徐某某、姜某某向公安机关退缴了上述全部违法所得。

被告人徐某某、姜某某对公诉机关的指控基本无异议。被告人徐某某的辩护人提出被告人徐某某具有自首情节，认罪态度良好并且积极退赃，要求对其减轻处罚。被告人姜某某某的辩护人提出被告人姜某某认罪态度良好并且积极退出违法所得，要求对其从轻处罚。

【法院裁判】

上海市浦东新区人民法院经审理认为，被告人徐某某、姜某某以营利为目的，未经著作权人许可，复制发行其计算机软件，违法所得数额巨大，其行为均已构成侵犯著作权罪。公诉机关指控的罪名成立，应予支持。被告人徐某某具有自首情节，依法减轻处罚。其辩护人提出要求对徐某某减轻处罚的意见，予以采纳。被告人徐某某、姜某某均自愿认罪，交代态度较好，案发后均积极退出违法所得，酌情从轻处罚。被告人姜某某的辩护人提出要求对姜某某从轻处罚的意见，予以采纳。案件审理过程中，被告人徐某某、姜某某主动与某公司及某乳品公司就其行为后果的妥善处理达成“三方协议”，对其行为的社会危害性起到一定的弥补作用，量刑时酌情予以考虑。

上海市浦东新区人民法院作出(2008)浦刑初字第990号刑事判决：(1)被告人徐某某犯侵犯著作权罪，判处有期徒刑2年6个月，缓刑2年6个月，并处罚金人民币15万元；(2)被告人姜某某犯侵犯著作权罪，判处有期徒刑3年，缓刑3年，并处罚金人民币144,500元；(3)违法所得294,409元退赔某公司。

一审判决后，两被告人均未提起上诉，公诉机关未提起抗诉。

【案例评析】

对本案的审理，争议焦点在于被告人徐某某、姜某某在某公司提供的许可协议空白处添加打印虚假许可的计算机软件名称是否属于“未经著作权人许可”；被告人出售被篡改的许可协议行为事实上并没有产生复制件，那么如何认定其复制发行行为；被告人的行为特征同时符合诈骗罪的构成要件，该如何正确确定罪名。

一、篡改著作权人开放式许可协议，在协议空白处添加虚假许可的计算机软件名称，是否属于“未经著作权人许可”

2006年《刑法》第217条规定：“以营利为目的，有下列侵犯著作权情形之一，违法所得数额较大或者有其他严重情节的，处三年以下有期徒刑或者拘役，并处或者单处罚金；违法所得数额巨大或者有其他特别严重情节的，处三年以上七年以下有期徒刑，并处罚金：(一)未经著作权人许可，复制发行其文字作品、音乐、电影、电视、录像作品、计算机软件及其他作品的；(二)出版他人享有专有出版权的图书的；(三)未经录音录像制作者许可，复制发行其制作的录音录像的；(四)制作、出售假冒他人署名的美术作品的。”据此，“未经著作权人许可”是侵犯著作权罪客观方面构成要件的重要内容。

刑法中的构成要件要素以是否需要价值判断为标准，可以分为记述性构成要件要素和规范的构成要件要素。记述性构成要件要素是指不需要加入价值判断，只需要对事实的认识就能确定的构成要件要素。而规范的构成要件要素是指需要法官根据一定的价值判断标准进行规范的、评价的判断才能确定的构成要件要素。显然“未经著作权人许可”属于规范的构成要件要素。为了准确、及时地适用刑法，正确认定“未经著作权人许可”这一规范的构成要件要素，最高人民法院、最高人民检察院《关于办理侵犯知识产权刑事案件具体应用法律若干问题的解释》（以下简称《知识产权解释》）第 11 条规定，《刑法》第 217 条规定的“未经著作权人许可”，是指没有得到著作权人授权或者伪造、涂改著作权人授权许可文件或者超出授权许可范围的情形。

本案的被告人通过购买某公司“Windows XP”软件取得某公司的开放式许可协议后，为了谋取非法利益，擅自在该份许可协议的空白处添加了未经授权的微软“Office 2003 Win32 ChnSimp OLP NL”等 6 种软件名称。某公司出售的开放式许可协议即为客户提供著作权人的软件授权许可使用文件，而被告人擅自在协议上添加打印虚假的计算机软件信息显然属于伪造、涂改其授权文件，超出了某公司的许可使用范围，其行为特征符合《知识产权解释》规定的伪造、涂改著作权人授权许可文件的情形，损害了软件著作权人的合法权益，属于《刑法》第 217 条规定的未经著作权人许可。

二、本案的被告人是否实施了复制发行行为

根据 2006 年《刑法》第 217 条的规定，本案被告人构成侵犯著作权罪的客观要件是实施了未经著作权人许可，复制发行其计算机软件的行为。最高人民法院、最高人民检察院《关于办理侵犯知识产权刑事案件具体应用法律若干问题的解释（二）》第 2 条规定，《刑法》第 217 条侵犯著作权罪中的“复制发行”，包括复制、发行或者既复制又发行的行为。因此，认定被告人有复制发行行为，是本案第二个关键问题。

计算机软件作为受著作权法保护的智力成果，必须以一定的载体（如 CD-ROM 光盘、硬盘等）形式表现出来，才能为人们所认识和利用。法律保护权利人对其软件所享有的著作权，不只是为了确认权利，明晰软件著作权的静态权属，更是为了合理调整开发者、传播者和使用者在创造和利用软件过程中产生的利益关系。法律通过赋予权利人复制发行其软件或者许可他人复制发行其软件的专有权利，来激励创新、促进软件的动态利用。因此，复制权和发行权是软件著作权人重要的财产权利。未经著作权人许可，复制发行其软件的行为是严重侵害权利人合法权益、扰乱社会主义市场经济秩序的行为。

根据《计算机软件保护条例》第 8 条的规定，软件著作权人的复制权是指将软件制作一份或者多份的权利。本案中，被告人仅实施了在许可协议上添加微软“Office 2003 Win32 ChnSimp OLP NL”等 6 种软件并提供非法安装序列号的行为，并没有直接复制这些软件或将复制件提供给某乳品公司。因此，对本案被告人是否实施了未经授权的软件复制行为，存在两种意见。第一种意见认为，本案被告人仅提供了其添加的 6 种软件的非法安装序列号，并未向某乳品公司提供安装载体，也未提供安装服务，相关软件的复制行为由某乳品公司完成，本案被告人并未实施未经授权软件的复制行为，只是为某乳品公司安装非法软件的复制行为提供了帮助。第二种意见认为，上述计算机软件的复制行为形式上由某乳品公司完成，但实质上只是因为某乳品公司有自行安装的条件，其实施安装的计算机软件产品编号及密码均由被告人提供。由于计算机软件安装方式的特殊性，被告人无须向某乳品公司提供相关软件的复制件。

在实践中，要想完成正版软件的安装使用，相对于软件本身，原版的产品编号和密码更为重要。因为获取软件本身的渠道非常多，甚至在软件的官方网站上也会提供软件试用版的相关下载，但是如果缺少原版的产品编号和密码，那么在电脑上安装的相关软件就不是能够被完全使用的产品。而本案被告人向某乳品公司所提供的正是破解后原软件产品的编号和密码。换言之，在某乳品公司的电脑里所安装使用的就是微软“Office 2003 Win32 ChnSimp OLP NL”等6种软件的完全版，可以视为该6款软件的复制件在某乳品公司的电脑中形成。所以，上述复制行为应当视为由被告人完成，本案采纳了第二种意见。

《计算机软件保护条例》第8条同时规定，软件著作权人的发行权，是指以出售或者赠与方式向公众提供作品的原件或者复制件的权利。软件“销售”实质上是软件权利人对他人使用其软件的许可行为，主要体现为复制权、发行权等权利的许可使用；同时，软件作为数字产品，具有复制便捷的特点，软件的正版或盗版（是否有合法授权），往往在于是否合法取得了代表著作权人许可的安装序列号（也称“安装型注册码”）。因而，具有合法的安装序列号通常是合法复制发行行为的标志，而复制件的提供对于作为数字产品的软件来说，其意义并不大。在实践中，虽然软件“销售”方一般均提供安装载体和安装序列号，但软件使用方只需要安装序列号，自行完成软件复制品的安装和取得是比较常见的现象。因此，向他人提供非法安装序列号，使他人得以复制、使用软件的，应当属于未经著作权人许可的复制发行行为。本案中，被告人之所以能够在许可协议中添加未经授权的软件，关键是其提供了相应软件的非法安装序列号，使某乳品公司能够安装并使用相应的软件。而后者在购得相关许可协议后，因之前购买过某公司的相关软件，持有合法的软件复制品，遂在取得被告人提供的非法安装序列号后，通过自己的技术人员对该份许可协议上的计算机软件自行安装并正常使用。因此，本案被告人不仅实施了复制行为，还实施了发行行为。

三、行为的目的是诈骗，为何不定诈骗罪

在本案中，侵犯著作权罪的犯罪构成是以营利为目的，未经著作权人许可，复制发行其计算机软件。因违法所得数额巨大，应处3年以上7年以下有期徒刑，并处罚金。但同时，诈骗罪是指以非法占有为目的，用虚构事实或者隐瞒真相的方法，骗取数额较大的公私财物的行为。如果数额特别巨大，应处10年以上有期徒刑或者无期徒刑，并处罚金或者没收财产。

审理中，有人提出虽然被告人的行为构成侵犯著作权罪，但被告人以非法占有为目的，采用虚构事实、隐瞒真相的方法，骗取数额特别巨大的财物，其行为也构成诈骗罪，本案应当从一重罪即以诈骗罪定罪处罚。法律规定的侵犯著作权罪，明确是以营利为目的，在司法实践中，该罪的几种客观表现形式往往是行为人虚构事实、隐瞒真相后，被害人基于错误认识而自愿交付财物。所以，在这里就存在一个法条竞合的关系。法条竞合是指一个行为符合数个法律条文所规定的犯罪构成，而由于数个法律条文之间存在一种内在的包容或交叉关系，只能适用其中一个法律条文，其他法律条文不能再适用的情况。但造成一行为符合数个犯罪构成的原因不是该行为具有多重属性或造成多种结果，而是因为法律规定错综复杂，相互包容交叉。因此法条竞合是实质的一罪，不能实行数罪并罚。法条竞合产生的根源在于刑法中不同的法条规范从不同角度对同一法律事实作出规范，其源于法条关系，是刑事立法在法律规范上的错综规定的反映。社会生活中的犯罪现象五花八门，不同刑法规范作为广泛适用的抽象规定，只能从自身的角度去规范具体的犯罪现象。重法优于轻法原则不是也不应是法条竞合的适用原则。法条竞合是犯罪构成之间的竞合，而非刑罚罚则的竞合。对某种犯罪行为的定罪标准不取决于某一法条的法定刑的轻重，而取决于该法条是否足以全面评价行为人的犯罪行为。为了使立法目的得以实现，应当在出现法条竞合时，按照特别法优于普通法的原则，适用特别法。在刑事立法和司法中，某些犯罪的法定刑设置偏低的情况时有出现，但这是刑事立法的问题，而非司法问题，应通过刑法的修订来解决。从上述分析可以看出，能够最全面、最恰当评价本案被告人的犯罪行为所侵犯的犯罪客体而适用的特别法是侵犯著作权罪。

在审理过程中，法院发挥知识产权综合审判的优势，在审理刑事部分的同时，促成著作权人、盗版软件买受人与被告人就盗版软件损失的补偿达成“三方协议”，在处理刑事案件的同时一并解决民事纠纷，既维护了著作权人的合法权益，又最大限度地挽回了买受人的经济损失，充分体现了司法机关维护著作权人和消费者正当权益的负责态度。

本案被告人利用真实许可协议上留有较大空白的漏洞，添加打印未经许可的微软软件信息，向客户提供以假乱真的“协议书”以获取非法利益。本案的发生暴露出某公司作为跨国企业管理中存在的瑕疵。案件发生后，某公司对类似许可协议的格式作出了相应调整以杜绝类似案件的再次发生。本案的审判取得了较好的法律效果和社会效应。

【典型意义】

本案发生在 2007 年，在全国属于首例以营利为目的，通过利用在开放式许可协议的空白处另行添加未经授权许可的计算机软件名称的方式侵犯著作权而受到刑事处罚。在电脑早已成为人们工作生活中重要组成部分的当今社会，电脑价值的体现所依靠的正是其功能繁多的各种应用软件。计算机软件作为智力成果的载体之一，已经受到我国著作权法的保护。本案被告人利用消费者对知名公司的信任而篡改某公司的开放式许可协议，在其空白处添加打印不实微软软件信息，向客户提供虚假的“协议书”，作案手法具有新颖性和隐蔽性，达到了以假乱真的目的。同时，由于计算机软件安装的特殊性，一般非专业使用者在安装和使用软件时并不会注意到某公司提供的许可协议是否被篡改。因此，类似于被告人的行为会对某公司的合法利益产生较大的损害。本案获评 2008 年中国知识产权司法保护十大案件。

【案例索引】

案号：

一审：上海市浦东新区人民法院(2008)浦刑初字第990号

审判组织：

一审：倪红霞、冯祥、董怡娴

编写人：冯祥

39

涉公益活动特殊标识的知识产权刑法保护

——田某、胡某销售假冒注册商标的商品案

裁判要旨

为文化、体育、科学研究及其他社会公益活动所使用的标志不同于商事主体注册享有的商标专用权，其权利主体、使用方式、公共利益等方面具有特殊性，内涵更加多元，因此使用人应当承担更高水平注意义务。针对特殊标识知识产权保护，应当考量社会现实影响与特殊标识的特殊性，明晰相同、近似的认定标准，区分商业性使用和非商业性使用。

基本案情

公诉机关：上海市浦东新区人民检察院

被告人：胡某

被告人：田某

上海世博会事务协调局经商标局核准注册了“”“EXPO 2010”等商标。国际足球联合会（Federation Internationale de Football Association，FIFA）经商标局核准注册“FIFA”“FIFA WORLD CUP”“SOUTH AFRICA 2010”“”“ZAKUMI”“”等商标。2010年4月，被告人田某、胡某经预谋后，在浙江某小商品市场订购买入大量印有上述注册商标的打火机、毛绒玩具、钥匙扣、足球、双肩背包等商品。其中包括以18,950元从浙江省某饰品有限公司购进海宝小挂件、中国馆小挂件等；以8800元从某工艺店购进印有世博会会徽的中国馆模型；以9340元从义乌市某马打火机贸易有限公司购进大、小海宝打火机；以26,000元从义乌某玩具商行购进南非世界杯足球娃毛绒玩具；以10,150元从金鱼某店购进中国馆、海宝等的水晶制品等。2010年4月19日，被告人田某、胡某租借本市浦东新区雪野路某室作为仓库存放上述假冒注册商标的商品，并与王某（另行处理）在上海世博园附近进行销售。2010年5月7日、5月8日，上海市公安局浦东分局的公安人员和上海市

工商行政管理局浦东新区分局的执法人员，在被告人田某、胡某的租住地当场查获待销售的假冒注册商标的商品共计24种14,216件。经比对，被查获的假冒注册商标的商品上使用的商标与前述绝大部分注册商标相同，部分标识有些细微差别，但相似度极高，足以对公众产生误导。浦东新区人民检察院指控被告人田某、胡某销售假冒注册商标的商品罪，于2010年7月14日向上海市浦东新区人民法院提起公诉。

【法院裁判】

上海市浦东新区人民法院经审理认为，“”“
”“FIFA”“FIFA WORLD CUP”“SOUTH AFRICA 2010”“”“
”“”等商标经我国国家工商行政管理局商标局核准注册，依法受法律保护，任何人未经权利人许可均不得擅自使用上述注册商标。2010年的上海世博会和南非世界杯足球赛引起了全世界的关注，尤其是上海世博会的吉祥物“海宝”随着世博会举办前的宣传以及世博会的举办，其形象已深入人心，被社会公众广泛接受。被告人田某、胡某为获取不正当利益，明知是假冒上述注册商标的商品仍予以销售，且待销售额按照被侵权商品的市场中间价计算达46万余元，数额较大，其行为已构成销售假冒注册商标的商品罪。且两被告人的犯罪行为发生于世博会举办期间和世界杯赛即将举办之际，社会影响很大。公诉机关指控被告人田某、胡某犯销售假冒注册商标的商品罪，罪名成立，应予支持。关于两被告销售金额的计算方式，由于涉案侵权商品上未予标价，其实际销售价格亦无法查清，故鉴定机构根据被侵权商品的市场中间价计算侵权商品的价值符合法律规定。被告人田某、胡某经预谋后共同实施犯罪行为，系共同犯罪。被告人田某、胡某已经着手实行犯罪，由于意志以外的原因而没有得逞，系犯罪未遂，依法可以比照既遂犯从轻或者减轻处罚。被告人田某、胡某自愿认罪，认罪态度较好，可酌情从轻处罚。

上海市浦东新区人民法院作出(2010)浦刑初字第1651号刑事判决：(1)被告人田某犯销售假冒注册商标的商品罪，判处有期徒刑1年10个月，并处罚金人民币7万元；(2)被告人胡某犯销售假冒注册商标的商品罪，判处有期徒刑1年10个月，并处罚金人民币7万元。

一审判决后，两被告人均未提起上诉，公诉机关未提起抗诉。

【案例评析】

随着我国主办或承办的国际国内大型活动、体育赛事的不断增多，如奥运会等体育赛事，其中各主办方也越来越重视知识产权的保护，各类的特殊标志也进入了公众的视野中。本案中原告所持有的海宝等商标即为特殊标识，相应的保护问题需审慎处理。

一、特殊标志的概念及特征

《特殊标志管理条例》第 2 条规定，特殊标志是指经国务院批准举办的全国性和国际性的文化、体育、科学研究及其他社会公益活动所使用的，由文字、图形组成的名称及缩写、会徽、吉祥物等标志。

商标与特殊标志保护的主体、客体、权利范围等方面都存在一定区别：第一，就保护权利主体而言。我国商标权的主体是非常广泛的，可以是依法成立的企业、事业单位、社会团体以及个体工商业者、个人合伙，以及与中国签订协议或共同参加国际公约或以对等原则相互保护商标权的外国公民或法人。商标申请的主体多为从事工商业经营活动的营利性组织。而特殊标志的权利主体是经国务院主管部门批准举办的全国性和国际性的文化、体育、科学研究及其他社会公益活动的组织者，一般为中央国家机关或组委会事业法人。特殊标志的授权使用人可以是依法成立的企业、事业单位、社会团体、个体工商户。第二，关于标识内涵性质。商标具有一定营利性质。根据《商标法》的有关规定，在生产经营活动中使用，而其申请注册及使用的主体往往是为了使用或保护商标意图，承载商业主体的商誉。按照《特殊标志管理条例》的定义，特殊标志使用的范围应当为文化、体育、科学研究及其他社会公益活动。第三，关于审查方式。特殊标志的审查采用的排除性审查方式，即审查机关对申请的特殊标志是否违反《特殊标志管理条例》第 4 条禁止登记的条款进行审查，若不为则可通过核准；申请特殊标志须经申请备案才能受条例保护，特殊标志的申请，不得侵犯在先权利，包括：(1)不得同已在先申请的特殊标志相同或者近似；(2)同已在先申请注册的商标或者已获得注册的商标相同或者近似；(3)不得同已在先申请外观设计专利或者已依法取得专利权的外观设计专利相同或者近似；(4)不得侵犯他人著作权。而商标的申请核准则根据《商标法》中的程序，进行申请，审查，初审公告(可提出异议)等程序，由此可见其核准程序也不同。

二、特殊标识知识产权保护的特殊性

特殊标识的保护性体现在其使用的范围应当为文化、体育、科学研究及其他社会公益活动。故在认定对特殊标识使用行为构成侵权时，还需要注重考虑其使用场合是否构成商业性使用还是用于社会公益活动。

笔者认为，在涉及特殊标识侵权的判断中，需要把握以下两点：第一，明晰“近似”“相同”的认定标准；第二，区分商业性使用和非商业性使用。首先，关于“近似”“相同”的认定。我国关于特殊标识的比对，还未有法律层阶的规范性文件对其进行规制。目前仅有一部颁布于 1996 年的《特殊标志管理条例》，该条例为行政法规。根据《特殊标志管理条例》第 16 条第 1 项的规定，“擅自使用与所有人的特殊标志相同或者近似的文字、图形或者其组合的”为侵犯特殊标志权利人相关权利的表现。故应参考适用商标侵权的判断标准，根据相关公众的注意力进行判断。如果相关公众误认为二者产生一定联系，或者该标识与该赛事产生关联，则认定构成民事侵权。在刑事构成犯罪的标准中，应采用“双相同”的判定标准。其次,关于商业性使用和非商业性使用。非商业性使用一般比较好判断,包括在新闻艺术作品、法定程序、传播信息或评论中使用,还有在字典中使用。本案中,被告人田某、胡某为获取不正当利益,明知是假冒上述注册商标的商品仍予以销售,显为商业性质的使用,且待销售额按照被侵权商品的市场中间价计算达46万余元,数额较大,其行为已构成销售假冒注册商标的商品罪。且两被告人的犯罪行为发生于世博会举办期间和世界杯赛即将举办之际,社会影响很大,应予规制。

【典型意义】

世博会是展示人类智慧、交流各国创新成果的重要舞台,世博会的知识产权保护受到全社会、全世界的关注。2007年,上海世博会组委会通过了《2010年上海世博会知识产权保护纲要》,提出了加强知识产权保护的十项具体措施,这是中国政府向世界作出的庄严承诺。2009年7月,上海市高级人民法院发布了《上海法院积极服务保障2010年世博会若干意见》,明确了上海法院涉世博知识产权司法保护工作的主要任务之一是审理好涉世博的知识产权纠纷。因此如何体现我国对于知识产权的司法保护力度,如何较好地做到社会效果和法律效果的统一,向全世界展示我们中国法院公正高效的司法形象,是本案审理过程中考虑的一个重点。本案的判决,不仅惩罚和教育了被告人,也在社会上起到了一定的警示作用,充分体现了社会效果与法律效果的统一,从而为世博会提供了强有力的司法保护,极好地诠释了"平安世博、司法相随;和谐世博,公正相伴"的宗旨。

【案例索引】

案号:

一审:上海市浦东新区人民法院(2010)浦刑初字第1651号

审判组织:

一审:曹洁、陈惠珍、倪红霞

编写人:袁田

40

披露型侵犯商业秘密罪中权利人损失的认定

——吴某侵犯商业秘密案

裁判要旨

侵犯商业秘密刑事案件中，难以计算因侵犯商业秘密给权利人所造成的损失的，司法实践可参照《反不正当竞争法》规定的民事赔偿额的计算方法。被告人非法披露商业秘密行为导致商业秘密已为公众所知悉的，可根据该项商业秘密的商业价值确定权利人的损失额。商业秘密的价值，根据其研究开发成本、实施该项商业秘密的收益、可得利益、可保持竞争优势的时间等因素确定。

基本案情

公诉机关：上海市浦东新区人民检察院

被告人：吴某

上海某新药公司与美国某制药公司签订协议，约定由上海某新药公司根据美国某制药公司的订单提供合成化学服务，产生的知识产权归美国某制药公司所有，上海某新药公司对相应信息负有保密义务。协议履行中，由美国某制药公司下达订单并提供部分结构式的合成路径建议，上海某新药公司以该合成路径建议为基础或自行设计的合成路径进行具体的合成实验，最终向美国某制药公司交付实验报告和相应化合物。实验报告内容包括订单信息、是否可以合成目标化合物、合成的具体方法和过程等，报告上有“confidential”（保密）字样。

被告人吴某自2008年3月18日起在上海某新药公司处工作，岗位为辉瑞项目组的合成研究员。吴某签署的《雇员保密信息和发明转让协议》约定，其在受雇期间和以后，对公司的研究资料及公司从第三方处获得的保密或专有信息负有保密义务。上海某新药公司的实验室设有门禁系统，规定员工只能使用自己的账号和密码登录工作用电脑，还对电脑的使用设置了一系列禁止性规定，包括：若非特殊需要不为电脑配备光驱和软驱，不开通USB接口；未经机主本人允许，不得擅自使用、移动或拆装他人计算机；员工不得将公司数据带出公司；严禁连接公司网络，下载公司内部资源信息等。

2010年9月、10月，被告人吴某先后数次采用秘密拆换电脑硬盘的方式，窃取上海某新药公司其他研究人员电脑中的相关研究材料，其中包括公诉机关指控的89个化合物结构式及合成过程信息。同年10月16日晚，吴某在以上述方式窃取研究资料时被保安当场抓获。10月20日，吴某办理离职手续，并书面确认离职后不向任何人透露其知悉的公司或其客户的任何商业秘密。吴某离职后，于2011年3月2日和11日将窃取材料中的结构式在其成立的公司网站及SciFinder、ACDFIND两个数据库上公开披露，其中包括公诉机关指控的89个化合物结构式。

公安机关于2011年12月22日接到上海某新药公司报案，经调查取证，并委托科技咨询中心进行相关鉴定后，于2012年4月13日作出立案决定。吴某到案后，如实供认其实施了上述行为。

经专门机构检索及鉴定，上述89个结构式中，除1个检材有误外，其余均由被告人首次公开，在首次披露日前，美国某制药公司对其中3个结构式享有专利优先权，但公开日在首次披露日后；上述结构式的化合物具有很高药用或其他生物化学方面的潜在价值和应用前景，具有实用性，能为权利人带来经济利益；上述结构式与美国某制药公司相应的结构式相同；其中80个结构式涉及的研发费用计2,686,103.43元。

公诉机关指控称，被告人吴某以盗窃方法获取权利人的商业秘密并非法披露，造成特别严重后果，构成侵犯商业秘密罪。

被告人吴某对起诉书指控其实施的行为无异议，但认为涉案结构式是否可以申请专利，不能仅从新颖性上判断；且专利保护的内容除化合物外，还包括化合物的合成路线及用途。

被告人吴某的辩护人提出：(1)涉案结构式虽属研发成果，但不构成商业秘密。(2)公诉机关认定的合成费并非被告人行为给美国某制药公司造成的实际损失。且仅公开结构式仍可申请专利保护，其价值没有减损。(3)即便构成犯罪，还应扣除部分结构式的合成费，犯罪金额不可能达到250万元。

【法院裁判】

上海市浦东新区人民法院经审理认为，除1个检材有误的结构式外，被告人吴某披露了88个与美国某制药公司相同的结构式，根据控辩意见，本案争议焦点主要为：(1)该88个结构式及其合成信息是否具有非公知性、实用性和价值性；(2)权利人损失的认定。关于争议焦点(1)，经专业机构检索，这88个结构式在被告人披露前属于不为公众所知悉的技术信息，故具有非公知性；结构式研发中包含了专业技术人员的创造性劳动，结构式可合成化合物或供下一步研究之用，合成失败也能帮助拓宽研究思路，故能为权利人带来竞争优势，具有实用性和价值性。关于争议焦点(2)，被告人的行为导致结构式被公众知悉，给权利人造成的损失可根据相应研发成本来计算。研发过程包括结构式的设计、合成验证、重复合成等阶段,美国某制药公司为此支出的费用均属结构式的研发成本。本案查实的合成费属于后两个阶段的研发成本,可认定为被告人的行为给权利人造成的损失,但其中有一个计入费用的美国某制药公司结构式实为被告人披露结构式的下一步研发成果,不应认定为权利人损失;美国某制药公司享有专利优先权的三个结构式的合成费也应从中扣除,扣除后共计 260 万余元。综上,被告人窃取了美国某制药公司构成商业秘密的结构式及合成信息,并公开披露结构式,造成特别严重后果,其行为构成侵犯商业秘密罪。被告人到案后如实供述自己的罪行,依法可从轻处罚。

上海市浦东新区人民法院作出(2012)浦刑(知)初字第 42 号刑事判决:(1)被告人吴某犯侵犯商业秘密罪,判处有期徒刑 3 年 6 个月,并处罚金人民币 10 万元。(2)扣押的移动硬盘一块予以没收。

一审判决后,被告人吴某提起上诉。上海市第一中级人民法院作出(2013)沪一中刑(知)终字第 10 号刑事裁定:驳回上诉,维持原判。

【案例评析】

侵犯商业秘密罪的构成要件之一是给权利人造成重大损失,司法解释规定了 50 万元以上和 250 万元以上两档法定刑幅度的追诉标准。然而刑法及其司法解释均未对权利人损失的计算方式作出规定,导致权利人的损失很难用具体、量化的形式表现出来,成为审理侵犯商业秘密刑事案件的重点和难点。本案所涉技术信息为化合物结构式及相应的合成信息,系新药研发的阶段性成果,并未实际用于生产,而被告人的行为系非法获取及披露商业秘密,亦未从中获得经济利益,导致在权利人损失的认定方面难度更大。但被告人将商业秘密公开披露,致使权利人研发的涉密信息失去秘密性,则其作为商业秘密的价值完全丧失或基本丧失。本案参考披露型侵犯商业秘密民事案件中损害赔偿额的确定方法,根据已查实的权利人支付的研发成本来认定损失,在侵犯商业秘密刑事案件权利人损失的认定方面有较高的借鉴意义。

一、侵犯商业秘密罪中权利人损失的认定方法

关于权利人损失的表述,在 2001 年最高人民检察院、公安部《关于经济犯罪案件追诉标准的规定》(已废止)中为“直接经济损失数额”,到 2004 年最高人民法院、最高人民检察院《关于办理侵犯知识产权刑事案件具体应用法律若干问题的解释》和 2010 年最高人民检察院、公安部《关于公安机关管辖的刑事案件立案追诉标准的规定(二)》中则为“损失数额”。可见,虽然刑法及其司法解释未对权利人损失的计算方法进行规定,但其内涵呈扩大趋势,与侵犯商业秘密民事案件中损害赔偿额的范围在本质上存在一致性,即尽量反映权利人因侵犯商业秘密行为所遭受的损失,包括直接经济损失、必然发生的间接经济损失等范围。公安部《关于在办理侵犯商业犯罪案件中如何确定“给商业秘密权利人造成重大损失”计算方法的答复》也规定，对难以计算侵犯商业秘密给权利人所造成的损失的，司法实践一般可参照《反不正当竞争法》规定的民事赔偿额的计算方法。因此在侵犯商业秘密刑事案件中，法官常借鉴侵犯商业秘密民事案件中损害赔偿额的确定方法来认定权利人的损失。

根据当时的《反不正当竞争法》第 20 条的规定，侵犯商业秘密案损害赔偿额的确定依据依次为权利人损失和侵权人获利。当时的最高人民法院《关于审理不正当竞争民事案件应用法律若干问题的解释》第 17 条也规定，可以参照专利侵权的损害赔偿额方法，即依次根据权利人损失、侵权人获利、专利许可使用费的倍数来确定；同时规定，因侵权行为导致商业秘密已为公众所知悉的，应根据该项商业秘密的商业价值确定损害赔偿额，根据其研究开发成本、实施该项商业秘密的收益、可得利益、可保持竞争优势的时间等因素确定。在司法实务中，对权利人损失的确定，一般有以下几种方法：(1)直接计算损失法，即直接计算权利人在被侵权期间损失的利润。可比较权利人在侵权期间的上一年度相同时间段、相同生产量条件下的获利，利润的缩减量是其侵权期间的直接经济损失。这主要适用于市场行情相对稳定，权利人生产、经营处于连续状态、经营资料齐备的情形。(2)侵权人获利计算法，在权利人损失难以计算时，将侵权人获利的数额作为权利人损失的数额。(3)成本计算法，即审计核算权利人研究、开发商业秘密所投入的费用，将其作为权利人的损失。这主要适用于商业秘密在行业内或社会上被广为扩散，致使权利人研发的商业秘密完全丧失秘密性，从而丧失其作为商业秘密的价值的情形。①

二、披露型侵犯商业秘密罪中权利人损失的认定

在披露型侵犯商业秘密罪中，根据权利人自身对商业秘密是否有使用行为，确定方法也有所不同。当商业秘密已被权利人使用并有产出时，其实施收益或可得利益有了可供计算的基础，可综合考虑研发成本、实施收益、可得利益及该商业秘密可保持竞争优势的时间来进行评估。当商业秘密并未被权利人投入使用时，权利人为开发该商业秘密而支付的研发成本成为认定其损失的最佳依据。然而，权利人为开发一项商业秘密而投入的资源具有多元化的特点，既有直接的财力投入，又有物力投入和难以量化的人力投入；同时，有些投入并非直接对应某项商业秘密的研发。因此，在衡量权利人投入的哪些成本可以纳入商业秘密的研发成本时，应重点把握两点：一是该成本是否因研发行为产生，二是该成本可否对应于涉及的商业秘密。

本案商业秘密为化合物结构式及相应的合成信息，系新药研发的阶段性成果，并未被权利人实际用于生产。公诉机关以权利人支付的结构式合成费作为研发成本来认定权利人的损失，辩护人则认为该合成费并非结构式的研发成本。主要应解决两个问题：一是结构式合成费是否属研发成本，二是该合成费是否针对涉案结构式的研发成本。

---

① 参见沈志先主编：《知识产权审判精要》，法律出版社 2010 年版，第 446～449 页。

关于结构式合成费是否属研发成本，可结合结构式的研发过程来判断。在美国某制药公司及上海某新药公司针对涉案结构式的研发中，主要涉及结构式的设计、检验结构式是否可合成化合物的合成验证、基于优化目的的重复合成实验三个主要阶段。其中，结构式的设计由美国某制药公司完成，合成验证和重复合成实验由上海某新药公司完成。结构式的设计成本无疑属于研发成本，然而公诉机关及被害单位对此均未举证。至于后两阶段的合成费，系上海某新药公司根据美国某制药公司的订单从事合成服务的对价。其中，订单内容为目标结构式，上海某新药公司的实验报告中包括目标结构式、合成路径、实验条件、实验步骤等内容。经比对订单和实验报告可知，上海某新药公司并非仅仅根据美国某制药公司的指示进行合成，而需要设计具体的合成路径和步骤并操作、检验。实验的结果或是合成目标化合物，使结构式从设想变为现实，或是得到其他化合物。上述过程属于科学实验的正常过程，具有相当程度的创造性，属于研发而非加工承揽，因此合成费属于研发费而非辩护人所认为的加工费。

关于合成费是否针对涉案结构式的研发成本。合成费所对应的研发成果为实验报告，其内容包括结构式及其合成信息，故合成费中包含了结构式与合成信息的价值。但是，从结构式的研发目的来看，这两部分的价值又密不可分。美国某制药公司委托上海某新药公司合成的结构式是基于研发新药的目的。一个化合物从最初的基础研究、靶标确定、结构式设计和合成、活性和毒理实验等，到最终成药需要花费十多年的时间，大部分研发均围绕结构式进行。在成药前，制药公司以结构式申请专利，而在申请专利前则通过商业秘密来进行保护。可见，结构式为新药研发的核心。虽然被告人仅披露了结构式，他人根据结构式无法直接知道其合成信息，但被告人的行为导致结构式必定得不到发明专利的保护。对研发新药的制药公司而言，结构式一旦被披露，其价值则基本丧失殆尽。因此，美国某制药公司为研发涉案结构式而投入的合成验证费及重复合成实验费均可认定为结构式的研发成本，并据此认定权利人的损失。

本案被害单位美国某制药公司是世界最大的制药企业之一，上海某新药公司为上海自贸区内的医药研发企业，在业内亦具有较高知名度和影响力。被告人的行为给被害单位造成的损失除本案认定的合成研发费外，还有必然遭受损失但未计入的结构式设计费，以及丧失涉案技术专利申请权而导致的潜在损失，上述情况亦在量刑时予以考虑。

【典型意义】

本案判决充分体现了法院对自贸区“四新经济”，特别是对医药研发产业的知识产权保护力度。本案获评依法保障和促进科技创新工作十大典型案例，并被编入《中国审判案例要览》《知识产权案例精选（2013—2014）》《2015 年上海法院案例精选》《人民法院报》等刊物。

【案例索引】

案号：

一审：上海市浦东新区人民法院(2012)浦刑(知)初字第42号

二审：上海市第一中级人民法院(2013)沪一中刑(知)终字第10号

审判组织：

一审：陈惠珍、叶菊芬、盛美芬

二审：唐震、叶茵茵、胡健涛

编写人：叶菊芬

41

对作品“转码”后的存储与提供行为构成著作权侵权

——北京市某信息技术有限公司等侵犯著作权案

裁判要旨

对网页的“转码”过程必然导致对其中作品的存储，而是否侵犯他人著作权取决于该存储是否为短暂且临时的、是否为转码技术所必需、是否具备独立的经济价值等因素。若网络服务商以转码为借口，实施了超越转码技术所必需的、属于著作权专有权利保护范围的行为，则应当承担侵权责任，在情节严重的情况下构成侵犯著作权罪。经营者将转码的内容传输给触发转码的用户后，还将该内容存储在自己的服务器中供其他用户直接获取，属于对他人作品的复制和信息网络传播行为。

基本案情

公诉机关：上海市浦东新区人民检察院

被告单位：北京市某信息技术有限公司（以下简称北京某技术公司）

被告人：于某

上海某科技有限公司（以下简称上海某科技公司）享有《仙傲_雾外江山》等文字作品的独家信息网络传播权，并将上述作品在其经营的某阅读网站上登载。

被告单位北京某技术公司成立于2004年2月，为被告某网站的经营者。被告人于某系该公司股东，负责技术工作，并担任法定代表人。2012年，于某提出开发触屏版小说产品，即将HTML格式的小说网页转码成WAP格式的网页供移动用户阅读。于某提出的开发需求包括：采用与另一家小说搜索相同的技术实现与展现逻辑；标注小说站点来源，页面说明实时转换的机制，并可跳转至源小说站页面；每个用户访问的转换页面在会话结束后删除以节省空间等。2013年12月3日，上海某科技公司向北京某技术公司寄送侵权通知函，要求北京某技术公司立即断开、删除及停止提供附件所列的侵犯上海某科技公司著作权的盗版作品共计4000余部。根据上海某科技公司于2014年4月4日就被告某网站小说频道所作的证据保全公证及公安机关于次日所作的勘验情况，在该网站搜索、阅读小说时网页的 URL 地址为被告某网站的地址。

同年4月11日，公安机关扣押了北京某技术公司托管的服务器硬盘，并委托鉴定。鉴定机关将相应硬盘复制后，启动复制硬盘上的操作系统，配置相应的网络参数，搭建出涉案电子书网站的网络环境。在搭建完的网站上下载798本电子书，与上海某科技公司享有独家信息网络传播权的同名小说进行比对，相同字节数占总字节数70%以上的电子书共计588本。鉴定人经法院通知出庭接受质询，其陈述：在送检硬盘中并未发现存在被告人于某所说的自动删除机制；鉴定过程中在实验室局域网环境下搭建了被告某网站，可在搜索框搜索涉案小说，并可通过点击章节目录进入该章节内容进行阅读；若连接到互联网环境进行鉴定，该网站的运行情况与局域网环境相同。

同年4月21日，被告人于某主动向公安机关投案，并如实供述了相关事实。同年8月21日，被告单位向上海某科技公司支付800万元，并获得上海某科技公司出具的谅解书。

公诉机关指控，北京某技术公司以营利为目的，未经著作权人许可，复制发行其文字作品达588部，情节严重，构成侵犯著作权罪。被告人于某作为北京某技术公司直接负责的主管人员，应以侵犯著作权罪追究刑事责任。被告单位、被告人均系自首，可以从轻处罚。被告单位对上海某科技公司赔偿并获得谅解，可以酌情从轻处罚。

被告人及其辩护人主要提出以下意见：(1)根据于某对开发人员所提开发要求，被告某网站提供的是搜索引擎加转码服务而非内容服务，即在用户搜索并点击阅读时，对来源网页进行转码后临时复制到硬盘上形成缓存并提供给用户阅读，当用户离开阅读页面时自动删除该缓存。没有证据证明技术人员开发的程序违反了于某所提的上述技术要求。(2)北京某技术公司设有法律部门负责处理涉嫌侵权作品的“通知—删除”工作，上海某科技公司的通知函不能构成有效的侵权通知，故北京某技术公司不存在主观过错，未侵犯著作权，更不构成侵犯著作权罪。

【法院裁判】

上海市浦东新区人民法院经审理认为，根据公诉机关提交的证据，用户可在被告单位北京某技术公司经营的被告某网站小说频道搜索、阅读小说，该频道所对应的服务器硬盘中存储有588部与上海某科技公司享有著作权的文字作品构成实质性相似的小说。上述事实可以证明，被告某网站直接向网络用户提供了上述文字作品，使网络用户可以在其个人选定的时间和地点进行阅读，侵害了上海某科技公司对涉案作品享有的信息网络传播权。被告人及辩护人提出被告某网站的开发设想系提供搜索及转码服务而非内容服务，但根据鉴定意见所反映的事实，鉴定人在使用被告某网站服务器搭建的网络环境中，可以在线阅读涉案小说，并从服务器硬盘中下载涉案小说。可见，被告某网站在将其所谓“临时复制”的内容传输给触发“转码”的用户后，并未立刻将相应内容从服务器硬盘中自动删除，被“复制”的小说内容仍可被其他用户再次利用。被告某网站在提供小说阅读服务过程中,不仅进行了网页的格式转换,还在其服务器中存储了经过格式转换的网页内容,使后来的用户可以直接从其服务器中获得,上述行为已明显超出转码技术的必要过程,所谓“临时复制”的内容已具备独立的经济价值。因此,北京某技术公司的小说服务模式构成对作品内容的直接提供,被告人及辩护人的上述抗辩并不成立。

被告单位北京某技术公司未经许可,通过被告某网站传播上海某科技公司享有信息网络传播权的588部涉案小说,情节严重,构成侵犯著作权罪。被告人于某作为北京某技术公司直接负责的主管人员,应以侵犯著作权罪追究其刑事责任。被告单位、被告人均系自首,依法对其从轻处罚。案发后,被告单位对上海某科技公司进行了赔偿并获得谅解,可以酌情从轻处罚。

上海市浦东新区人民法院作出(2015)浦刑(知)初字第12号刑事判决:(1)被告单位北京某技术公司犯侵犯著作权罪,判处罚金人民币2万元;(2)被告人于某犯侵犯著作权罪,判处拘役3个月,缓刑3个月,并处罚金人民币5000元;(3)违法所得予以追缴;(4)扣押的硬盘予以没收。

一审判决后,被告单位及被告人均未提起上诉,公诉机关未提起抗诉。

【案例评析】

本案的主要争议焦点在于,被告某网站小说频道提供的是内容服务,还是单纯的搜索、转码服务也即网络服务。

一、使用转码技术是否侵犯著作权的认定标准

被告人所称的转码技术系随着手机阅读的逐渐普及而产生的一项技术。一般的小说阅读网站系针对台式机、笔记本电脑等配有较大显示屏和较强多媒体处理能力的传统终端而设计,网页采用的是HTML格式(hypertext markup language,超文本标记语言)。而对于使用手机上网的用户而言,由于手机的屏幕小、多媒体处理能力较弱,若直接进入网站浏览,往往难以显示全部内容,并可能出现乱码,网页中的图片、视频等内容也会消耗过多的时间和流量,用户体验较差。为解决上述问题,将网页从HTML格式转换成适用于手机阅读的WML格式(wireless markup language,无线标记语言)的转码技术应运而生。

在网页转码技术中,HTML格式的网页内容需要存储在服务器内存或硬盘上才能进行处理转换,该过程必然涉及对网页中作品的“复制”。然而,这种在服务器内存或硬盘上的临时存储并不必然导致对复制权的侵权。若将附随手机阅读转码技术而生的“临时复制”纳入著作权保护范围,则所有未经许可的“临时复制”都构成对权利人的侵权,手机阅读转码技术将无生存空间。这会直接遏制这一技术的发展,与著作权法促进社会主义科学事业的发展与繁荣的宗旨相违背。因此,应当根据案件不同的实施情况来判断手机阅读转码所涉及的复制是否侵权。

具体而言，转码技术中所必需的复制手段应符合以下条件：(1)复制是短暂的、临时的，在将转码后的内容传送给用户的同时，服务器内存或硬盘上的内容自动删除，而不能继续被存储；(2)复制属于转码技术必要的组成部分，没有这一“临时复制”，则转码无法完成，用户就无法在手机上看到转码后正常显示的内容；(3)转码所形成的“临时复制”没有独立的经济价值，当某一用户触发一次转码并获得转码后的内容后，存储在服务器内存或硬盘上的转码后的内容应当立即被自动删除，而不能被其他用户同时利用或再次利用，也就是说，一次临时复制的价值仅在于便利这次“临时复制”触发者在手机上正常浏览网页内容。满足了上述条件，则经营者的行为不属于侵犯他人复制权或信息网络传播权的行为。若经营者在使用转码技术的过程中实施了超出了上述必要过程的行为，则有可能因侵入他人著作权的专有权范围而构成侵权。

二、对作品转码后向公众提供的行为构成侵权

本案中，被告某网站小说频道系针对移动端而开发的小说网站，被告人及辩护人提出该网站仅提供搜索、转码服务的抗辩意见。鉴于该网站已变更服务模式，难以再现被控侵权行为，故无法对该网站的服务模式进行技术分析或鉴定。但根据公安机关固定的该网站小说阅读界面及鉴定过程中反映的相应事实，仍可对被告人的上述抗辩是否属实进行判定。

从鉴定过程所反映的事实来看，鉴定人在使用被告某网站服务器所搭建的网络环境中，可以在线阅读涉案小说，并从服务器硬盘中下载涉案小说。可见，被告某网站在提供小说阅读服务过程中，不仅进行了网页的格式转换，还在其服务器中存储了经过格式转换的网页内容而未立即删除，使后来的用户可以直接从其服务器中获得。但在可免责的网页转码中，搜索引擎在将经转码后的网页传输给手机用户后，应立即自动删除其临时存储的内容，继续在服务器中存储该内容并非提供转码服务的必经程序。被告某网站的上述复制行为明显不是短暂的、临时的，超出了转码技术的必要过程，所谓“临时复制”的内容已具备独立的经济价值。因此，北京某技术公司的行为构成对作品内容的直接提供，是对信息网络传播权的直接侵犯。

从该网站小说阅读界面来看，对仅提供搜索及转码服务的经营者而言，当用户点击搜索结果后，地址栏中显示的网址一般为“搜索引擎网址 + 被链网页网址”的混合网址形式。但本案中，用户在被告某网站小说频道搜索、阅读小说时，地址栏仅显示了被告某网站的网址，该事实也可佐证被告某网站并非提供网络服务。被告人称上述情况可能是对 URL 地址进行了重新编码所致，但网络服务提供商刻意隐藏来源网站 URL 地址，从而使其看起来像内容服务提供商的行为与常理不符，也与本案其他证据所证明的事实相违背。

被告人还辩称，鉴定人之所以能够在实验室搭建的网络环境中阅读涉案小说，可能是因为被告单位在开发中专门给 PC 端用户设置了“管理员权限”，鉴定人系使用电脑操作，故可阅读服务器中由其他用户搜索、阅读而形成的全部“缓存”内容，若使用手机操作则无法阅读。若该抗辩内容属实,则当 PC 端用户搜索、阅读某一小说章节时,系直接从被告某网站的服务器提供给 PC 端用户,该行为恰好属于作品提供行为。

根据以上事实,法院认定被告某网站在对作品转码后,还向公众直接提供了涉案作品,其行为属于通过信息网络传播侵权作品的行为。根据最高人民法院、最高人民检察院、公安部《关于办理侵犯知识产权刑事案件适用法律若干问题的意见》第 13 条第 2 项的规定,以营利为目的,未经著作权人许可,通过信息网络向公众传播他人文字作品,数量合计在 500 部以上的,属于《刑法》第 217 条规定的"其他严重情节"。因此,本案中被告单位及被告人的行为构成侵犯著作权罪。

【典型意义】

本案涉及对网页"转码"行为性质的认定,划定了网页"转码"的行为边界。本案判决明确,"转码"是网页格式转换的技术手段,有其存在的合理性与必要性,但如果超越了"转码"所需的"临时复制"的必要限度,存储并向公众提供转码后的作品,则会构成著作权侵权。本案获评 2017 年中国法院十大知识产权案件、2016 年度上海十大版权典型案件,并入选《中国法院 2019 年度案例》《人民法院报》等刊物。本案裁判文书入选 2017 年度上海法院十大优秀裁判文书。

【案例索引】

案号:

一审:上海市浦东新区人民法院(2015)浦刑(知)初字第 12 号

审判组织:

一审:孙宝祥、倪红霞、叶菊芬

编写人:叶菊芬

42

侵犯互联网题库类“汇编作品”著作权的司法认定

——张某等侵犯著作权案

裁判要旨

互联网题库能否被认定为汇编作品,应结合试题来源、命题方法、题目选择或者编排方式等因素综合判断。在题目选择或者编排上体现出个性化的选择、判断,具有独创性的题库,属于汇编作品。汇编作品作为我国著作权法规定的作品类型,属于著作权保护的作品范畴。以营利为目的,未经著作权人许可,擅自复制发行其汇编作品,达到一定违法所得数额或者具有其他严重情节的,应以侵犯著作权罪追究刑事责任。

基本案情

公诉机关:上海市浦东新区人民检察院

被告人:张某

被告人:邱某

某信息技术公司系涉案特种设备题库的作者及著作权人,该特种设备题库于2018年7月25日进行作品登记,登记的作品类别为文字作品,创作完成时间为2015年3月15日,首次发表时间为2015年4月1日。特种设备题库涉及锅炉安全管理、压力容器安全管理等作业种类与项目的题目。被告人张某于2010年进入某信息技术公司工作,担任技术研发人员,2015年转为销售人员,2017年8月被某信息技术公司开除。被告人邱某于2015年3月进入某信息技术公司工作,担任销售人员,2017年6月提出解除劳动合同并离职。

2017年2月,被告人张某、邱某作为实际经营人注册成立查宏公司,其中被告人张某负责技术和部分地区的销售工作,被告人邱某负责销售工作。被告人张某开发并注册了“全国考证在线学习平台”网站(域名 www. qgkzzx. com)。被告人张某、邱某在未经某信息技术公司许可的前提下,复制特种设备题库并在“全国考证在线学习平台”网站中向用户提供,用户购买学习卡后可通过输入卡号及密码登录并使用题库。经鉴定,将特种设备题库中的习题与“全国考证在线学习平台”中提取的习题逐一比对，有对应关系的题库的相同比例为 99.86%。被告人张某、邱某非法经营数额为 120 万余元。

公诉机关指控，被告人张某、邱某未经著作权人许可，复制发行其文字作品，违法所得数额巨大，其行为均已触犯 2017 年《刑法》第 217 条第 1 款，应以侵犯著作权罪追究其刑事责任。被告人张某、邱某系共同犯罪，适用 2017 年《刑法》第 25 条第 1 款。

被告人张某辩称其不构成犯罪，认为涉案特种设备题库的著作权不属于某信息技术公司。被告人张某的辩护人认为被告人张某主观上不具备侵犯某信息技术公司著作权的故意，客观上未实施侵权的行为，不构成侵犯著作权罪。

被告人邱某辩称其不构成犯罪，认为题库是公共资源，题目来源于相关行业从业人员，其并未非法获取题库。被告人邱某的辩护人认为公诉机关指控被告人邱某构成侵犯著作权罪的事实不清、证据不足，被告人邱某不构成侵犯著作权罪。

【法院裁判】

上海市浦东新区人民法院经审理认为，被告人张某、邱某以营利为目的，未经著作权人许可，擅自复制发行其作品，非法经营数额达 120 万余元，系具有其他特别严重情节，其行为均已构成侵犯著作权罪。某信息技术公司根据考试大纲，组织编写题目，并将题目按照一定的标准进行取舍，选择出可以放入题库的试题，体现了题库内容上的个性化选择、判断等因素，具有独创性，属于汇编作品。汇编作品作为法定的作品类型，属于 2017 年《刑法》第 217 条规定的“其他作品”范畴。故在未经著作权人许可的情况下，他人不得擅自复制发行特种设备题库。被告人张某、邱某主观上具有侵犯他人著作权的故意，且以营利为目的，符合侵犯著作权罪的主观要件。被告人张某、邱某在未经著作权人许可的情况下，擅自复制发行其汇编作品，实施了侵犯著作权的行为。经鉴定，被告人张某、邱某非法经营数额达 120 万余元，具有其他特别严重情节，其行为均已构成侵犯著作权罪。对两名被告人的辩解及其辩护人的辩护意见，均不予采纳。

上海市浦东新区人民法院作出（2019）沪 0115 刑初 4634 号刑事判决：(1) 判处被告人张某有期徒刑 3 年 6 个月，并处罚金人民币 70 万元；(2) 判处被告人邱某有期徒刑 3 年 3 个月，并处罚金人民币 60 万元；(3) 违法所得予以追缴；(4) 扣押在案的作案工具予以没收。

一审判决后，两名被告人提起上诉。上海市第三中级人民法院作出（2021）沪 03 刑终 63 号刑事裁定：准许上诉人邱某撤回上诉；驳回上诉人张某的上诉，维持原判。

【案例评析】

互联网时代，新技术、新业态的发展，给知识产权司法保护带来新的机遇和挑战。互联网题库作为适应时代发展的产物，不仅是企业的核心知识产权，也在保障数据安全、加强产权保护方面提出了新的课题。互联网题库能否作为作品予以刑事司法保护，如何保护，需要结合题库自身特点、结合行为人的主客观方面进行综合判断。

一、互联网题库被认定为汇编作品的标准

根据《著作权法》的规定，汇编作品是汇编若干作品、作品的片段或者不构成作品的数据或者其他材料，对其内容的选择或者编排体现独创性的作品。本案中，特种设备题库是技术类资格考试网络题库，涉及锅炉安全管理、压力容器安全管理等特种作业种类与项目的题目，题型包括单项选择题和多项选择题。对这种类型的互联网题库是否构成汇编作品，主要可以从以下角度考量：

1. 题库来源。特种设备题库针对各类特种设备作业人员考试设计，结合不同种类特种设备作业人员考试的情况，在锅炉安全管理、压力容器安全管理、压力管道安全管理、电梯安全管理、起重机械安全管理等作业种类与项目的框架下组织多位相关领域专家命题，题目来源包括专家原创题目及通过相应考试大纲进行修改、汇总产生的题目，专家出题后将题目交给某信息技术公司。

2. 命题方法。从某信息技术公司对题目的选择方式来看，由某信息技术公司将专家命题的题目经过取舍后确定题库中保留的题目，题型包括单项选择题和多项选择题，题库中每个作业种类与项目涉及的题目包含基础知识（一般占10% ~30%不等）、专业知识（一般占20% ~40%不等）、安全知识（一般占10% ~55%不等）、法规知识（一般占10% ~40%不等）以及针对特定作业种类与项目设置的个性化知识点等，每个作业种类与项目下最少配套试题数量及具体知识点编写配套试题的数量有明确限制，最终生成的题库可做到由计算机以满足各个作业种类与项目下的知识类的比例关系且优先覆盖各具体知识点为逻辑生成随机抽取试题进行考试。

3. 独创性的判断。著作权保护的对象是对思想及事实的独创性表达，具体认定作品时应当把握是否由创作者独立创作完成，体现了创作者的个性化选择、判断及技巧等因素。据此，独创性要求作品体现创作者的个性化选择、判断及技巧等因素。特别是互联网题库具有随机抽题进行考试的特点，在无法通过题目编排判断独创性的情况下，认定汇编作品时应重点关注题目的选择是否具有独创性。本案涉案题库的独创性，可以从两个方面进行判断：

第一，对题目的选择。汇编作品可以分为两类，对作品进行汇编而形成的汇编作品，以及对事实、数据等不构成作品的信息进行汇编而形成的汇编作品。正是因为汇编作品的内容来源通常是已有作品或者数据材料，创作者的贡献不在于已有作品或数据材料本身，而是对这些内容的“选择或编排”。本案中，一方面，某信息技术公司根据考试大纲，组织编写题目，并将题目按照一定的标准进行取舍，选择出可以放入题库的试题，体现了题库内容上的个性化选择、判断等因素，具有独创性。另一方面，本案的特种设备题库中有来源于公开渠道及第三方的内容，并不影响对其独创性的判断。对汇编作品，被汇编的内容可以是作品、作品片段或者不构成作品的数据或者其他材料，汇编作品因其内容经选择或编排形成了具有独创性的智力创作成果而作为一个整体受到法律保护。汇编作品中的材料可以有多种来源,汇编材料的来源不影响汇编作品受到法律保护,不能因为特种设备题库中有来源于其他渠道的试题而否认该题库构成汇编作品。

第二,选择题目后得到的结果。辩护人提出,被告人所使用的题库系经过其独创性的选择和编排形成的不同于特种设备题库的新的汇编作品。本案中,与特种设备作业人员考试试题相关的信息的数量、范围难以精准确定,即使面对相同范围的信息,不同的主体在运用不同的选择或者编排方法时,因加入自己个性化的主观判断,会得到不同的汇编结果。而本案中,经鉴定,"全国考证在线学习平台"试题与特种设备题库试题的相同比例达99.86%,即被告人运用其所称的经过其独创性的选择和编排的方法得出的汇编结果与特种设备题库的汇编结果基本相同,明显不符合常理,这也从另一个角度论证了特种设备题库具有的独创性。

因此,结合试题来源、命题方法、题目选择等因素综合判断后,本案的特种设备题库在题目选择上体现出个性化的选择、判断,系具有独创性的题库,可以被认定为汇编作品。

二、《刑法》第217条修改前后侵犯著作权罪中作品类型的立法原意探究

"汇编作品"是否属于侵犯著作权罪中的作品范畴,在实践中存在一定的争议。有观点认为,汇编作品是侵犯著作权罪中的"作品",侵犯汇编作品的著作权满足一定的数额或者情节的,构成侵犯著作权罪。还有观点认为,《刑法》第217条关于侵犯著作权罪规定中,没有将汇编作品作为作品类型予以列举,故不能作为侵犯著作权罪中的"作品"予以保护,不能以被告人侵犯了汇编作品的著作权为基础认定其构成侵犯著作权罪。

随着文化、科学事业的发展,依法明确刑法著作权保护的作品范围,既防止刑事打击范围过于宽泛,也要准确界定罪与非罪的界限。综观《刑法》第217条第1项中对作品类型的规定,经历了一个逐渐明晰的过程。

1997年修订的《刑法》第217条第1项规定中,除了明文规定的"文字作品、音乐、电影、电视、录像作品、计算机软件"之外,"其他作品"具体包括的作品类型,实践中一直存在较大争议。什么类型的作品属于"其他作品",仍无法明确。

2011年最高人民法院、最高人民检察院、公安部《关于办理侵犯知识产权刑事案件适用法律若干问题的意见》第13条也将《刑法》第217条第1项中的作品类型进行了扩展,明确规定了美术、摄影作品也属于《刑法》第217条第1项保护的范围。但这一意见的出台,并未从根本上解决《刑法》第217条第1项保护的作品类型的争议。

自2021年3月1日起施行的《刑法修正案(十一)》对于《刑法》第217条进行了修改,将该条第1项修改为"未经著作权人许可,复制发行、通过信息网络向公众传播其文字作品、音乐、美术、视听作品、计算机软件及法律、行政法规规定的其他作品的"。此次修改从根本上回应了实践中对作品类型的争议。这里规定的作品,包括法律、行政法规规定的所有作品类型。本条选择性地明确规定了文字作品、音乐、美术、视听作品、计算机软件等几种常见的作品类型，并作了“法律、行政法规规定的其他作品”的兜底规定。因此，对未被《刑法》第217条第1项明文列举的作品类型，如果构成法律、行政法规规定的作品类型，亦可以受到《刑法》的规制。

本案审理过程中，正值《刑法修正案（十一）》对2017年《刑法》第217条进行修改。从《刑法》的立法原意出发，汇编作品作为法定的作品类型，属于《刑法》第217条规定的“其他作品”范畴。故在未经著作权人许可的情况下，他人不得擅自复制发行特种设备题库。

三、涉汇编作品侵犯著作权罪的主客观构成要件认定

对涉汇编作品侵犯著作权罪的认定，需要综合全案证据，从主客观方面进行全面分析。

第一，主观上具有侵犯他人著作权的故意，且以营利为目的。本案中，对被告人侵犯著作权的故意的判断，可以从以下方面综合判断：首先，从被告人对特种设备题库的性质认识上来看，两名被告人进入某信息技术公司后均签署过保密协议，协议约定被告人须在客户信息、数据信息和技术信息等方面做到保密，两名被告人在QQ聊天中谈到“你回去看一下公司的保密协议”“题库是个风险点，我们的客户资源是个风险点”，说明两名被告人在明知特种设备题库是某信息技术公司的核心数据资源之一的情况下，仍使用该题库内容。其次，从被告人对自己行为性质的认识上来看，被告人张某未从某信息技术公司离职时就注册成立查宏公司，两名被告人因“都是某信息技术公司的员工”“觉得不大合乎道义”，都不担任查宏公司的法定代表人，对外以其他人的名义卖学习卡，在某信息技术公司发现查宏公司在做同类业务后又注册成立了其他公司，收到某信息技术公司的律师函后向律师进行咨询，说明两名被告人对获取特种设备题库并进行销售的行为具有侵权性是明知的。对被告人是否具有营利目的，根据相关证人证言、收款回单等证据，结合两名被告人的供述，被告人张某、邱某在商业经营活动中向他人销售包含题库的学习卡牟利，部分客户还系某信息技术公司的客户，可以认定两名被告人具有营利目的。

第二，在未经著作权人许可的情况下，擅自复制发行其汇编作品，实施了侵犯著作权的行为。本案中，被告人实施的犯罪行为是目的明确且连贯的。首先，从特种设备题库的获取途径来看，根据相关证人证言，某信息技术公司与特种设备题库相关的源代码和配套习题集等数据在某信息技术公司的技术研发系统内，只有某信息技术公司的研发技术人员才有权限通过账户和密码登录。且某信息技术公司亦未授权许可被告人张某、邱某使用特种设备题库。而被告人张某在某信息技术公司担任技术研发人员期间，可以接触到特种设备题库。其次，从被告人所设网站中的试题来源来看，两名被告人的供述中提到题库中有题目是从某信息技术公司拷贝过来或至某信息技术公司的网站把最新的题目复制过来，使查宏公司的题库与某信息技术公司的题库保持一致。相关客观证据亦显示被告人的工作电脑存在访问某信息技术公司研发中心外网IP地址以及测试数据库服务器内网IP地址的记录，并存有某信息技术公司的试题文件。再次，从特种设备题库中的试题与被告人所设网站中的试题的比对结果来看，根据相关鉴定意见，将特种设备题库与“全国考证在线学习平台”中的习题进行比对,有对应关系的题库基本相同。最后,从两名被告人销售学习卡的情况来看,根据被告人的供述,学习卡的客户中存在以前某信息技术公司的部分客户。在未取得某信息技术公司授权的情况下,两名被告人实施的行为系侵犯著作权的行为。

综上,以营利为目的,未经著作权人许可,擅自复制发行其汇编作品,达到一定违法所得数额或者具有其他严重情节的,应以侵犯著作权罪追究刑事责任。

【典型意义】

本案系全国首例涉技术类资格考试网络题库侵犯著作权罪案件,对侵犯著作权罪中涉及的作品类型进行了有益探索,首次明确了网上培训平台题库构成汇编作品的,属于侵犯著作权罪涉及的作品类型。本案保护了营商主体的合法权益和核心知识产权,强化了互联网知识产权治理。本案获评上海法院第五批依法保障民营企业健康发展典型案例、上海法院服务保障数字经济发展典型案例。

【案例索引】

案号:

一审:上海市浦东新区人民法院(2019)沪 0115 刑初 4634 号

二审:上海市第三中级人民法院(2021)沪 03 刑终 63 号

审判组织:

一审:倪红霞、王潇、叶菊芬

二审:程亭亭、高卫萍、朱瑜

编写人:王潇

43

禁止令在惩治商业秘密犯罪中的适用

——纪某某等侵犯商业秘密案

裁判要旨

对依法宣告缓刑的侵犯商业秘密罪的犯罪分子，从严厉打击和预防犯罪的需要出发，可以根据犯罪情况适用禁止令，禁止其在缓刑考验期限内从事与商业秘密犯罪相关的生产经营活动。人民法院在宣告禁止令时可以综合考量下列因素：(1)被告人所掌握的商业秘密的类型、数量；(2)被告人所掌握的商业秘密的价值，对被害单位未来生产经营的影响程度；(3)被告人实施商业秘密犯罪是否违反竞业禁止、资格准入等职业要求；(4)被告人再次披露、使用或许可他人使用商业秘密的可能性和便利性；(5)是否存在与被告人实施商业秘密犯罪密切相关的上下游产业链；(6)如被告人再犯可能给被害单位、所在行业或公共利益造成的严重后果。

基本案情

公诉机关：上海市奉贤区人民检察院

被告人：纪某某、刘某某、王某、隋某某

涉案密点"共轭凸轮控制的上头卡装置"和"纸袋翻转装置"是被害单位的核心技术，分别于2020年4月9日和5月7日前构成不为公众所知悉的技术信息，研发价值分别为124.04万元和83.31万元。

2013年至2017年，被告人纪某某、刘某某、王某、隋某某入职被害单位，分别担任总经理、常务副总经理、机械设计主管。任职期间，各被告人均签订了《劳动合同》和《保密协议》。2019年3月至5月，四名被告人从被害单位离职。

2018年12月，纪某某、刘某某、王某合谋，共同出资成立某甲环保科技(上海)有限公司。2019年4月，由某甲环保科技(上海)有限公司控股成立某乙科技(上海)有限公司，生产、销售与被害单位同类型的制袋机牟利。

四名被告人从被害单位离职后，均进入某乙科技(上海)有限公司工作。隋某某离职前,将被害单位的电子版机械图纸复制、修改公司名称后交由王某负责生产。王某使用上述图纸生产制造了5台与被害单位相似的L形制袋机,销售了2台,销售金额265万元。刘某某离职前,将其负责保管的存有被害单位全部电子版机械图纸的硬盘予以备份,并将备份的电子版机械图纸带至某乙科技(上海)有限公司使用至案发。

2019年6月和8月,四名被告人共谋将涉案两项技术信息直接或者部分修改后,通过申请实用新型专利的方式对外公开。经鉴定,某乙科技(上海)有限公司所申请的两项实用新型专利分别与被害单位涉案两个密点的技术信息相同或实质相同。

2021年5月11日,四名被告人被抓获到案。

审理期间,四名被告人分别赔偿被害单位经济损失,均取得被害单位谅解。四名被告人另退出部分违法所得。

公诉机关指控,被告人刘某某、隋某某违反保密义务和权利人有关保守商业秘密的要求,披露、使用并允许他人使用其所掌握的商业秘密,情节严重,被告人纪某某、王某在明知的情况下仍获取、披露、使用该商业秘密,应当以侵犯商业秘密罪分别追究刑事责任。

四名被告人对起诉书指控的犯罪事实、罪名及提出的量刑建议均无异议且签字具结,在开庭审理过程中亦无异议。

四名被告人的辩护人对公诉机关指控的犯罪事实和罪名均无异议。被告人纪某某的辩护人提出:被告人纪某某系初犯、偶犯,无前科劣迹,社会危险性较小,愿意尽力赔偿被害单位的损失,希望对其适用缓刑。被告人刘某某的辩护人提出:被告人刘某某到案后能如实供述,自愿认罪认罚,有良好的缓刑矫正基础,希望对其判处1年以下有期徒刑并适用缓刑。被告人王某的辩护人提出:被告人王某系初犯、偶犯,无前科劣迹,系从犯、系坦白,已退赔被害单位并取得谅解,希望对其从轻处罚并适用缓刑。被告人隋某某的辩护人提出:被告人隋某某犯罪情节较轻,主观恶性较小,社会危害性不大,系从犯,自愿认罪认罚,已退赔被害单位并取得谅解,希望对其判处1年以下有期徒刑或拘役,适用缓刑并免处罚金。

【法院裁判】

上海市浦东新区人民法院经审理认为,涉案"共轭凸轮控制的上头卡装置""纸袋翻转装置"两项技术信息,经鉴定均构成不为公众所知悉的技术信息。被害单位主营制袋机生产和销售,上述两项技术信息系该公司生产、销售的L形制袋机的关键技术,能为该公司带来经济利益,具有商业价值和实用性。四名被告人原系被害单位的员工,在任职期间均签订了《劳动合同》和《保密协议》,明确约定对公司的商业秘密负有保密义务。故被害单位对上述两项技术信息采取了保密措施。据此,"共轭凸轮控制的上头卡装置""纸袋翻转装置"两项技术信息构成被害单位的商业秘密。

刘某某、隋某某违反保密约定和权利人有关保守商业秘密的要求,披露、使用其所掌握的商业秘密,纪某某、王某明知前述行为,仍获取、使用和披露该商业秘密,给商业秘密的权利人造成重大损失，其行为均已构成侵犯商业秘密罪。本案系共同犯罪。四名被告人在共同犯罪中共同合谋、各有分工、相互配合，所起的作用基本相当。四名被告人到案后均如实供述自己的罪行，系坦白，依法从轻处罚。四名被告人自愿认罪认罚，依法从宽处理。四名被告人赔偿被害单位的经济损失并取得谅解，退出部分违法所得，酌情从轻处罚。综合考虑四名被告人的犯罪性质、情节、社会危害性、认罪悔罪表现等，对其均予宣告缓刑并宣告禁止令。

上海市浦东新区人民法院作出（2021）沪0115刑初5190号刑事判决：（1）被告人纪某某犯侵犯商业秘密罪，判处有期徒刑2年，缓刑2年6个月，并处罚金人民币18万元；（2）被告人刘某某犯侵犯商业秘密罪，判处有期徒刑2年，缓刑2年，并处罚金人民币15万元；（3）被告人王某犯侵犯商业秘密罪，判处有期徒刑2年，缓刑2年，并处罚金人民币15万元；（4）被告人隋某某犯侵犯商业秘密罪，判处有期徒刑1年9个月，缓刑1年9个月，并处罚金人民币10万元；（5）禁止被告人纪某某、刘某某、王某、隋某某在缓刑考验期内从事制袋机生产、销售及相关经营活动；（6）被告人纪某某、刘某某、王某、隋某某退出的违法所得依法予以没收，未退出的违法所得依法予以追缴；（7）扣押在案的侵犯商业秘密的机械配件及移动硬盘、U盘、电脑等作案工具，依法予以没收和销毁。

一审判决后，各被告人均未提起上诉，公诉机关未提起抗诉。

【案例评析】

禁止令是《刑法修正案（八）》新增设的一项制度，是对非监禁刑具体执行方式的创新。根据《刑法修正案（八）》的规定，对判处管制、宣告缓刑的犯罪分子，可以根据犯罪情况，同时禁止犯罪分子在管制执行期间或缓刑考验期限内从事特定活动，进入特定区域、场所，接触特定的人。禁止令是为了防止服刑人员再次接触犯罪诱因，促进犯罪分子教育矫正，有效维护社会秩序，体现了宽严相济的刑事司法政策。

在知识产权犯罪中适用禁止令并不鲜见，但通常集中在假冒注册商标罪、销售假冒注册商标的商品罪等商标类犯罪，且通常涉及食品、药品等涉及人身健康与安全的领域。如上海市高级人民法院知识产权审判庭发布的《关于常见知识产权犯罪的量刑指引》规定：假冒注册商标商品或者销售假冒注册商标商品系食品、药品、母婴幼儿专用品、农药、兽药、化肥、种子以及其他危害人身安全等产品的，依法宣告缓刑时，一般应同时宣告禁止令。

对其他类型、涉及其他领域的知识产权犯罪应否适用禁止令，法律规范尚付之阙如，司法实践也较少涉及。侵犯商业秘密罪作为知识产权犯罪的一种类型，在符合禁止令适用条件的情况下，可以禁止犯罪分子在缓刑考验期限内从事与商业秘密犯罪相关的生产经营活动。

一、商业秘密犯罪适用禁止令的合理性

从商业秘密的内涵与特点出发，其与禁止令具有天然的契合性。禁止被判处缓刑的犯罪分子从事与商业秘密犯罪相关的生产经营活动,可以进一步强化对商业秘密的保护效果,具有一定的合理性。商业秘密是指不为公众所知悉、能为权利人带来经济利益、具有实用性并经权利人采取保密措施的技术信息和经营信息。根据这一定义,商业秘密应当同时满足秘密性、保密性和经济性三个要件。其中,秘密性是商业秘密的核心要求,也是商业秘密与一般技术信息、经营信息的本质区别。在商业秘密犯罪中,破坏秘密性是一种典型的犯罪情形。例如,被告人将以不正当手段获取的商业秘密公之于众,或者违反保密义务、保密要求披露所掌握的商业秘密,导致相关技术信息或经营信息为公众所知悉。在这种情况下,商业秘密往往因为犯罪行为失效,那么在刑罚执行阶段,就不再存在需要继续保护的"商业秘密",通常也没有再适用禁止令的必要。但是构成商业秘密犯罪并不必然会导致商业秘密失效。例如,在纯粹的使用型侵犯商业秘密罪中,被告人仅是使用其以不正当手段获取的或违反保密义务、保密要求而掌握的商业秘密,未造成商业秘密的泄露,仍保持商业秘密处于不为公众所知悉的状态。在这种情况下,在惩治犯罪之余,还应当妥善确保继续维持商业秘密的秘密性。这一目标就与禁止令预防再次犯罪的核心功能不谋而合。对商业秘密犯罪适用禁止令,可以强化缓刑的适用效果,有效避免侵害商业秘密行为的持续,切实保障商业秘密权利人的合法权益。

二、商业秘密犯罪适用禁止令的原则

(一)必要性原则

从刑法的规定看,禁止令不是一种新的刑罚,而是对管制犯、缓刑犯具体执行监管措施的革新。[①] 刑罚是对犯罪分子过去已经实施的犯罪行为的处罚,而禁止令是基于犯罪分子将来的人身危险性、社会危害性等因素的预防性处置。法院在作出是否适用禁止令的裁决时,不仅要关注案件中的定罪事实,更要关注案件中的量刑事实。对犯罪分子再次犯罪的人身危险性的综合评判,才是决定对犯罪分子是否需要适用禁止令的主要依据。只有在犯罪分子具有较大的人身危险性,确需通过禁止令预防再次犯罪的情况下,才有必要对其宣告禁止令。需要特别指出的是,适用禁止令的目的并不是要加重对犯罪分子的惩罚。因此,应当避免主要依据犯罪分子的罪行客观危害的大小决定是否适用禁止令,更不能将本不应适用缓刑的犯罪分子降格判决,再适用禁止令进行量刑平衡,将禁止令作为一种刑罚替代措施。[②]

(二)关联性原则

最高人民法院、最高人民检察院、公安部、司法部《关于对判处管制、宣告缓刑的犯罪分子适用禁止令有关问题的规定(试行)》(以下简称《禁止令规定》)第 2 条规定:人民法院宣告禁止令,应当根据犯罪分子的犯罪原因、犯罪性质、犯罪手段、犯罪后的悔罪表现、个人一

---

① 参见胡云腾、周加海、喻海松:《〈关于对判处管制、宣告缓刑的犯罪分子适用禁止令有关问题的规定(试行)〉的理解与适用》,载《人民司法》2011 年第 13 期。

② 参见余剑、邵旻:《论刑法禁止令制度的司法适用》,载《法学》2011 年第 11 期。

贯表现等情况，充分考虑与犯罪分子所犯罪行的关联程度，有针对性地决定禁止其在管制执行期间、缓刑考验期限内“从事特定活动，进入特定区域、场所，接触特定的人”的一项或者几项内容。根据该条规定，法院对侵犯商业秘密罪的犯罪分子适用禁止令，应当充分考虑禁止令与侵犯商业秘密罪的关联性。禁止令的创设和适用应当结合犯罪分子的人身危险性程度、商业秘密犯罪的行为特点以及商业秘密法益的特征。

（三）比例性原则

法院在商业秘密犯罪中适用禁止令，还应当确保比例协调，即禁止令的期限、范围和程度等，应当与防止犯罪分子重新犯罪、促进其改造、避免涉诉商业秘密再次受到犯罪分子侵害的必要程度相适应。例如，禁止令的期限应当与商业信息的秘密程度相协调，如果相关商业秘密临近解密的，就不宜处以较长期限的禁止令。又如，禁止犯罪分子从事特定经营活动的，不宜将经营活动的范围设置得过宽，以免影响犯罪分子从事正当合法的生产经营活动。

三、商业秘密犯罪适用禁止令的考量因素

根据《禁止令规定》第2条，法院宣告禁止令，应当考量犯罪分子的犯罪原因、犯罪性质、犯罪手段、犯罪后的悔罪表现、个人一贯表现等因素。具体到商业秘密犯罪，可以从以下几个因素综合考量：（1）被告人所掌握的商业秘密的类型、数量；（2）被告人所掌握的商业秘密的价值，对被害单位未来生产经营的影响程度；（3）被告人实施商业秘密犯罪是否违反竞业禁止、资格准入等职业要求；（4）被告人再次披露、使用或许可他人使用商业秘密的可能性和便利性；（5）是否存在与被告人实施商业秘密犯罪密切相关的上下游产业链；（6）如被告人再犯可能给被害单位、所在行业或公共利益造成的严重后果。

在本案中，四名被告人掌握了被害单位全部商业秘密电子版图纸，而公诉机关仅指控了其中两项技术秘密，相关商业秘密仍具有一定的经济价值，对被害单位的生产经营仍有重要作用。而被告人从被害单位离职后自立有竞争关系的公司，经营同类产品、从事同类业务。此外，虽然相关商业秘密的储存载体已被没收、销毁，但四名被告人具有相关职业和技术背景，仍具有披露、使用或许可他人使用商业秘密的能力和可能性。法院综合考量上述情况，对四名被告人均宣告了禁止令。

【典型意义】

本案是上海首例对侵犯商业秘密罪的犯罪分子适用禁止令的案件。本案判决明确，对依法宣告缓刑的侵犯商业秘密罪的犯罪分子，从严厉打击和预防犯罪的需要出发，可以根据犯罪情况适用禁止令，禁止其在缓刑考验期限内从事与商业秘密犯罪相关的生产经营活动。本案在商业秘密犯罪中适用禁止令，丰富了商业秘密的保护手段，加大了商业秘密的保护力度，防止企业再次遭泄密受损，同时充分体现了宽严相济刑事政策，对护航企业创新发展、维护市场竞争秩序、营造法治化营商环境起到了良好的法律效果和社会效果。本案获评2022年中国法院50件典型知识产权案例、检察机关知识产权保护典型案例、全国法院系统2023年度优秀案例分析优秀奖。

【案例索引】

案号：

一审：上海市浦东新区人民法院(2021)沪0115刑初5190号

审判组织：

一审：倪红霞、胡琛罡、陆光怡

编写人：胡琛罡

44

全面评价原则在侵犯著作权罪客观构成要件认定中的适用

——王某某等侵犯著作权案

裁判要旨

为充分评价行为人的犯罪行为,作为客观构成要件要素的违法所得数额、非法经营数额、复制品数量应当在定罪量刑时遵循如下认定思路:首先,对涉及被告人的非法经营数额、违法所得、侵权复制品数量的证据应进行充分审查,判断相关客观构成要件要素能否被证明,能否全面评价被告人的行为,正确认定案件事实。其次,对有充分证据证明的客观构成要件要素,就高选择适用某一客观构成要件要素,在相应的法定刑范围内确定基准刑。最后,将有证据证明的其他客观构成要件要素作为酌定量刑情节,在法官自由裁量权范围内调整基准刑。

基本案情

公诉机关:上海市浦东新区人民检察院

被告人:王某某

被告人:武某甲

某公司于2021年3月12日创作完成"玲娜贝儿"美术作品。经授权,以该美术作品原形设计制作的"玲娜贝儿"玩偶于2021年9月29日由某度假区首次发表。自2021年10月起,被告人王某某伙同同案关系人武某乙以营利为目的,未经"玲娜贝儿"美术作品著作权人许可,指使他人生产制作仿冒"玲娜贝儿"形象的玩偶,指使被告人武某甲在仿冒"玲娜贝儿"形象的玩偶上贴附吊牌及收发货,后通过线上、线下方式对外销售。2021年10月至案发,袁某某、陈某某为被告人王某某等人制作仿冒"玲娜贝儿"形象的玩偶共计25,000余件。2021年12月24日,公安机关先后将被告人王某某、武某甲抓获,并分别查获仿冒"玲娜贝儿"形象的玩偶、玩偶配件、半成品、商标、条形贴标、出货账本、手机等物品。将现场查获的仿冒"玲娜贝儿"形象的玩偶与著作权人某公司创作的"玲娜贝儿"美术作品及玩偶正品对比,经相关公众的视觉观察,两者仅有细微差别,本案被控侵权产品是“玲娜贝儿”美术作品的复制品。

公诉机关认为,被告人王某某、武某甲以营利为目的,未经著作权人许可,复制发行他人美术作品,情节特别严重,应当以侵犯著作权罪追究两名被告人的刑事责任。被告人王某某、武某甲自愿认罪认罚,可以从宽处罚。本案系共同犯罪,被告人王某某在共同犯罪中起主要作用,系主犯。被告人武某甲在共同犯罪中起次要作用,系从犯,应当从轻或者减轻处罚。被告人王某某、武某甲如实供述自己的罪行,可以从轻处罚。

被告人王某某、武某甲对起诉书指控的犯罪事实、罪名、量刑情节及量刑建议均无异议且签字具结,在开庭审理过程中亦无异议,表示自愿认罪认罚。

被告人武某甲的辩护人对公诉机关指控被告人武某甲犯侵犯著作权罪的事实、罪名无异议。被告人王某某的辩护人对公诉机关指控被告人王某某生产仿冒“玲娜贝儿”形象的玩偶的数量及销售金额有异议,认为我国《刑法》关于侵犯著作权罪的规定以“违法所得数额”或“其他严重情节”作为量刑标准,“其他严重情节”是在无法查明“违法所得数额”的情况下才适用,故本案应以非法经营数额作为量刑依据。

【法院裁判】

上海市浦东新区人民法院经审理认为,从我国《刑法》对侵犯著作权罪的罪状描述来看,如能查明行为人因犯罪行为所获得的违法所得,则以违法所得为标准定罪科刑,但若综合全案证据无法查明违法所得,或适用违法所得标准不能全面评价犯罪行为,则以能够查明的复制品数量作为定罪量刑的标准,并不违反法律规定。本案中,在案证据无法证明被告人王某某销售仿冒“玲娜贝儿”形象玩偶的全部违法所得及非法经营数额,公诉机关以其复制仿冒“玲娜贝儿”玩偶的数量指控其构成犯罪,具有法律依据。据此,认定被告人王某某、武某甲以营利为目的,未经著作权人许可,生产仿冒“玲娜贝儿”玩偶25,000余件,并通过线上、线下方式销售,其行为均已构成侵犯著作权罪,且属于其他特别严重情节。

上海市浦东新区人民法院作出(2022)沪0115刑初1439号刑事判决:(1)被告人王某某犯侵犯著作权罪,判处有期徒刑3年3个月,并处罚金人民币20万元;(2)被告人武某甲犯侵犯著作权罪,判处有期徒刑1年,并处罚金人民币3万元;(3)两名被告人退出的违法所得、侵犯著作权形象的玩偶、主要用于制造侵权产品的材料和工具、供犯罪所用的本人财物,依法予以没收;(4)两名被告人未退出的违法所得,继续予以追缴。

一审判决后,被告人均未提出上诉,公诉机关未提起抗诉。

【案例评析】

本案的主要争议焦点在于,公诉机关以被告人王某某、武某甲已完成生产的侵权复制品数量指控其二人构成侵犯著作权罪,是否具有事实和法律依据?

一、侵犯著作权罪的入罪模式分析

长期以来，我国有学者认为，对于侵犯财产犯罪、职务犯罪以及经济犯罪而言，数额是其社会危害性严重程度最直接甚至是唯一的表征形式，以至于在刑法规范的罪量设置上以及司法实践中将数额作为衡量犯罪社会危害性轻重的唯一或最主要标准，[①]即"数额中心论"或"数额优先论"，其不利后果在于对犯罪社会危害性的评价不够充分，从而导致其他犯罪构成要件要素被选择性地忽略，最终在司法层面表现为定罪失准或量刑失衡，不利于全面发挥刑法机能，有违实现公平正义的法治目标。当然，在经济犯罪中数额是衡量犯罪社会危害性的重要指标，但仍需要以情节为杠杆衡量社会危害性评价标准。侵犯知识产权犯罪属于有被害人的经济犯罪，侵权行为往往导致具体权利人的知识产权权益受到损害，对于侵犯著作权罪而言，该罪的客体或被保护的法益包括国家的著作权管理制度以及他人的著作权和与著作权有关的权益，在评价侵犯著作权犯罪行为时，既要考虑行为对国家著作权管理秩序的破坏，也要兼顾权利人的实际损失。

在刑事立法层面，《刑法》第217条对侵犯著作权罪作了明确规定，即以营利为目的，侵犯著作权或与著作权有关的权利，违法所得数额较大或者有其他严重情节的行为，法律条文对构成该罪的各种情形进行了列举。从入罪方式上看，侵犯著作权罪采取了"数额＋（概括式）情节"的二元化入罪模式，我国现行《刑法》关于数额犯的规定，在定罪量刑标准方面，已经从一元化的数额模式转型为数额和其他情节的二元化模式。即使刑法条文对某个具体犯罪定罪量刑标准规定的是一元化的数额模式，但有关司法解释也根据罪责刑相一致原则并结合《刑法》第61条[②]规定的量刑根据，引进了二元化模式。[③] 二元化入罪模式的优点在于全面发挥刑法的机能，在侵犯知识产权犯罪中具体体现为：一方面，织密刑事法网，严堵治罪死角，防止因入罪模式的单一而放纵犯罪，实现对知识产权犯罪行为的否定性评价和谴责。另一方面，全面、合理地评价行为人因犯罪所获利益、知识产权权利人因犯罪行为所遭受的损失，实现对知识产权的严格保护。其中，对数额和情节的性质，在理论上有不同的观点：第一种观点认为，数额或情节属于提示性规定，并非犯罪构成要件；[④]第二种观点认为，数额或情节属于犯罪构成要件；[⑤]第三种观点认为，数额或情节属于犯罪构成要件要素。刑法条文规定了概括性情节，就表明了已由该条文明文规定的犯罪构成要件和要素并不完整，必须结合其他犯罪构成要件要素才能组成完整的犯罪构成要件，进而有机统一

---

① 参见于志强、王鼎：《情节要素的适用路径变革与探索——以情节与数额关系为着眼点》，载《政法论坛》2019年第2期。

② 《刑法》第61条规定："对于犯罪分子决定刑罚的时候，应当根据犯罪的事实、犯罪的性质、情节和对于社会的危害程度，依照本法的有关规定判处。"

③ 参见刘德法：《数额犯定罪量刑标准宜适用二元选择模式》，载《检察日报》2018年7月9日，第3版。

④ 参见高铭暄主编：《中国刑法学》，中国人民大学出版社1989年版，第83页。

⑤ 参见张明楷：《刑法学》，法律出版社2007年版，第108～109页；刘艳红：《情节犯新论》，载《现代法学》2002年第5期。

为完整的犯罪构成,并据此认定犯罪。[①] 笔者认同第三种观点,数额和情节作为客观构成要件要素,一方面可以作为并列选择项,从而完整地描述侵犯著作权罪中法益受侵害的样态;另一方面则清晰地标明了罪与非罪的分界,有利于在司法实践中进一步细化、量化入罪标准。

在刑事司法层面,最高人民法院、最高人民检察院《关于办理侵犯知识产权刑事案件具体应用法律若干问题的解释(二)》第 4 条规定,对于侵犯知识产权犯罪的,人民法院应当综合考虑犯罪的违法所得、非法经营数额、给权利人造成的损失、社会危害性等情节,依法判处罚金。最高人民法院、最高人民检察院《关于办理侵犯知识产权刑事案件具体应用法律若干问题的解释(三)》第 10 条再次强调了上述规定。足见,刑事司法层面同样重视对侵犯知识产权犯罪的社会危害性作出全面、充分的评判,定罪量刑的视角不能局限于行为人的营利行为,还须同时分析具体侵权行为对权利人的利益损害及社会效果等,具体到侵犯著作权罪中,包括违法所得数额、非法经营数额、复制品数量以及与前三者具有等价性的其他情节。

“情节 + 数额”的混合结构,绝非立法者的心血来潮,而是立足于对情节既有司法困境的深刻剖析。[②] 在司法适用时,数额和情节基于不同的“观罪”视角而互为补充,以实现优势互补的理想效果。

二、违法所得数额与犯罪情节之间系并列选择关系

侵犯著作权罪将犯罪客观构成要件要素分为“违法所得数额”“其他严重情节”“其他特别严重情节”,将相关情节进一步细分为“非法经营数额”和“复制品数量”。本案的重要争议焦点是,在被告人的违法所得数额无法查清的情况下,能否以其已完成复制的复制品数量对其定罪科刑。辩方认为,违法所得数额、非法经营数额、复制品数量三种情形的位阶不同,应当递进适用,即在无法查明“违法所得数额”“非法经营数额”的情况下才适用“复制品数量”。对此,笔者认为:

其一,从文义解释的角度来看,《刑法》第 217 条使用“或者”来连接“违法所得数额”和“其他严重情节”;最高人民法院、最高人民检察院《关于办理侵犯知识产权刑事案件具体应用法律若干问题的解释》第 5 条使用“具有下列情形之一的”表述,将非法经营数额和复制品数量明确规定为侵犯著作权罪的犯罪情节内容。“或者”和“之一”在立法用语技术层面均无法得出辩方所称递进适用的结论。相反,“或者”和“之一”在词义上表示选择和并列,说明违法所得数额、非法经营数额和复制品数量三者是“等价”的,只是从不同侧面评价犯罪行为的社会危害性,不存在适用的先后问题。

其二,从体系解释的角度来看,作为《刑法》分则第三章第七节侵犯知识产权罪同一类

---

① 参见闵凯:《经济犯罪的情节和数额》,载《政治与法律》2009 年第 10 期。

② 参见于志强、王鼎:《情节要素的适用路径变革与探索——以情节与数额关系为着眼点》,载《政法论坛》2019 年第 2 期。

罪下的销售假冒注册商标的商品罪，销售侵权复制品罪，非法制造、销售非法制造的注册商标标识罪，均采用了“数额＋情节”的二元入罪模式，且将违法所得数额、非法经营数额（销售金额）、标识数量等并列为入罪的客观构成要件要素，共同构成评价犯罪行为社会危害性的尺度。以假冒专利罪为例，最高人民法院、最高人民检察院《关于办理侵犯知识产权刑事案件具体应用法律若干问题的解释》第4条将假冒他人专利情节严重的类型以列举的方式规定为：非法经营数额，违法所得数额，专利权人直接经济损失，假冒专利数量与非法经营数额、违法所得数额结合四种情形。前述第四种情形是在综合前三种情形的基础上，结合假冒专利数量作出同类解释，足见上述四种情形的并列选择关系。在类罪范畴内对侵犯著作权罪的客观构成要件要素的理解不应特殊化，而应置于侵犯知识产权犯罪的体系内作体系化解释，即对侵犯著作权罪客观构成要件要素间的排列逻辑也应解释为并列选择关系。

其三，从历史解释的角度来看，侵犯知识产权犯罪的立法和司法向着严厉的方向发展。在立法层面，1997年《刑法》设立侵犯著作权罪后，经2020年《刑法修正案（十一）》修正，扩大了犯罪对象，在第一档法定刑中删除了拘役刑，同时在第二档法定刑中将7年提高至10年有期徒刑，从罪状和法定刑两个角度加大了对侵犯著作权罪的打击力度。在司法层面，最高人民法院、最高人民检察院2004年12月8日颁布的《关于办理侵犯知识产权刑事案件具体应用法律若干问题的解释》与最高人民法院1998年颁布的《关于审理非法出版物刑事案件具体应用法律若干问题的解释》相比，侵犯著作权罪的起刑标准中，非法经营数额从20万元降到了5万元，违法所得数额从5万元降到了3万元。与财产型犯罪和其他经济犯罪不同的是，随着经济社会的发展，侵犯著作权罪的入罪门槛不断降低，刑事司法打击的力度持续加大。因此，在解释侵犯著作权罪客观构成要件要素之间的逻辑关系时也应全面、从严把握，织密刑事法网。

三、贯彻“全面评价原则”完整评价犯罪行为及其社会危害性

在通常情况下，违法所得数额、非法经营数额是评价行为人实施侵犯知识产权犯罪行为社会危害性以及权利人实际损失的重要标准，但仅考虑违法所得数额或者非法经营数额可能导致对犯罪行为过程以及社会危害性的评价不充分，具体到侵犯著作权罪，可能存在以下定罪量刑失准、失衡的情况：

其一，行为人因仿冒成本较高而使侵权复制品的非法经营数额较高，但其销项减去进项后的违法所得数额尚未达到或者刚刚达到入罪门槛，而非法经营数额或者侵权复制品的数量则已达到了情节严重或情节特别严重的标准，此时若仅以违法所得数额为标准来定罪量刑，将导致无法评价非法经营数额高和侵权复制品数量大的问题。

其二，行为人因仿冒成本较低而使侵权复制品的非法经营数额较低，未达到或者刚刚达到入罪门槛，但侵权复制品的数量达到情节严重或情节特别严重的标准，此时若以非法经营数额或违法所得数额为标准来定罪量刑，将导致无法评价大量侵权复制品流入市场后给权利人造成的损失。

其三，行为人囤积了大量侵权复制品准备销售，复制品数量已达到情节严重或情节特别严重的标准，基于意志以外的原因尚未销售或仅销售了一小部分即被抓获，其违法所得数额或者非法经营数额无法固定或者刚刚达到入罪门槛，此时若以违法所得数额或者非法经营数额来定罪量刑，将导致无法定罪或者量刑畸轻，也无法评价侵权复制品大量囤积以待销售的犯罪停止形态问题。

因此，为充分评价被告人侵犯著作权的犯罪行为，作为客观构成要件要素的违法所得数额、非法经营数额、复制品数量应当在定罪量刑时遵循如下认定思路：首先，对涉及被告人的非法经营数额、违法所得、侵权复制品数量的证据应进行充分审查，判断相关客观构成要件要素能否被证明，能否全面评价被告人的行为，正确认定案件事实。其次，对有充分证据证明的客观构成要件要素，就高选择适用某一客观构成要件要素，在相应的法定刑范围内确定基准刑。最后，将有证据证明的其他客观构成要件要素作为酌定量刑情节，在法官自由裁量权范围内调整基准刑。本案中，在案证据无法证明被告人王某某、武某甲销售"玲娜贝儿"形象的玩偶侵权复制品的违法所得，仅凭可以查明的非法经营数额，无法全面评价二人的犯罪行为，但综合全案证据，能够证明被告人王某某指使他人为其生产仿冒"玲娜贝儿"形象的玩偶的侵权复制品数量，故控方以被告人王某某已完成生产的侵权复制品数量指控其构成侵犯著作权罪，于法有据。

【典型意义】

涉案美术作品形象"玲娜贝儿"作为某公司于2021年9月全球首发的新IP角色，本案被告人王某某、武某甲与同案关系人武某乙在著作权权利人刚刚发表相关IP角色后即开始实施涉案假冒注册商标行为，侵权主观恶意明显。浦东新区人民法院在世界知识产权日（4月26日）当天公开开庭审理并当庭作出判决，上海市、区两级人大代表、版权方代表和社会公众现场旁听了案件审理。该案的审判表明法院司法严厉打击盗版灰色利益链中的违法犯罪环节、依法平等保护中外权利人合法权益的鲜明态度，对持续打造法治化营商环境，推动形成全面开放的新格局起到积极作用。

【案例索引】

案号：

一审：上海市浦东新区人民法院(2022)沪0115刑初1439号

审判组织：

一审：倪红霞、陆光怡、张佩华

编写人：陆光怡

知识产权行政案件

45

专业领域使用非通用术语宣传构成“引人误解”的认定

——某汽车(中国)投资有限公司不服上海市浦东新区市场监督管理局行政处罚决定及上海市浦东新区人民政府行政复议决定案

裁判要旨

虚假宣传不正当竞争的本质在于宣传内容“引人误解”。当专业领域的经营者使用非通用术语宣传时,虽该术语无公认的含义,但若结合该术语的相关专业背景及经营者对该术语的使用历史,相关公众对该术语的认知会导致对商品配置、性能等产生误解,则该宣传内容构成虚假宣传。在宣传内容已容易导致社会公众产生误解的情况下,仅凭宣传册尾部较为概括的免责提示内容不能消除上述误解。

基本案情

原告:某汽车(中国)投资有限公司(以下简称某汽车公司)

被告:上海市浦东新区市场监督管理局(以下简称浦东市场监管局)

被告:上海市浦东新区人民政府(以下简称浦东新区政府)

原告某汽车公司系某汽车品牌车辆在中国的总经销商,其涉案的2014年车辆共四种车型,在宣传材料中,车辆配置表显示全地形反馈适应系统、中央电子差速锁、驾驶员座椅侧向支撑调节为标准装备,还介绍全地形反馈适应系统包括大岩石/圆石慢行模式(以下简称大岩石模式)等五种模式。宣传材料尾部有“……该手册既不应视为目前某品牌汽车技术规格的可靠指导,也不能当成对任何一辆某品牌汽车的销售报价”等声明。

2014年车辆仅一种车型标配的座椅能实现驾驶员座椅侧向支撑调节功能,大岩石模式需加装双速分动箱后才能实现,但四种车型均标配的是单速分动箱,其中配有T-3型托森式中央差速器。原告的2013年款某品牌某型号(以下简称2013年车辆)标配的双速分动箱中配有摩擦片式自锁式中央差速器,亦在配置表中标注中央电子差速锁为标准装备。

自2015年3月20日开始,陆续有消费者举报涉案车辆虚假宣传。被告浦东市场监管局依法立案、调查并举行了听证。根据原告提交的鉴定报告及专家意见:“中央电子差速锁”非汽车行业的专业用语,亦无标准定义;T－3型托森式中央差速器是一种机械式差速器,其与车辆的电子差速系统配合,能实现中央电子差速锁锁止功能;其不能在仪表盘中显示工作状态;在正常公路行驶中表现突出。摩擦片式自锁式中央差速器是一种电子控制式的防滑差速器,具备中央电子差速锁锁止功能;能在仪表盘中显示工作状态;具备更好的极限越野能力。

原告在调查过程中两次出具公开说明,称宣传册中关于中央电子差速锁和座椅侧向调节的标准配置系印刷错误,漏印了大岩石模式无法在不配有双速分动箱的情况下实现的脚注。原告先后对上述宣传内容进行了修改。

2016年11月11日,浦东市场监管局作出《行政处罚决定书》,认定原告关于全地形反馈适应系统、中央电子差速锁及驾驶员座椅侧向支撑调节功能的宣传与车辆实际配置不符,构成引人误解的虚假宣传。故对其作出责令停止违法行为,消除影响,并处罚款人民币9万元的行政处罚。某汽车公司不服,向被告浦东新区政府申请行政复议,浦东新区政府于2017年2月27日作出行政复议决定,维持上述《行政处罚决定书》。

原告某汽车公司诉称,其并未宣传大岩石模式为标准配置。宣传册中图文介绍的目的是介绍车辆可实现的最好功能,这是行业通行做法。涉案车辆具有差速器,也具有中央电子差速锁锁止功能,标注为中央电子差速锁并无不当。宣传册中的侧向支撑调节功能是印刷错误。消费者可以通过观察车辆外观辨识车辆是否具备涉案配置或功能,不会产生误解。为避免宣传册内容引起误解,原告在宣传册中进行了提示,尽到了提示义务。原告诉请判令:撤销《行政处罚决定书》和《行政复议决定书》。

被告浦东市场监管局辩称:(1)大岩石模式需要选配双速分动箱后才能实现,但原告对此并未作出提示。(2)中央电子差速锁与中央电子差速锁锁止功能是两个不同概念,原告的2013年车辆与2014年涉案车辆实现该功能的部件、越野性能及仪表盘显示不同,但均作相同宣传且未作任何说明。(3)涉案专业配置问题并非通过简单观察车辆外观就能辨识,这显然加重了消费者的注意义务。(4)仅凭宣传册尾部的提示内容并不能避免上述宣传造成的误解。

被告浦东新区政府辩称,其具有作出行政复议的法定职权,所作复议决定事实清楚、程序合法、适用法律正确。

【法院裁判】

上海市浦东新区人民法院经审理认为,虚假宣传不正当竞争行为的本质在于宣传内容使相关公众对商品的质量、性能等容易产生误解,应根据日常生活经验、相关公众一般注意力、发生误解的事实和被宣传对象的实际情况等因素进行认定。原告宣传全地形反馈适应系统、中央电子差速锁及驾驶员座椅侧向支撑调节功能系涉案车辆的标准装备,但涉案车辆四种车型中仅一种车型标准配置有驾驶员座椅侧向支撑调节功能,显然构成引人误解的虚假宣传。就全地形反馈适应系统而言,宣传册中详细介绍其有五种模式,但并未提示消费者大岩石模式需要选装双速分动箱后才可实现。消费者在阅看该宣传册后,会对涉案车辆的上述配置及性能产生误解。就中央电子差速锁而言,原告的2013年车辆通过标配的"摩擦片式自锁式中央差速器"实现其所谓的中央电子差速锁锁止功能,并宣传标配有中央电子差速锁。涉案的2014年车辆通过标配的"T-3型托森式中央差速器"配合电子差速系统共同实现该功能。虽然均可实现该功能,但据以实现该功能的装备不同,越野性能不同,在仪表盘上的显示状态亦不同。原告更改装备后,仍在配置表中对标准装备作相同表述,对相关公众而言,极易产生涉案车辆装备了"摩擦片式自锁式中央差速器"这一具有更优越野性能的差速器的误解。因此,原告的上述行为构成引人误解的虚假宣传。在此情况下,原告仅通过在宣传册尾部作概括性的免责提示,并不能消除相关公众因整本宣传册中极为翔实和明确的宣传产生的误解。

上海市浦东新区人民法院作出(2017)沪0115行初291号行政判决:驳回原告某汽车公司的诉讼请求。

一审判决后,原、被告均未提起上诉。

【案例评析】

一、虚假宣传不正当竞争的本质在于"引人误解"

根据《反不正当竞争法》(1993年)第9条第1款的规定,经营者不得利用广告或者其他方法,对商品的质量、制作成分、性能、用途、生产者、有效期限、产地等作引人误解的虚假宣传。从文义上看,"引人误解"和"虚假"是"宣传"的并列限定词,宣传内容"虚假"及造成"引人误解"的后果是构成"引人误解的虚假宣传"所需满足的必要条件。因此,按照字面解释,引人误解的真实宣传及不引人误解的虚假宣传,均不能纳入本条的调整范围。自2018年1月1日起实施的《反不正当竞争法》第8条第1款规定,经营者不得对其商品的性能、功能、质量、销售状况、用户评价、曾获荣誉等作虚假或者引人误解的商业宣传,欺骗、误导消费者。因此,认定是否构成虚假宣传不正当竞争的关键在于宣传行为是否足以产生引人误解的后果。

关于"引人误解"的具体认定,往往具有较大的自由裁量性。人民法院应当根据日常生活经验、相关公众一般注意力、发生误解的事实和被宣传对象的实际情况等因素,对引人误解的虚假宣传行为进行认定。本案所涉宣传内容系汽车领域关于车辆配置及性能的宣传,在认定是否容易引人误解时,从主体方面来看,不应根据汽车行业专家等专业人员,或与涉案车辆毫无接触可能性的其他普通公众的认知标准来评判,而应基于涉案汽车的消费者或潜在消费群体、汽车产业链的相应经营人员等相关公众的认知标准进行评判。从主观方面来看，不应要求相关公众对涉案车辆的配置、性能等作极为深入、全面研究与了解，而应以相关公众施以普通注意力所作判断进行认定。从判断依据方面来看，应以相关公众的日常生活经验为基础，还应参考汽车行业的相关背景知识，并结合被诉宣传行为的具体情形等，作出综合认定。从客观后果方面来看，被诉宣传行为应足以使相关公众对涉案车辆的配置、性能等产生错误认识，从而影响其购买选择。

涉案虚假宣传行为主要表现为对涉案车辆三项配置的宣传，即全地形反馈适应系统中的大岩石模式、中央电子差速锁及驾驶员座椅侧向支撑调节。其中，大岩石模式及驾驶员座椅侧向支撑调节功能确非涉案车辆的标配功能，而需要加装相应的选装配置后才可实现，且有的车型无法通过选配实现驾驶员座椅侧向支撑调节功能。根据相关公众的日常生活经验，上述两项宣传内容不仅虚假，且显然容易引人误解，在认定上难度不大。双方存在较大争议的是关于中央电子差速锁的宣传内容是否构成虚假宣传。

二、使用非通用术语宣传“引人误解”的认定

原告在其推出的某品牌第四代某系列车辆中，2013 年车辆标配有双速分动箱，其中装备了“摩擦片式自锁式中央差速器”，在宣传册上标注“中央电子差速锁”为标准装备。后因经营调整，将 2014 年车辆也即涉案车辆的标配改为单速分动箱，其中装备的是“T－3 型托森式中央差速器”，宣传册上亦标注“中央电子差速锁”为标准装备。原告称其标注的“中央电子差速锁”是指“中央电子差速锁锁止功能”，摩擦片式自锁式中央差速器能单独实现该功能，T－3 型托森式中央差速器能与车辆的 EDS 互相配合而实现该功能，故认为其标注并无不当。鉴于原告在宣传册中使用的是“中央电子差速锁”，其关于该标注是指“中央电子差速锁锁止功能”的辩解缺乏依据。就“中央电子差速锁”而言，其并非汽车行业国家标准或行业标准中所规定的术语，亦非该行业人员所普遍接受和使用的通用术语。因此，原告在其宣传册上使用该术语进行宣传，很难谓其实施了“虚假”的商业宣传行为。该行为是否构成“引人误解”的商业宣传，应结合汽车领域与“中央电子差速锁”相关的专业术语的含义，判断相关公众对于“中央电子差速锁”的一般理解，从而对相关公众是否会对该宣传内容产生误解进行认定。

在汽车行业，与“中央电子差速锁”相关的汽车行业专业术语包括差速器、差速锁、电子差速系统（也称电子差速锁）等。其中，差速器是指能够使左右或前后驱动轮以不同转速转动的装置，包括前驱动桥轮间差速器（调整前轮轮速差）、后驱动桥轮间差速器（调整后轮轮速差）及中央差速器（调整前后轮轮速差）。差速锁是差速器上的锁止结构，其作用在于提高汽车在坏路面（如冰雪、泥泞等）上的通过能力，即当汽车的一个驱动桥空转时锁死差速器，将大部分扭矩甚至全部扭矩传给不滑转的驱动桥，充分利用它的附着力而产生足够牵引力，从而使汽车能够继续行驶。不同差速器采用的锁止方式不同，本案所涉“T－3 型托森式中央差速器”及“摩擦片式自锁式中央差速器”是现在市场上比较主流的带有锁止功能的中央差速器。电子差速系统（EDS，亦称电子差速锁）系 ABS 的一种扩展功能，当电子控制单元根据轮速信号判断出某一侧驱动轮打滑时，EDS 就自动开始工作，通过液压控制单元对该车轮进行适当强度的制动，从而提高另一侧驱动轮的附着利用率，以此提高车辆的通过能力。

前述“摩擦片式自锁式中央差速器”与“T－3 型托森式中央差速器”存在以下区别：(1)控制方式不同。前者的接通条件和扭矩分配比例由电子系统控制，无须手动控制。后者是一种机械式差速器，通过相互啮合互锁及力矩单向地从蜗杆传递到涡轮的构造实现其锁止功能，且能与车辆的 EDS 相互配合共同实现锁止功能。(2)越野性能不同。装配前者的车辆的低速档能提供 2.93 倍驱动力矩，使车辆在极端越野地形下脱困能力增加，具备更好的极限越野能力。装配后者的车辆在正常公路行驶中表现突出，能够很好地平衡公路驾驶和越野驾驶。(3)工作中的屏幕显示状态不同。前者与 CAN 总线有通信，能够在仪表盘中显示出其工作状态。后者与总线无通信，不能在仪表盘中显示其工作状态。

对相应消费者而言，原告在连续两年所推出的同一品牌、同一型号车辆(2013 年和 2014 年某品牌第四代车辆)的宣传册上所列明的相同名称的标准装备(“中央电子差速锁”)，其含义应前后一致。鉴于“中央电子差速锁”并非该行业的通用术语，消费者在看到配置表中的该项宣传后，按照日常生活经验并结合与该名称相关的汽车行业的其他专业术语，可能将其理解为一种电子控制式的带有锁止功能的中央差速器，而这正好是原告 2013 年车辆中标配的摩擦片式自锁式中央差速器的基本特征。虽然涉案车辆标配的 T－3 型托森式中央差速器亦系带有锁止功能的中央差速器，且能与电子差速系统兼容，但二者的越野性能并不相同，而越野性能的高低是影响消费者选择越野车的重要考虑因素。原告在 2014 年车辆更改装备且越野性能有所降低的情况下，仍在配置表中对该部分内容作与 2013 年车辆相同的宣传，容易使相关公众产生涉案车辆标配的装备及其性能与 2013 年车辆相同的误解，事实上也确有相关消费者产生此种误解。因此，原告的该项宣传内容构成引人误解的虚假宣传。

三、免责声明对“引人误解”的影响

经营者在对其产品或服务进行宣传时，有时会同时在宣传册中或宣传内容附近附免责声明，如“图片仅供参考”“价格仅供参考”等。此类声明能否阻却虚假宣传的认定，主要取决于其声明内容是否足以使相关公众消除其产生的误解，应结合声明的方位、内容等进行综合判断。例如，以生活中常见的方便面(红烧牛肉面)为例，其作为宣传内容的配图中含有大块牛肉，显然与实际产品并不相符。但由于经营者在该配图旁显著标注“图片仅供参考”，并在配料表中详细注明其配料，再结合普通消费者对方便面的一般认知，其在看到该宣传图后并不会对商品成分产生误解。故而，在此种情况下，看似“虚假”的宣传内容可因其合理的免责声明而不构成《反不正当竞争法》规定的引人误解的虚假宣传。

本案中，涉案宣传册上免责声明的内容为：“……该手册既不应视为目前某品牌汽车技术规格的可靠指导……”从方位上看，该声明系在宣传册尾部，而非在需要澄清的宣传内容处。从内容上看，其仅为一句概括性的陈述，并未针对任何具体宣传内容。在涉案宣传内容已使相关公众产生误解的情况下，仅凭宣传册尾部的一句概括性免责声明，并不能消除相关公众因整本宣传册中极为翔实和明确的宣传产生的误解。

【典型意义】

经营者在生产经营活动中应坚持诚实信用原则，不得对其商品的性能、功能、质量等作虚假或者引人误解的商业宣传，损害消费者的合法权益。本案涉及专业领域中使用非通用术语进行宣传是否构成虚假宣传的认定。本案判决从虚假宣传的本质出发，就专业领域虚假宣传认定中关于相关公众的界定、一般注意力的标准、免责声明有效与否等问题进行了明确。本案获评 2017 年中国法院 50 件典型知识产权案件、2017 年度上海法院知识产权司法保护十大案件，案例分析获评全国法院系统 2018 年度优秀案例分析二等奖。

【案例索引】

案号：

一审：上海市浦东新区人民法院(2017)沪 0115 行初 291 号

审判组织：

一审：张斌、徐俊、叶菊芬

编写人：叶菊芬

46

《行政处罚法》中"不予处罚"的理解与认定

——陈某甲等不服上海市浦东新区知识产权局行政处罚案

裁判要旨

2017 年《行政处罚法》(已被修改)第 27 条第 2 款规定的不予处罚,是某一行政违法行为因不具有行政处罚的可罚性要求而不予处罚。在判断某个违法行为是否符合该款的规定时,需要具体判断相应的违法行为是否同时满足"违法行为轻微""及时纠正""没有造成危害后果"三个要件。对商标侵权行为进行行政处罚,除了依照《商标法》有关规定外,还需要遵循《行政处罚法》规定的过罚相当原则。

基本案情

原告:陈某甲

原告:陈某乙

原告:汪某某

被告:上海市浦东新区知识产权局(以下简称浦东知产局)

第三人:某西餐饮公司

被告浦东知产局于 2017 年 12 月 15 日对原告陈某甲、陈某乙、汪某某分别出具了浦知案处字[2017]第 1520178337 号、[2017]第 1520178323 号、[2017]第 1520178336 号行政处罚决定书(以下共同简称被诉决定),称经查,三原告共同投资经营奶茶店,2017 年 9 月 17 日其店铺正式对外营业,并在其店招、店内宣传横幅、价目表以及奶茶杯上均标有"HEAKCAA喜茶"字样。第三人某西餐饮公司注册有第 19122315 号"HEEKCAA"、第 13595312 号"喜茶"商标,核定使用服务均为第 43 类咖啡馆、茶馆、饭店等。三原告未经商标注册人许可,在其店招、店内宣传横幅、价目表以及奶茶杯上均标有"HEAKCAA喜茶"字样,与商标权利人的注册商标构成近似,且使用在同种服务上,容易导致相关公众混淆。三原告的上述行为构成 2013 年《商标法》第 57 条第 2 项所指"未经商标注册人的许可,在同一种商品上使用与其注册商标近似的商标……容易导致混淆的"行为。根据《商标法》第60条第2款的规定，责令三原告立即停止侵权行为，并各处罚款人民币4000元。

三原告诉称，其等人并非有意使用被控侵权标识，被控侵权标识是由某餐饮公司授权三原告使用，双方签订了餐饮服务协议书（加盟合同），某餐饮公司收取了原告加盟费用并颁发授权书，原告在不知情的情况下使用授权商标，没有主观侵权故意，且使用时间仅1个月，违法行为轻微，第一次被告上门后即停业整改，及时纠正，没有造成危害后果。三原告也是商标侵权的受害者，在支付巨额授权费用、房租费和装修费后，不应雪上加霜，再遭受被告的罚款。被告作出的被诉决定认定事实不清，适用法律错误，应予撤销。三原告诉请判令：撤销被诉决定，免除三原告的罚款责任。

被告浦东知产局辩称，被告依法对三原告侵犯他人注册商标专用权的行为进行处罚是依法履职，行政主体适格，合法有效。第一，被告对三原告作出的被诉决定认定事实清楚，证据确凿充分。第二，被告对三原告作出行政处罚程序合法。被告对三原告作出行政处罚具有充分法律依据，处罚适当，三原告认为自己不应受处罚的理由不能成立。三原告的违法经营额达到了人民币12,000元，同时使公众造成了混淆，已造成危害后果。被告对三原告分别处以违法经营额一倍的罚款，在法律规定的幅度之内，也是被告自由裁量的最低限度，同时也是本着处罚与教育相结合的原则，希望三原告能够意识到自己的错误并改正，避免以后发生更严重的违法行为。

第三人某西餐饮公司述称，在三原告与某餐饮公司签订餐饮服务协议书之前，"HEEKCAA"及"喜茶"商标经第三人使用和推广宣传在国内已经具有很高的知名度和美誉，在此情况下，三原告既没有停止签约或侵权，也没有向某餐饮公司索要商标证或其他授权标识的权利证明文件，可见三原告是明知或应知所控侵权标识存在侵权情况却仍在经营的店铺使用，不应对其免除处罚。

【法院裁判】

上海市浦东新区人民法院经审理后认为，根据2017年《商标法》第61条及上海市人民政府《关于浦东新区知识产权工作有关事项的决定》，被告具有对本辖区内侵犯注册商标专用权行为的投诉举报进行调查处理的法定职权。该案中被告已经针对市民的投诉开展了受理、调查、询问、反馈等工作，执法程序符合相关规定。

该案的争议焦点是被告针对三原告的商标侵权行为所作出的行政处罚在法律适用方面是否正确，处罚金额是否合法。首先，2017年《行政处罚法》第27条第2款规定的"违法行为轻微并及时纠正，没有造成危害后果的"不予处罚，是某一行政违法行为不具有行政处罚的可罚性要求因而不予处罚。三原告的行为尚未同时满足"违法行为轻微""及时纠正""没有造成危害后果"三个要件。第一，三原告未对被授权使用的项目标识进行严格审核，主观方面存在较大过错。第二，涉案店铺自开业至被告上门执法检查时已经营月余，三原告行为已然侵害了第三人作为第19122315号英文词“HEEKCAA”和第13595312号中文词“喜茶”商标权利人的合法权益，同时损害了消费者的利益，已经造成了一定的危害后果。第三，三原告系在被告进行执法检查以后，方才将显示有被控侵权标识的店招、装潢全部撤下，但此时危害后果已经发生，尚未达到上述条款所规定的及时纠正的要求。

其次，被告对三原告作出的处罚金额合法。三原告系各出资1/3开设店铺，从店铺正式对外营业至被查处时的营业额为1.2万元，被诉决定根据该情况，以三人的投资比例、收益分成比例为依据，认定三原告的违法经营额分别为总额的1/3即0.4万元，从而作出相应的行政处罚于法不悖，亦未违反2017年《行政处罚法》第4条规定的处罚相当原则。

综上，三原告起诉认为被诉决定认定事实不清、适用法律错误，要求撤销被诉决定的诉讼请求，缺乏事实和法律依据。

上海市浦东新区人民法院分别作出(2018)沪0115行初373～375号行政判决：驳回三原告的诉讼请求。

一审判决后，原、被告均未提起上诉。

【案例评析】

三原告认为其违法行为轻微，而且主动及时纠正了违法行为，没有造成危害后果，符合2017年《行政处罚法》第27条第2款的规定，应当免除处罚。对此，应当在正确理解《行政处罚法》第27条第2款的前提下，结合案件事实分析、判断三原告的行为是否符合该条文的规定，从而对被告行政行为的合法性作出全面审查。

一、正确理解2017年《行政处罚法》第27条第2款的内涵

2017年《行政处罚法》第25条①、第26条②和第27条第2款分别规定了三种情形的“不予处罚”，其中第25条和第26条主要是根据行为人无责任能力的情况来规定的，因行为主体存在特殊情形，行为本质上已不具有违法性；而第27条第2款所规定的“违法行为轻微并及时纠正，没有造成危害后果的”的不予处罚，是指行政机关依照法律、法规的规定，由于存在法定事由，对本应给予行政处罚的违法行为人免除对其适用行政处罚，③即行为本质上仍具有违法性，只是行为人不承担行政处罚的法律责任而已。从条文规定的字面含义来看，应当同时满足三个要件：(1)违法行为轻微，即相对于其他行政违法行为而言，行为的性质、情节、社会危害性等都是轻微的，需要特别注意的是，若法律、法规、规章等已对相关违法行为的情节轻微作出了细化规定，则应当优先适用，只有在其他条文未对“不予处罚”

---

① 2017年《行政处罚法》第25条规定：“不满十四周岁的人有违法行为的，不予行政处罚，责令监护人加以管教；已满十四周岁不满十八周岁的人有违法行为的，从轻或者减轻行政处罚。”

② 2017年《行政处罚法》第26条规定：“精神病人在不能辨认或者不能控制自己行为时有违法行为的，不予行政处罚，但应当责令其监护人严加看管和治疗。间歇性精神病人在精神正常时有违法行为的，应当给予行政处罚。”

③ 参见《关于实施〈中华人民共和国行政处罚法〉第二十七条有关问题的答复》(工商法字〔2003〕第148号)。

情形作出规定时，才适用2017年《行政处罚法》第27条第2款的规定。(2)及时纠正，主要强调及时采取纠正措施以避免危害后果的发生，若某一行为即使纠正也不能避免或消除危害后果的发生，就没有适用该条款的必要性。(3)没有造成危害后果，是指客观上未对法律所保护的法益造成侵害。学术界对危害后果主要有两种不同的认识，一是认为危害后果是违法行为对我国行政法所保护的客体造成损害，二是认为危害后果是违法行为对行政法所保护的行政管理秩序已经或者可能造成的损害。① 此处应取广义理解。

二、三原告的行为构成2013年《商标法》第57条第2项规定的商标侵权

行政处罚的对象是应受行政处罚的行为，即行政相对人实施的违反行政法上的义务，依法应当受到处罚的作为或者不作为，它是行为人承担行政处罚责任的基础，②故查明并认定三原告的行为及其性质，是行政机关作出行政处罚的前提。本案审理过程中，三原告曾提出其等人在开设的奶茶店使用被诉侵权标识系经过案外人某餐饮公司授权，具有合法来源，应当适用《商标法》第60条第2款、第64条第2款关于合法来源的规定，不应对其处以罚款。综合在案证据，"HEEKCAA"和"喜茶"标识系第三人某西餐饮公司的第19122315号、第13595312号注册商标，其核定使用服务均为第43类咖啡馆、茶馆、饭店等。三原告共同出资开设经营的奶茶店，与第三人上述注册商标核定使用的服务属同种服务。三原告经与案外人某餐饮公司签订餐饮服务协议书，被授权在上海市浦东新区荣科路322号开设"喜茶"(某某喜茶)形象店。将三原告在其奶茶店的店招、店内宣传横幅、价目表以及奶茶杯上使用的"HEAKCAA喜茶""HEAKCAA""喜茶"等标识与第三人的第19122315号"HEEKCAA"、第13595312号"喜茶"注册商标分别进行比对，英文词部分仅在第三个字母存在"A"与"E"上的不同，整体字形、读音近似；中文词部分仅"喜茶"二字的字体不同，且虽然三原告使用的中文词"喜茶"二字右上方有图标，但该方框图标及框内文字(上下排列的"GANGZUO 港座")整体偏小，图标位置偏上且与"喜茶"二字有一定的距离，容易被相关公众忽略，从而导致混淆。因此，三原告的行为属于《商标法》第57条第2项规定的未经商标注册人的许可，在同一种商品上使用与其注册商标近似的商标，容易导致混淆的情况，并非《商标法》第57条第3项规定的销售侵犯注册商标专用权的商品的行为，被告可以依照《商标法》第60条第2款的规定对三原告作出行政处罚。

三、三原告的行为尚未满足2017年《行政处罚法》第27条第2款规定的要件

在判断某个违法行为是否符合该款的规定时，需要具体判断相应的违法行为是否同时满足"违法行为轻微""及时纠正""没有造成危害后果"三个要件。实践中，对"违法行为轻微"的判断，一般综合考量行为人的主观过错程度，行为是否仅违反程序性规定，违法行为涉及的金额、次数等因素。

---

① 参见全梦琰：《〈行政处罚法〉第27条"不予行政处罚"规定的探析》，华东政法大学2016年硕士学位论文。

② 参见江必新：《论应受行政处罚行为的构成要件》，载《法律适用》1996年第6期。

第一，从三原告的主观过错程度来看。行为人的主观过错程度是判断商标侵权行为性质和情节的重要因素，而商标侵权行为的性质、情节又是判断该行为社会危害性、可罚性的要件之一。三原告在庭审中称案外人某餐饮公司的客服告知其等人可以到位于上海某商场的“喜茶”（第三人在上海的直营店）参观，使三原告误认为案外人是正规的“喜茶”运营商而与之签订加盟协议，其等人在经营的奶茶店所使用的被控侵权的店招、店内宣传横幅、价目表以及奶茶杯上的标识，均依照案外人授权的要求制作（或从案外人处进货），“喜茶”并非知名度很高的商标，三原告本身并无侵权的主观恶意。三原告作为奶茶铺的加盟商，应当对授权方是否被授权标识的合法所有者尽到合理的审核义务，然而根据在案证据，案外人某餐饮公司在签订加盟合同的过程中，向原告提供了营业执照复印件、“HEAKCAA 喜茶”授权书、开店资格证等材料，但未提供过被控侵权标识的商标注册证书，三原告在未查清相关事实的情况下就在其开设的店铺里使用“HEAKCAA 喜茶”“喜茶”字样标识，未尽到合理的审核义务，主观方面存在较大过错，并非只要遵守协议约定使用授权方指定的标识、装潢等即可排除主观恶意，且该过错也与被侵权商标的知名度高低无直接关系。

第二，从三原告违法行为的危害后果来看。行政处罚通常并不以损害结果的发生为基本要件，但某个行为所产生的危害后果通常能够反映出该行为社会危害性的大小。[①] 三原告经营的奶茶店于 2017 年 9 月 17 日开始对外营业，被告在接到市民投诉后于同年 10 月 25 日对涉案店铺开展执法检查，经过调查询问等一系列法定程序，最终作出行政处罚决定。可见，涉案店铺自开业至被告执法检查已经营月余，三原告的行为已然侵害了第三人某西餐饮公司作为第 19122315 号“HEEKCAA”和第 13595312 号“喜茶”商标权利人的合法权益，同时损害了消费者的利益，已经造成了一定的危害后果。

第三，从三原告是否及时纠正违法行为来看。所谓及时纠正，应是危害后果尚未发生之前进行纠正方为及时，根据被告提交的询问笔录，三原告系在被告进行执法检查以后，方才将显示有被控侵权标识的店招、装潢全部撤下，但此时危害后果已经发生，尚未达到上述条款所规定的及时纠正的要求。

四、被告对三原告作出的处罚符合过罚相当原则

2017 年《行政处罚法》第 4 条第 2 款规定，设定和实施行政处罚必须以事实为依据，与违法行为的事实、性质、情节以及社会危害程度相当。一般而言，实施行政处罚需要综合考虑以下因素：违法行为的事实是否该罚、违法行为的性质及是否属于行政处罚的范畴、违法行为的情节、社会危害程度等。本案中，三原告系各出资 1/3 开设店铺，从店铺正式对外营业至被查处时（历时一个多月）的营业额为 1.2 万元，被诉决定根据该情况，以三人的投资比例、收益分成比例为依据，认定三原告的违法经营额分别为总额的 1/3 即 0.4 万元。被

---

① 参见尹培培：《不予行政处罚论——基于我国〈行政处罚法〉第 27 条第 2 款规定之展开》，载《政治与法律》2015 年第 11 期。

告在《商标法》第60条第2款规定的幅度之内，综合考虑三原告违法行为的情节、性质、社会危害性、主观过错等因素对三原告分别处以4000元的罚款，并未违反上述原则。

【典型意义】

伴随网络经济的成长，在"网红店"加盟层出不穷的同时，也出现了山寨品牌现象。本案系因山寨"喜茶"经营者不服浦东知产局商标行政处罚引发的知识产权行政诉讼，是上海法院探索专利、商标、版权行政"三合一"改革后受理的首例行政案件。法院在案件审理中充分发挥司法能动作用，结合我国《行政处罚法》的条文精神，以过罚相当为原则作出裁判，依法支持行政机关积极履职，切实维护知识产权行政管理秩序，有力促进了知识产权行政保护。本案的裁判也提示加盟商在从事相关经营前，应当对许可方的相关资质、经营资源的合法性审慎核查。本案判决对净化市场经营秩序、维护消费者的合法权益具有积极意义。

【案例索引】

案号：

一审：上海市浦东新区人民法院(2018)沪0115行初373～375号

审判组织：

一审：金民珍、倪红霞、陆光怡

编写人：陆光怡

47

地理标志证明商标行政案件的司法审查

——某餐饮管理公司不服浦东新区知识产权局、浦东新区人民政府行政处罚及行政复议案

裁判要旨

地理标志证明商标的功能在于标识商品来源，以及标识商品因来源于某地区而产生的由该地区的自然因素或者人文因素所决定的质量、制造方法等其他特定品质。可以使用地理标志的产品在使用地理标志证明商标的同时，还必须符合地理标志证明商标的特定品质要求。侵犯地理标志证明商标权的认定，应结合地理标志证明商标的特点和《商标法》关于侵犯注册商标专用权行为的规定综合分析。未经地理标志证明商标权利人许可，在商品外包装上使用商标标识的行为系商标侵权行为。在自贸试验区内发生的侵犯商标权的行为，不能排除我国《商标法》等法律的适用。对进口商品贴附中文标签，在中国境内进行销售的，其行为应受我国法律的规制。

基本案情

原告：某餐饮管理公司

被告：浦东新区知识产权局（以下简称浦东知产局）

被告：浦东新区人民政府（以下简称浦东新区政府）

第三人：浙江省某技术推广中心

"龙井茶 Longjing Tea"是第三人浙江省某技术推广中心在中国注册的证明商标，商标注册号为第5612284号，注册有效期限至2028年12月6日，核定使用商品(30类)：茶（截止）。原告于2018年、2019年分三次从新加坡进口茶叶，委托案外人报关公司为其办理进口上述茶叶的手续，未经商标权人许可在茶叶包装上贴附标有"盛玺龙井茶"及"龙井茶"字样的中文标签，后在国内进行销售。被告浦东知产局于2020年11月2日作出浦知处字〔2020〕1520198343号《行政处罚决定书》，认定原告的行为构成当时的《商标法》第57条第2项规定的侵犯注册商标专用权行为，决定责令立即停止侵权行为，没收侵权茶叶，罚款

545,273.06 元。原告不服,向被告浦东新区政府申请行政复议。被告浦东新区政府经审查后认为原告提出的复议理由于法无据,故于 2021 年 3 月 22 日作出浦府复决字(2020)第 1010 号《行政复议决定书》,维持了被告浦东知产局作出的上述行政处罚决定。

原告某餐饮管理公司诉称,被告浦东知产局作出的没收茶叶及罚款的行政处罚决定事实不清、适用法律不当,浦东新区政府作出的行政复议决定对此予以维持,亦没有事实和法律依据。(1)原告的行为并未构成侵犯"龙井茶"注册商标权。进口中文标签贴附行为并非原告的行为,该中文标签贴附行为发生在入境前,不应认定为原告在中国境内实施的行为,被告对此认定没有事实和法律依据。"盛玺龙井茶""龙井茶"中文标签贴附并非区分商品来源,不构成商标法意义上的"商标使用"行为。(2)对原告进行行政罚款的行政行为不具有合法性,且金额过高不具备合理性。原告行为不构成商标侵权,不应被行政处罚。原告的产品销售行为不应被处以行政罚款。即使认定原告的行为构成商标侵权,处以 545,273.06 元的行政罚款的处罚过重,没有法律依据且不具有合理性。原告诉请判令:撤销浦东知产局的浦知处字〔2020〕1520198343 号《行政处罚决定书》、浦东新区政府浦府复决字(2020)第 1010 号《行政复议决定书》。

被告浦东知产局辩称,其对原告作出的行政处罚决定事实清楚,证据确凿,法律依据充分,程序合法,处罚决定的内容合法合理。"龙井茶 Longjing Tea"注册商标为地理标志证明商标,原告未经许可在茶叶外包装上贴附标有"龙井茶""盛玺龙井茶"字样的中文标签起到了标识商品的原产地等特定品质的作用,容易造成混淆。原告未经许可使用"龙井茶""盛玺龙井茶"的行为损害了"龙井茶 Longjing Tea"注册商标的合法权益。原告贴附"龙井茶""盛玺龙井茶"中文标签的行为构成了商标使用行为。在涉案茶叶上使用"龙井茶"商标的主体为原告而非其供应商 TWG 公司,原告无法提供明确的茶叶来源材料,也没有提供 TWG 公司对"龙井茶 Longjing Tea"注册商标的使用许可依据,因此无证据证明原告的使用行为获得了"龙井茶 Longjing Tea"注册商标权利人的许可。因原告不具备不予行政处罚、减轻、从轻或者从重行政处罚的情形,应当在一般处罚幅度内给予行政处罚,即违法经营额 1.5 倍至 3.5 倍。故被告根据法律规定,在一般幅度内对原告处以违法经营额 2 倍的罚款并没收侵权商品的处罚决定合法合理,充分考虑了"罚过相当""处罚与教育相结合"等原则。

被告浦东新区政府辩称,原告对"龙井茶"的使用侵害了第 5612284 号商标的注册商标专用权。被告浦东知产局对原告作出的行政处罚合法合理。被告浦东新区政府具有作出被诉《行政复议决定书》的法定职责,所作《行政复议决定书》事实清楚,证据确凿,适用法律正确,程序合法。

第三人浙江省某技术推广中心述称,其系第 5612284 号"龙井茶 Longjing Tea"地理标志证明商标的注册人,依法对该商标进行管理。原告未经第三人许可,在茶叶包装上贴附标有"盛玺龙井茶"及"龙井茶"字样的中文标签,把与第三人注册的"龙井茶 Longjing Tea"

商标相近似的标识作为商品名称或者商品装潢使用，导致相关公众对涉案商品的原产地及特定品质产生混淆，属于商标性使用，侵害了第三人的商标专用权。被告浦东知产局对原告作出的行政处罚以及被告浦东新区政府作出行政复议决定合法合理。两被告主体适格，认定事实清楚，证据确实充分，适用依据正确，程序合法，内容适当，其作出的涉案行政行为合法合理。

【法院裁判】

上海市浦东新区人民法院经审理认为，《商标法实施条例》第 76 条规定，在同一种商品或者类似商品上将与他人注册商标相同或者近似的标志作为商品名称或者商品装潢使用，误导公众的，属于《商标法》第 57 条第 2 项规定的侵犯注册商标专用权的行为。原告在商品外包装上使用“龙井茶”标识的行为属于《商标法》第 57 条第 2 项所指的商标侵权行为，原告向被告浦东知产局提供的证据不足以证明其具备使用“龙井茶”地理标志证明商标的条件，构成对第三人享有的“龙井茶 Longjing Tea”注册商标专用权的侵害。被告浦东知产局对原告涉案行为作出的认定定性准确，证据充分，符合法律规定。被告浦东知产局的被诉行政处罚决定认定事实清楚，证据确实、充分，适用法律、法规正确，符合法定程序，处罚结果并无不当，原告请求撤销该行政处罚决定的诉请缺乏事实和法律依据，法院不予支持。被告浦东新区政府提供的证据和依据足以证明其具有作出被诉复议决定的职权，所作复议决定合法，原告请求撤销该复议决定的理由亦不能成立。

上海市浦东新区人民法院作出（2021）沪 0115 行初 399 号行政判决：驳回原告的诉讼请求。

一审判决后，原告提起上诉。上海知识产权法院作出（2022）沪 73 行终 1 号行政判决：驳回上诉，维持原判。

【案例评析】

地理标志即“原产地名称”，是一种无形的财产。由于地理标志具有标示商品的产源、质量、信誉等特征的功能，其成为促进区域特色经济发展的有效载体、保护和传承传统优秀文化的鲜活载体，也是权利人和企业参与市场竞争的重要资源。在地理标志证明商标被侵权时，行政机关可依据法律对侵权人处以相应的行政处罚，侵权人对行政处罚不服的，可以请求行政复议。而对行为人的行为是否侵犯地理标志商标权的判断和行政处罚、行政复议的合法性审查，是审理地理标志证明商标知识产权行政案件的主要内容。

一、对地理标志商标侵权的司法审查

地理标志证明商标的功能包括两个方面，一是标识商品来源，二是标识商品因来源于某地区而产生的由该地区的自然因素或者人文因素所决定的质量、制造方法等其他特定品质。本案中，龙井茶作为我国传统名茶，具有较高的知名度，其特定的品质主要由其茶叶产区的自然因素、采摘条件和制作工艺等所决定。第三人浙江省某技术推广中心在第 30 类“茶”上取得第 5612284 号“龙井茶 Longjing Tea”注册商标，且在注册有效期内，第三人作为该地理标志证明商标权利人，有权对该商标的使用进行有效管理或控制，使使用该商标的商品达到其使用管理规则的要求。对不符合“龙井茶 Longjing Tea”地理标志使用条件的，第三人有权予以制止。

对行为人的行为是否侵犯地理标志商标的商标权，除了判断商品是否相同或类似、商标是否相同或近似，最关键的是要判断行为人的行为是否属于商标性使用行为。《商标法》第 48 条规定，本法所称商标的使用，是指将商标用于商品、商品包装或者容器以及商品交易文书上，或者将商标用于广告宣传、展览以及其他商业活动中，用于识别商品来源的行为。

1. 对行为样态的判断。原告实施了贴附中文标签的行为。根据原告某餐饮管理公司与案外人报关公司签订的协议，报关公司代理进口报关单证的整理与审核，某餐饮管理公司对进口合同负有履约责任。结合某餐饮管理公司与报关公司的相关人员在询问笔录中所述，涉案茶叶外包装盒中文标签上的文字内容系某餐饮管理公司提供，标签制成后经某餐饮管理公司确认后再由报关公司进行贴附，产品由原告进行销售，故该贴附行为应认定由原告实施，相关法律后果亦应由原告承担。

2. 地理标志商标的特定要求。根据《龙井茶证明商标使用管理实施细则》的规定，龙井茶证明商标是经当时的国家工商行政管理总局商标局注册的证明商标，用于证明龙井茶的特定品质。浙江省某技术推广中心是龙井茶证明商标的注册人，对龙井茶证明商标享有专用权。使用龙井茶证明商标的产品的种植地域范围为以下县（市、区）：杭州市西湖区（西湖风景名胜区）、萧山区等。产品按 GB/T 18650《地理标志产品　龙井茶》的规定进行生产加工，产品质量符合 GB/T 18650《地理标志产品　龙井茶》。GB/T 18650《地理标志产品　龙井茶》进一步明确，龙井茶 Longjing tea 系在龙井茶地理标志产品保护范围内采摘的符合选用龙井群体等经审（认）定的适宜加工龙井茶的茶树良种品种要求的茶树鲜叶，按照传统工艺在地理标志产品保护范围内加工而成，具有“色绿、香郁、味醇、形美”的扁形绿茶。龙井茶对加工器具、加工工艺、加工技术有相应的要求，产品按感官品质（包括外形、香气、滋味、汤色、叶底及其他要求）分为特级、一级、二级、三级、四级、五级，并符合相应的质量安全指标和理化指标（水分、总灰分、水浸出物、粉末和碎茶），且满足一定的净含量负偏差要求。因此，可以使用“龙井茶 Longjing Tea”地理标志的产品必须符合上述种植地域及质量要求。

3. 对混淆误认的判断。原告将“盛玺龙井茶”“龙井茶”作为商品名称使用，易使相关公众对商品来源及其特定品质产生误认。原告以涉案方式在商品外包装盒中文标签上突出标注“盛玺龙井茶”“龙井茶”字样，作为商品名称使用，一方面容易使相关公众对茶叶来源产生误认，误认为原告销售的茶叶来源于龙井茶种植地域范围；另一方面亦会导致相关公众对茶叶的加工工艺、感官品质、质量安全指标、理化指标、净含量要求等龙井茶所具有的特定品质产生误认，误认为原告销售的茶叶具有“龙井茶 Longjing Tea”地理标志商品的特定品质。

综上，《商标法实施条例》第 76 条规定，在同一种商品或者类似商品上将与他人注册商标相同或者近似的标志作为商品名称或者商品装潢使用，误导公众的，属于《商标法》第 57 条第 2 项规定的侵犯注册商标专用权的行为。原告在商品外包装上使用“龙井茶”标识的行为属于《商标法》第 57 条第 2 项所指的商标侵权行为，原告向被告浦东知产局提供的证据不足以证明其具备使用“龙井茶”地理标志证明商标的条件，构成对第三人享有的“龙井茶 Longjing Tea”注册商标专用权的侵害。

二、对自贸区内商标侵权行为的规制

本案中，标签贴附行为发生在商品出关前，贴附中文标签的行为应受我国《商标法》规制。一方面，中国（上海）自由贸易试验区是根据我国法律法规在我国境内设立的区域性经济特区，由于自由贸易试验区海关政策的特殊性，进口货物入区程序、报关方式更加便捷，但在自贸试验区内发生的侵犯商标权的行为，不能排除我国《商标法》等法律的适用。另一方面，原告对进口的茶叶商品贴附中文标签的目的是在中国境内进行流通，现涉案茶叶商品已经进入中国境内并销售，贴附标签的具体时间、地点均不影响贴附标签行为的性质，原告的涉案行为应受我国法律的规制。

三、对知识产权行政处罚及行政复议的合法性判断

《商标法》第 60 条第 2 款规定，工商行政管理部门处理时，认定侵权行为成立的，责令立即停止侵权行为，没收、销毁侵权商品和主要用于制造侵权商品、伪造注册商标标识的工具，违法经营额 5 万元以上的，可以处违法经营额 5 倍以下的罚款，没有违法经营额或者违法经营额不足 5 万元的，可以处 25 万元以下的罚款……被告浦东知产局根据原告的违法经营数额 272,636.53 元，结合原告违法行为的性质、情节，对原告作出没收侵权产品及处违法经营额 2 倍的罚款的处罚决定，符合上述法律规定且在合理范围内。

关于尚未销售茶叶的金额是否可以计入其违法经营额，根据《商标法实施条例》第 78 条的规定，计算《商标法》第 60 条规定的违法经营额，可以考虑下列因素：(1)侵权商品的销售价格；(2)未销售侵权商品的标价；(3)已查清侵权商品实际销售的平均价格；(4)被侵权商品的市场中间价格……因此，违法经营额既包括已经销售的侵权产品的经营额，也包括尚未销售的侵权产品的经营额。本案中，被告浦东知产局对原告已销售的侵权商品价值，按照实际销售价格计算。对未销售的侵权商品价值，按照查清侵权商品实际销售的平均价格计算，符合上述规定。

关于应当、可以免除、从轻或者减轻行政处罚的情形，根据《行政处罚法》(2017 年修正)第 27 条的规定：“当事人有下列情形之一的，应当依法从轻或者减轻行政处罚：(一)主动消除或者减轻违法行为危害后果的；(二)受他人胁迫有违法行为的；(三)配合行政机关查处违法行为有立功表现的；（四）其他依法从轻或者减轻行政处罚的。违法行为轻微并及时纠正，没有造成危害后果的，不予行政处罚。”本案中，虽然原告能够配合被告浦东知产局的调查，但原告的商标侵权行为已经实施完毕，违法行为导致的后果已经发生，且在被立案后仍存在销售行为，违法经营额较高，不属于违法行为轻微的情形，不构成从轻、减轻或者免除行政处罚的条件，被告浦东知产局的处罚决定未违反法律规定。

【典型意义】

本案系首例涉地理标志知识产权行政案件，是知识产权“三合一”审判机制的生动实践，是浦东法院在全国率先探索并打造知识产权“三合一”审判机制升级版的工作成果之一。本案明确了侵犯地理标志证明商标权的裁判规则，体现了严格保护知识产权、加强地理标志保护的决心和力度。本案系涉自贸区知识产权行政案件，判决明确了在自贸区进口商品，进入我国境内并进行销售的，相关行为仍需要受我国法律的规制，积极回应了上海自贸区知识产权司法保护需求，推进了法治化营商环境建设。

本案获评2022年中国法院十大知识产权案件、2022年上海知识产权保护十大典型案例、2022年上海法院知识产权司法保护十大案件。

【案例索引】

案号：

一审：上海市浦东新区人民法院（2021）沪0115行初399号

二审：上海知识产权法院（2022）沪73行终1号

审判组织：

一审：吴金水、吴智永、王潇

二审：钱光文、凌宗亮、范静波

编写人：王潇

48

恶意注册国家重大工程名称行政违法行为的司法审查

——某企业管理集团有限公司不服上海市浦东新区知识产权局行政处罚决定案

裁判要旨

经营者在生产经营活动中申请注册商标,应当遵循诚实信用原则。注册申请人明知是国家重大工程的名称,仍注册与其相同或者近似的商标,违反了诚实信用原则,违背公序良俗,属于扰乱商标注册秩序的违法行为。在认定注册申请人是否具有恶意时,应当综合考量申请人与申请行为的主客观因素,结合国家工程的影响力、申请人的经营业务范围、注册申请意图、申请注册的时间点、指定的商品和服务类别、既往申请注册商标情况等予以综合认定。相关商标注册申请被驳回或注册商标被无效,不影响行政机关对商标注册过程中存在的违法行为作出行政处罚。

基本案情

原告:某企业管理集团有限公司(以下简称某企业管理公司)

被告:上海市浦东新区知识产权局(以下简称浦东知产局)

"东数西算"工程,是指通过构建数据中心、云计算、大数据一体化的新型算力网络体系,将东部算力需求有序引导到西部,优化数据中心建设布局,促进东西部协同联动。2021年5月24日,国家发展和改革委员会等四部门联合印发《全国一体化大数据中心协同创新体系算力枢纽实施方案》,其中首次提出"东数西算"工程。

原告主要从事信息技术产业投资、产业园运营及新能源产业投资的经营活动。2021年6月10日,原告委托上海某知识产权服务有限公司(以下简称某知产公司),在第9、35、37、38、42类上申请注册"东数西算　云网联动""东数西算""云网联动"商标各5项。2021年10月,"东数西算　云网联动""东数西算"相关商标注册申请陆续被国家知识产权局根据《商标法》第10条第1款第7项的规定驳回申请。原告后续未申请驳回商标复审。原告无违法所得。被告认为，原告申请注册的“东数西算”商标与国家重大工程名称相同，违反诚实信用原则，违背公序良俗，谋取不正当利益，扰乱商标注册秩序，违反《规范商标申请注册行为若干规定》第3条第6项之规定，遂对原告作出行政处罚决定：(1)警告；(2)罚款3000元。原告不服，诉至法院，请求判决撤销该行政处罚决定书。

原告某企业管理公司诉称，原告在申请商标注册活动中无违法行为，被告对原告行政处罚所依据的理由不能成立。首先，依法进行商标注册申请，是法律赋予原告的权利。原告依据自身经营范围及业务需要，委托专业、合法的第三方公司申请注册商标，不能认定原告存在主观恶意。其次，“东数西算”不属于重大工程，至少在2021年6月10日原告申请注册相关商标时还没有被认定为重大工程，原告也不清楚“东数西算”是重大工程。因此，原告并无抢注商标的恶意。再次，在2021年6月2日以前，已经注册有大量名称包含“东数西算”的公司。原告的所有申请行为都是在法律允许的范围内。在注册申请被驳回后原告也未申请复审。原告没有通过商标注册获得任何违法所得，未造成任何不良结果。最后，被告作为职权单位，不应以罚代管，对原告的合法诉求及行为作出处罚决定。原告诉请判令：撤销被告浦东知产局作出的涉案《行政处罚决定书》。

被告浦东知产局辩称，被告对原告作出的行政处罚决定认定事实清楚，证据确凿，法律依据充分，处罚适当，程序合法，请求驳回原告的诉讼请求。针对原告提出的起诉理由，首先，根据被告的调查，原告明知“东数西算”为国家重大工程名称，仍试图申请与之近似的“东数西算　云网联动”商标，在代理公司提出要单独申请“东数西算”商标时，也未向代理公司说明“东数西算”为国家重大工程名称的情况，且最终采纳了代理公司的建议申请注册“东数西算”，属于恶意抢注国家重大工程名称的情况，违反诚实信用原则，违背公序良俗，谋取不正当利益。原告从事信息技术产业相关经营活动，其对该行业的了解程度超过一般公众。且“东数西算”的工程名称与“西气东输”“南水北调”等工程名称类似，很容易辨别出“东数西算”为重大工程。因此，原告称其不知道“东数西算”是重大工程，与事实不符。其次，原告称有大量名称包含“东数西算”的公司注册成立，系在企业字号中使用“东数西算”，与本案作为商标申请注册无关。最后，《国家知识产权局关于持续严厉打击商标恶意注册行为的通知》第1条规定：“……重点打击下列违反诚实信用原则，违背公序良俗，谋取不正当利益，扰乱商标注册秩序的典型违法行为：……(二)恶意抢注与国家战略、国家政策、重大工程、重大科技项目，具有较高知名度的重要赛事、重要展会、重大考古发现等相同或者近似标志的……”原告的行为属于该通知内列举的违反诚实信用原则，违背公序良俗，谋取不正当利益，扰乱商标注册秩序的典型违法行为。因此，原告的行为违反了《规范商标申请注册行为若干规定》第3条“申请商标注册应当遵循诚实信用原则。不得有下列行为：……(六)其他违反诚实信用原则，违背公序良俗，或者有其他不良影响的”之规定，扰乱了商标注册秩序，不属于未造成危害后果的情况，应当予以行政处罚。

【法院裁判】

上海市浦东新区人民法院经审理后认为,原告的诉讼请求以及事实和理由依法不能成立。案件审理过程中,法院向原告充分释明了行政机关作出行政处罚的事实和法律依据,指出了原告行为的违法之处,逐一回应了原告提出的诉讼意见。

原告认识到自身行为的错误,以及违法行为所带来的不良影响,对被告作出的行政处罚予以接受,向法院申请撤回起诉,并承诺立即缴纳罚款,并在后续经营管理中加强对商标申请工作的管理。

上海市浦东新区人民法院作出(2023)沪 0115 行初 1872 号行政裁定:准许原告撤回起诉。

【案例评析】

诚实信用原则是民法中的一项基本原则,是开展一切民事活动的“帝王条款”。我国《商标法》第 7 条第 1 款明确规定,申请注册和使用商标,应当遵循诚实信用原则。2019 年修订的《商标法》进一步细化了诚实信用原则在商标申请注册环节的适用。

一、商标恶意注册的类型

商标恶意注册,是指违反诚实信用原则和禁止性法律规定,损害公共利益或他人合法利益,意图取得注册商标“权利”的不当注册行为。[①] 根据商标注册行为的不同,商标恶意注册可分为以下三种类型:第一种是不以使用为目的的恶意注册商标,这是 2019 年《商标法》修订中新增的规定,其本意是从源头上制止恶意申请注册行为,使商标申请注册回归以使用为目的的制度本源。[②] 第二种是以不正当性手段恶意注册商标,包括复制、模仿或者翻译他人驰名商标,有业务关系的当事人恶意注册他人商标,损害他人在先权利的恶意注册商标以及以欺骗手段或其他不正当手段取得商标注册等。第三种是违反合法性条款的恶意注册商标,如以官方标志、不良标志、地名标志作为商标恶意注册。上述三种类型亦反映了商标注册的不同价值取向,即目的正当、行为正当和客体正当。

二、商标恶意注册的双重评价

商标恶意注册既可能侵害私法益,也可能对公共利益造成损害。例如上述第三种违反合法性条款恶意注册商标的情形,就是侵害公共利益的典型代表。对于侵害私法益而言,通常通过驳回商标注册申请或者宣告注册商标无效即可规制;而对于侵害公共利益而言,除了驳回申请或无效外,还可能因妨害商标管理秩序受到相应的行政处罚,即需对商标恶意注册行为作出法律上的双重评价。

就制度设计而言,商标法的立法目的不仅是要保护商标专用权,也是为了加强商标管

① 参见吴汉东:《恶意商标注册的概念体系解读与规范适用分析》,载《现代法学》2023 年第 1 期。

② 参见王莲峰:《新〈商标法〉第四条的适用研究》,载《政法论丛》2020 年第 1 期。

理,维护正常的商标注册秩序。两者的功能并行不悖,不存在替代关系。如果商标注册行为同时损害了上述两项,就应对该行为分别作出评价。而行政处罚的介入,也将大大增加恶意商标注册的成本,既对恶意注册人进行了惩处,阻断其不劳而获的路径,也对类似恶意注册行为加以威慑,起到正面示范引导的积极效应。

三、商标恶意注册行政违法的审查

行政违法行为的认定应以事实为依据,遵循过罚相当原则,根据《商标法》《行政处罚法》等相关制度规定下认定行为的违法性与可责性。具体到商标恶意注册的行政处罚,还应当从诚实信用原则、行为侵害的具体法益类型、政策取向等予以判断。

在生产经营活动中申请商标注册,是市场主体的合法权利,但行使权利必须符合法律规定,不得违反诚实信用的基本原则。对申请商标注册是否违反诚实信用原则的认定,不能仅以商标注册申请被驳回或注册商标被无效的结果为依据,而是应当综合考量申请人与申请行为的主客观因素。

本案中,在主观方面,首先,原告在申请注册商标前明确知晓"东数西算"为国家工程的名称。原告长期从事信息技术产业相关的经营活动,对"东数西算"工程有充分的接触与了解。"东数西算"工程由国家发展和改革委员会等四部门联合提出,当然属于国家层面的重大工程。原告在接受被告询问时也曾明确表示,原告知道"东数西算"是中国国家大数据计算工程的名称,原告一直从事这方面的业务,"东数西算"工程与原告的业务高度重合,原告着力参与该工程。因此,原告在庭审中主张其申请注册商标时不知道"东数西算"是重大工程,明显与事实不符,本院不予采信。其次,原告对抢注"东数西算"相关商标有明确的认知。原告在与某知产公司的微信沟通中表示,要把"东数西算　云网联动",最大范围地抢注下来,保护自己的项目概念,表明其清楚地知道申请注册商标的法律作用。最后,原告向某知产公司隐瞒了"东数西算"系国家重大工程的事实。原告在与某知产公司沟通时未作如实陈述,特别是在某知产公司建议单独申请"东数西算"商标时,原告仍未明确告知"东数西算"的含义,以致提出了涉案商标注册申请。

在客观方面,首先,原告在"东数西算"发布后极短时间内即申请注册商标。"东数西算"工程这一概念于2021年5月24日首次提出,并于2021年5月26日对外发布。而原告于2021年6月2日即已决定申请注册"东数西算"相关商标,并于2021年6月10日提交申请。前后时间相隔不足半个月,属于典型的商标抢注行为,同时亦与其希望抢注"东数西算"相关商标的主观意图相印证。其次,原告申请注册的"东数西算　云网联动""东数西算"商标,完整包含了重大工程的名称,并指定在信息数据相关的商品和服务上。"东数西算"并非日常生活中的惯常表述,属于臆造词汇。原告将该词申请注册为商标,是有意实施"搭便车""蹭热点"的行为。最后,原告将国家重大工程名称申请注册为商标,一方面带有欺骗性,容易使公众误认为"东数西算"为原告的商品或服务,或者原告与国家"东数西算"工程存在特殊联系;另一方面利用商标权的排他性,不正当地占用公共资源,排除或限制其他市场主体合法使用“东数西算”工程名称，妨害了商标管理秩序。

此外，国家知识产权局于 2022 年 3 月发布的《关于持续严厉打击商标恶意注册行为的通知》中，明确将恶意抢注与重大工程相同或者近似标志的行为列为违反诚实信用原则，违背公序良俗，谋取不正当利益，扰乱商标注册秩序的典型违法行为。

据此，原告对申请注册“东数西算”相关商标的目的明确、认知清晰，主观上存在恶意，结合其申请时间、商标标识和商品类别以及可能产生的不良后果，足以认定原告系恶意申请商标注册，违反了诚实信用原则。

【典型意义】

在生产经营活动中申请商标注册，是市场主体的合法权利，但行使权利必须符合法律规定，不得违反诚实信用的基本原则。本案明确，申请人恶意抢注商标，违反诚实信用原则，违背公序良俗的，不仅商标注册申请将被驳回或被无效，还会因违法申请注册而受到行政处罚。本案通过审理过程中的释法说理，使原告认识到其违法之处，自愿撤回起诉并履行行政处罚。

【案例索引】

案号：

一审：上海市浦东新区人民法院(2023)沪 0115 行初 1872 号

审判组织：

一审：包晔弘、胡琛罡、王迁

编写人：胡琛罡

知识产权保全案件

49

知识产权证据保全的审查与执行

——某公司诉某保险股份有限公司侵犯计算机软件著作权纠纷案

裁判要旨

由于计算机软件易被卸载、删除,权利人对最终用户使用盗版软件的取证在现实中存在较大的难度,向法院申请证据保全成为权利人取得证据的重要方式。一方面,法院应当严格审查证据保全的条件,避免成为当事人获取证据的工具;另一方面,法院应当依法积极实施证据保全行为,及时使被告侵权的证据得以固定。虽然《著作权法》规定了在原告的损失及被告的获利均无法确定时适用法定赔偿的最高限额,但是,如果有证据证明权利人的损失或侵权人的非法获利已经超过法定赔偿最高限额的,应当综合案件的证据情况,在法定赔偿最高限额以上合理确定赔偿数额。

基本案情

原告:某公司

被告:某保险股份有限公司(以下简称某保险公司)

原告某公司是微软 Server 系列软件的著作权人。被告在全国拥有 8 家分公司,下设 52 个分支机构。原告发现在其用户登记的数据库中,被告的软件购买记录与软件实际使用情况有一定差距,故发函请被告对其使用微软软件的情况进行核查,并回复核查结果和处理意见。之后,原、被告经协商就软件采购问题形成《会议纪要》,约定由被告向原告采购一批正版软件,双方于 2009 年 2 月 20 日前签署完毕上述产品的采购合同。此后,双方又进行了一次协商,被告提出在 30 万元内采购软件,原告未同意。后被告也未按照《会议纪要》的约定履行采购方案。

原告诉请判令:(1)被告立即停止侵权行为,删除非法复制、安装的原告享有著作权的 Microsoft Server 系列软件;(2)被告赔偿原告包括直接经济损失、翻译及公证费、律师费等合理费用在内的经济损失 10 万元;(3)被告在《新民晚报》非中缝的版面向原告公开赔礼道歉。审理中,原告撤回第(1)项诉讼请求。

在起诉的同时,原告提出证据保全的申请,要求保全被告经营场所的电脑使用微软 Server 系列软件的证据。2009 年 6 月 8 日,法院到被告经营场所对被告使用涉案软件的情况进行证据保全,抽查了被告机房内的 11 台服务器,其中有 2 台使用了涉案的 Microsoft Windows Server 2003 标准版软件,5 台使用了 Microsoft Windows Server 2003 企业版软件,1 台使用了 Microsoft Windows Server 2008 企业版软件,1 台使用了 Microsoft SQL Server 2000 企业版软件,2 台使用了 Microsoft SQL Server 2005 企业版软件。

根据证据保全结果,原告将第(2)项诉请变更为赔偿经济损失 1,169,792 元(其中直接经济损失 1,121,053 元,合理费用 48,739 元)。庭审中,被告确认其仅批量采购了原告享有著作权的 10 套 Office XP 许可及 5 个 Win Cal 2000 的客户端许可软件,未购买过涉案的 Server 系列软件,仅总公司内部就有 27 台服务器使用了涉案软件。

被告某保险公司辩称,原告的诉请没有合法、有效、充分的证据支撑,且原告提出变更诉请超出了法定期限,依法应不予认可。

【法院裁判】

上海市浦东新区人民法院经审理认为,原告享有涉案软件的著作权,受我国著作权法保护。被告未经许可商业性使用原告享有著作权的计算机软件,侵犯了原告享有的计算机软件著作权。原告根据证据保全的情况,在法院组织证据交换时提出变更诉讼请求,并未超过举证期限。因被告侵犯的是原告的财产权利,未对原告的人身权利造成侵害,故原告要求被告赔礼道歉的诉请不予支持。

上海市浦东新区人民法院作出(2009)浦民三(知)初字第 128 号民事判决:(1)被告于本判决生效之日起 10 日内赔偿原告经济损失 1,100,000 元,合理费用 47,673 元;(2)驳回原告的其他诉讼请求。

一审判决后,原、被告均未提起上诉。

【案例评析】

一、证据保全:软件权利人获取侵权证据的有效手段

计算机软件属于学理上的电子证据,即以电子形式存在的或借助于电子技术、电子设备而形成的各类电子数据或电子信息。一般附着于某物体上,以其中的数据、存储资料证明案件事实,内容具有复合性,既可以是文字,也可以是图像,区别于传统的物证、书证、视听资料。电子证据有两大特点:一是隐蔽性,不借助于电子设备无法直接识别证据内容;二是脆弱性,即其中内容的变更和毁灭相当方便,且不易被察觉。因此为保证电子证据的适格,在调取证据时应做到专业、及时,并避免双方当事人篡改。

因受到一定条件的限制,当事人自行收集的证据,往往很难全面地反映案件的全部信息。为合法有效地固定证据,当事人在诉讼中一般采用两种方式进行证据保全,一是向公

证处申请,二是向法院申请。当涉嫌侵权人为最终用户时,侵权软件在单位内部使用,具有一定的隐蔽性,权利人和公证机关均难以进入单位内部收集证据。同时,侵权软件处于侵权人控制下,内容容易被篡改。此时,法院的证据保全就成为取得证据的最有效方式,法院的参与也使保全的证据具有了强有力的公信力,确保了证据的客观性、真实性、合法性。

二、初步证据:申请证据保全的前提条件

为防止当事人滥用证据保全措施,申请证据保全必须满足一定的条件。审查标准应包括:

程序标准:(1)在法定时限(举证期限届满前 7 日)内提出,满足证据保全的及时性。(2)明确被申请人实施侵权行为的具体地点和设备、申请保全证据的具体内容、主要特征及基本的保全方法等。(3)依照要求提供了相应的财产担保。

实体标准:(1)提交证明存在侵权事实的初步证据。(2)所请求保全的证据与案件具有关联性。(3)证据可能灭失或以后难以取得。当事人可对此前提条件进行说明,在软件侵权诉讼中,涉嫌侵权软件处于侵权人控制下,再加上电子证据的易修改性,通常能够满足此前提。①

在上述条件中,初步证据的提交是权利人面临的一大难题。侵权软件在企业内部使用,权利人无法跳过企业的控制而接触到侵权软件;而企业大多也不会如实承认其实施了侵权行为。因此,权利人很难取得该企业用户存在非法复制软件行为的直接证据。实践中,权利人通常以间接方式证明侵权行为的存在,如权利人自行调查或通过版权局调查等。

本案中,某公司系根据自身监测和调查的方式取得初步证据。原告发现被告购买软件的数量与其经营规模相差悬殊,遂多次与被告沟通,并两次发送律师函向被告主张权利。双方进行了多次商谈,并签订了《会议纪要》,由被告向原告购买一定数量的正版软件。《会议纪要》约定:"双方都有诚意继续通过商务谈判的形式来解决大众使用微软软件的正版化问题。"在这种表述中,虽然被告没有直接承认其使用了盗版软件,但被告从侧面承认其存在盗版使用原告软件的行为。当后来被告未全面履行约定时,这份《会议纪要》就成了证明被告存在侵权行为的有力的初步证据。

三、合法、专业、完整、无损:实施证据保全的四项基本原则

与一般的证据保全相比,对计算机软件的证据保全需要更加专业的技术和周密的部署。存在于计算机中的证据,有的设置成隐藏格式或存放于隐藏分区中,有的进行了加密,有的甚至已经被删除,因此保全证据并非简单复制和导出就可实现,需要进行专业操作,甚至将相关设备拆卸后再复原数据。而保全行为本身也可能无意中对证据造成破坏。

为此,保全过程中应遵循以下基本原则:(1)合法性原则,即取证的主体、权限、取证程

---

① 参见广东省高级人民法院民事审判第三庭:《知识产权民事诉讼证据保全的适用》,载《人民司法》2007 年第 19 期。

序与方法均应当合法。(2)专业性原则，即应在专业技术人员参与的情形下进行。如法院内部的软件技术人员，或聘请相关的专家。(3)完整性原则，指在系统处于正常运行状态下，当场完整记录对证据的获取、访问、存储或传输的过程。(4)最小破坏性原则，指获取证据时所采用的方法不能改变原始证据，尤其要注意防止被保全方接触数字设备或采取隐蔽手段故意破坏证据，同时注意避免调查人员无意中损坏证据，及防止正在运行的系统(如格式化硬盘、杀毒等)破坏证据。在检查、备份、分析、保全、证据后期处理等步骤中都应铭记最小破坏原则。

证据保全的具体实施，可以遵循上述四项基本原则，综合采取各种保全手段，依照以下工作流程实施证据保全行为：

1. 保全前准备。包括：(1)申请人事先勘查现场，制作方位图。(2)确定保全参与人员，除法官外，还应包含与保全事项相关的专业技术人员，如计算机软件专业人员；权利人或其代理人、技术员可以到达现场以便确认需要保全的证据。(3)制定保全方案，事先考虑可能发生的突发状况(如被申请人不予配合的情形)，准备好应对措施。(4)准备相关材料，包括裁定书、清单、笔录、空白U盘等移动存储设备。

2. 控制现场。到达现场后，告知身份，向被申请人送达裁定书，将无关人员清出现场，隔离保全对象，避免软件被毁损或信息被篡改。

3. 实施保全措施。包括：(1)调取证据，由法院或聘请的专业技术人员具体实施操作，双方当事人可在场，但不应接触保全对象，采取保全措施时尽量以不对被申请人的正常生产经营造成损害或妨碍为原则。(2)保存证据，由双方当事人确认U盘等存储设备的清洁性，调取证据后当场封存，并制作保全清单。(3)制作保全笔录，固定保全内容，在场人员在笔录上签名。①

本案中，在实施证据保全前，法院要求权利人事先至被告处实地查看，制作了详细的办公场所方位图。考虑到被告经营规模大，包括公司总部及8家分公司，下设52家分支机构，仅前往保全的公司总部就有四五十台电脑，近30台服务器。为此法院派出了7名人员参与证据保全，包括3名法官、1名书记员、2名技术人员、1名摄像人员；原告方参与保全的包括代理人及公司的技术人员，被告单位的主要负责人及信息技术部负责人也在场，充分保证了参与人员构成的公正性。在实施证据保全时：(1)首先找到被告公司负责人，告知所有来人身份、目的，送达文书；(2)兵分两路，一部分到机房调取证据，另一部分到办公室调取证据；(3)对机房的服务器电脑和办公室的客户端电脑实施抽查，检查电脑中涉案软件的使用情况和现场删除情况；(4)将电脑上存在的涉案软件复制并保存至U盘和移动硬盘，当场封存，由被告负责人签名；(5)制作证据保存清单，详细记录电脑编号、软件名称、序列

---

① 参见上海市高级人民法院民事审判第三庭2009年12月6日《关于知识产权案件中涉及计算机等数字化设备的现场勘查与电子证据保全若干问题的解答(一)：一般问题》。

号、被现场删除的软件名称等信息，由双方当事人签名；(6)对被告公司信息技术部负责人制作保全笔录。其间，法院人员对保全现场及电脑中难以保存的内容进行了拍照。在保全过程中，被告曾经试图拖延时间并删除软件，但由于法院事前作了充分、周密的准备工作，了解了被告的办公室分布情况，因此在被告的工作人员借口公司负责人正在开会要求保全人员暂时等待，却又迟迟不出现后，保全人员直接来到了被告公司的机房，迫使被告的负责人不得不现身，从而为及时保全、防止被告销毁证据赢得了时间，成功地进行了证据保全。

【典型意义】

本案系一家金融企业因长期使用盗版软件而被国际知名企业起诉的案件。计算机软件的复杂性、隐蔽性和易灭失性，使权利人对最终用户使用盗版软件的取证存在较大的难度，同时也对法院证据保全的实施提出了较高的要求。本案中法院根据原告的证据保全申请，经周密部署，成功地对被告经营场所内的计算机和服务器进行了抽查，使被告侵权的证据得以固定，保全结果对侵权行为的认定及赔偿数额的确定起到了重要作用。案件判决生效后，法院向上海市金融服务办公室发送了司法建议书，建议其加强对金融企业的监管，并将该司法建议抄送当时的中国保险监督管理委员会上海监管局。上海市金融服务办公室收到司法建议书后积极回应，表示已经采取三项改进措施积极促进本市金融企业加强知识产权保护和依法经营，坚决杜绝此类案件在我市金融系统中再次发生。本案获评 2010 年中国法院知识产权司法保护 50 件典型案例。

【案例索引】

案号：

一审：上海市浦东新区人民法院(2009)浦民三(知)初字第 128 号

审判组织：

一审：倪红霞、孙国瑛、沈卉

编写人：倪红霞、叶菊芬

50

不正当竞争纠纷诉前行为保全申请的司法审查

——重庆某信息技术有限公司等与谌某某等诉前行为保全纠纷案

裁判要旨

人民法院审查知识产权诉前行为保全时,应综合考量申请人的请求是否具有事实基础和法律依据、不采取保全措施是否会对申请人造成难以弥补的损害、采取行为保全措施是否会导致当事人间利益显著失衡以及是否会损害社会公共利益等因素加以判定。

基本案情

申请人:重庆某信息技术有限公司(以下简称重庆某公司)

申请人:深圳市某计算机系统有限公司(以下简称深圳某公司)

被申请人:谌某某

被申请人:上海某信息科技有限公司(以下简称上海某公司)

重庆某公司系涉案网络游戏《一起来捉妖》的著作权人,并授权深圳某公司独家运营该游戏。该游戏利用手机即时定位系统,通过 AR 功能抓捕身边的妖灵并对他们进行培养,在游戏中完成对战、展示、交易等诸多功能。该游戏自 2019 年 4 月 11 日上线以来,注册用户已超过 2000 万名,上线当日即登顶 App Store 免费榜榜首,并获得 OPPO 至美奖等奖项,具有较高的知名度和市场美誉度。

被申请人谌某某通过微信、淘宝等渠道销售虚拟定位插件,该插件通过改变手机操作环境,欺骗涉案网络游戏《一起来捉妖》的定位系统,使游戏玩家无须实际位移,即可通过虚拟定位插件迅速变换地理位置抓取妖灵。而且,被申请人谌某某通过直播、录播、打广告等形式向不特定的公众传播利用虚拟定位插件获取不正当利益的游戏视频。

两申请人诉称,被申请人谌某某在游戏中使用并大量售卖给游戏玩家使用具有虚拟定位功能的外挂设备,篡改玩家的真实地理位置,使玩家作弊参与游戏资源抢夺等活动,严重破坏了游戏的公平性，构成对申请人的不正当竞争。此外，被申请人谌某某将使用虚拟定位插件操作涉案游戏的过程录制成多个视频，放置到被申请人上海某公司运营的 bilibili 网站、App 平台进行宣传、推广等商业活动，并设置了专区。被申请人上海某公司放大了被申请人谌某某不正当竞争行为的影响范围，亦应当立即停止侵权行为。两申请人请求裁定：(1)被申请人谌某某停止提供、推广妨碍网络游戏《一起来捉妖》正常运行的虚拟定位插件的不正当竞争行为；(2)被申请人上海某公司立即删除其运营的 bilibili 网站及 App 平台内被申请人谌某某推广妨碍网络游戏《一起来捉妖》正常运行的虚拟定位插件的视频。

【法院裁判】

上海市浦东新区人民法院经审查认为，本案系不正当竞争纠纷之诉，涉案诉前行为保全的审查应考虑以下因素：(1)申请人的请求是否具有事实基础和法律依据；(2)不采取保全措施是否会对申请人造成难以弥补的损害；(3)采取行为保全措施是否会导致当事人间利益显著失衡；(4)采取保全措施是否会损害社会公共利益。

首先，关于申请人的请求是否具有事实基础和法律依据。被申请人谌某某提供、推广的虚拟定位插件通过改变涉案网络游戏正常运行的生态环境，导致涉案游戏以地理位置为核心的功能玩法难以实现，玩家时间、金钱的投入和产出方面的平衡性被打破，由此导致申请人通过增值服务获得游戏收入的交易机会降低，申请人的合法权益因此受损。同时，使用虚拟定位插件的游戏玩家相较于未使用的玩家将获得明显的竞技优势，遵守游戏规则的正常游戏玩家的合法权益难以保障。而且，被申请人谌某某基于涉案游戏牟取利益的主观意图明显。故被申请人谌某某的上述行为涉嫌构成对申请人的不正当竞争。被申请人谌某某借助被申请人上海某公司运营的 bilibili 网站和 App 平台对涉案虚拟定位插件进行宣传、推广，进一步扩大了其行为的影响范围。故申请人请求对被申请人采取诉前行为保全措施具有相应的事实基础和法律依据。

其次，关于不采取保全措施是否会对申请人造成难以弥补的损害。申请人提交的初步证据显示，涉案游戏因虚拟定位插件问题遭受部分正常玩家的投诉及差评，涉案游戏的下载量亦呈现下降趋势。因虚拟定位引发的问题已经给且正在给两申请人带来负面影响。此外，一款网络游戏从立项、设计、制作到上网运营，需要耗费大量的人力、物力和财力，若不及时制止被申请人的上述行为，任由涉案虚拟定位插件泛滥，可能对申请人的竞争优势、经营利益以及涉案游戏的市场份额带来难以弥补的损害。

再次，关于采取行为保全措施是否会导致当事人间利益显著失衡。民事诉讼双方当事人法律地位平等，故人民法院在决定是否采取诉前行为保全措施时，应当考量采取该措施是否会导致当事人间利益的显著失衡。本案中，如前文所述，被申请人谌某某提供、推广的涉案虚拟定位插件已经给且正在给两申请人带来负面影响，申请人的合法权益处于被侵蚀的风险之中。申请人请求法院责令被申请人谌某某停止提供、推广妨碍涉案游戏正常运行的虚拟定位插件的行为、被申请人上海某公司删除其运营的 bilibili 网站及 App 平台内相关视频的行为系为防止对涉案游戏继续带来损害所采取的合理措施，该申请指向明确、范围适当，不会造成当事人间利益的显著失衡。此外，本院亦责令申请人提供了相应的担保，被申请人因申请人诉前行为保全错误可能带来的损害已有充分的法律保障。

最后，关于采取保全措施是否会损害社会公共利益。诉前行为保全系当事人之间的民事诉讼法律行为，故人民法院对社会公共利益的考量应当从严审查。只有在涉及公众健康、环保及其他重大社会利益的情况下方可认定为社会公共利益。本案中，涉案虚拟定位插件系一款市场化产品，产品本身并不具有社会公共产品的属性，产品的提供者亦系完全市场化的经营主体，故对被申请人采取诉前行为保全措施不会损害社会公共利益。

上海市浦东新区人民法院作出（2019）沪0115 行保1 号民事裁定：（1）被申请人谌某某立即停止提供、推广妨碍网络游戏《一起来捉妖》正常运行的虚拟定位插件的行为；（2）被申请人上海某公司立即删除其运营的 bilibili 网站及 App 平台内被申请人谌某某推广妨碍网络游戏《一起来捉妖》正常运行的虚拟定位插件的视频。

一审裁定后，当事人未申请复议。

【案例评析】

本案系国内法院针对网络游戏外挂作出的首例诉前行为保全裁定。诉前行为保全是利害关系人因情况紧急于诉前向人民法院申请禁止被申请人为一定行为的保全措施，以避免申请人的合法权益受到难以弥补的损害。作为一项临时措施，诉前行为保全对权利人及时、便捷保护其合法权益具有重要意义。

一、诉前行为保全应坚持的基本原则

（一）积极、及时原则

相较于有体物而言，知识产权具有无形性，其受到侵害后难以恢复原状，即便知识产权的权利人赢得诉讼，也可能早已丧失市场竞争优势，或者商业秘密已经泄露。因此，人民法院对知识产权诉前行为保全应采取相对积极的态度。对申请人的商业秘密即将被非法披露，申请人的发表权、隐私权等人身权利即将受到侵害，诉争的知识产权即将被非法处分，申请人的知识产权在展销会等时效性较强的场合正在或者即将受到侵害，时效性较强的热播节目正在或者即将受到侵害等紧急情形，人民法院应当及时作出裁定。裁定采取保全措施的，应当立即开始执行，及时制止那些可能给申请人带来难以弥补的损失的侵权行为。

（二）分类施策原则

知识产权类型多样，人民法院在判断是否采取行为保全措施时，应区分不同的知识产权类型，做到分类施策。对于涉及著作权、商标权的行为保全案件，因该类知识产权具有较为清晰的权利边界，被诉行为是否构成侵权亦较容易判断。申请人提供证据充分、事实较为清楚的，应及时采取有效措施制止侵权，降低权利人的维权成本。对专利权，由于外观设计专利未经过实审，其权利本身即存在较大的不稳定性。而实用新型专利和发明专利往往涉及复杂的技术，被申请人是否侵权，人民法院往往需要进行专业的技术比对方能确定，故对涉专利侵权案件应慎重采取诉前行为保全措施，以维护企业的正常经营。

（三）比例协调原则

诉前行为保全系人民法院根据申请人提供的证据对被申请人的行为进行一定限制的临时措施。这是根据知识产权的性质特点对权利人在正式庭审程序前进行的一种强保护。与此同时，人民法院亦应注重对被申请人的权利的尊重，做到比例协调。因此，权利人申请诉前行为保全的，人民法院应要求其提供相应的担保。保全错误的，申请人应承担相应的赔偿责任，且就该赔偿责任采用客观归责原则，而无须考虑申请人的主观状况。同时，除特殊情况外，人民法院采取诉前行为保全应当询问被申请人，以充分保障被申请人就有关问题作出申辩的权利。

二、诉前行为保全的考量因素

（一）胜诉可能性

最高人民法院《关于审查知识产权纠纷行为保全案件适用法律若干问题的规定》（以下简称《行为保全规定》）第 7 条规定，人民法院审查行为保全，应考量申请人的请求是否具有事实基础和法律依据，包括请求保护的知识产权效力是否稳定。司法实践中判断申请人的请求是否具有事实基础和法律依据，主要还是判断申请人的请求是否具有胜诉可能性。考虑到行为保全裁定属于程序性裁定，人民法院在审查行为保全申请时，对胜诉可能性的程度把握达到优势可能性即可。在通常情况下，法官内心“不纠结”，即“包括事实认定的不纠结以及法律适用的不纠结”，从而得出胜诉可能性的判断。此外适用诉前行为保全，还应当考虑请求保护的知识产权效力是否稳定。知识产权效力是否稳定，一般可以从以下几个方面考察：所涉权利的类型或者属性、所涉权利是否经过实质审查、所涉权利是否处于宣告无效或者撤销程序中、被宣告无效或者撤销的可能性，以及所涉权利是否存在权属争议等。

（二）难以弥补的损害

对“难以弥补的损害”的含义，几乎国内外都具有高度的统一性。从国外的实践来看，在苹果与三星的专利案件中，美国联邦上诉法院在论述苹果公司所遭受和即将遭受的不可弥补的损害时，从市场份额的划分、用户体验与获得等角度充分进行分析，作出更让人信服的判决。该案中运用“反比例原则”提出，申请人对胜诉可能性的证明程度越高，则对不可弥补之损失的证明要求就越低。就知识产权诉前行为保全案件而言，如存在以下情形，一般可以认定对申请人造成了难以弥补的损害：被申请人的行为将会侵害申请人享有的商誉或者发表权、隐私权等人身性质的权利且造成无法挽回的损害，被申请人的行为将会导致侵权行为难以控制且显著增加申请人的损害，以及被申请人的侵害行为将会导致申请人的相关市场份额明显减少等。

（三）利益平衡

民事诉讼双方当事人法律地位平等，故人民法院在决定是否采取诉前行为保全措施时，应当考量采取该措施是否会导致当事人间利益的显著失衡。关于利益平衡应采用什么样的标准，《行为保全规定》第7条规定，“不采取行为保全措施对申请人造成的损害是否超过采取行为保全措施对被申请人造成的损害”，即确立了适用诉前行为保全给被申请人带来的不利要小于不适用诉前行为保全给申请人带来的不利的基本判断标准。也就是说，人民法院在考量是否采用诉前行为保全时不应单纯考虑申请人的损害，在评估申请人所面临损失的同时，还应把被申请人因诉前行为保全所面临的损失纳入考虑范围。美国法院在Ebay案中提出了类似“balance of hardship”的要求。为保障这一目标的实现，《行为保全规定》第5条规定了人民法院裁定采取行为保全措施前，应当询问申请人和被申请人这一程序设计，以程序性的要求来实现利益平衡。

（四）公共利益的考量

诉前行为保全系民事私主体之间的纠纷，其首要考量的是当事人之间的利益。因此，大多数案件确实没有公共利益发挥作用的余地，但随着社会发展、科技进步，司法结果对社会的影响日益凸显。公共利益作为利益衡量的最外围层次扩充了衡量维度，“利益”主体范围就成了“当事人+第三人+社会（将来）”。特别是在有关药品专利侵权案件中，如果诉前行为保全阻断了某些必要医疗程序、药品或者装置的供应，则公共健康等公共利益在否定诉前行为保全救济方面，将发挥决定性作用。在美国同样存在类似公共利益的考量，如在Abend *v.* MCA，Inc.案中，美国联邦第九巡回上诉法院指出，尽管被告侵害原告版权，从市场上回收电影*Rear Window*将损害公共利益，对原告也将造成不公平，故法院拒绝了原告收回电影的诉请。但我们认为，公共利益的考量仍应限制在特定的范围，一般只有在涉及公众健康、环保以及其他重大社会利益的情况下才予考虑，以避免被申请人随意以公共利益之名不当限制申请人行使正当权利。

三、诉前行为保全应注意的程序性问题

（一）听证程序是否必要

尽管TRIPs第50条第4款并未规定听证是采取临时措施的必经程序，但考虑到法院作出的行为保全裁定立即生效，当事人虽可申请复议，但复议期间不停止裁定的执行，因此是否采取行为保全措施对双方当事人意义都非常大。为了确保程序的公正性，保障被申请人获得充分表达意见的机会，《行为保全规定》第5条规定，人民法院裁定采取行为保全措施前，应当询问申请人和被申请人，但因情况紧急或者询问可能影响保全措施执行等情形除外。但该条仅规定了法院应当履行“询问”程序，但询问的方式如何，电话询问、现场询问还是应当听证，《行为保全规定》也未明确规定。对此，笔者认为，由于知识产权本身的特殊性，权利人的权利是否真实、有效、稳定，授权链条是否完整，侵权公证是否存在瑕疵等问题在司法实践中较为常见，且系当事人的主要抗辩，鉴于诉前行为保全对被申请人具有较大影响，除情况紧急或者影响保全措施执行外，人民法院应当召集双方当事人举行现场听证程序，以便作出客观公正的行为保全裁定。当然，如遇到被申请人不配合、拒不到庭等情形，可通过电话、邮件等方式就相关问题询问双方当事人并做好工作记录。

（二）被申请人是否可以通过提供担保的方式解除行为保全

知识产权纠纷与因物权、债权等财产性权利引发的纠纷不同，物权、债权等财产性权利纠纷一般可以通过金钱给付等方式加以弥补，而知识产权纠纷特别是商业秘密纠纷，侵权行为一旦实施，即对权利人产生重大影响。因此，不宜因被申请人提供担保而解除保全措施。《行为保全规定》第 12 条规定：人民法院采取的行为保全措施，一般不因被申请人提供担保而解除，但是申请人同意的除外。

（三）对当事人申请错误的认定是否需要过错的主观要件

笔者认为，申请人作为保全措施的启动者和受益人，在发动保全程序时应谨慎行事，对保全行为作全面评估，从而减少由于滥诉给被申请人造成的损害。因此，对申请人的申请错误的认定不应考虑其主观状态。只要出现《行为保全规定》第 16 条规定的申请错误后果，即应当承担因申请行为保全而给被申请人造成的损失，而不考虑其是否存在过错。

【典型意义】

涉案游戏系国内首款基于位置定位的 AR 探索类手游，本诉前保全裁定系国内法院针对 AR 探索类手游外挂作出的首例诉前禁令。裁定细化了涉知识产权案件诉前行为保全的适用条件，对申请人的请求是否具有事实基础和法律依据、不采取保全措施是否会对申请人造成难以弥补的损害、采取行为保全措施是否会导致当事人间利益显著失衡以及是否会损害社会公共利益等考量因素进行了深入的分析，对类似案件的审理具有重要的参考意义。此外，本案对外挂这一网络游戏“寄生虫”予以及时制止并给予其法律上的否定评价，亦充分体现了人民法院为文化创意产业公平、有序的市场竞争秩序提供强有力的司法保障。本案获评 2019 年中国法院 50 件典型知识产权案例、2019 年上海法院加强知识产权保护力度典型案例。

【案例索引】

案号：

一审：上海市浦东新区人民法院（2019）沪 0115 行保 1 号

审判组织：

一审：徐俊、姜广瑞、林新建

编写人：姜广瑞

51

不正当竞争纠纷诉前行为保全的适用

——某科技(成都)有限公司等与佛山市南海区某网络科技有限责任公司不正当竞争纠纷诉前行为保全案

裁判要旨

不正当竞争纠纷诉前行为保全“难以弥补的损害”不限于经济利益的减损。被诉行为的发生或继续发生,将严重破坏申请人的运营机制,致使社会公众对申请人是否承担社会责任产生怀疑,导致申请人处于被投诉、被处罚的经营风险之中,应认定构成“难以弥补的损害”。

基本案情

申请人:某科技(成都)有限公司(以下简称成都某公司)

申请人:深圳市某计算机系统有限公司(以下简称深圳某公司)

被申请人:佛山市南海区某网络科技有限责任公司(以下简称南海某公司)

被申请人:上海某网络科技有限公司

申请人成都某公司是《王者荣耀》网络游戏的著作权人,其授权申请人深圳某公司独家运营该游戏。该游戏通过向用户提供免费下载、营造公平的竞技环境,吸引更多用户,并提供“皮肤”等增值服务从中获利。《王者荣耀》账号采用实名制、未成年人“防沉迷”机制,未成年人仅能在规定的时长、时段登录游戏。申请人还通过游戏用户协议明确要求用户不得将游戏账号提供给他人作代练代打等商业性使用。被申请人南海某公司运营的“代练帮”App以“发单返现金”、设立“王者荣耀”专区的形式引诱、鼓励包括未成年人在内的用户通过其平台进行商业化、规模化的《王者荣耀》游戏代练交易。接单者可以非真实身份登录涉案游戏,未成年人亦可接单获得他人的游戏账号绕开“防沉迷”机制进入游戏并赚取费用。被申请人上海某网络科技有限公司在其平台提供涉案客户端的下载。“代练帮”App从平台用户充值中抽取一定比例的手续费以获利。“代练帮”App于2020年前后上线,截至申请人公证取证之时已有万余次的下载量。

两申请人申请行为保全:被申请人南海某公司立即停止允许未成年人进行游戏代练,被申请人上海某网络科技有限公司立即停止在平台中提供“代练帮”App。

【法院裁判】

上海市浦东新区人民法院经审理认为:首先,关于申请人的请求是否具有事实基础和法律依据。被诉行为不仅破坏了涉案游戏的公平竞技机制,亦使用户可绕开申请人的账号实名制和未成年人“防沉迷”系统,妨碍涉案游戏的运营秩序,存在构成不正当竞争的可能性。

其次,关于不采取保全措施是否会对申请人造成难以弥补的损害。若不对涉案行为加以制止,商业化、规模化的代练交易将借助网络突破时间和地域的限制进行,导致社会公众对申请人是否依法采取“防沉迷”机制、是否承担社会责任产生怀疑,致使申请人处于被投诉、被处罚的经营风险之中,从而给申请人的商誉造成难以挽回的损害。

再次,关于采取行为保全措施是否会导致当事人间利益显著失衡。诉前行为保全申请指向明确、范围适当,不会造成当事人间利益的显著失衡。此外,申请人提供了相应的担保,因诉前行为保全错误可能带来的损害已有充分的法律保障。

最后,关于采取保全措施是否会损害社会公共利益。涉案“代练帮”App 系一款市场化产品,并不具有社会公共产品的属性,故对被申请人采取诉前行为保全措施不会损害社会公共利益。反之,及时采取保全措施,可有效保障游戏运营的正常秩序,并可保证未成年人“防沉迷”机制的落实。

上海市浦东新区人民法院作出(2021)沪0115 行保1 号民事裁定:(1)被申请人南海某公司立即停止通过“代练帮”App 允许未成年人提供《王者荣耀》游戏代练;(2)被申请人上海某网络科技有限公司立即停止提供“代练帮”App,直至“代练帮”App 停止涉案行为。

一审裁定后,当事人未申请复议。

【案例评析】

本案是全国首例基于未成年人“防沉迷”机制针对网络游戏代练行为作出的不正当竞争诉前行为保全。近年来,不正当竞争纠纷诉前行为保全申请日益增多,对该类保全审查要件的把握值得探析。

一、诉前行为保全的法律规定和审查要件

我国关于行为保全制度的规定最早见于 2000 年《专利法》。加入 WTO 后,我国基于 TRIPs 的相关规定修订了《著作权法》《商标法》。2001 年、2002 年,最高人民法院先后发布《关于对诉前侵犯专利权行为适用法律问题的若干规定》(已失效)、《关于诉前停止侵犯注册商标专用权行为和保全证据适用法律问题的解释》(已失效),进一步细化完善了行为保全制度。2012 年修改的《民事诉讼法》统一规定了民事诉讼领域的行为保全制度,并细化为诉前保全和诉中保全两种形式。

2018 年 12 月 12 日，最高人民法院发布《关于审查知识产权纠纷行为保全案件适用法律若干问题的规定》（以下简称《行为保全规定》）。根据《行为保全规定》第 7 条，行为保全申请应当考量如下因素：第一，申请人的请求是否具有事实基础和法律依据，包括请求保护的知识产权效力是否稳定；第二，不采取行为保全措施是否会使申请人的合法权益受到难以弥补的损害或者造成案件裁决难以执行等损害；第三，不采取行为保全措施对申请人造成的损害是否超过采取行为保全措施对被申请人造成的损害；第四，采取行为保全措施是否损害社会公共利益；第五，其他应当考量的因素。据此，不正当竞争纠纷的行为保全申请应当遵循上述考量因素。

二、不正当竞争诉前行为保全中的考量因素

（一）对事实基础和法律依据的认定应基于行为法视角

《行为保全规定》不再使用“侵权可能性”或者“胜诉可能性”的表述，而是采用“是否具有事实基础和法律依据”。该表述方式提示裁判者审查的内容为事实和法律两个方面，且比之前的表述措辞更加平和，避免引起当事人的抵触情绪。

行为保全作为特别的救济手段，具有紧迫性，审查时间较短。笔者认为，“事实基础和法律依据”的审查标准不宜过高。审查标准过高会使行为保全的审查形同实体审判，丧失了行为保全审查的必要性和及时性，无法充分发挥制度功能，不利于及时有效保护权利人。此外，行为保全审查并非避免错误的唯一途径，要求当事人提供担保可以发挥同样的功能。[①] 2017 年《民事诉讼法》第 101 条第 1 款规定，诉前行为保全的申请人应当提供担保。该法第 105 条规定，申请错误的，申请人应当承担损害赔偿责任。担保和损害赔偿责任能够有效阻止滥用行为保全。因此，审查标准对应优势证明标准。

就“事实基础和法律依据”的具体审查内容，不同于商标、专利侵权行为等可直接审查权利归属再与被诉产品进行比对，不正当竞争纠纷中需要审查的内容更具模糊性，例如，诉请保护的竞争权益是否存在，被诉行为是否具有正当性、是否造成损害等，相应问题的判断更有难度。在审查时，应把握不正当竞争作为行为法的特性，避免采用侵权法的思路。审查核心在于竞争行为的正当性。竞争行为之所以具有不正当性，首先是因为它具有损害性，即损害一定的利益。[②] 与 1993 年《反不正当竞争法》相比，2018 年《反不正当竞争法》将“市场竞争秩序”置于经营者和消费者权益之前，并引入了“消费者”利益，力求实现公共利益、经营者利益和消费者利益“三元叠加”的保护目标，对被诉行为损害结果的分析也可以从上述三个方面进行。认定竞争行为的损害性之后，再考量该行为的可归责性，包括被申请人的主观意图、行为方式等。至于诉争双方之间的竞争关系，可作为确定申请人申请资

① 参见宋鱼水、杜长辉、冯刚、蒋利玮：《知识产权行为保全制度研究》，载《知识产权》2014 年第 11 期。

② 参见孔祥俊：《反不正当竞争法新原理 · 原论》，法律出版社 2019 年版，第 17 页。

格的考量因素，但并非构成要件。

本案涉及网络游戏商业代练是否构成不正当竞争的判断。审查时，法院首先确认两申请人对涉案游戏享有合法权益，进而判断被申请人是否存在不正当竞争的可能性。法院认为，被诉行为给申请人造成了以下损害后果：一是破坏了公平竞技的游戏机制，损害用户体验；二是干扰了游戏建立的实名机制及未成年人“防沉迷”机制，损害两原告的商业利益；三是增加了未成年人沉迷网络的风险，侵害社会公共利益。同时，涉案行为具有可归责性。被申请人将申请人具有竞争性权益的网络游戏作为获利工具，造成损害申请人利益的客观后果，申请人却因无从知晓真实用户信息而难以规制。被申请人明确要求接单者关闭定位以避免封号等处罚措施，刻意规避申请人的监管机制，反映了其主观恶意。综上，法院认定申请人的行为保全申请“具有事实基础和法律依据”。

（二）“难以弥补的损害”着重考量竞争优势的减损

“难以弥补的损害”是行为保全审查的重要考量因素，也是审查的难点所在。关于“难以弥补的损害”的含义，国内外的认识较为统一，即无法通过金钱赔偿进行弥补。[①] 最高人民法院《关于当前经济形势下知识产权审判服务大局若干问题的意见》（法发〔2009〕23号）曾提出明确要求：“在认定是否会对申请人造成难以弥补的损害时，应当重点考虑有关损害是否可以通过金钱赔偿予以弥补以及是否有可执行的合理预期。”2015年最高人民法院《关于审查知识产权与竞争纠纷行为保全案件适用法律若干问题的解释（征求意见稿）》对“难以弥补的损害”进行了定义，即“申请人受到的损害无法通过金钱来衡量”。[②] 但在2018年发布的《行为保全规定》中删除了该定义，使“难以弥补的损害”概念仍处于模糊状态。笔者认为，“难以弥补的损害”判断的核心应为无法通过金钱来量化计算，或难以使用金钱赔偿进行弥补。

关于“难以弥补的损害”的具体情形，《行为保全规定》第10条进行了列举。其中，第1项是被申请人的行为将会侵害申请人享有的商誉或者发表权、隐私权等人身性质的权利且造成无法挽回的损害，主要是指金钱赔偿无法弥补的情形；第2项与第3项分别为被申请人的行为将会导致侵权行为难以控制且显著增加申请人损害与被申请人的侵害行为将会导致申请人相关市场份额明显减少，此两项情形往往导致申请人市场竞争优势或者商业机会的严重丧失，虽然可以通过金钱予以赔偿，但是申请人的损失非常大或者非常复杂，以至于无法准确计算其数额，也属于难以弥补的损害；第4项情形属于兜底情形，可以在具体案件中进行探索予以明确。[③] 在不正当竞争纠纷行为保全的审查中，“难以弥补的损害”多体

---

① 参见伍敏欢、王岩：《知识产权侵权诉前禁令的审查标准探析——兼议〈最高人民法院关于审查知识产权与竞争纠纷行为保全案件适用法律若干问题的解释（征求意见稿）〉第七、八条》，载《电子知识产权》2017年第4期。

② 最高人民法院《关于审查知识产权与竞争纠纷行为保全案件适用法律若干问题的解释（征求意见稿）》第7条。

③ 参见宋晓明、王闯、夏君丽、郎贵梅：《〈关于审查知识产权纠纷行为保全案件适用法律若干问题的规定〉的理解与适用》，载《人民司法》2019年第7期。

现为竞争优势的减损甚至丧失，表现为对商誉、市场份额的影响。如淘宝网诉“帮5淘”插件诉前行为保全案，被申请人将其插件非法植入淘宝客户端，分流申请人的用户，并影响申请人经营产品的市场评价。本案中，涉案行为破坏了申请人网络游戏实名制和未成年人防沉迷机制。若不对该行为加以制止，商业化、规模化的代练交易将借助网络突破时间和地域的限制大量进行。大量玩家能够在无须实名认证的情况下达成代练交易。未成年人亦可通过承接订单不受时段、时长限制进入游戏系统，导致社会公众对申请人是否按照国家规定依法采取防沉迷措施、是否承担社会责任产生怀疑，使申请人及其产品的社会评价降低，从而给申请人的商誉造成难以挽回的损害。此外，如果申请人因为未实施未成年人防沉迷机制被处罚，涉案游戏可能面临下架的处罚，对其市场份额的打击极其严重，应认定构成“难以弥补的损害”。

（三）利益平衡要件要求充分评估双方当事人的利益

民事诉讼双方当事人法律地位平等，故人民法院在决定是否采取诉前行为保全措施时，应当考量采取该措施是否会导致当事人间利益的显著失衡。关于利益平衡应采用什么样的标准，《行为保全规定》第7条第3项规定，“不采取行为保全措施对申请人造成的损害是否超过采取行为保全措施对被申请人造成的损害”，即确立了适用诉前行为保全给被申请人带来的不利要小于不适用诉前行为保全给申请人带来的不利的基本判断标准。也就是说，人民法院在考量是否采用诉前行为保全时，不应单纯考虑申请人的损害，在评估申请人所面临损失的同时，也应把被申请人因诉前行为保全所面临的损失纳入考虑范围。本案中，被申请人提供、推广的涉案代练客户端已经给且正在给申请人带来负面影响，申请人的合法权益处于被侵蚀的风险之中。采取诉前行为保全申请不会造成当事人之间利益的显著失衡。

（四）社会公共利益考量限于特定范围

《行为保全规定》第7条第4项规定，人民法院审查行为保全申请，应当考量采取行为保全措施是否损害社会公共利益。“社会公共利益”是一个含义丰富、不断变化的概念。最高人民法院《关于当前经济形势下知识产权审判服务大局若干问题的意见》（法发〔2009〕23号）指出，人民法院应当严格审查被申请人的社会公共利益抗辩，一般只有在涉及公众健康、环保以及其他重大社会利益的情况下才予考虑。在“稻香村”行为保全案中，北京知识产权法院对采取行为保全措施是否损害社会公共利益进行评价，[①]法院认为，如果采取相关行为保全措施，不仅不会减损社会公共利益，还能在一定程度上帮助相关公众辨别相关商品的来源和提供者，促进公众福利。在域外实践中，大多数禁令裁决中的“公共利益”都指向案件所涉及的实体法所保护的公共利益，如技术进步、公共健康与利益等。在

① 北京知识产权法院民事判决书，（2015）京知民初字第1606号。

Abbott Lab *v.* Mead Johnson 案[①]中，原、被告生产同种口服电解液，原告认为被告涉嫌使用虚假广告。美国联邦巡回上诉法院认为，垄断通常都是违背公众利益的，案件涉及医疗行业，社会成本高昂，考虑被告产品安全、有效，法院不支持责令申请人销售侵权产品，但责令被告更正不实广告信息。笔者认为，公共利益的考量应该限制在特定的范围内，只有在涉及公众健康、环保以及其他重大社会利益的情况下才予以考虑，避免申请人以公共利益为名限制被申请人行使正当权利。本案中，采取行为保全措施不仅不会有损于社会公共利益，还对保护未成年人权益有促进作用。防治未成年人沉迷游戏是一项系统工程，既需要游戏企业切实履行法律义务，也需要游戏代练等周边产业承担起必要的社会责任，共同构筑起保护未成年人权益的屏障。法院对涉事游戏代练平台发出禁令，向全社会亮明了司法保护未成年人权益的鲜明态度，也给此类游戏周边平台以警示，共同为未成年人的成长打造一个健康的网络空间。

【典型意义】

本案是全国首例基于未成年人“防沉迷”机制针对网络游戏代练行为作出的不正当竞争诉前禁令。本案采取的诉前行为保全措施迅速、高效地制止了针对未成年人的游戏代练交易行为，有效保证未成年人“防沉迷”机制落实，积极维护社会公共利益。《法治日报》头版“法治时评”栏目对本案作专题评论，《人民法院报》等多家媒体对本案进行了报道。本案获评2021年上海法院知识产权司法保护十大案件、2021年中国新文娱十大影响力案件、上海市参考性案例、全国法院系统2022年度优秀案例分析优秀奖。该不正当竞争纠纷案判决入选2023年人民法院反垄断和反不正当竞争典型案例、第六届全国法院“百篇优秀裁判文书”、上海市高级人民法院10个弘扬社会主义核心价值观典型案例。

【案例索引】

案号：

一审：上海市浦东新区人民法院（2021）沪0115行保1号

审判组织：

一审：吴智永、倪红霞、袁田

编写人：袁田

① Abbott Laboratories *v.* Mead Johndon & Co.，971 F.2d 6(1992)，19.

52

知识产权即发侵权适用诉前禁令的司法审查

——某网络有限公司与珠海某网络科技有限公司等诉前行为保全申请案

裁判要旨

对知识产权即发侵权可以适用诉前禁令。法院在审查知识产权即发侵权的诉前禁令申请时,应当综合考量申请人的请求是否具有事实基础和法律依据、不采取行为保全措施是否会使申请人的合法权益受到难以弥补的损害、采取行为保全措施是否会导致当事人间利益显著失衡以及采取行为保全措施是否损害社会公共利益等因素进行判定,特别是要结合被申请人已经或正在实施的行为,审查即发侵权是否成立。

基本案情

申请人:某网络有限公司(以下简称某网络公司)

被申请人:珠海某网络科技有限公司(以下简称珠海某公司)

被申请人:上海某网络科技有限公司(以下简称上海某公司)

2022 年北京冬奥会是国际奥林匹克委员会的专有资产。中国中央广播电视总台经国际奥林匹克委员会授权,享有 2021 年 1 月 1 日至 2022 年 8 月 31 日在中国境内通过所有媒体平台广播和展示包含奥运会视听画面的作品或信号,以及分许可他人的专有权利。中国中央广播电视总台及其授权主体有权以自己的名义对侵权行为采取法律措施。申请人某网络公司经中国中央广播电视总台授权,享有通过信息网络向公众传播、广播、提供 2022 年北京冬奥会节目的权利。

被申请人珠海某公司是“手机电视直播大全”软件的运营主体。2022 年北京冬奥会举办期间,该软件通过转播 CCTV5 + 等电视频道的方式,向公众提供 2022 年北京冬奥会赛事节目的在线观看服务。被申请人上海某公司是“2345 手机助手”应用市场的运营主体,该应用市场提供安卓手机软件的搜索和下载服务,该应用市场提供“手机电视直播大全”

的下载服务。

申请人某网络公司请求裁定:(1)被申请人珠海某公司在“手机电视直播大全”平台上加强内容审核,在北京冬奥会举办期间未经许可不得提供北京冬奥会任何赛事节目及开、闭幕式内容(包括但不限于直播、回看、点播、短视频、动图、图片);(2)被申请人上海某公司立即停止在“2345 手机助手”中提供应用软件“手机电视直播大全”的下载。

【法院裁判】

上海市浦东新区人民法院经审理认为,对行为保全申请的审查,应当综合考量以下因素:

一、申请人的请求是否具有事实基础和法律依据

2022 年北京冬奥会赛事节目属于文学艺术领域内具有“独创性的表达”,可以作为视听作品加以保护。申请人经合法授权,独占享有通过信息网络向公众传播、广播、提供2022年北京冬奥会赛事节目的权利及分授权的权利,并有权进行维权,其请求保护的知识产权效力稳定。

被申请人珠海某公司未经许可,通过信息网络向公众传播、广播北京冬奥会赛事节目视听作品,具有较大的侵权可能性。

“2345 手机助手”应用市场虽可以下载并安装“手机电视直播大全”,但“手机电视直播大全”并非专门用于实施涉案侵权行为,且申请人未举证其曾就涉案侵权行为通知上海某公司,故上海某公司的行为不具有较大的侵权可能性。

二、不采取行为保全措施是否会使申请人的合法权益受到难以弥补的损害

北京冬奥会赛事节目属于时效性极强的热播节目,具有极高的经济价值。被诉行为发生在北京冬奥会举办期间,被申请人珠海某公司在未支付相应对价的情况下,或将取得本应属于申请人及相关被许可人的经济利益,可能会破坏体育赛事节目媒体行业正常的市场竞争秩序,以及损害申请人的市场竞争优势,给申请人带来难以弥补的损害。

三、采取行为保全措施是否会导致当事人间利益显著失衡

被诉行为已经给且正在给申请人带来负面影响,申请人的合法权益处于被侵蚀的风险之中。申请人的行为保全申请系为防止其利益持续受损或损害结果扩大所采取的合理措施,本身并不会实质影响“手机电视直播大全”软件的正常运营。该申请指向明确、范围适当,不会造成当事人间利益的显著失衡。此外,申请人提供了相应担保,被申请人因申请人诉前行为保全错误可能带来的损害已有充分的法律保障。

四、采取行为保全措施是否损害社会公共利益

2022 年北京冬奥会赛事节目的在线转播、广播也具有一定的公共性质。诚然,被申请人珠海某公司的被诉行为可能在客观上扩大了 2022 年北京冬奥会的传播面,丰富了相关公众选择观看 2022 年北京冬奥会赛事节目的渠道,但如果该种结果是在可能违反法律规定、侵害权利人合法权益的前提下实现的，则被诉行为不应当为市场所容许。如对该行为采取保全措施，可以保障相关公众通过包括申请人在内的诸多合法渠道观看 2022 年北京冬奥会赛事节目，获得更优质的在线观赛体验，从而促进 2022 年北京冬奥会的合法传播，不会损害社会公共利益。

综上，申请人针对被申请人珠海某公司的行为保全申请符合人民法院作出诉前行为保全措施的条件，应予支持，但其针对被申请人上海某公司的行为保全申请不符合人民法院作出诉前行为保全措施的条件，不应得到支持。

上海市浦东新区人民法院作出（2022）沪 0115 行保 1 号民事裁定：（1）被申请人珠海某公司立即停止在 2022 年北京冬奥会举办期间（自本裁定作出之日起至 2022 年 2 月 20 日止）在其运营的“手机电视直播大全”软件上提供 2022 年北京第 24 届冬季奥林匹克运动会的开、闭幕式和各项比赛活动的实况视听节目；（2）驳回申请人某网络公司的其他申请。

一审裁定后，当事人未申请复议。

【案例评析】

本案中，被申请人珠海某公司所实施的被诉行为是，通过转播中央广播电视总台 CCTV5 + 等电视频道的方式，擅自向公众提供 2022 年北京冬奥会赛事节目的在线观看服务。这种网络实时转播的行为具有非交互式传播的特点，即随着被转播网络频道或节目的开始而开始，随之结束而结束。因此，本案诉前禁令主要是针对被申请人尚未实施但即将实施的侵权行为而作出的。故本案争议聚焦在对知识产权即发侵权是否能适用诉前禁令这个问题上。

一、对即发侵权可以适用诉前禁令

即发侵权（imminent infringement）是指尚未实施但即将实施的侵权行为。即发侵权与一般侵权行为的区别在于，是否已经或正在实施法律所规定的侵权行为。例如，行为人准备在互联网上传播某一作品，并已将该作品上传到服务器中。对上传行为而言，已经实施完毕，但对传播行为而言，仍处于将要但尚未实施的阶段。因此，该上传作品的行为侵害了作品的复制权，但对于信息网络传播权或广播权来说，则属于即发侵权。与即发侵权相类似的，是刑法中的犯罪预备的概念，其共同点都在于已经做好了准备，但尚未“着手”。如果不制止即发侵权，就将会发生侵权结果，给权利人造成损失。

（一）*即发侵权适用诉前禁令的法律基础*

我国知识产权部门法中关于即发侵权适用诉前禁令的规定，主要来源于 TRIPs。TRIPs 第 50 条第 1 款规定，司法机关有权责令采取迅速和有效的临时措施以便：a 防止侵犯任何知识产权，特别是防止货物进入其管辖范围内的商业渠道，包括结关后立即进入的进口货物；b 保存关于被指控侵权的有关证据。第 3 款规定，司法机关有权要求申请人提供任何可合理获得的证据，以使司法机关有足够程度的确定性确信该申请人为权利持有人,且该申请人的权利正在受到侵犯或此种侵权已迫近,并有权责令申请人提供足以保护被告和防止滥用的保证金或相当的担保。根据上述条款,司法机关采取临时措施的目的在于防止知识产权侵权,既包括权利正在受到侵犯,也包括侵权行为的迫近。

TRIPs 要求会员国在知识产权的立法方面对产权权利给出最低的保护水平而制定相关条例。我国加入 WTO 之后,即对《著作权法》《商标法》《专利法》进行了相应修改,引入即发侵权适用诉前禁令的规定。例如,2001 年修正的《著作权法》第 49 条规定,著作权人或者与著作权有关的权利人有证据证明他人正在实施或者即将实施侵犯其权利的行为,如不及时制止将会使其合法权益受到难以弥补的损害的,可以在起诉前向人民法院申请采取责令停止有关行为的措施。

然而,在司法实践中,对即发侵权能否适用以及如何适用诉前禁令,仍存在不同认识,主要体现在两个方面:一是法律解释上,条文使用了“责令停止有关行为”的表述,既然行为处于“即将实施”的状态,就不存在“停止”的可能,两者存在逻辑矛盾;二是证明标准上,要求申请人提交证据证明被申请人的行为已构成侵权,从而架空了即发侵权适用诉前禁令的情形。

2020 年修正的《著作权法》进一步完善了法律条文的表述,使其中的逻辑关系更为通顺。该法第 56 条规定,著作权人或者与著作权有关的权利人有证据证明他人正在实施或者即将实施侵犯其权利、妨碍其实现权利的行为,如不及时制止将会使其合法权益受到难以弥补的损害的,可以在起诉前依法向人民法院申请采取财产保全、责令作出一定行为或者禁止作出一定行为等措施。由此看来,对包括著作权在内的知识产权即发侵权适用诉前禁令是完全具有法律依据的。

倘若更进一步地从法理探究,对即发侵权适用禁令本质上属于消除危险请求权。《民法典》第 1167 条规定,侵权行为危及他人人身、财产安全的,被侵权人有权请求侵权人承担停止侵害、排除妨碍、消除危险等侵权责任。该条规定是针对侵权后果还没有出现,但是确有现实的侵权可能性的情形,法律赋予受到侵害威胁的人一种保护性请求权。而即发侵权则更进一步,旨在针对侵权行为实施之前,自然更是在侵权后果发生之前,实现对民事权利的提前保护。

(二)即发侵权适用诉前禁令的价值基础

即发侵权因其侵权行为尚未实施,损害结果尚未发生,故更加注重的是对行为和结果的预防。司法实践中对即发侵权也有不少积极的探索。如上海市浦东新区人民法院在 2001 年审理的索迪斯公司与创造食品公司案中,法院就曾通过判决的方式判令被告停止不正当竞争的即发侵权。[①] 相较于判决而言,诉前禁令这种“防患于未然”的价值导向更是先天地与诉前禁令制度逻辑相契合。

① 参见陈惠珍:《浦东法院让即发侵权止步》,载《中国知识产权报》2001 年 11 月 16 日,第 1 版。

诉前禁令作为临时性救济措施的一种，其首要功能就是要避免产生难以弥补的损失，也即维持现状功能。通过要求被申请人为一定行为或不为一定行为而避免现有状态的改变、既成损害的扩大甚至从根本上避免损害的发生。[①] 而最有力地避免产生不可挽回损失的方法莫过于在侵权行为尚未实施之前便加以制止，在源头上断绝损失发生的可能性。因此，通过诉前禁令的方式制止即发侵权最大化地体现了行为保全的临时性救济价值。

二、对即发侵权适用诉前禁令的认定标准

法院针对即发侵权适用诉前禁令时，应当注意分别审查即发侵权和诉前禁令的构成要件。特别是，由于两者内在特性存在相似之处，都会涉及侵权可能性的认定，均有保护权利人知识产权免遭继续侵权、预防难以弥补损害发生的目的等，[②]因此更应当严格区分两者的司法审查标准，以避免重复审查和循环论证。

（一）对构成即发侵权的认定

此项审查旨在判断即发侵权是否成立。根据相关法律规定和学理，构成即发侵权应当符合以下几个要件：首先，被申请人应当实施了一定的行为，具有一定的外在形式，纯粹的“思想犯”是不能构成即发侵权的。其次，被申请人实施的行为不构成侵权，否则属于一般侵权行为。对行为是否构成侵权，应当结合具体的法律规定加以判断。例如，行为人为实际销售而展览、演示商品，因《专利法》明确规定了许诺销售，该行为直接构成专利权侵权，但因《商标法》没有规定许诺销售，该行为可能不构成商标权侵权，而构成即发侵权。再次，被申请人实施的行为与侵权行为之间存在紧密的联系。换言之，应当能够根据已经实施的在先行为推断出实施侵权行为具有较大可能性。例如，行为人已经完成了全部或主要的侵权准备行为，或行为人曾经实施过侵权行为并且已实施了部分侵权准备行为，或者行为人曾以明示、默示等方式表达过实施侵权行为的意图并且已实施了部分侵权准备行为等。由于即发侵权不以侵权行为已经发生为前提，故对即发侵权可能性的判断，应当采取更为严格的标准，应当要求即发侵权更具有“紧迫性”。只有当根据现有证据足以使法官相信，侵权行为一定或较大概率可能发生时，才足以认定为即发侵权。最后，不要求被申请人主观上具有过错。由于知识产权侵权的归责不要求行为人具有过错，仅赔偿责任需要行为人具有主观过错。因此，作为一项保护性请求权，对即发侵权的认定亦不以主观过错为要件。

（二）对适用诉前禁令的认定

此项审查旨在判断诉前禁令能否适用。根据最高人民法院《关于审查知识产权纠纷行为保全案件适用法律若干问题的规定》第 7 条的规定，人民法院审查行为保全申请，应当综合考量申请人的请求是否具有事实基础和法律依据，不采取行为保全措施是否会使申请人

① 参见张海燕、苏捷：《功能主义视角下知识产权诉前行为保全制度的激活》，载《中国应用法学》2020 年第 6 期。
② 参见韩天岚：《知识产权诉讼中诉前禁令的适用》，载《电子知识产权》2004 年第 4 期。

的合法权益受到难以弥补的损害或者造成案件裁决难以执行等损害，不采取行为保全措施对申请人造成的损害是否超过采取行为保全措施对被申请人造成的损害，采取行为保全措施是否损害社会公共利益等因素。

针对知识产权即发侵权的诉前禁令申请，其审查的特殊点在于，侵权行为及损害结果尚未出现，行为的形态和种类、损害的程度等具体情形尚不明确。因此，在判定上述胜诉可能性、认定难以弥补的损害和考量利益平衡及公共利益的时候，需要设定假想的侵权行为和损害结果，如果仅存在侵权及损害的一般可能性，则不应颁发临时禁令。① 这种假想的情形应以行为人已经或正在实施的行为为基础，结合行为人既往的侵权行为样态或表示出的侵权意图，以及常见的侵权情形，合理推断出行为人将要实施的侵权行为，进而预计如果实施该侵权行为可能造成的损害结果。

如在本案中，被申请人珠海某公司在北京冬奥会期间曾通过转播中央广播电视总台体育频道的方式实施侵权行为，虽然侵权行为因转播行为的非交互性即时停止了，但可以预见其未来仍可能通过相同的方式在线提供侵权作品。因此，法院以该假想的侵权行为为基础，对诉前禁令进行审查认定。

【典型意义】

本案系针对侵害 2022 年北京冬奥会赛事节目著作权及不正当竞争行为而作出的诉前禁令。本案裁定不仅针对已经及正在盗播北京冬奥会赛事节目的行为，也针对未来可能发生的盗播北京冬奥会赛事实况节目的行为，是对即发侵权行为作出的诉前禁令。裁定在北京冬奥会举办期间作出，及时、有力地保护了北京冬奥会赛事的传播秩序，维护了北京冬奥会的知识产权保护环境，受到社会和媒体的广泛关注。本案获评 2022 年度上海版权十大典型案件、2022 年上海法院加强知识产权保护力度典型案件、2022 年度中国网络治理十大司法案件，并被写入最高人民法院工作报告。

【案例索引】

案号：

上海市浦东新区人民法院(2022)沪 0115 行保 1 号

审判组织：

一审：吴智永、倪红霞、胡琛罡

编写人：胡琛罡

① 参见杨静：《“难以弥补的损害”之判断规则及类型化研究　以知识产权侵权诉前禁令为视角》，载《电子知识产权》2014 年第 8 期。

Civil Copyright Cases

01

Derivative Works Created without Authorization are still Protected by Copyright Law

—Copyright Infringement Case between Gong and Zhejiang X E-Commerce Co., Ltd. et al.

Rule

Derivative works shall be protected by copyright law, as long as they meet the requirements of originality in comparison to the existing work, and do not violate the mandatory rules of laws. Authors of derivative works without license from the original copyright owner are only restricted when exploiting the derivative work, but not in assertion of rights when derivative works are infringed by others.

Basic Facts

Plaintiff: Gong

Defendant: Zhejiang X E-Commerce Co., Ltd. (hereinafter referred to as Zhejiang X E-Commerce Company)

Defendant: Wang

The plaintiff Gong, inspired by his experience of stock trading and the booming stock market at the time, rewrote the lyrics based on the tune of the song "Love Beyond Death" (originally composed by Yoo Hae Jin and written by Lee Hyun Kyu) sang by Ashin, the lead singer of the Band Shin, into "Keeping Beyond Death" (hereinafter referred to as the lyrics of Gong's version), and published on the website Loveinhere.com under the ID "Brother Kai" on April 26, 2007. On May 6 of the same year, the plaintiff asked the defendant, Wang, to sing the song. After singing, Wang sent the recording file to the plaintiff through QQ, and the plaintiff uploaded it onto his personal homepage. Subsequently, the song spread online. From May to June 2007, the plaintiff, as the lyricist of the song "Keeping Beyond Death", and Wang, as the singer, were interviewed by the "Recording 2007" program of Radio Shanghai, "News Nightclub" program of Xinmin. cn, and "News 60 Minutes" program of Hangzhou TV Station. During these interviews, the defendant Wang said that the plaintiff provided her with the lyrics to "Keeping Beyond Death" and asked her to sing the song, or she "got the lyrics from a friend". However, at the same time, the two defendants signed a copyright licensing contract and started cooperation: it was agreed that the defendant Wang would license the use of the lyrics to "Keeping Beyond Death" to Zhejiang X E-Commerce Company, which would be responsible for obtaining the right to exploit the song and promoting the song and singer.

On May 25, 2007, the lyrics modified by defendant Wang (hereinafter referred to as the lyrics of Wang's version) and the song "Keeping Beyond Death" credited to "Lyrics: Wang" began to be disseminated on the website of the entertainment base of the Zhejiang X E-Commerce Company, in the form of song previewing and downloading. On October 1, 2007, the male, female and DJ version of "Keeping Beyond Death" were included in the website's recommended Coloring Ring Back Tone (hereinafter referred to as CRBT), latest hit CRBT, and latest-clicked CRBT lists. Besides, the song was at the top of Latest Hits CRBT and CRBT Subscription ranking list in that month. During the litigation period of this case, "Keeping Beyond Death" was still being disseminated on the website of Zhejiang X E-Commerce Company. By spending certain amount of "beans", which is the currency used on the company's website, users can utilize advanced functions including downloading and voting for songs, as well gave away CRBT. Users can acquire "beans" for free by registering as a member of the website, participating in activities such as song uploading, rating, commenting, etc., or they can purchase "beans" through paid methods like SMS recharge or bank card recharge.

Upon comparison, the total number of words in the lyrics of Gong's version of "Keeping Beyond Death" and original lyrics of "Love Beyond Death" is both 189 words, with 83 words being identical. Even if they also have a same number of words for each sentence, but the content differs, focusing on stock trading and love, respectively. The lyrics of the Gong's version of "Keeping Beyond Death" and Wang's version of "Keeping Beyond death" are both about stock trading, with a total word count of 189 words, differing by 23 words. Besides, according to the report on Xinhua Net, in 2007, Google and Baidu ranked search keywords, and the title of the contested song "Keeping Beyond death" reached fourth place on Google's "Annual China Hot List" and the "Top Ten Fastest Rising" on Baidu's 2007 Search Trends List.

Plaintiff Gong claimed that the two defendants used the lyrics of "Keeping Beyond Death" created by the plaintiff without authorization for for-profit purpose, which seriously infringed on the plaintiff's right of authorship, right of alteration, right of integrity, right of adaptation, right of performance, right of dissemination information via networks, right of reproduction, right of distribution, and right to receive remuneration. The plaintiff hereby requested the court to order that the two defendants shall cease the infringing acts, make a public apology, and jointly compensate CNY 400, 000 for economic losses, CNY 50, 000 for mental distress, and CNY 13, 184.7 for reasonable expenses to stop the infringement.

The defendant, Zhejiang X E-Commerce Company, argued that its exploitation of the song "Keeping Beyond Death" was authorized by the right holders, namely the defendant Wang as the lyricist, and X Record Company as the composer. Therefore, it does not constitute infringement. The plaintiff's lyrics were not original because of plagiarization, thus lacking original copyright. Consequently, the plaintiff's claim basis does not exist. The true rightholders of the lyrics and composition of the song in question were never involved in this case, thus the plaintiff's claim should be dismissed.

The defendant Wang argued that "Keeping Beyond Death" plagiarized "Love Beyond Death", so neither the defendant Zhejiang X E-Commerce Cmpany nor the plaintiff Gong enjoyed copyright. X Record Company, the real owner of the song, did not join the lawsuit in this case, so the plaintiff's claim shall be dismissed. Moreover, the work was originally disseminated free of charge, and the defendant Wang did not profit from it, thus causing no loss to the plaintiff.

[Holding]

After hearing the case, Shanghai Pudong New Area People's Court held that, Gong's version of the "Keeping Beyond Death" lyrics signed by the plaintiff at the time it was published on the internet. Although the defendant Wang argued that she participated in the creation, no evidence was provided, and her opinion was obviously contrary to her statements in media interviews. So the defendant Wang's argument that she participated in the creation of the lyrics of Gong's version of "Keeping Beyond Death" was not accepted. The plaintiff is the copyright holder of the lyrics of "Keep beyond Death" and has the right to initiate this lawsuit. Whether the plaintiff's lyrics infringed on the copyright of "Love Beyond Death" concerns the relationship between the plaintiff and the lyricist of "Love beyond Death", which falls outside the scope of this case, and does not affect the plaintiff's right to assert claims of copyright in the event of infringment upon their own work.

Wang's version of "Keeping Beyond Death" constituted plagiarism of Gong's version of "Keeping Beyond Death", thus did not constitute a new work. Without the authorization of the plaintiff, the defendant Wang treated the work as her own creation and licensed the defendant Zhejiang X E-Commerce Company to organize the singing performance and then disseminate it on the internet, which constituted an infringement of the plaintiff's right of authorship, alteration, performance, dissemination information via networks, and the right to receive remuneration of the plaintiff's written work, thus the defendants shall bear corresponding civil liability. However, the actions of two defendants did not constitute an infringement upon the plaintiff's right of integrity, right of adaptation, right of reproduction, and right of distribution.

The scope of the defendant's public apology for copyright infringement should be consistent with the scope of the infringement. Considering the prolonged and widespread dissemination of the song "Keeping Beyond Death" through the website of Zhejiang X E-Commerce Company, the two defendants shall publish a written apology notice on the website to eliminate the impact of the infringement. The plaintiff failed to provide evidence to prove that the defendant's infringement had a relatively large negative social impact on him. Hence, the public apology could have played a role in eliminating the impact and providing spiritual comfort, and the claim for mental distress, is not supported.

The website operated by the defendant, Zhejiang X E-Commerce Company is a for-profit site, and its dissemination of the song in this case had business purpose. The plaintiff has not provided evidence of the economic damages suffered by the infringement and evidence of the defendant's profits. Moreover, the two defendants did not provide sufficient evidence to determine the amount of profits gained from the dissemination of the disputed work. As a result, the amount of compensation to be borne by the two defendants was determined based on factors such as the nature and scope of the infringement of the two defendants, as well as the degree of originality of the plaintiff's works. The two defendants shall compensate for the reasonable expenses actually paid by the plaintiff to stop the infringement.

Shanghai Pudong New Area People's Court made the Civil Judgment (2007) PMS (Z)

CZ No. 120 on August 18, 2008. The two defendants shall stop infringing on the copyright of the plaintiff Gong's literary work "Keeping Beyond Death", published a written apology notice on the homepage of the entertainment base website of Zhejiang X E-Commerce Company with a conspicuous display area of not less than 7cm × 9cm, continuously for 30 days. and compensated plaintiff Gong for economic losses of CNY 15, 000 and reasonable expense of CNY 12, 000.

After the first-instance judgment, neither the plaintiff nor the defendant appealed.

[Commentary]

I. The relationship between the lyrics of Gong's version, the lyrics of "Love Beyond Death", and the lyrics of the Wang's version

As a collaborative work that can be exploited separately, a musical composition grants separate copyright to the lyricist and the composer for their respective contributions. They can exercise their independent rights separately without infringing upon the overall copyright of the song. In this case, the plaintiff asserted the lyricist's right to the lyrics of Gong's version's "Keeping Beyond Death", while the two defendants argued that his lyrics plagiarized the lyrics of "Love Beyond Death" and "there is no substantial similarity between lyrics of Wang's version and Gong's version". As a result, the two issues that need to be decided in this case are: the relationship between the Gong's version of the lyrics and the lyrics of "Love Beyond Death", and the relationship between the Gong's version of lyrics and the Wang's version of lyrics.

(I) The lyrics of the Gong version is a derivative work of the lyrics of "Love Beyond Death". A derivative work refers to a new work created by the activity of re-creation on the basis of an existing work, mainly including adaptations, translations, annotations, compilations, etc. Article 12 of the *Copyright Law* stipulates: "Where a work is created by adaptation, translation, annotation or arrangement of a pre-existing work, the copyright in the work thus created shall be enjoyed by the adapter, translator, annotator or arranger, provided that the copyright in the original work is not infringed upon." On one hand, a derivative work is closely related to the existing work. Specifically, it used the materials or creative elements that already included in the original work, meaning that it is a re-creation of the existing work, resulting in obvious similarity or resemblances between them. The resemblances or similarities bind it closely to the original work and strictly distinguishes it from an entirely unrelated new work.

On the other hand, a derivative work, on the basis of the existing work, incorporates its own characteristics and personality, which indicates that it has a new and distinctive originality. Those new elements is set the derivative work apart from the existing one, and make it constitute an independent new work. That characteristic is an important distinction between a plagiarized work and a derivative work. Derivative works generally require a higher level of originality than that of the original work. The U. S. judges also held that, if a derivative work shall be protected by copyright, it should make substantial rather than minor changes to the existing work, with the intention to achieve a "genius" difference between the former and the latter. ①

In this case, the lyrics of the Gong's version were re-written and created based on the composition of "Love Beyond Death". Its sentence structure, rhythm, arrangement, and coherence were deeply influenced by the lyrics of "Love Beyond Death", and made use of the popular creative elements. As a result, the lyrics of Gong's version have a strong dependence on the lyrics of "Love Beyond Death".

At the same time, the plaintiff incorperated his own stock trading experiences and the current extremely hot stock market situation into the creation of lyrics, so that the lyrics of the Gong's version using stock market as the theme and the voices of stock investors as the content, which were distinctive from the existing work's "love" topic and was distinguishable in the literal expression. Objectively, it is enough for Gong's version to be identified as a new work. So the lyrics of Gong's version demonstrates new originality compared with the lyrics of "Love Beyond Death", and constitutes a derivative work of the lyrics of existing work.

(Ⅱ) The lyrics of Wang's version is a plagiarization of Gong's version. First of all, the plaintiff's evidence shows that Wang claimed in an interview that "the plaintiff gave her the lyrics of"Keeping Beyond Death"and asked her to sing it", or "got the lyrics from a friend". Moreover, the lyrics of Gong's version was published earlier than Wang's version, so it can be inferred that Wang had the access to the lyrics of Gong's version of the lyrics before the lyrics of "Keeping Beyond Death" were publicized on the entertainment base website under Wang's name. Secondly, comparing the lyrics of the Gong's version and the lyrics of the Wang's version, they share the same theme of stock trading. And the only difference is the change of non-essential words, which were so slight that they fail to provide Wang's version lyrics with significant distinction from the Gong's version lyrics in terms of originality. As a result, it shall be judged that Wang's version lyrics have constituted substantial similarity with Gong's version lyrics. According to the infringement criterion of "access + substantial similarity", it can be concluded that Wang's lyrics constitute an infringing work by plagiarizing Gong's lyrics.

---

① See William F. Party, *Copyright Law and Practice*, The Bureau of National Affais Inc, 1994, p. 161, 166 – 167.

II. Derivative works created without authorization are still protected by Copyright Law

The author of the existing work enjoys certain rights to the derivative work, which is determined by the close relationship between derivative works and the original works. According to the provisions of China's copyright law, this right is embodied in the right to authorization and the right of non-infringement, that is, the author of the derivative work shall get the authorization from and pay remuneration to the author of existing work before the re-creation. Besides, the right of authorship of the original author shall not be infringed in the procedure, and the derivative work must not distort or tamper with the original work. In this case, the lyrics of the Gong's version shall have obtained but did not obtain the authorization from the author of the lyrics of "Love Beyond Death", meaning that it is a derivative work created without authorization.

The focus of the dispute in this case is whether a derivative work created without authorization can be protected by copyright law, and whether their authors can claim rights when it is infringed by others. The author believes that the authorization obtained from the author of the existing work shall not be a barrier for the right holder of the derivative work to assert their rights when their work is infringed upon by others. The reasons are as follows.

First, the derivative work has new creative components compared to the existing work. An unauthorized derivative creation involves creating a new work without the authorization of the original right holder. The intellectual achievements of the author of the derivative work has independent value, which actually increases the interests of the right holder of the original work, so it should be determined that the author of the derivative work enjoys copyright in the new creative elements of the derivative work.

Second, the current legislation does not contain a negative provision. Article 2 of the *Regulations for the Implementation of the Copyright Law* stipulates that an intellectual achievement that is original and can be reproduced in a tangible form is a "work". Article 6 stipulates that copyright arises upon completion of the creation of a work. Article 4 of the *Copyright Law* stipulates that works that are prohibited from being published or disseminated in accordance with the law are not protected by this Law, and that restriction points to works that are prohibited from being published or disseminated by the relevant administrative authorities because their content violates the law and promotes pornography, violence, feudal superstition, etc., which does not include suspected infringing works under private law. The above provisions regulate the conditions for copyrightability from both sides. The lyrics of Gong's version meet the originality requirement of the work, and does not belong to the category of works that are not protected by law, thus the author shall enjoy the copyright protection from the date of completion.

Third, copyright is a private right and shall be subject to the principle of autonomy of private law. The author of the existing work has the right to claimhis rights against the author of a derivative work without author's authorization, but also has the right to waive such rights. An infringer of a derivative work is not the owner of the existing work's rights, nor does he have the right to claim on the owner's behalf. The law only stipulates that the author of a derivative work shall not infringe upon the copyright of the existing work during exploitation, which does not affect their ability to claim rights against others for infringement of the derivative work. Therefore, whether the creation of Gong's version of the lyrics obtained the permission from the lyricist of "Love Beyond Death" is irrelevant to the issues in this case, and it does not need to be dealt with in this case, and thus the defendant lacks a basis for defense on this matter.

Fourth, judging from the legislative spirit of *Copyright Law* and the development status of digital technology, derivative works created without authorization shall be protected. The purpose of the *Copyright Law* is to encourage the creation of works. However, based on the limited nature of resources, the *Copyright Law* shall encourage the acts of making full use of existing works for recreation. Concurrently, the development of modern science and technology has accelerated the dissemination of works as never before, making it easier to obtain information about works for further processing and recreation. However, when faced with a large number of existing works and their respective authors, it is not easy to trace them one by one and obtain the authorization of the existing authors, which will also greatly increase the cost and weaken the enthusiasm for creation. Therefore, the protection of a large number of unlicensed derivative works in advance, while retaining the existing work's author's right of recourse, maximize the use of resources, encourages creation, and take into account the copyright protection of right holders.

[Significance]

This case concerns the protection of copyright in derivative works created without authorization. The case, known as the "First Case on Stock Market", has received widespread attention from the society. This case clarifies that obtaining authorization from the author of the existing work is not a prerequisite for the copyright protection of a derivative work. As long as the derivative work satisfies with the requirements as originality, it shall be protected under *Copyright Law*. The trial of this case has been reported by many media such as *Legal Daily*, and has been cited in many copyright law textbooks, which holds great pioneering and exemplary significance.

[Case Index]

Case Number:

First instance: Shanghai Pudong New Area People's Court (2007) PMS (Z) CZ No. 120 (August 18, 2008)

Judges and Juror:

First instance: Chen Huizhen, Ni Hongxia, Dong Yixian

Drafted by: Chen Huizhen

Translated by: Zheng Ke

Proofread by: Niu Tong

02

Destroying Technological Protection Measures Constitutes Copyright Infringement

—Copyright Infringement Case between Shanghai X Network Technology Co., Ltd. et al. and Beijing X Science and Technology Co., Ltd. et al.

Rule

The software serial number is a technical protection measure implemented by the copyright owner to protect their copyright in the software. Without authorization from the copyright owner, unauthorized cracking of the software serial number shall be considered as an act of intentionally destroying technical protection measures of the software, which constitutes copyright infringement. If the software protected by a serial number can still be used after the expiration of the licensed period, the user shall provide evidence to prove that the source of the right is justified. If the user fails to provide such evidence, the court may apply rules on presumption of fact in civil litigation to assume that the user has cracked the serial number of the software, and the user shall be held liable for the infringement.

Basic Facts

Plaintiff: Shanghai X Network Technology Co., Ltd.

Plaintiff: Shanghai X Scientific Equipment Co., Ltd.

Defendant: Beijing X Science and Technology Co., Ltd.

Defendant: Beijing X Science and Technology Co., Ltd. Shanghai Branch Office

The third party, Hefei X Network Technology Co., Ltd. (hereinafter referred to as Hefei X Company) and the defendant Beijing X Science and Technology Co., Ltd. share the same legal representative, named Qian. On February 27, 2006, the two plaintiffs obtained the certificate of computer software copyright registration for Yitu WebDraw Software V2.0 (hereinafter referred to as WebDraw). On October 10 of the same year, Shanghai X Scientific Equipment Co., Ltd. issued a letter of authorization. It states that, for WebDraw, a software jointly developed by the two plaintiffs, the property rights pertaining to ownership of copyright, including issuing license and signing related contracts, are fully entrusted to Shanghai X Network Technology Co., Ltd. On October 23 of the same year, Hefei X Company signed WebDraw Software End-user License Agreement with Shanghai X Network Technology Company, in which two parties agreed that the former entity purchase WebDraw from the latter one from November 1, 2006, to October 30, 2007 with the authorized website www. namedia. cn. Besides, the authorized exploitation fee is CNY 4, 000. Shanghai X Network Technology Co., Ltd. issued a serial number, which is only valid in the agreed period of purchase and utilization, to Hefei X Company for the exploitation of the aforementioned software product. Moreover, the serial number is bound exclusively to the website domain name of Hefei X Company. Without the authorization from Shanghai X Network Technology Co., Ltd., Hefei X Company shall not rent, lend, transfer or sell the software product. After reaching to the agreement, Hefei X Company paid the authorization fee of CNY 4, 000 for WebDraw on October 30, 2006. On November 14 of the same year, because of Hefei X Company's willingness to change the URL bound to the software, it signed a User's License Agreement with Shanghai X Network Technology Co., Ltd. The terms of the agreement was the same as that of the agreement of October 23 2006, except that the domain name bound to the software was changed to www. namex. cn and license fee being reduced to CNY 1, 500. On November 16 of the same year, Hefei X Company paid the above fees to Shanghai X Network Technology Co., Ltd. Subsequently, Shanghai X Network Technology Co., Ltd. changed domain name bound with the software to www. namex. cn., and set up a serial number according to the website's domain name and the expiration date of the authorized software. After the expiration of the licensing period of the software, the system will pop up the notice to request a purchase of a new serial number for continued use.

On January 24, 2007, Beijing X Science and Technology Co., Ltd. was established, subsequently, it was responsible for the management of the domain name of www. namex. cn. (the domain name of the website was still registered under the name of Hefei X Company), and utilized the Plaintiff's WebDraw software to engage in the business of Business Card World on the aforementioned website. On May 11 of the same year, Beijing X Science and Technology Co., Ltd. Shanghai Branch Office was established. Then, the company used the above website to engage in the same business as Beijing X Science and Technology Co., Ltd.

The two Plaintiffs claimed that they were the copyright owners of WebDraw V2.0, and since May 2007 (the time of infringement from the defendant Beijing X Science and Technology Co., Ltd. started from its establishment in January, and for another defendant Beijing X Science and Technology Co., Ltd. Shanghai Branch Office the infringement started at its establishment in May, 2007), the two defendants utilized the software on the Business Card World website (domain name: www.namex.cn) to provide customers with business card design service without the authorization of the two plaintiffs, which infringes on their legitimate rights and interests. The plaintiffs requested that the two defendants shall immediately cease the infringement act, delete all programs used WebDraw, and compensate the plaintiff CNY 200,000 for economic damages as well as CNY 3,346 for the reasonable expenses to stop infringement. During the trial, because the two defendants had stopped using the disputed software in mid-December 2008, the two plaintiffs applied to withdraw the two claims for ceasing infringing acts and delete the related program.

The two defendants defended that Hefei X Company and they themselves were established by the same shareholders. Hefei X Company has signed an agreement for the exploitation of the disputed software with Shanghai X Network Technology Co., Ltd., and paid the related fees accordingly. It is stated in the agreement that the website's domain name for the exploitation of the software is www.namex.cn, and the purpose of Hefei X Company's exploitation of the disputed software is to support the business of Business Card World, the content of which is to design and produce business cards for users on the internet. Later on, Hefei X Company, with the intention to specialize in the business of Business Card World, registered and established the two defendants. As a result, the website with the domain name of www.namex.cn was managed by the defendant Beijing X Science and Technology Co., Ltd. The license agreement between Hefei X Company and Shanghai X Network Technology Co., Ltd. expired on October 30. After that expiration, due to its negligence, Hefei X Company did not timely pay the fees to Shanghai X Network Technology Co., Ltd. However, Shanghai X Network Technology Co., Ltd. also did not inform Hefei X Company of the mentioned issue. Currently, the two defendants are willing to pay the license fee to the two plaintiffs according to the standard of CNY 4,000 per year.

[Holding]

Shanghai Pudong New Area People's Court held that the two plaintiffs obtained computer software registration certificate for Yitu WebDraw V2.0, so the two plaintiffs were the copyright owner of the software. Except for the fair use permitted by law, others without permission shall not infringe on copyright enjoyed the two plaintiffs on the disputed software. For the exploitation of the disputed software, the plaintiff Shanghai X Scientific Equipment Co., Ltd. has issued a Letter of Authorization, fully entrusting the enforcement of economic rights related to the authorship of copyright to the plaintiff Shanghai X Network Technology Co., Ltd., including the right to license the software for exploitation by third parties and to sign related contract. Shanghai X Network Technology Co., Ltd., according to that agreement, signed two license agreement with the third party Hefei X Company. The content of the two license agreements reflect the true intentions of both parties, thus they are obligated to act according to the terms of agreement. During the term of the agreement, Hefei X Company, for business purpose, entrusted the defendant Beijing X Science and Technology Co., Ltd. to manage the website bound to the disputed software. Although Hefei X Company and Shanghai X Network Technology Co., Ltd. has entered into the agreement that, without the consent of Shanghai X Network Technology Co., Ltd., Hefei X Company shall not rent, loan, transfer, or sell the software product. Hefei X Company delivered the whole website to Beijing X Science and Technology Co., Ltd. for its management, without unauthorized reproducing, selling, renting, loaning, or transferring of the disputed software. As a result, before October 30, 2007, and in the license period granted to Hefei X Company, Beijing X Science and Technology Co., Ltd. managed the www.namex.cn website with the authorization of Shanghai X Network Technology Co., Ltd., and had paid the relevant fees, thus the two defendant did not infringe upon the legitimate rights and interests of the two plaintiffs in that period. The two plaintiffs, after the collection of license fee from Hefei X Company, repeatedly claimed the license fee from the two defendants without legal standing, thus the claim was not supported by the court. As for the two defendants' exploitation of the disputed software after October 30, 2007, the using period is regulated through the application of serial numbers. After the expiration of the license period, users were required to purchase a new serial number for future exploitation. However, in this case, the two defendants, after the expiration of the license, could still use the software. In this context, the two plaintiffs claimed that the two defendants applied certain technical methods to crack the disputed software serial number. The two defendants asserted that the license period had not expired, and the system did not appear prompt information, so the two defendants did not decipher the password but used the software normally. The court held that their defense contradicted against the license agreement between Hefei X Company and Beijing X Science and Technology Co. Ltd., and deviated from normal practices. The two defendants failed to prove that, after the expiration of the license period, they could still legally exploit the disputed software. Therefore, the court adopted the two plaintiffs' opinion, that the two defendants used technological measures to decipher the serial number of the software after the expiration of the license period. It shall be decided that the two defendants' act infringed on the copyright of the two plaintiffs for the disputed software, and shall cease the infringing act as well as bear the compensation liability according to the *Copyright Law*.

As for the compensation responsibility borne by the two defendants, because the two plaintiffs' losses and the two defendants' profits cannot be determined, the court shall reasonably determine the amount with the reference to the standard of license fee that Shanghai X Network Technology Co., Ltd. charged Hefei X Company for exploition of the software. the period of unauthorized exploitation, the operational scale of the disputed website, the degree of fault of the two defendants. The two defendants acknowledged the litigation costs in the claims of the two plaintiffs. The relevant costs incurred through the lawsuit shall be categorized as the plaintiff's reasonable expense in this case and shall be borne by the two defendants.

Shanghai Pudong New Area People's Court issued the (2008) PMS(Z)CZ No. 453 civil judgment: the defendants Beijing X Science and Technology Co., Ltd. and Beijing X Science and Technology Co., Ltd. Shanghai Branch Office compensate the loss of CNY 10,000 and reasonable expenses of CNY 3,346 to the plaintiffs Shanghai X Network Technology Co., Ltd. and Shanghai X Scientific Equipment Co., Ltd. within ten days from the date of judgment entered into force.

After the pronouncement of the first instance judgment, neither the plaintiff nor the defendant appealed.

[Commentary]

Ⅰ. Destruction of software technical protection measures as one form of copyright infringement

The act of destroying software's technical protection measures is a new form of infringement to software copyright after the revision of the *Copyright Law* and the implementation of the new regulation on computers software protection. In practice, this kind of infringement is not common. A technological protection measure means that the right owner actively takes measures by technological means to protect and manage their rights, and to prevent others from infringing on their rights. With the development of technology, right owners adopt various forms of technological protection measures, while they are also in the process of continuous updating. Regarding technical protection measures of computer software, the serial number protection method is a prevalent anti-piracy measure for shareware, and it is also one of the most popular and widely used protection methods at present.

Aftera user pays a certain amount of license fee and obtains the license of exploitation the software from the software company, the mentioned corporation generally controls the period of exploitation through the setting of the serial number. But after the expiration of the license period, the system will prompt the user to enter a new serial number to continue usage. At that time, the user must go to the software company to pay for an extended license for a certain period. The software company will recalculate a new serial number based on the user's information, and the user will be able to continue using the software after entering the serial number. This method of setting a serial number with the intention to achieve encryption is relatively simple to realize, and requires no additional costs, as well as making it convenient for the user to purchase. Currently, 80% of software are protected in this way.

However, because of the simplicity of the operation method of this protection method, a considerable part of programmers, in order to improve their own programming skills or for other purposes, track and analyze the existing technological protection measures to find out the corresponding way to decipher them or produce cracking tool software, which are released for free online for users to download and use. This provides a convenient way for users to crack the serial number of the software. The user's act of cracking the serial number falls under Article 47.6 of the *Copyright Law*, Article 24.1.4 of the *Regulation on Computers Software Protection* on "deliberately avoiding or destroying the technical protection measures taken by the copyright owner to protect their software copyright", and the user shall bear the corresponding legal responsibility as stipulated by law. In this case, in the situation that setting a serial number to control the software's using period, the manner in which the two defendants continued to use the disputed software after the licensed period is the key to determine whether their act constitutes an infringement to copyright. The plaintiff and the defendant has different statements on this matter, so the court applied the rules on fact assumption in civil litigation to determine the infringement fact of the two defendants.

Ⅱ. The application of rules on presumption of fact

The so-called presumption of fact refers to the litigation proof method applied in the situation that the judge use his logic and rules of thumb, when their is no clear provisions stipulated in the law, to deduce the will-be-proved fact from the known facts, which allowing the parties to present counter-evidence. [1] The presumption of fact, also known as the rebuttable presumption of fact, comes from the specific facts of a particular case and is grounded human's rational understanding and universal experience. The presumption of fact is sometimes referred to as a temporary presumption, this is because the party who denies the fact that the presumed fact carries the burden of proof to prove that the presumed fact does not exist "temporarily". The system of presumption of fact shall falls within the scope of proof in evidence law. However, China currently has no specialized evidence law, and the civil procedure law also does not provide any provisions for a presumption system. The general basis for presumption exists in China's judicial interpretations. Artical 75 of the *Opinions of the Supreme People's Court on Some Issues Concerning the Application of the Civil Procedure Law of the People's Republic of China* stipulates that: The parties concerned need not to assume the burden of proof for the following facts: ...(iii) Facts that can be induced from legal provisions or known facts; ...In the *Provisions by the Supreme People's Court on Evidence in Civil Procedures* of 2001, Article 9 provides that the facts as mentioned below need not be proved by the parties concerned by presenting evidences: ...(iii) The fact that can be induced according to legal provisions or known facts or the rule of experience of daily life.

Presumption of fact belongs to the scope of the judge's discretionary evaluation of evidence, meaning that the judge has the discretionary power for non-evidence proof, which introduces certain risks into the system. As a result, the application of the mentioned rule must follow strict conditions, that is, will-be-proved facts cannot be proved by existing evidence, but it is essential to apply the rule of presumption of fact; the basic fact of the presumption of fact must be certain and reliable; the basic facts and the assumed fact has a constant and normal connection, with the assumed fact conformed with the rules of thumb; the presumption of fact is not rebutted by countervailing evidence.

In this case, the plaintiff and defendant have conflicting statements about the reasons why the two defendants were still able to use the software after the expiration of the license period, and both have failed to provide evidence for their claims. The determination of this fact is crucial to the conclusion of this case, so it is necessary to apply the presumption of fact. The operation mode of the serial number involved in the case in the software is closely related to the infringement mode of the two defendants that the court needs to infer, which is the foundational fact used for factual inference in this case. Both the plaintiff and defendant have

---

① See Liu Qingwei, *On Presumption of Fact in Civil Procedure*, published in the Master's Thesis of China University of Political Science and Law, 2007, p. 3.

confirmed the foundational fact that the disputed software has set a serial number as its copyright protection method. In the normal use of the software, after the license period expires, the system should require users to input a new serial number based on the control information of the pre-set serial number to continue to use it. Therefore, this basic fact has been determined by both parties as a reliable fact. The license period for Hefei X Network Technology Co., Ltd. expired on October 30, 2007. Since then, neither the company nor the two defendants have paid any additional license fees to the plaintiff Shanghai X Network Technology Co., Ltd. Based on the aforementioned basic facts, the two defendants are unable to continue using the disputed software without obtaining a new serial number.

Currently, however, the two defendants are still using the disputed software, and the website bound with the software is actually controlled by the two defendants. Therefore, it can be inferred that there is only one plausible reason for the two defendants' continued use of the software after the license period expires: namely, the two defendants have bypassed the algorithm set by the plaintiff Shanghai X Network Technology Co., Ltd. for the disputed software and entered a new serial number on their own. Of course, for the above presumed facts, the two defendants can provide evidence, such as an error in the serial number set by the plaintiff Shanghai X Network Technology Co., Ltd. in the software, or the absence of prompt information appeared after the expiration date, to refute the presumed facts. However, the two defendants only defended against the above reasons verbally and did not provide relevant evidence, so they cannot refute the court's presumed facts. The court confirmed the infringement mode of the two defendants based on the presumed facts and determined the compensation liability that the two defendants should bear.

[Significance]

Software serial number is an effective measure taken by the computer software copyright owner to protect their software copyright. Without the permission of the copyright owner, unauthorized cracking of the software serial number belongs to the act of intentionally destroying the software technology protection measures and constitutes copyright infringement. The judgment of this case clarified that for software with technical protection measures, any user who bypasses the technical measures to exploit the software shall provide the adopted reasonable measures and justifiable reasons, otherwise they shall be assumed to have destroyed the technical protection measures of the software, and bear the responsibility of copyright infringement. This case was honored as Top 50 Typical Cases on the Judicial Protection of Intellectual Property Rights by Chinese Courts in 2009, Top 10 Typical Cases of Copyright by

Shanghai in 2009, one of the Selected Cases of Shanghai Courts in 2010, and was included in the book *Commentary on Chinese Intellectual Property Rights Instruction Cases* (China Legal Publishing House, 2011 edition).

[Case Index]

Case Number:

First instance: Shanghai Pudong New Area People's Court (2008) PMS (Z) CZ No. 453 (February 5, 2009)

Judges and Juror:

First instance: Ni Hongxia, Du Lingyan, Sun Guoying

Drafted by: Du Lingyan

Translated by: Zheng Ke

Proofread by: Niu Tong

03

Paths to Protect Online Game Visuals as Works Created in a Way Analogous to Cinematographic Works

—Copyright Infringement, Trademark Infringement and Unfair Competition Case between Shanghai X Information Technology Co., Ltd. and Guangzhou X Information Technology Co., Ltd. et al.

Rule

If the overall visuals in online games are original in character settings, level settings, scene maps, weapons, equipment design etc, and can be reproduced in a tangible form, they can be categorized as works stipulated in China's *Copyright Law*. The form of expression and the method of creation of the overall picture in online games are similar to those of cinematographic works, thus they can be identified and protected as works created in a way smilar to cinematography. Whether the overall visuals in an online game is substantially similar can be determined by comparing the plots, characters, maps, scenes and other materials in the game, based on the general level of attention of the relevant public.

Basic Facts

Plaintiff: Shanghai X Information Technology Co., Ltd. (hereinafter referred to as Shanghai X Information Technology Company)

Defendant: Guangzhou X Information Technology Co., Ltd. (hereinafter referred to as Guangzhou X Technology Company)

Defendant: Guangzhou X Network Technology Co., Ltd. (hereinafter referred to as Guangzhou X Network Company)

Defendant: Shanghai X Information Technology Co., Ltd. (hereinafter referred to as Shanghai X Technology Company)

A SouthKorean Company completed the creation of the online game "MU (3D online game)" in November 2001. In 2002, the game was introduced to China by a third party, and has been reported by game magazines and websites many times, earning numerous honors. After the authorization, the plaintiff obtained the exclusive rights to operate the game in China in 2013 and can claim rights in its own name.

In December 2013, the defendant, Guangzhou X Technology Company completed the development of the web game "Miracle Myth", and in January 2014, authorized the defendant Guangzhou X network company to operate exclusively in China. The two parties made specific agreements on the cooperative operation, promotion, fees and revenue sharing of the game.

Both games are role-playing games, with the background of the defense of human beings in the MU Kingdom/Miracle Kingdom against invading demons. Players equip themselves with weapons and use skills to enter game maps with varying level of restrictions to complete missions. After entering the map, the graphics consist of fixed scenes made up of streets, buildings, decorations, seas, forests, monsters, NPCs (non-player characters), etc. "Miracle MU" has 16 maps, while "Miracle Myth" has 24 maps. The 18 maps in "Miracle Myth" before level 400 are essentially the same as those in "Miracle MU" in terms of names and level restrictions, with only adjustments made to individual text and level restrictions on 2 maps. The 17 maps in "Miracle Myth" feature numerous scene maps that have the same composition factors, colors, orientations, and overall layouts as the corresponding scene maps in Miracle MU, with only slight differences in specific details. Both games have three player characters, swordsman, magician and archer. The skills of the characters in Miracle Myth are the same or basically the same as the corresponding names and descriptions in Miracle MU. In addition, the 29 weapons, 105 equipment, 47 monsters and 5 NPCs in Miracle Myth has the same or basically the same name or shapes as the corresponding elements in Miracle MU, only slightly differences can be found in specific details.

The official website of "Miracle Myth" operated by Guangzhou X Network Company published promotional articles for "Miracle Myth", most of which include "ten years of myth, a reappearance of miracle...restoring the popular gameplay from ten years ago to the greatest extent..." etc. On a forum run by Guangzhou X Network Company, many netizens posted that "Miracle Myth" was a web version of MU.

In 2013 and 2014, the plaintiff authorized anthird party to develop a web game with the reference to "Miracle MU", and the plaintiff charged a fixed fee and a share of the operating income.

Shanghai X Information Technology Company claimed that the overall graphics of "Miracle MU" game constituted works created in a way similar to cinematography, in which the elements, including game maps, scenes, characters, weapons, equipment, monsters, NPC names and models etc., also constituted literary works and works of fine art respectively. The above elements of Miracle Myth were substantially similar to those of Miracle MU, thus the graphics constituted substantially similarity. Guangzhou X Technology Company adapted the plaintiff's game into an online game, which infringed upon the plaintiff's right of adaptation. Guangzhou X Technology Company and Guangzhou X Network Company cooperated comprehensively to operate "Miracle Myth", which jointly infringed upon the plaintiff's right of reproduction and right of dissemination information via networks; the defendant Shanghai X Technology Company promoted the infringing game and provided links, which constituted assisting infringement.

In addition, the use of "MU" by Guangzhou X Technology Company and Guangzhou X Network Company in the promotion article of the game constituted trademark infringement. Moreover, the act of three defendants constituted unauthorized use of "Miraclc MU" as the unique name of the plaintiff's well-known commodity, unauthorized use of the unique decoration of the plaintiff's well-known commodity and false advertisement, which violated Article 2 of the *Anti-Unfair Competition Law.*

Thc plaintiff claimed that the three defendants should cease the infringement act and eliminate the related impact, Guangzhou X Technology Company and Guangzhou X Network Company to compensate the plaintiff for economic losses of CNY 10 million and for reasonable expenses of CNY 105, 000. Shanghai X Technology Company should bear the joint liability of CNY 500, 000 for unfair competition. During the trial, the plaintiff withdrew the claim that Shanghai X Technology Company in Shanghai shall cease the infringement act.

The defendant, Guangzhou X Technology Company, defended that: 1. Operating right is not a legal right, and the popularity of "Miracle MU" is not the operating result of the plaintiff, thus the plaintiff has no right to sue. 2. The game visuals of "Miracle MU" do not constitute the works created in a way similar to cinematography. Besides, there are many substantial differences between the two games, and the only similar part belongs to the basic design ideas of fantasy games, thus no copyright infringement is constituted. 3. The articles are not published by the defendant, and the use of "MU" is not a trademark use, which does not constitute trademark infringement. 4. "Miracle" is a commonly used Chinese term, so it is not a unique name of the plaintiff's game; and the graphics in the plaintiff's claim do not constitute unique decorations. The promotion mentioned in the claim of the plaintiff is mainly about the introduction of "Miracle Myth", which does not mislead netizens and does not constitute false publicity. Consequently, this case does not meet the conditions of applying Article 2 of the *Anti-Unfair Competition Law*. 5. The plaintiff's claim of the huge sum of compensation lacks the factual and legal basis.

The defendant, Guangzhou X Network Company, agreed with the defense of Guangzhou X Technology Company, and argued that as an online game operator, it has fulfilled its duty of care.

The defendant, Shanghai X Technology Company, defended that it provided a free platform for game information publishing and was unable to find out whether the game involved was infringing, thus should not bear tort liability. Besides, the website has already been shut down.

[Holding]

Shanghai Pudong New Area People's Court held that: 1. The operation of the game inevitably involve the reproduction, distribution and dissemination through information network of the works in the game, and the operator also enjoyed the competitive interests. As the exclusive operator of the disputed game, the plaintiff has the right to file a lawsuit in this case. 2. Issues of copyright infringement: (1) The pictures claimed by the plaintiff can be categorized as fine art. The expression of the corresponding names or brief introductions is too simplistic to be considered original, but the combination of them as a whole can be regarded as the game's plot and identified as a literary work. (2) The overall graphics of the game claimed by the plaintiff are original and can be reproduced in a tangible form, which is a work that shall be protected by the copyright law. From the perspective of the creation process of online games, the functions of creators such as game planners and material designers are similar to the role of directors, scriptwriters, art designers, musicians and costume designers in the process of film production, while the programming process is equivalent to the filming process of movies. As for the expression form, game visuals consist of a series of pictures with or without accompanying sound, which is similar to the expression of the cinematographic works. Although there may be some differences in the continuous series of images presented by different players, the main parts are the same and the different visuals are set by the developers in advance, so it is impossible for players to add or modify the game graphics beyond the preset of the game developers. Therefore, the continuous graphics of "Miracle MU" constitute a work in a category similar to cinematographic works. (3) A large number of game elements of the two games are identical or similar. For ordinary audience and game players who do not have special discernment, the overall visuals have a high degree of similarity, which is not enough to evoke a different aesthetic experience, meaning that a substantial similarity is found in the case. Therefore, Guangzhou X Technology Company and Guangzhou X Network Company infringed on the plaintiff's rights of reproduction and dissemination information network. However, Shanghai X Technology Company, as a network service provider, did not have any subjective fault, and does not constitute infringement. 3. The act of Guangzhou X Technology Company and Guangzhou X Network Company also constitutes an unfair competition of false advertising. 4. Guangzhou X Technology Company and Guangzhou X Network Company shall jointly bear the civil liabilities such as ceasing the infringement act, eliminating the impact and compensating for the losses of their infringement. According to the economic benefit the plaintiff received from the license fee of the involved game, it can be proved that the loss caused by the defendant's infringement exceeds the maximum of legal compensation. Based on aforementioned information, and considering the commercial value and popularity of the plaintiff's game, the nature and influence of the defendant's infringement intentions and act, etc., the amount of compensation shall be decided above the maximum amount of legal compensation.

Shanghai Pudong New Area People's Court made a civil judgment (2015) PMS (Z) CZ No. 529 on April 13, 2016: the defendant Guangzhou X Technology Company and the defendant Guangzhou X Network Company shall: (1) immediately cease the copyright infringement act; (2) immediately cease the unauthorized use of the unique name of the well-known commodities involved and cease the unfair competition of false advertisement; (3) jointly compensate the plaintiff for the economic losses of CNY 5 million and the reasonable expenses of CNY 104, 990; (4) jointly issue a public statement on the China Intellectual Property News to eliminate the impact, as well as publish statements of the same content on the homepage of their respective websites; (5) dismissed the remaining claims of the plaintiff.

After the first instance judgment, the defendant Guangzhou X Technology company, Guangzhou X Network Company filed an appeal. On March 15, 2017 Shanghai Intellectual Property Court made the civil judgment of (2016) H 73 MZ No. 190: (1) uphold Item 1, Item

4 and Item 5 of the original judgment; (2) change Item 2 of the original judgment to: Guangzhou X Technology Company and Guangzhou X Network Company shall immediately stop the unfair competition of false advertising; (3) change Item 3 of the original judgment to: Guangzhou X Technology Company and Guangzhou X Network Company for the economic losses of CNY 4 million and reasonable expenses of CNY 104, 990.

[Commentary]

In the judicial practice of copyright protection, the work categories areprimarily determined from two perspectives: 1. From the perspective of the game operation: in the process of player operation, online games are run by game engines and retrieve corresponding game materials. The game engine consists of computer programs and documents, and falls within the category of computer software works. 2. From the perspective of audio-visual interface: with the player's operation, online games present a series of dynamic images on the screen, comprise different game materials such as text, pictures, music, and short videos, which are categorized respectively as literal works, fine arts, musical works, and works created in a way similar to cinematography.

In previous judicial practice, online game rights were upheld from the above perspectives by right holders, and courts also protected them from those perspectives, namely identifying them as computer software works, literal works, art works, musical works, etc. In this case, based on the plaintiff's claim that a series of images presented on the screen as a whole shall be classified as works created in a way similar to cinematography, the judgment reveals a certain degree of innovation in determining the type and substantial similarity of the works, which effectively addresses the challenges in the application of laws.

Ⅰ. Online game visuals meets the definition of works created in a way similar to cinematography

According to the *Regulation for the Implementation of the Copyright Law*, cinematographic works and works created by a process analogous to cinematography mean works which are recorded on some material, consisting of a series of images, with or without accompanying sound, and can be projected with the aid of suitable devices or communicated by other means. Therefore, in addition to meeting the requirements of originality, works created in a way similar to cinematography must also possess the following characteristics: (1) with a certain medium as the carrier, such as film, disk, etc.; (2) with a series of images as the form of expression, with or without accompanying sound; (3) with the help of certain equipment for dissemination. Literally speaking, works created in a way similar to cinematography shall also meet the characteristic of "shooting" in the way of creation. However, according to the description of the works created in a way similar to cinematography in the *Berne Convention*, the core of that definition lies in the form of expression rather than the method of creation. ① As China is a member of the *Berne Convention*, the protection in China of works created in a way similar to cinematography shall not be conflict with the spirit of *Berne Convention*. If we only pay attention to the creation method of "shooting", the criteria for judgment would exclude the protection for many audio-visual works produced by new technologies, such as CG (Computer Graphics) animation. It is the animation made with the assistance of computer technologies, which is popular in the field of animation production. According to the substantive factors of the classification of works, the key to identify works created in a way similar to cinematography lies in the expression form rather than the method of capturing it on certain tangible carriers. The expression form of such works lies in the representation of dynamic and continuous graphics, which is also the characteristic element different from the works represented by static graphics.

As for the online game claimed by the plaintiff, it is a game in which players control game characters under certain game rules to upgrade and fight monsters in the game scenes. The game engine retrieves game materials such as storyline, images, music, and interface design according to the software's function design, and presents a series of dynamic images composed of text, pictures, sound, and other combinations on the screen.

As a role-playing game, "Miracle MU" also contains a specific storyline, and the images, music, interface design, and other elements that make up the main content of the screen are created by game developers from multiple departments. It can be seen that the overall visual design of the game is the crystallization of the intelligence created by all developers. It is original in its level setting, map name and pattern design of maps and scene images, character role setting and skill design, weapons and equipment design, and can be reproduced in a tangible form. So it can be categorized as a work protected under copyright law.

As for the category of work, the disputed game presents a continuous and dynamic series of game images during operation, giving people a visual and auditory experience, which is similar to the expression form of cinematographic works. Except for the expression form, the creation method of the disputed online game is also similar to that of works created in a way similar to cinematography.

① Article 2 (1) of the *Berne Convention* states "assimilated works expressed by a process analogous to cinematography", that is, "expressed" in a way similar manner to film making.

The production process of online games mainly includes two steps: firstly, game planners initiate and determine the overall design, and development directions of the online game, such as game engines, modes, styles, and storyline; secondly, programmers write the specific code after determining the functions to be implemented, and the related personnels are responsible for designing game elements such as storyline, various texts, images, music, etc. Among them, the role of game planners, element designers, and other involved personnel are similar to the roles of the directors, scriptwriters, artists, music designers, clothing designers, etc. in the process of film creation. The programming process of games is equivalent to the filming of movies.

In summary, the online game involved in the case has a certain storyline, which integrates multiple creation methods commonly used by directors, scriptwriters, visual designer, and composers. The expressive form and creative procedure are highly similar to cinematographic works, and its overall visuals can be categorized as works created in a way similar to cinematography.

Ⅱ. Extraterritorial Practices on the Protection of Game Visuals

From the perspective of comparative laws, many countries have protected the overall visuals of the game as audio-visual works. For example, since the 1982 *Stern Electronics, Inc. v. Kaufman* case, the US court began to categorized the overall visuals of video games as audio-visual works. In this case, the court decided that a collection of the substantial part of repeated visuals and sound in the game shall be protected as audio-visual works, and found that the expressions of the two games were substantially similar. So the infringement was established.① In Japan, where the game industry developed ealier, the Tokyo District Court pointed out in 1984 in Pac-man game case that, how the users can manipulate the handler, and how the images will change are all settled by the program in advance. As a result, users cannot create new expressions of the graphics and texts, but only simply arrange and combine the extraction order of the pre-set data in the program. Therefore, the game images are fixed in the form of electronic signals on the programs in ROM. And based on this, the game images are recognized as a cinematographic work.② In addition, according to a WIPO's report, Belgium, Germany, France, Italy, South Africa and Sweden have also had cases of protecting the

---

① Stern Electronics, Inc. v. Kaufman, 669 F. 2 d 852, 865(2 d Cir. 1982). quoted from Lu Yin: *Study for the Copyright Protect of Computer Game by Analyzing the Cases of Infringement of Other States*, the master's thesis of East China University of Political Science and Law, 2013, p. 8 – 9.

② Tokyo District Court Showa, No. 8371 Damage Compensation Request Case, Year 56, (ワ). quoted from Lu Yin: *Copyright Protection of Computer Games from the Case of Abroad on Computer Game Infringement*, the master's thesis of East China University of Political Science and Law, 2013, p. 9 – 10.

overall visuals of video games as audio-visual works. ①

In the above case and report, the game involved is named as video game. Video games are the upper concept of the online games involved in this case, referring to all the games running on the platform of electronic devices. The game forms and main classification standards of video games develop and change according to different levels of technological development. Video games in the earlier period mainly emphasized the interaction between human and computer, which were divided into host games, arcade games, portable games, and computer games based on the different operating platforms. With the development of computer technology, especially network technology, computers have become the main platform for the operation of electronic games. Online games that support interaction between players on the basis of human-computer interaction, have become the electronic games with the largest market share. At this time, the classification standards of electronic games are more diversified. For example, they can be divided into stand-alone games and online games according to whether they need to be connected through the internet. They can be divided into e-sports games and non e-sports games according to the characteristics of playing methods. The most common classification standard is based on different game contents. They are divided into role-playing games (i. e. games where players play the roles in the game, emphasize plot development and personal experience, and have elements of upgrading and skill growth), for example, "Miracle MU" in this case and "Sword and Fairy", strategy games (games where various factions compete using game rules, such as Warcraft), action games (game types mainly focused on fighting and passing levels, such as Mario and Contra), adventure games (games with themes such as exploration, treasure hunting, and survival, such as Tomb Raider), puzzle games (casual games used to cultivate and develop intelligence, such as Tetris), fighting games (such as Street Fighter), card games, cultivation games, music games, sports games, shooting games, etc.

Ⅲ. The interactive operation of players does not affect the legal nature of the overall visuals of online games

Compared with traditional cinematographic works, a series of dynamic graphics in online games change with the actions of game players, featuring bidirectionality and interactivity, which means that different operations will present different visuals. However, a series of dynamic images in traditional films is fixed and unidirectional, which does not change

① See WIPO, The Legal Status of Video Games: Comparative Analysis in National Approaches, at http://www.wipo.int/export/sites/www/copyright/en/activities/pdf/comparative_analysis_on_video_games.pdf, July 2, 2016.

according to the different audiences. Compared with electronic games recognized as audio-visual or cinematographic works in countries such as the United States and Japan, the online games involved in the case also represent more variability and uncertainty in their game graphics due to their emphasis on interactions with players. However, this point alone cannot deny its legal nature as works created in a way similar to cinematography. The reasons are: (1) in the visual content presented by players operating online games, the images composed of maps, scenes, monsters, NPCs, and other materials appear in a static state, forming the setting for all stories and events in the game. Its position, function, and other aspects in the game do not change regardless of changes in individual players or the number of times operated. Meanwhile, due to the unified storyline and main storyline tasks, the vast majority of the game's storyline, characters, game visuals, music, etc. are repeated. It can be seen that although there may be some differences in the continuous graphics presented to different players when they are operating in the games, the main part of the visuals is the same. (2) Even if different series of images are generated due to different operations, they are all pre-set by the established program of the developer, meaning that the expression has limited possibilities, and players cannot make modifications or additions to the images beyond the game developer's settings. Even if the players are different, they can still choose the same character, use the same weapons, equipment, skills, and complete the same tasks along the same route and procedure to obtain a completely identical series of dynamic graphics. (3) The players' interactive operations do not constitute the creation activities in the sense of copyright law. The efforts of producing a work must reflect the intellectual creative results of the worker. If it is only mechanically completed according to established rules, even the worker must possess certain skills or knowledge, the generated result cannot be protected as works. The essence of players' operation behavior is to enjoy the experience according to the designed game rules in the scenes created by game developers. In the process mentioned above, the game visuals are automatically generated by the game engine according to established rules by retrieving game materials pre-set by the developers. As long as specific conditions are met, regardless of who operates or when to operate, the visual and auditory effects displayed on the screen are the same. Therefore, the act of players do not reveals the characteristics for the creation of works, and will not have a substantial impact on the originality of the overall visuals of online games.

The overall visuals of online games can be categorized as works created in a way similar to cinematography. However, this does not mean that all online game visuals can be protected as works created in a way similar to cinematography. The specific content shall be considered as an important element for judging copyrightability. Even if the game visuals cannot be recognized as works created in a way similar to cinematography, given that the components of online game visuals, such as single image, texts, images, music, etc., meet the requirements of originality, may still qualify for protection as different types of work.

[Significance]

This case is the first one to protect the overall visuals of online games as an independent category of work, revealing a pioneering significance. In subsequent judicial practices across the country, the overall visuals of gameshave also been protected as works created in a way similar to cinematography or audio-visual works. This case was honored as one of the Top 10 Hotspot Cases in Chinese Copyright Industry from 2015 to 2016, the Top 10 Cases of Intellectual Property Judicial Protection in Shanghai Courts in 2017, the Top 10 Typical Copyright Protection Cases in Shanghai in 2017, and the Top 10 Anti-unfair Competition Cases in Chinese Legal Review Cup in 2017. The case analysis was awarded the first prize in the 2017 Excellent Case Analysis of the National Court System and the 4th National Young Judge Excellent Case Selection Activity of Promoting Justice and Dream of Judges, as well as being included in the *People's Court Case Selection* (Volume 12, 2017).

[Case Index]

Case Number:

First instance: Shanghai Pudong New Area People's Court (2015) PMS (Z) CZ No. 529 (April 13, 2016)

Second instance: Shanghai Intellectual Property Court (2016) H 73 MZ No. 190 (March 15, 2017)

Judges and Juror:

First instance: Ni Hongxia, Ye Jufen, Huang Wenya

Second instance: Lu Fengyu, Chen Yaoyao, Gao Weiping

Drafted by: Ye Jufen

Translated by: Zheng Ke

Proofread by: Niu Tong

04

Legal Protection of Animated Images and Movie Titles

—Copyright Infringement and Unfair Competition Case between American X Enterprise Company et al. and Xiamen X Film and Animation Co., Ltd. et al.

Rule

Simple design thoughts as ideas cannot be monopolized, and reasonable reference shall be allowed. However, when the combination of multiple designs fully display the unique characteristics of the animation image, this combination of designs no longer belongs to unprotected ideas, but enters the category of original expression which is protected by the copyright law. When judging whether the movie title can be protected by the anti-unfair competition law as commercial signs, the special characteristics of film market shall be considered, and the duration of publicity or screening cannot be overemphasized. What really needed to be taken into consideration is the factors such as the promotion of the film before and after its entry into the market, the box office results obtained, the evaluation of the relevant public, and whether it has sustained influence. If a movie title, after being used by the rights holder, plays a role in distinguishing the source of goods may be recognized as a commercial sign with certain degree of influence.

Basic Facts

Plaintiff: American X Enterprise Company (hereinafter referred to as X Production Company)

Plaintiff: American X Animation company (hereinafter referred to as X Animation Company)

Defendant: Xiamen X Film and Animation Co., Ltd. (hereinafter referred to as

Xiamen X Animation Company)

Defendant: Beijing X Film and Television Culture Media Co., Ltd. (hereinafter referred to as Beijing X Culture Company)

Defendant: Shanghai X Media Technology Co., Ltd. (hereinafter referred to as Shanghai X Media Company)

X Production Company and X Animation company are the copyright owners of the animation films "Cars" and "Cars 2", as well as the animation characters "Lightning Mcqueen" and "Francesco" in the films and their posters.

The two films were released in Chinese cinemas in 2006 and 2011. Some media outlets have used translated names like "Speed Racer", "The Autos" and "Vehicle" in their reports. During the trial, the public can get the access to the film on a well-known video website. That well-known video site used the movie names "The Autos" and "The Autos 2," and marked the movie's other translated names.

The film "Cars" won the 64th Golden Globe Awards for Best Animated Feature Film of the Year, the 34th Annie Awards for Best Animated Feature Film of the Year, and the 78th National Film Critics Association Awards for Best Animated Feature Film and etc. By October 1, 2006, the "Cars" had earned more than USD 200 million internationally, and by August 7, 2011, the international box office of the "Cars 2" had exceeded USD 260 million. On Douban Movie and Time website, the ratings of the above two movies both exceeded 7 points.

The animation film "The Autobots" was produced by Xiamen X Animation Company and distributed by Beijing X Culture Company. In 2014, Xiamen X Animation Company reported the film script (outline) to the relevant authorities, and the title used in that period was "Little Car Engineers". On May 4, 2015, Xiamen X Animation Company was approved by the relevant authority to change the film title from "Little Car Engineers" to "The Autobots".

On April 27, 2015, the legal representative of Xiamen X Animation Company stated on the Weibo platform that: The animated film "The Autos" will be released nationwide on July 3 for the summer season. Please look forward to it. The post included the words "'The Autos' for movie promotion".

The movie "The Autobots" was released in July 2015 and was screened in many cinemas in Shanghai. The movie poster prominently displays the words "The Autobots", with the different character "bot" hidden behind tires in the picture. The main characters in the poster are animation characters "K1" and "K2". Many video websites provide online broadcasting services for the movie "The Autobots" to the public.

Before and after the release of "The Autobots", several media published articles to point out that the film is suspected of plagiarism, and some reports claimed that viewers mistook the film was produced by X Production Company. On Douban Movie, Time and Gewara website, The average scores of "The Autobots" is no more than 2.5 points. From July 3, 2015 to July 14, 2015, according to data released by the Maoyan Box Office Analysis Website, the movie's box office revenue was CNY 5.63 million.

Two plaintiffs claimed that, the animation characters "K1" and "K2" in "The Autobots" were substantially similar to the animation characters "Lightning McQueen" and "Francesco" in "Cars" and "Cars 2", and the movie posters in "The Autobots" and "Cars 2" are substantially similar, thus constituting copyright infringement. The film title of "The Autobots" is similar to the movie title of the "Cars" series. In the movie posters, the Chinese character "bots" is hidden by tires, and making the movie title appear like "Cars". Xiamen X Animation Company used the name of "The Autobots" or "The Autos", which misled the public and constituted unfair competition.

The plaintiff requested that the defendant Xiamen X Animation Company and Beijing X Culture Company to cease the acts of copyright infringement and unfair competition; the defendant, Shanghai X Media Company to stop providing infringing works to the public through information via network; the defendant, Xiamen X Animation Company and Beijing X Culture Company shall jointly compensate the two plaintiffs for economic loss of CNY 3 million and reasonable expenses of CNY 1 million.

The defendant Xiamen X Animation Company argued that: 1. The animation images in "The Autobots" is independently created, which is not substantially similar to the animation image of the plaintiff's film, and the movie posters of the two are not similar. 2. There is nothing wrong with movie title "The Autobots", for there is no intention to attach to the plaintiff's goodwill or implement unfair competition activities. 3. The defendant, Xiamen X Animation Company and Beijing X Culture Company have a clear division of labor, and do not constitute joint infringement. 4. Even if infringement can be found, the plaintiff's claim that amount of compensation is too high.

The defendant, Beijing X Culture Company argued: 1. Beijing X Culture Company did not infringe upon the plaintiff's copyright. 2. The plaintiff's claim that the defendant's unauthorized use of the unique title of well-known commodities shall not be supported. 3. The plaintiff claimed on the basis that the defendant made profits for economic compensation, although this fact never exists.

The defendant Shanghai X Media Company argued that it was legally authorized to broadcast the film, and had never received any notice or complaint about the alleged infringement of the film, so it was not aware of the existence of the infringement. Shanghai X Media Company took the film offline on November 20, 2015.

[Holding]

Shanghai Pudong New Area People's Court held that, the animation images "Lightning McQueen" and "Francesco" in the films "Cars" and "Cars 2" are original, and the overall animation image represents an aesthetic feeling, thus can be categorized as fine art. Also, the film posters are fine art. The "Cars" and "Cars 2" have been released in domestic cinemas, so Xiamen X Animation Company and Beijing X Culture Company have the access to both films. The "K1" and "K2" are substantially similar to "Lightning McQueen" and "Francesco". As a result, Xiamen X Animation Company and Beijing X Culture Company constitute copyright infringement.

The"Cars" and "Cars 2" have achieved high box office revenues and won many awards or awards nominations. The media has reported a lot about the two films, the public highly praises the films, and the video website still provides online broadcasting services for the above films. After the activity of frequent use and promotion, the film title "Cars" has played a role in distinguishing the source of goods, and thus shall be categorized as a distinctive name for well-known commodities.

The film title "The Autobots", based on the criteria of relevant public's ordinary attention, will not be confused with the disputed film produced by X Production Company and X Animation Company, and there is no substantial similarity between "The Autobots" and the special name of well-known commodities of the disputed film. However, the character "bot" is hidden by tires, after which the film title appears like "Cars" in its visual effect, and the relevant public is likely to be confused by these two film titles, which can be considered as an act of unfair competition of using distinctive name for well-known commodities of the disputed film without authorization.

On December 29, 2016, Shanghai Pudong New Area People's Court issued a civil judgment (2015) PMS (Z) CZ No. 1896: the defendant, Xiamen X Animation Company shall compensate the economic losses of CNY 1 million, and the defendant Beijing X Culture Company shall bear joint liability for CNY 800, 000, the defendant Xiamen X Animation Company and Beijing X Culture Company shall pay reasonable expenses of CNY 353, 188.

After the first instance judgment, the defendant Xiamen X Animation Company and

Beijing X Culture Company appealed. On December 21, 2017, the Shanghai Intellectual Property Court made a civil judgment of (2017) H 73 MZ No. 54 that, the appeal was dismissed and the original judgment was upheld.

[Commentary]

I. Judging copyright infringement upon animation image

"Lightning McQueen" has the structure and style commonly found in road racing cars, while "Francesco" has the structure and style commonly found in Formula One racing cars. The structures and styles typically found in these racing carsare in the public domain.

However, X production company and X animation company made modifications and created deformations on this basis. "Lightning McQueen" is a streamlined road racing car with a rear wing, as well as featured a red main color of its body and flame patterns on both sides, which shows the character's energetic and enterprising character. "Francesco" is a Formula one racing car, whose cockpit is designed as a helmet, with a body that is shorter than that of a real one. Also it adds sharper curves to enhance the coordination of the anthropomorphic design. The body is designed in three colors of green, white and red, indicating that it is an Italian racing car. The overall design of "Francesco" highlights its confident, strong personality. The above two animation images were originally designed on the basis of existing car models, especially for their anthropomorphic face. The overall animation image expresses an aesthetic feeling, which belongs to the category of fine arts and is protected by the copyright law. The movie poster for "Cars 2" depicts a blue three-dimensional shape of the earth, with four anthropomorphic cars represented by "Lightning McQueen", and light-colored reflections under the vehicles. The film poster is original and belongs to the category of fine art protected by the copyright law.

Comparing the animation images "K1" and "K2" in the film "The Autobots" with the animated images "Lightning McQueen" and "Francesco" in the movies "Cars" and "Cars 2", the colors of "Lightning McQueen" and "Francesco" are more gorgeous and full, but the colors of "K1" and "K2" are darker with rougher eyes and mouths. Although there are some differences, the two still have many similarities, especially in the anthropomorphic part. Both of them used the front windshield for eyes, including the upper eyelid, and the intake grille for the mouth. In addition, the two designs also feature similar coatings, meaning that "K1" and "Lightning McQueen" used the red color, "K2" and "Francesco" used the same combination of three colors. A simple design idea shall not be monopolized, and shall allow reasonable reference. However, when the combination of multiple designs fully exhibits the unique characteristics of anthropomorphism, this combination of designs no longer belongs to the unprotected idea, but enters into the category of original expression. X Production Company and X Animation Company's animation character named "Lightning MacQueen" and "Francesco" represents elements of originality through the anthropomorphic eyes, mouth and the combination of specific color, which constitute original expression, Xiamen X Animation Company and Beijing X Culture Company just copied the mentioned combination, and "K1" and "K2" have used original expressions of "lightning MacQueen" and "Francesco", which constitutes substantial similarity.

Both "Cars" and "Cars 2" have been released in China. The media reported on the above-mentioned films and their animated images and movie posters during 2006 and 2011. Xiamen X Animation Company and Beijing X Culture Company had the opportunity to access to the above-mentioned works.

The plaintiff also claimed that the film poster of "The Autobots" and "Cars 2" was substantially similar. "K1" and "K2" used the most original expressions for the eyes and mouth of the animation image of X production company's "Lightning MacQueen" and "Francesco", and there are almost no differences. The "K1" and "K2" in the movie poster are substantially similar to the animation images of "Lightning McQueen" and "Francesco".

However, for the poster as a whole, there are great differences in its structure and background, so they do not constitute substantial similarity.

Ⅱ. Conditions for movie titles to be protected by the anti-unfair competition laws

According to Article 1 of the *Interpretation of the Supreme People's Court on Some Issues Concerning the Application of Law in the Trial of Civil Cases Involving Unfair Competition*[①], the people's court shall, when affirming well-known commodities, take into consideration the time, region, volume and targets for selling such commodities, the duration, degree and scope for any publicity of such commodities, as well as the protection situation as well-known commodities, and make comprehensive judgments.

Unlike the selling and promotion of ordinary goods, the screening and promotion of films have its special features. Normally, films do not continuously run for more than a month in theaters. The producer or distributor usually conducts intensive promotional activities before and during the screening of the film, and usually terminates the promotion after the end of the schedule. Therefore, when determining the popularity of the film, the duration of promotion or

① This judicial interpretation has been amended in 2020, and the provisions cited in this book are all provisions made before the 2020 amendment.

screening shall not be overemphasized.

However, the factors including the promotion before and after the film entered the market, the box-office income, the evaluation from the relevant public and whether it has a sustained influence shall be investigated. ① Two films involved by X Production Company and X Animation Company achieved high box office revenues and achieved many awards or award nominations. The media made a lot of reports of the films, and the public delivered good reviews on the films. After the cinema screening period, the video website still provides the online playback service of the disputed films, and they still continue to hold significant influence among the relevant public.

The uniqueness of the special names of well-known goods stipulated in Article 5.2 of the *Anti-Unfair Competition Law* refers to the significance that can distinguish the sources of goods. The Chinese translated version of movie title "Cars" does not directly represent the original meaning of the English word, but added more factors including mobilize all strengths of the racing cars, who are the main characters, to complete some crucial tasks. The Chinese translated version combined the expression of racing cars, who are the heroes of the film, and the general mobilization, which represents the mobilization of all strengths, used as a title for anthropomorphic racing themed film works, which has a certain degree of uniqueness. After the use and promotion of the right owner, the relevant public will associate the movie title of "Cars" with X Production Company and X Animation Company. The film name has been able to play a role of distinguishing the source of goods, and belongs to the special name of well-known commodities.

X production company and X animation company claimed that the disputed film title is translated as "Cars" in Chinese, so that translation also belongs to the special name of the plaintiff's well-known commodities. For this point, in the referenceable administrative case of "Sony Ericsson" trademark dispute②, the Supreme People's Court held that the disputed trademark "Sony Ericsson", whether used as an abbreviation for an unregistered trademark, or as an abbreviation for a company name or a special name of a well-known commodity, is protected by law on the condition that the person claiming rights to the trademark must have actually used the sign, and it can identify the source of products. Before the application date of the disputed trademark, Sony Ericsson has no intention and did not act to use it as its commercial sign, and the relevant media's reports on its mobile phone products cannot create

---

① The *Anti-Unfair Competition Law* has been amended in 2017 and 2019 respectively, and the provisions quoted in this book are those of the *Anti-Unfair Competition Law* as amended in 2017.

② See Supreme People's Court (2010) ZXZD No. 48 Notice of Retrial.

any civil rights and interests protected by the law.

In this case, in accordance with Article 5 of the *Regulations on the Administration of Films*, our country implements a licensing system for film production, import, export, distribution, screening and public release. "Cars" and "Cars 2" are the approved movie titles of X Production Company or X Animation company approved by the relevant departments to use in China. Although some newspapers, websites translated "Cars" and "Cars 2" in "The Autos" and "The Autos 2" in Chinese, but X Production Company and X Animation Company did not use these terms as movie titles for commercial exploitation. As a result, other translations including above "The Autos" and "The Autos 2" are not special names for well-known commodities.

The special point of this case is that the approved title of Xiamen X Animation Company's film is "The Autobots" which is also the title showed at the beginning of the movie. But in the movie poster, the character "bot" is blocked by tires, and the visual effect of the movie title becomes like "Cars".

The plaintiff claims that the defendant's use of the movie title of "The Autobots" and "Autos" constitutes unfair competition. In our opinion, the above two cases shall be treated separately, and more emphasis shall be placed on whether there exists confusion among the relevant public.

The name of films usually uses short words and sentences, and it is common for different producers to shoot films of the same theme. Therefore, the protection scope of the film names, which constitutes the special names of well-known commodities, shall be reasonably decided. Otherwise, the resources of the public domain may be occupied. In the movie title "The Autobots", the word "Autobot" has a large varieties of meanings, including employees of the automobile industry, or the highly anthropomorphic car images such as the Transformers. As a result, the meaning in its context is quite different from the word "racing car". Based on the general attention of the relevant public, a movie titled as "The Autobots" will not be confused or misidentified with the films of X Production Company or X Animation Company. Therefore, the title of "The Autobots" is not similar to the title of the film "Cars".

In the poster of "The Autobots", the word "bot" is hidden by the picture of a tire, and then the visual effect of the film title becomes "Cars". Compared with the name "Cars", the film titles just have one word difference. And the racing car belongs to a category of cars, and the relevant public are prone to misunderstanding through isolation comparison. According to the existing evidence, some audiences have already felt confused by the two titles, thinking that the infringing film belongs to the series produced by X Production Company and X

Animation Company. Xiamen X Animation Company and Beijing X Culture Company's act has the purpose of utilizing the reputation of the two plaintiffs subjectively, and has objectively misled the relevant public.

As a result, the mentioned act constituted an improper use of the goodwill associated with the films of X Production Company and X Animation Company, and constituted the unauthorized use of the special name of well-known commodities, which can be categorized as an act of unfair competition.

[Significance]

With the encouragement and support of national policies, China's animation industry has developed rapidly, the industrial scale is constantly expanding, and a number of excellent original works have emerged. Some domestic original animation films have not only achieved a good reputation, but also high box office revenues. In the process of creation, a simple design shall not be monopolized as an idea, and a reasonable reference shall be permitted. However, the original expression of others shall not be used, and people shall pay the price for plagiarism, copying as well as free-riding. This case was selected as the Top 10 Hotspot Cases of Chinese Copyright Industry in 2017, Top 10 Intellectual Property Judicial Protection Cases by Shanghai Courts in 2017, Top 10 Typical Copyright Cases in Shanghai in 2017, Top 10 Intellectual Property Typical Cases in Shanghai in 2017, and the Annual Best Cases by Chinese Courts in 2019, and was selected as the *Selected Cases by People's Courts in* 2018(*Volume* 10).

[Case Index]

Case Number:

First instance: Shanghai Pudong New Area People's Court (2015) PMS (Z) CZ No. 1896 (December 29, 2016)

Second instance: Shanghai Intellectual Property Court (2017) H 73 MZ No. 54 (December 21, 2017)

Judges:

First instance: Zhu Dan, Xu Jun, Shao Xun

Second instance: Li Shulan, Xu Fei, Ling Song

Drafted by: Xu Jun, Shao Xun

Translated by: Zheng Ke

Proofread by: Niu Tong

05

The Furniture Design with a Certain Level of Originality Shall be Categorized as Art Work

—Copyright Infringement Case between Shanghai X Furniture Co., Ltd. and Shanghai A Industrial Co., Ltd. et al.

Rule

Applied arts have the dual natures of their utilitarian character and aesthetic character. Under the current copyright law, provided that the utilitarian function and aesthetic function can be separated physically or conceptually, and the artistic design represents a certain level of creation, such items can be protected by copyright law as art work. Besides, required level of originality can be comprehensively identified from two perspectives of creators' and the public's perception. From the perspective of creators, the shape of practical art should reflect the unique creativity of the author in the field of aesthetics, and the artistry should be stronger than practicality; from the perspective of public cognition, the general public shall regard it as an art work.

Basic Facts

Plaintiff: Shanghai X Furniture Co., Ltd. (hereinafter referred to as X Furniture Company)

Defendant: Shanghai A Industrial Co., Ltd. (hereinafter referred to as Shanghai A Company)

Defendant: Shanghai B Industrial Co., Ltd. (hereinafter referred to as Shanghai B company)

The plaintiff is a furniture company. In July 2013, the plaintiff signed the Furniture Design Copyright License Agreement with a company where the Spanish designer was employed, stipulating that the company licensed the plaintiff to exclusively use the rights to its furniture design drawings and design schemes in China, and the fees paid by the plaintiff and its affiliated companies from 2012 are all license fees of the designs. In December 2016, both parties signed a license agreement of the same content again, with a list of authorized products attached, including 15 pieces of furniture involved in the case. From March 2013 to February 2016, the plaintiff successively received the design drawings for the 15 pieces of furniture involved in the case sent by the designer through e-mail, including the overall effect drawings of the furniture and the detailed sizes of the plans, elevations and sections. The above furniture designed using a geometric combination, consisting of a large number of geometric blocks such as triangles, polygons, bars, or circles that are spliced and jointed, combined, and stacked together. Among the above-mentioned furniture, 13 pieces were exhibited at the China International Furniture Expo from 2013 to 2015. The plaintiff has a physical store and accepts furniture customization services. 12 pieces of furniture had been customized and sold, with transaction prices ranging from over CNY 10, 000 to over CNY 70, 000.

There was a large amount of furniture displayed in the venues of the two defendants, including 15 pieces of infringing furniture claimed by the plaintiff. After the comparison with the defendant's corresponding furniture, except for differences exist in the design of the back and surface of the dining chair, the baffle of a bookshelf, and the height of the base of a coffee table, the other design of the furniture mentioned above were basically the same as that of the plaintiff.

The plaintiff, X Furniture Company, claimed that they entrusted a Spanish designer to design 15 types of disputed furniture in the case and held an exclusive right of use. Besides, the plaintiff also sold and exhibited the aforementioned furniture in China. The design of the furniture involved in the case had a unique artistic beauty, and its three-dimensional shape and design diagram could be categorized as art work. The decomposed design diagram constituted a graphic work. The two defendants displayed 15 pieces of furniture in a furniture venue they jointly operated, which had the same design as the plaintiff's furniture, infringing on the plaintiff's copyright. The plaintiff claimed that: the two defendants shall cease the infringement act, eliminate the adverse effect, and compensate for the loss of CNY 835, 800.

The two defendants jointly defended that furniture was an applied art, which was not protected by the *Copyright Law*. The accused infringing furniture was designed by a Shanghai A Company and processed by Shanghai B Company before being displayed in the exhibition hall for internal learning and exchange with the intention to stimulate more inspiration. They had never been sold, and they had not been intended to be sold. There were many products similar to the plaintiff's furniture, and the defendant had imitated another's design. The furniture of both parties did not constitute substantial similarity.

[Holding]

Shanghai Pudong New Area People's Court held that the main focus of disputes in this case is whether the plaintiff's claim regarding the three-dimensional design of the disputed furniture could be supported. The furniture involved in the case had both utilitarian and aesthetic functions, thus constituting an applied art. When its practical function and artistic aesthetics can be independent of each other, and the artistic design part reaches a certain level of artistic creation, the aesthetically pleasing part can be protected by copyright law as art work.

Ⅰ. Whether the utilitarian function and aesthetic appeal of the design points claimed by the plaintiff can be separated from each other. Even if the above design is modified, it would not impair the functionality of the utilitarian aspects, so its utilitarian functions and aesthetics can be separated conceptually.

Ⅱ. Whether the mentioned designs have reached a certain level of artistic creation? Among the 15 pieces of furniture involved in the case, 5 pieces of furniture involved different combinations of geometric lines and blocks to simulate the shapes of valleys, peaks, birds, etc., achieving an artistic effect that was both derived from reality and different from reality. The artistic value of the above forms was significantly higher than practicality, and even possessed no practical function, reaching a certain level of artistic creation, which can lead the general public to view them as works of art, thus constituting works of art. However, the design of the remaining 10 pieces of furniture was relatively simple, and this "simple elegance" did not meet the artistic creation standards expected of a work of art. It was also not significantly different from similar furniture and did not constitute a work of art.

Ⅲ. Whether the two defendants' acts constitute infringement. The plaintiff's mentioned five pieces of furniture have all been exhibited, of which four of them have also been sold. As furniture industry operators, there was a possibility of contact between the two defendants. The composition and combination of the corresponding furniture of the defendants' were the same as the original design of the aforementioned 5 pieces of furniture. And the overall appearances were also identical. However, the defendants have not provided design drafts or a reasonable explanation. The court had reasonable reasons to believe that the two defendants had access to the plaintiff's aforementioned furniture. The two defendants defended that there were many furniture designs similar to those mentioned above, but did not submit evidence to prove these similarities. In summary, the two defendants jointly infringed on the plaintiff's right to copy and distribute the work in this case.

On July 23, 2018, Shanghai Pudong New Area People's Court made the civil judgment (2017) H 0115 MC No. 32234, deciding that: 1. The two defendants immediately cease infringing on the plaintiff's right to reproduction and distribution of the five works involved in the case. 2. The two defendants jointly compensated the plaintiff with an economic loss of CNY 200, 000 yuan and reasonable expenses of CNY 41, 000 to stop the infringement. 3. Dismiss the plaintiff's other claims.

After the first instance judgment, the two defendants appealed. The Shanghai Intellectual Property Court made a civil judgment (2018) H 73 MZ No. 452 on July 30, 2019, dismissing the appeal and upholding the original judgment.

[Commentary]

With the development of society, on one hand, people have a demand for a higher quality of life, leading to a higher aesthetic requirements, which even exceeds its functional demand. On the other hand, technological progress has also enabled the industry to provide more practical items that incorporate aesthetic elements. With the development of 3D printing technology, more and more applied art will appear in people's daily lives. Applied art, as a product with aesthetic appearance and a product suitable for industrial applications, can be eligible design patent protection. Meanwhile, as a three-dimensional form comprises lines, planes, colors, and their combinations, it shall also be protected as an object of copyright law.

Ⅰ. The current status of copyright law's protection of applied art

Applied arts are protected by the *Copyright Law*, and they can also be referred to as works of applied art. Article 2. 1 of the *Berne Convention* defines "works of applied art" as a literary and artistic work that is parallel to "works of art such as drawing, painting, architecture, sculpture, and engraving and lithography"; Article 2. 7 allows members to define the scope and conditions for the protection of applied art, and emphasizes that if the country of origin of the applied art does not provide special protection, they shall be protected as artistic works. The Glossary of Terms of the Law of Copyright and Neighboring Rights compiled by the World Intellectual Property Organization defines practical works of art as "works of art with practical use, whether they are handicrafts or industrial products". The Guide to the Berne Convention also explicitly states that applied art covers small ornaments, jewelry, furniture, wallpaper, decorations, clothing, etc. Specifically, at the legislative level of other jurisdictions, Article 101 of the *US Copyright Act* stipulates that the design of a practical item should be considered as a "painting, graphic, or sculpture work", but only to the extent that the features of the painting, graphic, or sculpture contained in the design can distinguish it from and exist independently of the practical function of the item. Article 2. 1. 4 of the *German Copyright Law* stipulates that protected works are "artistic works, including architectural art, works of applied art, and their sketches", which defines applied art as art work. Article 2. 2 of the *Japanese Copyright Law* stipulates that works of art include artworks. ①

In the current legislation of China, the *Copyright Law* does not explicitly list applied art as the protected subject. Currently, we can only refer to the definition of works in China's Copyright Law, and compare the similarities between the expressions of applied art and three-dimensional art work to find out what category of work it belongs to, and thus to establish the criteria for judgment.

Ⅱ. The conditions for categorizing applied arts as art work

Compared with traditional art work such as calligraphy and painting that purely satisfy people's aesthetic needs, works of applied art have dual attributes of practicality (functionality) and artistry (aesthetics). If applied arts are protected as art work, it may extend the scope of protection to its functional level, which belongs to the protection scope of patent law rather than copyright law. Therefore, when identifying applied artworks as art work, they shall have certain differences in recognition conditions from traditional art work. Professor Wang Qian believes that applied art shall meet the following three conditions in order to be protected by copyright law as art work: (i) The practical function and artistic appal in practical artworks must be separated from each other, including physical and conceptual separation. (ii) The applied art that can exist independently in practical artworks has originality. (iii) The applied art shall achieve a high level of artistic creation. The above opinion has been widely adopted by the practice field②. Due to the fact that works that reach a higher level of artistic creation must possess originality, the biggest difficulty in the trial of such cases lies in the determination of the independence of practical functions and artistic aesthetics (hereinafter referred to as the separability standard), as well as the determination of whether they have reached a higher level of artistic creativity (hereinafter referred to as the creativity level standard).

---

① See *Twelve Nations' Copyright Laws*, translated by the Twelve Nations' Copyright Laws Translation Group, Tsinghua University Press, 2011 edition, p. 147, 365, 720.

② See Wang Qian, *Copyright Law*, Renmin University Press, 2015, p. 96 – 98.

(Ⅰ) Regarding the determination of separability standards

The purpose pursued by copyright law is to encourage creation. Generally speaking, creators are unconsciously inspired by their predecessors, so it is necessary to allow people to freely use the ideas contained in the works of others, in order to encourage the public to create richer and more original expressions based on this foundation. Therefore, copyright law only protects creative expressions instead of ideas, even groundbreaking ideas. This is the fundamental principle of copyright law and the distinction in basic functions between copyright law and patent law. Article 9. 2 of the *TRIPS Agreement* clearly stipulates that copyright protection shall extend to expressions, not to ideas, processes, methods of operation or mathematical concepts as such. Although China's Copyright Law does not provide clear provisions on this principle, the theoretical researchers and judicial practices generally acknowledge this principle. The distinctions between ideas and expression are not always clear. When there is only one or extremely limited expressions of a certain idea, an idea and an expression become mixed together, making it difficult to draw a clear boundary between the two. If expression is protected at this circumstance, it will lead to the monopoly of the ideas it depends on. Therefore, in this situation, expression is also considered as idea which is not protected under copyright law, which is the so-called principle of confusion. ①

As for applied arts, the practical functions belong to the category of "idea", while their artistic beauty belongs to the category of "expression". As abstract concepts, both practical functions and artistic beauty require attachment to a certain physical carrier, or even the same carrier. When the two are attached to different material carriers, their boundaries are relatively clear, which is the "physical separation" mentioned previously. When the two are attached to the same carrier, copyright law protects the expression of aesthetic beauty only if it can be separated or independent from practical functions in some way, which involves a principle known as "conceptual separation."

As for physical separation, it refers to the possibility of separate aesthetic parts from the whole applied art. This type is relatively easy to judge in judicial practice. As for conceptual separation, it refers to the situation in which the practical functions and artistic beauty in applied arts are integrated into an object and cannot be separated physically, but the change of the design of the aesthetic part will not affect the realization of the practical functions. On the contrary, expressions designed only for functional needs, regardless of their inherent aesthetic appeal, are not protected by copyright law because the shape determined by the function is

① See Wang Qian, *Copyright Law*, Renmin University Press, 2015, p. 50 – 51.

inseparable from the function of the article, resulting in confusion between ideas and expressions. For example, in order to reduce the air resistance encountered by automobiles at high speeds and keep the body stable, the appearance of the automobile shall be designed as streamline. No matter how high the value of the design is, and even if it may win design awards, such creations cannot be protected by copyright law. Otherwise, the copyright law may be risk becoming merely a tool for the protection of practical technical solutions, which is contrary to its legislative purpose.

(II) The criteria for judging the level of creation

Article 4 of the *Regulations for the Implementation of the Copyright Law of China* stipulates that art work refer to two- or three-dimensional works of the plastic arts created in lines, colours or other media which impart aesthetic effect, such as paintings, works of calligraphy and sculptures. According to the above definition, "aesthetic function" is an important concept for identifying art work, which is also a special requirement for a high degree of creativity for art work, as a specific type of work reflecting the value of "beauty". However, in practice, because the concept of "beauty" is highly subjective, personalized and constantly developing, there is no strict and uniform standard for determining of "aesthetic significance". Therefore, in the identification of traditional works of art, it is generally believed that as long as the creator expresses his unique views on aesthetics in a visual manner on the material carrier, while meets the requirements of minimum creativity, his creation can constitute a work of art. The standard involves less of the judgment on the level of "aesthetic significance". However, in order to be protected under copyright law, applied arts requires a higher level of creativity than the traditional art work. Such a requirement is justified for the following reasons.

First, it is because of the dual protection model for applied arts. As mentioned above, practical articles with a certain aesthetic appeal may be protected by both copyright law and design patent law, but the protection conditions of the two are different: (i) The right acquisition model is different. Obtaining a patent right for a design requires an application procedure, payment of application fees, and a lengthy waiting period, while the copyright shall be obtained upon the completion of the work without paying any fees. (ii) The protection period is different. The term for the patent right for a design is limited to 10 years, while the term of copyright protection extends to the author's lifetime and 50 years after their death. Even though the draft amendment to the *Copyright Law* sets a term of protection for works of practical art at 25 years, it is still much longer than the term of patent protection. (iii) The scope of protection is different. For art work, regardless of the carrier, as long as the same or substantially similar expression as a practical work of art is used, it constitutes infringement. However, the protection of the patent right for a design must be based on the same or similar product as the carrier and cannot exist independent from the product. This shows that the threshold for the protection of works of applied art as works of art is relatively low, and the cost spent in the procedures is minimal, yet the degree of protection is substantial.

In a modern society in which the quality of life is widely pursuit, many daily necessities are more or less aesthetically pleasing. If we do not make certain requirements for the "aesthetic significance" or the level of creation of applied art, and instead extending copyright protection to practical objects with lower aesthetic value, the designer will no longer have the incentive to apply for the patent right for design. As a result, it will result in the failure of the system design of the patent right for design.

Second, the opinion is based on public interest considerations. Compared with the carriers of traditional art works, such as paintings and sculptures, applied arts are generally used for industrial mass production to fulfill specific practical needs of individuals. Based on this fact, for the copyright protection of applied art, the impact on the public interest shall be taken into account, with the intention to avoid improperly crowding out the business space of other market participants due to excessive protection. If every change and renewal in the design of applied art is allowed to be monopolized by the designer, all daily consumed products can be protected by copyright law. Consequently, the designer can achieve a *de facto* monopoly on the practical functions of the articles, which will hinder the competition and be detrimental to scientific and technological progress, cultural prosperity and social development.

Considering the above reasons, both the scholars and the judicial practitioners of our country take it as a criteria for protection of applied arts that shall reach to a certain level of creativity. Art or beauty itself is a concept that is difficult to define, and the judgment of the level of creativity is even more difficult. In judicial practice, it is generally widely acknowledged that, the comprehensive identification for the copyrightability of applied arts shall set out from the perspectives of the creator and the public perception: (i) From the perspective of the creator, protected applied art must reflect the author's distinctive aesthetic creativity, surpassing the artwork's utilitarian aspects in value; (ii) From the perspective of public perception, the applied art shall reach a certain artistic level that leads the general public to perceive it as an artistic work. That implies that applied art shall deliever the first impression of "beauty" rather than "usefulness" to the general public. For example, in the aforementioned "LEGO Building Blocks" case and the "IKEA Children's Chair and Bench" case, the court pointed out that "the artistic nature (of works of applied art) requires that the object shall reach to a certain artistic creation level, which is at least sufficient for the general public to regard it as an artistic work". It is certain that, whether assessing creativity in the field of aesthetics and practical functions, or the judgment according to general public's perception, there lacks a more efficient standard in the practice of identification, and the discretion of judges is required.

In this case, the specific design of the furniture involved in the case claimed by the plaintiff can be separated conceptually, which meets the separation standard.

[Significance]

With the development of society, people seek higher requirements for the quality of life, and generate more aesthetic demands for practical objects. Besides, the progress in technological field enables the industry to provide more practical goods that meet the public aesthetic demand. At the same time, facing the characteristics of design style and practicality, it is more urgent and crucial to improve the judicial protection for applied arts. This case not only explores the path for how to protect furniture as an applied art but also provides a reference for the identification of practical art as art works, which offers both practical and theoretical exploration significance. This case was selected as the Top 10 Typical Copyright Cases in Shanghai in 2019 and the Top 10 Most Valuable Intellectual Property Cases in China in 2019, and was selected as the Selected Cases by People's Courts in 2020.

[Case Index]

Case Number:

First instance: Shanghai Pudong New Area People's Court (2017) H 0115 MC No. 32234 (July 23, 2018)

Second instance: Shanghai Intellectual Property Court (2018) H 73 MZ No. 452(July 30, 2019)

Judges and Juror:

First instance: Ni Hongxia, Ye Jufen, Sun Baoxiang

Second instance: Hu Mi, Huang Minruo, Yang Fuyu

Drafted by: Ye Jufen

Translated by: Zheng Ke

Proofread by: Niu Tong

06

Application of Dichotomy of Expression and Idea in the Judgment of Copyright Infringement against Literary Works

—Copyright Infringement Case between Liu and Zhou et al.

Rule

The *Copyright Law* protects the expression of a work, which does not extend to the idea of the work. The claimed infringing work constitutes infringement only if it has accessed and is identical to or substantially similar with the original work created by the copyright holder. To judge whether a work constitutes substantial similarity, first of all, it is necessary to find out whether the elements claimed by the right owner belong to ideas or to original expressions protected by copyright law, wihle also excluding expressions in the public domain and expressions with limited expression. Apart from the literacy themselves, the plot of a literary work also belongs to expression. The similarity comparison of the story plot should be combined with the characters, the relationship between the characters and the events, rather than only focusing on abstract plots.

Basic Facts

Plaintiff: Liu

Defendant: Zhou

Defendant: XTV Station

The plaintiff, Liu, whose pseudonym is Nanmo, was a member of the Shaanxi Writers' Association. She once worked as a reporter for the Oriental Horizon program of CCTV, the executive editor of the *Fortune Weekly* and *The Perspectives*, and a reporter of the magazine *Girlfriend*. On June 23, 2010, the plaintiff began serializing the novel *The Dark Fragrance* in series on the Tianya Forum. In January 2011, the novel *The Dark*

Box was published and signed "Nanmo". The book has 39 chapters and 320, 000 words.

The book introduced in the chapter "Content Brief" that: The national defense factory with a glorious history of more than 50 years was blasted into a piece of debris by the residual chlorine tank, and the governor Liu Yunbo did not expect that the state-owned enterprise restructuring he started after arriving at Nanling should end so tragically. Veteran workers of the National Defense Factory marched in front of the municipal government with the slogan of "blood will have blood", while the government, the factory's workers and the new management who purchased the National Defense Factory started a difficult negotiation. At this time, the real man behind the curtain has quietly swept away the snow from their doorstep. In front of the female reporter Ji Zichuan, the inside story of the merger and acquisition of the National Defense Factory and the black box operation in the development of the Jiangdong Peninsula has been revealed step by step. However, the closer to the truth, the more frightened she is, as she confronts the daunting decision between reason and emotion.

The Defendant, Zhou, is a contemporary Chinese writer and scriptwriter, a member of the Chinese Writers Association's Presidium, Vice Chairman of the Writers Association of Jiangsu Province, and a member of the Ninth National Committee of the Chinese Writers Association. He has written many novels such as *In the Name of People* and *The Road We Have Taken*, while some of them have been adapted into TV series. The novel *In the Name of People* was first published in January 2017 and had its sixth printing in March 2017. The book has 54 chapters and 300, 000 words.

The TV series *In the Name of People* aired on March 28, 2017 in the Golden Eagle Exclusive-broadcast Theater on Hunan Satellite TV, and the script is written by Zhou and Sun. Besides, it is jointly produced by 10 entities, including Center for Film & Television of the Supreme People's Procuratorate, the Publicity Department of Jiangsu Provincial Party Committee, the Golden Shield Television Center of the Logistics Support Department of the Central Military Commission, and the seven defendants in this case. According to current report, since its premiere, the series has acquired over 1.9 billion online views, and the market share has exceeded 25%. The number of internet hits has reached 22 billion, and Zhou's royalty income is CNY 14 million.

According to *In the Name of People*, Zhao Dehan, the director of a certain department of the National Energy Administration, who was suspected of corruption and bribery. Hou Liangping, the Director of the Investigation Division of the General Bureau Against Corruption and Bribery, launched an investigation into the case. In the course of the investigation, Hou Liangping notified Chen Hai, Director of the Bureau Against Corruption and Bribery of the People's Procuratorate of Jiangzhou, to pay attention to Ding Yizhen, Deputy Mayor of Jingzhou City, Handong Province, who is closely related to the case. However, Ding Yizhen successfully fled to Canada after Qi Tongwei, the Director of Handong Public Security Department, leaked the secret at the arrest meeting of the Provincial Party Committee of Handong Province. Hou Liangping went to the former Chief Procurator of the People's Procuratorate of Handong Province, Chen Yanshi, to find out about the Guangming Lake project and the problem of the Dafeng Factory in the charge of Ding Yizhen. At the same time, Li Dakang, Secretary of Jingzhou Municipal Party Committee, worried that the escape of Ding Yizhen would lead to the withdrawal of investors, and the demolition project of the Dafeng Factory was accelerated, thus triggering the September 16 fire incident, escalating the crisis surrounding the Dafeng Factory demolition. After this incident, Chen Hai, Director of the Bureau Against Corruption and Bribery of Handong, launched an investigation around the equity shift at Dafeng Factory but was assassinated and left in a persistent vegetative state after grasping the preliminary clues. Hou Liangping was sent to Handong Province to replace Chen Hai and continue to investigate the case of equity pledge at Dafeng Factory. After assuming office, Hou Liangping received the support of Sha Ruijin, the new Secretary of the Provincial Party Committee of Handong Province. Guided by the report of his childhood friend, Cai Chenggong, Hou investigated the wife of Li Dakang, the Secretary of the Jingzhou Municipal Party Committee, Ouyang Jing, the Deputy Governor of the Urban Bank of China, and Shanshui Group Co. as the entry points. With the deepening of the investigation, Hou Liangping has dug up a chain of intertwined interests, which has also broken the political equilibrium in Handong Province in the past. Gao Yuliang, Deputy Secretary of Handong Provincial Party Committee, and Qi Tongwei, the Director of Handong Public Security Department began to contain and counterattack against Hou Liangping, leading to his suspension pending review. With the help of Chen Yanshi, the former Chief Procurator of Handong Province, Ji Changming, the current Chief Procurator of the People's Procuratorate of Handong Province, and Zhao Donglai, the Director of the Jingzhou Public Security Bureau, Hou Liangping got rid of the trap, and finally the court confirmed the illegal facts of Gao Yuliang and Qi Tongwei.

The plaintiff, Liu, claimed that the television series *In the Name of People* intentionally plagiarized the contents, structure, characters, plots and details of the unique work of the plaintiff's novel *The Dark Box*, and arbitrarily adapted them without authorization. The Defendant, Zhou, had infringed upon the plaintiff's right of adaptation, production, authorship, and remuneration, and also caused substantive obstruction and infringement on the creation, publication and sale of the sequel of the plaintiff's work, resulting in huge losses in morality and property to the plaintiff. The remaining seven defendants shall bear civil liability for infringement jointly and severally. The plaintiff claimed that: 1. The eight defendant shall stop the infringement by halting all the broadcasting, reproduction, distribution, and dissemination information via networks of the infringing TV series *In the Name of People*; 2. The defendant Zhou stops the publication and sale of the novel *In the Name of People*; 3. The defendants publish a written apology statement, approved by the plaintiff and the court, in the national media to eliminate the impact of infringement and restore the plaintiff's copyright reputation; 4. The eight defendants shall compensate the plaintiff for the economic losses of CNY 18 million, with joint and several liablity among them; 5. The eight defendants shall bear the reasonable expenses of CNY 200, 000 spent by the plaintiff for stopping infringement and protecting rights and interests in the case.

The eight defendants jointly defended that the defendant's work *In the Name of People* and the plaintiff's work *The Dark Box* were different in terms of the main line of the work, the core events, narrative structure, story plots, character relationship dynamics, the name of the person and the secret deduction, thereby not constituting an infringement of the plaintiff's copyright.

[Holding]

Shanghai Pudong New Area People's Court, after hearing the case, decided that the *Copyright Law* protects the original expression of the author's work, that is, the expression of thought or emotion, excluding the thought or emotion itself reflected in the work. In literary works expression is not only embodied in words, but also in the specific contents of the work, including the author's designs, arrangements, and choice of materials and plots, and at the same time, limited expression of contents and expression methods in the public domain is excluded. The claimed infringing work constitutes infringement only if it comes into contact with and constitutes the same or substantially similar expression to the work of the rights holder.

In this case, the plaintiff, Liu, claimed that the four themes in her work and the defendant's work, namely "overall structure", "development of the fate of the old state-owned factory", "the process of corruption and vicissitude of the hero", and "the change of the relationship between the husband and wife of the hero", as well as other circumstances that did not have an inherent logical connection, constituted a similarity in the overall expression of the defendant's work and the plaintiff's work, resulting in a similar appreciation experience of the work, which infringed upon the plaintiff's right to adaption, authorship, production, and right to receive remuneration.

Regarding the comparison of the overall structure of the works, if only the structure and theme are similar, but the details of events, plots and characters are different, they cannot be simply included in the scope of protection of the copyright law. Only when the theme and structure of the story pass through the design and development of the plots, as well as run through in logical order and cohesion, by which form a sufficient specific and personalized expression, can they be protected by the copyright law. After comparison, the themes expressed in the works of the plaintiff and the defendant are different, as are the composition, sequence of development, and hierarchical significance of the plots that form the overall structure of each work. The comparison of the overall structure of the works made by the plaintiff is based on her subjective needs to improperly summarize and piece together some of the plots in the two works, artificially creating the impression that the overall structure of the two works is similar, so the plaintiff's claim in this case that the overall structure of the works is similar has no factual basis, and the court shall not support it.

A comparison of the plots of the work: In the similarity comparison of literary works, the plots of the story are crucial. If the two works share similarities in the specific details of their main plots, the logical relationship between events, and the important characteristics and mutual relations of the characters, rather than staying in the similarity of abstract plots and secondary plots, they can be deemed to constitute substantial similarity. At the same time, when determining the substantial similarity of a work, the identified similar elements shall be compared comprehensively in the context of the novel as a whole, rather than one-to-one comparison of those similarities in isolation. In this case, the plaintiff divides the specific circumstances of her claim that their works are similar across four aspects: the fate and development of an old state-owned factory; the process of corruption and vicissitude of the hero; changes in the relationship between the hero and his wife; other similar circumstances. After comparison, the content of the plaintiff's claim lacks the support of specific similar circumstances, and the abstract circumstances of its claim belong to the ideological category and are not protected by the copyright law. The expression of the plot in the works of the plaintiff and the defendant is also different. It is found through comparison that, the plaintiff gathered a number of characters and stories into one singular narrative, and the patchwork traces were obvious, which further illustrated the difference between the works of the plaintiff and the defendant in the expression of the plot.

A comparison of character relationships and settings: the Court held that, the defendant's work contains three main lines, the first line is the investigation and punishment of corruption by the procuratorial organ, the second line is the political power struggles in the government, and the third line is the fate change of an ordinary worker's family, with multiple characters and character relationships attached to each line. Therefore, there is a great disparity in the overall number of characters and their relationships set up around their individual storylines in the two works. As a result, the specific plots arising from the characters and the relationship between the characters in the works of the plaintiff and the defendant are not similar. Under the circumstances of similar themes, the plaintiff's abstract character characteristics, separated from the specific circumstances, are difficult to be protected by the copyright law.

A comparison of other details, such as names of characters, the Court held that, in the course of creation, the author may consider assigning names of the character according to their age and personality characteristics. But from the perspective of the dichotomy between ideas and expressions, the name of a character is too short to constitute an expression different from that of idea, and cannot be protected by copyright law, not to mention that the names of the characters in the works of the plaintiff and the defendant are not exactly the same. Additionally, the plaintiff claims that the characters with similar names have different roles, character personalities, character characteristics and experiences in the story, and there is no relevance and continuity, which precludes any meaningful comparison.

To sum up, there are no textual similarities in the written expression in the work of the plaintiff and the defendant, nor are there any non-textual similarities in the specific expression of the overall structure, specific circumstances, and character relations of the works. Therefore, the court shall not support the plaintiff's claim that each defendant infringes upon his right of adaptation, authorship, production and remuneration without factual and legal basis.

On April 24, 2019, Pudong New Area Court of Shanghai made a civil judgment (2017) H 0115 MC No. 84551, which dismissed all the plaintiff's claims.

After the judgment of first instance, the plaintiff appealed. On September 2, 2020, the Shanghai Intellectual Property Court made a civil judgment (2019) H 73 MZ No. 268:

dismissed the appeal and upheld the original judgment.

[Commentary]

This case is a copyright infringement dispute involving a well-known anti-corruption TV series and novel *In the Name of People*, which concerns the issue of determining the substantial similarity of the novel works. The plaintiff Liu claims that the defendant's works used the most core and original expressions from their works, and there is a high degree of similarity in the overall structure, storyline, plot, characters, and other aspects of the works. The similarity of a work can be the similarity of the entire work or the similarity of specific parts of the content. Novels belong to literary works, mainly composed of elements such as the structure, environment, characters (including character characteristics, character personalities, character relationships, character dialogs, etc.), and plot of the story. Among these elements, the structure of the story is the framework, and the environment, characters, plot, etc. of the story are all attached to the framework, making it a flesh and blood story. The principle of "access + substantial similarity" is to determine whether a work constitutes plagiarism. Substantial similarity refers to the similarity or similarity in specific expressions between the subsequent work and the previous work, which leads readers to have the same or similar appreciation experience. Expression includes not only literal text but also non literal specific content. To determine whether a work constitutes substantial similarity, a comprehensive assessment can be made by comparing the expression of the text with the specific expression of the above elements. Among these, plot comparison is the core, yet the most complex and difficult. In the comparison of copyright infringement of works, the three-step test is generally applied. Firstly, it is necessary to determine whether the similar parts claimed by the rights holder belong to ideas or are original expressions protected by copyright law. Secondly, expressions that belong to the public domain and expressions with limited expression are excluded. Finally, the remaining parts are subjected to substantial similarity comparison.

Ⅰ. Novel structure

The structure of a novel refers to the process of describing a story from the beginning (explaining the background), development (presenting the direction), climax (highlighting conflicts), to the ending (deepening the theme), which can be unfolded in a chronological order, event development order, or reverse chronological order. In the similarity comparison of works, the analysis of structure is often intertwined with the plot, forming a sufficiently specific and personalized expression before being protected by copyright law. To determine whether the structure of a work is similar, comparisons shall be made from aspects such as the theme, plot, sequence of story development, and the role of plot levels.

In this case, the plaintiff believes that, from the perspective of the overall structure, there are 18 completely similar plots in the works of the plaintiff and defendant during the development process of the event. After comparison, we found that both the plaintiff and defendant's works had a situation of the transformation of enterprise's structure. However, the plaintiff's works depicted the enterprise transformation, restructuring through the acquisition of Yishi Factory by Chuanhui Group as a clear narrative thread, and connected the hidden line of the Jiangdong project through various memories, which reveals the phenomenon of collusion between officials and businessmen and corruption among officials. In this novel, anti-corruption is not the central focus. However, in the defendant's work *In the Name of People*, the theme of anti-corruption runs through the entire process of the novel. The story starts with the investigation and punishment of corrupt officials, with the prosecutor from the Supreme People's Procuratorate's case handling process as the main line, and the struggle for equity of the Dafeng Factory as a subplot. Through an interlocking investigation plot, it displays various shocking phenomena of collusion between officials and businessmen in Handong Province, and anti-corruption is the focus of the story. Therefore, the themes and focuses of the two novels are not the same. Under this premise, there are significant differences in the structure of the two works. The so-called structure extracted by the plaintiff is not accurate. It compares the non key and similar content that cannot reflect the structure in the two works. Therefore, the plaintiff and defendant's works have completely different creative paths, themes, and plot lines, making it difficult to say they are similar in overall structure.

Ⅱ. Characters

Characters are the soul of a novel and an indispensable element in it. Characters can be portrayed through their image, personality, actions, demeanor, language, etc., and are presented, shaped, as well as enriched through the storyline, while the description of them can also promote the development of the story. The character elements in the novel include character relationships, personalities, and characteristics. Simple character relationships, such as marital, parent-child, friendship, leader-member relationships, as well as common character personalities and appearance characteristics falls into public materials that cannot be monopolized. Therefore, the above elements are not protected by copyright law. However, the personalities, characteristics, and relationships between characters are expressed through the plots or the change with the development of the plot. Only characters and relationships that are shaped by specific narrative events with specific events can be used as original expressions and protected by copyright law.

In this case, the plaintiff claims similarities in fifteen sets of character relationships across four categories under the category of "character relationships", including government officials, women, investors, and businesses. In the similarity comparison of character relationships, the plaintiff's claim deviates from the specific plot of the works and compares characters in the two works that have no corresponding relationship. For example, in both works, there are relationships between superiors and subordinates, classmates, family members, etc. Consequently, due to the involvement of official and corporate restructuring in both works, there inevitably exists some character settings such as factory director, worker, provincial party secretaries, and municipal party secretaries, This simple character relationship belongs to the realm of thought and should not be monopolized by anyone, nor protected by copyright law. The plaintiff also compared the personalities of multiple characters in the defendant's work with one character in the plaintiff's work. For example, the plaintiff compared Liu Yunbo from their work with Gao Yuliang and Li Dakang in the defendant's work, believing that Liu Yunbo and Gao Yuliang were both university professors engaged in politics, possessed political ideals and profound analytical abilities. The three of them had a decisive and robust style and were not greedy for money. The character personalities extracted by the plaintiff are abstract, and the roles, positions, and effect of the corresponding characters in the disputed two works are also different. Lacking the context of a specific plot, it is obviously inappropriate for the plaintiff to seek protection of copyright law for pure character relationships.

Ⅲ. Plot

The story told in the novel is inspired from life, but it does not merely replicate real life. The plot is the core of a novel, often with more fictional elements, which are more prominent, complete, and representative than real-life events. A story plot that combines with characters, is sufficiently specific, andexhhibits originality is protected object of copyright law. If it is a similarity in ideology, it is not protected by copyright law. It is normal for works to have certain similar plots under similar themes, and reasonable references is permissible.

In this case, the plaintiff divided the specific plot of the claimed work into four parts: the development of the fate of the old state-owned factory; the corruption and transformation process of the hero; changes in the marital relationship of the hero, other similar plots. Multiple plots have been extracted from the above four aspects. After comparison, it was found that the alleged similarities in plot were either inaccurate in their extraction, or falls into the elements from the public domain, such as a couple's transition from love to emotional indifference, or were abstracted from specific expressions into simple plots, such as officials indulging in beauty and leading to corruption. The extraction of these plots was detached from detailed interplay of character relationships and event development, rendering them overly generalized and abstract. The expression of the plots was even more different, which is insufficient enough to evoke a similar feeling of readers between the two works. Therefore, there is no substantial similarity in specific plots of the original expression between the two works.

The protection of works by the copyright law only extends to expression, not to underlying ideas. From the above analysis, it can be seen that although the plaintiff in this case made a detailed comparison of the structure, characters, plot, etc. of the two works, the comparison did not combine logical relationships and specific events, but rather extracted abstract content from them. These contents are either not accurately summarized or do not belong to original expressions protected by copyright law. Therefore, the two works do not have literal similarities in written expression, nor do they have non literal similarities in overall structure, specific plot, character relationships, and other specific expressions. The defendant's work have not infringed upon the plaintiff's copyright of the plaintiff's work.

[Significance]

In recent years, copyright infringement disputes arising from popular literary and artistic works such as novels, films and television have occurred frequently, which has sparked heated debate. The copyright dispute involves the well-known anti-corruption work *In the Name of the People*. The case discusses in detail the rules for judging the substantial similarity of novels with similar themes. After comparing the overall structure, specific plot elements of the work, the relationships between the characters, and the settings of the characters, it is determined that the disputed novel and the TV series with the same title do not constitute substantial similarity, compared with the plaintiff's novel *The Dark Box*. This case was awarded as One of the Top 10 Typical Copyright Cases in Shanghai in 2020 and one of the Top 10 Hotspot Cases in China's Copyright Industry in 2019. China Education Television has produced a special program *Infringement Lawsuit of Popular Dramas* for the case.

[Case Index]

Case Number:

First instance: Shanghai Pudong New Area People's Court (2017) H 0115 MC No. 84551 (April 24, 2019)

Second instance: Shanghai Intellectual Property Court (2019) H 73 MZ No. 268 (September 2, 2020)

Judges:

First instance: Jin Minzhen, Xu Jun, Ni Hongxia

Second instance: Hu Mi, Du Lingyan, Yi Jia

Drafted by: Ni Hongxia

Translated by: Zheng Ke

Proofread by: Niu Tong

07

The Judicial Protection Path of Sports Event Live Programs

—Copyright Infringement and Unfair Competition Case between X Network Co. , Ltd. and Shanghai X Media Technology Co. , Ltd.

Rule

The classification of a sports event live program, expressed as a series of continuous images, as a work under *Copyright Law* depends on the existence of originality, rather than the level of originality. There is no legal basis for using originality as the standard to determine whether a continuous sequence of images constitutes a work, and brings significant uncertainty in the protection of rights. Through the setting of the camera position, the switching and connection of the camera, the use of "montage" techniques, the playback of slow motion, the capture of exciting shots, and the shaping of the story, the personality factors of the program director are undoubtedly revealed in the program production process. Live sports event programs fully reflect the creator's selection, editing, and processing of continuous images under their will, exhibiting originality, which can be recognized as quasi-cinematographic works (audio-visual works) in the sense of *Copyright Law*.

Basic Facts

Plaintiff: X Network Co. , Ltd.

Defendant: Shanghai X Media Technology Co. , Ltd.

Article 10 of UEFA European Football Championship Rules (2014 – 2016) stipulates that the Union of European Football Associations (UEFA) is the exclusive owner of all intellectual property rights of the 2016 UEFA European Football Championship in France. All rights to the competition items, schedule, and all data and statistics related to the competition and participants recorded by UEFA, are exclusively owned by UEFA.

On October 7, 2016, UEFA issued an authorization letter, confirming that UEFA had granted CCTV the media's rights of broadcasting, delayed broadcasting, and produce highlights (audio and visual) of all football events of the 2016 UEFA European Football Championship in the People's Republic of China, which is in accordance with the media's rights agreement signed on August 5, 2014. The authorization period lasted from August 5, 2014 to December 31, 2016, CCTV might sublicense the aforementioned rights within the territory of the People's Republic of China.

On April 20, 2009, CCTV issued a legal document to the plaintiff, stipulating that if CCTV is entitled to exploit the copyright, related rights, or authorizations that CCTV may hold or obtain during the shooting, production, or broadcasting process, including the rights to make work available (including but not limited to new media communication platforms such as the internet, mobile platforms, IP television and onboard television) of all the programs included in the TV channels, the right to broadcast (including but not limited to live or delayed retransmission), distribute, and authorize the plaintiff to exercise exclusively throughout the world, and the plaintiff may take various legal measures to independently pursue legal remedies against the infringement.

On the website PPTV Ju Li (www. pptv. com) operated by the defendant, through the network, the defendant provides the public with live online broadcasting services for the two football matches "France v. Romania" and "Switzerland v. Albania" of the European Football Championship in 2016, which the plaintiff enjoyed the right to, and set up a special page of "European Cup in France in 2016" on the homepage of the website "PPTV Ju Li" to recommend relevant matches to the public.

The plaintiff, X Network Co., Ltd., claimed that the defendant's act seriously infringed upon the plaintiff's right to broadcast and other rights related to the football live programs involved in the case, and also redirected user traffic belonging to the plaintiff's website, constituting unfair competition against the plaintiff. The initial petition orders the defendant shall compensate the plaintiff for the economic losses and the reasonable expenses incurred for the protection of rights of CNY 3 million.

The defendant Shanghai X Media Technology Co., Ltd. defended that: first of all, it has no objection to the determination that the football game program involved in the case constitutes a work within the meaning of the China's *Copyright Law* and belongs to works created in a way similar to making cinematographic works (audio-visual work). However, the defendant's act of broadcasting the football game program through real-time live streaming on the internet does not infringe upon the right to broadcast of the football game program involved in the case. Besides, the rights involved in the act shall belong to the Article 10. 1. 17 of the *Copyright Law*, which stipulates that "other rights that shall be enjoyed by copyright owners". Secondly, in the program "Outwit France" produced by the defendant, the football game program in question is presented as a background element, which is a fair use of the football game program involved in the case in order to cooperate with the program recording. As a result, the exploitation fell in the scope of fair use. Thirdly, the "Outwit France" program recorded by the defendant mainly focuses on guessing and answering questions, which is different from the audience and communication channels of the plaintiff's program. There is no competition between the two programs, nor does it incur losses, or constitute unfair competition against the plaintiff. Finally, the plaintiff failed to provide valid evidence to prove the cost of obtaining the football match program involved in the case, and the amount of compensation claimed by the plaintiff lacks corresponding evidence.

[Holding]

Shanghai Pudong New Area People's Court decided that the focus of dispute in this case is whether the live broadcast of the football events involved in the case constitutes works created in a way similar to making cinematographic works (audio-visual work) in the *Copyright Law*. If it belongs to the works created in a way similar to making cinematographic works (audio visual work), the court must then assess which rights enjoyed by the plaintiff of the football event live program involved in the case are infringed by the claimed act involved in the case.

First, it is necessary to judge the originality of the football event live programs involved in the case. The football match program in question, as an "original expression" in the field of the literary and artistic domain through the steps of material selection, stand setting, screen editing, and arrangement, and integration of playback, special effects, and other factors is reproducible and can be protected as works created in a way similar to making cinematographic works (audio-visual work) stipulated in the *Copyright Law*. The reasons are as follows: Chinese laws have made detailed provisions on the constituent elements of works created in a way similar to making cinematographic works (audio-visual works), with the crucial factors to determine whether the football match program in question is such a work being its originality and the capability to reproduce it. First of all, the *Regulations for the Implementation of the*

Copyright Law of China stipulates that only "original" labor achievements can become works in the sense of *Copyright Law*. As for the requirements of the *Copyright Law* for the originality of cinematographic works or works created in a way similar to making cinematographic works (audio-visual works), generally speaking, as long as the personality of the author is embodied, threshold can be crossed, and the requirements for minimum originality can be met, rather than taking the level of originality as the standard for judging cinematographic works or works created in a way similar to making cinematographic work (audio-visual works) and video recordings. Secondly, from the current industrial practice of live broadcasting of football matches, live football events are inherently reproducible, with the continuous images carried by digital signals are sure to be perceivable. From the perspective of the production process of the live broadcast program for the football events involved in the case, in the course of the program, once a foul or goal occurs on the court, the director usually immediately inserts the playback shot of the foul or goal, which can also fully explain that the football event program involved in the case has been fixed at the same time of production, which fulfilling the "fixation on a certain medium" for works created in a way similar to making cinematographic work (audio-visual works) under Chinese *Copyright Law*.

Second, it is necessary to determine the issue of the categories of rights infringed upon works; the infringement involved in the case does not belong to the acts controlled by right to broadcast or right of dissemination information via networks but infringes upon the plaintiff's "other rights that shall be enjoyed by the copyright owner" of the football game program involved in the case. The reasons are as follows: First of all, Article 10 of the 2010 China's *Copyright Law* stipulates that the right to broadcast refers to the right to broadcast or disseminate works to the public by wireless means, disseminate or rebroadcast works to the public by wired means, and to disseminate broadcasted works to the public using audio amplifier or equivalent transmission devices for signs, sounds or images. The term "wired rebroadcast" herein is limited to the transmission of radio broadcasting signals through wired cables to audiences in specific areas, and does not include internet rebroadcast. Although there is room for legal interpretation of the connotation and extension of broadcasting rights, such interpretation shall respect the existing industrial pattern and shall not undermine the existing balance of interests. Second, Chinese *Copyright Law* only stipulates the right of dissemination information via networks belongs to interactive dissemination, and does not state the "right of communication to the public". Live internet rebroadcast of football matches involved in the case belongs to non-interactive communication. Therefore, the infringement involved in the case shall be deemed to have infringed upon the plaintiff's "other rights that shall be enjoyed by the copyright owner" over the football events involved in the case.

Shanghai Pudong New Area People's Court issued a civil judgment (2017) H 0115 MC No. 88829: the defendant shall compensated the plaintiff with a total of CNY 2. 15 million for economic losses and reasonable expenses.

After the first instance judgment, the defendant appealed. On April 20, 2020, the Shanghai Intellectual Property Court issued the civil judgment (2020) H 73 MZ No. 581: dismissed all the claims and upheld the original judgment.

[Commentary]

I. The protection path of football event live programs—*Copyright Law* or *Anti-Unfair Competition Law*

From the cases that have entered the judicial field, the protection path of football event live program has been fluctuating between the *Copyright Law* and the *Anti-Unfair Competition Law*. Scholars have varying opinions on this issue. The author believes that as a form of intellectual achievement, football live-streaming programs fall within the scope of the *Copyright Law*, and the *Anti-Unfair Competition Law* is not the appropriate legal path to resolve such disputes.

Firstly, from the perspective of the relationship between the *Intellectual Property Law* and the *Anti-Unfair Competition Law*, the Supreme People's Court has pointed out that it is necessary to properly handle the relationship between the two, while encouraging innovation, and also encouraging fair competition. The supplementary protection effect of the *Anti-Unfair Competition Law* shall not conflict with the legislative policies of intellectual property law. In the area where the intellectual property law has made exhaustive provisions, the *Anti-Unfair Competition Law* no longer provides additional protection in principle, allowing free use and free competition. However, within the scope that is compatible with the legislative policies of intellectual property law, protection can still be provided from the perspective of preventing unfair competition. From the above judicial policies, it can be seen that the protection provided by the *Anti-Unfair Competition Law* cannot conflict with the legislative policies of the *Copyright Law*. In areas where the *Copyright Law* has made exhaustive provisions, the *Anti-Unfair Competition Law* shall no longer provide additional protection. At present, the academic scholars and judicial practitioners in China have three main opinions on the nature of football live streaming programs: works, audio-visual recordings and broadcasting signals. However, whether it is through the protection of the copyright of thc work, the rights of video producers, and the related neighboring rights of broadcasting organizations, football event live broadcast programs can and should be resolved within the framework of the *Copyright Law*. The protection of football live broadcast programs belongs to the field where the *Copyright Law* has exhausted provisions, and the *Anti-Unfair Competition Law* should not provide additional protection.

Second, from the perspective of the characteristics of live football program transactions, regulating live football events through the *Anti-Unfair Competition Law* will bring great instability to the market transactions of football sports events with authorization and permission as the core. The *Copyright Law* is designed to protect rights. The contents and scope of protection of copyright and related rights are clearly stipulated by law, with clear rights boundaries, and confers exclusive rights to specific individuals or entities. The *Anti-Unfair Competition Law* governs conduct, which protects the legal interests that have not been protected as legal rights. As a result, it provides passive protection in response to the improper conduct of other operators, as well as the scope and content of its protection need to be determined by individual cases. Therefore, the application of the *Anti-Unfair Competition Law* to protect live football matches is only offers protection of rights and interests without conferring positive rights or empowerment. Such negative protection of rights and interests cannot meet the needs of the licensing market for live football matches based on the rights authorization mechanism, nor can it provide necessary legal protection for the licensing, and other transfers of live football matches.

Third, from the perspective of fulfilling the obligations under international treaties. China has ratified and acceded to the *WIPO Copyright Treaty* in 2006, which stipulates that authors enjoy the "right of dissemination to the public", that is, "the right to authorize the dissemination of their works to the public by wire or wireless means, including the provision of their works to the public so that members of the public may have access to these works at a place and time chosen by them personally". Thus, "the right of dissemination to the public" clearly encompasses live streaming dissemination. Therefore, it is also necessary to fully fulfill the obligations of acceding to international treaties to ensure that the live streaming of football matches falls with the *Copyright Law's* regulatory scope.

Therefore, whether from the perspective of the order of application of law, the characteristics of market transactions or fulfilling the obligations of international treaty accession, live football events can and shall be protected within the framework of the *Copyright Law*.

Ⅱ. Identification of the nature of football events live programs—works or products

Chinese *Copyright Law* classifies continuous images into cinematographic works and quasi-cinematographic works (audio-visual works) protected by copyright, as well as video recordings protected by adjacency rights. Based on this, there has been controversy in practice regarding the difference between cinematographic works and quasi-cinematographic works (audio-visual works) and video products, which centers on the presence of originality and the degree of originality involved. In this regard, the author believes that the difference between cinematographic works and quasi-cinematographic works (audio-visual works) and video products still lies in the presence or absence of originality rather than the level of originality.

First, there is no legal precedent that supports using the degree of originality as a criterion to determine whether a continuous image constitutes a work.

Article 2 of the *Implementation Regulations of the Copyright Law of China* only requires the presence of originality to determine whether a work is protected under the *Copyright Law*, and does not make any requirements for the level of originality. Undoubtedly, the elements, angles, methods, and emphasis on determining whether a certain type of work has originality may vary depending on the type of work, expression form, and creative means. For example, written works focus on the characters, plot, and story background, while fine arts focus more on lines, colors, and shapes, but musical works focus more on melody, harmony, rhythm, and so on. However, there shall only be one legal standard for judging whether a work has originality, and the criterion is the presence or absence of originality.

Second, using originality as a criterion of judgment will bring significant uncertainty to the protection of rights.

As the famous American Justice Holmes once noted, "It is dangerous for judges who have only received legal training to judge the value of a work." Given individual differences in age, education, aesthetic development, and life experiences, each judge may have different understandings of the creative height and artistic value of their works. If the level of originality in a work ultimately needs to be judged by a judge, there is a high likelihood of inconsistent judgments regarding a work's originality, with one judge recognizing high originality and another finding it low or even lacking. This could create significant challenges for the consistent application of the law, and there will also be significant uncertainty in the protection of rights.

The Supreme People's Court pointed out in its *Opinions on Issues concerning Maximizing the Role of Intellectual Property Right Trials in Boosting the Great Development and Great Prosperity of Socialist Culture and Promoting the Independent and Coordinated Development of Economy*, that, it is necessary to properly deal with the relationship between the originality and the level of originality, and we shall maintain the unity of the basic standards for copyright protection of works, and pay attention to grasping the features of various works and adapting to the special needs of relevant protection fields, as well as coordinate the intensity of protection with the level of originality. The court shall properly apply the general provisions of the *Copyright Law* on copyright and timely protect the new rights and interests of creators. Therefore, the author believes that in dealing with the relationship between originality and the level of originality, the following three rules should be followed: firstly, the basic standards for copyright protection of works should be unified in principle, as long as the author's personality is reflected, the minimum requirements for originality shall be met; secondly, the work's level of originality is related to the strength of its protection, not the conditions for granting copyright protection to the work; thirdly, the *Copyright Law* shall leave sufficient space for protecting the new rights and interests of creators.

Lastly, the originality analysis path of the football event live broadcast program involved in the case.

As previously discussed, the criteria for determining whether a series of continuous images belongs to a work within the meaning of the *Copyright Law* is the presence or absence of originality, and the minimum requirement of originality that reflects the author's personality, which shall still be adhered to in the determination. Thus, how to determining whether a continuous image has the minimum requirement for originality? Regarding this, the author believes that the determination of the object properties of continuous images can follow a progressive approach: the bottom layer consists of continuous images, with or without sound, captured from a stationary camera position, such as surveillance footage captured by traffic cameras or footage recorded by camera heads tied to animals. This type of continuous images has not been selected by the photographer and belongs to mechanical recording. As a result, such images are categorized as video recordings.

The second level involves continuous scenes that employ a small number of shots and simple camera transitions, without any creative ideas or camera transitions in the shooting content, such as classroom teaching videos, celebrity speech videos, landscape scene videos, etc. Such continuous images have not yet reflected the creator's intellectual involvement and selection of visuals. As a result, it is a continuous image aimed at faithfully recording and restoring the filming content, which still belongs to the category of video products. At the next level, multiple lenses were used to achieve effects such as changing the scene of the captured image, scheduling and selecting the image, maintaining continuity in cutting, changing rhythm, and matching sound with the image. The continuous images at this level are the boundary between video recordings and works. These types of continuous images reflect the creator's selection, editing, and processing of continuous images, and reflect the creator's personality. They can constitute works created in a way similar to cinematographic work (audio-visual works) within the meaning of the *Copyright Law*. The top layer is a video artistic work that has a clear creative intention and perfectly presents the creative intention. This type of work fully reflects the author's creative intention and the beauty of continuous images, proficiently and professionally uses multi-scene shooting techniques, achieves professional level in camera continuity, emphasizes the use of montage effects, and artistic matching between images and sounds. Typical representatives are high-level film creations.

The football event program in question demonstrates the creator's deliberate selection, editing, and processing of continuous scenes under their will through the setting of multiple cameras, camera switching, slow motion replay, capture of exciting scenes, shaping of stories, and creative labor of the director. Therefore, using the aforementioned progressive assessment approach, it can be recognized as a category of a category of quasi-cinematographic works (audio-visual works) within the meaning of the *Copyright Law*.

III. Mistakes needed to be avoided in judging the originality of football events live program

First, the filmmaker's inability to control objective situation does not negate the originality of the work, such as the progress of the competition, the movements of the athletes, and the results of the competition. Just like photographers cannot control the hunting process, direction, and results of tigers on the African grasslands, but the resulting footage from productions like Animal World is undoubtedly protected as a work by the *Copyright Law*.

Second, sports events cannot be equated with sports event programs. For example, although artistic gymnastics performed by gymnasts and figure skating performed by figure skaters constitute performances protected under *Copyright Law*. However, if the aforementioned "performances" are captured by a stationary camera without subsequent editing, or by surveillance footage on the sports field, then the "performance" program cannot be recognized as a work due to its low or even lack of originality. On the contrary, documentaries that capture the theme of urban traffic during morning and evening rush hours. Even though the congested traffic and dense crowds in the subway are not "performance" captured by the camera, the documentaries filmed based on these scenes are still works protected by the *Copyright Law*.

Moreover, the fact that football live-streaming programs constitute works within the meaning of the *Copyright Law* does not mean that all sports event programs constitute works. The live broadcast program of large-scale football matches has significant characteristics that distinguish it from ordinary video products, through the setting of camera positions, camera switching, the use of "montage" techniques, slow motion playback, capture of exciting shots, story shaping, and the integration of the director's own style. Especially with the application of modern technologies such as VR and AR in broadcasting. It is believed that the originality and creative scope of football match broadcasting will enhance. However, sports event programs encompass a variety of formats, including the broadcast of large-scale events such as NBA, football, and Olympic opening ceremonies, as well as the broadcast of pure competitive events such as high jump, long jump, and weightlifting. Therefore, whether a sports event program constitutes a work under *Copyright Law* still needs to be judged on a case by case basis based on whether it meets the minimum originality standards.

The author believes that the intellectual property system inherently possess a public policy dimension, and as an important component of the intellectual property system, the emergence and development of the copyright system itself must follow the essential feature of the public policy nature of intellectual property. A copyright system should not be established without a solid foundation, nor should it mature solely through multiple imitations and references. The copyright system can only achieve the goal of balancing the interests of all parties, promoting industrial development and social progress, provided that only it is anchored in the society it serves and adapts to societal changes over time.

[Significance]

This case is a typical case involving live sports events. In recent years, China's sports industry has developed rapidly, and the market size has continuously grown. However, in the field of intellectual property protection, there is considerable controversy among theoretical opinions and within judicial practices regarding the nature and protection path of sports event live streaming programs. As a result, this has led to significant differences in the judgments made by different courts. In this context, the judgment, in this case, is grounded in international treaties, fundamental *Copyright Law* principles, and the industry practices China engages with, offering a comprehensive examination of the nature, protection paths, and methods of sports event live streaming programs. In this case, the reasoning is precise and has strong guiding significance for people's courts to hear such cases. Moreover, the case has attracted great attention from the theoretical, practical, and industrial circles, attracting widespread coverage from various official media outlets and newspapers. Shanghai Television News Channel has produced a special legal program called "The Storm of Stealing Broadcasting" based on the case. The trial of this case was awarded the Excellent Trial of the Third National Court, and the case analysis was awarded the Second Prize for Excellent Case Analysis of the National Court System in 2023.

[Case Index]

Case Number:

First instance: Shanghai Pudong New Area People's Court (2017) H 0115 MC No. 88829 (April 8, 2020)

Second instance: Shanghai Intellectual Property Court (2020) H 73 MZ No. 581 (April 20, 2021)

Judges:

First instance: Jin Minzhen, Xu Jun, Jiang Guangrui

Second instance: Zhang Benyong, Yang Wei, Fan Jingbo

Drafted by: Jiang Guangrui

Translated by: Zheng Ke

Proofread by: Niu Tong

08

Judicial Judgment on Copyright Infringement Liability of Audio Platforms

—Copyright Infringement Case between X Computer System Company and X Network Technology Company

Rule

As a via network service provider, if an audio platform knowingly or should have known that its broadcasters spread infringing sound recordings without taking necessary measures to prevent infringement, it shall constitute aiding infringement and bear corresponding civil liability. When determining whether the entity knows or should know subjectively, factors such as the popularity of the copyrighted work, the scale of infringement, the specific manner in which the sound recordings are being infringed, and the identity of the uploader shall be comprehensively considered. When determining whether necessary measures to stop infringement have been taken, the platform's implementation of the following measures should be evaluated, such as deletion, blocking, disconnection of links, or providing technical support.

Basic Facts

Plaintiff: X Computer System Company

Defendant: X Network Technology Company

The author of the written work *The Three Body Problem* is Liu, who has won multiple world-class science fiction awards, such as the Best Novel Award at the 73rd Hugo Awards. It has been published in 16 languages and enjoys widespread popularity. On May 27, 2016, Liu signed an exclusive cooperation agreement and authorization agreement with X Computer System Company and its affiliated companies, agreeing to authorize "The Three Body Problem" to X Computer System

Company. The authorization, by its legal nature, is an exclusive license, and the authorized exploitation method is to exclusively grant the right to record the authorized works into musical works to X Computer System Company, while it has the right to adapt and record the works into recordings within the authorization period. The copyright and related rights of the audio producers for the audio adaptations and recordings are permanently owned by X Computer System Company. A search for "The Three Body Problem" on the website www. lizhi. fm and Lizhi App operated by X Network Technology Company, it is found that dozens of host accounts are uploading a large amount of "The Three Body Problem" audio, some of which were full episode audio, with a large playback volume. Some hosts serve as exclusive content providers for Lizhi, emerging anchors for Lizhi, and certified audiobook narrators for Lizhi. On April 8, 2020, a silver medal exclusive live host of Lizhi, known as "Zhuzi Zhuzi", initiated a live broadcast of " Liu Cixin's Science Fiction Novels - Female Voice Narration" on the Lizhi App on the iPhone. The broadcast featured content from "The Three Body Problem". In April 2019, July 2019, April 2020, and May 2020, the plaintiff sent notice letters to the defendant, in order to request the cessation of infringement on links such as "The Three Body Problem". The defendant, X Network Technology Company, took actions to delete audios related to the "The Three Body Problem" in January, August, November 2019, March, and April 2020. During the trial of the case, X Network Technology Company supplied identifying information for the hosts involved.

The plaintiff, X Computer System Company claimed that the defendant, X Network Technology Company, developed and operated the "Lizhi" App, which provided a large number of unauthorized online listening, playing, caching and downloading services for the "The Three Body Problem" audio novel through its official website and "Lizhi" application software. The defendant, X Network Technology Company, did not take any measures to remove the relevant audio, despite the fact that the plaintiff has sent a serious warning letter, indicating an obvious malicious intent to infringe. The plaintiff requested that: the defendant shall compensate the plaintiff with an economic loss of CNY 5 million and reasonable expenses for rights protection of CNY 171, 481.79, and publish a statement to eliminate the impact.

The defendant, X Network Technology Company, defended that: 1. X Network Technology Company is an information via network storage service provider, and the disputed audio is uploaded by users to the Lizhi App. X Network Technology Company has no obligation or capability to review the massive audios uploaded by users in advance, and has provided a complaint channel in a prominent position on the Lizhi platform, meeting its standard of duty of care as a platform. X Network Technology Company provides users with information via network storage space services without any duty or capability to monitor in advance. 2. The plaintiff did not send a valid notice from the beginning, and X Network Technology Company has timely blocked the audio involved in the case, without any intent to infringe.

[Holding]

Shanghai Pudong New Area People's Court decided that, even though the audio of the alleged infringement involved in the case was uploaded by the via network user, the defendant, X Network Technology Company, was found to have indirectly infringed copyright. Given the high reputation of the copyrighted works in question, the possibility of infringement of copyright by relevant audio content is extremely high. Besides, X Network Technology Company shall bear a higher obligation of care for the infringement, and shall find it in time during its daily operation and management of the platform. The defendant, X Network Technology Company, failed to take timely and reasonable measures such as deleting, blocking the infringing audio or disconnecting the link after receiving the infringement notice sent by the plaintiff. Therefore, the defendant, X Network Technology Company, constitutes aiding infringement and shall be liable for the infringement against copyright of the work uploaded by its user involved in the case.

Shanghai Pudong New Area People's Court made a civil judgment (2019) H 0115 MC No. 8554 (June 3, 2021) that: 1. The defendant, X Network Technology Company, shall compensate the plaintiff, a computer system company, for its economic losses of CNY 5 million within 10 days from the effective date of this judgment; 2. The defendant, X Network Technology Company, shall, within 10 days from the effective date of this judgment, compensate the plaintiff, X Computer System Company, for the reasonable expenses incurred to prevent the infringement of CNY 171,481.79; 3. Within ten days from the effective date of this judgment, the defendant, a via network technology company shall, for its copyright infringement act, publish a statement on the homepage of its official website (http://www.lizhi.fm/) for 15 days to eliminate the impact (the contents of the statement shall be examined by the Court); 4. Reject the remaining claims of the plaintiff.

After the judgment of first instance, the defendant filed an appeal. On August 31, 2022, Shanghai Intellectual Property Court made the (2021) H 73 MZ No. 818 Civil Judgment: Dismiss the appeal and maintain the first instance.

[Commentary]

The age of flow economy has a huge impact on the development of cultural and creative industries, and the derivative audio books of well-known works have brought huge traffic to the platform. The large-scale infringement of prominent works across the whole platform has increased the difficulty of safeguarding the rights of intellectual property rights holders, and also challenges the judicial determination of platform liability. Before and after the amendment of Chinese *Copyright Law* in 2020, the determination of infringement of copyright has changed, and the defendant's infringement of multiple copyright rights should also be handled prudently.

I . Determination of platform liability of the infringement against right to information via network dissemination rights of audio works

(I) Determination of the nature of the platform

Whether a via network service provider provides infringing works, or only provides information via network storage space needs to be judged from the nature of the platform. In this case, on the one hand, the defendant, X Network Technology Company, specified in its "Service Agreement and Privacy Policy" that it provided information storage space services and internet live streaming services. On the other hand, the defendant's platform indicated the identity of the host for the claimed infringing audio program, according to the evidence obtained by the plaintiff X Computer System Company. Therefore, in the absence of conflict evidence, and considering the defendant's management mode, it can be decided that a via network technology company is a via network service provider, and the relevant audio is provided by the via network user.

(II) Determination of infringement pattern

The infringing audio is published by the relevant via network users, and the via network service provider only provides the via network service for information storage space through the platform it operates, and the via network service provider does not constitute a direct infringement. However, even if the alleged infringing audio is uploaded by via network users, the via network service provider may still constitute indirect infringement.

Article 7 of the *Provisions by the Supreme People's Court on Several Issues Concerning the Application of Law in Hearing Civil Dispute Cases Involving Infringement of the Right of Communication to the Public on Information Networks* stipulates that, where a via network service provider which knows or should have known that a via network user is using its via network services to infringe upon the right of communication to the public on information via networks fails to take necessary measures such as removal, blocking, and removal of links or provides aid such as technical support for the user, the people's court shall determine that the network service provider has aided in the infringement. In order to decide whether the internet service provider had knowledge or should have known of the infringement fact, Article 9 of the aforementioned regulation stipulates that "The people's court shall determine whether a via network service provider should have known an infringement based on a clear fact that a via network user has infringed upon the right of communication to the public on information via networks and by taking into account the following factors: (i) The via network service provider's capability of information management, as required according to the nature of services provided, manners of provision of services, and possibility of infringement attributable thereto. (ii) The type and popularity of the communicated work, performance, or sound or audio-visual recording and the visibility of the infringing information. (iii) Whether the via network service provider has, on its own initiative, chosen, edited, modified, recommended or otherwise dealt with the work, performance, or sound or audio-visual recording. (iv) Whether the via network service provider has proactively taken reasonable measures to prevent infringement. (v) Whether the via network service provider has set up any convenient programs to receive a notice of infringement and make reasonable response to the notice of infringement in a timely manner. (vi) Whether the via network service provider has taken reasonable measures against a user's repeated infringements. (vii) Other relevant factors." According to Article 40 of Chinese Copyright Law, a producer of sound recordings or video recordings who, for the production of a sound recording or video recording, exploits a work created by another, shall obtain permission from and pay remuneration to the copyright owner.

In this case, it can be determined from the following aspects whether the via network service provider constitutes indirect infringement.

(i) The popularity of the copyrighted work involved in the case. The involved work *The Three Body Problem* is one of the most well-known science fiction novels in China, which indicates its high commercial value. In the case where the disputed work has a high level of popularity, the defendant X Network Technology Company shall recognize that copyright owners usually do not allow others to spread their paid works for free on open online platforms. As a result, it is unlikely that the audios of novels and other works are uploaded by the author or authorized online user. Correspondently, the likelihood of copyright infringement in the audio content is extremely high. X Network Technology Company shall bear a higher duty of care and timely identify and address such issues during the platform's daily operation and management.

(ii) The existing form of infringing audio and the identity of the uploader. In this case, most audio titles directly indicate the words "The Three Body Problem" or "Liu Cixin". Some hosts record and play the entire episode of *The Three Body Problem*, and there are links below the pages, while also featuring The Three Body Problem audio, such as "Everyone is listening", "You may like", and "Recommended high-quality streamers". Some of the linked host names include "The Three Body Problem", and the fan count for recommended anchors reaches several thousand or even tens of thousands. The defendant's platform has numerous hosts spreading the audio of The Three Body Problem, some of whom are high-ranking, such as Silver Exclusive Live hosts, Exclusive Content Hosts, Excellent Hosts, etc. For influential hosts such as exclusive hosts, X Network Technology Company has a higher duty of care to pay attention to the content they broadcast closely.

(iii) Whether necessary measures have been taken to stop the infringement. The plaintiff, X Computer System Company, has been sending infringement notices to X Network Technology Company via e-mail since April 1, 2019, and provided an authorization letter as well as a list of infringing audio issued by Liu Cixin. The above notices have constituted valid notices in their legal effects. Afterwards, X Computer System Company repeatedly sent infringement notices to X Network Technology Company. However, the defendant platform still has a large amount of infringing audios, including influential hosts who continue to provide The Three Body Problem audios on the platform after X Computer System Company issued an infringement notice. Therefore, X Network Technology Company failed to promptly take action to delete, block infringing audio, or disconnect links after receiving infringement notices from the plaintiff.

In summary, if a via network service provider knows or should have known that their platform host is spreading infringing audio and fails to take necessary measures to prevent infringement, it constitutes aiding infringement and shall bear corresponding civil liability.

Ⅱ. The infringed copyrights of audio works

(Ⅰ) Adaptation right, reproduction right, and right to via network dissemination of information

In cases where audio works are infringed upon, it often involves copyright rights such as right to adaptation, right to reproduction, and right to via network dissemination of information. For the right to adaptation, the Copyright Law defines the right to adaptation as the ability to modify a work to produce a new work with originality. The act of creating a new work by changing the original work while retaining its basic expression constitutes the act of adaptation under the Copyright Law.

If the infringing audio only reads the copyrighted work, and the act of reading aloud does not change the way the text is expressed, it does not constitute an adaptation. If the infringing audio changes the basic expression of the original work and produces a new work, it belongs to the act of adaptation. For the right to reproduction and the right to via network dissemination of information, the Copyright Law's right to reproduction refers to the right to produce one or more copies of the work by means of printing, Xeroxing, rubbing, sound recording, video recording, duplicating, re-shooting, or digital way etc. The right of dissemination information via networks refers to the right to provide works that may be obtained by the public at the time and place selected by the public by wired or wireless means. Providing audiobooks of the disputed work on websites and apps, including copying and dissemination information via network, without the permission of the copyright owner, infringes on the copyright owner's right to reproduction and right of dissemination information via networks of the copyrighted works.

(Ⅱ) Types of rights infringed by online live streaming on audio copyright

Live streaming is a real-time dissemination behavior that provides content directly to the public. In this case, the alleged infringing activity involves reading copyrighted works aloud in a live broadcast setting and broadcasting them over the internet. The key to this dissemination behavior lies in real-time live broadcasting through the internet. Real-time live streaming on the internet adopts a non interactive communication method, which is different from the behavior controlled by the right of information via network communication. The public cannot get the access to the work at a time and place of their choosing, and can only obtain works at the designated time. Before the revision of the *Copyright Law* in 2020, the types of rights infringed by online live streaming did not correspond to any of the rights listed in (1) to (16) of Article 10, and mainly infringed upon the other rights that shall be enjoyed by the copyright owner, namely "other rights", as stipulated in Article 10. 17 of the *Copyright Law*. After the revision of the Copyright Law in 2020, the rights infringed upon shall be classified as "broadcasting rights" under Article 10. 11 of the *Copyright Law*.

In this case, it is necessary to determine whether the defendant X Network Technology Company constitutes a copyright infringement. The defendant X Network Technology Company disclosed the user information of the host (including mobile phone number, name, and ID card), which was displayed in the defendant's backstage. The front-end information on the webpage only displayed the live broadcast name and band number. Even if the identity information provided by the defendant X Network Technology Company is true, it can be determined that the actor related to the live streaming is the corresponding host. However, according to the Personal Live Broadcast Agreement and Privacy Policy between the defendant,

X Network Technology Company, and the user, the ownership of all intellectual property rights (including but not limited to copyright, trademark rights, and related derivative rights) of all results (anchor results) generated by the user during the provision of live streaming services on the platform belongs to the platform. The platform is entitled to independently use and obtain profits from the aforementioned intellectual property achievements, including but not limited to editing, promotion, display, or licensing platform via network partners to use, or providing search, listening, download, sharing, etc. to other users of the platform. The platform has the right to independently protect the intellectual property rights transferred by the aforementioned users in its own name. Besides, the platform has set up a recharge entrance for live streaming, providing users the service of give Golden Coins as gifts after their recharge. The Host Withdrawal Rules stipulates that when hosts withdraw their earnings, the platform can also receive a certain proportion of fees. Therefore, the defendant, without the plaintiff's authorization, directly committed infringement by publicly broadcasting the plaintiff's copyrighted works online, which constitutes a direct infringement.

Ⅲ. Factors to consider in determining compensation beyond the statutory maximum compensation limit

Regarding compensation for losses, as the plaintiff has no evidence to prove the losses suffered or the benefits obtained by the defendant due to infringement, statutory compensation is applicable. But if multiple factors in the case can be considered and it can be proven that the amount significantly exceeds the maximum statutory compensation limit, the court may exercise its discretion to set the compensation amount above the statutory maximum.

(Ⅰ) The popularity of copyrighted works. *The Three Body Problem* has gained a high popularity, it won multiple international awards, including the Hugo Award for Best Novel in 2015. Subsequently, the popularity of the work has increased to a great extent. Especially in the audio App industry, for well-known works, licensing fees for audio software tend to be higher, while for less well-known works, the licensing price is relatively lower.

(Ⅱ) The scale of infringing platforms and the specific facts of infringement. The defendant, X Network Technology Company is a leading company in the audio software industry, and Lizhi App has a large business scope, with a large number of registered users, active users, and audio programs. Given the platform's size, there are many infringing hosts in this case, and some of them even have a large number of fans, especially for the hosts who have infringed on the entire episode of *The Three Body Problem*, who have a large scale of infringement and a large amount of viewers. The infringement behavior on the defendant's platform was concentrated during the period of high popularity of the Three Body Problem, and continued to infringe even after the plaintiff sent a notice, which also reflects the degree of their subjective fault.

(Ⅲ) Determination of the compensation amount. For specific amounts that are difficult to prove as damages to the rights holder or illegal profits of the infringer, but there is evidence to prove that the aforementioned amount has exceeded the statutory maximum compensation limit, the statutory compensation method should not be applied. Instead, the court should reasonably determine the compensation to exceed the statutory maximum limit based on the comprehensive evidence of the entire case.

(Ⅳ) Comprehensive consideration of infringement costs and revenues obtained from infringement. As a large-scale audio platform, through its extensive infringement activities, although most of the audio is provided for free, the defendant can obtain a large amount of traffic and other benefits, while the infringement cost is very low. They can use the copyrighted works on a large scale and for a long time without paying license fees. So when determining the compensation amount, the court must also take into account the precedential and directive impact of its ruling. If the price paid by the infringers is far less than the benefits obtained by the infringers, it will promote the occurrence and continuation of the infringement. The judgment of compensation in this case shall reflect the value orientation of strict protection of intellectual property rights and increased compensation efforts.

[Significance]

The internet era has given birth to diverse forms of cultural and creative industries, and audiobooks, as an emerging reading experience channel, have led to the proliferation of numerous audio platforms. The work involved in the case, *The Three Body Problem*, won the Best Novel Award at the 73rd Hugo Awards and has a significant social impact. When it comes to large-scale infringement of copyrighted works across all platforms, the criteria for determining the liability for infringement on audio platforms need to be clear. When determining the amount of compensation for infringement on audio platforms, the value orientation of strictly protecting intellectual property rights and increasing compensation efforts shall be adhered to. The verdict of this case aids in standardizing the copying and broadcasting of audiobooks, strengthen the platform's main responsibility, urge the platform to improve its internal copyright monitoring and management mechanism, and promote the orderly development of emerging cultural formats.

This case was rated as one of the Top 10 Typical Copyright Cases in Shanghai in 2021, one of the Top 10 Media Law Cases in China in 2022, and one of the Top 10 Influential New

Cultural and Entertainment cases in China in 2022.

[Case Index]

Case Number:

First instance: Shanghai Pudong New Area People's Court (2019) H 0115 MC No. 85544 (June 3, 2021)

Second instance: Shanghai Intellectual Property Court (2021) H 73 MZ No. 818 (August 31, 2022)

Judges and Juror:

First instance: Ni Hongxia, Wang Xiao, Lin Xinjian

Second instance: Wu Yingzhe, Shao Xun, Ye Jufen

Drafted by: Wang Xiao

Translated by: Zheng Ke

Proofread by: Niu Tong

Civil Trademark Cases

09

Determination and Legal Liability for Trademark Joint Infringement

—Trademark Infringement Case between Hainan X Pharmaceutical Co., Ltd. and Shanghai X Color Printing Co., Ltd. et al.

Rule

In the trial process of trademark infringement cases, the court determines that the defendant has subjective fault based on their violation of legal obligations. Litigation of joint infringement causing damages other parties constitutes joint litigation, and the court may add defendants who must be added according to its authority. If the plaintiff does not require the added defendant to bear civil liability, the court shall allow it. However, the plaintiff shall not require one defendant to bear the liability of other defendants. The exemption agreement between the defendants shall not become an obstacle for the plaintiff's right to file an infringement lawsuit.

Basic Facts

Plaintiff: Hainan X Pharmaceutical Co., Ltd. (hereinafter referred to as H company)

Defendant: Shanghai X Color Printing Co., Ltd. (hereinafter referred to as C company)

Defendant: Shanghai Pudong X Printing House (hereinafter referred to as P company)

The plaintiff is the registrant of the registered trademark "Yang Sheng Tang". On July 2, 1995, with C company as the entrusting party of trademark printing and Shanghai X Color Printing Co., Ltd. as the trademark printer, the two sides signed a processing contract with a total amount of CNY 52,500. In the contract, two parties agreed that: The printing party shall process 500, 000 packaging bags of "Yang Sheng Tang Turtles Health Capsule" with a specification of 120mm × 85mm according to the sample provided by the entrusting party, with a unit price of CNY 0. 15 per bag. The bags shall be delivered to the client on August 10th of the same year. The entrusting party shall pay 50% of the remuneration in advance, and the remaining balance shall be settled after the goods arrive at the principal. The printing party shall collect a plate making fee of CNY 10, 400 in advance, and refund the plate making fee when the output value reaches CNY 400, 000. The other provisions of the contract shall be stamped with the seal "If the printed object involves infringement issues, the entrusting part shall be held liable." On the day of signing the contract, the legal representative of P company delivered a black draft of the design for the "Yang Sheng Tang Turtles Health Capsule" packaging bag and its plate making to C company Afterwards, C company entrusted a plate making factory in Yuncheng City, Shanxi Province to make plates, and a printing factory paid a plate making fee of CNY 10, 400 to a certain color printing company. On August 16, 1995, C company delivered 380, 000 composite packaging bags of "Yang Sheng Tang Turtle and Turtle Health Capsule" to P company, and P company paid a processing fee of CNY 39, 900. The layout design, specifications, and size of the "Yang Sheng Tang Turtles Health Capsule" composite packaging bag printed by a certain color printing company are identical to the plaintiff's "Yang Sheng Tang Turtles Health Capsule" packaging bag. Both the Chinese and Japanese versions have the registered trademark "Yang Sheng Tang", and the plaintiff's enterprise name. P company commissioned C company to print the composite packaging bag of "Yang Sheng Tangand Turtle Health Capsule" without presenting the Trademark Registration Certificate and the authorization letter for printing the registered trademark of "Yang Sheng Tang". Since July 1996, the plaintiff has changed the specifications of the composite packaging bag for "Yang Sheng Tang Turtles Health Capsule" from 120mm × 85mm × 0. 06mm (old version) to 130mm × 90mm × 0. 062mm (new version). The layout design remained unchanged except for enlarged fonts. Guangzhou X Industrial Co., Ltd. certifies that the plaintiff printed the old version of composite packaging bags at a unit price of CNY 0. 086 per piece, and the new version of composite packaging bags at a unit price of CNY 0. 10 per piece. According to the plaintiff's report on turtle balls and auxiliary materials, as of June 30, 1996, the inventory of the old version of "Yang Sheng Tang turtles health capsules" composite packaging bags was 6, 040, 000 units.

In the trial, the plaintiff said that the inventory of the old version of "Yang sheng tang turtle health capsule" composite packaging bags was determined according to the number of customization and sales, most of the old composite packaging bags have been destroyed, with no record of destruction, and the current inventory is less than 100, 000. P company for printing "Yang sheng tang turtle turtle health capsule" packaging box, infringed the plaintiff's "Yang sheng tang" registered trademark. On July 5, 1997, a compensation agreement was reached with the plaintiff, in which P company compensated the plaintiff with an economic loss of CNY 435, 000. The plaintiff will no longer pursue the infringement liability of the printing factory. P company has fulfilled the agreement.

The plaintiff, Hainan X Pharmaceutical Co., Ltd. sued that the defendant, C company, ignored the provisions of national laws and regulations, and without any proof documents from the defendant's P company, undertook to print its "Yang Sheng Tang Turtle and Turtle Health Capsule" composite packaging bag, which has constituted an infringement of the plaintiff's exclusive right to use its registered trademark. The plaintiff requested the order: the defendant C company to apologize to the plaintiff, eliminate the impact, and compensate for economic losses of CNY 500, 000.

The defendant, C company, argued that it was commissioned by P company to print 380, 000 "Yang Sheng Tang Turtle and Turtle Health Capsule" composite packaging bag. It is not an intentional infringer as it does not manufacture or counterfeit the plaintiff's registered trademark without authorization; in this case, the intentional infringer is P company, and the plaintiff has no right to ask P company to bear civil compensation liability for the same fact after exempting the infringement liability of the printing house. The loss of the plantiff's claim is unreasonable and unfounded, according to its contract with P company, if losses should be borne by P company.

The defendant, P company, argued that it had made compensation to the plaintiff for the infringement of the packaging box of the "Yang Sheng Tang Turtle and Turtle Health Capsule", and should not bear the corresponding civil liability in this case.

[Holding]

Shanghai Pudong New Area People's Court decided that, the plaintiff is the registrant of the "Yang Sheng Tang" trademark and enjoys the exclusive right to use the "Yang Sheng Tang" trademark in accordance with the law. No one is allowed to forge or print packaging materials with the "Yang Sheng Tang" trademark logo without their authorization. *Regulations for the Administration of Trademark Printing* stipulates that those who entrust the printing of registered trademarks shall present Trademark Registration Certificate. Without providing the required supporting documents, the trademark printing house shall not undertake the printing takes. The two defendants disregarded the laws and regulations of the country and, without any supporting documents from the trademark printing client, undertook to print the composite packaging bag of "Yang Sheng Tang Turtles Health Capsule". This act complies with the provisions of Chinese *Trademark Law* and constitutes infringement of the plaintiff's registered trademark exclusive rights. The actions of the two defendants have seriously affected the reputation of the "Yang Sheng Tang Turtles Health Capsule" and pose great social damages. The two defendants shall bear corresponding legal liabilities for their actions. C company was commissioned by P company to print composite packaging bags for "Yang Sheng Tang Turtles Health Capsule" without verifying relevant proof documents. As a result, the fault liability is obvious, and the reason for not being an intentional infringer cannot be established, nor can it use the contract agreement to resist the civil liability that the plaintiff demands of it. According to the Economic Compensation Agreement signed between P company and the plaintiff, it is determined that the compensation of a certain printing factory does not include the composite packaging bag of "Yang Sheng Tang Turtles Health Capsule". The two defendants are the joint infringers of the infringement act involved in this case, and shall jointly bear the civil liability of apologizing to the plaintiff, eliminating the impact, and compensating for economic losses in accordance with the law. In this case, the plaintiff did not claim that P company shall bear civil liability, which complies with the provisions of the *Civil Procedure Law of the People's Republic of China*, where stipulates that "the parties have the right to dispose of their civil and litigation rights within the scope prescribed by law", meaning that the disposal shall be allowed by the court. However, the plaintiff's disposal cannot harm the interests of third parties, and has no right to demand that C company bear the civil liability that C company shall bear.

Shanghai Pudong New Area People's Court made (1998) PZCZ No. 17 Civil Judgment (August 25, 1998) that: 1. The defendant, C company, shall publish an apology statement (with a layout of 9cm × 10cm) in the Hangzhou Daily within 30 days from the effective date of the judgment, publicly apologize to the plaintiff and eliminate the impact; 2. The defendant, C company, compensated the plaintiff with an economic damage of CNY 40, 000.

After the first instance judgment, neither the plaintiff nor the defendant filed an appeal.

[Commentary]

Ⅰ. Litigation of joint infringement causing damages to other parties constitutes the joint litigation

In a lawsuit arising from joint infringement which caused damages to other parties, the joint infringers are jointly and severally liable for the losses caused, and the resulting lawsuit is a necessary joint lawsuit. In this case, the act of signing a processing contract, with P company as the trademark printing commission party and C company as the trademark printing party, to process and produce packaging bags of "Yang Sheng Tang Turtles Health Capsule" infringed on the plaintiff's trademark rights. P company and C company are joint infringers, who jointly infringed on the plaintiff's civil rights and caused actual damages, meaning that they shall jointly and severally liable for such losses. The legal relationship for compensation for damages is based on the fact that P company and C company engaged in joint infringement. P company and C company both have a subjective intention of causing common losses. The commonality of infringement and the inseparability of damage caused determine the joint liability for compensation. During the trial process of this case, C company applied to add P company as a third party. Due to significant differences in the conditions, status, litigation rights, and litigation obligations of the colitigants and the third party in participating in the litigation, the court decided to add P company as a co defendant in this case.

Ⅱ. Violation of statutory obligations constitutes obvious subjective fault

When determining the subjective fault of the defendant, the judge shall rely on the discretion and reasonably determine the duty of care according to empirical rules. When the plaintiff proves that the defendant has violated the duty of care, the responsibility of presenting evidence is transferred to the defendant. If the defendant's evidence is not sufficient to prove that they have fully fulfilled the duty of care, the defendant shall be directly judged to be at fault. The duty of care referred to here, based on the accumulation of experience in intellectual property judicial practice, mainly includes general obligations stipulated by intellectual property laws and regulations, obligations stipulated by administrative rules and normative documents, obligations of reasonable review, and obligations to sign intellectual property guarantee agreements. In this case, the plaintiff is the registrant of the "Yang Sheng Tang" trademark and enjoys the exclusive right to use the "Yang Sheng Tang" trademark in accordance with the law. No one is allowed to counterfeit or print packaging materials with the "Yang Sheng Tang" trademark logo without authorization. *Regulations for the Administration of Trademark Printing* explicitly stipulate that those who entrust the printing of registered trademarks shall present a trademark registration certificate. Without receiving the required supporting documents from the entrusting party P company, C company shall not undertake the printing task of "Yang Sheng Tang Turtles Health Capsule" packaging bags. This behavior directly violated the obligation of examination stipulated by laws and regulations, and is in compliance with the provisions of Chinese *Trademark Law*. It has constituted an infringement of the plaintiff's exclusive right to register a trademark, and this infringement has obvious subjective fault.

Ⅲ. The contractual agreement between parties cannot be applied against third-party infringement lawsuits

C company and P company agreed in the contract that the infringement liability caused by printing behavior shall be borne by the latter party. C company hereby claims to exempt itself from liability. The effectiveness of a contract generally only applies to the parties within the contractual relationship, and cannot naturally deprive an external third party of the right to claim compensation for infringement caused by damages. Therefore, the agreement between C company and P company cannot be an obstacle for the plaintiff's infringement lawsuit, so he still has the right to file a lawsuit against C company.

Ⅳ. After exempting P company from infringement liability, the plaintiff has no right to claim civil rights against C company for the exempted liability

According to the Economic Compensation Agreement signed between P company and the plaintiff, it can be decided that the compensation of P company does not include the composite packaging bag of "Yang Sheng Tang Turtles Health Capsule". The two defendants, P company and C company, are joint infringers of the infringement act involved in this case. As a result, they shall jointly bear civil liabilities such as apologizing to the plaintiff, eliminating the impact, and compensating for losses in accordance with the law. In this case, the plaintiff did not claim that P company shall bear civil liability, which complies with the provisions of the Civil Procedure Law of the People's Republic of China that "parties have the right to dispose of their civil and litigation rights within the scope prescribed by law." However, the plaintiff's disposal cannot harm the interests of third parties, and has no right to demand that C company bear the civil liability that P company shall bear.

Ⅴ. On the determination of compensation for infringement damages

In this case, the plaintiff claims compensation based on the direct losses caused by the defendant's infringement and the destruction of 6.04 million original composite bags. After investigation, it was found that the plaintiff's revision of the "Yang Sheng Tang Turtles Health Capsule" composite packaging bag since July 1996 is true, but there is no significant difference between the new and old versions of the composite packaging bag. The inventory of composite packaging bags reflected in the plaintiff's report differs significantly from the actual inventory claimed by the plaintiff in the trial, and there is no evidence such as destruction records to prove it. Therefore, the plaintiff calculated economic losses and claimed improper compensation on the grounds of abandoning 6. 04 million old versions of composite packaging bags. Considering that P company has paid printing fees to C company, and the plaintiff's modification of the "Yang Sheng Tang Turtles Health Capsule" composite packaging bag has indeed increased costs, the infringement has caused serious consequences, and the reputation of the "Yang Sheng Tang Turtles Health Capsule" product has been damaged due to various factors, the court has decided that a certain color printing company should compensate the plaintiff with an economic loss of CNY 40, 000.

[Significance]

This case was heard in 1999. At that time, intellectual property protection in China was still in its early stages, and intellectual property judicial trials were also constantly advancing through exploration. Endured great hardships while blazing the trail. As one of the first courts to explore intellectual property trials, Shanghai Pudong New Area People's Court has innovatively tried a number of typical intellectual property cases, laying a solid foundation for the improvement of intellectual property legal rules, accumulation of judicial experience, and standardization of market order. It has also provided valuable trials and research materials for later generations.

[Case Index]

Case Number:

First instance: Shanghai Pudong New Area People's Court (1998) PZCZ No. 17 (August 25, 1998)

Judges and Juror:

First instance: Xu Yali, Dong Lei, Sun Yu

Drafted by: Xu Yali, Xu Jun

Translated by: Zheng Ke

Proofread by: Bi Jingran

10

The Fair Use of Game Name Shall not Constitute Trademark Infringement

—Trademark Infringement Case between X Company and Shanghai X Network Development Co., Ltd.

Rule

In the case of the coexistence of the service trademark and the game name, we shall comprehensively determine whether it constitutes a fair use of the trademark in combination with the creation and development background of the game, the use of the game name, the public's understanding of the game name and the use of the disputed infringement. If the game name only indicates the type, nature, content and rules of the game provided in the service, and indicates the source of the service, it is a fair use that does not constitute trademark infringement.

Basic Facts

Plaintiff: X Company

Defendant: Shanghai X Network Development Co., Ltd.

The plaintiff was registered in the Taiwan region of China. On March 21, 2005, it registered the "Monopoly" word trade mark on the mainland with approval of the service item category 41, including items like "providing online games (on the computer via network)". The registration period is valid until March 20, 2015. The plaintiff's trademark is "Monopoly" in three traditional Chinese characters. The plaintiff used the word "Monopoly" in the single games it had developed in the past. The exploitation method is as follows: In the five agreements signed between the plaintiff and persons not involved in the case since 1998 – 2002 referred to "Monopoly" as a software "product", such as: "Monopoly 4", "Monopoly 5", "Monopoly 6 Enhanced

Edition: Everyone Snatches Money", "Monopoly 7", "Monopoly 7: Visits to Treasure Island", "Monopoly 8" and so on. On the three "Monopoly" game physical objects provided by the plaintiff, the words "Monopoly 6", "Monopoly 7: Visits to Treasure Island" and "Monopoly 8" are clearly marked respectively. Among them, the three Chinese characters "Monopoly" are in artistic font, and the outer packaging of these three physical objects is marked with "softstar" graphics and character registered trademarks. In its registered category, the plaintiff has not launched the "Monopoly" online game so far, nor has it carried out online operation with "Monopoly" as the trademark.

The defendant obtained the "Shengda" word trademark registration certificate on September 28, 2003 with approval of the service item category 41, including items like "providing online games (on the computer via network)". On August 22, 2005, National Copyright Administration issued the computer software copyright registration certificate No. 040838, which indicates that the first publication date of the work is July 16, 2005. The copyright owner, Sheng Information Technology (Shanghai) Co., Ltd., is an affiliated company of the defendant, which authorizes the defendant to operate the game.

On July 18 and August 2, 2005, the plaintiff authorized the notary office of Haidian District, Beijing to preserve evidence of "Shengda Monopoly" graphics, word logos in the defendant's two websites (rich. poptang. com, rich. sdo. com/web1.0/index. asp) and pages with the game name "Shengda Monopoly" when the defendant recommended and guided the game "Shengda Monopoly" online. On March 16, 2006, the plaintiff entrusted Zhan Menglong's law firm, a private notary of Taiwan Banqiao District Court, to notarize the use of the "Shengda Monopoly" logo and the game name of "Shengda Monopoly" on the defendant's "www. sdo. com" website. The aforementioned notary page shows that in the process of operating the online game "Shengda Monopoly", the defendant used an introduction and online guidance on "Shengda Monopoly". There are two kinds of "Shengda Monopoly" logos on the page: one is marked with the artistic font of orange "Shengda Monopoly" characters and the color graphics of the shape of nine buildings as the main part, with the artistic English word of the red "SNDA RICHMAN" below. The other is composed of the artistic font of the orange "Shengda Monopoly" word and the artistic English word of the red "SNDA RICHMAN" below. Among them, the top point of the word "富 (rich)" is replaced with green, shiny bead, and its bottom part "田" is replaced by white dice of red background. The word introduction in the "Game Introduction" is: "Shengda Monopoly is a casual online game independently developed by Shengda Network." In the "Novice Q&A" column, the content is: "Shengda Monopoly" is a room-opening mode of combat casual online game. Players roll dice in the game forward in order to defeat their opponents economically and become a millionaire through commercial activities such as buying land and building houses. In the "Fortune News" column, the content is: "Shengda Monopoly is a green leisure game independently developed and launched by Shengda Network, with the basic mode of rolling dice, buying land, building houses and using card props". "Shengda Online" and "Shengda Monopoly, Permanently Free Online Monopoly Game" are marked in the URL. In addition, the web page marks that the copyright owner of the website is the defendant Shanghai Network Development Co., Ltd. and the number of the Telecommunications Business Certificate, internet Publishing Business Certificate and Network Culture Business Certificate. There are obvious "SNDA" and "SHANDA Shengda Network" logos in the lower left corner of the web page.

As for the birth and popularity of "Monopoly", the evidence provided by the defendant has shown that a game of playing chess with dice points and simulating real estate transactions with fake money first appeared in the United States in the 1930s. At that time, during the beginning "Great Depression" in the US in 1929, Charles Darrow, an unemployed American, designed a game called "Monopoly", so that people trapped in adversity could buy land with paper and build a hotel, thus having the experience of being rich men. For this game, the American Darrow obtained the U.S. patent of "disc game device" in 1935. After the game came out, it immediately became the best-selling game in the United States and spread all over the world. So far, about 200 million have been sold worldwide, and more than 600 million people have played the game. "Strong Monopoly" game chess is still sold in China's domestic market. In the market, the English name of this game is "Monopoly" and the Chinese name is "大富翁".

As for the development of "Monopoly", the evidence provided by the defendant has shown that "Monopoly" has sold well all over the world in multiple languages and versions. The playing method is actually similar, but the place names and currencies in the game are different. After the emergence of computers, the internet and mobile phones, a new form of "Monopoly" was created and developed into "Monopoly" of PC, online and mobile versions, which still rely on rolling dice to play games and simulate real business.

As for the impact of "Monopoly" on consumers, the defendant's evidence has shown that after the advent of "Monopoly", it was welcomed by consumers. Hong Kong Special Administrative Region regularly holds a special international "Monopoly" competition, and the book *Monopoly's Money Making Wisdom* has been published in China, telling consumers' how to do business from playing the game named "Monopoly".

The plaintiff X Company claimed that the defendant launched the online game "Shengda Monopoly" through the computer via network, which is a similar service project as the plaintiff's "Monopoly" video game, and "Shengda Monopoly" and "Monopoly" are similar in terms of words combination, meaning, pronunciation, etc. "Shengda Monopoly" has not changed the basic meaning of "Monopoly", which has objectively caused confusion and misunderstanding for many game users. The plaintiff has requested that: 1. The defendant shall immediately stop the infringement. 2. The defendant shall compensate for economic losses of CNY 500, 000 and other losses of CNY 44, 825.3 (including lawyer's fees, notary fees and travel expenses).

The defendant Shanghai X Network Development Co., Ltd. has argued that "Monopoly" is a common name for a kind of intellectual game chess that simulates business risks, and the defendant has the right to use it properly. The defendant's game name "Shengda Monopoly" is composed of two parts: the accuse's corporate name "Shengda" and the general word "Monopoly". It is used reasonably and is different from the plaintiff's trademark. The defendant's enterprise name "Shengda" has registered a trademark, which is well-known in the industry and will not cause confusion with the plaintiff's trademark. The plaintiff's "Monopoly" word has only been used as a trade name in its single game, and the trademark involved has never been used in the category 41 "providing online games (on computer via network)" project. Therefore, the defendant's game name "Shengda Monopoly" did not infringe upon the plaintiff's exclusive right to use the trademark.

[Holding]

After the trial, Shanghai Pudong New Area People's Court held that in accordance with the provisions of Chinese *Trademark Law*, the plaintiff, as the registrant of the "Monopoly" trademark, has the exclusive right to use the registered trademark and is protected by law, but has no right to prohibit others from using it properly. As for whether the word "Monopoly" is the name of a kind of game, the following factors shall be taken into account: First, the meaning of the disputed word. Although "Monopoly" does not have the literal meaning of referring to one kind of game, the evidence provided by the defendant is enough to prove that the English "Monopoly" and the Chinese "Monopoly (大富翁)" correspond to each other and both jointly point to a "game that simulates the real business by playing chess by dice points". Second, the recognition and use of the word by the registrant of the disputed trademark. For the PC version of the game created by the plaintiff, whether it is the license agreement or the actual sales of the PC version of the game, "Monopoly" is used as the name of the game, and "Monopoly" has never been used in its registered category. Third, the recognition and use of the word by operators and consumers in the same industry. The evidence provided by the defendant can confirm that the operators and consumers of such games regard "Monopoly" or "Monopoly (大富翁)" as a kind of "game that simulates doing business according to rolls of the dice". Regarding whether the defendant's use of "Monopoly" constitutes the fair use: The defendant used the "Shengda Monopoly" graphics and word logo on the website where it operated the "Shengda Monopoly" online game, which had a clear introduction to the publisher of the "Shengda Monopoly" game. The web page also indicated the name of the website owner, that is, the defendant. The defendant wants to convey the message that: "Shengda Monopoly" is a "Monopoly-type game launched by Shengda". Since the trademark registered by the plaintiff itself represents a kind of "game that simulates doing business according to the rolls of the dice", and it is not actually used, so its significance and popularity are extremely limited. The relevant public who enter the defendant's website must have some awareness of the "Shengda" brand, so they are unlikely to interpret the word "Shengda Monopoly" logo and the game name of "Shengda Monopoly" as "Sheng + Monopoly". Therefore, the defendant's use of the "Shengda Monopoly" logo and the game name of "Shengda Monopoly" does not constitute an infringement of the plaintiff's exclusive right to use the registered trademark of "Monopoly".

On September 13, 2007, Shanghai Pudong New District People's Court made the (2006) PMS (Z) CZ No. 125 civil judgment: dismissing the plaintiff's claims.

After the first instance judgment, the plaintiff appealed. Shanghai First Intermediate People's Court made the (2007) HYZMW (Z) ZZ No. 23 civil judgment on December 24, 2010: dismissing the appeal and upholding the original judgment.

[Commentary]

There are two main focuses of the dispute in this case: first, whether "Monopoly" means the name of a class of commodity; second, whether the defendant's use of "Shengda Monopoly" is a fair use.

I. Whether "Monopoly" is the name of a class of commodity

The name of the commodity refers to the name of a certain type of commodity that is commonly used within a certain range, including the standardized commodity name, the conventional commodity name and the abbreviation of the commodity. Its function is mainly to distinguish different types ofcommodity, through a concise summary of the quality, function, use and other characteristics of commodity, so that this type of commodity can be distinguished from another type of commodity, which can facilitate the public's call and identification of commodity. The commodity name is composed of word. If according to the description function of the word, it can be roughly divided into two categories: First, it directly describes the commodity's characteristics including its raw material, function, use, exploitation method, such as computers, electric fans, bicycles, etc., which is the most common situation. Second, the word itself is invented that does not have a clear meaning, or although it has a literal meaning, it is usually acknowledged to be recognized as the name of a specific kind of commodity, such as aspirin, sofa, mobile phone, etc. Trademarks and commodity names play different roles. The role of trademarks is to distinguish different sources of commodity or services, and the role of commodity names is to distinguish different types of goods. Trademarks are attached to the existence of goods, and trademarks and commodity names usually play their respective roles in the form of continuous use, such as a certain brand electric fan and a certain brand bicycle. Consumers buy goods through brands to meet their needs for commodity, while operators use trademarks to guide consumers' purchase.

To investigate whether the disputed trademark constitutes the name of a class of commodity, the following factors shall generally be considered: the meaning of the disputed word; the recognition and use of the word by the registrant of the disputed trademark; and the recognition and use of the word by operators and consumers in the same industry. The specific situation of this case is analyzed as follows: First, from the literal meaning of "Monopoly", it means "people with a large amount of property more than ordinary people", which is not related to a class of games. However, a "game that simulates doing business according to the dice" is named "Monopoly" and is used corresponding to the Chinese "Monopoly (大富翁)". After pointing to this kind of game, "Monopoly" has another meaning when it refers to a type of games. The evidence in this case is sufficient to prove the correspondence and identity between the English "Monopoly" and the Chinese "Monopoly (大富翁)". Second, from the recognition and use of the word by the registrant of the disputed trademark, in the plaintiff's

PC version of the game, whether it is the license agreement or the PC version of the game product actually sold, "Monopoly" is used as the game name, "Monopoly" has never been used in its registered 41 project. Third, from the recognition and use of the word by operators and consumers in the same industry, the evidence provided by the defendant can confirm that the operators and consumers of such games often regard "Monopoly" or "Monopoly (大富翁)" as a kind of "game that simulates doing business according to the dice". This kind of game first appeared in the form of chess. After the computer era in the 1980s, game operators introduced "Monopoly" of PC, online and mobile versions. Just as traditional games, such as chess and poker, that have entered into the environment of computer and the internet, it still used the names "computer chess" and "network poker" among consumers established by usage. After entering the new field, "Monopoly" has not changed its essential elements of "simulating reality business according to the dice". After entering the new field, "Monopoly" has not changed the essential element of "simulating doing business according to the dice", which has made "Monopoly" represent a kind of "game that simulates doing business according to dice". It has been extended in the field of PC version games, mobile games, and online games.

Therefore, it can be confirmed that "Monopoly" represents a kind of game that simulates doing business according to the dice.

According to the provisions of *Trademark Law* of China, the plaintiff, as the registrant of the "Monopoly" trademark, enjoys the exclusive right to use the registered trademark and is protected by law. However, Article 49 of the *Regulations on the Implementation of the Trademark Law* also stipulates that: "The general name, graphics and model of the goods contained in the registered trademark, or those that directly indicate the quality, main raw materials, function, use, weight, quantity and other characteristics of the goods, or place names, owners with the exclusive right of the registered trademark does not have the right to prohibit others from using it properly." Therefore, although the plaintiff registered 41 category of service trademarks, because "Monopoly" represents a kind of games that is widely known to the relevant public, the plaintiff cannot prohibit others from using "Monopoly" when it represents a kind of "game that simulates the real business according to the dice".

Ⅱ. Whether the defendant's use of "Shengda Monopoly" is a fair use

Judging from the defendant's using behavior and subjective will, the defendant has used the "Shengda Monopoly" graphics and word trademark on the website where it has operated the "Shengda Monopoly" online game. There is a clear introduction to the launcher of the "Shengda Monopoly" game, and the name of the owner of the website, that is, the defendant, is also indicated on the website. The subjective message that the defendant wants to convey is:

"Shengda Monopoly" is a kind of "monopoly game launched by Shengda Company"; the website with the "Shengda Monopoly" logo is "operated by Shengda Company".

From the objective effect, the online game and logo of "Shengda Monopoly" are used on the website operated by the defendant. Only when entering the website of the defendant can you see the logo and game. The relevant public who have entered the defendant's website must know the "Shengda" brand, so they are very likely to interpret "Shengda Monopoly" as "Shengda + Monopoly", while there is almost no possibility of interpreting it as "Sheng + Monopoly".

Therefore, the defendant's use of the "Shengda Monopoly" logo and word indicates the content of the service, which directly reflects the source of the service and the relationship between the logo and the defendant. Therefore, the defendant's use of the "Shengda Monopoly" logo and the game name "Shengda Monopoly" means the use of a kind of "game that simulates doing business according to the dice", aiming to explain the type, nature, content and rules of the game. Such use will not cause the relevant public to misidentify the source of the service. As a result it is a fair use, which does not constitute an infringement of the plaintiff's exclusive right to use the registered trademark of "Monopoly".

[Significance]

This case involves the determination of whether the use of the game name constitutes a fair use. The judgment in this case makes it clear that the law not only protects registered trademarks, but also protects the reasonable and proper use of trademarks. If others use the registered trademark for the game name just to summarize or explain the game's purpose, rules, characteristics and contents, it shall not be regarded as trademark infringement. This case has clarified the constituent elements of fair use in the form of judgment, and delimited the protection boundary of registered trademarks, which has strong guiding and demonstration significance. This case was selected into the 11th issue of Gazette of the Supreme People's Court in 2011.

[Case Index]

Case Number:

First instance: Shanghai Pudong New Area People's Court (2006) PMS (Z) CZ No. 125 (September 13, 2007)

Second instance: Shanghai First Intermediate People's Court (2007) HYZMW (Z) ZZ No. 23 (December 24, 2010)

Judges:

First instance: Chen Huizhen, Xu Jun, Ni Hongxia

Second instance: Liu junhua, Shen Qiang, Liu Jing

Drafted by: Chen Huizhen

Translated by: Zheng Ke

Proofread by: Bi Jingran

11

Judicial Determination of Network Transaction Platform Operator Contributory Infringement

—Trademark Infringement Case between X (Shanghai) Fashion Trade Co. , Ltd. and Zhejiang X Network Co. , Ltd. et al.

Rule

Generally, Network trading platform operator cannot foresee and avoid infringement actions by online merchants, so it is unwarranted assumption of liability. If the platform knows that the merchant uses the via network services provided by the via network merchant to carry out the infringing behavior, but it still provides the merchant with via network services or does not take the necessary measures, then the platform should assume joint tort liability for the infringing behavior. Whether the platform is aware of the existence of tortious conduct can be determined by combining the factors such as whether the right owner has issued the infringement warning, the degree of visibility of violations and other factors. Whether the platform has taken the necessary measures to avoid the infringement, should be based on response to the infringement warning of the platform, the ability to avoid the infringement, the infringement of the occurrence chances' magnitude and other factors to make a comprehensive judgment.

Basic Facts

Plaintiff: X (Shanghai) Fashion Trade Co. , Ltd. (hereinafter referred to as X company)

Defendant: Du

Defendant: Zhejiang X Network Co. , Ltd. (hereinafter referred to as X Network company)

The Outsider is the owner of registered trademark No. 1545520 and No. 1326011.

The goods authorized to be used for registered trademark No. 1545520 are clothing in Class 25, and the goods authorized to be used for registered trademark No. 1326011 are jackets [clothing], shorts, stuff jackets, etc. in Class 25. The Outsider authorized the Plaintiff to use the above registered trademarks exclusively in China. The casual women's clothing produced by the Plaintiff using the above trademark was recommended by Shanghai Famous Brand Committee as the Shanghai Famous Brand of the Year 2009.

The Defendant, X Network company, was the holder of a shopping website. Individual sellers can open a via network store in this website after registering an account and through the real name authentication. In their own stores, sellers can publish information on goods for sale, including price, size, color, picture, etc. When sellers and buyers who are not members of the shopping website realize transactions through it, the shopping website does not charge fees.

X Network company formulates and publishes rules such as "Service Agreement of a Shopping Website", "Rules for Management of Commodity Release" and "Rules for Management of User Behavior in the Shopping Website", which mention in many places that users are prohibited from releasing information about commodities infringing on intellectual property rights of other people, and formulate relevant penalties. Sellers who publish or sell infringing goods will be subject to warnings, demerit credit points, restrictions on the release of commodity information, store blocking, account suspended and other penalties according to the number of infringements, circumstances and other factors. X Network company also announced the intellectual property rights infringement complaint channel, the rights holder can be by telephone, letter, e-mail and other means to X Network company to complain.

According to the data of case involved, the number of commodity information removed by X Network company accounted for about 85% of the total number of complaints from X company. X company's complaint involves fourteen trademarks. After X Network company removes merchandise information based on X company's complaints, some sellers will file objections with X Network company and provide *prima facie* evidence that the merchandise they sell has a legitimate source. X Network company will forward the seller's objection to X company. X company sometimes withdraws the complaint. Some of the reasons for withdrawing a complaint are indeed the withdrawal of a complaint due to a wrong complaint, while others are due to its temporary inability to determine whether the complaint is infringing or not. The above complaints include seven complaints filed by X company against Du between September 29, 2009 and November 11, 2009, of which three involved the trademark in question and four involved another registered trademark of a company. After receiving a complaint from X company, X Network company deleted the product information released by Du, Du did not raise objections to X company and X Network company, and X Network company did not take punitive measures against Du. Until September 2010, X Network company did not deduct points and other penalties for Du.

Du in this involved shopping website opened a store called " legend of the puppet". X company submitted a notary certificate contains: "legend of the puppet" builted on February 7, 2008, seller credit for 606, buyer credit for 109, the number of goods for 1, 037, which has a "original hooded sweater" with a cartoon bear pattern, clothing tags printed with the text of the registered trademark No. 1326011 and the heart pattern, priced at CNY 75, 72 pieces in stock, sold 0 pieces in 30 days. X company's agent paid CNY 80 (CNY 5 for the express delivery fee) to buy a piece of the above clothing.

The plaintiff, X company claimed that the defendant Du sold goods infringing on the plaintiff's exclusive right to use registered trademarks, and the defendant, X Network company, condoned and helped the merchants to implement the infringement behavior. The Plaintiff requested that the two Defendants jointly compensate the Plaintiff for the economic loss of CNY 30, 000 and reasonable expenses of CNY 54, 900, and apologize to the Plaintiff.

The defendant Du argued that the goods he sold were ordered from other websites, and he did not know that the clothes were infringing goods; the plaintiff only proved that he sold one infringing goods, and the economic loss and reasonable costs claimed by the plaintiff were too high.

The defendant, X Network company argued that over the years, 20% of the plaintiff's complaints were wrong complaints, the plaintiff's frivolous complaints caused a large number of objections from sellers on a shopping website, and caused damage to the goodwill of X Network company; X Network company audited the real identity of the sellers, and promptly deleted the infringing merchandise information of the right holders' complaints, and that X Network company had already taken reasonable and prudent measures to protect the intellectual property rights of others; X Network company deleted the product information complained by the plaintiff in good faith, and cannot be presumed that X Network company know that Du there are repeated infringement and neglect to take any measures; in this case, the plaintiff just notarized the purchase of Du sales of a commodity and identified as fake, and cannot be concluded that the other seven complaints of goods are fake. In conclusion, X Network company does not constitute infringement.

[Holding]

Shanghai Pudong New Area People's Court held that X company by the Outsider's permission on the No. 1545520 registered trademark and No. 1326011 registered trademark enjoys the exclusive license to use the right to be protected by law. There are trademarks identical or similar to the registered trademarks of No. 1545520 and No. 1326011 on the clothing sold by Du, which has violated the exclusive right of the plaintiff to use the registered trademark Du could not prove that the goods he sold had legal origin, and should bear the liability according to the law.

After receiving the complaint notification from X company, X Network company reviewed the content of the complaint and deleted the product information posted by Du. According to X Network company's relevant management rules, it received X company complaints and after verification should be Du to take restrictions on the release of commodity information, deduct points to freeze the account and other penalties, but X Network company in addition to deleting the commodity information did not take any other penalties. X Network company has the conditions and ability to take measures against the specific infringer Du, but when it knows that Du has repeatedly published information about infringing goods, it does not strictly implement its management rules, still provides via network services convenient conditions for Du to sell infringing goods, which is a indulge and indulgence for Du to continue to carry out infringing acts. It is subjective fault, constitutes aiding the infringing, and should be liable for the joint and several compensation.

Since neither the original nor the defendant provided evidence to prove the interests of Du due to infringement or the losses suffered by a fashion company due to infringement, the amount of compensation for economic losses was determined based on the factors such as the relatively high popularity of the trademark involved, the small operation scale of Du's online store and not much profit, and the reasonable cost was determined according to the authenticity, relevance, necessity and rationality of the expenditure for rights protection. The defendant infringement does not involve the plaintiff's personality interests, so the plaintiff demanded the defendant apologize for the claim is not supported.

Pudong New Area People's Court of Shanghai made (2010) PMS (Z) CZ No. 426 Civil

Judgment in January 17, 2011: 1. the defendant Du and X Network company jointly compensate the plaintiff for economic losses of CNY 3, 000 and reasonable expenses of CNY 7, 000 for ceasing the infringement; 2. Dismiss the remaining claims of the plaintiff.

After the first instance judgment, the defendant X Network company appealed. Shanghai first intermediate people's court made (2011) HYZMW (Z) ZZ No. 40 judgment in April 25, 2011: Dismiss the appeal, uphold the original judgment.

[Commentary]

Ⅰ. The elements of liability for the operator of network trading platform in assisting infringement

Principle of determining compensation for general tortious damages follows the principle of fault, and the law provides for the presumption of fault in some special circumstances. Because the presumption of fault places a heavier burden of proof on the infringing party, it is limited to situations expressly defined by law. Article 52 of the *Trademark Law* stipulates that the sale of goods infringing the exclusive right to use a registered trademark is an infringement of the exclusive right to use a registered trademark. Paragraph 3 of Article 56 stipulates that if the seller does not know the goods infringing the exclusive right to use the registered trademark, and can prove that the goods are legally obtained by the seller and state the provider, the seller shall not be liable for compensation. It can be seen from the above provisions, the constitution of illegal sales is not based on whether the seller is subjectively at fault. As long as the perpetrator of the actual sale of goods infringing on trademark rights, it constitutes an infringement of trademark rights and should bear the responsibility to stop the infringement. For the seller of goods, only when they know that the goods sold are the goods that infringe the exclusive right to use the registered trademark, they need to bear the liability for compensation. For the determination of the subjective fault of the seller using the presumption of fault, the seller bears the burden of proving that he is not at fault. Usually, the seller can prove that the goods are legal sources to prove that the subjective fault does not exist.

Network trading platform operators do not sell goods directly, so they do not bear direct tort liability. Before the implementation of the *Tort Liability Law*, ① there is no clear legal provision for the trademark infringement liability of via network trading platform operators. Article 50 (2) of the *Implementing Regulations of the Trademark Law of the Peoples Republic*

① When the defendant in this case committed the tortious act, the *Tort Liability Law* had not yet come into force, so the court based its judgment on the relevant provisions of the *General Principles of Civil Law* and other laws on joint tort.

of China stipulates that the intentional provision of warehousing, transportation, mailing, concealing and other convenient conditions for the infringement of the exclusive right to use a registered trademark constitutes trademark infringement. In trial practice, it is usually based on this provision and the provisions on joint infringement in the *General Principles of Civil Law* to determine whether the operators of online trading platforms constitute aiding infringement. The constituent elements of helping behavior are: First, the helper is generally out of intention, he and the perpetrator of the common harm between the meaning of contact. In special circumstances, although there is no meaning contact, but the helper is aware of the behavior of the person being helped to provide assistance, and objectively play a supporting role in the harm, also constitutes aiding infringement. Second, the helper implemented to help the behavior, help can be positive, can also be negative. Third, the helper implemented to help the behavior and the victim suffered damage between the existence of causal relationship.① Network trading platform operators know via network users use their trading platform to implement trademark infringement, still to others of this infringement to provide substantial help, that is, constitute help infringement. Trial practice, for the via network trading platform operator infringement liability is the focus of controversy and difficulty is whether it has fault, that is, how to determine the via network trading platform operator knows the via network user using its via network services to implement infringement.

Ⅱ. The determinationof network service provider subjective fault

Article 36(3) of the *Tort Liability Law* stipulates that if the via network service provider knows that the via network user has infringed upon other people's rights and interests by utilizing its via network service, and fails to take necessary measures, it shall be jointly and severally liable with the via network user. There are two different opinions on the understanding of "know": one opinion is that it is sufficient to prove that the operator of the via network trading platform knows that the unspecified via network user has committed the infringement; the other opinion is that it is necessary to prove that the operator of the via network trading platform knows that the specific via network user has committed the infringement.

In our opinion, the via network trading platform operator has no obligation to review the product information released by the seller in advance, and has no obligation to actively search and delete the infringing information. The main reasons are: First, the law does not stipulate that via network trading platform operators have this obligation. Second, commodity information uploaded by via network users, via network trading platform operators can not

① See Wang Liming, *Tort Liability Law* (Volume 1), People's University of China Press, 2010 edition, p. 539.

foresee the content of the via network users will upload commodity information. Third, even if the via network trading platform operator knows in general terms that there is a large amount of infringing information in the via network, it is technically infeasible to require it to monitor the information. Commodity information is very huge, the type is very complex, different rights holders may also register the same trademark in different classes of goods, via network trading platforms cannot be screened and shielded from the infringing information. Even the right holders themselves may also make mistakes in judgment. Fourth, if the via network trading platform operators are required to take the initiative to review all the commodity information, is bound to greatly increase the cost of via network services, the consequences of which is to lead to an increase in the cost of via network transactions, these costs will be passed on to the via network users, which is not conducive to the development of e-commerce, and will ultimately harm the social and public interests. Therefore, since there is a large amount of infringing information in the online trading platform, the operator of the online trading platform cannot be found to be at fault, nor can the operator of the online trading platform be found to be at fault because it knows that there may be via network users using its via network services to commit infringing acts.

Network trading platform operator whether to know the existence of infringement, can be determined by combining with the right holder whether to send infringement warning, infringement phenomenon of obvious degree and other factors. Network trading platform operator receives the right to meet the requirements of the infringement notice, it is aware of the existence of the fact of infringement. But "notice" is not the only way to determine the "know", when the user uploads the specific content of the infringing information, has been obvious as a bright red flag flying openly, and via network service providers can see these contents, then the via network service provider cannot adopt the "ostrich policy" of not hearing and turning a blind eye to the dissemination of infringing content. ① Of course, the right holder has to bear the burden of proving the existence of "red flags".

Ⅲ. Application of "Notice-Takedown" rule

The *Regulations for the Protection of the Right to Network Dissemination of Information* stipulates the rule of "Notice and Removal", which, on the one hand, can promote the right holder to actively search for and discover the infringing information to protect their own interests; on the other hand, it also prompts the via network service provider to stop the infringing behavior in time, to prevent the infringement of the consequences of the spread of

① See Wang Qian, *Research on Copyright Protection in Network Environment*, Law Press, 2011 edition, p. 292.

the infringing behavior.① We believe that, because the commodity trading platform provides information storage services, the principle of "notice and removal" rule can also be applied to determine the via network trading platform operator to help the infringement of responsibility. According to the "notice and removal" rule, the notification letter of the right holder shall contain the following contents: (i) the name, contact information and address of the right holder; (ii) the information of the goods and the address of the via network that requires deletion or disconnection of the link; (iii) the preliminary proof of the infringement.

In this case, the notice X company sent to X Network company clearly pointed out the specific via network address of the infringing goods information, at the same time, X company also attached a trademark certificate and other proof of rights, and explains the main reasons for the infringement of the company. The notice that X company sent meets the requirements. After receiving the notice from X company, X Network company should promptly delete the information of the infringing goods referred to by X company. X Network company did delete the infringing information in a timely manner, and according to X company's request, will publish infringing goods seller information to X company. Therefore, in the timely deletion of infringing information, X Network company is not at fault.

Ⅳ. Determination of necessary measures to stop the infringement

After network service providers delete the infringing information, if the via network users still use its via network services to continue to infringe, network service providers should further take necessary measures to stop the continued infringement. Which measures are necessary shall be determined according to the type of via network service, technical feasibility, cost, infringement circumstances and other factors. Specifically for via network trading platform operators, these measures can be public warnings to network users, lowering credit ratings, restricting the release of product information until the network user's account is closed, and so on.

As far as this case is concerned, X Network company, as the largest via network trading platform operator in China, is fully capable of managing the violations of via network users, and X Network company has actually formulated and published a series of rules of behavior of via network users. According to the provisions of the User Behavior Management Rules of a Shopping Website (non-mall)② in force at that time, the user has trademark infringement

---

① See Wang Qian, *Research on Copyright Protection in Network Environment*, Law Press, 2011 edition, p. 252 – 253.

② Since then, X Network company has made several amendments to the User Behavior Management Rules and other provisions.

violations, each time will be restricted from publishing goods for 14 days, down all product information, public punishment (warning) 14 days of punishment. For particularly serious violations, X Network company has the right to permanently block the user. X Network company can be strictly in accordance with the rules set out by the violation of behavior, although not completely eliminate the infringement of via network users, but can increase the difficulty of via network users infringement, so as to achieve the purpose of reducing infringement.

X Network company received X company's complaint notification, the content of the complaint was reviewed and deleted Du published product information. According to the user behavior management rules of a shopping website in force at that time, it should also take punitive measures such as restricting the release of product information, deducting points, up to freezing the account, etc., after receiving a complaint from X company and verifying the complaint, but X Network company did not take any other punitive measures except for deleting the product information. In the case of seven valid complaints, X Network company should know Du using its via network trading platform to sell infringing goods, but X Network company did not take the necessary measures to stop the infringement, Du still unrestricted release of infringing goods information. X Network company has the conditions, have the ability to specific infringer Du take measures, in the knowledge of Du repeatedly released infringing goods information, did not strictly enforce its management rules, still for Du to provide via network services, which is Du continue to implement the infringing behavior of the indulgence, connivance. It intentionally for Du sales of infringing goods to provide convenient conditions, constitute help infringement, with subjective fault, should bear joint and several liability.

[Significance]

In today's world where via network shopping is becoming more and more common, how to measure the via network trading platform operator's duty of care has become an important judicial issue. When faced with an individual case, on the one hand, judges must protect the healthy development of e-commerce, safeguard the rights and interests of consumers, on the other hand, safeguard the merchants' intellectual property rights, and enhance entrepreneurial enthusiasm. That is to say, they should seek the best balance between public interest and personal interest, and grasp the scale of discretion. This case was selected as a case in the first issue of the Supreme People's Court Gazette in 2012, and was honored as one of the Top 10 Typical Cases on judicial protection of intellectual property rights by Shanghai courts in 2011, one of the Top 10 (Typical) Cases on judicial protection of intellectual property rights by Chinese courts in 2011, and one of the Top 10 Typical Cases on protection of intellectual property rights in Shanghai in 2011.

[Case Index]

Case Number:

First instance: Shanghai Pudong New Area People's Court (2010) PMS (Z) CZ No. 426 (January 17, 2011)

Second instance: Shanghai First Intermediate People's Court (2011) HYZMW (Z) ZZ No. 40 (April 25, 2011)

Judges and Juror:

First instance: Xu Genhua, Shao Xun, Shen Hui

Second instance: Liu Junhua, Gui Jia, Lu Fengyu

Drafted by: Xu Genhua, Shaoxun

Translated by: Zhan Yaqing

Proofread by: Bi Jingran

12

Infringement of Business Secrets by Counterfeiting TradeMarks Should be Regulated Separately for Each Behavior

—Trademark Infringement and Unfair Competition Case between X Trade (Shenzhen) Co., Ltd. and Qiu, Shanghai X International Trade Co., Ltd.

Rule

Where an executive of an enterprise "reassignment" the specific business of his/her company to others by means of counterfeiting such as using a trademark identical to the registered trademark of his/her company and an enterprise name similar to the enterprise name of his/her company, his/her act of "counterfeiting" shall be regulated separately from the act of "order reassignment" results in the infringement of different civil rights, does not produce the result of the legal consequences of absorbing the means, the two should be separately legal regulation, that is, the means of behavior constitute infringement of trademark rights, infringement of the right to enterprise name, the results of the behavior constitute the infringement of business secrets.

Basic Facts

Plaintiff: X Trade (Shenzhen) Co., Ltd. (hereinafter referred to as T company)

Defendant: Shanghai X International Trade Co., Ltd. (hereinafter referred to as S company)

Defendant: Qiu

French X company (hereinafter referred to as F company) is an internationally renowned supplier of car communication products, registrant of trademark No.

G944420 "Parrot", No. G947073 and No. G650645 "PARROT" The above trademarks are authorized to be used for goods and services such as memory program software, wireless telephone, sound or image transmission apparatus, etc., and all of them are within the validity period of the registrations. The plaintiff was established in April 2006, the scope of business for the radio communication technology products, consulting, wholesale, import and export business, is the exclusive licensee of the trademark in China. Defendant S company was established in January 2005, the registered capital of CNY 1,000,000, the shareholders are the defendant Qiu and another two people, Qiu is as legal representative, business scope for the development and sales of automotive electronic products, etc., since May 21, 2012, the company changed to the current name. At the time of change, the company applied to change its name to Shanghai A International Trade Co., Ltd. Company, change application materials signed by Qiu., with the application materials signed by Qiu.

On November 21, 2011, the plaintiff and Qiu signed the Labor Contract and they both agreed that Qiu would be the plaintiff's regional business manager and be responsible for the management of the business; Qiu shall not establish labor relations with other companies in the contract period; Qiu shall not be engaged in any form of the same, similar or competing with the plaintiff's business, shall not intercept the plaintiff's business opportunities or attempts to persuade the suppliers, customers do not occur with the plaintiff's business; Qiu undertook that the information obtained and to be obtained in relation to the Plaintiff, customers and other current and expected customer lists and other information is confidential and shall not be disclosed, provided to others or allowed to be used by others. From April 10, 2012, Qiu concurrently acted as the chief representative of the Shanghai Representative Office of the F company, and from January 1, 2013 concurrently served as the regional business manager of the Plaintiff's Shanghai Branch.

On May 3, 2012, an outsider sent Qiu information on the demand for "Parrot" to purchase car digital TV boxes, antennas, software, components and other products. On the following day, Qiu forwarded the information to S company and asked to follow up on the matter. In relation to the above procurement matters, Qiu had several negotiations with the outsider, and prominently used the trademark involved in the e-mail address, e-mail text, contract negotiation text, etc., and used the words "parrot S.H. Co. Ltd.", "parrot China", "Parrot", etc. The address of the enterprise was very close to the address of the Plaintiff's Shanghai branch. In the course of the above process, the outsider provided Qiu with specific materials such as purchase inquiry forms, order quantities, manuals, technical data, time schedules, contact person information, and contract negotiation texts. After the outsider selected "Parrot" as the supplier, the two parties then signed the contract whose actual supplier is S company. Therefore, S company obtained contract payment of more than CNY 1, 570, 000. In July 2013, the outsider inquired F company because of the delay in the fulfillment of the contract by the S company, which led to litigation. The outsider confirmed that because F company's "Parrot" brand of in-car communication products was well-known globally, it purchased the products from S company as Qiu misled it into signing the contract involved.

The plaintiff T company claimed that the defendant Qiu has been the chief representative of Shanghai representative office of F company since April 2012, the regional commercial manager of the plaintiff's Shanghai branch since January 2013, and was on behalf of the plaintiff on the business project with other enterprises, and he knows the plaintiff's commercial secrets. During his working, Qiu was the one of the shareholders and legal representative of S company, he disclosed the commercial secrets of F company to S company. S company misled the outsider by using the commercial secrets of F company, Qiu's behavior with involved trademarks, the plaintiff's e-mail, "派若特" which is similar to the plaintiff's enterprise name "派诺特" and other means so that S company reached originally belongs to the plaintiff's commercial transactions, the two defendants together constitute infringement of the plaintiff's exclusive license to use trademarks, enterprise name rights and trade secrets. The plaintiff to order: 1. two defendants immediately stop infringing on the plaintiff's trademark rights; 2. two defendants immediately stop unfair competition and the business name containing "派若特"; 3. two defendants make a compensation for the plaintiff's economic losses and reasonable expenses for the litigation to a total of CNY 500, 000.

The two defendants jointly argued that, S company used its own name to negotiate the business with the outsider, but has not signed a formal contract, and did not produce any products, not to mention the use of the plaintiff's trademark, so did not infringe on the plaintiff's trademark rights. Qiu in the plaintiff engaged in management, the use of the plaintiff's trademark behavior is an official behavior and he also did not infringe upon the plaintiff's trademark. The plaintiff's enterprise name ("派诺特") is without brand awareness and not known the public. S company was legally established, its name in question differs from the plaintiff's name in terms of administrative divisions, name and organizational form, thus not infringing upon the plaintiff's rights of enterprise name. The S company produces automobile parts, while the plaintiff does not produce automotive products. There is no direct competitive relationship between the two parties. Moreover, before the business in question occurred, the plaintiff had no cooperation with the defendant, and there are no commercial secrets related to the defendant, so the plaintiff's commercial secrets were not infringed.

[Holding]

Shanghai Pudong New Area People's Court held that, First, according to the expired provisions of article 52 of the *Trademark Law*, without the permission of the trademark registrant, the use of the same goods on the same goods with the same or similar to its registered trademark, is a trademark infringement. Based on the plaintiff's regional business manager's identity, Qiu has the right to use the trademark in the plaintiff's commercial activities, but for the benefit of S company where he is a shareholder and legal representative, the use of the trademark involved in the business activities of S company and the outsider is not an act of proper performance of duty, so the two defendants constitute infringement of the plaintiff's right to exclusive license to use the trademark.

Second, according to the provisions of Article 2 of the *Anti-Unfair Competition Law*, operators in market transactions, should follow the principles of voluntariness, equality, fairness, honesty and credit, and comply with the recognized business ethics. In the event of a conflict of business names, adjustments should be made in accordance with the principles of honesty, fair competition and protection of prior rights. The in-car digital TV box in question belongs to wireless communication products and automobile electronic products, and both the plaintiff and a company in Shanghai operated the above obligations, and the two parties were in the same business competition. After Qiu was informed of the business information, in order to intercept the business and change the original name of a company in Shanghai, Qiu intended to change the registration and the plaintiff's brand same as "派诺特", the actual change of the "派若特" brand and the plaintiff's "派诺特" brand is only a little different from the brand of "派诺特". The two brands have similar pronunciation and font. The "Parrot" brand in the car communication products industry has a certain degree of popularity, while S company's English enterprise name Parrot S. H. Co. Ltd. and the abbreviation "parrot China" and the characters in "Parrot" are the same as the Plaintiff's English name "Parrot". The address of S company is very close to the plaintiff, which is enough to lead to confusion between S company and the plaintiff, and make outsiders mistakenly believe that S company is the plaintiff and have transactions with it, so the two defendants constitute unfair competition infringing on the plaintiff's right to enterprise name.

Third, according to Article 10(3) of the *Anti-Unfair Competition Law*, the commercial secret is something not known to the public and, bring economic benefits for the right holder, has the utility and the right holder to take measures of confidentiality of technical information and business information. The business information that the plaintiff claims to protect is the contracting information, inquiry sheet, specification, technical data, time arrangement, contact information, service agreement negotiation text, etc., provided by the company outside the case. The above information was sent to the Plaintiff by the company for the specific business, and could not be obtained by others from the public channel, and were non-publicly known, and could bring the Plaintiff commercial benefits, and were of utility, and the Plaintiff had taken measures through the Employment Contract for the commercial information that it had learned in the course of business, which was not known to the public. Through the labor contract, the Plaintiff also adopted confidentiality measures for the business information it learned in the course of operation, so it belongs to the business secrets stipulated in Article 10 (3) of the *Anti-Unfair Competition Law*. According to Article 10(1) of the *Anti-Unfair Competition Law*, the operator shall not disclose, use or allow others to use the business secrets in its possession in violation of the agreement or the requirements of the right holder to keep business secrets. The third party knows or should have known the aforementioned illegal behavior, obtain, use or disclose others' commercial secrets, is considered as infringement of commercial secrets. Qiu violated the plaintiff's confidentiality requirements and disclosed the commercial secrets to S company, S company knew Qiu's illegal behavior but still actively use the commercial secrets, so the two defendants constitute infringement of the plaintiff's business secrets of unfair competition.

Fourth, according to the *Tort Liability Law*, Article 8 of the provisions of two or more people together, causing damage to others, shall bear joint liability. Qiu is the plaintiff's regional business manager, but also a company's legal representative and manager of S company, the use of the plaintiff's regional business manager's job convenience, in order to obtain the interests of S company, the company should belong to the plaintiff's business opportunities "order reassignment" to S company, S company in the knowledge of the above facts, actively negotiate with the company, and actually obtain the company. The company is aware of the above facts, and actually get the business opportunity, so the two defendants have a common infringement of intent, division of labor to implement infringement, subjective fault is serious, constituting a common infringement, should bear joint and several liability.

Shanghai Pudong New Area People's Court of Shanghai issued (2013) PMS (Z) CZ No. 483 judgment in April 18, 2014: the two defendants immediately stop infringing the plaintiff's No. G944420, No. G650645, No. G947073 registered trademark exclusive license to use the right, immediately stop the plaintiff's unfair competition, stop the use of enterprise brand containing the word "派若特", and compensate the Plaintiff for the economic loss (including reasonable expenses) of CNY 400, 000.

After the first instance judgment, the two defendants appealed. The Shanghai First Intermediate People's Court issued (2014) HYZMW (Z) ZZ No. 82 judgment in August 27, 2014: reject the appeal, maintain the original judgment.

[Commentary]

This case is a typical case involving infringement of trademark right, enterprise name right and business secret caused by a series of combinations of means by the senior management of the company to impersonate the identity of the company and implement the behavior of "order reassignment", which is representative to a certain extent, and the result of the judgment makes clear that "impersonation of the identity of the company" means behavior and "order reassignment" are the same as "impersonation of the identity of the company". The judgment clarifies the legal rules applicable to the infringement of different civil rights by means of counterfeiting the identity of a company and the resultant behavior of "order reassignment", which should be regulated separately.

Ⅰ. Counterfeiting the identity of the company to implement the "order reassignment" behavior characteristics

The so-called "order reassignments", usually refers to employees for personal gain, will be in the performance of their duties during the demand for goods and services of the customer's unit of information to a third party, and actively promote the third party and the customer to reach a commercial transaction behavior. "Order reassignment" behavior can be broadly divided into two categories: one is that employees directly resell customer demand information to the third party, the third party to perform, the third party to pay the employee referral fee, etc.; the other is that the employee obtains the customer's demand information, by themselves or by the third party with a direct economic interest in the completion of the transaction. Generally speaking, no matter which type of "order reassignment" behavior, in the transaction process, especially in the signing of the contract, the customer has been aware of the transaction relationship with the other party is not the employee's company. The "order reassignment" behavior involved in this case is relatively similar in form to the second type of "order reassignment" behavior mentioned above, but the customer has always mistakenly believed that it is still in the transaction with the employee's company, until the other side is difficult to perform the contract only to find that the main body of the transaction is incorrect, it belongs to a class of a new type of "order reassignment" behavior, with the typical characteristics of imitating the identity of the company.

First of all, for the background of the "order reassignment" behavior, it usually occurs in the market field of high-tech products with high value and no substitute for trading products. In this field, the customer brand awareness of the counterparty, fulfillment capabilities and other factors affecting the transaction to reach or not pay more attention to, there is often a specific or relatively fixed object of the transaction, generally will not be due to price and other reasons and easily change the object of the transaction, the staff to carry out the "order reassignment" is more difficult to complete the "order reassignment". "Order reassignment" is less likely.

Second, for the main body of the "order reassignment", it is usually company executives with the right to negotiate and make decisions or a professional sales person responsible for specific business operations. Due to their positions, positions and other factors, the above personnel are not only easier to obtain first-hand information on customer needs, but also easier to control the scope of knowledge of the information. I is also easy for them to obtain the trust of customers, easy to make customers mistakenly think that they are negotiating business and reaching a transaction with the unit represented by the above personnel, that is, the specific object they want.

Once again, for the means of implementation of "order reassignment" behavior, it usually manifested in the imitation of identity of an enterprise. Customers in the consultation is mainly concerned about the brand pointed to the specific object of the transaction, so counterfeiting the identity of the company is more likely to obtain trading opportunities, often manifested in the use of trademarks or similar trademarks, the use of the name of the company in the name of the font size or similar font size and other commercial signs, and supplemented by the use of the company's address, phone number, mailboxes, and other resources through a series of combinations of means to mislead customers, resulting in customer confusion since the beginning of the whole time, Misrecognition, so as to obtain trading opportunities.

Ⅱ. Regulation of counterfeit companies engaging in "order reassignment"

Regarding the legal application of the act of "order reassignment" by counterfeiting the identity of a company, one viewpoint holds that "order reassignment" is the purpose and result, which essentially infringes on the business secrets of the company, and "counterfeiting the identity of a company" is only a means to realize the purpose and achieve the result. is only a means to realize the purpose and pursue the result, therefore, the result of the behavior of "order reassignment", i. e. the infringement of trade secrets, should be taken as a legal relationship and adjudicated on the basis of the right to claim, and the behavior of "counterfeiting the identity of the company" is only a means to determine the circumstances of the infringement and the main purpose of the infringement. Means only to determine the infringement of circumstances, subjective fault considerations. Another viewpoint that, "counterfeiting companies' identity" and "order reassignment" for the means and results of the relationship, but the two infringements of civil rights are different, does not produce the results of the legal consequences of absorbing the means, even if the infringer ultimately failed to obtain the customer's business, the means of behavior has also constituted a corresponding infringement, so the two should be regulated separately. The decision of this case adopts the second point of view.

First of all, in terms of the object infringed by the infringement, trademark right, name right and business secret are different civil rights enjoyed by the right holders in accordance with the law, and different infringing behaviors committed by the same actor may infringe on different civil rights, and as long as they meet the constitutive elements of infringement, they will be set up to infringe on each other independently. In this case, "counterfeiting companies identity" means is one of the forms of infringement, the defendant uses the plaintiff's trademark, similar name behavior in line with the infringement of trademark right, enterprise name right constitutes the constitutive elements, constitute the independent existence of infringement; "order reassignment" result is the defendant disclosure, the use of the plaintiff's business secret behavior caused by the consequences of damage, is the infringement and the consequences of damage to the synthesis. Therefore, the defendant has implemented three different natures of infringement, should be regulated separately.

Again, from the effect of the judicial system, the case of "order reassignment" behavior has a greater subjective viciousness, the damage consequences are more serious, the application of the trademark law, the unfair competition law to regulate the provisions of the law is conducive to reflect the nature of the infringement, the circumstances, fault and other civil liabilities with the consistency of the better legal effect and social effect. It has better legal and social effects.

[Significance]

This case is a typical case involving trademark right, enterprise name right and business secret triggered by the company's executives counterfeiting the identity of the company to implement "order reassignment". The case sorted out the behavioral characteristics of "counterfeiting the identity of the company" and the behavioral consequences of "order reassignment", and determined that the act of counterfeiting the trademark of the company constituted trademark infringement, and the act of counterfeiting the enterprise name of the company constituted the infringement of the enterprise name right, The case is of reference significance to the trial of similar cases, as the "order reassignment" constitutes infringement of trade secrets. The case was honored as Top 50 (Typical) Cases on Intellectual Property Rights by China Courts in 2014 and Top 10 Cases on Intellectual Property Rights by Shanghai Courts in 2014.

[Case Index]

Case Number:

First instance: Shanghai Pudong New Area People's Court (2013) PMS (Z) CZ No. 483 (April 18, 2014)

Second instance: Shanghai First Intermediate People's Court (2014) HYZMW (Z) ZZ No. 82 (August 27, 2014)

Judges and Jurors:

First instance: Xu Genhua, Guojie, Yu Yongqiang

Second instance: Tang Zhen, Liu Xiaobo, Hu Guyue

Drafted by: Xu Genhua, Guojie

Translated by: Zhan Yaqing

Proofread by: Bi Jingran

13

Judicial Determination of Trademark Infringement Liability in OEM Processing Export Trade

—Trademark Infringement Case between X Company and X Import and Export Company

Rule

In determining whether the use of the same or similar mark as registered trademark in OEM constitutes trademark infringement, the court needs to take the following factors into accounts: the legitimacy of the plaintiff's registered trademark, whether the defendant fulfill the necessary and reasonable duty of care, whether the OEM proccessing products were sold domestically, the defendant's trademark registration in the export destination country.

Basic Facts

Plaintiff: X Company(hereinafter referred to as "the Plaintiff")

Defendant: X Import and Export Company (hereinafter referred to as "the Defendant")

The plaintiff is a British company established in 1920. The Plaintiff registered the graphic mark G732879 (color lattice) and the graphic mark G987322 (black and white check) in Class 18 for the goods of luggage, travelling bags, handbags, purses, etc. In September 2014, the Trademark Office of the State Administration for Industry and Commerce (SAIC) made the Trademark CZ[2014] No. 256 Approval, which identified the Plaintiff's graphic mark G732879, which was used in the goods of Class 25 for shirts and jackets, as a well-known trademark. The graphic mark G732879 is a well-known trademark. On August 21 2001, approved by the Ecuadorian Intellectual

Property Office-IEPI-National Institute of Industrial Property, the plaintiff was granted a trademark registration for the graphic mark with certificate No. 12701 – 01 (color lattice), with an approved scope of use for the goods in item 18 of the International Classification, i. e. , baggage articles, trunks, handbags, suitcases and the like.

In April 2013, an outsider X Trading Company and the defendant signed the Purchase Commitment and Information Memorandum, the parties agreed that the outsider as an agent of the overseas buyer company to order 7, 000 pieces of luggage from the defendant, the FOB price of 10. 85 U. S. dollars / piece, shipping time for the May 5, 2013 shipping.

On April 15, 2013, the defendant commissioned an outsider X Luggage Company to produce the goods in question, the order states: trolley bags 54 × 28 × 26cm, shopping bags 43 × 15 × 32cm, cosmetic bags 21 × 13 × 13cm, the number of 7, 000 sets of shipments to Ecuador, the unit price of CNY 53 / set, the colour of beige, black and yellow with the same 2010 shipments. The order was also accompanied by sample pictures of trolley trailer bags, shopping bags, and cosmetic bags.

On May 21, 2013, the defendant declared to Shanghai Customs to export Ecuadorian trolley bags, handbags, cosmetic bags (no brand) a total of 21, 000 (1, 750 boxes) in the form of general trade, the declared value of a total of 70, 000 U. S. dollars. The goods were seized by Shanghai Customs due to suspected infringement of the plaintiff's intellectual property rights filed with the General Administration of Customs, and on March 4, 2015, the plaintiff filed an application for intellectual property rights protection measures with Shanghai Customs, and on September 18 2015, Shanghai Customs issued the Decision on Administrative Penalty of HGZZ[2015] No. 28, which determined that the Defendant's export of the aforesaid goods constituted an act of exporting goods that infringed on the trademarks and exclusive rights of others, and decided to confiscate and confiscate the goods, and to confiscate the goods. The Shanghai Customs decided to confiscate the said infringing goods and impose a fine of CNY 44, 000.

The Shanghai Municipal Public Security Bureau, Jing'an Branch, had opened a case for investigation of the Defendant's counterfeiting of registered trademarks. Cui, a salesman of the outsider X Trading Company, and Zhang, a manager of the Defendant, admitted that the goods in question were reordered products, and that a batch of identical bags had been made for a client in Colombia in 2010.

The plaintiff claimed that the defendant's behavior infringed upon the plaintiff's exclusive right to use the registered trademark. The plaintiff asked for an order: the defendant to stop the infringement, compensation for economic losses and reasonable expenses totalling CNY 3 million.

The defendant argued that the appearance of the goods and the plaintiff's trademark is not similar, the defendant is a foreign trade agent, not the producer and seller of the goods, and the defendant to provide agency services, has exercised reasonable care.

[Holding]

Shanghai Pudong New Area People's Court held that, for the purpose of sales, by designating the style, specification and pattern of the product, commissioning others to process and produce the goods in question, and selling the goods in question in the form of exporting them, it should be recognized as the producer and seller of the goods in question. In this case, the style, specifications, patterns, etc. are specified by the defendant, the production and processing of the goods fully embodies the defendant's will, and its commissioned OEM processing enterprises to use the same or similar patterns with the registered trademark fabric constitutes the use of trademarks in the sense of *Trademark Law*. At the same time, the defendant in the identity of the seller and the outsider X Trading Company transactions. The goods involved in the export declaration of goods filled in the business unit and shipping unit are the defendant. The customs declaration, invoice and packing list are signed by the defendant company and its legal representative. This behavior is sufficient to prove that the defendant is the producer and seller of the goods in question. At the same time, the defendant for the production and sale of the goods involved in the fault. The trademark in question after the plaintiff's long-term use and extensive publicity, has a high market awareness and strong distinctiveness. The defendant as a self-supporting and agent goods import and export business of the trading company, engaged in the import and export business. Its cognitive ability of the trademark should be higher than the general public, and should know from the United Kingdom has a high degree of popularity of the trademark, and obviously the trademark has not been reasonably necessary to examine the duty of care, with fault. Therefore, the court found that the defendant's commissioning of OEM processing constituted trademark infringement.

Shanghai Pudong New Area People's Court on November 8, 2016 made (2016) H 0115 MC No. 13990 civil judgment: the defendant stop infringing, compensation for the plaintiff's economic losses and reasonable expenses totaling more than CNY 630, 000.

After the first instance judgment, the defendant filed an appeal. Shanghai Intellectual Property Court on April 24 2017 made (2017) H 73 MZ No. 21 civil judgment: rejected the appeal and upheld the original judgment.

[Commentary]

I. The judicial policy of trademark infringement reviewover OEM

Foreign OEM processing refers to the foreign entrusted party to provide trademarks, commissioned China's domestic processing party processing products, the trademark printed on the processed products, and all the products will be returned to the foreign entrusted party sales, the foreign entrusted party to the domestic processing party to pay the processing fee of the mode of trade. Whether the act of foreign OEM processing constitutes trademark infringement, in the theoretical and judicial practice, there is a relatively large controversy. In this regard, on April 21, 2009, *Notice of the Supreme People's Court on Issuing the Opinions on Several Issues Concerning Intellectual Property Trials Serving the Overall Objective under the Current Economic Situation* (FF[2009] No. 23), the foreign OEM processing in the use of trademarks in the issue of prudent stance: properly deal with the current foreign trade "OEM" in the occurrence of trademark infringement disputes, for the situation constituting trademark infringement. For cases constituting trademark infringement, the liability for infringement should be reasonably determined in conjunction with whether the processing party has fulfilled the necessary duty of review and attention.

On July 8, 2016, Song Xiaoming, then President of the Intellectual Property Division of the Supreme People's Court, pointed out in his concluding speech on the legal issues of OEM processing at the Work Symposium on Intellectual Property Trial of National Courts and the Promotion Meeting of the "Three-in-One" Intellectual Property Trial of National Courts that the understanding and handling of legal issues arising from OEM processing do not only depend on legal logic, but also depend on the value of the legal issues arising from OEM processing. The understanding and handling of legal issues arising fromcustomised processing depends not only on legal logic, but also on value judgment and weighing of interests. When dealing with the issue of customised processing, we should not only take into account the existing state of China's enterprises with weak overall innovation ability, being at the middle and low ends of the national economic and trade value chain, and a large proportion of foreign processing trade, but also take into account the real needs of promoting China's move from the low end to the high end of the global economic and trade value chain, and realising the transformation from Made-in-China to Created-in-China, so as to deal with the issue in a proper manner according to different situations. At the same time, the issue of OEM processing also involves the interweaving and superposition of civil and administrative procedures for trademarks, and the need to achieve coordination of the two procedures. Based on existing jurisprudence, the court has formed a certain degree of consensus on the issue of processing under licence. That is, if the overseas consignor in the destination country has legitimate trademark rights, and the products are all exported to the destination country the domestic processor has done the necessary and reasonable examination of the duty of care, in principle, it can be determined that the production and processing behavior of the domestic processor does not constitute infringement of the trademark rights; In the case that the production and processing of the domestic processor's production and processing of the situation constitutes a trademark infringement, the infringement liability should also be reasonably determined based on whether the domestic processing party has fulfilled the necessary duty of review care; Where all the products affixed with the trademark produced by the domestic trademark owner are exported abroad, and another person applies for revocation of the domestic trademark right on the grounds of non-use for three years, it may not be supported.

According to the spirit of the above judicial policies and principles, in the trial of foreign OEM trademark infringement cases, where the alleged infringer has fulfilled the obligation of prior examination of trademark rights, and the goods are all exported, the consumers in China will not confuse and misidentify the goods, and it does not constitute trademark infringement. However, the circumstances of individual cases vary greatly, in specific cases, whether it constitutes trademark infringement or should beanalysed on the basis of the facts of the case.

Ⅱ. Whether the defendant should be recognised as the producer and seller of the goods in question

The plaintiff claimed that the defendant is the producer and seller of the goods in question, the defendant argued that it is only the foreign trade agent of the goods involved, and should not be liable for trademark infringement. In this regard, the court found that the defendant was the producer and seller of the infringing products according to the evidence of the order of the goods involved, the declaration of the export goods and the testimony of the relevant witnesses. Firstly, the order signed between the Defendant and outsider X Luggage Company clearly stipulated the style, specification, pattern and inspection standard of the ordered products, and required outsider X Luggage Company to purchase raw materials of the specified pattern for processing and production according to the order. Secondly, although the defendant argued that the goods in question was outsider X Luggage Company arrange the production, the outsider X Trading Company's Commitment to Purchase and Information Memorandum only specify the price, quantity and delivery date of the products, and there is no agreement on the style and specifications of the products. And Cui, a salesman of outsider X Trading Company, said that the defendant submitted the sample and agreed to the factory production after confirmation by the overseas buyer. Third, Zhang (business manager of the defendant company), Yuan (legal representative of the outsider X luggage company) admitted in the inquiry of the economic investigation detachment of the Jing'an Branch of the Shanghai Public Security Bureau that the samples of the goods involved were provided by the defendant, and a luggage company was responsible for purchasing and processing the fabrics. It can be seen, the style, specifications, patterns, etc. of the goods involved are specified by the defendant, the production and processing is the defendant's will, so it is enough to determine the defendant as one of the co-producers of the goods involved. Finally, the defendant in the capacity of a seller trade with outsider X Trading Company. The business unit and consigning unit stated in the customs declaration for the export of the goods in question are both the defendant, and the customs declaration, invoice and packing list are all signed by the defendant company and its legal representatives. So the court found that the defendant is the seller of the goods. Accordingly, the court of the defendant argued that it is only the foreign trade agent of the goods in question is not accepted.

Ⅲ. Whether the defendant has done the necessary and reasonable duty of care

The first paragraph of Article 6 of China's *Tort Liability Law* stipulates: "If the perpetrator infringes upon the civil rights and interests of others through his/her fault, he/she shall bear the tort liability. " The liability for fault in the *Tort Liability Law* requires that the perpetrator should exercise the duty of care and attention to others and endeavor to avoid the occurrence of damaging results. For the case of OEM processing, it is usually believed that the processing enterprise shall bear the tort liability with the commissioning party if it is at fault. As for the dispute cases, it is generally believed that if the processing enterprise is at fault, it should jointly bear the tort liability with the entruster. Therefore, when determining whether there is fault in domestic processing enterprises, different factors should be considered in the case, and different standards should be applied to their duty of care.

Generally speaking, when a domestic processing enterprise accepts a commission from abroad, it shall conduct the necessary examination of whether the overseas commissioner enjoys the exclusive right to use the registered trademark or obtains the legal authorization and make a comprehensive judgment in conjunction with the popularity of the trademark in question. In this case, the overseas purchaser of the goods in question does not enjoy any trademark rights and interests in Ecuador, the country of export destination, while the plaintiff registered the trademark G732879 in Ecuador as early as 2001. The trademark has been used by the plaintiff for a long time and widely publicized, and has a high market reputation and strong distinctiveness. As a trading company engaged in import and export business for a long time, the defendant should have a higher cognitive ability of the registered trademark than the general public, and should fulfill the duty of care corresponding to the popularity of the trademark when engaged in the production and agent sales of products related to the trademark involved. In view of the fact that the defendant could not prove that it had examined the trade mark situation of the overseas purchaser when accepting the commission, it failed to exercise the corresponding examination obligation, and there was obvious fault, which should bear the corresponding infringement responsibility.

At present, to further increase the intensity of damages, so that the amount of damages to fully reflect the market value of intellectual property rights has become a consensus. Especially for intentional infringement, repeated infringement, the court in the judgment should consider the subjective malice of the infringer as a circumstance when deciding the amount of compensation, so as to further increase the sanction on the infringer. In this case, the defendant had exported a batch of goods with the same infringing mark to Colombia in 2010, and due to the customs inspection is a sampling. It cannot be excluded that the defendant still exists in other undiscovered production, sale of goods infringing the plaintiff's exclusive right to registered trademarks, so the defendant's behavior constitutes repeated infringement and intentional infringement, infringement of the circumstances are more serious. Accordingly, according to the popularity of the trademark involved, the number of infringing goods, the defendant's subjective fault, repeated infringement circumstances and other factors, the court decided that the defendant should compensate the plaintiff for economic losses of CNY 300, 000, and fully supported the plaintiff's reasonable expenses of more than CNY 330, 000.

[Significance]

Foreign OEM processing is an important way of China's foreign economic cooperation. When treating these situations, we should not only take into account the current state of China's large porpotion of export processing trade in the whole picture, but also allow room for judicial discretion to change the label from "Made in China" to "Created by China." The registered trademark "BURBERRY" check pattern is at issue in this case, which is well known to the public, and the case has a significant social impact. Different from the traditional OEM cases, in this case, the foreign enterprise that ordered the goods involved in the case does not enjoy the exclusive rights of trademarks in foreign countries, and it commissioned the defendant to produce based on the samples provided by the defendant. After receiving the order, the defendant commissioned outsiders to process the goods on behalf of the defendant, and then sold to the foreign enterprise. Therefore, the court determined that the defendant directly carried out the production and sale of the goods in question, and failed to exercise reasonable care, which constituting trademark infringement. At the same time, combined with the established customs records and other relevant evidence, the court determined that the defendant had the subjective intention to repeat the infringement, which further increased the sanction and safeguarded the normal order of trademark management and the legitimate interests of the trademark owner. The case was selected as one of the Annual Cases of Chinese Courts (2019) and was also selected as Top 10 Cases on Brand Protection and Intellectual Property Protection by the Quality Brand Committee of the China Association of Enterprises with Foreign Investment (CAEFI) in 2017 - 2018.

[Case Index]

Case Number:

First instance: Shanghai Pudong New Area People's Court (2016) H 0115 MC No. 13990 (November 8, 2016)

Second instance: Shanghai Intellectual Property Court (2017) H 73 MZ No. 21 (April 24, 2017)

Judges:

First trial: Zhu Dan, Gong Xiaoyan, Shao Xun

Second trial: WuYingzhe, Zheng Wei, Liu Jing

Drafted by: Gong Xiaoyan

Translated by: Zhan Yaqing

Proofread by: Bi Jingran

14

The Self-admission outside of Litigation Serves as the Basis for Intellectual Property Infringement Compensation

—Trademark Infringement and Unfair Competition Case between X International Trade Co., Ltd. and Shenyang X Machinery Equipment Manufacturing Co., Ltd. et al.

Rule

In case of intellectual property infringement, it is difficult to determine the specific number of damages suffered by the rights holder or the illegal profits gained by the infringer. When determining the compensation amount, various factors and statutory compensations must be considered. The infringer's self-acknowledgment outside of litigation can serve as crucial evidence of their illicit gains, significantly impacting the amount of compensation awarded. Self-admission information posted by the infringer on their business platforms, social media platforms, etc., if deemed reasonable and credible, can serve as important grounds for maximum compensation judgments.

Basic Facts

Plaintiff: X Mining Machinery (Tianjin) International Trade Co. Ltd. (hereinafter referred to as A company)

Plaintiff: X Mining Machinery (Tianjin) International Trade Co. Ltd. Shanghai Branch (hereinafter referred to as B company)

Plaintiff: X Mining Machinery (Tianjin) International Trade Co. Ltd. Beijing Branch (hereinafter referred to as C company)

Plaintiff: X Company (hereinafter referred to as D company)

Defendant: Shenyang X Mechanical Equipment Manufacturing Co. Ltd. (hereinafter referred to as E company)

Defendant: Shenyang X Grinding Equipment Manufacturing Co. Ltd. (hereinafter referred to as F company)

The plaintiff, A Company, B Company and C Company, as well as the two defendants all produced and sold mining machinery products. The plaintiff's enterprise and products have a high reputation in the field of mining machinery. The plaintiff, D company, holds the registered trademarks "美卓" "Metso" and "metso" and other trademarks, and licensed them to the plaintiff, A Company, B Company and C Company, for use and protection. The two defendants, without the plaintiff's permission, fabricated the facts of cooperation with or authorized production relationship with the plaintiff and possession of the plaintiff's technology and drawings on their websites, WeChat official accounts and relevant exhibitions, claimed to manufacture the plaintiff's original products, even adopted the same product serial numbers as those of certain products of the plaintiff or simply added "ST" before the plaintiff's product serial numbers and called its products as "Metso products". In addition, the defendant used the plaintiff's trademark "metso" as the trademark of the defendant's brand on exhibition posters and WeChat official accounts. The defendant prominently used the trademark of "Metso" on the publicity pictures of crusher products published on the WeChat official accounts, and used trademarks "美卓" "Metso" and "metso" in the text description of its crushers and other products without authorization. Defendants declared on its WeChat official accounts that it had a very large volume and number of transactions with Metso and its affiliated brands. The Defendant mentioned for more than eighty times that it had exported products to relevant countries and regions or sold products to domestic customers, involving a large number of foreign customers including the US, Japan, Russia and Canada. Defendants also published on two occasions that it had exported hundreds of Simons (a brand associated with the plaintiffs) cone crushers to many countries around the world, and claimed that it serviced dozens of large mines and quarries around the world every year.

The four plaintiffs claimed that the two defendants' publication and dissemination of misleading information about themselves and their products on the relevant websites and WeChat official accounts constituted unfair competition in the form of false publicity, and violated the principle of good faith under Article 2 of Anti-Unfair Competition Law. The two defendants prominently used the trademarks "美卓", "Metso" and "metso" on their websites, WeChat official accounts, promotional pictures, product pictures on the Facebook accounts of their employees, promotional posters of exhibitions, and product brochures sent by their employees, constituted an infringement of the Plaintiff's exclusive right to use six registered trademarks. The two defendants through the business model built around the plaintiff, the plaintiff's product awareness and goodwill, the plaintiff's goodwill and business activities caused serious damage. The four plaintiffs claimed as follows: 1. the two defendants shall immediately cease the false advertising in their sales and promotions; 2. the two defendants shall immediately cease the acts in violation of the principle of good faith set out in Article 2 of the *Anti-Unfair Competition Law*; 3. the two defendants shall immediately cease the acts of infringing upon the plaintiff's exclusive right to use the registered trademarks, including using the trademarks on their products and in the promotional activities for the products; 4. the two defendants should publish a statement on the defendants' official website, the WeChat public account of the official website, the transaction platform and one English homepage, China Intellectual Property Right News, China Industry & Commerce News, the *Legal Daily*, and the websites of Sina, NetEase and Sohu to eliminate adverse effects; 5. the two defendants should compensate the Plaintiff's economic loss of CNY 3, 000, 000; 6. the two defendants shall compensate the plaintiff for the reasonable expenses in the amount of CNY 100, 000 for stopping the infringement.

The two defendants jointly argued that: 1. The defendant E company, in made-in-china. com, X ying. com and the defendant F company in a website registered and released the relevant promotional content, but these contents are not relevant to the plaintiff. The WeChat public account involved in this case question is operated by the defendant F Company. The websites involved, www. sanlandcrusher. com and www. sanland. com, were jointly operated by the two defendants. After receiving the complaint in this case, the defendants has stopped the operation of WeChat public number and deleted the content in [...] ying. com. The allegedly infringing behavior on the defendant's website has also either stopped or been rectified. Other websites claimed by the plantiffs have nothing to do with the defendants, the relevant content is not published by the defendants. 2. The two defendants use the same office space and employees, there is no specific division of labor and distinction in the business process. The business scope of the two defendants is the production of all kinds of mining, power station and other mechanical products and parts. At present the main defendant F company as the main foreign business. The two defendants in the production and operation are according to the customer requirements to processing and in the product attached to the customer needs of the trademark. Plaintiff's product models are common name in the industry, these product models can be distinguished after the defendants adding the word " ST" before them. 3. The defendant does not know the plaintiff's registered trademark, and there was no subjective intention of infringement. The defendant company had historically entered into a technology agreement with a U. S. company, the predecessor of one of the Plaintiff's companies, and therefore, the defendant referred to this history in its publicity. However, the staff of the defendant did exaggerate the publicity in the publicity. 4. Due to lack of legal awareness, the defendant produced the product according to the drawings provided by the customer and the labels required to be attached. But the plaintiff did not use the trademark involved in the case, and only used the other trademarks advocated by the plaintiff in his case on three crusher products and some small accessories, and the defendant did not expand the processing volume. 5. The plaintiff claimed unfair competition should be applied to the *Anti-Unfair Competition Law* in the specific behavior of the provisions of the law, and should not be separately applied to Article 2 of the *Anti-Unfair Competition Law*. The act of false publicity stipulated in the *Anti-Unfair Competition Law* aim at the unfair competition of advertising operators, the defendant is a manufacturer, does not apply to the provisions. The defendant does exist false publicity behavior, but does not violate the Anti-Unfair Competition Law on the determination of false publicity, the defendant does not constitute unfair competition. 6. The plaintiffs has no evidence to prove that the defendants' behavior caused damage to the plaintiff.

[Holding]

Shanghai Pudong New Area People's Court held that, first, whether the defendant's behavior constitutes false publicity behavior. The plaintiff and the defendant are competitors in the same industry, and their business behavior should be adjusted by the Anti-Unfair Competition Law. In this case, the defendants failed to provide evidence to prove that it has obtained the plaintiffs' license and authorization, or once has a licensing relationship with the plaintiff, and no evidence to prove that it holds the plaintiff's technology and drawings, but made up the fact that they had a cooperative or authorized production relationship with the plaintiffs, hold the plaintiffs' technology and drawings, and claimed to be able to produce the original plaintiff's products, or even use the same product number as some of the plaintiff's products or merely adding ST before the plaintiffs' product number, and referred to the products it produced as Metso products. The Defendant also used the trademark "metso" as one of the three trademarks under the brand "SANLAND" in the form of a diagram on the posters of the exhibition and WeChat public number. The above series of acts carried out by the defendants may cause the relevant public to believe that the defendants are the plaintiffs' licensor or the manufacturer with the right to produce and operate the plaintiffs' products, and that the products produced by the defendants are the plaintiffs' products, or that the defendants have an associated relationship with the plaintiffs, thereby deceiving and misleading the relevant public, seriously damaging the plaintiff's interests, and constituting an act of unfair competition involving false publicity. Second, on whether the defendant's behavior need to apply at the same time the principle of the Article 2 of the *Anti-Unfair Competition Law*. The premise of the application of the article is that the defendants' behavior does not belong to the specific type of behavior stipulated in the *Anti-Unfair Competition Law*, but the defendants' behavior in this case has already constituted false publicity under the *Anti-Unfair Competition Law*, so there is no need to apply the provisions of Article 2 of the *Anti-Unfair Competition Law*. Third, on whether the defendants' behavior constitutes infringement of the plaintiffs' trademark rights. The defendants' first act is to use the trademark "metso" as one of the three trademarks under the brand "SANLAND" in the form of a chart, which is only for the purpose of expressing to the relevant public the relationship between the defendants and the plaintiffs, which should fall into the category of false publicity and has been recognized by the Court. Therefore, the defendants did not use the logo as a commercial logo, which is not a trademark use. With regard to the second act, the defendants' WeChat public number released the crusher product pictures with prominent text labeled "Metso", intending to indicate to the relevant public that the crusher shown in the pictures was a crusher under the brand name of "Metso", and that the defendants were using "Metso" as a brand name to identify the origin of the plaintiffs' products. The logo was similar to the plaintiffs' trademark, and the products in question were similar to the plaintiffs' trademark, which constituted an infringement of the plaintiffs' exclusive right to use the registered trademark. With regard to the third act, the defendants called the crusher and other products produced by the defendant "美卓" or "Metso" products, which constitutes the same or similar to the plaintiff's trademark, and the products involved are the same or similar to the plaintiffs' trademark goods, so the defendants' behavior constitutes the infringement of the two trademarks. Fourth, how the defendants shall bear civil liability. For the acts committed by the defendants in this case, the defendants should bear the responsibility to stop the infringement, eliminate the adverse effects and compensation for loss. Among them, as for the amount of compensation that the defendants should bear, the plaintiffs and the defendants failed to provide sufficient evidence to prove the profit of the defendants' infringement and the plaintiffs' loss. Based on the above factors, the court believes that, according to the existing evidence combined with the the content of the defendant's publicity is sufficient to prove that the defendant's profit from the infringement is substantial. Although the defendants said their microblogging public content is for publicity, not the actual profit, but the defendants failed to prove its claim. In view of the fact that the defendant cannot provide evidence to deny the authenticity of their own publicity content, the court adopts the plaintiffs' claim, and the amount of compensation claimed by the plaintiff in this case is in accordance with the law, so the court shall be supported in full. The attorney's fees, notary fees and translation fees claimed by the plaintiff also fall within the scope of reasonable expenses incurred by the plaintiff to stop the infringement in this case, the court shall support. According to the evidence in the case and the defendants' statement, the infringing behavior by the two defendants, so the civil liability should be borne by the two defendants.

Shanghai Pudong New Area People's Court on November 8, 2018 made (2017) H 0115 MC No. 83471 Civil Judgment: the two defendants stop trademark infringement and improper behavior, publish statement, eliminate the impact, and compensate the plaintiffs for the economic loss of CNY 3, 000, 000 and reasonable expenses of CNY 100, 000.

After the first instance judgment, the defendants filed an appeal. Shanghai Intellectual Property Court made a civil judgment (2019) H 73 MZ No. 104 on June 12, 2019: the appeal was rejected and the original judgment was upheld.

[Commentary]

Self-admission system is designed to reduce the cost of litigation and improve the efficiency of litigation, since proof, as well as cross-examination and authentication, requires a significant investment of time and human and material resources. The *Civil Procedure Law* has more explicit provisions on self-admission in litigation. For self-admission outside the lawsuit, there is no clear legal provisions, but the actual trial involves outside the lawsuit is not uncommon, how to grasp its effectiveness, has become an urgent need to improve the rules of evidence in civil litigation.

Ⅰ. The definition of self-admission outside the litigation

Article 92(1) of the *Interpretation of the Supreme People's Court on the Application of the*

*Civil Procedure Law of the People's Republic of Chin*a stipulates: Where one party expressly acknowledges the facts unfavorable to it in a court session or in such a written materialas the written complaint, written statement of defense or statement of attorney, the other party does not need to provide proof. Article 3 of the *Provisions by the Supreme People's Court on Evidence in Civil Procedures* stipulates: In the process of litigation, if a party states any fact adverse to itself, or explicitly expresses its admission of the fact, the other party is not required to present evidence. If a party explicitly admits any fact adverse to itself in the course of evidence exchange, questioning, or investigation, or in written materials such as written complaint, answer, and attorney's statements, the provisions of the preceding paragraph shall apply. Therefore, the self-admission in the litigation need to meet the following requirements: 1. Made in the litigation; 2. Self-admission facts unfavorable to themselves. And outside the litigation, different from the self-admission in the litigation, has the following characteristics: 1. Time: occurs outside the court trial, either during the litigation period or before filing; 2. Object: self-admission is not made to the judge of the case, for the case is an informal statement; 3. Form: either oral or written, for example, the parties outside the court hearing on the outsider or the other party's statement, the party's trial statement in another case, the party's release of self-promotional content, public information, etc. ①

Ⅱ. The effect of extrajudicial self-admission

In theory, self-admission in litigation has the following effects: the fact of self-admission does not need to be proved by evidence(evidence-free effect), the court cannot try the fact of self-admission (trial exclusion effect), the court must judge on the fact of self-admission (judgment binding effect), and the parties cannot withdraw self-admission at will (withdrawal limiting effect). ② And the self-admission outside the litigation is only a kind of indirect fact to determine the truth of the recognized facts, and therefore cannot be equated with the effect of self-admission in litigation. Due to the difference in time, background, occasions, the status and interests maintained by the self-admission person are different from those in the lawsuit when making the self-admission person, lacking the protection of corresponding legal procedures, it can only have the general effect of evidence, and cannot directly remove the burden of proof of the other party. ③ For the self-admission outside the litigation, because of

---

① See Du Lingyan and Yu Dan, Application of Non-litigation Self-Admission in IP Infringement Damages, *Chinese Trademark Review*, No. 0203, 2020.

② See Chen Guoxin, Typology Analysis of Restricted Self-Admission—Theoretical Interpretation of Article 7 of the Civil Evidence Regulation, *Evidence Science*, No. 20, 2022.

③ See Yang Xia, Effect of Restricted Self-admission out of Litigation, *People's Justice Journal*, No. 26, 2018.

the different time and occasion, the validity of proof is different. Prof. Rosinback and Prof. Hiroyuki Matsumoto also pointed out that the extent to which extrajudicial self-admission has the effect of presuming an elemental fact through the application of the rule of thumb depends on the circumstances of the case, but the more the declarant understands the significance of the self-admission, the stronger the effect it will have. Therefore, in different cases, due to the different occasions and contents of the parties' self-admission, it is necessary to combine the specific case and other evidence in the case.

Ⅲ. The review of the self-admission outside the litigation

The evaluation and determination of the evidential effect of self-admission outside the litigation can be judged from three steps in turn:

(Ⅰ) Carry out preliminary screening of the credibility of the self-admission outside the litigation. According to the context and situation in which the defendant made the admission, the contents of the admission were carefully examined to form a preliminary grasp of the credibility of the admission. Usually, self-admission of high credibility includes: (1) self-admission of unfavorable facts. (2) self-admission in line with everyday reasoning, trading habits, industry practice. On the other hand, because the self-admission outside the litigation is not made to the court, the self-admission person is not always careful to consider the legal consequences, self-admission lacks normative and formal, the content of the statement may deviate from the true picture. Therefore, different self-admission should be carefully screened, if they are found to be obviously contrary to common sense, they should be judged as less credible self-admission, which are likely to ultimately get a negative judgment of the court.

(Ⅱ) On the basis of judging the level of credibility, the probative power of self-admission is judged synthetically by combining other evidence presented by the plaintiff. Since the lawsuit can not directly remove the self-admission of the other party's burden of proof, so even if the credibility of self-admission is relatively high, the judge should still require the other party to continue to prove the facts of its claim, comprehensively judge the authenticity of the content combined with other evidence, and examine whether the self-admission can be supported by other evidence to form a complete evidence chain to achieve the purpose of proving. For self-admission with lower credibility, it can also be combined with other evidence to determine whether it can improve the credibility and the evidential power of the self-admission, and comprehensively judge the authenticity of the facts in the section.

(Ⅲ) The party denying the self-admission shall submit rebuttal evidence. After completing the above two steps, the content of self-admission has reached a high degree of credibility and probative value, if the party insists on denying the content of self-admission, the burden of proof can be tilted to the party stating the self-admission, and is required to provide rebuttal evidence. If the rebuttal evidence is conclusive and sufficient to negate the authenticity of the self-admission, the self-admission outside the litigation is not admissible. Conversely, the self-admission is probative, and the contents of the self-admission are admitted, with an affirmative determination of the factual claims to which the self-admission refers.

Specifically in this case, the important evidence for determining the basis of the plaintiffs' economic loss compensation is the defendants' self-publicity on the Wechat public account, that is, the defendants' self-admission outside the litigation. The court also based on the above three steps to review the validity and proof of self-admission. In the public account, the defendant in this case self-claimed that the transaction volume and transaction amount of the products with the plaintiff Metso and its associated brands were very large, and more than 80 times it was mentioned that it had exported or sold to domestic customers in relevant countries and regions, among which there were many foreign customers involved, involving the United States, Japan, Russia, Canada and many other countries and regions. It has also twice published articles that its company has exported hundreds of Simmons (the plaintiff associated brand) cone crusher to many countries in the world, and claimed to service dozens of large mines and quarries around the world each year. This section considers that the sales scope and sales volume of the defendant's infringing products have been elaborated in detail and have strong credibility. On this basis, the court combined with the plaintiff cited the defendant's other infringing performance evidence, including the defendant told the plaintiff's letter of apology, the defendant's website shows many infringing product pictures and models, the defendant's company scale, the defendant has a website with an English web page, the public release of the form of the English and Chinese, and some of the articles in Russian, and so on. These evidence and the defendants' self-admission outside the litigation, can form a complete chain of evidence, so the public number self-admission of the facts pointed to a strong authenticity. Although the defendants denied the content of the self-admission, claiming that it is necessary for publicity, not the real profit situation, but they failed to provide rebuttal evidence to prove the actual profit, so the rebuttal claims cannot be supported. Therefore, the court accepted the self-admission content of the defendant's public account. The above evidence is sufficient to prove that the defendants have a large scale of operation, the infringing products have occurred many domestic and foreign transactions, and the defendants made a substantial profit. In the end, the court integrated the high price of the plaintiff's products, the high visibility of the plaintiff's enterprises and products, and the specific infringement circumstances of the defendant, applied the defendant's self-admission content as the key evidence of damage compensation, and awarded the defendant to compensate the plaintiff for economic losses of CNY 3, 000, 000, fully supporting the plaintiff's lawsuit request.

[Significance]

The trial of this case introduced the rule of self-admission outside litigation into the application of compensation for intellectual property rights. It can be challenging to calculate the defendant's profit and the right holder's actual loss when calculating the amount of compensation for intellectual property rights, since the range of statutory compensation allowed by law is very large. Any self-admissions made by the defendant outside the litigation are likely to become the basis to prove the infringement of the defendant. After reasonable review of the credibility of the defendant's admission outside the litigation, the judges determined that the defendant's profit of infringement is high in combination with other infringement evidence, then supported the plaintiff's claim and awarded compensation at the maximum. After the trial of the case was made, many media such as People's Court Daily, Legal Daily Gazette, the General News Channel of Shanghai Television Station, Dragon TV, China Intellectual Property Right, and Phoenix News all reported the trial for the first time, and the Consulate General of Finland in Shanghai and the Finnish Chamber of Commerce in Shanghai visited Shanghai Pudong New Area People's Court for communication and expressed thanks. The case was praised as the Typical cases on Strengthening Intellectual Property Right Protection by Shanghai courts in 2019.

[Case Index]

Case Number:

First instance: Shanghai Pudong New Area People's Court (2017) H 0115 MC No. 83471 (November 8, 2018)

Second instance: Shanghai Intellectual Property Court (2019) H 73 MZ No. 104 (June 12, 2019)

Judges:

First instance: Du Lingyan, Shao Xun, Sun Yan

Second instance: Li Shulan, Qian Guangwen, Fan Jingbo

Drafted by: Du Lingyan

Translated by: Zhan Yaqing

Proofread by: Bi Jingran

15

Determination and Path to Protection of Prior Trademarks with Certain Influence

—Trademark Infringement Case between Hong Kong X Technology Co. , Ltd. and America X Company et al.

Rule

If someone uses a trademark that is identical or similar to the registered trademark and has certain influence prior to the trademark registrant, the exclusive right holder of the registered trademark has no right to prohibit the prior user from continuing to use the trademark within the original scope, and the two can coexist. If the trademark registrant uses improper means and has preemptively registered the trademark that was already in use by others with a certain degree of influence, his trademark rights are not protected by law. In determining whether the accused trademark constitutes the prior use of the trademark with certain influence, the actual use of the plaintiff and the defendant, and the trademark registrant's true intention of registration should be screened. If the plaintiff registered the trademark, but does not have the intention to use, nor does he actually use, obviously violating the principle of good faith, the standard of proof that the defendant's prior trademark "has a certain impact" can be reasonably lowered. If the defendant has evidence to prove that his prior trademark has been continuously and steadily used in a certain geographical scope or field, and has achieved certain business performance or publicity volume, making the trademark known to the relevant public in that specific region or field, it can be recognized as "having a certain impact".

Basic Facts

Plaintiff: Hong Kong X Technology Co. , Ltd. (hereinafter referred to as Hong Kong X Technology Company)

Defendant: America X Company

Defendant: X Electronic Components (Shanghai) Co. (hereinafter referred to as Shanghai X Company)

On December 18, 2015, the outsider Pei contributed HKD 10, 000 and registered the plaintiff in Hong Kong SAR. On December 31 of the same year, the plaintiff applied to China's Trademark Office to register the trademark No. 18766213 "Ambitmicro", which was approved for registration on February 7, 2017, and approved for use in the ninth class of computer storage devices, computer hardware, chips (integrated circuits), semiconductor devices and other goods.

The defendant, American X Company, was established in the United States on January 20, 2010, and produces and sells chips, microcontrollers, real-time clocks and other products under the brand name of "Ambiq Micro". On August 19, 2012, the company filed an application to the US Trademark Office for registration of the trademark "AMBIQ MICRO" (Class 9 Semiconductor Devices), which was approved on April 30, 2013. Since January 2014, the company has been selling its products in China through various distributors, including the defendant, Shanghai X Company. Before December 31, 2015, one of the distributors paid more than USD 60, 000 for five months of shipments, and another distributor imported the accused products for a total of nearly USD 350, 000 on four occasions over a four-month period, which was reported on by several industry journals and websites. The company was ranked second in the "60 Most Noteworthy Semiconductor Start-ups in the World in 2016", and was selected as one of the "Top 21 winners of 2017 Shengjing Global Innovation Awards" in the "2017 Zhongguancun Forum List".

After the plaintiff was allowed to register the "Ambitmicro" trademark on February 7, 2017, since May 31 of the same year, it has repeatedly sent warning letters to American X Company and its investors and distributors, and complained to the regulatory authorities, saying that the "Ambiq Micro" microcontroller and other products of American X Company in the United States infringed upon the plaintiff's trademark rights. After receiving a lawyer's letter, in July of the same year, American X Company made a request for invalidation to the commercial jury on the grounds that the plaintiff's trademark was malicious squatting. And it successively applied for the registration of the ninth class of goods on the "AMBIQ MICRO" and other trademarks in China's mainland and Hong Kong SAR, Macao SAR, Taiwan region. The trademark in the mainland of China was opposed by the plaintiff, while the rest were approved for registration.

After its establishment, the plaintiff did not operate any business, but only entered into a transaction with an outsider on April 26, 2018 for the sale of 260 SD cards, USB flash drives and TF cards under the brand name of Ambitmicro, with a payment of CNY 8, 700. The products originally displayed on the plaintiff's website were Microsoft Windows, Dell, Sony, etc. with a price tag of 0, and the "Company News" were all news unrelated to the plaintiff. After the transaction, the plaintiff added the above three products in its website, but the parameters introduction is the introduction of cell phones, financial management software and windows 7.

The plaintiff Hong Kong X Technology Company claimed that it enjoyed the exclusive right to use the registered trademark "Ambitmicro" on the ninth class of goods. And the defendant, American X Company used the trademark "Ambiq Micro" on its microcontrollers and other products without permission, which infringed upon the plaintiff's trademark rights. The defendant, Shanghai X Company, continued to sell the product after the plaintiff complained to the regulatory authorities, which also infringed upon the plaintiff's trademark rights. The plaintiff sought an order that the two defendants stop infringing the trademark; American X Company compensate the plaintiff for CNY 400, 000; and Shanghai X Company bears joint and several liability for CNY 50, 000 of the compensation.

The defendant, American X Company argued that: 1. "Ambiq Micro" is its prior use and has a certain impact on the trademark and trade name, the plaintiff has no right to prohibit its use. 2. The plaintiff registered "Ambitmicro" trademark in bad faith, and did not use the trademark. 3. The plaintiff continued to send warning letters and industrial and commercial complaints to the American X Company and its affiliates in bad faith, and filed this lawsuit, which is an attempt to abuse the trademark right to seek undue advantage.

The defendant Shanghai X Company argued that: 1. When the regulator inquired about the plaintiff's complaint, it sought information from American X Company, and American X Company informed that a trademark invalidation dispute had been filed. 2. Its sales of goods have a lawful source, and there is no subjective fault, even if American X Company infringes, as a seller, it does not need to bear the responsibility for damages.

[Holding]

Shanghai Pudong New Area People's Court held that the focus of the dispute in this case mainly lies in whether the defendant's trademark preemptive right defense is valid. According Article 59(3) of the *Trademark Law*, the conditions for the establishment of the defense of the right of prior use of trademarks are: (1) the alleged behavior is in the same goods or similar goods on the same or similar to the plaintiff's registered trademark; (2) the defendant has the prior use of the objective fact; (3) the defendant's prior use of the trademark has a certain impact.

First, American X Company used a trademark similar to the plaintiff's registered trademark on the same goods. American X Company used "Ambiq" "Ambiq Micro" logo on integrated circuits, chips and other products and publicity, the above products belong to the same commodity as the computer hardware, chips (integrated circuits) and semiconductor devices approved by the plaintiff's registered trademark "Ambitmicro" involved in the case; comparing the logo used by American X Company with the plaintiff's trademark "Ambitmicro", "Ambiq Micro" differs from the plaintiff's trademark by only one letter, and is extremely similar in appearance, which is likely to confuse the relevant public, thus constitutes a similar trademark.

Secondly, American X Company used the infringing mark before the plaintiff applied for registration of the trademark "Ambitmicro". The prior use in the defense of prior use right should be the use in the Chinese market. American X Company was established in the United States in 2010, the allegedly infringing logo registered as its trade name, in 2012 began to use the "Ambiq Micro" trademark on its products and trademark registration in the United States. It can be seen that American X Company first used "Ambiq Micro" as a trade name and trademark in the U. S. In January 2014, American X Company started to sell the accused infringing products in China through distributors, and the plaintiff applied for registration of "Ambitmicro" on December 31, 2015. Therefore, the use of the infringing mark by American X Company preceded the plaintiff's application for registration of the "Ambitmicro" trademark.

Finally, before December 31, 2015, the prior use of the allegedly infringing mark by American X Company already had a certain influence in the Chinese market. Regarding the factors to be considered when determining "certain influence", according to Article 23(2) of the *Provisions of the Supreme People's Court on Several Issues Concerning the Trial of Administrative Cases on Trademark Authorization and Establishment of Rights*, a prior user proves that its prior trademark has certain period of continuous use, region, sales volume or advertising, the people's court may determine that it has certain influence. In this case, the people's court can refer to the above provision for the determination of whether the prior-used trademark has "certain influence". According to the facts, from the point of view of sales time and area, American X Company began to sell the infringing products in the Chinese market through several distributors since January 2014, and had been using the trademark "Ambitmicro" for two years by the time the plaintiff applied for the registration of the trademark, and the geographical scope of the sales covered a number of provincial-level administrative districts. From the sales volume, the existing evidence proves that only a seller of American X Company in Shenzhen imported the accused infringing products in a short period of four months, the amount of USD 350, 000, and there were also transactions between several other dealers and American X Company about the accused infringing products. Thus, before the plaintiff applied for registration of the trademark, the infringing products in China has a certain sales scale. From the point of view of publicity and reporting, American X Company promotes the brand through its official website, dealer websites and corresponding forums, and has a certain amount of media coverage in industry journals and online platforms. In addition, the fact that American X Company was selected as one of the world's 60 most noteworthy semiconductor start-ups in 2016 is evidence that its business performance and industry status prior to that point in time were highly recognized by the industry.

In summary, the trademark prior use defense of American X Company was established, and the plaintiff's allegations against the two defendants were not sustained, thus the court did not support them.

In this case, the accused infringing products operated byAmerican X Company are technology-intensive products, and the customers who directly use the products are other high-tech enterprises in the integrated circuit and semiconductor industry rather than end consumers, so the scope of influence of American X Company and its products is mainly in the industry. The plaintiff is a one-person company established by a natural person, which does not have the corresponding technical capability of the industry, and its legal representative also admits that he does not know the industry before registering the trademark involved, but he applied for registration of the trademark involved in the month of the company's establishment, and began to send infringement warning letters to multiple dealers of American X Company and complain to the regulatory authorities three months after the trademark was approved for registration. It even sent infringement warning letters to investors in American X Company in the United States about high-tech goods that the plaintiffs did not know about. Therefore, the plaintiff applied for the registration of the trademark in question, and there is a suspicion of deliberately targeting American X Company. After the establishment of the plaintiff in Hong Kong, it did not carry out any business in Hong Kong, and only entered into a transaction concerning a small storage device such as a USB flash drive with an outside party nearly one year after the trademark in question was registered and nine months after American X Company in the United States filed an application for invalidation of the trademark, which is not in line with the commercial activities of the use of trademarks in the usual practice; at the same time, the content of the website that the plaintiff claimed for publicity is also obviously unreasonable. Accordingly, when the plaintiff applied for registration of the trademark involved in the case, it did not have the real intention to use the trademark, nor did it carry out the real use of the trademark.

Considering the above facts, the court concluded that the plaintiff's application for registration of the trademark in question was made for an improper purpose, and that its actions of applying for registration of the trademark in question, sending out warning letters of infringement in bulk after the registration was granted, filing administrative complaints, and initiating the present litigation were in clear violation of the principle of honesty and good faith, and that its related claims should not be protected and supported by the law.

Shanghai Pudong New Area People's Court made (2018) H 0115 MC No. 46794 Civil Judgment on June 27, 2019: the plaintiff's litigation request was rejected.

After the first instance judgment, neither the plaintiff nor the defendant appealed.

[Commentary]

Trademark prior use right protection system refers to a system designed to protect the interests of the prior user of the trademark in the context of trademark registration system.

Ⅰ. Access to trademark rights

There are two ways to obtain trademark rights: one is the use of the acquisition system, and the other is the registration acquisition system. From the viewpoint of the nature of trademark, it is only in the actual use that it can play the role of identifying the source and accumulating the goodwill, so it is necessary and justified to obtain the legal protection. For this reason, at present, various countries and regions no longer simply adopt a single trademark right acquisition system, but the integration and absorption of the advantages of the two systems. The early trademark protection in common law countries is generally based on the use, and according to the sequence of use to determine the attribution of trademark rights. Even if the trademark registration system was later provided in the law, the use of trademarks in the trademark registration also plays an important role, requiring the registrant to have the intention to use the trademark. Such provisions are included in the Lamb Act of the United States, the Trademark Act of the United Kingdom and the Trademark Act of Canada. [①]In the countries and

---

① See Wang Qian, *Tutorial on Intellectual Property Law (Sixth Edition)*, People's University of China Press, 2019 edition, p. 409 – 410.

regions that adopt the registration system, such as France, Japan and Taiwan region of China, the trademark preemptive right protection system is often prescribed as a remedy to overcome the defects of the trademark registration system. ① Chinese *Trademark Law* also adopts such a system design, on the basis of the trademark registration system, to balance the interests of the trademark registrant and the prior use of the trademark through the provisions of the trademark prior use right protection system.

According to the specific provisions of the trademark right of prior use protection system, whether the trademark "prior use" and "have a certain influence" is the focus of judicial review.

Ⅱ. Examination of prior use of trademark

According to Article 48 of the *Trademark Law*, use of a trademark means using a trademark on goods, on the packages or containers of goods, in the trade documents of goods, or for advertisements, exhibitions, and other commercial activities for the purpose of identifying the origin of goods. The Trademark Office had also issued the *Relevant Instructions for Providing Evidence of Trademark Use* on August 13, 2018, which provided specific provisions on the specific manifestations of trademark use and evidence that is not regarded as trademark use. According to the above provisions, the evidence of trademark use submitted by the parties can be manifested in the form of commodities, transaction documents, traditional or online publicity media, etc.; the evidence should be able to reflect the trademark logo and the time of use; it should be evidence of use in the public commercial field; it should be real commercial use, not just a licensing contract, or symbolic use; and it should not be submitted only as an isolated piece of evidence, such as a sales contract or commodities. In addition, the parties should also avoid submitting unilaterally produced evidence, such as the transaction between the two sides of their own printed orders, delivery notes and other documents. The above evidence can not prove whether the transaction actually occurred, the proof is very limited, and it needs to cooperate with the contract, invoice, payment voucher and other evidence to prove the use of the trademark.

Ⅲ. Recognition of prior trademarks "having a certain influence"

The expression "trademarks that have a certain influence" is used in the provisions of Article 32 of the *Trademark Law* on malicious trademark registration and Article 59(3) on the defense of trademark's prior use right. As a system to protect the prior trademark from different

① See Wang Lianfeng, The Legal Application of the Trademark Right of Prior Use Rule—An Appraisal of Article 59 (3) of the New Trademark Law, *Research on Rule of Law*, Vol. 3, No. 3, 2014, p. 13.

levels, the two use the same legal term, and according to the principle of system interpretation, their meanings should also be the same.

The influence of a trademark mainly involves two aspects, namely, breadth and depth, the breadth of influence refers to whether the influence of the prior trademark should be spread throughout the country, or whether it can be confined to some regions only; the depth of influence refers to whether the relevant public's cognitive state of the trademark should reach the degree of familiarity, or whether it is enough to know it. According to Article 23(1) of the *Provisions of the Supreme People's Court on Several Issues concerning the Trial of Administrative Cases involving Trademark Authorization and Confirmation*, if the trademark applicant knew or should have known that the prior trademark "has a certain degree of influence", it is presumed that the applicant has "preempted the registration of the prior trademark by improper means". In practice, the subjective state of the "knowingly or ought to know" will often be based on the breadth and depth of the influence of the prior trademark to determine. The greater the scope of influence, the deeper the degree of influence, then it will be easier to determine the existence of the trademark registrant "knowingly or ought to know". The determination of the way may lead to the establishment of malicious trademark infringement, the influence of the prior trademark to be greater than the establishment of the defense of prior use of the trademark. However, this is because of the "improper means" element in the bad faith infringement makes the influence of the prior trademark is elevated, not because of the determination of "having a certain impact" standard is different.

Article 23 (2) of the *Provisions of the Supreme People's Court on Several Issues concerning the Trial of Administrative Cases involving Trademark Authorization and Confirmation* provides for the determination of "having a certain impact" in Article 32 of the *Trademark Law*. The determination of "having a certain impact" in the defense of prior use right of trademark can refer to this provision. Regarding the factors for determining the influence, the following factors can be considered: (1) the use of the prior trademark, including the duration of the use of the trademark, the sales area, market share, industry ranking, sales quantity, sales volume, etc. of the goods using the trademark; (2) the publicity of the prior trademark, including the time, manner, degree and scope of publicity, etc.; (3) other factors that make the trademark have certain influence, such as the situation of being reported by the media, obtaining honors and other market reputation. Regarding the determination standard of influence, the provision still adopts the expression of "certain", which needs to be determined on a case-by-case basis in light of the specific facts of the case in practice. The author believes that the determination standard should not be too high, otherwise it may squeeze the space for the exercise and protection of the rights of unregistered trademarks, which is contrary to the intention of the legislation to establish the system. The provisions of the current Anti-Unfair Competition Law on "trade names, packaging and decorations with certain influence" can provide protection for unregistered prior use trademarks, which is revised from the old law on "unique names, packaging and decorations of well-known commodities". The author believes that there is no essential difference between the protection strength of the two, at least the protection strength of the new law will not be lower, i. e., "having a certain impact" will not be higher than the "well-known goods" of the popularity requirements. In the judicial application of original "anti-unfair competition law", the "well-known goods" is generally only required in a specific geographical area (such as provinces, municipalities and other markets) within the scope of the well-known, without the need to be well-known in the country. ① For market awareness, the judicial interpretation also only requires that the relevant public is "known", without the need for well-known trademarks as the relevant public is "well known". Therefore, in terms of the breadth of the influence of the prior trademark "have a certain impact", it is only required to have a certain influence in the main use of the region, a certain influence in the whole country is not required. As for the depth of influence, the prior trademark should be known to the relevant public in a specific territory or field by steadily and continuously playing the function of identifying the source of the goods in its main use area, and it does not need to be "well known" to the relevant public. In the specific determination, it is sufficient to obtain a certain level of performance in one or several dimensions of the aforementioned factors, and it is not necessary to develop a large scale in all dimensions.

In addition, although "having a certain impact" is an objective fact, if the trademark registrant is aware of the existence of the prior trademark and still registers it, and does not put it into normal commercial use after registration, but instead sells the trademark to the prior user or sues for damages, this kind of behavior reflects the trademark registrant's bad faith, which can to a certain extent prove that the prior trademark "has a certain impact". Therefore, the subjective state of the trademark registrant and the determination of "having a certain impact" will be intertwined.

Ⅳ. Trademarks registered in breach of good faith shall not be protected

The constitutive elements of trademark malicious registration completely contain the

---

① See Kong Xiangjun, *Trademark and Unfair Competition Law Principles and Precedents*, Law Press, 2009 edition, p. 704.

constitutive elements of trademark preemptive right defense. If the former elements are satisfied, the latter elements must also be satisfied, but the reverse is not the case. When the defense of the prior use of the trademark of the accused infringer is established, but the trademark registrant is not illegally registered before the trademark, the accused infringer can continue to use the accused trademark in the original scope, and realize the coexistence of trademarks with the trademark registrant. If the malicious preemption is established, according to the existing provisions of the *Trademark Law*, the prior user of the trademark may not only continue to use the trademark in accordance with Article 59(3) of the *Trademark Law*, but also apply to the administrative organ to declare the registered trademark invalid in accordance with Article 32 of the *Trademark Law*. If the prior user of the trademark gives up the right to declare the invalidity, or exceeds the five-year exercise period, it can still claim the defense of prior use of the trademark and continue to use the trademark within the original scope.

In trademark infringement disputes, when the process of acquiring the plaintiff's trademark right violates the principle of honesty and good faith as stipulated in Article 7(1) of the *Trademark Law*, the court may apply the principle of honesty and good faith directly, and the plaintiff's trademark right will not be protected. Malicious trademark registration and malicious hoarding of trademarks are trademark right acquisition behavior that is relatively typical violation of the principle of good faith. When the trademark owner files a trademark infringement lawsuit against the prior user of the trademark, and the administrative dispute between the two on the validity of the trademark is still in the process of processing, the court protects the legitimate rights and interests of the prior user of the trademark with the principle of good faith, which can effectively curb the dishonest acts such as malicious registration of trademarks and mass hoarding of trademarks.

In addition, the trademark in question was registered without the purpose of use and in bad faith, according to the corresponding provisions added to the new *Trademark Law* which came into force on November 1, 2019, the application for registration of a trademark in bad faith without the purpose of use shall be rejected, and any person may file an objection or apply for declaration of invalidity. It can be seen that the behavior of applying for trademark registration in bad faith without the purpose of use also belongs to a typical dishonest behavior, and its trademark right should not be protected by law.

[Significance]

This case accurately applies the legal provisions on the protection of prior use rights of trademarks, reasonably determines the rules for recognizing whether the trademark is in "prior use” and whether it “has a certain impact”, effectively regulates the act of malicious trademark snatching, which is a violation of good faith, and legally safeguards the order of trademark registration and use. The case was recognized as one of the Top 10 Cases on Judicial Protection of Intellectual Property by Shanghai Courts in 2019.

[Case Index]

Case Number:

First instance: Shanghai Pudong New Area People’s Court (2018) H 0115 MC No. 46794 (June 27, 2019)

Judges:

First instance: Jin Minzhen, Ye Jufen, Ni Hongxia

Drafted by: Ye Jufen
Translated by: Zhan Yaqing
Proofread by: Bi Jingran

16

Deconstruction of the Elements for the Application of Punitive Damages for Trademark Infringement

—Trademark Infringement Case between X Company and X Sports Equipment Company

Rule

Punitive damages for trademark infringement apply in cases where both malicious infringement and serious circumstances are existed. Determination of malice may consider whether there is repeated infringement; determination of aggravated circumstances may consider the nature and mode of the infringement, duration, geographical scope, scale, consequences and other factors. The compensation base can be determined by the profit gained from the infringement, calculated by multiplying sales volume by the unit profit of the infringing goods. The sales volume of the infringing goods can be determined according to the infringer's promotional content of the goods, and the unit profit of infringing goods can be discretionally determined by referencing similar products. Compensation multiplier can be determined according to the degree of malice of the infringer and the severity of the infringement. In cases where the infringer refuses to fulfill the obligation to disclose evidence and constituting an impediment to proof, the standard of preponderance of the evidence may be adopted to determine the amount of compensation by reference to the evidence submitted by the right holder.

Basic Facts

Plaintiff: X Company

Defendant: X Sports Equipment Company

The plaintiff was registered in the State of California, United States of America, in

August 1993, and is mainly engaged in the manufacture and sale of exercise equipment and the promotion of fitness programs. The plaintiff is the registrant of Trademark No. 17787572 "MOTR", which is authorized to be used in Class 28 for goods such as "Muscle exercising equipment, gymnastic equipment, manually operated fitness equipment (exercise equipment), elastic bands for yoga and physical fitness activities", and so on. and other goods, valid from October 14, 2016, to October 13, 2026. The plaintiff participated in the 2006 Beijing International Fitness Conference, and information about "MOTR" brand fitness equipment and fitness programs can be found in WeChat, Sohu. com, the Yangtze River Business Journal, the Xinxin Express, and other media publicity reports. In 2011, the defendant was warned by the plaintiff for the export of products to Spain that were suspected of infringing on the plaintiff's trademarks and patents and was warned by the plaintiff, and the defendant promised in the settlement agreement not to commit infringement. On November 11, 2017, the plaintiff's agent purchased three pilates roller products at the defendant's factory and obtained a payment voucher. On the payment voucher, the payee was "X Sports Equipment Company". The handles of the products were marked with the "MOTR" logo, the ends of the stretching bands were marked with the "E" and "MOTR" logos, the cover of the product brochure bears the "MOTR" logo, and the training video on the CD-ROM contains the "MOTR" logo and plaintiff's company name in several places. On December 29, 2017, one of the hottest products sold by the WeChat Mall operated by the defendant was the "Motr Mobile Pilates Bed". Between October 6 and December 9, 2017, the customer service of the WeChat Mall repeatedly posted articles in the circle of friends to promote the Pilates roller product marked with the "MOTR" logo. On March 15, 2018, the defendant participated in the Fifth China (Shanghai) International Fitness, Health and Leisure Expo 2018, displaying the Pilates roller product in its booth, with the "MOTR" logo marked on the top of the product handle and other places. The plaintiff applied for the notary public to the exhibition site for evidence preservation notarization.

The plaintiff, X Company, claimed that the defendant's behavior constitutes trademark infringement. Besides, the defendant is aware of the plaintiff company and the plaintiff's trademark popularity, and repeated infringement. Therefore, the plaintiff argued that the amount of damages should be calculated according to the defendant's profit from infringement, and demanded three times punitive damages for the defendant's malicious infringement. The plaintiff asked to order: 1. The defendant shall stop infringing the registered trademark of "MOTR" No. 17787572. 2. The defendant shall compensate the plaintiff for the economic loss of CNY 3, 000, 000 including legal fees, notary fees, travel expenses and other reasonable expenses.

The defendant, X Sports Equipment Company, argued that the defendant's behavior did not infringe on the plaintiff's "MOTR" trademark. The trademark "MOTR" is the English acronym for "movement on the roller" Since the way of use of the product conforms to the Chinese meaning of "movement on the roller", the trademark in question belongs to the description of the function and use of the product and does not have distinctiveness. The "MOTR" logo has become a common name for Pilates roller products, and there are a number of competitors in the market who produce products with the name "MOTR", and the Defendant's use of the logo is a fair use. The defendant's business scale is small, and it purchases parts and components for assembly according to the needs of users, and its use of the "MOTR" logo has a short period of time, coupled with the fact that the scope of the audience of the products in question are small, and there is no behavior of mass production and sale.

[Holding]

Shanghai Pudong New Area People's Court held that, the "MOTR" trademark in question is a fabricated word, which is highly distinctive as a trademark, and through the continuous use and extensive publicity of the Plaintiff and its cooperative merchants, it has been able to establish a unique corresponding relationship with the plaintiff. The defendant's "MOTR" logo is identical to the plaintiff's trademark, and the class of goods is the same as the goods for which the plaintiff's trademark is authorized to be used. The defendant's use of the "MOTR" logo belongs to the the use of the same goods on the same logo with the registered trademark stipulated in Article 57(1) of the *Trademark Law*, which infringes the plaintiff's exclusive right to use the registered trademark. The plaintiff claims that the amount of compensation should be calculated based on "the interests obtained by the infringer due to infringement", and the formula is "infringement profit = product sales volume × (product unit price - product cost)". Since the defendant refused to submit relevant sales data, original vouchers and financial books, the court determined the specific values of each parameter in the above formula one by one with reference to the plaintiff's claims and evidence provided, and determined the amount of profit from infringement on this basis. Considering the following factors, the court decided to apply triple punitive damages on the basis of the amount of infringement profits: firstly, the defendant had promised not to infringe any more in the settlement agreement but still continued to carry out the infringing acts, and the infringement malice was extremely serious; secondly, the defendant had comprehensively copied the plaintiff's trademarks and products, and the intention of climbing up the goodwill of the plaintiff was very obvious; thirdly, the defendant's company's annual sales in 2016 had reached more than CNY 8, 000, 000, with a larger scale of production and operation; fourthly, the defendant promote and sell infringing products through WeChat mall, WeChat circle of friends, factories, exhibitions and other online and offline channels, the products were sold to a number of provinces and cities, and the product sales channels were multiple, involving a wide range of geographic areas, the infringement had a great impact; fifth, the defendant's infringing behavior not only cause confusion in the market, but also make the infringing products have the quality problem of degumming, which will make the consumer mistakenly believe that the plaintiff's products have quality problems, and then bring negative evaluation to the plaintiff's business reputation, thus the consequences of infringement is relatively serious. Three times the amount of infringement profits determined above is more than CNY 3, 000, 000, in view of the plaintiff's claim for damages including reasonable expenses totaling CNY 3, 000, 000 in this case, so the claim is supported in full.

Shanghai Pudong New Area People's Court made (2018) H 0115 MC No. 53351 Civil Judgment on August 28, 2019: the defendant shall immediately stop committing trademark infringement; the defendant shall compensate the plaintiff for economic losses and reasonable expenses totaling CNY 3, 000, 000.

After the first instance judgment, neither the plaintiff nor the defendant filed an appeal.

[Commentary]

Punitive damages system is different from the compensation based on principle of bridge. The amount of compensation determined by the system exceeds the actual amount of damage. It is a system that combines the functions of compensation, punishment, and deterrence, aiming to increase the cost of infringement, and to reverse the situation of "high cost of defending rights and low cost of infringement"①. In order to strengthen the judicial protection of intellectual property rights and to punish and curb intellectual property infringement, Article 63 (1) of the *Trademark Law* amended in 2013 provides for "punitive damages", i. e., the amount of damages for infringement of the exclusive right to use a trademark can be determined based on the amount of the "loss of the right holder", "infringer's profit", and "the multiple of the trademark licensing fee". For malicious infringement of exclusive trademark rights where

① See Wang Liming, *A Study of Punitive Damages in the United States*, Comparative Law Studies, No. 5, 2003.

the circumstances are severe, the compensation can be set one or more than three times the amount determined by the aforementioned methods. This is the first time the punitive damages system was introduced in the field of intellectual property rights, and thereafter the upper limit of the compensation multiplier was raised from three times to five times when it was revised again in 2019.

I. The subjective element of punitive damages—the determination of "malice"

"Malice" is the subjective element of the punitive damages system. As for what is "malicious", the academia generally believes that the "malicious" fault degree is at least not less than "intent" For whether it is fully equivalent to "intent", there are still different views. Some views believe that "malice" should be understood as "direct intent", excluding "indirect intent"①. Other views hold that "malice" is synonymous with "intent" but does not include "gross negligence" as defined in civil law②. Still others hold that "malice" does not include "gross negligence" in principle, only in exceptional cases where the statutory circumstances were met can "gross negligence" be equated with "intent". ③ Due to the lack of a clear conceptual definition, judicial practice also tends to recognize "malicious intent" as "direct intent", and through gradually summarizing the case experience, the typical forms of expression of the "malicious intent", specifically, include the following forms:

The first category is that the perpetrator continue to implement the infringing act after receiving administrative punishment or a court injunction. For example, in the case of infringement of trademark rights and unfair competition disputes between X Timber Industries (Zhongshan) Co., Ltd. and Zhejiang Life Home X Flooring Co., Ltd., the court held that: Zhejiang X Flooring Co., Ltd. and X Timber Industries (Zhongshan) Co., Ltd. have many years of OEM contract relationship. During the period of cooperation between the two parties and after the termination of the contract, Zhejiang X Flooring Co., Ltd. engaged in infringing activities, targeting the trademark in question. Based on the knowing of the trademark in question, it maliciously engaged in the infringement of the trademark to gain the commercial interests associated with the trademark. After X Timber Industries (Zhongshan) Co., Ltd. issued a warning of infringement, it continued to carry out infringement. Even after a number of distributors across the country were administratively penalized due to trademark infringement

---

① See Zhu Dan, Application of Punitive Compensation Liabilities for Infringement upon the Exclusive Right to Use Trademarks, *People's Court Daily*, August 27, 2014, 7th edition.

② See Hou Fengkun, An Analysis of Issues Concerning the Punitive Damages System under the New Trademark Law, *Intellectual Property Rights*, Issue 10, 2015.

③ See Shu Yuan, Study of Application of Punitive Damages in Trademark Infringement, *Law Review*, No. 5, 2015.

and unfair competition, it still did not stop infringement, and refused to fulfill the injunction after the court issued the injunction, and continued to use prohibited marks during production and sales of flooring goods and website. The malicious intent of the infringement is extremely serious. ①

The second category isthat the perpetrator continue to implement the infringing act after receiving a warning from the right holder. For example, in the case of infringement of trademark rights and unfair competition disputes between Co., Ltd. and Chery Automobile Co., Ltd. and Anhui Automobile Sales Co., Ltd., the court held that: Co., Ltd. had sent a lawyer's letter to Automobile Co., Ltd. to request to stop infringing the trademark right before the implementation of the activities involved in the case by the two defendants. Automobile Co. Chery Automobile Co., Ltd. should positively fulfill its duty of care and respect the reasonable right boundaries of others' trademark rights based on the principle of honesty and good faith. However, Automobile Co., Ltd. and Anhui Automobile Sales Co., Ltd. did not take appropriate measures to deal with the infringement, instead, even knowing the infringement suspected in organizing the activity in question, they still used a large number of signs similar to Guinness's registered trademark of high prominence and popularity, and combined with the publicity that could cause people to misunderstand, intentionally confusing the relevant public on the source of the activity in question to point to the subjective intent of infringement. The subjective malice of infringement is obvious. ②

The third category is where the perpetrator signs a settlement agreement with the right holder and then commits the infringing act, as shown in the "Balanced Body Case". The reason why this is categorized to the same extentis based on two considerations. First, although not sanctioned by court injunctions or administrative penalties and other coercive forces, the perpetrator has signed a settlement agreement, and has a clear understanding of the nature and consequences of the behavior. Under this premise, the perpetrator violated the settlement agreement and commit infringement again. It clearly demonstrates their active pursuit of the infringing outcomes, and subjective malice is extremely obvious. Secondly, from the perspective of contract effectiveness, the perpetrator of the agreement violate the agreed terms of the existing agreement, and repeatedly engaging in behaviors prohibited by mutual consent, which is not a market entity who operates with integrity would do, obviously violates the basic principle of honesty and good faith.

---

① Intermediate People's Court of Suzhou City, (2016) S 05 MC No. 41 Civil Judgment.

② Intermediate People's Court of Suzhou City, Jiangsu Province (2016) S 05 MC No. 41 Civil Judgment.

Ⅱ. The objective element of punitive damages—the determination of "aggravating circumstances"

Existing laws all take "aggravating circumstances" as an objective element during the application of punitive damages for intellectual property rights, but the connotation and extension of "aggravating circumstances" has not been clarified. Although there are differences in academic views, most of them believe that the aggravating circumstances include the number of infringement, consequences of infringement, and other considerations, and repeated infringement is one of the aggravating circumstances. In judicial practice, it is also believed that "aggravating circumstances" refers to the serious damage caused by the act being sued, ① and the scale and result of infringement are regarded as the main criteria for categorization②. *The Opinions of the Supreme People's Court on Strengthening the Punishment of Intellectual Property Rights Infringement in Accordance with Law* summarizes the "factors to be considered in determining a high amount of statutory compensation", which can also be considered as "aggravating circumstances", that is, whether infringement is the main business, whether there is repeated infringement, whether the infringement lasts a long time, whether it involves a wide range of areas, whether it may jeopardize personal safety, cause damage to environmental resources or serious damage to the public interest. In this case, the court considered the defendant's large production scale, multiple sales channels, wide geographical scope, and great impact of the infringement, as well as the circumstances that the quality problems of the infringing products will bring negative evaluation to the plaintiff's business reputation, thus held that the infringement consequences are relatively serious.

Ⅲ. The application of punitive damages

(Ⅰ) The determination of the compensation base

The determination of intellectual property damages is faced with many practical complexities, such as the value of intellectual property is difficult to quantify, the number of infringing products is difficult to ascertain, the profit margin and the rate of contribution of intellectual property rights is difficult to accurately calculate, the evidence of the license to use and the market transaction is insufficient, lack of proof of a causal relationship between the tort

---

① Article 1. 13 of the Guiding Opinions of the Beijing Municipal High People's Court on the Determination of Damages and Judgment Standards for Statutory Damages in Cases of Intellectual Property Infringement and Unfair Competition (2020).

② Article 1. 16 of the Guiding Opinions of the Beijing Municipal High People's Court on the Determination of Damages and Judgment Standards for Statutory Damages in Cases of Intellectual Property Infringement and Unfair Competition (2020).

and the result of the damage, and so on[①]. Academia and judicial practice, driven by the inertia of practice, tend to limit the determination of damages to a precise degree, i. e., they believe that the amount of compensation as a result of adjudication is bound to undergo precise calculations such as mathematical deductions. In the event of failure to come up with a precise figure, the judge prefers applying the statutory method of determining the amount of compensation, and making inferences on the basis of the facts of the case in a comprehensive manner according to the judge's mental evidence and experience.

It is naturally difficult for the right holder to prove the damages because the data about the sales volume of the infringing products and the infringing profits are mainly in the hands of the actor. Although the right holder can inquire through open channels the approximate data of the sales volume, income or profit of the actor, or the approximate sales data of the infringing product in a specific period of time and in a specific store, the exact amount must still be determined by reviewing the ledger of the actor. In order to avoid unfavorable results, the perpetrator often refuses to submit the corresponding information on various excuses, which would make the trial become a deadlock. In order to solve this problem, the rule of evidentiary obstruction came into being. For example, Article 63(2) of the *Trademark Law* stipulates that, where the right holder has made its best efforts to adduce evidence but the account books and materials related to infringement are mainly in the possession of the infringer, in order to determine the amount of damages, a people's court may order the infringer to provide such account books and materials; and if the infringer refuses to provide or provide any false ones, the people's court may determine the amount of compensation by reference to the claims of and the evidence provided by the right holder. Article 25 of the *Several Provisions of the Supreme People's Court on Evidence in Civil Procedures Involving Intellectual Property Rights* also stipulates that, where a people's court requires a party to submit relevant evidence according to the law, and the party refuses to submit the evidence without any justifiable reason, submits false evidence, destroys evidence, or conducts any other act which renders evidence unusable, the people's court may presume that the opposing party's claims on the certification items relating to the evidence are tenable. In this case, under the premise that the plaintiff has provided preliminary evidence, the court explicitly required the defendant to submit relevant account books, materials and other evidence, but the defendant always refused to submit, so the court ultimately directly referred to the plaintiff's evidence to infer the sales volume of the

---

① See XU Jun, Study of Issues Concerning the Punitive Compensation Base for Intellectual Property Rights, China Intellectual Property Journal No. 158.

infringing goods and the unit profit of the goods.

(II) The determination of compensation multiplier

Another difficulty in the application of punitive damages lies in the determination of the compensation multiplier. The Beijing High People's Court has addressed this issue in its *Guiding Opinions Adjudication Standards for Determining Damages in Cases of Infringement of Intellectual Property Rights and Unfair Competition* (2020), but the wording is rather simplistic, only stating that it is "discretionary to determine the multiplier within the range of the statutory multiplier", and that "the multiplier can be non-integer" In judicial practice, the problem of determining the multiple of punitive damages is actually the process of the judge's free mind, often considering the subjective malicious degree of the infringer and the severity of the infringement circumstances. The amount of punitive damages should be commensurate with the degree of infringement, so as to "punish its responsibility". In the case of trademark infringement and unfair competition disputes between Fila Sports Company and Zhejiang Cosco Shoes Company, etc. ①, the court held that Cosco knew that the use of the accused mark might cause serious misleading to consumers and lead to confusion and misidentification of the source of goods, but still continued to produce and sell infringing goods. Its subjective malice was obvious, and the infringement situation was serious. The amount of compensation should be determined according to three times of the profit made by Cosco due to the infringement. In the "Balance Body Case", the court considered the obvious subjective malice of the defendant and the seriousness of the infringement to determine the triple punitive damages.

The system of punitive damages in the field of intellectual property is an important measure to increase the protection of intellectual property rights and promote the national innovation-driven strategy. To clarify the connotation and extension of the corresponding concepts, and to clarify the corresponding application of the standard in the application of the law, is the prerequisite for judges to accurately apply the punitive damages system. In the process of specific application, the judge should abandon the expectation of high precision on the actual loss, infringement profits and license royalties, and focus on the subjective malice of the perpetrator and the accurate application of the seriousness of the infringement. At the same time, the judge can actively explain and guide the parties to prove damages, flexibly apply the rules of evidence to determine the base of punitive damages; reasonably and scientifically determine the multiplier of punitive damages. Only when the application standard is more uniform, the situation of the application is more accurate, punishment of punitive damages and

① (2018) J 73 MZ No. 2132 Civil Judgment of Beijing Intellectual Property Court.

value of the system to prevent infringement can be realized.

[Significance]

This case is the first case of punitive damages for intellectual property infringement in Shanghai courts, which reflects the people's court's active exploration in reviewing the applicable conditions and determining the compensation base in order to increase the application of punitive damages. The case was widely reported by the media after the judgment and received general attention and favorable comments from all parties. The front page of the *Legal Daily* prominently featured an article titled "China's 'Strong Sense of Responsibility as A Major Country' Against the Backdrop of Trade War", stating that at a time when Chinese-US trade is in full swing, the judgment of the case reflected China's determination to combat intellectual property rights violations and crimes, and also reflected China's commitment and confidence to creating a favorable international business environment. The case was honored as one of the Top 10 Intellectual Property Cases in Chinese Courts in 2019, a typical case of Shanghai Courts Strengthening the Protection of Intellectual Property Rights in 2019, a reference case of the Shanghai High People's Court, and a typical case of Shanghai Courts Safeguarding the Healthy Development of Private Enterprises in Accordance with the Law in 2019.

[Case Index]

Case Number:

First instance: Shanghai Pudong New Area People's Court (2018) H 0115 MC No. 53331 (August 28, 2019)

Judges:

First instance: Gong Xiaoyan, Shao Xun, Jiang Guangrui

Drafted by: Gong Xiaoyan

Translated by: Zhan Yaqing

Proofread by: Bi Jingran

17

Judicial Review on Defense of Proper Use of Generic Name in Business Logo Disputes

—Trademark Infringement and Unfair Competition Case between X Limited Company and Guangzhou A Biotechnology Limited Company

Rule

Due to the specific historical origin, development process and long-term unique providing subject and objective market pattern, the commodity name that maintains the mixed attributes of product and brand still has the significance of indicating the source of goods and cannot be recognized as a generic name. For example, although a commercial sign is the name of bacterial strains, but there are no national standards, industrial standards and other normative documents to identify it as generic name or model, and the right holder is the only business subject and actively maintain the order of the use of the commercial logo, then it shall not be recognized as a generic name, and the corresponding trademark rights and commodity name rights and interests with certain impact shall be protected.

Basic Facts

Plaintiff: X limited company

Defendant: Guangzhou A Biotechnology Limited Company (hereinafter referred to as A Company)

Defendant: Guangzhou B Biotechnology Company Limited (hereinafter referred to as B Company)

Defendant: Zhuhai Special Economic Zone X Pharmaceutical Company Limited (hereinafter referred to as P Company)

Defendant: X Mother and Baby Goods Store in Pudong New District, Shanghai (hereinafter referred to as M Store)

The plaintiff, X Company, is a Danish company founded in 1874 and is one of the world's leading suppliers of probiotics. The "LGG" strain of Lactobacillus rhamnosus was isolated and patented in 1983. In 1987, the outsider Velio X Company acquired the rights to develop the strain, and the Plaintiff is now authorized to be the sole operator of the strain worldwide. The plaintiff registered trademark No. G745098, G697132, G991379 for "LGG" in Class 5 baby food, lactobacillus, lactobacillus, etc., and trademark No. G991379 is also approved for use in Class 29, 32 lactobacillus; lactobacillus; The above trademarks are all within the validity period. Phoenix InfoNews, NetEase, and other newspapers and magazines reported extensively on the relationship between LGG and the Plaintiff. The "LGG" strain is widely used in infant milk powder and supplemental food formulas at home and abroad. A number of companies or brands, such as Mommy's Love and Mead Johnson, have cooperated with the Plaintiff to launch products. In addition to labeling their own brands, the aforementioned products also label "LGG" or "Containing Lactobacillus rhamnosus (LGG ®)" in large font size, and label "Lactobacillus rhamnosus LGG ®" in the ingredient list.

In the 1980s, the plaintiff isolated the probiotic strain "BB – 12" from a dairy ferment, which has the ability to regulate the intestinal flora and improve the immune system. In 1985, it began to be used in food and food supplements around the world. In the 1980s, the plaintiff sold its products to China through Jebsen & Co. and after 2003, it set up offices in Beijing, Tianjin and Shanghai. When the plaintiff sold the corresponding strain products, the selling and purchasing parties signed a Trademark License Agreement in addition to the distribution agreement, agreeing not to use "BB – 12" as the name of the products.

In 2007, the Ministry of Health issued *New Resource Food Hygiene Review Approval*, recognized "lactobacillus rhamnosus GG" "bifidobacterium animalis BB – 12" in line with *Food Hygiene Law* and *New Resource Food Hygiene Management Methods*. The manufacturer is shown as the plaintiff.

A number of products of "X Bear" use signs similar to the trademarks of "LGG" and "BB – 12" in their packaging, web pages, ingredient lists and related promotional activities. The defendant A Company is the general distributor of "X Bear" products and operates the flagship store, official website and wechat official account of "X Bear" products. The defendant B Company is authorized by the defendant A Company's dealer, it sells "X Bear" products in Taobao. Defendant P pharmaceutical company is the actual producer of the accused products. Defendant M store sells " X Bear" products in its physical store.

The plaintiff, X Company, claimed that the four defendants infringed trademark "LGG" and used of the product name with certain impact " BB - 12" without authorization. The plaintiff requested to order: stop trademark infringement and unfair competition, eliminate the impact and compensate for economic losses (including reasonable expenses) of more than 1 million yuan. Later, the plaintiff applied to withdraw the claim that M store compensate for economic losses.

The four defendants argued that, first, the accused products did not constitute trademark infringement or unfair competition. "LGG" "BB - 12" are generic name and model of a particular probiotic species, there lacks distinctiveness. The accused products did not prominently display "LGG" and "BB - 12". Second, defendants A Company, B Company, and M Store are the sellers of the accused products, they are able to explain the source of the products. Defendant P Company had fulfilled its duty of care as a commissioned manufacturer of the accused products.

[Holding]

Shanghai Pudong New Area People's Court held that, First, the plaintiff was the owner of the trademark "LGG" series, and its trademark rights were protected in accordance with the law. After a long period of use and a lot of publicity, "BB - 12" was sufficient for the relevant public to associate it with the plaintiff's products of the strain, and constituted a commodity name with certain impact. Second, in terms of the defendants' argument that "LGG" "BB - 12" lack distinctiveness and are generic names. The court held that the defendants did not submit evidence to prove that there are national standards, industrial standards and other normative documents that "LGG" "BB - 12" are generic names or models. Defendants relied on the List of Strains Usable in Infant and Toddler Foods published by the Ministry of Health. However, the reply letter is not a normative document, and cannot be used as a basis to prove that "LGG" and "BB - 12" have become the generic name or model as stipulated in the national standards or industrial standards. Therefore, the signs in this case does not belong to the legal generic name or model. "LGG" "BB - 12" also does not constitute an agreed generic name or model, the reasons are as follows: from the perspective of the history of the development of the term "LGG" and the logical relationship between it and related concepts, "LGG" is a fabricated term. From the perspective of the objective market pattern, the plaintiff exclusively operates the "LGG" strain of bacterial products and has won many honors. It enjoys a large market share and has a high degree of popularity. The meaning of "LGG" as the source of the plaintiff's goods has not been generalized and cannot be considered as a generic name. The Plaintiff actively formulated and maintained rules for the use of the trademark to prevent dilution of the trademark. The plaintiff actively publicized the trademark information through its official website and media reports, actively associating the trademark with its specific products, correcting the trademark misquotation and other actions to prevent and stop the trademark from being degraded. Therefore, even if part of the public generalized its use, LGG should not be identified as a generic name or model, otherwise the rights and interests of the right holder will be damaged, and the market order in existence will also be destroyed. Third, the accused products, without the plaintiff's permission, used the signs similar to "LGG" "BB - 12" that are accused of infringement in the product packaging and webpage publicity prominently. This serves to identify the source of the goods, constituting trademark infringement and unauthorized use of commodity name with certain impact. The use of the strain number in the ingredient list and the descriptive use of the strain number and function in the webpage are not identifying the source of the mark, and do not constitute trademark infringement or unfair competition. Finally, in terms of civil liability. Defendant A Company is not only the operator of the Jingdong store selling accused products, but also pay processing costs and order production plan on behalf of the producer. Thus, A Company shall be identified as the organizer and producer of the accused products. Defendant B Company is the seller of the accused products, the sales of the accused products should be known. Defendant P Company was commissioned to process the accused products. Defendant M Store is seller of the accused product. The four defendants infringed upon the exclusive right to use the registered trademarks of the trademarks in this case, and the defendants, A Company, P Company and B Company also constituted the unauthorized use of the commodity names with certain impact.

Shanghai Pudong New Area People's Court made a civil judgment 2020 [(2019) H 0115 MC No. 20342] on November 25: the four defendants shall cease the infringement of the exclusive right to use the registered trademarks of No. G745098, No. G697132, No. G991379, and cease the unfair competition behavior involved in the case; Defendants A Company, B Company, P Company shall publish a statement, eliminated adverse effects, and compensate for economic losses of 800, 000 yuan and reasonable expenses to stop the infringement.

After the first instance judgment, the plaintiff and the defendants appealed. On May 30, 2022, the Shanghai Intellectual Property Court issued a civil judgment [(2021) H 73 MZ No. 340], rejecting the appeal and upholding the original judgment.

[Commentary]

This case involves the judicial review of generic name defense in context of commercial logo infringement. Commercial logo and generic name defense seem to belong to two areas of private rights and public welfare respectively, but the conflict of interest affects the interests of enterprises and even industrial development.

Ⅰ. The definition of generic name

Generic name, graphics, model, refers to names, graphics or models used in a certain range of goods or services (for ease of writing, hereinafter collectively referred to as the generic name). Article 59 of the *Trademark Law* stipulates that: "The owner of the exclusive right to use a registered trademark shall not have the right to prohibit others from making legitimate use of the generic name, figure or model of the goods contained in the registered trademark, or the quality, main raw materials, function, use, weight, quantity and other characteristics of the goods directly indicated in the registered trademark, or the name of the place contained therein." In trademark infringement disputes, generic name defense is an important defense of proper use.

In judicial practice, generic names are divided into two categories, namely, the statutory generic name and the conventionally accepted generic name. According to Article 10 of the *Provisions of the Supreme People's Court on Several Issues Concerning the Trial of Administrative Cases Concerning Trademark Authorization* (hereinafter referred to as the *Provisions on Trademark Authorization*), If the trademark in dispute is a legal commodity name or a commonly agreed commodity name, the people's court shall determine that it is a generic name stipulated in Article 11, Paragraph 1, Subparagraph 1 of the *Trademark Law*. Accordingly, the statutory generic name means that it is a generic name of goods according to the law or national or industrial standards; the conventionally accepted generic name means that the relevant public generally believes that a certain name can refer to a class of goods.

Ⅱ. The basis and judicial path for determination of generic name

(Ⅰ) Determination of the statutory generic name

"Statutory" is in fact a broad concept, including national laws and regulations ta legal effect and normative documents such as national standards, industrial standards as well. In judicial practice, the scope of "statutory" needs to be grasped accurately.

State administrative organs issued diverse official documents, including provisions, norms, standards and instructions, replies, etc., it is difficult to grasp which kind of official documents can be used as a legal basis for the determination of generic name. In this case, the defendants claim that Strain List Eiligible For Food and Baby Food issued by the Ministry of

Health and the National Health Commission's reply letter to the defendant X Bear company could constitute the legal basis, considerations should be given from perspectives of legal effect of the document and the content of the relevance.

First of all, the official documents should have legal effects of general application on a certain industry or a certain type of subject, rather than focusing on a specific subject or provisions and explanations for a specific issue. Although the reply letter cited by defendant is an official letter issued by administrative department, it is only a reply to a specific issue and does not have external administrative effect, it is not a universally applicable normative document.

Secondly, the official document should have the meaning to identify a logo as a generic name in terms of *Trademark Law*. In the "Dao Hua Xiang" infringement of trademark disputes, the Supreme People's Court held that the gerenic name stipulated in Major Crop Varieties Validation Methods refers to the varieties of major crop varieties validated and announced in accordance with this validation method, They are used to refer to the specific varieties, which is not exactly the same with the generic names referring to a certain kind of commodity in the context of *Trademark Law*. Thus, names of the varieties stipulated in the validation announcement cannot serve as a basis to be identified as generic names in the context of *Trademark Law*. ① In this case, the list of strains published by the Ministry of Health is not an official national standard, and most of the strains in the list are valid registered trademarks, which further confirms that the list does not take the corresponding strain numbers as generic names of a class of goods in the industry, instead the strain numbers are used to indicate the specific strains of products produced by specific business subject.

(Ⅱ) Recognition of the conventionally accepted generic name

Unlike the statutory generic name, the criteria for the determination ofthe conventionally accepted generic name should be that the relevant public has generally taken a certain name as the generic name of a class of products or services. It can be examined from the following aspects:

The object of examination should be limited to the relevant public, mainly consumers. The relevant public refers to the consumers who are related to a certain class of goods or services identified by the trademark and other operators who are closely related to the marketing of the aforementioned goods or services. As the U. S. Supreme Court noted in the Booking. com

① Supreme People's Court (2016) ZGFMZ No. 374.

trademark case, whether a name is generic depends on its significance to consumers.[①]

The scope of the examination should generally be national in geographic scope. According to Article 10, Paragraph 2 of the *Trademark Authorization and Confirmation Provisions*, a conventionally accepted generic name is generally judged by the general knowledge of the relevant public within the country, however, for goods that have fixed relevant market due to historical traditions, local customs and geographic environments, the court may determine that they are generic names within the relevant market. With the development of the internet economy, the judicial determination of generic names should, in principle, be based on the national scope as the geographical dimension. However, China enjoys long history and vast territory, some names have become generic names accepted by relevant public in local market due to historical heritage, local culture, customs and other factors in a certain geographical range. This generally can also be supported.

Examination methods include literature surveys, consumer surveys and other ways. As the U. S. Supreme Court stated in the Booking. com trademark case, the evidence to determine whether consumers actually regard a term as the name of a class or as a term that distinguishes a member of the class includes not only consumer surveys, but also dictionaries, consumer and the using situation of the term by other competitors, as well as other evidence about how the consumers understand the term. Article 10, Paragraph 1 of the *Trademark Authorization and Confirmation Provisions* provides that "[a] term listed as a commodity name in a professional tool book, dictionary, etc. may be used as a reference for determining an conventially accepted generic name." In addition to the judicial interpretation of the professional tool book and dictionary, industry survey reports, media reports, relevant professional academic journals and newspapers and other documents can also be used as a reference. In this case, the plaintiff submitted a large number of media reports, professional newspapers and magazines, cooperation agreement between the plaintiff and relevant operators in the industry chain, proving that a stable correspondence between the two signs and the plaintiff has formed, and the correspondence has been recognized by consumers, academics and other operators in the same industry.

(Ⅲ) Other considerations for the recognition of generic names

1. The distinctiveness of the mark itself

The distinctiveness of a trademark is divided into inherent distinctiveness and acquired distinctiveness. Generally speaking, the more unique the mark itself is, the greater the

① See United States PTO v. Booking. com B. V., 140 S. Ct. 2298.

difference between the class of goods used and the possible meaning of the mark itself, and the fewer the similar marks used by other operators in the industry of the goods using the mark, the higher the intrinsic distinctiveness of the mark for the designated goods. In addition, according to Article 11 of the *Trademark Law*, even if a mark lacks distinctive features, it can be used to obtain acquired distinctiveness and thus be registered as a trademark for a certain class of goods or services. The more distinctive the mark is, the more difficult it is to be diluted into a generic name, and the higher the burden of proof is for the defendant to raise the defense of legitimate use of generic names. In this case, the plaintiff claimed that the logo "LGG" "BB - 12" as fabricated words, because they have strong distinctiveness in respect of the strain products and thus are not easy to be diluted into generic names. It is difficult for the defendant to prove that the trademarks have been diluted into generic names.

2. Anti-dilution efforts made by the right holder for the mark in question

The efforts made by the right holder to prevent the mark in this case from being diluted into a generic name is also a reference factor for determining whether it constitutes a generic name. In this case, through the purchase and sales agreement, the plaintiff always required the counterparty to use its trademark in an agreed manner and avoid directly as the product name in the market operation. At the same time, the plaintiff also actively link the trademark and its specific products through a variety of publicity ways to correct the trademark misrepresentation. The Plaintiff's anti-dilution efforts have objectively served to maintain a stable link between the trademark and its specific products, which is significant in determining whether the trademark in this case has become a generic name.

It should be noted that, forthose marks that have become generic names for certain goods or services due to a lack of distinctiveness or dilution, the marketing, publicity and other commercial inputs made by the user can not be used as a reason for claiming trademark rights and interests. In the "Qin Zhou Yellow" infringement of trademark disputes, the Supreme People's Court pointed out that the registered trademark owner cannot claim trademark rights to a generic name because of its contribution to the promotion of the goods in the market. ①

Ⅲ. The elements of judicial review in the defense of the proper use of generic names

For generic name class legitimate use defense, three dimensions can be mainly considered: the subjective aspects of the use of behavior, whether it is out of good faith; whether there is necessity and reasonableness from the objective perspective; whether it constitutes usage in a sense of the trademark.

① Supreme People's Court (2013) MSZ No. 1642.

(Ⅰ) Subjective aspects: whether there is good faith for the proper use of generic names

In the commercial activities, the good faith of the market business subject is often manifested in compliance with business ethics and follow the industry's practice of honesty and credit. In this case, the plaintiff has made clear agreement in respect of ways to use the mark through the purchase and sales agreement in China during the sale of strains of products. The defendant used the plaintiff's trademark logo without authorization, and marked "®" "TM" and other symbols used to emphasize the trademark, the ingredients list also used the above logo, it is difficult to identify good faith.

(Ⅱ) Objective aspects: whether the use is necessary and reasonable

The so-called necessity in the legitimate usage of trademark indicates that, the normal use of other people's trademarks should be limited to the necessary scope of the explanation or description of their own business goods or services, and the use of the behavior should be reasonable. In this case, it should be noted that apart from being the plaintiff's trademark, "LGG" and "BB - 12" are also the name of the plaintiff's product of strains of bacteria, the defendant also proved that its goods do contain the relevant products as raw materials. Therefore, the defendants' non-expressive use of the plaintiff's trademark in the ingredient list was considered to be a violation of the plaintiff's trademark. However, the defendants' highlighting the plaintiff's trademark in a separate color in the packaging and labeling "®" "TM" and other symbols without authorization is clearly beyond the necessary scope.

(Ⅲ) Objective aspects: whether to identify the source of the goods

To establish the defense of proper use of generic names, objectively speaking, the defendant cannot use the mark as a trademark, which suggests that the use of the mark can not play a role in identifying the source of the goods. In this case, the accused behavior included the use on accused products and in related webpage publicity. In particular, in the abovementioned combination logo which contains the trademark of the plaintiff (or a commodity name with certain impact), "LGG" and "BB - 12" appeared in separate colors from the other letters of the logo to identify the source of the goods, which is a trademark use and does not satisfy the requirement of legitimacy. Trademark use does not satisfy the defense of proper use.

[Significance]

This case involves the judicial review of the defense of proper use of generic names in commercial logo disputes. Trademarks and generic names seem to be divided into two areas of private rights and public welfare, but in the market economy, the trial of cases involving generic names usually determines the fate of the enterprise or even the development of the industry, which generates a conflict of interest to test the wisdom of the judiciary. This case has sorted out the judicial review path of generic name defense in trademark infringement cases, which is of referencial significance to the trial of trademark infringement cases involving generic names. This case was awarded the 2022 National Court System Outstanding Case Analysis Award of Excellence and the 2022 China's Top Ten Most Studied Intellectual Property Adjudication Cases.

[Case Index]

Case Number:

First instance: Shanghai Pudong New Area People's Court (2019) H 0115 MC No. 20342 (November 25, 2020)

Second instance: Shanghai Intellectual Property Court (2021) H 73 MZ No. 340 (May 30, 2022)

Judges and Juror:

First instance: Du Lingyan, Yuan Tian, Lin Xinjian

Second instance: He Yuan, ChenYaoyao, Du Lingyan

Drafted by: Yuan Tian, Zhuang Yuqing

Translated by: Zhan Yaqing

Proofread by: Wu Daiqing

18

Judicial Judgment on the Right Conflict between Time-honored Brand Service Trademarks and Goods Trademarks

—Trademark Infringement and Unfair Competition Case between Shanghai X Catering (Group) Co., Ltd. et al. and Shanghai X Foodstuffs Co., Ltd. et al.

Rule

To determine whether a trademark is used in the class of goods or service marks, it is necessary to analyze the specific use of the accused logo in relation to the right boundary of the trademark class. In order to provide services, the use of a service mark in a service place, a service signboard, a service tool, a service item such as a business card, a postcard or a gift with a service mark, a commercial transaction document such as an account book, an invoice or a contract with a service mark, and an advertisement or other promotional item shall be regarded as the use of a service mark.

Basic Facts

Plaintiff: Shanghai X Catering (Group) Co., Ltd. (hereinafter referred to as C Company)

Plaintiff: Shanghai X Steamed Bread Store Co., Ltd. (hereinafter referred to as S Company)

Defendant: Shanghai X Food Company (hereinafter referred to as F Company)

Defendant: Shanghai X Catering Management Company Limited (hereinafter referred to as M Company)

Defendant: X Small Steamed Bun Store in Pudong New District, Shanghai

(hereinafter referred to as S Store)

Defendant: Xiang

In the 10th year of Tongzhi reign (1871), Nanxiang Town, "Ri Ha Xuan" confectionery store owner Hang Mingxian started "Nanxiang steamed bread". In the 26th year of Guangxu reign (1900), Wu Xiang Sheng, once the apprentice at the "Ri Ha Xuan" store opened "Changxing building" at the City God Temple. Later, the store was renamed as "X Xiang Steamed Bread Shop". After the founding of the People's Republic of China, X Xiang steamed bread store continued to operate, and on its basis C Company was established. X Xiang steamed bread store as its internal units continued to operate, it registered No. 772405 "Nan Xiang" trademark in 1994, which was approved for use in the 43rd class restaurant services, valid until November 20, 2024, and was recognized by the Ministry of Commerce in 2006 as "China time-honored brand". X Xiang steamed bread store changed the name of the registrant to the plaintiff C Company in 2009. S Companyis a wholly-owned subsidiary of C Company, and in 2019, the Plaintiff, C Company, authorized the Plaintiff, S Company, to use a number of trademarks under a general license, including the trademark No. 772405 "Nan Xiang".

Wu Jia Store's steamed buns originated from "Ri Ha Xuan" in Nanxiang Town, which was renamed Feng Chao Restaurant after the founding of the PRC, and was under the supervision of Jiading County. X Service Company. Jiading County X company registered trademark No. 260205 "Nan Xiang" in the 38th class of small steamed buns and other goods in 1986. The trademark is valid until August 19, 2026. Later, Shanghai X taste frozen food factory established as Shanghai "94 special" project and transferred No. 260205 "Nan Xiang" trademark. In 1993, 1996, 1997, Shanghai X taste frozen food factory respectively registered No. 640055, No. 808760, No. 1023475 "Nan Xiang" trademark, all the trademarks' authorized use of goods is the 30th class of dumplings, small dumplings, etc. In the twentieth century, Shanghai X taste frozen food factory cancelled, the name of the registrant of the above trademarks all changed to F Company. In 2019, the defendant F Company authorized the defendant M Company to use the above "Nan Xiang" goods trademark. Defendant Xiang operates one of the Defendant's franchised small Steamed bun stores. Since 2019, F Company and M Company have exceeded the authorized scope of use of their trademarks to carry out food and beverage franchising business, and used "Nan Xiang" and "Nan Xiangiao Long" logos on S Store signs, store decoration, posters, tableware and other items. Defendants used publicity such as "first founded in the 10th year of Tongzhi rein" "Nanxiang for Hndred years" and other publicity in the promotion of investment joining.

The two plaintiffs claimed that the following behavior of the four defendants constitutes trademark infringement and unfair competition: the defendant F Company, M Companyin the franchising project in the investment promotion, the four defendants in the operation of the restaurant store used "Nan Xiang" "Nan Xiangiao Long" logo, constituting a violation of No. 772405 trademark, constituting the unauthorized use of a service name with certain influence. Defendant F Company, M Company used "first founded in the 10th year of Tongzhi rein" and other relevant heritage history, photos of the plaintiff store and consumer evaluation screenshots in the promotion of investment joining, and the four defendants used "first founded in the 10th year of Tongzhi rein" in the restaurant stores in the operation, these behavior constitutes a false publicity. The two Plaintiffs sought an order that the Defendants immediately stop the infringement, eliminate the impact and compensate for the economic loss and reasonable expenses of RMB 3 million.

Defendant F Company argued that it did not implement the trademark infringement and unfair competition as the two plaintiffs said. Defendant F Company only authorized the defendant M Company and franchise stores to use its "Nan Xiang" trademark, brand and honor. The investment-joining behavior was implemented by M Company alone, F Company has nothing to do with it.

Defendant M Company argued that its rights of using of "Nan Xiang" based on three right foundations: Firstly, defendant M Companyis legally authorized by defendant F Company to use the "Nan Xiang" series of trademarks registered in the small steamed bun, rice bag and other commodities. Secondly, defendant F Company legally authorized defendant M Companyto use the name "Nan Xiang", and defendant M Company's own brand is also "Nan Xiang". Thirdly, based on the proper use of geographical names "Nan Xiang". Moreover, defendant M Company did not implement false publicity behavior. Defendant F Company's production technology for nanxiang small steamed bun was inherited from Wu Jia Store, a branch of the "Ri Ha Xuan", and the "Nan Xiang" goods trademark defendant F Company holds was rated as "China time-honored brand". Defendant M Company was authorized by defendant F Company to use "in the 10th year of Tongzhi rein", "Nanxiang for Hndred years", "intangible cultural heritage", "China time-honored brand" and etc. in the directly-managed stores and franchises, thus constitutes no false publicity.

Defendant X small steamed bun store, defendant Xiang argued that defendant Xiang signed a franchise contract with defendant M Company.

[Holding]

Shanghai Pudong New Area People's Court held that, to begin with, whether the sued behavior constitutes infringement of the plaintiff's exclusive right to service mark. The infringing mark "Nan Xiang" "Nan Xiangiao Long", and the plaintiff's service mark "Nan Xiang" respectively constitute the same, similar trademarks. The key is to determine whether the use of the accused logo and the use of the plaintiff's service mark is same or similar in terms of category, and whether the use will easily lead to confusion. Firstly, the sued operation behavior belongs to the provision of catering services. Secondly, the accused logo was used on the S Store sign, store decoration, receipts, posters and tableware of the catering store, which were not necessary for the goods pointed out by the defendant's trade mark or for indicating the source of the goods, but were tools and supplies used for the provision of food and beverage services, and the logo attached thereto was not used to indicate the source of the goods but the source of the catering operator's services. Therefore, the defendant's use of the accused logo and the plaintiff's service mark shall be found to constitute the same in terms of class. The defendant's use of the accused logo in the publicity of the investment promotion exhibition, website and WeChat official account of the catering service franchise is of the same nature as the said use above. Therefore, the sued infringement constitutes an infringement of the plaintiff's exclusive right to use the service mark.

Secondly, as to whether the defendants, F Company and M Company's defense that, based on the legal use of the place name and brand, stand or fall. According to the facts, all the stores involved are not located in Nanxiang town, but in the S Store sign, store decoration there were prominent labeling of "Nan Xiang" "Nan Xiangiao Long" without any other geographic location of the description, introduction. To the general knowledge of consumers, the labeling is trademark use which is supposed to be indicative of the source, rather than of the geographic location. Therefore, the defense of the two defendants is not accepted by the court. Regarding the brand, the plaintiff's service mark was approved for registration in 1994, and in 2006 was recognized as "China time-honored brand", the defendant's brand and the two plaintiff's service mark were in a long-term co-existence. The two defendants should have foreseen that authorizing the use of the brand "Nan Xiang" in 2019 would cause confusion among the relevant public about the source of goods and services, as well as misperception of the existence of a relationship between the providers of goods and services, and would damage the legitimate rights and interests of the plaintiff, but the defendants let this happen, and did not cease the behavior even after the plaintiff had taken actions to protect its rights. The defendants' subjective malicious intent of freeride on goodwill is obvious, constituting the infringement of the plaintiff's exclusive right to service mark. Therefore, the defendant's defense, the action is based on the legal use of the name of the place and brand, falls.

Finally, as to whether the accused behavior constitutes unfair competition. Combined with the evidence in the case and the defendant's history, the accused publicity behavior has a factual basis, and is not enough to reach the degree of misleading, nor is there need to apply the *Anti-Unfair Competition Law* to regulate, so the court does not support this claim.

On April 22, 2021, Shanghai Pudong New Area People's Court made (2019) H 0115 MC No. 84502 judgment: the defendant F Company, M Company, S Store immediately stop infringing upon No. 772405 trademark of the plaintiff shanghai C Company and S Company; the defendant F Company, M C Company compensate for economic losses of 2 million yuan and the reasonable expenses of 342, 000 yuan to stop the infringement; the defendant F Company, M S Company shall publish statements and eliminate the impact.

After the judgment of the first instance, the defendant F Company and M Company appealed, and the Shanghai Intellectual Property Court made a judgment 2022 (2021) H 73 MZ No. 597 on January 28: the appeal was rejected and the original judgment was upheld.

[Commentary]

This case mainly involves the judicial determination of the conflict of rights of goods and service trademarks in the context of time-honored brands.

Trademarks can be divided into commodity and service trademarks according to the different objects of identification. The right boundaries of the two seem to be clear-cut, but it is goods that use the trademark, there may be a conflict of rights. In 1982, *Trademark Law* did not have any provisions on service trademarks, and it was only in 1993, when *Trademark Law* was amended for the first time, that the protection for service trademarks was added. At present, China's regulation on the management of service trademarks is mainly presented in Article 4 of the *Trademark Law*, which states that "the provisions of this law on goods trademarks shall apply to service trademarks", China's regulation on the management of service trademarks *is also stipulated in the Opinions on Several Issues Concerning the Protection of Service Marks of the State Administration for Industry and Commerce and the Trademark Office, and the Trademark Infringement Determination Standards of the Intellectual Property*

Office.

Based on the laws and regulations above, the use of service trademarks has the following characteristics: firstly, service trademarks cannot be attached to intangible "services", but need to be attached to relevant goods. According to the *Opinions of the Trademark Office of the State Administration for Industry and Commerce on Several Issues Concerning the Protection of Service Marks* (Trademark〔1999〕No. 12), the use under the following circumstances is deemed to be the use of service marks: (1) service establishments; (2) service signboards; (3) service tools; (4) service items such as business cards, postcards, and gifts bearing the service trademarks; (5) account books, invoices, contracts, and other commercial transaction documents with service trademarks; (6) advertising and other promotional items; and (7) other items used for the purpose of providing services. Secondly, service trademarks are bound to have a certain degree of cross-class use. As mentioned earlier, the service trademark must be used on a certain material carrier, and the material carrier must belong to a certain class of goods, then the service trademark actually give rise to a certain degree of cross-class use. Thirdly, the overlapping scope of commodity and service trademarks under the mode of "internet plus" has further increased. In the traditional industry, the boundary between the goods or services is relatively clear, generally there is no cross or overlap, and consumers can easily distinguish the goods or services that the trademark refers to. The internet information age has had a profound impact on the way of information dissemination, transaction mode and consumption concept. The goods or services under the context of "internet plus" show the characteristics of composite, take App for example, it belongs to Class 9 Computer Software Products according to the Classification List of Goods and Services, and at the same time, meanwhile the services provided by App, such as education training, sales and so on, belong to other classes.

This is a rare case involving the conflict of service trademarks and goods trademarks related to time-honored brands. Firstly, according to the provisions of Paragraph 2 of Article 1 of the *Supreme People's Court's Provisions on a Number of Issues on the Trial of Civil Dispute Cases of Conflicts between Registered Trademarks and Enterprise Names and Prior Rights*, the people's courts shall judge whether there is any over-scope or irregular use of the infringers' registered trademarks or not, which is not within the scope of the people's court's handling. The people's courts shall then make a judgment as to whether the act being sued belongs to the use of the goods trademark or the use of the service trademarks.

First of all, the core of the distinction lies in the judgment of the act of providing goods and services. It is generally recognized that the functions of trademarks include source indication, quality assurance and advertising. Service trademark is to indicate the source of service, assure quality, serve publicity purposes, same to the main function of the goods trademark. One special thing is that the use of service trademark is attached to the material carrier, such as service signboard, service tools and so on. Therefore, it is necessary to judge the use of the trademark on the material carrier involved in this case, and to determine whether the use of the trademark indicates the core of the source of the service or the goods. For example, in the case of Plaintiff Shanghai Tianzifang Investment Consulting Co., Ltd. v. Defendant Shanghai Pan-Asia Biomedical Group Co., Ltd. and other infringement of trademark disputes, the plaintiff is the owner of the trademark "田子坊", which is approved to be used in the 32nd class of milk tea and other commodities, and the defendant operates the stores used The defendant used the word "田子坊" in the shop sign, shop decoration and beverage cups. The plaintiff claimed that the acts sued constituted trademark infringement. The court held that the defendant used the word "田子坊" on the S Store sign, store interior decoration, drink list and investment advertisement. This use was precisely aimed to identify the corresponding beverage products. Although the word "田子坊" were on the cups, the drinks were liquids and thus needed corresponding containers. Drinking cups are necessary service items and are part of the beverage service provided by the defendant. Therefore, the use of the above is the use of the service trademark and did not exceed the scope, and will not cause confusion about the source of the goods, so the judgment rejected the plaintiff's claim.

Secondly, the differentiation path focuses on the mode and field of examination of the carrier and behavior. In terms of the carrier, the State Administration for Industry and Commerce has issued the *Opinions on Several Issues Concerning the Protection of Service Trademarks*, which stipulates that the use of a service trademark in the service place, service signboards, service tools, business cards, postcards, gifts, and other service Articles with service trademarks, account books, invoices, contracts, and other commercial transaction documents with service trademarks, advertisements and other promotional materials, as well as other Articles for the purpose of providing services, shall be regarded as the use of a service trademark. In terms of the behavior, the behavior of goods provision is mainly manifested in batch and scale production and sales, generally the production of goods comdes first, and then comes the purchase of consumers. Wheras the service provision behavior is mainly manifested as individualized ready-to-sell, generally the consumer's purchase offer comes first, and then comes the provision of services.① The accused stores are based on the consumer's purchase offer to provide food and beverage services, the accused logo is used in the restaurant's store decoration, cash register ticket, so the accused behavior should be the provision of food and beverage services.

Again, the popularity and history of the disputed logo should be considered. The Supreme People's Court pointed out in the "Dao Xiang Cun" trademark objection review administrative dispute case, history, reality, and the market order that has been formed should be given substantial respect, a fair and reasonable judgment should be made on the basis of a well defined boudaries between commercial signs. In this case, the "Nan Xiang" trademark that the plaintiff and the defendant enjoy right to are "China time-honored brands", they are respectively approved for use in service and commodity category, both parties have coexisted for a long time, there has formed the corresponding market pattern and legal order, which has been recognized and accepted by the public. Both parties should cherish and jointly maintain the good image and reputation of the trademark "Nan Xiang" and seek coexistence and development. Now the defendants as the operator of same business, their behavior has exceeded the necessary scope of its goods trademark to indicate the source of its goods, the effect of the identification of its services from the plaintiff or the plaintiff has a specific relationship with the plaintiff, constituting an infringement of the plaintiff's exclusive right to use the service mark.

Lastly, infringement should be carefully recognized in the overlapping boundary zone. In terms of the form in which the sign is used, part of the form is a typical one for a goods trademark, for example, the sign is attached to the outer package of the commodity for sale. Some of the forms of use are typical service trademark uses, such as applying the logo on shop signs, shop interior decoration, advertising and promotion, etc. However, with the continuous development of modern service trade, the areas of overlap between the two are increasing, for example, service tools, service-related objects, etc. In this case, the plaintiff claimed that the infringing tradmark was used on the store decoration, tickets, posters and tableware of the catering store, and the court found that it constituted the use of the service mark.

[Significance]

This case involves a dispute over the trademark infringement and unfair competition of the China time-honored brand "Nan Xiang". In the trial of cases involving time-honered brand, on

---

① See Ling Zongliang, The Boundary of the Rights and Infringement Judgment of goods trademarks and Service Trademarks, *China Trademark*, No. 3, 2015.

the one hand, it is necessary to give substantial legal protection to the enterprise that owns the time-honered brand, on the other hand, also need to respect its historical heritage and the background of the times to balance the interests. The trademarks that plaintiff and the defendant enjoy the rights have coexisted for a long time, they both were granted the "China time-honored brand" and other honors, the division of relevant rights has given rise to historical and legal order, and is recognized and accepted by the relevant public. Both parties should abide by the principle of honesty and credit, maintain the good image and reputation of the trademark "Nan Xiang", stick to the boundaries of the rights, and use the trademarks respectively in their approved categories, so as to avoid confusion of the relevant public. The case received wide attention from the society and was reported by CCTV, People's Daily Online and Oriental Daily Online. The case was honored as one of the "100 Outstanding Judgment Documents", "100 Model Trial Hearings", and the "100 Outstanding Judgment Documents of the Fifth National Court" from Shanghai's Courts.

[Case Index]

Case Number:

First instance: Shanghai Pudong New Area People's Court (2019) H 0115 MC No. 84502 (April 22, 2021)

Second instance: Shanghai Intellectual Property Court (2021) H 73 MZ No. 597 (January 28, 2022)

Judges:

First instance: Jin Minzhen, Gong Xiaoyan, Yuan Tian

Second instance: He Yuan, Yi Jia, Du Lingyan

Drafted by: Yuan Tian, Lin Qiao

Translated by: Zhan Yaqing

Proofread by: Wu Daiqing

19

Determination of Trademark Infringement in Acts of Subpackaging of Genuine Products

—Trademark Infringement Case between X Lubricant (Shanghai) Co., Ltd. v. Shanghai X Lubrication Technology Co., Ltd. et al.

Rule

Whether the act of subpackaging genuine goods into illegally manufactured packages of counterfeit registered trademarks constitutes trademark infringement, factors whether the use of the registered trademark in the act of subpackaging genuine goods is a reasonable use, whether the act of subpackaging genuine goods has damaged the quality of the genuine goods, whether the goodwill of the trademark right holder of the goods has been harmed, and whether the principle of exhaustion of trademark rights has been excluded shall be comprehensively considered. The standard of proof in criminal proceedings is beyond reasonable doubt, while the standard of proof in civil proceedings is highly probative, and the standard of proof in criminal proceedings is higher than that in civil proceedings. For the facts admitted by defendants in the criminal proceedings, even if they are not used as the basis for conviction and sentencing in the criminal case, they can still be recognized in the civil case in accordance with the rules of self-recognition in civil proceedings, combined with the relevant evidence.

Basic Facts

Plaintiff: X Lubricant (Shanghai) Co., Ltd. (hereinafter referred to as A Company)

Defendant: Shanghai X Lubrication Technology Co., Ltd. (hereinafter referred to as B Company)

Defendant: Zou X (hereinafter referred to as Zou)

Defendant: Yuan X (hereinafter referred to as Yuan)

PlaintiffA Company was authorized to obtain No. 9722186 "KLÜBER LUBRICATION" and other

Kluber series of trademarks (approved for use in class 4 industrial oil, lubricating oil and other goods) and the right to license the right to use and to obtain compensation for infringement, and is within the period of authorization. The defendant, B Company was a Kluber lubricant distributor. The company's legal representative, the actual controller, Zou (99.505%), without the permission of the right holder of the Kluber series of registered trademarks, instructed Yuan and other company employees to fill in specially ordered containers with low-priced lubricants they purchased from other brands, and attached stickers printed with the right holder's registered trademark, and then sell under the price of the genuine "Kluber" brand lubricants to make illegal profits. Later, Zou and Yuan were arrested by the public security authorities in June 2019. Upon audit, the illegal business amount of Zou and others in manufacturing and selling the aforesaid self-filled counterfeit "Kluber" lubricating oil is up to more than CNY 260,000. Shanghai Pudong New Area People's Court made a criminal judgment (2019) H 0115 XC No. 4810, sentencing Zou and Yuan to fixed-term imprisonment and fines for the crime of counterfeiting registered trademarks.

In addition, Zou instructed Yuan and other company employees to customize small cans from other people, split large cans of genuine Kluber lubricating oil into small cans of lubricating oil, and then sell them with affixed self-commissioned printed logos counterfeiting Kluber series registered trademarks. Zou confessed in the public security organs that he could not realize the vacuum production environment of the original lubricating oil, and that some impurities would be mixed into the lubricating oil during the process of self-assembly, which would affect the quality of the oil, but he would be very careful in the process of sub-assembly to minimize the impurities as much as possible. Yuan confessed in the public security organs that the purpose of the subpackaging is to broaden the market of small cans of Kluber lubricant and earn more profits. A number of employees of defendant B Company testified in the public security organs' interrogation transcripts that B Company's subpackaging activities began around 2016 to 2017. According to the testimony of an employee of B Company and the statistics of the product outgoing records provided by it, the sales amount of B Company's filling and subpackaging of Kluber lubricant was more than CNY 3 million, and Zou did not object to the outgoing records in the criminal case trial.

Plaintiff A Company claimed that the three defendants filling, subpackaging behavior infringes on its trademark rights, the malic of infringement is obvious, illegal profits amounted to a huge amount, and counterfeit lubricants are far from genuine ones in terms of product quality, damage has been done to brand Kluber and consumers' interest. The plaintiff requested to order: the three defendants immediately stop trademark infringement, undertake the joint obligations to compensate for the plaintiff's economic loss of CNY 2, 5000, 000 and reasonable expenses of CNY 250, 000.

The three defendants argued that, the infringement behavior claimed by the plaintiff has been recognized in other criminal proceedings, and the relevant personnel have assumed criminal liability, there is no other infringement. The lubricant being subpackaged was Kluber brand genuine purchased through legal channels by the defendant B Company, the trademark use in the accused subpackaging behavior in this case is nominative fair use, so the subpackaging behavior does not constitute infringement. Defendant Zou and Defendant Yuan, as A Company employee, their behavior is duty behavior, thus they shall not bear infringement liability.

[Holding]

Shanghai Pudong New Area People's Court held that the defendant's accused infringement behavior consists of two cases, including filling and subpackaging. In this case, filling other brands' low-priced lubricants as Kluber brand lubricants and selling, is the act of using a trademark identical to its registered trademark on the same goods without permission under trademark law, infringing of the plaintiff's exclusive right to use registered trademarks.

Regarding the act of dividing large cans of genuine "Kluber" brand lubricant into small cans of "Kluber" brand lubricant: 1. The accused act of attaching the trademark to the small cans belongs to the act of use in the sense of the Trademark Law. The defendants purchased small cans on their own, and then put the genuine product into the said cans and attached the counterfeit "Kluber" logo, which served to indicate to the customers that the cans of lubricating oil were from the owner of the Kluber brand. This kind of labeling did not change the trademark's function of identifying the source, and it was not a proper use of the trademark for the purpose of illustrating, describing or indicating the goods, and did not belong to fair use such as indicative use, etc. 2. The alleged subpackaging behaviors undermined the trademark's function of guaranteeing the quality of the goods. The accused act was conducted without the environment and conditions for lubricating oil filling or capability to guarantee that the packaging can meet the requirements of the lubricating oil filling the original quality of the lubricating oil cannot be maintained, so that the relevant public's recognition of the goods and the degree of trust is reduced to a certain extent, this will damage the plaintiff's brand reputation. 3. The principle of exhaustion of trademark right does not apply to the accused subpackaging act. When applying the principle of exhaustion of trademark right, the user must ensure that the goods come from the trademark right holder, and the user cannot change the goods in any form during the sale, and the trademark's function of the source identification and quality assurance cannot be affected. The accused subpackaging behavior damaged the packaging of the lubricating oil, or labeled the low-grade lubricating oil as high-grade lubricating oil, which damaged the quality of the product and the credibility of the trademark right holder, the principle of exhaustion of trademark rights cannot be applied. To sum up, the act of subpackaging belongs to the trademark infringement of "causing other damages to the exclusive right to use the registered trademark of others" as stipulated in the Trademark Law.

Regarding the responsibility, Zou, as B Company's major shareholder and the actual controller, shall bear civil liability for infringement with B Company. The defendant Yuan is B Company's employee, only get salary income, and does not participate in the benefit of the share, so should not undertake joint liability with B Company and Zou. According to Zou's self-recognition and the testimonies of a number of employees of B Company, it was confirmed that defendant B Company and Zou had been implementing the act of filling and subpackaging since at least 2017, so the amount involved in the infringement in this case could not be limited only by the amount determined in the criminal case, but should also take into account Zou's confession, the testimony of B Company's employees and the outgoing records provided, the customized counterfeit cans, the marked quantity and other factors to determine the amount of compensation.

Shanghai Pudong New Area People's Court made a civil judgment (2020) H 0115 MC No. 26507 (April 19, 2021): 1. Defendants, B Company and Zou, jointly and severally compensated the plaintiff for the economic loss of CNY 2, 000, 000 and reasonable expenses of CNY 150, 000 within ten days from the effective date of the judgment; 2. Rejected the remaining litigation requests of the plaintiff.

After the first instance judgment, the plaintiff and the defendant B Company appealed. Shanghai Intellectual Property Court made (2021) H 73 MZ No. 596 Civil Judgment (November 29, 2021): dismissed the appeal and upheld the first instance judgment.

[Commentary]

This case is a civil case of trademark infringement after the defendant in the criminal case was sentenced to imprisonment, and the trademark right holder filed another civil case of infringement of trademark right dispute against him. This case involves issues including whether subpackaging behavior of the genuine not evaluated in the criminal part constitutes trademark infringement, whether the defendant who has been sentenced to imprisonment is still liable for civil infringement and how to bear liabilities, to solve these problems. On the one hand, it needs to clarify the boundaries of the civil infringement and criminal offenses, the civil litigation and criminal proceedings, and the different standards of proof. On the other hand, it needs to rely on the advantages of the "three-in-one" trial mechanism, with the help of the evidence collected in the criminal case to fix the relevant facts of the civil case, in order to make up for the difficulty of proof of the right holder.

Trademark right is granted by the Trademark Law, the protection of the Criminal Law on trademark right cannot be separated from the scope stipulated in the *Trademark Law*, otherwise it will become a tree without a foundation. If a certain behavior constitutes the crime of counterfeiting registered trademarks, the behavior must also constitutes civil infringement in the Trademark Law. In this case, the defendants' filling other brands of lubricating oil into the container attached "Kluber" trademark and selling constitutes the crime of counterfeiting registered trademarks, this has been recognized by the criminal verdict, the behavior also constitutes a civil infringement of course. Article 67 of the *Trademark Law* stipulates that, if the use of a trademark identical to the registered trademark on the same goods without the permission of the trademark registrant constitutes a crime, in addition to compensating the infringer for the loss, criminal liability shall be investigated according to law. Therefore, even though the defendant has been held criminally liable, it still cannot be exempted from the civil infringement liability.

On the contrary, the act of not being held criminally liable does not mean that the act necessarily does not constitute civil infringement. For example, using trademarks similar to the registered trademark in the same goods, or using same or similar trademarks in similar goods, which easily leads to confusion, will constitute civil infringement if not subject to criminal law. For customized processing, genuine subpackaging and other behavior that use the same trademark with the registered trademark in the same goods, there is still some controversy about whether it constitutes a civil infringement, the public prosecution authorities did not bring a public prosecution, taking into account the modesty of the criminal law, or that the evidence has not reached the "beyond a reasonable doubt" level, but this does not affect the right holder's claim for infringement liability of this behavior.

Ⅰ. The infringement determination of genuine subpackaging behavior

Split large packages of goods into small packages of goods sold is a common way of sales, especially some of the large packages of imported goods, the split facilitates sales. This process will inevitably involve the repackaging of goods, will also involve the use of the trademark of the right holder. Whether the use of trademarks in the process of subpackaging of genuine goods constitutes trademark infringement, in judicial practice there is still some controversy. In the trademark infringement case of "Buerjia" in Zhejiang Yuhang District People's Court, the defendant Qian, without the permission of Buerjia Company, subpackaged the candy produced by Buerjia Company to its own printed-boxes for sale. The court held that, although the goods themselves are from Buerjia Company, from the point of view of the relevant public, this did not produce the actual consequences of confusion of origin of goods, but in addition to the basic function of protecting and carrying the goods, the packaging of the goods also plays an important role of beautifying, publicizing and enhancing the value of the goods. This is an act of "causing other damages to others' exclusive right to use registered trademarks" under the Trademark Law, which constitutes trademark infringement. In the appeal case of trademark infringement dispute between Laofengxiang Co., Ltd. and Suguo Supermarket Co., Ltd. heard by Jiangsu Nanjing Intermediate People's Court, pencils sold in supermarkets are sub-packaged from the genuine ten-pack into four-packs. The court held that the allegedly infringing pencils themselves were genuine, and the packaging used the same logo as the registered trademark in question and clearly marked the manufacturer of the goods, which was sufficient to indicate the source of the goods. Supermarkets and other sales of the allegedly infringing goods were not sufficient to cause confusion and misidentification of the source of the goods by consumers. Therefore, the court rejected the claim of Lao Fengxiang Co. In the case of illegal manufacturing of "Ferrero" registered trademark mark tried by Shanghai No. 3 Intermediate People's Court, the defendant Liu and others commissioned others to illegally manufacture labels, plastic boxes and other packaging materials with "Ferrero" registered trademarks, they packaged and sold "Ferrero" chocolates and tampered with some of the production dates. The court convicted and sentenced the defendants for the crime of illegally manufacturing registered trademark marks.

In the author's view, whether the act of packaging the genuine product constitutes trademark infringement cannot be generalized, but should be combined with individual cases to make a comprehensive judgment from the aspects of whether the act of packaging is trademark use, whether the packaging affects the quality of the goods, and whether the principle of exhaustion of trademark right is applicable.

(I) Whether the genuine product is a trademark use of subcontracting

Generally speaking, trademark infringement in the sense of trademark lawis a prerequisite for trademark use. Article 48 of the *Trademark Law* provides: "The use of trademarks referred to in this law refers to the use of trademarks for commodities, commodity packages or containers, and instruments of commodity transactions, or the use of trademarks in advertising, exhibitions, and other commercial activities for the purpose of identifying the source of goods." The key to determining that it is an act of trademark use is whether the act can be used to identify the source of the goods. The defendant in this case, B Company was original distributor of Kluber brand lubricant, because the customer needs small cans of lubricant, so it purchased large cans of Kluber lubricant to subpackage into its own customized small cans, and attached the plaintiff's trademark to them. Defendant B Company's attaching trademark is to express the source of the lubricant, subjectively speaking, so that consumers understand the origin of the lubricant, so as to improve the sales of the lubricant. Objectively speaking, the consumer can also determine the origin of the goods through the trademark on the package. Therefore, the defendant B Company's attaching the trademark in the genuine subpackaging behavior fully meets the conditions of trademark use.

The defendant B Company argued that the use of the trademark during subpackaging was to indicate that it was selling Kluber brand lubricants, and was therefore a fair use of the trademark. Fair use refers to the use of the same or similar trademark with others, but will not produce the function of identifying the source of goods, such as descriptive use, illustrative use, indicative use, etc., which is not essentially the use of other people's registered trademarks. For example, Article 59 of the *Trademark Law* stipulates that others may legitimately use the generic names, graphics, models, etc. of goods contained in other people's registered trademarks. However, the behavior involved in this case does not belong to fair use of the right trademark. Firstly, the Kluber series of trademarks in this case, which are strongly distinctive, are not generic or descriptive marks, and the use of the defendant, B Company, could not possibly constitute a descriptive use describing the nature of the goods. Secondly, the descriptive use or indicative use that describes or indicates the use, service object and real source of the goods provided by oneself must be in good faith, reasonable and in line with commercial practice, on the premise of not confusing the consumer. ① In other words, if the seller's use of another's trademark is merely indicative, then consumers will not mistakenly believe that the goods originate from the trademark owner. Defendant B Company customized small oil cans, affixed with the plaintiff's trademark, and completely imitated the packaging and decoration of the genuine products, thus consumers will still think that these products directly come from the plaintiff, and its purpose is to increase sales of lubricating oils, the

① See Wang Qian, *A Course in Intellectual Property Law*, Renmin University of China Press, 2021, p. 643.

defendant was not subjectivly in good faith. Therefore, the defendant's behavior does not constitute illustrative or indicative use.

(Ⅱ) Whether subpackaging the genuine goods affects the quality of goods

Trademarks have quality assurance function of goods, Article 1 of the *Trademark Law* , "urging producers and dealers to guarantee the quality of goods and services, maintaining the reputation of trademarks" reflects the purpose of the legislation. At the same time, Article 7 of the *Trademark Law* "the user of a trademark shall be responsible for the quality of the goods for which the trademark is used", Article 42 "the transferee of a registered trademark shall ensure the quality of the goods for which the trademark is used", as well as Article 43 "the quality of the goods for which the trademark is used shall be guaranteed", and Article 43 "The licensor shall supervise the quality of the goods on which the licensee uses the licensor's registered trademark. The licensee shall guarantee the quality of the goods on which the registered trademark is used", which provide for the quality control right of the trademark owner and the quality assurance obligation of the actual user of the trademark. Consumers use trademarks as a factor in judging the quality of goods, therefore trademarks also carry the goodwill accumulated by the trademark owner. If the quality of the goods of the trademark user differs from that of the trademark owner, it means that the trademark owner loses control over the quality of the goods, and its goodwill may be damaged.

The goods involved in this case are lubricants, which are used in mechanical equipment to reduce mechanical friction, minimize wear and tear during operation and prolong the service life of the machinery. Oncethe lubricating oil is mixed with dust, hair, water vapor and other impurities, these impurities will inevitably change the freezing point of the lubricant, fluidity and other physical or chemical properties, and may even accelerate the mechanical equipment wear and corrosion and lead to mechanical failure. Subpackaging Large cans of lubricating oil for small cans is especially different from the subpackaging of commodities with more stable material structure such as pencils, stationery, etc. , the lubricating oil's function is more likely to be impaired with these impurities and its quality may be affected. Defendant Zou also admitted in the interrogation statement in the criminal case, that the original lubricating oil production process is in vacuum environment, but he does not have the environment and conditions of vacuum packaging, thus the only measures he could take was to operate carefully and seal immediately, etc. , trying to keep as few impurities as possible into the lubricating oil. In summary, it can be concluded that the sub-assembly activities in this case cannot guarantee the quality of the subpackaged lubricating oil, the quality of lubricating oil has actually been affected, destroying the quality assurance function of the Kluber series trademark.

(Ⅲ) Whether the principle of exhaustion of trademark right applies to the genuine subpackaged products

Trademark right exhaustion indicates that, after the sale or transfer of goods that enjoy trademark right by the trademark owner or licensee in a legal way, the trademark right of the trademark owner on the specific goods is exhausted, the trademark owner does not have the right to prohibit the owner of the goods who legally acquired it from selling it again in the market or using it directly. In other words, the resale of legally acquired genuine goods does not infringe upon trademark rights. However, when reselling, it is necessary to ensure that the goods are not altered; otherwise, once the quality of the goods is affected, the quality assurance function of the trademark will still be undermined and the goodwill of the trademark owner will be damaged. The Supreme People's Court pointed out in the relevant decision that, considering the function of the trademark to indicate the link between the specific goods and the specific source, usually it is plausible according to whether the degree of change is sufficient to affect the nature of the goods and the consumers' choice, to determine whether the change of the re-sale of the behavior constitutes trademark infringement. ①

Defendant's genuine Kluber lubricants come from legitimate sources, but the defendant damaged the genuine package during the re-sale of the lubricants. As mentioned above, the degree of change has affected the quality of goods, and further affected the choice of consumers, and may affect the goodwill of the trademark owner, so its subpackaging behavior does not apply to the the principle of exhaustion of trademark rights.

To sum up, the defendant B Company's using the trademark in genuine subpackaging constitutes trademark use, it does not fall into the category of fair use of registered trademarks, and the subpackaging behavior affects the quality of goods and the rights of the owner. Because it cannot apply to the principle of exhaustion of the trademark right, therefore the plaintiff B Company constitutes a trademark infringement.

Ⅱ. Different standards of proof in criminal and civil cross-case does not affect the mutual recognition of evidence

In view of intellectual property cases, it is difficult for the parties to prove the infringement of evidence, so when the right holder has difficulties in obtaining evidence, usually he can obtain evidence with the help of administrative law enforcement or criminal investigation means, so as to prioritize the administrative or criminal protection, and then file a civil compensation after there is a conclusion. At the same time, relying on the "three-in-one" trial

① The Supreme People's Court (2019) ZGFMS No. 4241.

mechanism of intellectual property rights, the adjudicatory personnel continue to hear the civil case after hearing the criminal case, will have a more in-depth and objective understanding of the case. Therefore, "criminal before civil" trial mode has great advantage, which is the general use of criminal priority principle when there is criminal clues found in the trial in long-time trial practice. However, in intellectual property infringement cases, on the one hand, criminal penalties cannot cover the economic losses suffered by intellectual property right holders, civil cases are not necessarily based on the results of the criminal case; on the other hand, "criminal before civil" principle in such cases, may also bring awkwardness that the criminal judgment convicted a crime in advance, and the civil trial finds that it does not constitute an infringement of intellectual property rights. The Supreme People's Court pointed out in the "Vanillin" case concluded in 2021 that "the alleged infringement in this case is suspected to be a crime of infringing on trade secrets, and the court will transfer the relevant clues to the public security organs for handling in accordance with the law." It indicates that according to the specific circumstances of the case, intellectual property cases can also adopt the litigation procedure of "civil before criminal", making a judgment on the civil compensation part first, and then look into the criminal liability of the infringer, instead of following the principle of "criminal before civil". But whether it is "criminal before civil" or "civil before criminal", or "civil and criminal counterparts", it does not affect the mutual recognition of evidence in different procedures between the conditional. Based on the different standards of proof between civil and criminal cases, evidence that is not admitted in a criminal case may be admitted in a civil case.

In this case, based on the reason of obtaining evidence, the trademark right holder also adopted the litigation strategy of "criminal before civil", and fixed the relevant infringement evidence through the intervention of the public security organs, including obtaining the defendants' and witnesses' oral confessions, which laid the foundation for its claim for civil compensation. Criminal proceedings and civil proceedings adopt different standards of proof; criminal proceedings require that the evidence in the case be synthesized and that the facts identified be beyond reasonable doubt; civil proceedings require that the existence of the facts to be proved be highly probative. Therefore, the standard of proof in criminal proceedings is higher than in civil proceedings. But although the criminal and civil convergence of different standards of proof, even not admissible in criminal proceedings, the evidence can still be adpoted in civil proceedings, therefore, the amount of damages awarded in civil cases may often be higher than the amount of the crime penalties determined in criminal cases.

In the interrogation transcripts of the public security organs, defendant Zou and other company employees of B Company all confirmed that at least from the beginning of 2017, B Company has been implement the filling and dispensing behavior till the end of the case in June 2019; the outgoing records provided by B Company's employees to the public security organs confirms that, the sales amount of filling and subpackaging during the infringement period is at least CNY 3, 000, 000; the relevant personnel's statement also confirmed that Zou had deleted part of the outgoing records. Defendant Zou did not object to the above evidence in the criminal proceedings. Due to the inability to accurately distinguish the specific amount of canned and subpackaged lubricants, Zou's testimony of amount of canned lubricants lacks precise evidence to confirm, so in the criminal case, confined to a higher standard of proof, Zou and others's illegal business amount of filling lubricants is only identified to be more than CNY 260, 000. But in the civil case, the above evidence and Zou's self-recognition can be used as a basis for determining the amount of infringement damages. Combined with the "Kluber" brand awareness, the subjective malignancy of the defendant's infringement, the defendant's high profits from filling and subpackaging, the number of infringing stickers and tanks seized by the public security organs, etc., the defendant was sentenced to compensate for the economic loss of CNY 2, 000, 000, which is in line with the standard for determining the civil evidence.

[Significance]

This case involves the determination of trademark infringement of the genuine goods subpackaging behavior and the impact of different proof standards on the case processing in the criminal-civil interface of intellectual property rights. Criminal proceedings and civil proceedings have different standards of proof, conclusive and sufficient evidence is the standard of conviction in criminal cases, while in civil proceedings, according to the self-recognition rule, a party's statement of fact can be admitted. The handling in this case has certain value for the determination of trademark infringement in the sale of genuine subpackaging and for clarifying the determination of the facts and standard of proof in the criminal-civil interface of intellectual property rights. This case was recognized as a Typical Case by Shanghai Courts in 2021 for strengthening the protection of intellectual property rights, and one of the Top 10 Most Valuable Intellectual Property Adjudication Cases in China in 2021.

[Case Index]

Case Number:

First instance: Shanghai Pudong New Area People's Court (2020) H 0115 MC No. 26507 (April 19, 2021)

Second instance: Shanghai Intellectual Property Court (2021) H 73 MZ No. 596 (November 29, 2021)

Judges:

First instance: Ni Hongxia, Lu Guangyi, Wang Xiao

Second instance: He Yuan, Yang Fuyu, Chen Yaoyao

Drafted by: Ni Hongxia, Yang Ansong

Translated by: Zhan Yaqing

Proofread by: Wu Daiqing

Civil Competition Cases

20

Imminent Infringement of International Property Rights Should Be Regulated According to Laws and Regulations

—Unfair Competition Case between X Service Co. , Ltd. and Shanghai X Food Technology Co. , Ltd.

Rule

The operator produced brochures to make exaggerated, untrue and false publicity for its products and services, so that people would naturally associate the publicity content with it. If the publicity content used such top terms as"unique" and "highest level", then it violated the relevant provisions of the state, and constituted a disparagement of the services provided by other operators, infringes on the legitimate rights and interests of other competitors, and constitutes unfair competition. Although the brochure was not distributed, once it was distributed, it would have the damaging consequence of infringement on the business reputation of competitors. The behavior is fully consistent with the behavioral characteristics of imminent infringement. In order to prevent the actual occurrence of the damage result, the defendant should be ordered to stop the corresponding publicity behavior.

Basic Facts

Plaintiff: Shanghai X Service Co. , Ltd.

Defendant: Shanghai X Food Technology Co. , Ltd.

The plaintiff was a company that provided logistical services to customers, its business scope is: providing catering services, cleaning services, laundry services, greening services and logistics management consulting for industrial and commercial enterprises, office buildings and foreign international schools and other types of enterprises and institutions. The defendant was originally a food production enterprise, on September 25, 2000, the defendant approved by the State Administration of Industry and Commerce to increase the scope of business for the customer to provide public catering services and other logistical services. The defendant was commissioned by its investor, a Food Company in Asia, to print "Eurest (Joy Food) brochure", the brochure mainly contains: 1. Claiming that X Food Technology Company under the Compass Group provides catering services, with business in 65 countries and an annual turnover of more than USD 7, 000, 000, 000, and that is "it has a very wide range of global business experience and financial advantages" and "the ability to develop and utilize a variety of resources is far ahead of other operators". 2. Group catering is an edge of X Food Technology Company. 3. X Food Technology Company has made "so far, a unique commitment of food service in China". In 1995, at the invitation of the Beijing Government, X Food Technology Company helped four public schools in Beijing to develop a program to improve school lunch meals, discussing with nutritionists and applying specialized techniques to enhance nutritional balance in the food intake process. As a result of its contributions, X Food Technology Company was licensed to operate in China as a wholly foreign-owned enterprise. 4. Providing a world-renowned commitment of food quality and service, "diversifying our services to the business, healthcare and education sectors with the highest levels of expertise and quality" "Provide the highest quality food and service tailored to the needs of customers". 5. On the back cover of the brochure, there were printed the contacts of "Eurest/Shanghai X Food Technology Co., Ltd. (i. e., the defendant)" and "Eurest/Shanghai X Food Technology Co., Ltd. Pudong Branch" (including address, postal code, telephone number, fax number and website). In addition, the defendant signed a "food agreement" with the China Europe International Business School on August 3, 1999, agreeing that: since August 23, the China Europe International Business School will provide the canteen premise and the corresponding equipment, the defendant will provide breakfast, lunch and dinner meal service for the China Europe International Business School.

The plaintiff claimed that not only the defendant was unlicensed, conducted business activities over the scope, but also made misleading false publicity, threatened to induce, maliciously solicited the plaintiff's employees and other means, to seek undue competitive advantage, disturbing the normal order of production and operation, seriously interfered with the plaintiff's lawful business activities and caused economic losses, its behavior violates the Anti-Unfair Competition Law provisions. The plaintiff petitioned for a decree: 1. the defendant immediately cease unfair competition behavior; 2. the defendant compensate for the plaintiff's economic loss of CNY 100, 000.

The defendant Shanghai X Food Technology Co., Ltd. argued: 1. the defendant did not implement any unfair competition with the plaintiff, so its claim is not recognized. 2. there is no production enterprise and service enterprise stipulated in law, the plaintiff claimed itself to be a service enterprise, but from the plaintiff's statute, it also has the nature of production. Therefore, the plaintiff's method of division is meaningless, and its contention that the defendant went beyond the scope of business does not exist. 3. the brochure claimed by the plaintiff has nothing to do with the defendant.

[Holding]

Shanghai Pudong New Area People's Court held that: 1. Two plaintiffs' business scope mainly involve public catering and other logistic services, before the change, the defendant's business scope mainly involved the production of food, the plaintiff and the defendant's business scopes are different, there shall be no competition, but the defendant provided public catering services to the China Europe International Business School and other units, indicating that the defendant and the plaintiff has formed the *de facto* competition in the same business relationship. On September 25, 2000, the defendant's business scope has been approved to expand to the public catering and other logistics services, thus, the plaintiff and the defendant belong to the same industry, they have competitive relationship in the same industry. 2. The *Anti-Unfair Competition Law* stipulates that, the operator shall not use advertisement or other methods, to make misleading and false publicity about the quality of the goods, the ingredients, performance, use, producer, expiration date, place of origin, etc. The defendant, commissioned by its investor, printed "Eurest (Joy Food) brochure", but the "Eurest/ Shanghai X Food and Technology Co. Ltd." and "Eurest /Shanghai Food and Technology Co., Ltd. Pudong Branch" on the back cover of the brochure and their contact information (including address, postal code, telephone number, fax number and website) make people naturally link the contents of the brochure to the defendant and considered the contents to be publicity for the defendant. The contents of the "Eurest Brochure" claimed that X Food Technology Company's "ability to develop and utilize various resources is far ahead of other operators" and that it had made "a catering plan that is unparalleled in China for now";

"providing diversified services with the highest level of expertise and quality to the industrial and commercial, health care and education sectors"; "providing the highest quality of food and tailored services according to the needs of our customers", and so on. The content has constituted a derogation of the services provided by other public catering operators. The content of the "Eurest Brochure" also claimed that in 1995, at the invitation of the Beijing Government, X Food Company helped four public schools in Beijing to develop a program to improve school lunches by discussing with nutritionists and applying specialized techniques to enhance the nutritional balance of the food intake process. These achievements does not belong to the defendant, and it is improper to publicize them on the defendant's behalf. The back cover of the "Eurest (Joy Food) Brochure" contained the name and contact details of "Eurest/Shanghai X Food Technology Co., Ltd. Pudong Branch", which the defendant admitted that does not exist, it was obviously untrue. Therefore, the content of the "Eurest (Joy Food) brochure" violates the provisions of the Anti-Unfair Competition Law, constituting unfair competition, infringing on the legitimate rights and interests of all other competitors. Since the plaintiff did not have sufficient evidence to prove that the defendant had used or distributed the brochures, the defendant's unfair competition had not yet caused any direct damage to the plaintiff's legitimate rights and interests, and the plaintiff's claimed damages were not inevitably causally related to the defendant's unfair competition. There is insufficient evidence for the plaintiff's request that the defendant to eliminate the impact and compensate for loss, the court will not support. However, once the brochure is used or distributed, it will constitute a direct infringement on the legitimate rights and interests of all competitors, including the plaintiff, therefore, in order to prevent the actual occurrence of the damage result, the defendant should be prohibited from using or distributing the brochure. 3. The Anti-Unfair Competition Law stipulates that operator shall not fabricate or disseminate false facts, or damage competitors' business reputation and commodity reputation. The plaintiff's allegations that the defendant had threatened and induced its employees, maliciously solicited the plaintiff's employees and spread rumors and defamation against the plaintiff and its business personnel at the relevant customers to obstruct the plaintiff's normal conduct of its business were not proved by relevant evidence. Therefore, the plaintiff's allegation that the defendant implemented unfair competition behavior of business defamation as prohibited by the Anti-Unfair Competition Law is insufficient of evidence, the court does not support.

Shanghai Pudong New Area People's Court made (2000) PZMZ No. 16 judgment on September 13, 2001: 1. prohibit the defendant Shanghai X Food Technology Co., Ltd. from using, distributing "Eurest (Joy Food) brochures"; 2. dismiss the rest of the plaintiff's claims.

After the first instance judgment, the plaintiff and the defendant did not appeal.

[Commentary]

Ⅰ. The meaning of imminent infringement

Imminent infringement refers to the infringement that the consequences of damage is about to occur, but has not yet occurred. Article 50 of the *TRIPs Agreement* stipulates "provisional measures", Paragraph 3 provides that the judicial authorities of member states shall stop the imminent infringement: the judicial authority shall be empowered to require the applicant for provisional measures to provide any legally obtainable evidence which would be sufficient for the authority to satisfy itself that the applicant is the holder of a right which is being infringed or that the infringement is imminent, and shall also be empowered to order the applicant to furnish a recognizance or an equivalent recognizance which is sufficient to protect the defendant and to prevent the applicant from abusing his right.

The following points should be grasped for a correct understanding of imminent infringement: firstly, what is stopped is the infringement that is about to take place, i. e., the perpetrator has already prepared the conditions for the implementation of the actual infringement, and failure to stop it will lead to the emergence of the actual consequences of the damage; secondly, it has not yet caused any actual damage to the right-holder, and there is only a risk of actual infringement of the right-holder; thirdly, the measures for stopping imminent infringement are to be taken by the judicial authority, and no other authority, organization or individual has the right to take them.

The significance of stopping the imminent infringement is that it can nip the infringement in the bud, so that it does not enter into circulation, so as not to cause actual damage to the right holder, protect the intellectual property rights of the right holder more effectively.

Ⅱ. The challenges posed by imminent infringement in face of China's traditional infringement liability principle theory

China's traditional civil law theory reckons that, unless the law provides otherwise, there should be four elements in determining the infringement and bearing civil liability: first, the fact of damage; second, the existence of civil violations; third, and causal relationship between the act and the fact of damage; fourth, the fault of the perpetrator. Influenced by this theory, *the General Principles of Civil Law*, Article 106, Paragraph 2 provides that: citizens, legal persons infringe upon the state or the collective property by fraud, infringe upon other people's property, human body, shall bear civil liability. For the principle of attribution of intellectual property infringement, it is generally believed that the traditional principle of liability for infringement is also applicable.

Imminent infringement challenges the above theories and legal provisions. According to the theory of imminent infringement, the perpetrator has only prepared the conditions for the implementation of infringement, he has not yet implemented, and did not cause actual damage to the rights holder, that is, there only exists illegal civil behavior, there is no factual damage. According to the traditional principle of liability for infringement, preparation for the implementation of infringement cannot be regarded as an act of infringement. We can only pursue civil liability when the actual infringing behavior has produced damaging consequences. In this way, we cannot nip the infringement in the bud. Therefore, according to the theory of principle of liability for infringement, it is impossible to explain and stop this kind of infringement that have not yet produced the damaging results. However, if this kind of infringement is allowed to go on, the intellectual property rights of the right holder will be in danger, and the law will also face an embarrassing situation because of the failure to provide timely and effective protection to the right holder. In the long run, the right holder will lose confidence in the law because of the lack of effective, comprehensive and timely protection of his intellectual property rights. Therefore, the *TRIPs Agreement* introduced the theory of imminent infringement in the protection of intellectual property rights, cleared that the constitutive elements for infringement of intellectual property rights are different from the general civil infringement, further developed the principle of liability for intellectual property infringement, strengthened the protection of intellectual property rights.

Ⅲ. The application of imminent infringement in the field of Chinese legislation and justice

In order to adapt to the needs of joining the WTO, China's intellectual property legislation has been substantially revised, in order to adapt to the *TRIPs Agreement*. Acceptance and introduction of the theory of imminent infringement, is also one of the contents of the legal modification. In the *Patent Law*, which was first amended on August 25, 2000, the provisions relating to licensed sales were added: after the patent rights for inventions and utility models have been granted, unless otherwise provided in this Law, no unit or individual shall, without the permission of the patentee, implement his patent, i. e., he shall not manufacture, use, license for sale, sell, import his patented products for the purpose of production and business, or use his patented methods and use, promise to sell, sell or import products directly obtained in accordance with the patented method. (Article 11) Here the provisions of the promise to sell is a form of imminent infringement, the original intention of it is an invitation to sell offer in contract law, which refers to the demonstration of other people's patented products through the exposition, window showing and so on, in fact, it is a kind of promotional behavior and sales promotion phenomenon. The promise to sell still constitutes an infringement of the right holder even if the goods are not sold, because this right belongs to the right holder. In order to effectively stop the infringement, Article 61 of the *Patent Law* also stipulates that, where a patentee or interested party has evidence to prove that someone else is committing or is going to commit an act of infringing upon the patent right, and its lawful rights and interests will suffer from damage which is difficult to make up if it does not stop this act in time, it may, before bringing a lawsuit, apply to the people's court for ordering the infringer to stop the relevant act or adopting the property preservation measure. In the 2001 amended *Copyright Law* and *Trademark Law*, the provisions on the right of the right holder to apply for pre-litigation temporary injunction and property preservation for imminent infringement have also been added respectively: if the copyright holder or the copyright-related rights holders has evidence to prove that another party is committing or is going to commit an act infringing upon his right, and that his lawful rights and interests will suffer the damage which is difficult to be remedied if he does not stop it in time, he may, before bringing a lawsuit, apply to the people's court for an order to cease the relevant acts or for property preservation. (Article 49 of the *Copyright Law*) If the registrant of a trademark or an interested person has the evidence to prove that another person is conducting or is going to conduct the acts infringing upon its right to the exclusive use of a registered trademark, and if the acts are not stopped promptly, irreparable damages will occur to its legal rights and interests, it may apply to a people's court for a order of measures for stopping relevant acts and for attachment. (Article 57 of the *Trademark Law*) The provisions of the above laws on stopping imminent infringement have further improved the level of protection of intellectual property rights in China.

Ⅳ. The handling of imminent infringement

The right holder finds that the infringer commits imminent infringement, according to the relevant provisions of the law, can apply for temporary injunction or property preservation measures before bring a litigation to the people's court. Temporary injunction means that, before the commencement of litigation, at the request of the right holder, an order is issued by the people's court to force the infringer to temporarily stop the infringing behavior, its purpose is to stop the imminent infringement. Temporary injunction is a civil measure added to adapt to the requirements of the *TRIPs Agreement* in China's intellectual property legislation. Whether to grant an application for a temporary injunction shall be decided in accordance with the provisions of the *Civil Procedure Law* on property preservation, generally speaking, it can be considered from the following aspects: first, whether the situation is urgent; second, whether there is possibility for the right holder to win the lawsuit; third, whether the right holder is in face of irreparable loss; fourth, the balance of interests of both parties; and fifth, the impact on the public interest of society.

Since the imminent infringement has not yet caused actual economic loss to the right holder, therefore, in the substantive handling of the case, according to the litigation request of the parties, the people's court generally orders the infringer to bear the cessation of the infringement, apologize and other civil liabilities, and as for the right holder's claim on the compensation of economic loss, the people's court does not support the litigation request.

In this case, in the "Eurest (Joy Food) brochures" the defendant printed for its investor, there is the defendant's name and specific contact methods (including address, postal code, telephone number, fax number and website), so that people naturally link the publicity content with the defendant, that the content was publicity for the defendant's publicity; The content of the brochure used top terms such as "unique" and "highest level", which violated the relevant national regulations. Although the brochure was not distributed, once the defendant printed the brochure and distributed it, it would have the detrimental effect of infringing on the business reputation of its competitors. Therefore, the defendant's printing "Eurest (Joy Food) brochure" behavior is fully consistent with the characteristics of the imminent infringement. Therefore, the people's court, according to the party's request, ordered the defendant to cease the use of "Eurest (Joy Food) brochures". Because the defendant's infringement has not yet caused actual damage to the plaintiff, so the plaintiff's request to order the defendant to compensate for economic losses of CNY 100, 000 is not supported by the people's court.

[Significance]

China officially joined the World Trade Organization (WTO) on December 11, 2001. How to implement the *TRIPs Agreement* of WTO in the trial of intellectual property rights, that is, the *Agreement on Trade-Related Aspects of Intellectual Property Rights*, and how to deeply understand and grasp the content and requirements of the *TRIPs Agreement* are the new issues facing the people's courts at present. This case applies the theory of imminent infringement to unfair competition disputes, and makes a useful exploration on the early docking of the international *TRIPs Agreement*. This case was published in the People's Court Newspaper on January 28, 2002, and included in the Selected Cases by Shanghai Courts (2002).

[Case Index]

Case Number:

First instance: Shanghai Pudong New Area People's Court (2000) PZCZ No. 16 (September 13, 2001)

Judges:

First instance: Xu Yali, Chen Huizhen, Sun Yu

Drafted by: Sun Yu

Translated by: Zhan Yaqing

Proofread by: Wu Daiqing

21

Application of General Clause of Anti-Unfair Competition Law in the Judicial Protection of Game Event Broadcasting

—Copyright Infringement and Unfair Competition Case between Shanghai X Culture and Media Co., Ltd. and Guangzhou X Network Technology Co., Ltd.

Rule

The wedcasting of electronic sports competitions has the attribute of commodity. The right to broadcast these competitions carries both the reputation and financial benefits that broadcasters can derive from their broardcasting behaviors, constituting a kind of civil property right. Under the general clause of China's Anti-Unfair Competition Law, unauthorized broadcasting of such events can be regulated from the standpoint of stopping unfair competition.

Basic Facts

Plaintiff: Shanghai X Cultural Media Co., Ltd. (hereinafter referred to as Shanghai Media Company)

Defendant: Guangzhou X Network Technology Co., Ltd. (hereinafter referred to as Guangzhou Network Company)

DOTA2 is a globally renowned electronic sports game. In April 2014, the plaintiff entered into a contract with the game's operator in China, stipulating their cooperation to host the DOTA2 Asia Invitational Tournament. Under this agreement, the plaintiff enjoyed exclusive video broadcasting right for this event in China. Consequently, the plaintiff invested a lot of money in organizing the DOTA2 Asia Invitational Tournament.

Webcasting its electronic sports game through its operating the platform "Firecat TV", the plaintiff delivered comprehensive and real-time webcast of the event. The broadcast encompassed in-game footage captured by software, alongside original content featuring game commentators, live streams, subtitles, lighting effects, and sound effects produced by the plaintiff. The defendant, Guangzhou Network Company, operates the electronic sports game livestreaming platform "Douyu TV". Without proper authorization, the defendant conducted live video broadcasts of the relevant event on its platform, utilizing footage obtained from the game's spectator mode. Furthermore, the defendant prominently displayed the plaintiff's "Firecat TV" brand logo above the video broadcast frame.

The plaintiff Shanghai Media Company claims that the defendant, without authorization, livestreamed the entire relevant event in real-time on its platform "Douyu TV". Additionally, the defendant unlawfully used the plaintiff's brand logo and disseminated false information about owning the copyright of the relevant event and the right to broadcast it. These actions infringed upon the plaintiff's right of dissemination information via networks regarding the relevant cinematographic works and also violated principle of good faith and generally accepted commercial ethics, constituting unfair competition through false advertising. These actions resulted in significant economic losses for the plaintiff. The plaintiff requested the court to order that: the defendant ceases infringement, compensates the plaintiff CNY 8 million for economic losses and reasonable expenses totaling CNY 211, 000, and the publication of corrective statements in newspapers to mitigate the impact.

The defendant, Guangzhou Network Company, argued that the livestreamed footage of the relevant event was sourced from the game's spectator mode, it added commentary and sound effects during the broadcast. Thus, even if the plaintiff possesses the rights as claimed, the defendant did not commit copyright infringement or engage in unfair competition. The use of the plaintiff's brand logo during the livestream was a gesture of respect towards the plaintiff, the organizer of the relevant event. Moreover, the defendant did not promote false information regarding ownership of the event's copyright, thereby not engaging in false advertising or unfair competition.

[Holding]

Shanghai Pudong New Area People's Court, after thorough examination, concludes: This case involves disputes over copyright infringement and unfair competition. The controversial focuses are whether the defendant infringed upon the plaintiff's right of dissemination information via networks or other copyrights, whether the defendant engaged in unfair competition against the plaintiff, and the civil liabilities the defendant shall bear if its actions constitute infringement. Regarding the copyright dispute, the defendant's livestreaming of the relevant event does not fall within the realm of right of dissemination information via networks. Furthermore, there are significant flaws in the plaintiff's exercise of copyright qualifications, the plaintiff's accusation of copyright infringement against the defendant can not be established. Concerning the issue of unfair competition, the plaintiff, having obtained exclusive video broadcasting right for the relevant event in China through authorization from the game's operator. After entering the market, electronic sports via network games have commodity attributes, the broadcasting right carries the goodwill and economic benefits the plaintiff could derive, it is considered a type of proprietary civil interest protected under the Tort Law of China. According to the Article 2 of the *Anti-Unfair Competition Law* in China, measures can be taken to prevent unfair competition. Both the plaintiff and the defendant are competitors in the same industry. The defendant was fully aware that the plaintiff organized the relevant event and held exclusive video broadcasting right for it. The plaintiff had also invested substantially in organizing the event. Despite being aware that broadcasting games organized by others necessitated relevant authorization, which is a common practice in the video website industry, the defendant proceeded to livestream partial matches of the relevant event to its users without obtaining any authorization. This action directly undermined the plaintiff's exclusive exercise of broadcasting right, eroding the market competitive advantage the plaintiff could have enjoyed, thereby infringing upon the plaintiff's legal rights and disrupting the normal operation order of the via network game webcasting industry. Such conduct grossly violated principles of good faith and recognized commercial ethics, being executed with subjective malice and constituting unfair competition against the plaintiff. Moreover, the defendant's conspicuous use of the plaintiff's brand logo above the video broadcast frame could lead internet users to misinterpret the relationship between the defendant and the relevant event, mistakenly believing that the defendant had a partnership with the plaintiff, that the plaintiff possessed the right to broadcast, aired legitimate match content, and provided identical live content to the plaintiff's broadcasts. This misled internet users to watch the matches on the defendant's website, thereby damaging the legitimate rights and interests enjoyed by the plaintiff as the organizer of the relevant event and the exclusive video broadcasting right holder, constituting misleading false advertising and unfair competition. As for civil liabilities, as the defendant has already ceased the infringement, there is no need for it to bear civil liability for cessation of infringement. However, the defendant should compensate the plaintiff for economic losses and reasonable expenses incurred in protecting its rights, and take steps to eliminate the impact.

Shanghai Pudong New Area People's rendered the civil judgment (2015) PMS (Z) CZ No. 191 on September 21, 2015: The defendant shall compensate the plaintiff for economic losses of CNY 1, 000, 000 and reasonable expenses of CNY100, 000, and publish a statement on the website where the infringement occurred to eliminate the impact.

Afterthe first-instance judgment, the defendant filed an appeal. The Shanghai Intellectual Property Court rendered the civil judgment (2015) HZMZZ No. 641 on May 9, 2016: The appeal is dismissed, and the original judgment is upheld.

[Commentary]

Ⅰ. Issue presentation: intellectual property protection of broadcasting rights for gaming events

In recent years, e-sports games have become popular nationwide, it is familiar with the public as a form of entertainment. The significant commercial interests in its wake captured many attention. Where there are interests, disputes inevitably arise. The legal status and infringement determination of e-sports games pose numerous challenges. Gaming events bring enormous economic benefits. Broadcasting right for such events are civil rights enjoyed by event organizers and broadcasters, yet the identification of broadcasting right under the current legal system remains unclear. One viewpoint holds that broadcasting right for gaming events is not a statutory right and can only be protected through the *Contract Law*, not through the *Tort Liability Law*. Another viewpoint argues that rights holders have already engaged in commercial marketing such as auctioning, packaging, and exclusive transfer of broadcasting right, which entail substantial commercial benefits, thus it is a proprietary civil interest. Hence, before becoming a statutory type of right, it is necessary to protect broadcasting right from the perspective of "property right" under Article 2 of the *Tort Liability Law*[①]of 2019. Currently, a prevailing consensus is that protection through the Contract Law alone is insufficient. When considering the protection of broadcasting rights under the Tort Liability Law for gaming events, typically, there are two choices: the Copyright Law and the Anti-Unfair Competition Law. Concerning copyright law, the prevailing view is that since gaming events themselves do

---

① See Dong Wentao, Sports and Olympic Impetus Case: Study on Legal Issues Concerning Infringement Cases of Unauthorized Webcasting of Sports Events, *Electronics Intellectual Property,* Issue 1, 2014.

not constitute works, the Copyright Law is not suitable for protecting broadcasting right for such events. However, recordings of gaming event broadcasts should be protected under the Copyright Law. ① Regarding the Anti-Unfair Competition Law, as in this case, game rights holders use the general clause of Article 2 of the *Anti-Unfair Competition Law* as the basis for protecting their rights. In practice, the application of this clause has extended beyond the scope of traditional specific clauses, becoming increasingly prevalent in judicial practice involving internet unfair competition cases. Therefore, it is crucial to establish clear standards and pathways for determining unfair competition behavior under this clause.

Ⅱ. Criteria for applying the general clause of the Anti-Unfair Competition Law

The Anti-Unfair Competition Law, as a stand-by law within intellectual property law frame, actually protects interests other than copyright, patent rights, and exclusive rights to registered trademarks. Article 2 of the *Anti-Unfair Competition Law* stipulates: "An operator shall, in transactions in the market, follow the principle of voluntariness, equality, fairness, honesty and credibility, and observe generally recognized business ethics." In terms of normalization, this provision belongs to legal principles, only by "exhausting rules can legal principles be applied".

Before applying this provision, it is necessary to have a thorough understanding of the legislative purpose of the *Anti-Unfair Competition Law*. The essence of the Anti-Unfair Competition Law is to uphold business ethics and commercial morality, which differs from the Anti-monopoly Law aimed at protecting competition freedom. This purpose is clearly defined in Article 1 of the *Anti-Unfair Competition Law*, which is to safeguard the healthy development of the socialist market economy, encourage and protect fair competition, prevent acts of unfair competition, and defend the lawful rights and interests of operators and consumers. Regarding specific unfair competition behaviors, Chapter Ⅱ of the *Anti-Unfair Competition Law* enumerates 11 types. Article 2 of the *Anti-Unfair Competition Law*, as a general clause, can be applied to judge unfair competition behaviors beyond these 11 types. However, general clauses should be applied only when specific provisions have not been made. ②

Regarding the application of this provision, *the Opinions of the Supreme People's Court on Fully Exercising the Judicial Function of Intellectual Property Rights to Promote the Great Development and Prosperity of Socialist Culture and to Promote the Independent and Coordinated Development of the Economy* points out that "we should fully utilize the flexibility

---

① See Yu Kaixuan, Legal Protection of Sports Event Broadcasting, *Electronics Intellectual Property*, Issue 9, 2015.

② See Jiang Ge, Formal and Substantive Functions of the General Provisions of the Anti-Unfair Competition Law, *Studies in Law and Business*, Issue 6, 2014.

and adaptability provided by principle provisions, effectively prevent various innovative and ever-changing unfair competition practices, and at the same time, prevent arbitrary application of principle provisions to avoid hindering free and fair competition in the market." However, specific application standards are still not clear. The Supreme People's Court has provided more operational guiding principles and conditions for the application of this principle provision in the judgment of the "Seaweed Quota" unfair competition case① and *the Annual Report on Intellectual Property Cases (Summary)* (2010).

In the "Seaweed Quota" unfair competition case, the Supreme People's Court held that under normal circumstances, commercial opportunities that can be reasonably anticipated can become legal interests can be protected by the law, especially the Anti-Unfair Competition Law. However, due to the openness and uncertainty of commercial opportunities, only when competitors fail to follow the principle of good faith and violate recognized business ethics by seizing commercial opportunities that others can reasonably anticipate through unfair means, will it constitute a violation that is prohibited by the Anti-Unfair Competition Law. Regarding what constitutes business ethics, the case provides a classic reasoning: "Business ethics should be judged according to the ethical standards of economic actors, namely, participants in market transactions, in a specific business field. It is different from personal morality and cannot be equated with general social ethics. It reflects a kind of commercial ethics. The pursuit of fame and profit by economic actors conforms to the basic requirements of business ethics, but may not necessarily meet the noble standards of personal morality..."

The Supreme People's Court believes that in applying the general provisions of Article 2 of the *Anti-Unfair Competition Law* to determine whether unfair competition exists, the following conditions should be simultaneously met: (1) The law does not make specific provisions for such competitive behavior; (2) The legitimate rights and interests of other operators have been actually harmed by this competitive behavior; (3) Such competitive behavior is deemed unfair or blameworthy because it clearly violates the principles of good faith as well as recognized commercial ethics. Regarding the competitive behaviors, especially those not covered by the enumerated provisions in chapter Ⅱ of the Anti-Unfair Competition Law, the basic criterion for judgment should be that whether the behavior violates the principles of good faith and recognized commercial ethics. The principle of good faith is mainly reflected in recognized commercial ethics within the context of the Anti-Unfair Competition Law. Commercial ethics embody a business ethic, which is evaluated based on the ethical standards of economic

① See Supreme People's Court (2009) MSZiD No. 1065.

participants, namely, economic actors, within specific business fields.

Although the broadcasting right of sports events, as in the present case, is not expressly defined as a right, similar to the commercial opportunities involved in "Seaweed Quota" case, it meets the condition that "the law does not make specific provisions for such competitive behavior." However, broadcasting sports events entails certain financial costs and can yield reputation and economic benefits, thus possessing commodity attributes and constituting a civil interest deserving protection. Unauthorized broadcasting by entities without relevant authorization would harm the legitimate rights and interests of other operators, infringe upon the exclusive exercise of broadcasting rights by the rights holder, disrupt the market competition advantage derived from such exclusivity, and undermine the reputation and economic benefits associated with it. Such actions also disrupt the normal operation order of the online gaming live broadcasting industry, thereby contravening the principles of good faith, as well as commercial ethics. Therefore, unauthorized broadcasting should be subjected to regulation under the general clause of the *Anti-Unfair Competition Law*.

Ⅲ. The application logic of the general clause of the Anti-Unfair Competition Law in this case

In the judicial practice of applying the general clause of the Anti-Unfair Competition Law, some judgments revolve around whether the competitive behavior violates recognized commercial ethics. For example, in the aforementioned "Seaweed Quota" case of unfair competition, the court first clarified the specific commercial ethics in the relevant field and then judged whether the behavior violated recognized commercial ethics. In this case, the court adopted a different approach by directly applying Article 2 of the *Anti-Unfair Competition Law*, focusing on demonstrating whether the competitive behavior undermines others' operations and benefits from it. The thinking of trial is as follows:

Step one: Demonstrate that the infringed enterprise possesses legally protected rights. In this case, the plaintiff obtained the exclusive video broadcasting right for the events in question through authorization. Although Chinese laws and regulations do not explicitly specify broadcasting right as a civil right, the customary practice and commercial norms in international and domestic contexts have long involved authorizing others to broadcast events by organizers and hosts of sports events, including developers and operators of electronic sports via network games similar to sports events. After electronic sports via network games entered the market, they acquired commodity attributes. Entities such as developers and broadcast operators obtain economic benefits through advertising and increasing traffic. The reputation and economic benefits carried by the broadcasting of gaming events constitute legally protected legitimate rights and interests.

Step two: Demonstrate whether the competitive behavior constitutes actions that undermine others' operations and benefit from it. The key is to analyze how the competitive behavior undermines the business operations of others and the resulting damages. Both the plaintiff and the defendant are professional operators of online gaming video streaming websites, and theyhave competition relationship in the same industry. The defendant was well aware that the events in question were organized by the plaintiff, who paid significant costs to host the events. Additionally, the defendant was well aware that broadcasting gaming events hosted by others required obtaining relevant authorization, as it was an industry norm in the video streaming website sector. The defendant's webcasting of the events in question directly harmed the plaintiff's exclusive exercise of the broadcasting right, which could have brought the plaintiff a competitive advantage in the market. This action infringed upon the plaintiff's legitimate rights and interests, including the reputation and economic benefits derived from such market advantages. Furthermore, it disrupted the normal operational order of the online gaming broadcasting website industry, flagrantly violating the principle of good faith and recognized commercial ethics. The court ultimately determined that the defendant's actions constituted unfair competition against the plaintiff.

[Significance]

This case directly applies the provisions of China's Anti-Unfair Competition Law's general clauses to argue whether the conduct constitutes unfair competition from the perspective of whether the competitive behavior undermines others' operations and benefits therefrom. Against the background of the development of the information network era, this case lawfully regulates the online broadcasting of electronic sports game events, effectively promoting the fair, healthy, and orderly development of the electronic sports game industry. This case was honored as one of the 50 Typical Intellectual Property Cases by Chinese Courts in 2016, one of the Top 10 Typical Intellectual Property Cases in Shanghai in 2016, and the Top 10 Civil and Administrative Cases by the People's Courts in 2016.

[Case Index]

Case Number:

First instance: Shanghai Pudong New Area People's Court (2015) PMS (Z) CZ No. 191 (September 21, 2015)

Second instance: Shanghai Intellectual Property Court (2015) HZMZZ No. 641 (May 9,

2016)

Judges:

First instance: Xu Genhua, Shao Xun, Guo Jie

Second instance: Lu Fengyu, Xu Yanhua, Yang Fuyu

Drafted by: Xu Genhua, Yuan Tian

Translated by: Niu Tong

Proofread by: Wu Daiqing

22

Unauthorized Use of Massive Information from Other Websites May Constitute Unfair Competition

—Unfair Competition Case between Shanghai X Information Consulting Co., Ltd. and Beijing X Technology Co., Ltd. et al.

Rule

In the realm of the internet, irrespective of differing business models, if both parties are targeting the same online users, a competitive relationship can be regarded to establish. The unauthorized use of review information in large quantities and in its entirety to the extent of substantial substitution clearly results in harm to competitors in the same industry. Assessing the legitimacy of using such information in market competition necessitates a comprehensive evaluation of factors including the commercial value of the data, whether it can bring competitive advantages to operators, the legitimacy of information acquisition, the difficulty and cost for the aggrieved party, as well as the scope and manner in which competitors utilize such information. Whether information scraping adheres to the website crawler protocol (robots protocol) only involves the evaluation and judgment of whether the information crawling behavior conforms to the recognized industry standards, failing to address the legality of its subsequent use. Even if website scraping by market players aligns with the website crawler protocol (robots protocol), adherence to principles of integrity, and recognized commercial ethics dictates a prudent limitation on the scope and manner of utilizing information sourced from other websites.

Basic Facts

Plaintiff: Shanghai X Information Consulting Co., Ltd. (hereinafter referred to as Shanghai Information Company)

Defendant: Beijing X Technology Co., Ltd. (hereinafter referred to as Beijing X

Technology Company)

Defendant: Shanghai X Software Technology Co., Ltd. (hereinafter referred to as Shanghai Software Company)

Shanghai Information Company operates a review website. Meanwhile, Beijing X Technology Company, besides offering desktop-based X map software, has introduced mobile-compatible X map software. This map software enables internet users to access merchant information and participate in group buying, along with the ability to comment on the merchant. The notarized certificate presented by the Shanghai Information Company primarily concerns hundreds of catering merchants listed on the map software. According to the certificate, the majority of reviews for these merchants originate from external websites like the review website, rather than being user-generated within the map software itself. The map software duly attributes the source of information from external sites, such as labeling reviews from the review website as "from Dazhong review" and similar indications. Moreover, there's a significant presence of reviews from the review website for various other types of merchants within the map software.

In earlier versions of the map software, a fraction of reviews from users of the review website were displayed partially, with the option to view the "full text" redirecting users to the relevant page of the review website. Subsequent iterations of the map software increasingly incorporated reviews from the review website. For instance, when the Shanghai Information Company notarized the Android 7.6 version of the map software on November 26, 2014, Merchant One had 31 reviews, while Merchant Two had 90 reviews, the majority of which were came from the review website, and all reviews were displayed in their entirety.

X knowledge Q&A platform is another product launched by Beijing X Technology Company. This platform facilitates questions and answers, typically with one user posing a question and one or several others offering answers. When users search for restaurant names on this knowledge Q&A platform, Beijing X Technology Company directly provides them with reviews sourced from X review website.

Shanghai X Software Company operates a street view map website that furnishes users with real-life maps. Notably, this website does not incorporate information from X review website. Instead, it utilizes an API (Application Programming Interface) to access the implicated mapping software or other mapping tools. On the webpage of this street view map website, both the street view map and the map software are presented together. It's crucial to note that there is no infringing information within the street view map; rather, the contentious data resides within the map software.

On April 16, 2013, at 9:41 am, a netizen posted a comment on Weibo: "The food section of a X map software extensively borrows reviews and descriptions directly from X review website, yet only permits comments using accounts from Beijing Technology Company. Why? @ X review website @ X Map Software." There was only one reply to this Weibo, which came from the official Weibo account of "X Map Software" at 5:24 pm on the same day: "Dear, we are in a cooperative relationship now."

Shanghai X Information Company has confirmed that the searching behavior of Beijing X Technology Company does not violate the robots protocol of X review website.

The plaintiff Shanghai Information Company alleges that since 2012, the defendant Beijing X Technology Company extensively utilized reviews from X review website in X map software and X knowledge Q&A platform, directly replacing content provided by X review website to users without permission. This has caused significant losses to Shanghai X Information Company, contravening recognized commercial ethics and the principle of good faith, constituting unfair competition. The trademarks "X review" and similar signs are distinctive names of well-known services; Beijing X Technology Company's use of these signs on its website leads to public confusion about the origin of the services, it is an act of unfair competition that uses the unique name of a well-known service without authorization. On April 16, 2013, the official Weibo account of X map software replied to an individual user's Weibo with "Dear, we are in a cooperative relationship now," which constitutes false advertising. The defendant Shanghai X Software Company has a deep cooperation with the defendant Beijing X Technology Company, embedding infringing content-containing map software on its own website, expanding the scope of infringement by Beijing X Technology Company, thereby constituting joint infringement with Beijing X Technology Company. The plaintiff requests the court to order both defendants to immediately cease unfair competition, jointly compensate Shanghai X Information Company for economic losses of CNY 90, 000, 000 and reasonable expenses of CNY 453, 470, and publish announcements in China Intellectual Property News and on their respective websites to mitigate the impact.

The defendant Beijing X Technology Company argues that X review website provides users with consumer reviews and discounts mainly in the catering industry, while Beijing X Technology Company provides searching services, and the two do not directly compete. The vast majority of user reviews on X review website are not considered as works, so Shanghai X Information Company's claim that it has rights to user reviews has no legal basis. The robots protocol of X review website does not prohibit Beijing X Technology Company from accessing review information on its website through searching engines. Beijing X Technology Company only displays user reviews from X review website to a limited extent and includes links to X review website, which does not cause losses to Shanghai X Information Company. The use of trademarks like "review" by Beijing X Technology Company is to indicate the source of information and does not constitute unfair competition. The reply in Beijing X Technology Company's Weibo is not an act of advertising.

The defendant Shanghai X Software Company argues that its street view maps do not use information from X review website; the allegedly infringing information is found in the map software. Shanghai X Software Company's website calls the map software through an API, and there is no joint intent nor negligence between Shanghai X Software Company and Beijing X Technology Company. Regardless of whether Beijing X Technology Company constitutes unfair competition, Shanghai X Software Company does not engage in unfair competition.

[Holding]

After hearing the case, Shanghai Pudong New Area People's Court finds that Beijing X Technology Company extensively utilized these review information in X map software and X knowledge Q&A platform, demonstrating obvious characteristics of "hitching" and "unearned gains", thereby violating recognized commercial ethics and the principle of good faith, constituting unfair competition.

X map software and X knowledge Q&A platform appropriately label information sourced from X review website as "from review" and similar signs. Beijing X Technology Company's action is aimed at indicating the source of information and constitutes reasonable use of others' signs, which is not improper and does not constitute unfair competition.

Beijing X Technology Company's response to an individual's Weibo stating "We are in a cooperative relationship now" does not constitute false advertising. This action is highly targeted, specifically directed at this individual's Weibo. Apart from a few internet users who follow this personal user, others generally would not see this Weibo, hence the impact is extremely limited, it will not cause harm to the plaintiff.

Shanghai X Software Company, by using the Application Programming Interface (API) to call the mapping software, does not solely point to the review information in the map software.

Subjectively, it did not intend to jointly commit infringement with Beijing X Technology Company. Its actions comply with industry norms and do not violate recognized commercial ethics and the principle of good faith. Therefore, it is not improper and does not constitute unfair competition.

Shanghai Pudong New Area People's Court rendered the civil judgment (2015) PMS (Z) CZ No. 528 on May 26, 2016: The defendant Beijing X Technology Company shall cease the improper use of review information from X review website operated by the plaintiff Shanghai X Software Company. Defendant Beijing X Technology Company shall compensate the plaintiff Shanghai Software Company for economic losses of CNY 3, 000, 000 and reasonable expenses of CNY 230, 000 incurred to stop unfair competition. The other claims of the plaintiff Shanghai X Software Company are dismissed.

After the judgment of the first instance, Beijing X Technology Company appealed. Shanghai Intellectual Property Court rendered the (2016) H 73 MZ No. 242 Civil Judgment on August 30, 2017: The appeal is dismissed, and the original judgment is upheld.

[Commentary]

The review information on X review website is provided by internet users and constitutes User Generated Content (UGC). The main controversial focus in this case is whether Beijing X Technology Company's extensive use of review information from X review website constitutes unfair competition. This can be analyzed from the following perspectives:

I. Whether there exists competition between Beijing X Technology Company and Shanghai X Information Company

The scope of competition regulated by the Anti-Unfair Competition Law is not limited to competition between industry peers but also includes competition arising from efforts to secure transaction opportunities for oneself or others, as well as competition resulting from the disruption of others' competitive advantages. Competition fundamentally revolves around the pursuit of customers, i. e., transaction objects. In the internet industry, attracting internet users to one's own website is the foundation of business operations. Even if the operating models of both parties differ, as long as they compete for the same group of internet users, they can be considered to have a competitive relationship. In this case, Beijing X Technology Company's map software also provides merchant information and review information to internet users, along with offering group buying services of certain merchants. Both X review website and the map software provide Location-Based Services (LBS) and Online-to-Offline (O2O) services to users. Their service models for providing merchant information and review information are nearly identical, indicating a direct competitive relationship. Additionally, Beijing X Technology Company uses search technology to retrieve information from X review website and other websites, and then directly provides the information obtained through searching engines to internet users, similar to X review website's provision of merchant information and review information. Therefore, it can be determined that there is competition between Beijing X Technology Company and Shanghai X Information Company.

Ⅱ. Whether Shanghai X Information Company suffered damage due to Beijing X Technology Company's competitive conduct

Beijing X Technology Company utilized certain review information from X review website. It is common knowledge that internet users typically do not need to review hundreds or even thousands of reviews for a particular merchant before making a decision; often, just dozens or even a dozen reviews are sufficient. Although X map software includes links to X review website, each review within the software is complete, eliminating the need for users to visit X review website for the same information. Consequently, the map software's substitution of X review website in providing information to internet users could result in reduced traffic to X review website. Furthermore, while heavily incorporating review information from X review website, the map software also promotes its own services such as group purchases, thereby capturing some of X review website's transaction opportunities. Additionally, Beijing X Technology Company, through its knowledge Q&A platform, replaces X review website in providing information to the public, further diverting traffic from X review website and causing damage to Shanghai X Information Company.

Ⅲ. Whether Beijing X Technology Company's conduct is unfair

The question of whether Beijing X Technology Company's conduct is unfair can be assessed by considering several factors related to the market competition involving the use of the relevant information: Whether the information in question has commercial value and can provide a competitive advantage to the operator; the ease and cost of obtaining the information; whether the acquisition and use of the information violate laws, commercial ethics, or harm public interests; the manner and scope in which competitors use the information. Regarding the specific case of whether Beijing X Technology Company's use of review information from X review website is unfair, the analysis is as follows: Firstly, the review information from X review website is one of the core competitive resources of Shanghai X Information Company, which can provide a competitive advantage and has commercial value. Platforms like X review website effectively expand consumers' access to merchant information, addressing the issue of information asymmetry between merchants and consumers.

Secondly, Shanghai X Information Company has paid significant costs in operating X review website. Such websites typically operate at a loss in the early stages, requiring investments without immediate returns. Moreover, attracting users to post reviews often necessitates additional expenditures. Only when the volume of reviews reaches a certain scale can the website enter a virtuous cycle and generate revenue through avenues like advertising and group purchases. Thirdly, the review information on X review website is voluntarily posted by internet users, and Shanghai X Information Company's acquisition, possession, and use of this information do not violate legal prohibitions or recognized commercial ethics. Fourthly, Beijing X Technology Company did not contribute to the review information on X review website but extensively used this information in its software, displaying a clear tendency of "hitching" and obtaining benefits without effort. In conclusion, Beijing X Technology Company's extensive and full-text use of the review information constitutes a violation of recognized commercial ethics and the principle of good faith, causing substantive harm to Shanghai X Information Company. Therefore, it is deemed unfair and constitutes unfair competition.

The early versions of X map software only provided three reviews from X review website, each without displaying the full content and with links to the source website. We believe that such usage is insufficient to replace X review website in providing review information to the public. It does not cause substantive harm to Shanghai X Information Company and does not violate recognized commercial ethics and the principle of good faith, thus not constituting unfair competition.

Ⅳ. Legal effect of the robots protocol

The robots protocol refers to the protocol wherein website owners utilize a robots. txt file to provide instructions to web robots. Through this protocol, websites inform web robots which content they are allowed to crawl and which content they are not permitted to crawl. Some argue that Shanghai X Information Company could achieve its goal of prohibiting Beijing X Technology Company from accessing information on X review website by modifying the robots protocol of X review website. They assert that Shanghai Information Company has self-help remedies available and that judicial intervention is unnecessary. Beijing X Technology Company contends that its crawling of X review website's information does not violate the website's robots protocol and therefore does not constitute unfair competition. Beijing X Technology Company presents this viewpoint as part of its defense. We believe this perspective is biased and flawed.

Firstly, it's important to distinguish between the act of searching engine service providers' crawling information from other websites and the act of using this information. In cases of copyright infringement disputes, the fact that a website's robots protocol allows searching engines to crawl works on the site does not automatically mean that the use of these works by searching engine service providers does not constitute infringement. We believe that for information that does not fall within the scope of copyright protection, the actions of obtaining and using this information by searching engine service providers should be judged separately. It should not be assumed that the use of this information by searching engine service providers does not constitute unfair competition simply because their acquisition of the information is legal.

Secondly, the robots protocol is not necessarily an effective tool for websites to protect their legitimate rights and interests. For dominant searching engines like the defendant company, most websites are unlikely to be able to effectively block them. If X review website's robots protocol were to prohibit Baidu from crawling its information, it would result in a decrease in website traffic. Requiring the plaintiff to seek self-help remedies at the cost of suffering significant losses is not fair to the plaintiff.

Lastly, requiring websites to seek self-help remedies through robots protocol may not necessarily align with the public interest. On the one hand, searching engine service providers must adhere to the website's robots protocol, but on the other hand, websites cannot arbitrarily restrict searching engines from crawling website information. The internet Searching Engine Service Self-Discipline Convention issued by internet Society of China on November 1, 2012, stipulates in Article 7 that adherence to international industry practices and commercial rules, compliance with the robots protocol, should be followed. Article 8 states that website owners setting robots protocol should adhere to the principles of fairness, openness, and promotion of the free flow of information. Limiting searching engine's crawling should have industry-recognized legitimate reasons, and the robots protocol should not be exploited for unfair competition, actively fostering an environment conducive to innovation, fairness, and justice in competition.

Although Beijing X Technology Company's searching engine crawling information in this case does not violate the robots protocol of X review website, it does not imply that the company can freely use the aforementioned information. Beijing X Technology Company should, in line with the principles of good faith and recognized business ethics, reasonably control the scope and manner of using information from other websites. With its strong technical capabilities and leading market position, if Beijing X Technology Company is not subject to reasonable regulation in the lawful use of information from other websites, it could easily exploit the achievements of other websites at very low costs, achieving the goal of excluding competitors.

[Significance]

The competition in the internet industry is extremely fierce, and intense competition drives internet companies to continuously make technological innovation and in their business models. Faced with emerging types of unfair competition disputes, the judiciary must have certain degree of modesty, avoiding simply replacing commercial ethics with social morality, and allowing room for innovation and trial-and-error for enterprises. The judiciary also cannot remain passive, using the absence of explicit legal provisions as a reason to refuse to protect the legitimate rights and interests of enterprises. This case has been recognized as one of the Top 10 Influential Cases in internet Rule of Law in China from 2014 to 2016, one of the Top 10 Typical Cases in China Trial in 2016, one of the Top 10 Intellectual Property Cases by the China Case Law Research Society in 2016, one of the Top 10 Typical Cases by Shanghai courts in 2017, one of the Top10 Intellectual Property cases by Shanghai courts in 2017, one of the Top 10 Intellectual Property Judication Cases with the most research value in China in 2017, and one of the Top 10 Anti-unfair Competition Cases in 2017, as recognized by Zhonglvping Cup. It has been published in China Trial.

[Case Index]

Case Number:

First instance: Shanghai Pudong New Area People's Court (2015) PMS (Z) CZ No. 528 (May 26, 2016)

Second instance: Shanghai Intellectual Property Court (2016) H 73 MZ No. 242 (August 30, 2017)

Judges:

First instance: Xu Jun, Shao Xun, Xu Genhua

Second instance: He Yuan, Chen Yaoyao, Fan Jingbo

Drafted by: Xu Jun, Shao Xun

Translated by: Niu Tong

Proofread by: Wu Daiqing

23

Scope of Protection for Character in Fan Works

—Copyright Infringement and Unfair Competition Case between Shanghai X Entertainment Information Technology Co., Ltd. and Beijing X Cultural Media Co., Ltd. et al.

Rule

In fan works, the elements such as character from the original work serve merely as conduits for plot development and tools for authors to narrate stories, rendering them ineligible for protection under copyright law. If the accused infringing books solely utilize elements like character names and relationships identical to those in the original work, yet these elements amalgamate with fresh plot configurations to yield an entirely novel story content divergent from or dissimilar to the original work in its plot, it does not constitute an infringement of the copyright of the original work. The character and other elements in the books are creations of the original author. In the absence of explicitly stipulated agreements to exclude relevant rights, the original author retains the right to employ these elements from their original novels in crafting new works.

Basic Facts

Plaintiff: Shanghai X Entertainment Information Technology Co. Ltd. (hereinafter referred to as Shanghai X Entertainment Company)

Defendant: Beijing X Cultural Media Co. Ltd. (hereinafter referred to as Beijing X Cultural Company)

Defendant: Beijing X Publishing Technology Co. Ltd. (hereinafter referred to as Beijing X Publishing Company)

Defendant: X Publishing House

Defendant: Shanghai X Media Chain Co. Ltd. (hereinafter referred to as Shanghai

X Media Company)

Defendant: Zhang (pen name Tianxia Bachang)

Third Party: X Film and Television Media Co. Ltd.

The author of the The Adventures of Three Tomb Raiders series (two parts, eight volumes) (hereafter referred to as the Copyrighted Work) is Zhang. In January 2007, Zhang transferred all property rights related to the Copyrighted Work's copyright to the plaintiff and granted the plaintiff permission for further creation and development of peripheral products. The Adventures of Three Tomb Raiders I: the City of Sands and The Adventures of Three Tomb Raiders II were respectively adapted into the movies Chronicles of the Ghostly Tribe and Mojin-The Lost Legend (hereafter referred to as The Lost Legend).

In April 2014, Zhang entrusted the completed work Mojin Commandants: Mojin Returns (hereafter referred to as Mojin Returns) to be published by the defendant Beijing X Publishing Company, which subsequently authorized the defendant X Publishing House to publish the book. In December 2015, Mojin Returns was released. With permission from the third party X Film and Television Media Company, the book's cover featured the poster of the movie The Lost Legend, along with the statement "Nationwide Release of the Movie The Lost Legend on December 18". The back cover included endorsements from the movie's producer, director, and main actors regarding the book and the author. Defendant Beijing X Cultural Company promoted Mojin Returns book on platforms such as Sina Weibo, Douban, and WeChat public accounts, engaging in activities to associate the book with the movie The Lost Legend.

In comparing the Copyrighted Work with Mojin Returns, both are works centered around tomb raiding, featuring characters with essentially similar names, character depictions, relationships, and experiences, as well as adhering to comparable rules during tomb raiding. However, the storylines and content of the two books differ entirely.

Plaintiff ShanghaiX Entertainment Company alleges that the defendants engaged in the following actions: 1. The creation, publication, and distribution of the involved books extensively utilized elements of the plaintiff's work, such as character names, character depictions, character relationships, tomb-raiding methods, and tomb-raiding taboos, thereby infringing upon the plaintiff's rights to adaptation and other rights associated with the copyrighted novel; 2. In the process of promoting the involved books, the defendants used terms such as "The Adventures of Three Tomb Raiders",

"Hu Bayi", "Shirley Yang", "Wang Pangzi", and engaged in promotional activities related to the movie The Lost Legend, which respectively constitute unfair competition through the unauthorized use of the plaintiff's well-known product names and false advertising; 3. If the court does not recognize the above claims, it requests a determination that the aforementioned actions constitute unfair competition in violation of Article 2 of the *Anti-Unfair Competition Law. The* plaintiff requested as follows: 1. Defendants Beijing X Cultural Company, Beijing X Publishing Company, X Publishing House, and Zhang immediately cease the infringement of copyright and unfair competition in the process of publishing and distributing the Chinese-language paperback book Mojin Returns; 2. Defendants Beijing X Cultural Company, Beijing X Publishing Company, X Publishing House, and Zhang jointly publish a statement in the Xinmin Evening News to eliminate the impact; 3. Defendants Beijing X Cultural Company, Beijing X Publishing Company, X Publishing House, and Zhang jointly compensate the plaintiff for economic losses and reasonable expenses totaling CNY 20 million; 4. Defendant Shanghai X Media Company ceases the sale of the book Mojin Returns.

The five defendants argued as follows: Firstly, the storyline and content of Mojin Returns are entirely different from the The Adventures of Three Tomb Raiders series of novels, and there is no continuation of the timeline from the The Adventures of Three Tomb Raiders series. Mojin Returns is a completely new work created afresh. Secondly, the defendants did not engage in false advertising. Thirdly, the characters, tomb-raiding rules, and taboos asserted by the plaintiff are not part of the storyline but belong to the realm of ideas, which should not be protected under the Copyright Law. Fourthly, the plaintiff only obtained a general authorization for continuation works from Zhang, who still retains the right to continue writing and authorize others to write continuation works. Fifthly, the plaintiff and Zhang should jointly enjoy the fame of the involved series of novels and the rights derived from the unique product names generated thereby. Sixthly, Zhang's use of his own created character images, settings, and methods for further creation is a normal way for authors in the industry to continue their creative work and does not violate commercial ethics.

[Holding]

Pudong New Area People's Court of Shanghai after hearing the case, concluded as follows: I. the nature of the accused infringing books' use of identical character elements: the character images and other elements in the Copyrighted Work merely serve as tools for plot development and storytelling by the author, making them difficult to protect under copyright law. Although the accused infringing books use these elements, the combination of these elements with their own plots forms entirely new story content that is neither similar nor identical to the plaintiff's work in terms of plot, and there is no continuity between them, thus not constituting infringement of the plaintiff's copyright. Ⅱ. The nature of the accused infringing books' promotional activities: the movie The Lost Legend is adapted from the plaintiff's The Adventures of Three Tomb Raiders Ⅱ, making The Adventures of Three Tomb Raiders Ⅱ the original novel of the movie. However, the manner in which the accused infringing books' covers and back covers are used, along with the series of external promotional activities by the defendants, may lead the relevant public to mistakenly believe that the accused infringing books are the original works of the movie The Lost Legend or are related to its content. This behavior could result in the replacement of the plaintiff's original novel's position and cause significant damage to the plaintiff's interests. The defendants' overall promotional activities and the manner in which the covers and back covers of the accused infringing books are used constitute misleading false advertising. Ⅲ. The determination of the civil liability of the five defendants: Defendant Beijing X Cultural Company and Beijing X Publishing Company shall jointly bear responsibility for the acts committed during the joint organization of publishing and promoting the books. Defendant X Publishing House, having not participated in the promotional activities of the books, is only required to share responsibility with Defendant Beijing X Cultural Company and Beijing X Publishing Company for the false advertising behavior related to the covers and back covers of the books. Defendant Zhang did not participate in the publication and distribution of the books or the accused infringing promotion; therefore, they are not legally liable for the false advertising behavior in this case.

On May 18, 2017, Shanghai Pudong New Area People's Court issued (2015) PMS (Z) CZ No. 838civil judgment, stating: 1. Defendant Beijing X Cultural Company, Beijing X Publishing Company, and X Publishing House must immediately cease their false advertising activities. 2. Defendant Shanghai X Media Company must immediately cease the sale of books featuring the accused covers and back covers. 3. Defendant Beijing X Publishing Company, Beijing X Company, and X Publishing House must publish a statement in Xinmin Evening News to eliminate the impact. 4. Defendant Beijing X Cultural Company and Beijing X Publishing Company shall compensate the plaintiff for economic losses in the amount of CNY 900, 000. 5. X Publishing House shall jointly assume joint and several liability for the compensation amount determined in item four of the main clause of the judgment, totaling

CNY 600, 000. 6. Defendant Beijing X Cultural Company, Beijing X Publishing Company, and X Publishing House shall compensate the plaintiff for reasonable expenses in the amount of CNY 126, 000. 7. The remaining claims of the plaintiff are dismissed.

After the first-instance trial, the plaintiff and defendants Beijing X Cultural Company, Beijing X Publishing Company, and X Publishing House appealed. They later applied to withdraw their appeals. The Shanghai Intellectual Property Court issued (2017) H 73 MZ No. 273 civil judgment on May 27, 2019, stating: "Permission granted for the appellants to withdraw their appeals."

[Commentary]

As commonly understood, fan works refers to creative works produced by enthusiasts based on existing works or prototypes①. Its essence lies in the secondary creation of existing works②. Typically, any work that borrows characters or other settings from another work is considered fan work. Although the accused infringing books in this case differ slightly from the conventional notion of fan work, as the author of the accused infringing books is not a fan but the original author themselves, since the author has transferred the original copyright to someone else, the utilization of elements from the original work in creating new works does not differ significantly from fan work. Therefore, the legal issues arising from this are entirely similar to those of conventional fan works.

Ⅰ. Whether character names and images can be considered expressions of the original work

The plaintiff argues, firstly, that the protection of character names and images is through adaptation rights. According to China's Copyright Law, adaptation rights refer to the right to transform a work and create a new work with originality. Therefore, the adapted work must first possess originality and form a new work. Secondly, the content of the new work is created based on the original work. According to the "idea-expression dichotomy" principle of copyright, works protected by copyright must be externally expressed and perceptible by others, and only specific expressions of ideas are protected by copyright law, not the abstract ideas themselves. Therefore, creating a new work based solely on the ideas of the original work does not fall under the control of adaptation rights. Only by creating a new work by changing the original work while retaining its basic expression is considered an act of adaptation under

① See Wang Zheng, *The World of Fan Works: A Study of a Network Niche Culture*, Xinhua Press, 2008, p. 3.

② See Gong Lin, The Property Analysis of the Copyrights of the Same Author for Second Recreations, *Journal of Baicheng Normal University*, Vol. 4, 2012.

copyright law.① In handling the copyright aspect of this case, the key lies in identifying whether the new work utilized the expressive content of the original work during the creative process, i. e., whether the character names, images, and other elements of the original work constitute expressions of the original work, thereby obtaining protection under copyright law.

In the United States, the main method used by courts to determine whether character images can receive copyright protection is the "distinct delineation" and "story being told" approaches. The "distinct delineation" approach originated from the Nichols v. Universal Pictures Corporation case② and was later developed into a two-step logical judgment model③: the first step is to determine whether the character image has been sufficiently described and is no longer merely an idea④; the second step is to determine whether the accused infringer has copied this description process rather than just an overall abstract framework.⑤

The United States Court of Appeals for the Ninth Circuit, dissatisfied with the openness of the "distinct delineation" approach⑥, introduced the "story being told" approach to analyze the copyrightability of character images in the case of Warner Bros. Pictures, Inc. v. Columbia Broad. Sys. Inc.⑦ In this case, the Ninth Circuit held that character images can only be protected by copyright when they constitute the narrative of a story. However, if the character images merely exist as pawns in the storytelling process, they cannot be protected by copyright law.

In judicial practice, distinguishing between protected expression and unprotected ideas can be challenging and often requires case-by-case determinations based on the type, nature, and characteristics of the work. Character elements in literary works are often just tools for unfolding the plot and storytelling by the author, making them difficult to constitute expression in themselves. Character elements may only be eligible for copyright protection when they receive sufficient and unique descriptions in the narrative process and become integral to the

---

① See Wang Qian, *Course in Intellectual Property Law (Fifth Edition)*, Renmin University Press of China, 2016, p. 155.

② Nicolas v. Universal pictures corporate et al., 45 F. 2d 119 (2nd Cir. 1930). Hua Jie, A Study on the Copyright of Personage Creation in Literary Works: Enlightenment from American Jurisprudence, *Jiangsu Social Sciences,* Issue 4, 2017.

③ See Gregory S. Schienke, The Spawn of Learned Hand-A Reexamination of Copyright Protection and Fictional Characters: How Distinctly Delineated Must the Story Be Told?, 9 MARQ. INTELL. PROP. L. REV. 63, 68 – 69 (2005).

④ See Jasmina Zecevic, Distinctly Delineated Fictional Characters that Constitute the Story Being Told: Who Are They and Do They Deserve Independent Copyright Protection?, 8 VAND. J. ENT. & TECH. L. 371 (2006).

⑤ See MELVILLE B. NIMMER & DAVID NIMMER, NIMMER ON COPYRIGHT 2. 12 (Matthew Bender & Co. ed. 2004).

⑥ See Mark Bartholomew, Protecting the Performers: Setting a New Standard for Character Copyrightability, 41 SANTA CLARA L. REV. 341, 347 (2001).

⑦ See Warner Bros. Pictures, Inc. v. Columbia Broad. Sys. Inc., 216 F. 2d 945, 946 (9th Cir. 1954).

story itself. Character names and relationships, when detached from the narrative, are often too simplistic to qualify for copyright protection as expressions. Therefore, in this case, whether Mojin Returns infringes upon the original work's copyright depends on whether the narrative presented by the use of character names, relationships, and other elements in Mojin Returns bears similarity to or continuity with the original work's narrative. Upon comparison, Mojin Returns features its own independent plot and expression. It combines these elements with its own plot to form a completely new story that is neither similar nor continuous with the plaintiff's work. Additionally, the methods and taboos of tomb robbing used in Mojin Returns are merely industry-related mnemonic content from the tomb-robbing profession, lacking specific plot details and thus cannot constitute independent expressions found in "The Adventures of Three Tomb Raiders." Therefore, the character names, images, and other elements claimed by the plaintiff still fall within the realm of ideas and cannot be protected objects under copyright law. Mojin Returns is not an adaptation of "The Adventures of Three Tomb Raiders."

Ⅱ. The possibility of unfair competition

When fan works are used for non-commercial purposes, original authors generally adopt a tolerant attitude. For instance, the British author of the *Harry Potter* series stated on the official website that as long as readers do not use the characters for purposes against ethics, morals, or involve in pornography, they can create fan works for non-commercial purposes without the author's authorization. However, when fan works are used for commercial purposes, disputes often arise due to significant economic interests.

In fan work disputes, original copyright holders typically argue that when fan works are used for commercial activities without their permission, this behavior infringes upon the original work's market share and harms its economic interests. Therefore, even if it cannot be protected under copyright law, it should be protected under the Anti-Unfair Competition Law. There are two viewpoints in practice regarding this matter. The first viewpoint holds that the borrowed original works are already published, attracting a relatively stable target audience based on their defined themes, content, and presentation methods. Due to the dependency of fan works on the original works, the public is likely to research the related original works after viewing fan works, further promoting the original works. ① At this point, the creation of fan works injects fresh vitality into the original works, and its dissemination and attention will

① See Luo Tianwei, A Study on the Copyright Issues of Fan Works—Taking "The Boy in This Place" as an Example, *Intellectual Property*, Issue 8, 2017.

inevitably increase the market exposure of the original works. Therefore, the appearance of fan works does not harm the interests of the original works. In situations where copyright law does not protect them, they should not be protected under the Anti-Unfair Competition Law to avoid the phenomenon of circumventing copyright law. The second viewpoint argues that the original work has invested a significant amount of time and effort in building its reputation. The new work easily attracts the original work's fans by inappropriately attaching itself to the established reputation of the original work, rapidly occupying the market, and creating its own reputation. This is unfair to the original work. If the actions of the new work authors cannot be protected under copyright law principles, at least from the perspective of unfair competition, the behavior of the new work authors is actually a form of unjust enrichment. They have inappropriately attached themselves to the reputation of the original work without the original author's permission, which meets the criteria of unfair competition law and should be regulated through the Anti-Unfair Competition Law.

In practice, the issue of commercial use of fan works should be distinguished. If the content of fan works involves parodying the original work or depicting erotic content, these misconducts may affect the public's interest in reading the original work to some extent and damage the reputation of the original copyright holder. Therefore, when fan works parody the original work, distorting or altering the characters, such as turning morally upright characters into universally despised antagonists, the public's evaluation of the original work may decrease, thereby distorting and altering the original author's creative intentions. In this case, it is entirely appropriate to protect the rights of the original work under the author's right to integrity as stipulated by copyright law. Even if the copyright of the original work has been transferred, for the assignee of the copyright property rights, although they cannot protect their rights by asserting the personal rights of copyright under copyright law, they can still consider protecting their property rights through the application of the Anti-Unfair Competition Law.

After the completion of fan works, if they are only published by a licensed publishing house without any additional promotion, claiming a relationship with the original work, considering that the content of the new book has been clearly defined by copyright law, it falls within the scope of fair use and should not be regulated by the Anti-Unfair Competition Law. However, in practice, this situation is rare. The promotion of the new book is bound to adopt promotional measures. If it does not establish a connection with the original work, the promotion of the new book will be difficult. Therefore, if improper promotion methods are used during the promotion of the new book, leading others to mistakenly believe that the new work is an adaptation of the original work or is created and promoted with the permission of the original copyright holder. In this case, certain harmful consequences are inevitable, which may not directly manifest in the impact on the original book market but rather in the derivative product market. With the prosperity of the book market, the value reflected by books is not merely derived from book sales as in traditional sales models but is more reflected in the development of derivative products, such as adapting books into games, films, television shows, and audio recordings. If a book is successful, it can bring substantial benefits to the rights holders, especially adaptations into films or television shows, where a good script can sometimes directly determine the quality of the production. Therefore, popular television shows are usually adapted from popular novels. Merely from the income obtained from the authorization for adaptation into television shows, popular book copyright holders may receive CNY 10 millions in revenue. Therefore, the commercial interests in the derivative product market are significant. In this case, fan works, leveraging the popularity and influence of the original work, may quickly compete in the development of derivative products with the original copyright holder. The different storylines developed by similarly well-known novel characters and relatively low licensing fees may be more attractive to developers of derivative products, undoubtedly depriving the original work of commercial opportunities or affecting the fees for the external licensing of derivative products of the original work. The result is the rapid short-term gain achieved by leveraging the painstakingly cultivated popularity of the original work, which obviously diminishes the original author's enthusiasm for creation and is detrimental to the prosperity and development of the cultural market. Therefore, such behavior has led to consumer confusion and misidentification of the relationship between the new work and the original work. It harms the interests of the original copyright holder, constituting the elements of false advertising under the Anti-Unfair Competition Law, and should be identified as false advertising and regulated accordingly.

[Significance]

This case is the first nationwide dispute involving copyright infringement and unfair competition related to fan works, specifically addressing the determination of the scope of protection for literary characters. It clarifies that the protection of characters in fan works should, on the one hand, fully respect the legitimate rights and interests of the original work, while also safeguarding the freedom of creation and criticism. The case was recognized as the Top 10 Cases on IP Judicial Protecion by Shanghai Courts in 2019, the Top 10 Typical Cases on Copyright in Shanghai in 2019, the Chinese Top 10 Cases on Entertainment Law in 2019, and the Chinese Top 10 Hot Cases on Copyright in 2017.

[Case Index]

Case Number:

First instance: Shanghai Pudong New Area People's Court (2015) PMS (Z) CZ No. 838 (May 18, 2017)

Second instance: Shanghai Intellectual Property Court (2017) H 73 MZ No. 273 (May 27, 2019)

Judges:

First instance: Xu Jun, Du Lingyan, Zhang Yi

Second instance: Ling Song, Yang Fuyu, Xu Fei

Drafted by: Du Lingyan

Translated by: Niu Tong

Proofread by: Shan Hao

24

Protection of English Names Used by Chinese Enterprises in Foreign Trade under the Anti-Unfair Competition Law

—Unfair Competition Case between Jiangsu X Group Co., Ltd. and Hunan X Chemical Co., Ltd.

Rule

The English names employed by entities in this case in foreign trade activities fall within the ambit of "enterprise names" as stipulated in Article 5, Paragraph(3) of the *Anti-Unfair Competition Law* at that time. Other business operators unauthorized use of the English enterprise name of others on the export commodities and mislead the public, which is act of unfair competition involving the unauthorized use of another's business name, and is subject to the adjustment of China's Anti-Unfair Competition Law, The actual losses suffered by the rights holder may be calculated by multiplying the sales volume of infringing goods by the unit profit of the rights holder's goods during the infringement period. In ascertaining the annual sales of infringing goods, the annual sales of infringing goods may be multiplied by the product of the profit per unit of the right holders goods for that year to calculate the actual loss of the right holder. Generally, the profit of the rights holder's goods should be computed based on operating profit, after deducting relevant sales expenses, management costs, financial charges, business taxes, and surcharges from sales revenue.

Basic Facts

Plaintiff: Jiangsu X Group Co., Ltd. (hereinafter referred to as Jiangsu X Company)

Defendant: Hunan X Chemical Co., Ltd. (hereinafter referred to as Hunan X Company)

The plaintiff, Jiangsu X Company, was established on September 29, 1998, with a registered business scope encompassing pesticide manufacturing, processing, packaging, formulation and others. According to its Record Registration Form for Foreign Trade Operators, Jiangsu X Company's English enterprise name is "JIANGSU TIANRONG GROUP CO., LTD". A document issued by the Central Pesticide Central Pesticide Registration Board, Plant Protection, Quarantine and Storage Department, Ministry of Agriculture (Agricultural Cooperation Division), Government of India, on October 9, 2015, confirms the registration of the raw materials pesticide of cartap hydrochloride(Hereinafter referred to as cartap) (with a minimum effective content of 98%) produced by Jiangsu X Company, known as cartap, by the Government of India.

The defendant, Hunan X Company, was established on September 15, 2003, with a registered business scope that includes the production of cartap and others. On May 6, 2014, the Pudong New Area Market Supervision and Administration Bureau of Shanghai (hereinafter referred to as Pudong Market Supervision Bureau) confiscated 16,000 kilograms of cartap produced by Hunan X Company, intended for export to India. The outer packaging of the confiscated cartap bore the label "Manufacturer: M/s. Liyang Chemical Factory, China (Jiangsu Tianrong Group Company, Ltd., China)"—identical to the plaintiff's English enterprise name—without any additional trademarks, enterprise names, or identifiers on the packaging bags.

On May 16, 2014, in a letter addressed to the Pudong Market Supervision Bureau, Hunan X Company clarified that the inclusion of Jiangsu X Company's factory name on the packaging bags was a special request from the customer. Since 2008, they have engaged a particular Indian company for registration. Due to the prolonged registration process in India, the registration certificate has not yet been obtained, but it is anticipated to be acquired by the end of 2014.

The administrative penalty decision letter PSJACZ No. [2014] 150201402201 issued by the Pudong Market Supervision Bureau on July 5, 2014, states that Hunan X Company's utilization of Jiangsu X Company's English enterprise name violates the stipulations of Article 30 and Article 37 of the *Product Quality Law*, it is the act of falsely using another's factory name. Hunan X Company is directed to rectify the situation and is subjected to the following penalties: confiscation of 16,000 kilograms (640 bags) of cartap; a fine of CNY 300,000.

As per the customs declaration records provided by Shanghai Customs from June 2012 to January 2014, the English enterprise name of Jiangsu X Company was indicated as the production entity on the marks column of certain batches of commercial invoices and packing lists from Hunan X Company. Conversely, for other batches, the production enterprise name noted on the marks column of commercial invoices and packing lists was "SUNDAT (S) PTE. LTD., SINGAPORE" (a chemical company in Singapore). Both the plaintiff and the defendant confirmed that the aggregate value of cartap products with Jiangsu X Company's English enterprise name indicated on the commercial invoices and packing lists amounted to USD 3, 971, 920. Both parties also confirmed that the corresponding amount in CNY was calculated at a rate of CNY 6.1565 per USD.

Jiangsu X Company's audit reports for the period from 2012 to 2014 distinctly delineated the revenue and costs associated with cartap. Conversely, Hunan X Company's audit reports for the same period solely encompassed the company's overall revenue, costs, etc., without specifically detailing the revenue and costs pertaining to cartap.

The plaintiff, Jiangsu X Company, claims that the defendant, in exporting cartap to India, illicitly utilized Jiangsu X Company's English enterprise name. Upon investigation, it was ascertained that the defendant garnered profits of CNY 10, 421, 922.08 from the exportation of the implicated goods. The unauthorized utilization of Jiangsu X Company's enterprise name by Hunan X Company has inflicted losses upon Jiangsu X Company, constituting unfair competition. The plaintiff requests the court to order the defendant to compensate the plaintiff for economic losses amounting to CNY 10, 421, 922.08 and lawyer fees totaling CNY 500, 000.

The defendant, Hunan X Company, argues that they previously exported cartap to India via a chemical company based in Singapore. At the behest of Indian clientele on this occasion, they employed Jiangsu X Company's English enterprise name on the packaging bags, which have been confiscated by the Pudong Market Supervision Bureau. Previously, the packaging bags utilized by Hunan X Company for cartap exports to India did not feature Jiangsu X Company's English enterprise name; rather, only certain batches of commercial invoices and packing lists bore Jiangsu X Company's English enterprise name. The utilization of Jiangsu X Company's English enterprise name by Hunan X Company was purely for exportation purposes and did not engender misconceptions among buyers regarding the origin of the goods, nor did it impede the exportation of Jiangsu X Company's products, thus inflicting no economic losses upon Jiangsu X Company. Furthermore, Jiangsu X Company's English enterprise name lacks legal protection as it is not duly registered with the competent enterprise registration authority. Consequently, Hunan X Company's behaviour does not constitute unfair competition, and the plaintiff's claims lack both factual and legal basis, thus shall be dismissed. Even if the actions of Hunan X Company were deemed to constitute unfair competition, the damages and lawyer fees sought by Jiangsu X Company are excessive, considering the meager profit margins of Hunan X Company's products.

[Holding]

Shanghai Pudong New Area People's Court, after hearing the case, holds that the English enterprise name of Jiangsu X Company corresponds to its Chinese enterprise name, and Jiangsu X Company has actually used this English name in its business activities. The English enterprise name has thus acquired the function of identifying market entities and falls within the protection of Article 5, Paragraph 3 of the Anti-Unfair Competition Law. ① Therefore, it is legally protected by the Anti-Unfair Competition Law. By using Jiangsu X Company's English enterprise name on the exported cartap to India, Hunan X Company subjectively intends to counterfeit, and objectively misleads others into believing that the goods are from Jiangsu X Company, thereby encroaching on Jiangsu X Company's export market share and causing harm. The actions of Hunan X Company not only infringe upon the legitimate rights and interests of Jiangsu X Company but also disrupt the normal order of foreign trade markets. Consequently, Hunan X Company's behaviour constitutes the unfair competition act of unauthorized use of another's enterprise name as stipulated in Article 5, Paragraph(3) of the *Anti-Unfair Competition Law*.

The compensation amount for unfair competition can be calculated based on the losses suffered by the rights holder during the infringement period, namely the sales volume of infringing goods multiplied by the unit profit of the rights holder's identical product. According toJiangsu X Company's annual audit reports, the operating profit margin of Jiangsu X Company's cartap products can be calculated. The court, based on the amount of cartap exported by Hunan X Company and the operating profit margin of Jiangsu X Company's product, calculated Jiangsu X Company's economic loss to be CNY 3, 125, 069. 20.

On November 10, 2016, Shanghai Pudong New Area People's Court issuedcivil judgment (2015) PMS (Z) CZ No. 1887: The defendant shall compensate the plaintiff for economic

① The Anti-Unfair Competition Law was revised in 2017 and 2019 respectively. The Articles cited in this document are based on the pre-2017 revision of the Anti-Unfair Competition Law.

losses of CNY 3, 125, 069. 20 and reasonable expenses of CNY 200, 000.

After the first-instance judgment, neither the plaintiff nor the defendant filed an appeal.

[Commentary]

Ⅰ. Conditions for protecting English names of enterprises used in foreign trade under the Anti-Unfair Competition Law

In domestic business operations, Chinese enterprises commonly employ Chinese names, while for foreign trade, they often use English names. Presently, the authorities responsible for corporate registration do not handle the approval and registration of English names for Chinese companies. According to Article 9 of the *Foreign Trade Law*, foreign trade dealers engaged in import and export of goods or technologies shall register with the authority responsible for foreign trade under the State Council or its authorized bodies. During registration, they are required to submit a Registration Form for Foreign Trade Operators, which includes a section for the "English name of the foreign trade dealers". Foreign trade dealers may choose their English names freely, whether they are translations or transliterations of their Chinese names or entirely unrelated names. Notably, authorities do not conduct substantive reviews of operators' English names during registration.

The main controversial focus in this case is whether the English enterprise names used by Chinese companies in foreign trade belong to the "enterprise names" as specified in Article 5, Paragraph(3) of the *Anti-Unfair Competition Law*. According to the *Interpretation of the Supreme People's Court on Some Issues Concerning the Application of Law in the Trial of Civil Cases Involving Unfair Competition*① (hereinafter referred to as the Interpretation of Unfair Competition), Article 6, Paragraph(1) stipulates that enterprise names lawfully registered by the registration authority, as well as foreign (regional) enterprise names used for commercial purposes in China, shall be considered as "enterprise names" under Article 5, Paragraph (3) of the *Anti-Unfair Competition Law*. Furthermore, business names within enterprise names that enjoy a certain level of market recognition and are known to the relevant public can also be classified as "enterprise names" under Article 5, Paragraph(3) of the *Anti-Unfair Competition Law*. According to this interpretation, the Anti-Unfair Competition Law protects three categories of enterprise names: names registered by the competent enterprise registration authority according to law, foreign (regional) names used for commercial purposes in China, and business names within enterprise names that have gained market recognition and are known

① The interpretation was revised in 2020; references in this document are to pre-2020 revisions.

to the relevant public.

There are two opposite viewpoints on whether the enterprise names protected by the Anti-Unfair Competition Law are limited to the aforementioned three categories. One perspective asserts that, barring circumstances expressly delineated in laws or judicial interpretations, any name identifying a business entity cannot be recognized as an enterprise name. Conversely, another viewpoint argues that while judicial interpretations list several instances of eligible enterprise names, they do not preclude other potential names from falling within this category. We find the latter standpoint to be obviously more rational. Enterprise names represent crucial business identifiers, facilitating consumer and stakeholder to recognize commercial entities through various designations. The objective of safeguarding enterprise names under the Anti-Unfair Competition Law is to curb practices causing market confusion and distortion. Whether in Chinese or English, any enterprise name legitimately employed in business operations, so long as it serves the function to distinguish the entity, merits legal protection.

In judicial practice, there has seen a gradual broadening of the interpretive scope regarding enterprise names as stipulated in the Anti-Unfair Competition Law. Notably, both business names and abbreviated forms of enterprise names have been recognized as eligible for protection. In 2006, the Supreme People's Court issued the *Interpretation of Unfair Competition*, outlining criteria for safeguarding enterprise names under the law. In 2009, the Supreme People's Court emphasized, in its *Opinions on Various Issues Concerning Intellectual Property Trials Serving the Overall Objective under the Current Economic Situation*, that "the words in the enterprise names or the abbreviations of the enterprises or enterprise names which enjoy certain market popularity, are well known to the relevant public and actually play the role of trade name shall be deemed as enterprise names and be protected through the prevention of unfair competition." This principle was made clear in a civil ruling for *dispute over infringement of enterprise name right between Shandong Crane Factory Co., Ltd. And Shandong Shanqi Heavy Industry Co., Ltd.* [(2008) MSZ No. 758]. It affirmed that, the words in the enterprise names or the abbreviations of the enterprise names which enjoy certain market popularity, are well known to the relevant public and actually play the role of trade name shall be deemed as enterprise names. Thus, the scope of enterprise names stipulated in Article 5, Paragraph(3) of the *Anti-Unfair Competition Law* extends beyond those formally registered with the enterprise registration authority. Although neither the law nor judicial interpretations explicitly regulates that English names can be protected under the Anti-Unfair Competition Law, it would be fallacious to deduce that they cannot be protected as per the Anti-Unfair Competition Law.

Foreign trade plays a vital role in China's economy, and the enterprise names utilized by Chinese entities in foreign trade operations have evolved into crucial commercial signs, embodying the enterprises' reputation. When Jiangsu X Company was registered as a foreign trade operator, it adopted the English name "JIANGSU TIANRONG GROUPCO., LTD". Similarly, this English enterprise name was employed during the registration process of Jiangsu X Company's pesticide product, cartap, with relevant Indian authorities. This English name correlates with Jiangsu X Company's Chinese name and is actively employed in its commercial endeavors. Consequently, it serves as a distinctive marker of the market entity and falls within the scope of enterprise names protected by Article 5, Paragraph (3) of the *Anti-Unfair Competition Law*, thus warranting legal protection. Both Jiangsu X Company and Hunan X Company are involved in the production and export of the active ingredient for cartap. However, as Hunan X Company's version of the pesticide has yet to secure registration with Indian agricultural authorities, it cannot export the product to India under its own name. By appropriating Jiangsu X Company's English name for exported goods, Hunan X Company demonstrates a deliberate intent to deceive and, in effect, misleads consumers into associating the products with Jiangsu X Company, thereby encroaching on Jiangsu X Company's export market share and causing damage. Such actions not only violate Jiangsu X Company's legitimate rights and interests but also disrupt the orderly functioning of the foreign trade market, constituting unfair competition under Article 5, Paragraph (3) of the *Anti-Unfair Competition Law*, which prohibits the unauthorized use of another company's enterprise name.

Ⅱ. Calculation of Compensation

In judicial practice, determining the exact amount of damages in the majority of intellectual property infringement cases proves elusive, as either the rights holder's losses or the infringer's profits often remain undisclosed. Consequently, courts are compelled to exercise discretion in quantifying compensation. In the present case, relying on the defendant's customs declaration records retained by customs authorities, the court has managed to ascertain the aggregate value of the defendant's exports of cartap under the plaintiff's English name. Article 14 of the *Interpretation of the Supreme People's Court Concerning the Application of Laws in the Trial of Cases of Civil Disputes Arising from Trademarks* stipulates that the interests obtained from infringement as provided in Article 56, Paragraph (1) of the *Trademark Law* may be calculated as the product of the sales volume of the infringing commodities and the unit profit of the commodities concerned. In case it is impossible to know the unit profit of the commodity, the unit profit shall be the commodity which is represented by the registered trademark. Meanwhile, Article 15 stipulates that the losses incurred from infringement as provided in Article 56, Paragraph(1) of the *Trademark Law* may be computed as the product of the reduced sales volume of the commodities concerned resulting from the infringement and the unit profit of the commodities which are represented by the registered trademark. Adhering to the aforementioned provisions, the compensation amount in this case can be derived from the sales volume of the infringing goods multiplied by their unit profit. Hence, the determination of both the sales volume of the infringing products and the unit profit of the rights holder's products are key essenses to determine the compensation amount. While both parties have reached a consensus on the sales volume of the infringing goods, contention persists regarding the unit profit of said goods. When computing the profit margin, two primary issues must be solved: the type of profit and apportion of relevant expenses.

First, the type of profit. Profit can be categorized into operating profit and sales profit. Neither the *Trademark Law* nor the Anti-Unfair Competition Law explicitly specify whether compensation for profits refers to operating profit or sales profit. Article 20, Paragraph(3) of the *Several Provisions of the Supreme People's Court on Issues concerning the Application of Law in the Trial of Cases on Patent Disputes*, which came into effect on July 1, 2001, stipulates: "The profits obtained by the infringer from the infringement may be counted according to the product of multiplying the total amount of that infringing product sold in the market by the reasonable profit of each infringing product. Generally, the profits obtained by the infringer from the infringement are counted according to the business profits of the infringer, as to the infringer that depends on infringement as his job, the loss may be counted according to the sales profits." Subsequent revisions of judicial interpretations on patents have consistently adhered to this provision. The Supreme People's Court has pointed out: "Under the current accounting system, the concept of profit generally encompasses operating profit, product sales profit, and net profit. Operating profit refers to the profit obtained after deducting management and financial expenses from product sales profit. Sales profit refers to the profit obtained after deducting corresponding sales costs (including manufacturing costs and sales expenses), product sales taxes, and additional expenses from product sales revenue. Net profit refers to the profit obtained after deducting income tax from operating profit. Since sales profit is typically much higher than operating profit in most cases, the determination of which profit to use for calculating compensation is of significant importance to the parties involved and requires clarification."①

In our opinion, in trademark infringement disputes, the aforementioned provisions can

① See Cao Jianming (ed.), *Interpretation of the New Patent Law*, People's Court Press, 2002 Edition, p. 101.

serve as a reference, whereby the benefits obtained by the infringer due to infringement are generally calculated based on the infringer's operating profit. As to the infringer that depends on infringement as his job, sales profit may be used for calculation. Financial expenses, management expenses, and other similar costs typically constitute a significant proportion of overall enterprise expenditure. Under normal circumstances, these expenses are indeed incurred by the defendant and should accordingly be deducted from the defendant's profits derived from infringement. Therefore, calculating compensation based on operating profit for general infringement activities is fairer to the parties involved and aligns more closely with the actual profits obtained by the infringer. In this case, besides selling the infringing goods, the defendant also conducts other legitimate business operations, and the value of the infringing goods accounts for only a small portion of its total revenue. As the defendant does not depend on infringement as its job, calculating the compensation amount based on operating profit is more reasonable.

Secondly, regarding the allocation rule: when calculating the compensation amount, the choice between using the defendant's profit margin or the plaintiff's profit margin depends primarily on the plaintiff's claims and the evidence presented by both parties. Multiplying the sales volume of the infringing goods by the unit profit of the defendant's sales of those goods determines the defendant's profit from infringement. Similarly, multiplying the sales volume of the infringing goods by the unit profit of the plaintiff's sales of those goods determines the plaintiff's loss. This calculation method presumes that for every unit of infringing product sold by the defendant, the plaintiff loses the opportunity to sell one unit of its product. In this case, both the plaintiff and the defendant have submitted their respective companies' annual audit reports. The annual audit report of Hunan X Company only includes the overall profit statement of the company, without specifically listing the revenue and costs related to cartap. Therefore, based on its annual audit report, it is impossible to calculate the profit margin of cartap for Hunan X Company. On the other hand, the annual audit report of Jiangsu X Company not only contains the company's profit statement but also separately lists the revenue and costs related to cartap, enabling the calculation of the profit margin specifically for this product. Since the unit profit of cartap for Hunan X Company cannot be determined, it is reasonable to calculate the compensation amount based on the unit profit of cartap for Jiangsu X Company.

[Significance]

The people's courts actively exercise jurisdiction according to law when Chinese enterprises involved in "going global" strategy encounter intellectual property disputes. Through proactive judicial jurisdiction and accurate legal application, they contribute to the improvement of the platform for intellectual property protection and promote the implementation of the Belt and Road Initiative, thereby providing strong support for "Made in China" to sail smoothly into international waters. This case was selected for publication in the Gazette of the Supreme People's Court (Issue 10, 2018).

[Case Index]

Case Number:

First instance: Shanghai Pudong New Area People's Court (2015) PMS (Z) CZ No. 1887 (November 10, 2016)

Judges and Juror:

First instance: Gong Xiaoyan, Shao Xun, Li Jiaping

Drafted by: Shao Xun, Yuan Tian

Translated by: Niu Tong

Proofread by: Wu Daiqing

25

The Act of Shopping Assistant Undermining User Stickiness on Shopping Websites Constitutes Unfair Competition

—Unfair Competition Case between Zhejiang Network Co., Ltd. and Shanghai Network Technology Co., Ltd. et al.

Rule

In assessing whether a business practice violates accepted commercial ethics within its industry, an analysis of its intent, method, and consequences, while considering the interests of all involved parties, is warranted. The shopping assistant, by strategically placing discount indicators on shopping website pages, redirects users to its own platform for transactions, thereby maliciously eroding the stickiness of shopping website users. Such actions violate widely accepted commercial ethics and constitute unfair competition within the industry.

Basic Facts

Plaintiff: Zhejiang X Network Co., Ltd. (referred to as Zhejiang Company hereafter)

Defendant: Shanghai X Network Technology Co., Ltd. (referred to as Shanghai Technology Company)

Defendant: Shanghai X Software Co., Ltd. (referred to as Shanghai Software Company)

The plaintiff, Zhejiang Company, operates a specific shopping website, which serves as an online shopping platform offering various payment methods, customer services including after-sales management, communication tools or platforms, credit evaluations, as well as value-added and distinctive shopping-related services, either for a fee or free of charge.

Defendant Shanghai Technology Company launched a specific shopping assistant website in December 2011, with a homepage resembling that of the plaintiff's shopping website, providing vertical search services for other shopping websites. Shanghai Software Company, a subsidiary of Shanghai Technology Company, was commisioned by it to develop the shopping assistant and provide technical support. The shopping assistant was officially launched in September 2012 and made available for downloading through its website and other third-party platforms.

When users install and run the shopping assistant software and then log in to the shopping website: 1. At the top of each webpage, there will be a line of content inserted, from left to right, consisting of the defendant's website logo, recommended images such as "Double 11 Return" (clicking on the image will redirect to the product or event on other shopping websites), a search box with the defendant's website logo (searching in this box will redirect to the search result pages of the shopping assistant website), a login entrance, a collection button, "Shopping Cart on Shopping Assistant Website", and a zoom icon. 2. In the purchase information on the product details page, a QR code, a "Collect and Price Drop Alert" icon, recommended images, a price trend indicator (clicking will expand the price trend graph), and a discount button with a discount mark inserted beside or below the original "Buy Now" and "Add to Cart" buttons. 3. Clicking the discount button will redirect to the product details page on the shopping assistant website, which is roughly similar to the original page of the shopping website. Clicking the purchase button will take users to the registration/login interface of the shopping assistant, where they can complete the ordering, payment, and other processes after logging in, with the funds going directly to the account of Shanghai Technology Company. Subsequently, employees of Shanghai Technology Company will place orders on the shopping website based on the information provided by users, and the corresponding sellers will ship the products to the users.

Upon examination, it was determined that after running the software, the dynamic webpage code files comprising the shopping website were modified, with external code inserted to form new webpage files. The original page and the inserted elements are rendered and displayed to users sequentially, appearing as a layered webpage, yet users cannot distinguish this sequential process.

Numerous complaints exist online regarding the relationship between the shopping assistant and the shopping website, as well as guides on how to use the shopping assistant on the shopping website to obtain discounts. There are extensive customer service records regarding the shopping assistant and its webpage within the Zhejiang Company internet, including user feedback regarding the appearance of the shopping assistant and its webpage during shopping and payment on the shopping website, mistakenly believing it to be a new feature of the website, etc.

The plaintiff Zhejiang Company alleged that the shopping assistant website operated by the defendant Shanghai Technology Company directly competes with the shopping website operated by the plaintiff. The defendant Shanghai Software Company developed the shopping assistant, which was made available for download on the shopping assistant website by Shanghai Technology Company. When users install and run the shopping assistant and then log in to the shopping website, the shopping assistant embeds various identifiers into various levels of pages on the shopping website by modifying the page code, resulting in free exposure of the defendant's information and recommended products on the plaintiff's pages. This also leads users to mistakenly believe that there is a cooperative relationship between the plaintiff and the defendant, redirecting a large number of users who originally intended to transact on the plaintiff's website to the defendant's website, disrupting transactions and significantly affecting the user experience on the plaintiff's website, resulting in loss of users. The aforementioned actions of the defendants constitute unfair competition, utilizing the plaintiff's website for unfair gains and infringing upon the lawful interests that should rightfully belong to the plaintiff. The plaintiff requested the court for the defendant to: 1. Immediately cease the unfair competition activities of both defendants; 2. Compensate the plaintiff for economic losses of CNY 10, 000, 000 and reasonable expenses of CNY 150, 000; 3. Publish a statement on the homepage of the shopping assistant website for three consecutive months to eliminate the impact, and publish a statement on the homepage of some well-known online portals for seven consecutive days to eliminate the impact. During the litigation process, given that the accused behavior has ceased, the plaintiff withdrew the first litigation request.

The two defendants argued that, 1. The final users of the shopping assistant website are not online shopping users, but rather users with demands for purchasing agents and searching comparison services. Thus, there is no direct competition between them and the plaintiff. 2. The services provided by the shopping assistant website do not violate the principle of good faith and widely recognized commercial ethics. Regarding the purpose of the behavior, it aims to meet users' reasonable demands for online shopping without any intention of "traffic hijacking" or "free riding". Regarding the method of behavior, it utilizes browser extension technology, which is a legal and neutral technology, fully respecting and safeguarding users' right to be informed and choose. Regarding the outcome of the behavior, the defendants did not gain direct benefits, nor did they harm the interests of the plaintiff's platform; on the contrary, it has a promotional effect. 3. Shanghai Software Company was commissioned by Shanghai Technology Company to develop the shopping assistant and is not involved in its operation. The corresponding functional requirements are proposed by Shanghai Technology Company, and Shanghai Software Company has fulfilled its reasonable and prudent obligations without any negligence, thus should not bear joint liability. 4. The plaintiff's claim for damages lacks basis and there is no need to eliminate the impact.

[Holding]

Shanghai Pudong New Area People's Court, after hearing the case, concludes that: 1. The internet economy has blurred the boundaries of traditional industry categories and sectors. When determining whether a competitive relationship exists in the online context, it should be examined based on the specific business practices of the operators. Although the operating models of the plaintiff's and defendant's websites are different, they target the same user base and compete for transactions with the same users. Therefore, a competitive relationship exists. 2. In the "customer-centric" internet competition, attracting internet users to one's own website is the basis for conducting business activities, and cultivating "user stickiness" is the key to gain competitive advantages. The plaintiff has accumulated a user base and user stickiness through long-term accumulation and substantial investment, which are its core competitive resources. The involved shopping assistant, by offering price subsidies, redirects users who originally chose to shop directly on the plaintiff's website to the shopping assistant website, thereby diminishing the plaintiff's advantage as the preferred shopping entrance and disrupting the user stickiness of the plaintiff's website, causing substantial damage to the plaintiff. 3. The business model of the shopping assistant solves the problem of information asymmetry in online shopping, which can enhance consumer welfare and also contribute to improving competition. The judgment of the legitimacy of the shopping assistant's behavior should start from the perspective of enhancing the overall social interest and comprehensively weigh the interests of shopping website operators, consumers, and shopping assistant operators. Specifically, it should examine whether the shopping assistant fully respects user rights, clearly indicates the source of the identifier, the rationality degree of its action mode, and the degree of intervention in online shopping transactions before making a comprehensive judgment. The involved shopping assistant software, without permission, inserts corresponding identifiers in key positions on the plaintiff's shopping website pages and redirects users who originally chose to shop directly on the plaintiff's website to the shopping assistant website by providing price subsidies. This undermines the user stickiness of the plaintiff's shopping website. Its essence lies in using the competitive advantage gained from others' years of operation to seek its own transaction opportunities, violating the widely recognized commercial ethics in the field of shopping assistants, it is unfair and constitutes unfair competition.

On April 11, 2017, Shanghai Pudong New Area People's Court held the Civil Judgment (2015) PMS (Z) CZ No. 1962: 1. Shanghai Technology Company and Shanghai Software Company shall jointly compensate Zhejiang Company for economic losses of CNY 1, 000, 000 and reasonable expenses of CNY 100, 000 within ten days from the effective date of the judgment; 2. Shanghai Technology Company and Shanghai Software Company shall, within 15 days from the effective date of the judgment, jointly issue a public statement on the homepage of the shopping website and the shopping assistant website for 15 consecutive days to eliminate the adverse effects of their unfair competition on Zhejiang Company.

After the judgment of first instance, both defendants appealed. On December 14, 2017, Shanghai Intellectual Property Court rendered the Civil Judgment (2017) H 73 MZ No. 197: the appeal was rejected and thefirst instance judgment was upheld.

[Commentary]

In the fast-paced world of the internet, many acts detrimental to the interests of other operators are not specifically regulated by the Anti-Unfair Competition Law. As a result, the aggrieved party often chooses to file a lawsuit based on the principle provision of Article 2 of the law. In the application of this provision, the key and difficulty lie in determining whether the defendant's conduct is unfair.

Ⅰ. Standards for determining unfairness

In the internet environment, where competition is abundant and different operators often need to attract traffic to each other, and various products have a certain degree of dependence and relevance, many business practices, especially innovative business models, may more or less harm the interests of other operators, but they may also bring certain benefits to consumers. The interests protected by the Anti-Unfair Competition Law are diverse. In addition to protecting the legitimate rights and interests of operators, it also protects consumer interests and even public interests by regulating unfair competition behavior. Therefore, in the internet sector, behavior that harms the interests of competitors does not necessarily constitute unfair competition. Only when the conduct causing harm also exhibits unfairness can it be deemed as unfair competition. This kind of unfairness refers to the violation ofthe principle of good faith and widely recognized commercial ethics as stipulated in the Anti-Unfair Competition Law. In market competition, the principle of good faith is also reflected as widely recognized commercial ethics, which are the behavior standards universally acknowledged and accepted by market participants in specific business domains. It is necessary to analyze the impact of the defendant's conduct on the interests of operators, consumers, and the competitive order from the perspective of multiple stakeholders, and conduct rigorous and meticulous benefit assessments and comparisons of the consequences of the impact to prevent moral judgments that deviate from the objectives of Anti-Unfair Competition Law. In the specific determination, factors such as the general practices in specific business domains, the subjective status of the parties involved, the methods of conduct, and the consequences of conduct should be analyzed. Based on this analysis, a balance and judgment of the interests of multiple parties should be made.

Ⅱ. Determination on the legitimacy of shopping assistant behavior

(Ⅰ) General overview of the shopping assistant field

Shopping assistants have emerged as a service model with the continuous development of online shopping. Their core function is price comparison, providing consumers with vertical and horizontal price comparisons, price drop alerts, and other comparison services. Some also offer vertical search, whole via network collection services, etc. The operating principle of these functions is similar to that of search engines. They use web crawling technology to retrieve product information from various shopping websites, analyze big data, and provide consumers with references on prices, styles, and other aspects. This business model leverages the user base of different shopping websites, which raises concerns about exploiting others' platforms to expand business. However, this business model, through technological innovation and integration, allows consumers to compare products from different shopping platforms in real-time, addressing the problem of information asymmetry in online shopping. It improves price transparency, promotes diversified choices, and enhances consumer welfare. At the same time, it encourages shopping platforms to attract users through personalized services, fostering innovation and improving competition. From this perspective, shopping assistants, compared to the competitive actions implemented by shopping websites, represent a form of encouraged benign competition. Shopping websites have a certain obligation to tolerate this business model.

However, shopping website operators have legitimate rights to their display space, and shopping assistants should be cautious and moderate when expanding services in this space. Shopping assistants should fully respect users' right to know and choose. The content, location, and functionality of inserted information should be subject to certain restrictions to avoid improper interference with the normal operation of shopping websites or confusion among consumers about trading partners or platforms.

(Ⅱ) Determining the legitimacy of shopping assistant behavior

The shopping assistant website in question is a software that provides price comparison, vertical search, and purchasing assistance services for online shopping. In terms of behavior, the shopping assistant website inserts symbols and buttons directly into prominent positions on the product detail pages of the shopping website, seamlessly blending with the original content of that website. Moreover, the discount button directs consumers to the defendant's website for transactions, with users unable to choose to close the above information. This behavior disrupts the integrity of the plaintiff's website, preventing the plaintiff from displaying information on their website as desired, and constitutes excessive interference with the plaintiff's normal operations.

In terms of consequences, 1. the services provided by the shopping assistant website can bring benefits to consumers, having certain positive market effects; 2. by leveraging consumers' trust in the quality of the plaintiff's platform and their desire for discounts, the shopping assistant website increases the defendant's user registration and transaction volume, from which the defendant can profit; and 3. the plaintiff suffers damage due to the defendant's behavior. For e-commerce websites, traffic inlets have high economic value. The plaintiff's website, based on providing a free platform, has nurtured a large number of stable users through an extremely rich supply of goods and services, as well as diversified value-added and characteristic services, making it the preferred traffic inlet for consumers when shopping online, with extremely high user stickiness. Although there is no evidence showing an overall decrease in traffic on the plaintiff's website due to the defendant's behavior, there has been a change in the initial entry of consumer traffic, whereby users who previously chose to shop directly on the plaintiff's website now opt to obtain shopping services from the shopping assistant website. Additionally, due to the intervention of the shopping assistant website, transactions with merchants on the plaintiff's website are conducted by the defendant rather than consumers. This means that the plaintiff will be unable to access the data information generated by consumers during the consumption process, which undoubtedly holds immense commercial value for e-commerce websites. It is evident that the behavior of the shopping assistant website in question undermines the user stickiness of the plaintiff's website and damages the plaintiff's legitimate rights and interests. Over time, this may also lead to the loss of motivation for e-commerce platforms to cultivate user stickiness, disrupting the market competition order in the online shopping industry. Furthermore, the discount button of the shopping assistant website may lead consumers to the defendant's website for transactions, potentially causing confusion about the entity providing the service.

Although the software in question provided certain notifications before installation, the content of these notifications was insufficient to effectively dispel the confusion experienced by the relevant public during the software's use. From the perspective of balancing interests, the harm caused to the plaintiff by the defendant's actions does not correspond proportionally to the positive effects achieved. The defendant's provision of price comparison and purchasing assistance services does not necessarily have to be achieved through this means and could be conducted through more appropriate methods. For example, the defendant provided evidence of other shopping assistants such as Fanli Website and Sogou Shopping Assistant during the trial, none of which employed the method of inserting discount buttons in prominent positions on shopping website pages, nor did they intervene in transactions between consumers and corresponding online sellers. While the actions of shopping assistants in providing price comparison and other services are commendable, the specific manner in which these services are provided should be subject to moderate regulation. Prohibiting the actions of the shopping assistant website in question does not equate to banning the business model of shopping assistants, and it will not have a substantial impact on the interests of shopping assistant operators and the industry, but it can protect the plaintiff's main profit model at present.

In summary, the court finds that the actions of the shopping assistant in question violate the widely recognized commercial ethics in the field of shopping assistants and constitute unfair competition.

[Significance]

This case marks the first time in China where maliciously disrupting website user stickiness behavior has been recognized as unfair competition. The ruling, analyzing factors such as the purpose, method, consequences, and balance of interests from the perspective of recognized commercial ethics in the field, holds significance for similar cases. Additionally, the judgment delineates the legitimate boundaries of the shopping assistant business model, contributing to further standardization of competition in the shopping assistant field and the e-commerce industry. Widely covered by numerous media outlets including CCTV, People's Court Daily, and Xinmin Evening News, this case has been included in the Annual Cases of Chinese Courts (2019) and the Selected Cases of People's Court Vol. 11, as well as recognized as one of the Top 10 Intellectual Property Cases of 2017 in China for its research value.

[Case Index]

Case Number:

First instance: Shanghai Pudong New Area People's Court (2015) PMS (Z) CZ No. 1962 (April 11, 2017)

Second instance: Shanghai Intellectual Property Court (2017) H 73 MZ No. 197 (December 14, 2017)

Judges:

First instance: Xu Jun, Ni Hongxia, Ye Jufen

Second instance: He Yuan, Xu Fei, Fan Jingbo

Drafted by: Ye Jufen

Translated by: Niu Tong

Proofread by: Wu Daiqing

26

Determination of the Legitimacy of Competition Behavior by Operators of Underlying Security Software

—Unfair Competition Case between Shanghai X Network Technology Co., Ltd. and Beijing X Network Technology Co., Ltd. et al.

Rule

If operators of underlying security software, by leveraging their privileges and user trust under the pretext of safeguarding computer system security, engage in behaviors beyond reasonable limits of software operation. They do so either by themselves or through methods such as false pop-ups and threatening pop-ups to induce users to change browser homepages without permission, interfere with the operation of other software, or discriminate against other software, thereby depriving others of equal choice rights and harming the legitimate rights and interests of other operators or consumers, which constitutes unfair competition.

Basic Facts

Plaintiff: Shanghai X Network Technology Co., Ltd.

Defendant: Beijing X Network Technology Co., Ltd.

Defendant: Beijing X Mobile Technology Co., Ltd.

Defendant: Beijing X Security Software Co., Ltd.

The plaintiff, Shanghai X Network Technology Co., Ltd., primarily engages in internet products such as 2345 website navigation and 2345 flagship browser. Among these, the 2345 website navigation has more than 40 million users, with daily access to 25 million visitors, ranking among the top in the industry.

The defendant, Beijing X Network Technology Co., Ltd., is the hosting unit of

Kingsoft Network Website (homepage: www. ijinshan. com) and Cheetah Mobile Website (homepage: www. cmcm. com). Jinshan Network Website is labeled as the official website of Kingsoft Antivirus in Baidu search results, with its homepage being the download page for Kingsoft Antivirus 10 software. The website's product introduction includes Kingsoft Antivirus software, and its information center promotes and introduces topics related to Kingsoft Antivirus and Kingsoft Network. Cheetah Mobile Website introduces Cheetah Mobile products, mentioning core products like Kingsoft Antivirus software, while also providing multi-platform products such as the Duba (Antivirus) Website Directory.

The defendant, Beijing X Mobile Technology Co., Ltd., operates the Duba Website Directory (homepage: www. duba. com) and a website titled "Kingsoft Antivirus Official Website" (homepage: www. duba. net). The latter provides download services for Kingsoft Antivirus 11 software and contains introductions to various historical versions of Kingsoft Antivirus software.

The defendant, Beijing X Security Software Co., Ltd., is the software operator as shown in the End-user License Agreement of Kingsoft Antivirus. According to the results of a search on the National Enterprise Credit Information Publicity System, the contact phone numbers and e-mail addresses disclosed by the three defendants are identical.

During the installation, operation, and uninstallation processes of Kingsoft Antivirus software, the following six types of situations exist.

1. After clicking the "One-click Cleanup" button in the "Junk Cleanup" function of Kingsoft Antivirus, the user's homepage set to 2345 website navigation in the IE browser is changed to Duba Website Directory.

2. Clicking the "Upgrade Now" button in Kingsoft Antivirus and restarting Kingsoft Antivirus after the upgrade, a pop-up window appears, displaying "Immediately lock Duba Website Directory as the browser homepage to protect the browser homepage from being tampered with", with the default checkbox set on the left side. Without performing any other operations, opening the 2345 flagship browser reveals that the original homepage set to 2345 website navigation has been changed to Duba Website Directory. Subsequently, removing the aforementioned default checkbox and closing the Kingsoft Antivirus window, then reopening the 2345 flagship browser, still displays Duba Website Directory as the homepage instead of the originally set 2345 website navigation.

3. After clicking the "One-Click Cloud Kill" button and then the "Version Upgrade" button in Kingsoft Antivirus, opening the IE browser, 2345 flagship browser, and 360

Secure Browser reveals that the original homepage set to 2345 website navigation has been changed to Duba Website Directory. However, opening Sogou High-speed Browser and Cheetah Secure Browser reveals that the original homepage set to 2345 website navigation remains unchanged. After uninstalling Kingsoft Antivirus, the homepages of the aforementioned browsers are restored to 2345 website navigation.

4. After completing the installation of Kingsoft Antivirus, a pop-up window appears, displaying "Set the browser homepage to Duba Navigation," with the default checkbox set on the left side and the "I know" button on the right side. Without clicking the "I know" button, opening the IE browser reveals that the original homepage set to 2345 website navigation has been changed to Duba Website Directory. Removing the default checkbox mentioned above and then clicking the "I know" button, and reopening the IE browser, still displays Duba Website Directory as the homepage instead of the originally set 2345 website navigation. After uninstalling Kingsoft Antivirus and reopening the IE browser, the homepage is restored to 2345 website navigation.

5. During the operation of Kingsoft Antivirus, a pop-up window appears, displaying "Kingsoft Antivirus 10 enables secure website navigation to prevent access to malicious websites. We recommended you to enable secure website navigation to stay away from viruses and fraudulent websites, and browse the internet with peace of mind" with a "One-click Enable" button below. After clicking the "One-click Enable" button, opening the IE browser reveals that the original homepage set to 2345 website navigation has been changed to Duba Website Directory. However, opening the 2345 flagship browser still displays the original homepage set to 2345 website navigation. After uninstalling Kingsoft Antivirus, the IE browser homepage is restored to 2345 website navigation.

6. Before and after installing Kingsoft Antivirus, opening the IE browser homepage reveals that the homepage is already set to 2345 website navigation. After uninstalling Kingsoft Antivirus and then reopening the IE browser, the homepage is changed to Duba Website Directory.

The plaintiff, Shanghai X Network Technology Co., Ltd., alleged that it is a professional internet company, and its 2345 brand products enjoyed high visibility and reputation in the industry. Among them, the core product 2345 Website Navigation (domain: www.2345.com) ranked among the top three navigation websites, the number of user reached 40 million. The three defendants jointly operated the Kingsoft Antivirus software and have been utilizing various technical means since 2014 to hijack users' browser homepages set to 2345 Website Navigation to Duba Website Directory during the installation, operation, upgrade, and uninstallation of the software. In this process, the three defendants also discriminated against the plaintiff's 2345 Browser and other browsers. Traffic holds significant economic value for internet companies, and the defendants' aforementioned actions clearly violated the principle of good faith and recognized business ethics. These actions not only significantly reduced the traffic to 2345 Website Navigation but also severely affected the user experience and reputation of the plaintiff's products, resulting in significant economic losses and damage to the plaintiff's reputation. The plaintiff requested as follows: 1. Immediate cessation by the three defendants of unfair competition behaviors such as altering homepages and hijacking traffic from the plaintiff; 2. Public clarification of facts and elimination of the impact at the top of the defendants' official homepage (domains: www. duba. com, www. ijinshan. com, and www. duba. net), and continuous publication of an apology statement for no less than 30 days, with an area not smaller than 10cm × 10cm; 3. Joint compensation by the three defendants to the plaintiff for economic losses totaling CNY 10 million; 4. Joint compensation by the three defendants to the plaintiff for notary fees totaling CNY 13, 060.

The three defendants jointly argued as follows: First, Beijing X Security Software Co., Ltd. is an independent operator of Kingsoft Antivirus software, and there is no mixed operation among the three defendants. Therefore, Beijing X Security Software Co., Ltd. and Beijing X Mobile Technology Co., Ltd. are not suitable defendants in this case. Specifically, Beijing X Security Software Co., Ltd. only provides download services for Kingsoft Antivirus software on the Jinshan Network Website (domain: www. ijinshan. com), which is not the official website of Kingsoft Antivirus. Beijing X Mobile Technology Co., Ltd. only operates Duba Website Directory and has never been involved in the operation of Kingsoft Antivirus software, nor has it collaborated with Beijing X Security Software Co., Ltd. to promote Duba Website Directory by hijacking browser homepages through Kingsoft Antivirus software. Second, by demonstrating operations on different versions of Kingsoft Antivirus software, it can be observed that the software does not engage in the traffic hijacking behavior alleged by the plaintiff during the download, installation, operation, and uninstallation processes. Third, Kingsoft Antivirus software undergoes frequent version upgrades and updates. Even if the corresponding version accused by the plaintiff of traffic hijacking behavior exists, its duration is extremely short and would not cause significant losses to the plaintiff. Moreover, the plaintiff's series of software, such as 2345 Browser and 2345 Security Guard, have protective functions that can lock the user's browser homepage through multiple channels to prevent tampering. Fourth, regarding the dispute in this case, the plaintiff has already made defamatory responses against the three defendants and Kingsoft Antivirus software, resulting in a large number of users uninstalling the software. Therefore, the unfair competition behavior alleged by the plaintiff no longer exists.

[Holding]

Shanghai Pudong New Area People's Court, after deliberation, believes that Beijing X Security Software Co., Ltd. has acknowledged itself as the operator of Kingsoft Antivirus software. Although Beijing X Network Technology Co., Ltd. and Beijing X Mobile Technology Co., Ltd. deny their joint participation in the operation of Kingsoft Antivirus software, the legal representatives of the three defendants are the same, and their main offices and contact information are identical. Moreover, there is a high degree of mixed operation in the publicity of products through websites and other forms, as the legal representatives of the three defendants are the same. Furthermore, the websites independently hosted by Beijing X Network Technology Co., Ltd. and Beijing X Mobile Technology Co., Ltd. are marked as the official website of Kingsoft Antivirus, prominently provide download services for Kingsoft Antivirus software on their homepages, and the websites to which Kingsoft Antivirus 11 software sends data requests during installation and operation are attributed to Beijing X Network Technology Co., Ltd. and Beijing X Mobile Technology Co., Ltd., respectively. Therefore, based on these factors, it can be determined that the three defendants are jointly operating Kingsoft Antivirus software and are all suitable defendants in this case.

The three defendants have implemented actions to change the homepage of users' browsers during the installation, operation, and uninstallation of Kingsoft Antivirus software. As operators of software directly competing with the plaintiff's security software and other general terminal software, the three defendants failed to take necessary and reasonable measures while performing the normal functions of security software. They exceeded reasonable limits by intervening in the operation of other software, causing harm to other operators. The defendants utilized the trust of internet users in their capacity as operators of security software, either failing to inform users or changing the homepage of users' browsers through false or intimidating pop-ups, directly infringing upon the informed consent and choice of internet users. This not only brings illegally benefits for the defendants but also actually damages the plaintiff's legitimate rights and good reputation. Additionally, the differential treatment implemented by the defendants during the process of changing the homepage of users' browsers through Kingsoft Antivirus software may result in differences in the user experience of different browsers, improperly affecting the user experience and evaluation of the plaintiff's products. Therefore, the aforementioned actions of the three defendants not only violate the principle of good faith and recognized business ethics but also violate the principle of equal competition, and constitute unfair competition.

On August 10, 2017, Shanghai Pudong New Area People's Court delivered the (2016) H 0115 MC No. 5555 civil judgment: 1. The three defendants shall immediately cease implementing the unfair competition behaviors involved in this case from the effective date of this judgment. 2. Within ten days from the effective date of this judgment, the three defendants shall publish a declaration in the top center of the homepage of the websites www. duba. com, www. ijinshan. com, and www. duba. net in a font size of 5, eliminating the adverse effects caused by the unfair competition behaviors against the plaintiff. The content and publication position of the declaration shall be subject to the approval of this court, and the declaration shall be retained continuously for thirty days. If the defendants fail to comply, this court will publish the main content of this judgment in relevant media at the expense of the defendants. 3. Within ten days from the effective date of this judgment, the three defendants shall jointly compensate the plaintiff for economic losses of CNY 3 million and reasonable expenses of CNY 13, 060. 4. The plaintiff's rest claims are dismissed.

After the first-instance judgment, all three defendants appealed. On September 17, 2018, Shanghai Intellectual Property Court rendered the (2018) H 73 MZ No. 5 civil judgment as follows: "Dismiss the appeal and uphold the original judgment."

[Commentary]

In the competitive landscape of the internet market, traffic is king, and website navigation serves as one of the most crucial traffic entrance. In the domestic internet environment of China, website navigation sites largely cater to the needs of Chinese internet users. Users can browse various websites without the need to remember or search for URLs. Due to their convenience and ease of use, website navigation sites can bring considerable traffic to various websites, thus occupying a significant position in terms of internet access. Website navigation operators provide website link services and page services (including search, shopping, practical information, etc.) to internet users while charging fees to advertisers (including website, display, search, etc.), aiming to achieve a virtuous cycle in their operations. User numbers and navigation usage are the foundation of their operations. Based on user habits, setting a website navigation site as the homepage of a user's browser undoubtedly stabilizes the frequency of use of the navigation site compared to directly entering URLs, searching, or entering website navigation sites via links. Therefore, occupying more browser homepage slots of end-users is the key for website navigation operators to obtain higher economic benefits.

In this case, the actions taken by the three defendants effectively utilize their Kingsoft Antivirus software as a foundational security software advantage to change the homepage of users' browsers to their own operating Duba Website Directory. These actions objectively deprive users of the opportunity to access and use the website navigation site operated by the plaintiff, capturing and hijacking the plaintiff's traffic. This undoubtedly leads to significant economic losses for the plaintiff. There is no precedent judgment for such competitive behavior, and due to the rapidly evolving nature of internet market competition, judicial intervention is urgently needed to resolve disputes.

The legal assessment of this behavior does not fall within the specific scope of unfair competition behaviors listed in Chapter Ⅱ of the 2017 revised Anti-Unfair Competition Law. Therefore, the general provision of Article 2 of the *Anti-Unfair Competition Law* needs to be applied. After hearing the case, the court found the following:

Firstly, the plaintiff's legitimate interests were indeed damaged by this competitive behavior. The plaintiff's operation of the 2345 website navigation constitutes legitimate business activities, and they are entitled to corresponding economic benefits from their operation. The three defendants, by using the Kingsoft Antivirus software to change users' browser homepages from the original 2345 website navigation to the Duba Website Directory, directly seized the economic benefits brought by the diversion of traffic, thereby harming the plaintiff's legitimate interests.

Secondly, the competitive behavior of the three defendants violates the principle of good faith and recognized business ethics. In this case, the Kingsoft Antivirus software operated by the three defendants utilized the system priority privileges and the trust of internet users in its capacity as foundational security software to induce or forceusers to change the browser's homepage to the Duba Website Directory without authorization through various means. This behavior clearly exceeds the necessary limits for foundational security software to achieve its functions. Based on the privileged position of foundational security software within computer systems, a relatively strict standard should be applied in judging the legitimacy of its competitive behavior. As operators of security software directly competing with the plaintiff's general terminal software, the three defendants failed to take necessary and reasonable measures while performing the normal functions of security software, thereby exceeding reasonable limits and causing harm to other operators. These circumstances are sufficient to determine that the competitive behavior of the three defendants violates the principle of good faith and recognized business ethics.

Furthermore, the competitive behavior of the three defendants harms consumer welfare. The Anti-Unfair Competition Law aims to maintain fair competition in the market order, ultimately seeking to provide users with the best goods and services through fair competition to protect consumer welfare. internet users have complete autonomy in setting their browser homepages, which directly affects their user experience and consumer welfare. Kingsoft Antivirus, as foundational security software, naturally enjoys the trust of internet users in such software. However, it interferes with internet users' choices of general internet services without authorization or by means of false pop-ups, threatening pop-ups, failing to fully protect the rights of internet users to be informed and to choose, thereby infringing on consumer welfare.

Based on this, the court determined that the actions of the three defendants violated the provisions of Article 2, Paragraphs 1 and 2 of the *Anti-Unfair Competition Law*, and constituted unfair competition. Additionally, the differential treatment by the three defendants in changing the browser homepage of internet users through the Kingsoft Antivirus software would create differences in user experience for different browsers, improperly affecting the user experience and evaluation of the plaintiff's products. Therefore, the court determined that this behavior not only violated the principle of good faith and recognized business ethics but also violated the principle of equal competition, aslso constituted unfair competition.

Regarding the civil liability that the three defendants should bear, the court, based on an examination of factors such as the number of users and traffic, the value of the traffic, the costs incurred by the plaintiff in acquiring users, the duration and scope of the defendant's infringement behavior, and subjective malice, determined the compensation amount for the loss to be the maximum amount of CNY 3 million prescribed by law at that time. This determination is scientific, appropriately compensates for the plaintiff's loss, and increases the cost of the defendant's infringement behavior.

[Significance]

In the current era of continuous development in internet technology and increasingly fierce competition in the online domain, website navigation portals have brought about significant traffic for major websites, sparking relentless competition among various operating entities. The judgment of this case establishes a standard for assessing the legitimacy of competitive behaviors among operators of underlying security software, which holds typical significance for regulating competition in traffic acquisition and establishing competition rules within the internet domain. What makes this caseis also unique in that it was adjudicated under the 2017 revised *Anti-Unfair Competition Law*, which does not specifically enumerate unfair competition practices related to the internet in its second chapter. However, the court, based on the principles of the Anti-Unfair Competition Law of our country and the provisions of Article 2 of the *Anti-Unfair Competition Law*, determined that the actions taken by the three defendants to modify the homepage of internet users, though not falling within the scope listed in the second chapter of the Anti-Unfair Competition Law, still constituted unfair competition due to the violation of the principle of good faith and recognized commercial ethics, thereby disrupting market order. The legitimate rights and interests of the plaintiff were indeed harmed by such competitive behavior, thus constituting unfair competition. In 2018, the new revision of the Anti-Unfair Competition Law in response the social development, the "Special Provision for the internet" was introduced. The Article 12. 2. 2 of this provision precisely coincides with the unfair competition practices identified by the court in this case. Therefore, the judgment of this case also serves as a commendable exploration for the Anti-Unfair Competition Law to adapt to social development and gradually improve. This case was recognized as one of Top 10 Intellectual Property Cases by Chinese Courts in 2018, Top 10 Typical Intellectual Property Cases in Shanghai in 2018, and Top 10 Judicial Protection Cases on Intellectual Property Rights by Shanghai Courts in 2018.

[Case Index]

Case Number:

First instance: Shanghai Pudong New Area People's Court(2016) H 0115 MC No. 5555 (August 10, 2017)

Second instance: Shanghai Intellectual Property Court (2018) H 73 MZ No. 5 (September 17, 2018)

Judges and Juror:

First instance: Yang Jie, Feng Xiang, Li Jiaping

Second instance: Ding Wenlian, Yi Jia, Yang Fuyu

Drafted by: Yang Jie

Translated by: Niu Tong

Proofread by: Shan Hao

27

Unauthorized Use of Well-Known Video Game Title as Movie Title Constitutes Unfair Competition

—Copyright Infringement, Trademark Right and Unfair Competition Case between X Publishing Company and X Movie Distribution Co. , Ltd. et al.

Rule

Literary and artistic creation encourages free expression, and no one can monopolize the expression of words, especially the names of works with limited expression. Movie titles are usually concise and reflect the themes, characters, and plots of the movie, serving as a highly summarized and refined representation of the movie's content. The public has the freedom to use the same title to create different movie works. Even if a movie title is registered as a trademark, it cannot prevent others from using the registered trademark as a movie title for legitimate purposes, otherwise, it will lead to unreasonable monopoly. However, the freedom of literary creation also has boundaries, and the unauthorized use of others' work titles may still constitute infringement. Although games and films are in different fields, they have significant overlap in consumer base. The names of well-known games should be protected under the Anti-Unfair Competition Law.

Basic Facts

Plaintiff: X Publishing Company

Defendant: X Movie Distribution Limited Liability Company (hereinafter referred to as X Distribution Company)

Defendant: X Film Translation Production Limited Liability Company (hereinafter referred to as X Production Company)

Defendant: Shanghai X Media Technology Limited Company (hereinafter referred to as X Media Company)

The involved game CALL OF DUTY is a first-person shooter series online game developed by the Plaintiff X Publishing Company, which was first released in the United States in 2003 and has since released 16 installments. On June 15, 2012, Plaintiff's "Call of Duty Online V1.0.0.1" was exclusively operated by Tencent Games. The game Call of Duty has gained high popularity both in the United States and in China.

Plaintiff's "CALL·DUTY 使命召唤 ONLINE" artistic work was registered with the National Copyright Administration on January 27, 2014.

Plaintiff registered two Call of Duty trademarks with the Trademark Office in 2013, with approved use in Class 9, including computer game software, movies and television programs (downloadable) with themes implied by video-on-demand services, etc.; approved service items in Class 41 include film production, film distribution, and providing online games on computer networks.

In March 2015, X Distribution Company introduced the movie The Gunman through a buyout agreement and commissioned X Production Company to translate the film into Chinese. In May 2015, the involved film The Gunman was renamed Call of Duty. It was released in domestic theaters on September 18, 2015. The film is a collaborative action movie produced by the United States, the United Kingdom, and France, telling the story of an international organization's operative who seeks to leave the organization for the sake of his loved one, but is pursued and forced into a European fugitive life after completing his final mission. By October 17, 2015, it grossed over CNY 3.98 million at the box office. In December 2015, X Media Company obtained non exclusive right to information via network dissemination for the involved film, valid until December 18, 2017. X Media Company's official website displays stills, summaries, and playbacks of the involved film Call of Duty, and the font used in the film title Call of Duty matches the font claimed by the Plaintiff for copyright in Call of Duty.

The official Weibo account of the movie Call of Duty V showcases stills of the film, promotes the "final trailer of the movie 'Call of Duty' is out... Jedi counterattack, fighting for the truth", and comments such as "the English name of this movie is The Gunman, which has nothing to do with Call of Duty..." It also includes content and stills of the movie featuring "Undead Veteran, Returns to the World, Thael" and others, where the font used in the stills matches the font claimed by the Plaintiff for copyright in Call of Duty.

Plaintiff X Publishing Company alleges that each defendant, without Plaintiff's permission, used Plaintiff's registered trademark "Call of Duty" as the Chinese name for the involved film, infringing upon Plaintiff's exclusive right to use the registered trademark "Call of Duty". The clearly misleading Chinese name used and displayed in the involved film has caused confusion with the well-known Chinese name of the "CALL OF DUTY" series of games, leading to obvious unfair competition by misleading the relevant public. Furthermore, the use of the "Call of Duty" artistic Chinese characters in the posters and trailers of the involved film blatantly plagiarizes Plaintiff's copyrighted artistic works, constituting infringement of Plaintiff's copyright. Plaintiff requests the following: 1. Immediate cessation of the defendants' infringement of Plaintiff's exclusive rights to the registered trademark and copyright, as well as their unfair competition actions that infringe upon Plaintiff's goodwill and damage Plaintiff's legitimate rights and interests; 2. X Distribution Company and X Production Company to publish a statement in national newspapers (China Film News) to mitigate the impact; 3. X Distribution Company and X Production Company jointly compensate Plaintiff with CNY 2, 000, 000; 4. X Distribution Company and X Production Company jointly compensate Plaintiff for lawyer's fees, notary fees, investigation fees, and other related reasonable expenses incurred by Plaintiff, totaling CNY 700, 000.

X Distribution Company argues that the evidence submitted by Plaintiff is insufficient to prove its legal copyright rights, and the Plaintiff is not the appropriate plaintiff. X Distribution Company denies any infringement of Plaintiff's copyright, trademark rights, or unfair competition. The compensation amount claimed by Plaintiff lacks factual and legal basis, and the lawyer's fees claimed are also unreasonable and should not be supported.

X Production Company argues that it did not infringe upon Plaintiff's copyright, trademark rights, or engage in unfair competition. The actions of X Production Company were commissioned by X Distribution Company to translate the involved film into Chinese, and X Production Company had no authority to change the film's title. When translating the involved film, X Production Company titled it "The Gunman," and it does not know why it was later renamed "Call of Duty." X Production Company did not receive any distribution revenue.

X Media Company argues that it was authorized by X (Changzhou) Cultural Media

Co., Ltd. to conduct online dissemination activities, and the involved film has been publicly screened. X Media Company is unaware of the circumstances alleged by Plaintiff and has not engaged in any infringement actions, therefore should not bear any related responsibility.

[Holding]

Shanghai Pudong New Area People's Court holds that the artwork claimed by the Plaintiff, "

" is a form of visual art protected under China's Copyright Law. The involved film Call of Duty used the exact same "Call of Duty" artistic font as the Plaintiff's work during film distribution and dissemination over the internet, thereby infringing upon the Plaintiff's right to disseminate its artistic work over the internet.

Regarding trademark infringement, the primary function of a movie title differs from that of a trademark. Therefore, a movie title cannot be equated with a trademark for goods or services. Although Plaintiff registered the "Call of Duty" trademark in Classes 9 and 41, it merely indicates Plaintiff's exclusive right to use "Call of Duty" on goods such as movie carriers and services such as film production and distribution, but does not imply Plaintiff's exclusive right to the movie title "Call of Duty". Hence, the use of "Call of Duty" in the involved film does not constitute trademark infringement.

Existing evidence demonstrates that the involved game enjoys a high level of market recognition and influence, and "Call of Duty" has become specifically associated with the Plaintiff in the gaming industry. The use of the "Call of Duty" name in the involved film constitutes leveraging the Plaintiff's goodwill associated with the well-known Call of Duty game, thereby constituting unfair competition.

Regarding false advertising, while the Plaintiff's assertions of false advertising contain certain inaccuracies, they are not sufficient to constitute false advertising. Therefore, the Plaintiff's claims are not supported.

On January 22, 2018, Pudong New Area People's Court of Shanghai delivered the (2016) H 0115 MC No. 29964 civil judgment: 1. X Distribution Company must immediately cease the infringement of the Plaintiff X Publishing Company's copyright in the involved artwork. 2. X Distribution Company must immediately cease the unfair competition behavior of using "Call of Duty" as the movie title on the involved film. 3. X Distribution Company must publish a statement in China Film News (except for the central fold) to mitigate the impact of its infringement actions. 4. X Distribution Company must compensate Plaintiff X Publishing

Company for economic losses in the amount of CNY 300, 000. 5. X Distribution Company must compensate Plaintiff X Publishing Company for reasonable expenses in the amount of CNY 300, 000. 6. The remaining claims of Plaintiff X Publishing Company are dismissed.

Following the first-instance judgment, both Plaintiff X Publishing Company and X Distribution Company appealed. Shanghai Intellectual Property Court issued (2018) H 73 MZ No. 222 civil judgment on July 25, 2018, rejecting the appeal and upholding the original judgment.

[Commentary]

The legal protection issue in this case involves the use of a well-known game title. The disputed issues to be resolved are whether the defendants' use of the same game title as the movie title constitutes an infringement of the plaintiff's registered trademark exclusive rights, whether a game title can be protected as a product name with certain influence, and whether the defendants' actions constitute unfair competition by unauthorized use of a product name with certain influence.

As a significant commercial symbol in the field of cultural creativity, the title of a work serves as its basic function of identification. However, work titles are generally short and may not meet the requirements for copyright protection. Additionally, work titles are often highly concise and serve as a distinct summary of the work's content, differing significantly from the identification function of trademarks. Therefore, work titles may not meet the strict requirements of intellectual property protection in terms of creativity or distinctiveness.① In Germany, the right to a title for the name of a work is regulated by section 5 of the *Act on the Protection of Trade Marks and other Signs* and, in terms of specific rules, by other provisions of the Trademarks Act, with the Unfair Competition Act providing a complementary and underpinning protection. If work titles cannot be protected under copyright law and trademark law, they can be considered for protection as product names with certain influence in Article 6, Paragraph (1) of the *Anti-Unfair Competition Law*, as supported by judicial practice. For example, in the case of "Lost in Thailand", the Beijing High People's Court recognized the movie Lost in Thailand as a well-known product, and the extensive use and promotion of "Lost in Journey" effectively distinguished the source of the product, making it a unique name for a well-known product. The defendant's use of "Lost in Journey" in its movie title led to

① See Peng Xuelong, Multiple Functions and Multiple Protection of Works Title—Comments on Article 6, Paragraph (3) of the *Anti-unfair Competition Law*, published in Issue 40 (5), 2018.

confusion among the relevant public, constituting unfair competition. ① At the same time, for work titles with high visibility, in trademark authorization and confirmation, the prior rights can be asserted to prevent or even prohibit others from registering. ②When a prior work title has been registered as a trademark, there is some controversy over whether the later use of the same name as the registered trademark constitutes trademark infringement or falls within the scope of regulation under the Anti-Unfair Competition Law. For example, in the case of "Legend of Xuanyuan Sword", the Chaoyang Primary People's Court of Beijing considered the movie title to be a highly summarized description of the movie theme and content, lacking in trademark significance, and thus not constituting trademark use, and therefore, no trademark infringement occurred. However, the "Xuan–Yuan Sword" series of games are well-known products, and the term "Xuan–Yuan Sword" itself has strong distinctiveness. "Xuan–Yuan Sword" constitutes a unique name for a well-known product, and the defendant's use of "Xuanyuan Sword of Legend" as the main part of its movie title is likely to cause misunderstanding and confusion among the relevant public, constituting unfair competition. ③

Trademarks possess exclusive attributes, granting their owners the right to prohibit others from using identical or similar trademarks on similar or related goods. Granting trademark protection to individual work titles would lead to inappropriate monopolization of those titles. However, in certain cases, such as with journal titles that have become synonymous with certain products due to their extensive use, they have acquired source identification functions and can be protected under trademark law. This is because they serve not only as work titles but also as identifiers of the products. Hence, they possess dual characteristics and are eligible for trademark protection. However, movie titles generally serve as highly summarized representations of the movie's theme rather than indicators of the origin of goods or services. Therefore, they do not typically function as indicators of origin and are not considered trademark usage in most circumstances. In this case, the Call of Duty game title is registered in Class 9 for computer game software, movie and television programs with suggestive themes provided via video-on-demand services (downloadable), military-themed action film negatives (exposed), and Class 41 for movie production (entertainment services), movie production, movie distribution, and providing online games via computer networks. While trademarks

---

① See Civil Judgment of the Beijing High People's Court GMCZ (2013) No. 1236.

② Provisions of the *Supreme People's Court Provisions on Issues in the Trial of Administrative Cases of Trademark Authorization and Right Confirmation* in 2017: "Where the use of the title of a work or the name of a character with relatively high popularity on the relevant goods may mislead the public, the owner of the name may claim the prior right."

③ Civil Judgment of the Chaoyang Primary People's Court of Beijing (2015) CM (Z) CZ No. 41020.

primarily serve to indicate the origin of goods or services, the Plaintiff's registered trademark in Classes 9 and 41 can only indicate the source of those goods and services specified in those classes, not necessarily game or movie titles. Generally, individual work titles do not indicate the source of goods, but rather reflect the artistic and literary content. Therefore, the Plaintiff's use of its game title is not equivalent to its use of the registered trademark in the aforementioned classes. Hence, the Plaintiff's registration of trademarks in goods such as software and services like movie production does not prevent others from reasonably using identical trademarks in movie titles. Therefore, the defendants' use of movie titles identical to the Plaintiff's registered trademark does not fall within the protection scope of the Plaintiff's registered trademark.

While the scope of rights of registered trademarks may not extend to movie titles, it does not imply that names of works such as games and movies cannot be protected under the Anti-Unfair Competition Law as "product names with certain influence." However, to obtain such protection, certain conditions must be met. These include whether the rights holder's work has achieved a high level of renown, whether the defendant's use of the same work name demonstrates subjective malicious intent, whether there are reasonable grounds for the defendant's use of the same work name, and whether it would cause confusion among the relevant public. In this case, "Call of Duty," as a game developed and distributed by the Plaintiff, has gained significant recognition among the relevant public through promotion and operation. Whether in the United States or China, it has achieved a high level of notoriety in the market. This recognition is the result of the Plaintiff's creative labor, and the commercial value and opportunities it brings are the result of the Plaintiff's significant investment of labor and capital. Therefore, "Call of Duty" has become a product name with a certain influence. Additionally, considering the process of renaming the involved movie and the pre-release publicity, the defendant's use of "Call of Duty" as the movie title demonstrates a certain degree of subjective malicious intent. The meaning of "Call of Duty" does not reflect the theme and content of the movie in question. The plot of the movie has no connection to the meaning of "Call of Duty," and the Plaintiff has continuously referenced its game in movie promotions, indicating a deliberate attempt to capitalize on the game's popularity. This deliberate attempt has led consumers to associate the movie with the game, causing confusion among relevant consumers. Therefore, the defendant's actions constitute unfair competition by unauthorized use of a product name with certain influence.

The titles of works serve as highly summarized representations of their content, typically brief and lacking the originality required for copyright protection. The public has the freedom to use the same titles to create different works. Even if a work title is registered as a trademark, it cannot prevent others from legitimately using the title; otherwise, it would lead to unreasonable monopolization. With the development of the cultural and creative industries, work titles have emerged as valuable commercial assets, embodying the consolidation of intellectual labor and capital. Inappropriately using another's work title with certain influence may constitute unfair competition. The choice of legal protection for work titles reflects the differing interests protected by trademark law and anti-unfair competition law, seeking a better balance between the rights of the rights holder and the interests of the public.

[Significance]

The trial of this case involved several complex legal issues, including whether the scope of rights of registered trademarks extends to the use of movie titles, the legitimacy and reasonableness of using another party's registered text trademark in games as a movie title, and whether movie titles can be protected under the Anti-Unfair Competition Law as product names with certain influence.

The Shanghai TV Station, *People's Court Daily*, and *Shanghai Law Journal* reported on the judgment of this case. It was recognized as one of the Top 50 Typical Intellectual Property Cases in China in 2018 and the Typical Case in Shanghai courts' efforts to enhance intellectual property protection in 2018.

[Case Index]

Case Number:

First instance: Shanghai Pudong New Area People's Court (2016) H 0115 MC No. 29964 (January 22, 2018)

Second instance: Shanghai Intellectual Property Court (2018) H 73 MZ No. 222 (July 25, 2018)

Judges and Juror:

First instance: Ni Hongxia, Ye Jufen, Li Jiaping

Second instance: Qian Guangwen, Fan Jingbo, He Yuan

Drafted by: Ni Hongxia

Translated by: Niu Tong

Proofread by: Shan Hao

28

Judicial Regulation on Conflicts between Influential Product Packaging and Registered Trademark Rights

—Unfair Competition Case between X Company Trading (China) Co., Ltd. and X (China) Co., Ltd.

Rule

If the exclusive right holder of a registered trademark uses the trademark as product packaging for a long time and it has certain influence, they have the right to choose unfair competition as a legal basis to assert the rights to influential product packaging. Competitors in the same industry knowingly use similar signs to those of the plaintiff in the same position on similar kinds of products they produced, even if the signs used are their own registered trademarks, still constitutes unfair competition if subjective fault is obvious and objectively sufficient to cause confusion or misunderstanding among consumers regarding the origin of the goods. It violates the principle of good faith and recognized commercial ethics, infringing on the plaintiff's prior rights.

Basic Facts

Plaintiff: X Trading Company (China) Co., Ltd. (hereinafter referred to as X Trading Company)

Defendant: X Company (China) Co., Ltd. (hereinafter referred to as X Company)

Defendant: Zhao

X Trading Company is the exclusive distributor in China for certain sports products of X US company. Authorized by X US company, it utilizes the trademark No. 175152 "NB", trademark No. 175153 "NEW BALANCE", and trademark No. 5942394 "N", and non-exclusively uses the "N" letter decoration on the sides of "New Balance" sports shoes, and enjoys the right to sue. Effective judgments since 2004 have confirmed that X US company has used the "N" sign on the central part (near the shoelace) of its sports shoes and has prominently promoted this "N" sign in its product advertising. Additionally, there are effective judgments confirming that the "New Balance" sports shoes of X US company have been produced and sold in China since at least 1995. The "New Balance" sports shoes prominently feature the uppercase, bold letter "N" on both sides. "New Balance" exclusive stores nationwide have continuously showcased the "N" letter decoration on the sides of the shoes through various media channels, including the internet, newspapers, and magazines.

The legal representative of X Company is the absolute controlling shareholder of Quanzhou-based Brand Sports Products Co., Ltd. (hereinafter referred to as "X Sports Products Company"). X Company holds multiple registered trademarks of the "Slanting N" series: trademark No. 997335 "" approved for registration on May 8, 1997, trademark No. 3954764 "" approved for registration on August 7, 2007, and trademark No. 4236766 "" approved for registration on August 21, 2008, all of which were transferred from X Sports Products Company to X Company. X Company operates over two thousand physical and online stores nationwide, with its large-scale store expansion starting in 2011.

In various areas of Shanghai Municipality, as well as Beijing Municipality, Jiangsu Province, and other regions, there are shops displaying signage such as "NEW · BARLUN," "NEW · BARLUN 某巴伦" (NEW · BARLUN, name of the store), and "N NEW · BARLUN 某巴伦" (N NEW · BARLUN, name of the store). Many of these shops are authorized distributors of the defendant X Company. One of these shops is operated by the defendant Zhao. The sports shoes purchased through notarization from these shops vary in style, size, and color. However, upon overall observation, all notarized items prominently feature the slanting "N" logo on the sides of the shoes.

On April 13, 2006, the Intermediate People's Court of Hangzhou, Zhejiang Province, in (2004) HMSCZ No. 393 civil judgment, held that X US company prominently used the letter "N" as a symbol on the central part (near the shoelace) of its sports shoes. Through repeated and long-term promotion and use, the originally non-distinctive "N" commercial symbol gained distinctiveness due to continued use and other social reasons. It became associated with specific products from a specific manufacturer in the minds of consumers, acquiring another meaning as a symbol of specific goods and becoming an important commercial symbol distinguishing the products of X US company from those of other sports shoe companies. On April 23,

2012, Shanghai Huangpu District People's Court, in (2010) HMS (Z) CZ No. 368 civil judgment, held that "New Balance" sports shoes are well-known products. The use of uppercase, bold "N" letters on the sides of "New Balance" shoes near the shoelaces constitutes a specific decoration of well-known products. The use of the "N" graphic symbol on both sides of the shoes by the X Sports Products Company is overall similar to the "N" letter of "New Balance" sports shoes, constituting unfair competition against X US company. The distinctive decoration of the plaintiff's well-known product existed before the formation of the defendant's exclusive right to registered trademark No. 4236766. In situations where confusion among relevant consumers may arise due to similarities between the two, X Sports Products Company should use additional distinctive marks with registered trademark No. 4236766 to avoid confusion with the pre-existing distinctive decoration of the well-known product and prevent consumer confusion.

The plaintiff, X Trading Company, alleges that the actions of the defendant Company in operating, and of the defendant Zhao in selling, products bearing the slanting N logo constitute unfair competition, infringing upon the plaintiff's product decoration featuring the influential "N" letter on the sides of shoes. The plaintiff requests the court to order the following: 1. Both defendants immediately cease the unfair competition; 2. The defendant X Company compensates the plaintiff for economic losses and reasonable expenses incurred by the plaintiff to stop the infringement, totaling CNY 30 million; 3. Defendant Zhao compensates the plaintiff for economic losses and reasonable expenses incurred by the plaintiff to stop the infringement, totaling CNY 500, 000, with the defendant X Company bearing joint liability; 4. Both defendants publish notices in the China Business Times and on the front page of Sina's website to eliminate the impact.

The defendant X Company argues that it holds the exclusive rights to registered trademarks No. 997335 "N" and No. 4236766 "N", which are legal and valid. Its use of the registered trademarks in the approved product categories complies with legal regulations and does not infringe upon the legitimate rights or interests of others.

[Holding]

Shanghai Pudong New Area People's Court, after examination, holds the following: Firstly, the dispute in this case revolves around whether the decoration of the "Slanting N logo" used on both sides of the sports shoes by the defendant constitutes illegality. As the exclusive distributor in China for X US company, the plaintiff, X Trading Company, has actual competitive interests with the defendant X Company. X US company and the plaintiff have agreed that the plaintiff shall exercise relevant litigation rights in this case. Therefore, X Trading Company is a legitimate plaintiff in this case.

Secondly, concerning whether the "N" letter decoration on the sides of "New Balance" sports shoes can be protected as influential product decoration. (1) "New Balance" sports shoes have been sold in China for a long time, with a wide sales area, diverse customer base, large sales amount, continuous and extensive advertising, and have received judicial and administrative protection on numerous occasions, leading to significant brand recognition. (2) The majority of "New Balance" sports shoe models use the N decoration on both sides, which includes two elements: the positional element, located centrally near the shoelaces, and the graphic element, the "N" letter, which is consistent with the graphic of the plaintiff's registered trademark No. 5942394 "N". Although visually, it is only an uppercase, bold letter "N", lacking strong prominence and recognizability, originally not possessing inherent characteristics for identifying specific business entities or products, the extensive and long-term promotion by X US company and the plaintiff through showcasing the "N-letter decoration on the sides of sports shoes" in advertising has been sufficient to associate goods using the "N-letter decoration" on the sides with "New Balance" sports shoes, giving the decoration a distinctive feature for identifying the origin of the goods. (3) According to evidence, the plaintiff's "N-letter decoration on the sides of New Balance sports shoes" had already formed as "influential product decoration" before the application date of the defendant's registered trademark No. 4236766 (before August 2004). (4) When an infringing act may simultaneously constitute trademark infringement and unfair competition, it constitutes a concurrent claim for relief. In cases involving concurrent claims for relief, the right holder can explicitly choose to assert one legal relationship to claim against the infringing act. In this case, the plaintiff has explicitly claimed protection of its rights under the Anti-Unfair Competition Law rather than the Trademark Law, which is a legitimate choice regarding the legal basis for protection and is not inappropriate.

Once again, the manner in which the accused infringing marks are used on the sides of the shoes is similar to the plaintiff's "N" letter decoration on the sides of the shoes. The sports shoes produced or authorized for distribution by the defendant X Company and the plaintiff's "New Balance" sports shoes both prominently feature the "Slanting N logo" or "N letter" on the sides as the most significant and noticeable part of their respective decorations. Although the mark used by X Company is its registered trademark, as a competitor in the same industry, knowingly using a mark similar to the plaintiff's "N" letter decoration on the sides of "New Balance" sports shoes in the same position on similar products, despite being aware of the influence of the plaintiff's decoration, demonstrates an obvious subjective fault of attaching to the plaintiff's reputation and causing market confusion. Objectively, it is sufficient to cause consumer confusion or misunderstanding about the origin of the goods, violating the principle of good faith and recognized commercial ethics, infringing on the plaintiff's prior rights, and constituting unfair competition.

Shanghai Pudong New Area People's Court rendered (2017) H 0115 MC No. 1798 civil judgment on April 24, 2019: The defendant X Company immediately ceased its unfair competition against the plaintiff's "N" letter decoration on the sides of "New Balance" sports shoes; published a statement regarding its unfair competition behavior in the China Business Times to eliminate the impact; compensated the plaintiff for economic losses amounting to CNY 10 million and reasonable expenses of CNY 800, 000; and rejected the plaintiff's other claims.

Following the first instance judgment, the defendant X Company filed an appeal. The Shanghai Intellectual Property Court rendered (2020) H 73 MZ No. 327 civil judgment on February 8, 2022: The appeal was rejected, and the original judgment was upheld.

[Commentary]

This case involves the judicial handling of conflicts between registered trademarks and product decorations with certain influence. Both have different rights and attributes but inevitably encounter conflicts. Starting from the principle of good faith, this case provides a judicial resolution approach for resolving conflicts between the two rights.

Ⅰ. Similarities and differences between registered trademarks and product decorations with certain influence

Functionally, registered trademarks essentially serve as identification marks to establish a connection between goods or services and their providers, enabling consumers to differentiate the source of goods. On the other hand, the original functional purpose of product decorations is merely to adorn and beautify goods to stimulate consumer desire for purchase. However, under prolonged use by operators, product decorations with certain influence also carry the function of identifying the source of goods or services, facilitating consumers to distinguish the source of goods. It is worth noting that after the amendment of the Anti-Unfair Competition Law in 2017, the term "product decorations with certain influence" replaced the original term "unique names, packaging, and decorations of famous products", highlighting the protection value of the identifiability of product decorations. Due to the commonality in identifying the source of goods, the judgment of similarity in product decorations can refer to the methods used for judging whether trademarks are identical or similar. Using the same or visually indistinguishable product names, packaging, or decorations on identical goods should be deemed sufficient to cause confusion with other well-known products. Regarding the issue of "influence", decorations adhere to the goods, and determining whether a product decoration has a certain influence involves evaluating factors such as the product's sales time, sales area, sales volume, target audience, duration and extent of promotion, and the extent of protection for well-known products. This comprehensive assessment of the product's popularity is similar to the method used to determine trademark popularity.

Although both registered trademarks and product decorations with certain influence serve the purpose of identifying the source of goods or services, their difference lies in the fact that the exclusive rights of registered trademarks are obtained through administrative authorization procedures, while "product decorations with certain influence" acquire their corresponding identification value through use, thus entitling them to civil protection under the law. The paths to obtaining these two rights or interests are different, with registered trademark exclusive rights protected by the *Trademark Law* and "product decorations with certain influence" protected by the Anti-Unfair Competition Law. The two laws provide separate regulations for similar functions, inevitably leading to conflicts of rights. Once conflicts arise between the two, it can easily lead to market confusion, making it difficult for consumers to determine the source of goods and causing harm to both businesses and consumers.

Ⅱ. Various scenarios and judicial approaches to conflicts between registered trademarks and product decorations with certain influence

As previously discussed, conflicts between registered trademarks and product decorations with certain influence inevitably arise. In the case at hand, the defendant, a certain company, presented two defenses. Firstly, they argued that since the plaintiff's "N letter" trademark had been approved and registered validly, the plaintiff lacked the right to initiate legal proceedings for unfair competition regarding the same mark. Secondly, they asserted that their use of the "slanted N logo" on both sides of sports shoes closely resembled their registered trademark No. 4236766 "N". Consequently, they claimed that given their exclusive rights to the registered trademark, even if the plaintiff's "New balance" sports shoes adorned with N letter decorations on both sides held some influence, the defendant still possessed the right to feature their trademark on their products. These two defenses aptly demonstrate specific scenarios of conflicts between distinct commercial symbols. The judicial treatment of these various scenarios of rights conflicts is delineated as follows:

(Ⅰ) Whether trademark owners can rely on the anti-unfair competition law to assert influential product decorations

In cases where competing claims for relief arise, the right holder can explicitly choose a legal basis to assert their claims against the conduct in question. This principle is also evident in other judicial cases①. The court recognizes that product packaging, decoration, and appearance design patents with certain influence constitute two distinct rights, and parties have the right to choose which one to apply. "Product decorations with certain influence" are expressly protected rights under the Anti-Unfair Competition Law, distinct from registered trademark rights. Relevant judicial interpretations also clarify that legally acquired rights include trademark rights and unique product decorations of well-known products. Trademark rights and "product decorations with certain influence" differ in elements of formation, timing, object of rights, scope of protection, and duration. Although both are commercial signs, "product decorations with certain influence" encompass comprehensive factors such as the location and presentation of the product. Particularly, according to Article 36 of the *Trademark Law*, the time when the applicant for trademark registration obtains exclusive rights to the trademark is calculated from the expiration of three months from the date of preliminary approval announcement. From the expiration of the trademark announcement period until the decision to grant registration is made, legal remedies for trademark infringement cannot be pursued against others using identical or similar signs on the same or similar goods. Therefore, when the alleged conduct may simultaneously constitute trademark infringement and unfair competition, the bases for the two claims are different, constituting a competition of claims, and one can choose to assert either.

In this case, the plaintiff's product decoration with certain influence and their registered trademark No. 5942394 both feature the letter "N". The plaintiff placed trademark No. 5942394 on both sides of sports shoes, serving both as a display of the trademark and as product decoration. In situations where the "N" letter sign embodies both functions on the product, the plaintiff's choice to protect their civil rights in product decorations with certain influence under the Anti-Unfair Competition Law is legitimate.

(Ⅱ) Whether the use of a registered trademark on goods automatically exempt from liability

Every right has its boundaries, and trademark rights are no exception. Having the exclusive right to a trademark does not mean having an absolute right to use the trademark. Like

① See The Civil Judgment of Shanghai Pudong New Area People's Court (2018) H 0115 MC No. 28722.

other intellectual property rights, trademark rights are exclusive rights, meaning they are rights of exclusion. Regarding potential conflicts between trademark rights and other rights, corresponding regulations exist in China. For instance, the *Trademark Law* stipulates that a trademark application should have distinctive features for easy identification and should not conflict with others' prior legal rights. Supreme People's Court Provisions on Issues in the Trial of Civil Disputes Cases of Registered Trademarks, Enterprise Names and Prior Rights Conflicts also mention that if the plaintiff initiates litigation based on the infringement of their prior rights, such as copyright, design patent rights, or enterprise name rights, by someone else's use of a registered trademark, the court should accept the case in accordance with Article 108 of the Civil Procedure Law. Article 6. 1 of the *Anti-Unfair Competition Law* stipulates that operators shall not engage in misleading activities that cause consumers to mistake their products for those of others or to have a specific connection with others, including using signs that are identical or similar to others' influential product names, packaging, or decorations without authorization. It can be seen that the defense of the accused infringing conduct as being the use of a registered trademark does not constitute a defense in unfair competition cases. As long as the defendant's subsequent use of the sign on goods is similar to the influential product decorations of others and is likely to cause consumer confusion, it constitutes unfair competition. In this case, although the defendant company enjoys the exclusive right to registered trademark No. 4236766 "N", if their use of the trademark on goods falls within the protection scope of other prior rights or interests, they should still bear corresponding responsibilities.

(Ⅲ) Application of the principle of good faith—criteria for the resolution of rights conflicts

The principle of good faith, as a golden rule in civil and commercial activities, can also serve as a criterion for resolving conflicts of rights and interests. When judging whether market operators act in good faith, two rules should be followed: protecting prior rights and preventing market confusion.

1. Protecting prior rights is based on safeguarding pre-existing legal rights or interests, aiming to prevent the usurpation of others' existing legal rights. The determination of "prior" is crucial, and the time of rights formation is particularly important. Registered trademarks have clear application, announcement, and approval dates, while the rights to "product decorations with certain influence" gradually form through the operators' use, requiring extensive evidence analysis in judicial practice to determine their formation time. In this case, considering the substantial evidence provided by the plaintiff regarding the brand's recognition and relevant civil and administrative judgments, it can be established that the N letter decorations on the

sides of the plaintiff's shoes had formed "product decorations with certain influence" before the application date of the defendant's registered trademark No. 4236766 " ". In contrast, the defendant has not provided evidence demonstrating the use of the same sign on the sides of the shoes near the lace area before the aforementioned application date. It is evident that although the "slanted N logo" used by X Company is its registered trademark, the plaintiff's N letter decorations on the sides of the shoes were used first. Therefore, after the defendant obtained the trademark exclusive rights, they should reasonably accommodate the prior-formed N letter decorations on the sides of the shoes.

2. Preventing market confusion necessitates upholding fair competition by averting deception or confusion. As demonstrated previously, both registered trademarks and product decorations with certain influence fulfill the function of identifying the origin of goods. To resolve conflicts between the two, a return to the essence of both commercial signs is imperative, determining whether the rights holder's utilization of their rights engenders public confusion. Specifically, in this case, scrutiny is required to ascertain whether the use of the two signs in similar positions on the sides of sports shoes is apt to induce consumer confusion. Upon comparison, both the plaintiff's and defendant's signs lack distinctiveness, comprising uppercase English letter N with analogous visual effects, utilized on the same category of product, namely sports shoes, and positioned analogously near the lace area. Coupled with the evidence adduced by the plaintiff, demonstrating widespread consumer confusion and erroneous purchases of the accused infringing products as "New balance" sports shoes, this confusion is prevalent, considering the heightened recognition of the plaintiff's sports shoes.

3. Evaluation of subjective fault: In addition to the foregoing factors, the degree of subjective fault on the part of the defendant can be factored into the determination of whether the defendant's sign usage amounts to unfair competition. Given the recognition of "New balance" sports shoes as distinctive product decorations in an effective judgment, and the defendant company's association with the parties involved in the aforementioned effective judgment, they should possess an awareness of the pertinent circumstances. Under such circumstances, the defendant company proceeded to acquire registered trademark No. 4236766 and persist in the production and sale of sports shoes infringing upon the plaintiff's N letter decorations, indicating evident subjective fault.

In sum, notwithstanding the fact that the sign employed by the defendant company constitutes their registered trademark, the defendant Company's usage of a sign akin to the plaintiff's "N" letter decorations in an identical position, with the knowledge of the significant influence of the plaintiff's "New balance" sports shoes, evinces clear subjective fault aimed at capitalizing on the plaintiff's reputation, thereby inducing market confusion. Such conduct violates the principle of good faith and recognized commercial ethics, infringing upon the plaintiff's prior rights, and constituting unfair competition.

[Significance]

The rights of influential product decorations and registered trademarks belong to independent types of intellectual property rights, serving as distinct civil rights and bases for filing infringement lawsuits respectively. The use of a registered trademark, if it infringes upon the prior rights of a well-known product's distinctive decorations, can be deemed as unfair competition based on the principles of protecting prior rights and good faith. This case was recognized as a typical case of Strengthening Intellectual Property Protection by Shanghai Courts in 2022, and its case analysis was awarded the Second Prize for Excellent Case Analysis in the National Court System in 2022.

[Case Index]

Case Number:

First instance: Shanghai Pudong New Area People's Court (2017) H 0115 MC No. 1798 (April 24, 2019)

Second instance: Shanghai Intellectual Property Court (2020) H 73 MZ No. 327 (September 2, 2020)

Judges:

First instance: Jin Minzhen, Xu Jun, Sun Yan

Second instance: Hu Mi, Du Lingyan, Yi Jia

Drafted by: Sun Yan, Wang Linlong

Translated by: Niu Tong

Proofread by: Shan Hao

29

Recognition of Abbreviated English Trade Names of Overseas Enterprises as Names with Certain Influence

—Unfair Competition Case between X Company and Shenzhen X Film Co. , Ltd.

Rule

When English trade names, abbreviated English trade names, and Chinese trade names of overseas enterprises have been consistently used and widely promoted in China over a substantial period, they gain significant recognition within relevant sectors and among the public. Consequently, they qualify astrade names with certain influence. Unauthorized usage of these identifiers within China, leading to mistaken association with the overseas enterprise's products or affiliations, constitutes an act of unfair competition.

Basic Facts

Plaintiff: X Film Company

Plaintiff: X Company

Defendant: Shenzhen X Film Co. , Ltd.

X Group is one of the "Big Eight" Hollywood film companies established in the United States in 1924. The English trade name used by X Group and its affiliated companies is "METRO -GOLDWYN -MAYER", abbreviated as "MGM". In China, the Chinese trade name of X Group is composed of the initial letters of three companies, namely "METRO", "GOLDWYN", and "MAYER", forming "MGM". Both plaintiffs are companies under X Group.

X Group and its films entered the Chinese market very early. Since 1953, Chinese media have referred to X Group and its affiliated companies as "MGM Company". Some reports also use "MGM" as the English abbreviation of X Group, while a few reports use "Metro – Goldwyn – Mayer" as its name.

From 2007 to the present, films such as "007: Casino Royale" and "007: Quantum of Solace", in which X Group participated in investment, production, and distribution, have been released in China, achieving high box office success. The "MGM" logo appears on some movie posters, and some posters also feature the words "Produced by Metro – Goldwyn – Mayer Studios Inc". Films such as "007: Casino Royale" and "007: Skyfall" have been published and distributed in China in disc form. The "MGM" logo appears on the covers, spines, back covers, disc surfaces, and main content of these publications, with copyright notices indicating "METRO – GOLDWYN – MAYER STUDIOS INC." or including the names of Group affiliated companies containing "METRO – GOLDWYN – MAYER".

On February 27, 2017, online streaming services for films produced, invested, and distributed by X Group, such as "Grand Hotel", were provided on websites such as iQIYI, PPTV, LeTV, Xiang Chao Kankan, and Tencent Video (WeTV). The production span of these films ranges from the 1930s to 2016. The copyright notices at the beginning and end of the films include the phrase "METRO – GOLDWYN – MAYER", and some also include "MGM".

Defendant Shenzhen X Film Co., Ltd. was established on November 17, 2008, with a registered capital of 20 million yuan. Its business scope includes investing in cinemas (excluding film projection, with specific projects to be separately declared), investing in film and television dramas (excluding film projection and production), and researching and selling film and television equipment. The defendant's original trade name was Shenzhen X Digital Cinema Co., Ltd., which was changed to its current name on June 17, 2013. The defendant also registered and used the domain names mgmchn. com and mgmchn. cn.

The defendant engaged in the following infringing activities in its business operations: 1. Changed the original trade name of Shenzhen X Digital Cinema Co., Ltd. to the current name, Shenzhen X Film Co., Ltd., on June 17, 2013. 2. Registered the domain names mgmchn. com and mgmchn. cn on June 22, 2013, and used them for promoting and advertising its franchised MGM Cinema business. During this process, it used identifiers such as "MGM", "米高梅" (MGM), and "METRO GOLDWYN MAYER". 3. Used identifiers such as "MGM", "米高梅中国"(MGM China),

“米高梅(中国)影业”[MGM (China) Film Industry], and “米高梅”(MGM) on the websites, Weibo accounts, and WeChat public accounts associated with the two aforementioned domain names for promoting and advertising the franchise business of MGM Cinemas. It even self-identified as “米高梅中国” (MGM China), “米高梅(中国)影业” [MGM (China) Film Industry], “米高梅影业” (MGM Film Industry), and “MGM (CHINA) FILMS LTD.” without properly using its trade name, “深圳市某影业有限公司” (Shenzhen X Film Co., Ltd.). 4. Used identifiers such as “MGM”, “米高梅”(MGM), “米高梅影业”(MGM Film Industry), “METRO – GOLDWYN – MAYER”, and self-identified as “米高梅”(MGM), “米高梅影业”(MGM Film Industry), “米高梅(中国)影业” [MGM (China) Film Industry], and “MGM (CHINA) FILMS LTD.” on the decoration of its office premises, hanging certificates, distributed vouchers, business cards, and promotional brochures. 5. Used descriptions such as “米高梅品牌背景” (MGM Brand Background), “米高梅发展历史”(MGM Development History), “米高梅与奥斯卡”(MGM and the Oscars), “米高梅目前与美国某电影公司等国际权威机构建立多元化合作伙伴关系” (MGM currently establishes diversified partnerships with international authoritative institutions such as American X Film Company), “米高梅品牌在中国大陆地区唯一授权单位”(The only authorized unit of MGM brand in China), “METRO GOLDWYN MAYER 米高梅旗下巨星云集 至今拥有170项奥斯卡奖 米高梅是好莱坞最负盛名的电影公司之一”(METRO GOLDWYN MAYER gathers superstars and has won 170 Oscars to date. MGM is one of the most prestigious film companies in Hollywood), “百年米高梅”(Centennial MGM), “深圳市某影业有限公司进入中国以来” (Shenzhen X Film Co., Ltd. has entered China), “米高梅第四代影院, 第四代影院的概念由米高梅娱乐集团在美国娱乐之都拉斯维加斯创立, 曾在北美地区引起了广泛关注” (The fourth-generation cinema of MGM, the concept of the fourth-generation cinema was established by the MGM Entertainment Group in Las Vegas, the entertainment capital of the United States, and has attracted widespread attention in North America), “米高梅(中国)影业提供影院加盟运营全套服务……米高梅一方面将美国先进的影院商业模式成功引入国内, 成为中国影院产业转型升级的引领者, 另一方面, 也将众多国内优秀电影大片, 输出到美国, 架起了一座中美两国文化交流的桥梁, 被美国总统奥巴马称之为是中美两国文化交流的使者”[MGM (China) Film Industry provides a full set of services for cinema franchising operations...On the one hand, MGM has successfully introduced advanced American cinema business models into China, becoming a leader in the transformation and upgrading of China's cinema industry. On the other hand, it has exported numerous excellent domestic films to the United States, serving as a bridge for cultural exchanges between China and the United States, and has been hailed by US President Obama as a cultural ambassador between China and the United States], and used classic photos of well-known artists under a Group and videos such as "Centennial Film, Centennial MGM" to explicitly or implicitly suggest its authorized or licensed relationship with X Group and both plaintiffs. 6. Except for Beijing and Shanghai, the identifiers "米高梅"(MGM), "MGM" and "mgm" are used on signs, interior decorations, signboards, advertisements, computer screens, movie tickets, VIP cards, membership cards, and business cards in MGM Cinemas franchised by it in other regions nationwide. 7. Applied for registration of multiple trademarks identical or similar to the trademarks registered by the plaintiff MGM Company under No. 1147898, No. 5144810, No. 879822, and No. 879825.

The two plaintiffs allege that Plaintiff X Film Company is the parent company of Plaintiff Company, a leading entertainment company in the United States, dedicated to developing, investing in, producing, and distributing high-quality audio-visual content for global audiences. In 1924, three companies merged to form a new company named "METRO - GOLDWYN - MAYER," abbreviated as "MGM", which is X Group. X Group is one of the oldest film production groups in the world, and its lion logo has been closely associated with the MGM brand since the establishment of X Group in 1924. Over nearly a century since the establishment of X Group, it has gained high visibility and reputation worldwide for developing, investing in, producing, and distributing high-quality audio-visual content to global audiences. Because of X Group's high visibility and reputation among relevant publics in China, its Chinese and English trade names, as well as trademarks and abbreviations, including but not limited to "米高梅"(MGM), "MGM", and "METRO - GOLDWYN - MAYER", should be legally protected accordingly. The defendant has no connection with the two plaintiffs or X Group. At the beginning of its establishment in 2008, its trade name was not "米高梅"(MGM). However, later, in an attempt to associate itself with X Group, the defendant maliciously changed its trade name to "米高梅"(MGM). Investigation shows that the defendant has authorized third parties in various regions of China to operate MGM cinemas using "米高梅"(MGM), "MGM", and related lion logos. Among them, in Shanghai, the defendant authorized two outsiders to operate the MGM International Cinema. The defendant has used the infringing "米高梅"(MGM), "MGM", and lion logo on the decoration of these cinemas, membership cards, movie tickets, posters, as well as vouchers, staff business cards, and promotional brochures provided by the defendant. At the same time, the defendant registered and used the domain names mgmchn. com and mgmchm. cn for promoting and expanding its cinema franchise business. In its promotion, the defendant falsely claimed the reputation of X Group, and also engaged in related false advertising. The defendant's actions constitute unfair competition and should bear all civil liabilities claimed by the two plaintiffs in this case. The two plaintiffs request the court to: 1. Immediately and unconditionally transfer the domain names mgmchn. cn and mgmchn. com to the name of Plaintiff Company; 2. Immediately withdraw or cancel trademark applications or registrations such as No. 1147898; 3. Immediately cease all unfair competition acts against the two plaintiffs; 4. Compensate Plaintiff Company for economic losses suffered and reasonable expenses incurred to stop infringement, totaling CNY 3 million, for nationwide unfair competition actions excluding Beijing; 5. Publicly eliminate the adverse effects caused to the two plaintiffs by the infringement in this case.

The defendant Shenzhen X Film Co., Ltd. argued that the use of the "米高梅" (MGM) and "MGM" names is not exclusive to the two plaintiffs, as other similar or identical trade names exist in both China and the United States. According to legal provisions, the essential requirement for constituting counterfeiting is to mislead the public, and the defendant's actions did not mislead the public, therefore not constituting unfair competition. The defendant has used the full name of its enterprise name prominently in its promotion. The defendant's business does not compete with the business of the two plaintiffs; they are not competitors, and thus, it does not constitute unfair competition. Regarding the amount of compensation, the defendant believes that the plaintiffs cannot infer its profits based on contracts with unrelated companies, and the compensation amount claimed by the plaintiffs is significantly excessive.

[Holding]

Shanghai Pudong New Area People's Court, after hearing the case, determined that:

Ⅰ. The trade name "米高梅"(MGM) of the two plaintiffs is recognized as a company name with a certain influence. The defendant, without any authorization or affiliation with X Group and the two plaintiffs, used the trade name "米高梅"(MGM) and engaged in franchising and operating the MGM Cinema project. This action is sufficient to mislead the public into believing that there is a specific connection between the defendant and X Group and the two plaintiffs, leading to confusion. Therefore, this behavior constitutes unfair competition.

Ⅱ. The abbreviation "MGM" in the entertainment industry, especially in the film industry, has high visibility and recognition among the relevant public due to the continued operation and use by X Group and the two plaintiffs. In the absence of any affiliation with X Group and the two plaintiffs, the defendant registered the domain name "mgm" for commercial purposes and used it to promote its MGM Cinema franchise business, deliberately causing confusion with the services provided by X Group and the two plaintiffs, thus demonstrating maliciously attached to the reputation of X Group and the two plaintiffs. Therefore, the defendant's registration and use of the domain names in question constitute unfair competition.

Ⅲ. The English trade name "METRO – GOLDWYN – MAYER" enjoys high visibility and recognition in the entertainment industry, especially in the film industry, among the relevant public. The "METRO GOLDWYN MAYER" used by the defendant differs from the "METRO – GOLDWYN – MAYER" sign requested by the two plaintiffs for protection only in the absence of hyphens between the words, and there is no substantive difference. The defendant used the above-mentioned signs for its franchising and operation of the MGM Cinema project, which is sufficient to mislead the public into believing that there is a specific connection between the defendant and X Group and the two plaintiffs, resulting in confusion. This behavior also constitutes unfair competition.

Ⅳ. The defendant's use of descriptions such as "米高梅品牌背景" (MGM Brand Background), "米高梅发展历史"(MGM Development History), "米高梅与奥斯卡"(MGM and the Oscars), "米高梅日前与美国米高梅电影公司等国际权威机构建立多元化合作伙伴关系" (MGM currently establishes diversified partnerships with international authoritative institutions such as American X Film Company), "米高梅品牌在中国大陆地区唯一授权单位"(MGM brand is the only authorized unit in China), "METRO GOLDWYN MAYER 米高梅旗下巨星云集 至今拥有 170 项奥斯卡奖 米高梅是好莱坞最负盛名的电影公司之一" (METRO GOLDWYN MAYER gathers superstars and has won 170 Oscars to date. MGM is one of the most prestigious film companies in Hollywood), "百年米高梅" (Centennial MGM), "深圳市某影业有限公司进入中国以来"(Shenzhen X Film Co., Ltd. has entered China), and the use of classic photos of well-known artists under X Group and the "Centennial Film, Centennial MGM" video for promotion, explicitly or implicitly suggest its authorized or licensed relationship with X Group and the two plaintiffs. The above-mentioned behavior constitutes false or misleading commercial advertising, sufficient to deceive and mislead consumers, and has constituted unfair competition through false advertising.

On September 27, 2019, Shanghai Pudong New Area People's Court issued (2017) H 0115 MC No. 85362 civil judgment as follows: 1. The defendant shall immediately cease all acts of unfair competition involved from the date of the judgment taking effect. 2. Within thirty days from the date of the judgment taking effect, the defendant shall transfer the domain names mgmchn. cn and mgmchn. com to the name of Plaintiff Company for registration and use. 3. Within thirty days from the date of the judgment taking effect, the defendant shall change its trade name and shall not use the term "米高梅"(MGM) in the new trade name. 4. Within ten days from the date of the judgment taking effect, the defendant shall compensate Plaintiff Company for economic losses and reasonable expenses incurred to stop infringement, totaling CNY 3 million. 5. Within sixty days from the date of the judgment taking effect, the defendant shall publish statements continuously for three issues in World Screen to eliminate the adverse effects caused to the two plaintiffs by the infringement in this case. 6. The remaining claims of the two plaintiffs are dismissed.

After the first-instance judgment, neither the plaintiffs nor the defendants appealed.

[Commentary]

In recent years, China's entertainment industry has witnessed vigorous growth, with the film and television sector making significant strides. As the industry flourishes, brand awareness among market players has become increasingly pronounced. In recent years, we have seen the proliferation of chain-brand cinemas like mushrooms after rain. When the market fosters brand awareness, it inevitably leads to instances of piggybacking on well-known brands. This case involves a typical instance of piggybacking in the cinema industry, with the most prominent feature being the high visibility of the plaintiffs in the film and television industry. The "MGM" abbreviation and the roaring lion image at the beginning of movies are widely recognized. The second characteristic is that the defendant's actions constitute a comprehensive form of piggybacking, where they extensively associate themselves with the plaintiffs in terms of trade name, logo usage, domain name selection, and promotional activities, displaying clear malicious intent.

A significant legal issue to be explored in this case is the plaintiffs' claim that "MGM" is their corporate abbreviation, and the defendant's unauthorized use of "MGM" constitutes unfair competition. Regarding the protection of trade names under the Anti-Unfair Competition Law, there has been an evolution in judicial practice in China. In *the* 1993 *Anti-Unfair Competition Law*, Article 5. 3 stipulated: "An operator may not adopt the following unfair means to carry to transactions in the market and cause damage to competitors: (3) using, without authorization, the business name or personal name of the other person on his own goods, leading people to mistake them for the goods of the other person". This was the earliest provision concerning the infringement of trade names, which was relatively straightforward and subsequently led to some controversy in judicial practice. For instance, what is the scope of protection for trade names? Does it cover the full trade name, the trade name, the abbreviation, or even foreign names? After over twenty years of application of the 1993 Anti-Unfair Competition Law, it was revised in 2017. Article 6. 2 of the *revised Anti-Unfair Competition Law* states: "A business shall not commit the following acts of confusion to mislead a person into believing that a commodity is one of another person or has a particular connection with another person: (2) Using without permission another person's name with certain influence, such as the name (including abbreviations and trade names) of an enterprise, the name (including abbreviations) of a social organization, or the name (including pseudonyms, stage names and name translations) of an individual". From the changes in the above provision, it can be inferred that compared to the 1993 Anti-Unfair Competition Law, the revised provision on the infringement of trade names now requires that the trade name must have a certain influence, further clarifies the scope of trade names, and adds situations where the infringing behavior results in a specific connection with others.

In essence, the protection afforded here pertains to the trade name, which serves the purpose of distinguishing market entities. According to the Commentary on the Model Provisions on the Protection of Unfair Competition by the World Intellectual Property Organization, the function of A trade name serves to identify an enterprise and its business activities and distinguish them from other enterprises and their business activities. Based on this, regarding the signs related to the enterprise name used by an enterprise in its business activities, and if such signs serve the purpose of distinguishing its business activities from those of other enterprises, then those signs can be protected under the anti-counterfeiting provisions. Therefore, the court's assessment of this behavior in this case follows the following criteria:

I. The abbreviation of the foreign enterprise name has acquired distinctiveness in domestic use

"MGM" is an abbreviation of the English enterprise name "METRO – GOLDWYN – MAYER", which consists of the initials of three English words. Hence, it is associated with the plaintiff's enterprise name. According to the evidence in the case, since entering the Chinese market, X Group has used "MGM" as its abbreviation for its English enterprise name. This has been done through media such as movie posters, publications, movie opening and closing credits, etc., where "MGM" is used to refer to X Group and its affiliated companies. Additionally, media reports also refer to X Group as "MGM". Therefore, "MGM" has acquired distinctiveness and can be used to identify the two plaintiffs and their business activities, distinguishing them from those of other enterprises.

Ⅱ. The abbreviated foreign enterprise name carries certain influence

Due to the continuous operation and utilization by X Group and the two plaintiffs within China, the abbreviated English enterprise name "MGM" has garnered significant recognition, particularly within the entertainment industry, notably in the realm of film. It enjoys considerable renown among the relevant public. Consequently, the court determines that it holds a measure of influence, and X Group and the two plaintiffs possess legitimate and effective civil rights concerning "MGM".

Ⅲ. The defendant's conduct constitutes unauthorized usage, leading to a misperception that the services provided are by the plaintiffs or that there exists a specific connection with the plaintiffs

The disputed infringing domain names primarily consist of the prominently featured portion "mgm", which is identical in composition and arrangement to the "MGM" characters, in which the two plaintiffs hold lawful rights. The only distinction lies in the capitalization of letters, yet the similarity is sufficient to cause confusion among the relevant public. The defendant has no rights over "mgm" nor any legitimate justification for registering and utilizing such domain names. Moreover, in a context entirely unrelated to X Group and the two plaintiffs, the defendant has registered domain names containing "mgm" for commercial purposes, specifically for promoting its own business of joining the MGM Studios, deliberately leading to confusion with the services provided by X Group and the two plaintiffs, thereby causing others to mistakenly believe they are associated with or provided by the plaintiffs.

Therefore, based on the aforementioned factual elements, the court ultimately concludes that the defendant's actions constitute unfair competition and thus bears corresponding legal liabilities.

[Significance]

The revised Anti-Unfair Competition Law enacted in 2017 has refined regulations concerning the counterfeiting of enterprise names, yet various forms of infringement against enterprise names continue to emerge in daily life, requiring further supplementation and improvement through judicial practice. This case extends protection to the abbreviated English names used by foreign enterprises in China, further specifying the criteria for constituting counterfeit unfair competition behaviors and the consequences of infringement, thereby enhancing the comprehensiveness of judicial protection for enterprise names. The two plaintiffs in this case are American enterprises, while the defendant is a Chinese enterprise. However, the court still granted equal protection to foreign enterprises in terms of intellectual property rights, reflecting the judiciary's impartial treatment of domestic and foreign rights holders. Regarding the amount of compensation awarded, the court fully supported the plaintiffs' claim based on the entirety of the case facts, effectively safeguarding the legitimate interests of foreign enterprises operating in China. This case was recognized as the Typical Case on Strengthening Judicial Protection of Intellectual Property Rights by Shanghai Courts in 2019.

[Case Index]

Case Number:

First instance: Shanghai Pudong New Area People's Court (2017) H 0115 MC No. 85362 (September 27, 2019)

Judges:

First instance: Gong Xiaoyan, Shao Xun, Yang Jie

Drafted by: Yang Jie

Translated by: Niu Tong

Proofread by: Shan Hao

30

Assessment of Unfairness in Online Rush Purchase Services

—Unfair Competition Case between Shanghai X International Financial Assets Trading Market Co., Ltd. et al. and Xi'an X Software Technology Co., Ltd.

Rule

The provision of online rush purchase services by businesses must adhere to the stipulations outlined in the "internet-specific clause" of the *Anti-Unfair Competition Law*. It is impermissible for operators to employ technological means to impede or disrupt the lawful provision of network products or services by other operators through means such as influencing user selection. When assessed activities related to online rush purchase services are not explicitly outlined in the aforementioned clause and consequently applying the catch-all provision for evaluation, it is essential to consider both whether it causes harm to the target platform and users and whether it exhibits unfair characteristics. If online rush purchase services employ technological means to confer unfair purchasing advantages to users of the target platform, disrupt established rush purchase protocols, deliberately circumvent regulatory measures, and significantly undermine user engagement and the commercial environment of the target platform, it shall be deemed as constituting unfair competition.

Basic Facts

Plaintiff: Shanghai X International Financial Assets Trading Market Co., Ltd.

Plaintiff: Shanghai X internet Financial Information Service Co., Ltd.

Defendant: Xi'an X Software Technology Co., Ltd.

The two plaintiffs jointly operate the "Lufax" platform, providing transaction services for debt transfer products within the platform. Debt transfer products are generated from users who purchase financial products, with varying transfer prices, agreed lending rates, investment periods, limited quantities, and irregular release times. Therefore, users of the "Lufax" platform need to frequently log in to browse information on available debt transfer products and use the "Invest Now" option on the product details page to purchase desired products by entering their trading account, trading password, and verification code. To ensure that users have a fair competition opportunity when purchasing debt transfer products, the two plaintiffs have implemented certain regulatory measures on the trading behavior of platform users. In addition to sending internal messages to remind users not to disclose account information to auxiliary purchasing software, the two plaintiffs also employ complex verification codes for users whose transaction times are significantly shorter than average, to circumvent the use of auxiliary software for purchasing.

The defendant operates internet platforms including the "Handheld Lufax Invest" WeChat mini-program, the "Lufax Invest" Android mobile application, and the "Lufax Invest Technology" website, providing users with a via network rush purchase service named "Lufax Proxy Purchase Tool". Users, upon installing the "Lufax Proxy Purchase Tool" via the aforementioned platforms, pre-enter their username, login password, transaction password, and set the desired product amount range to initiate rush purchase tasks. This tool logs into the "Lufax" platform via an Android emulator, continuously refreshes information on published debt transfer products, and automatically submits purchase applications for debt transfer products that meet the user set criteria. During this period, users do not need to log in to the "Lufax" platform again until the transaction is finally confirmed. Compared to users who manually rush purchase, users using the "Lufax Proxy Purchase Tool" have a significant time advantage in browsing and filtering product information, making transaction judgments, and completing transaction processes, thus greatly increasing the probability of successfully rushing to purchase debt transfer products. Additionally, the "Lufax Proxy Purchase Tool" controls the program to automatically execute transactions with a slightly shorter time than manual transactions, aiming to avoid being regulated by the "Lufax" platform due to significantly shorter transaction times. As a result of the influence of the "Lufax Proxy Purchase Tool", multiple users complained to the "Lufax" platform about their inability to normally rush to purchase debt transfer products.

The two plaintiffs jointly allege that the rush purchase service provided by the defendant not only disrupts the fair trading rules of the two plaintiffs' platforms and deprives other members of fair trading opportunities but also damages the market advantage established by the two plaintiffs through the membership system, constituting unfair competition. The plaintiffs request the court to order: 1. The defendant immediately cease the involved unfair competition behavior; 2. The defendant publicly issue a statement to eliminate the adverse effects caused by the involved unfair competition behavior; 3. The defendant compensate the plaintiffs for economic losses and reasonable expenses incurred in safeguarding their rights, totaling CNY 500, 000.

The defendant, Xi'an X Software Technology Co., Ltd., argues that the plaintiffs and the defendant are not competitors in the same industry, and thus, there is no competitive relationship between them. The rush purchase service provided by the defendant efficiently purchases debt transfer products from the two plaintiffs' platforms on behalf of users under user authorization, essentially acting as an agent. The defendant neither obstructs users from logging into the two plaintiffs' platforms for transactions nor affects the normal purchasing behavior of other registered users of the two plaintiffs' platforms. User complaints about the inability to normally rush purchase debt transfer products are due to the scarcity and randomness of product releases, with no causal relationship between such products and the rush purchase service provided by the defendant.

[Holding]

Shanghai Pudong New Area People's Court held that users require sustained and comprehensive attention to rush purchase debt transfer products on the "Lufax" platform, which is the expected outcome of launching such products as a marketing strategy by the two plaintiffs, bringing considerable competitive benefits to them. The rush purchase service operated by the defendant essentially replaces manual methods with software systems to rush purchase debt transfer products on the "Lufax" platform for users, thereby increasing the probability of successful rush purchases. This rush purchase service not only reduces users' high dependence on financial product information released by the "Lufax" platform, leading to a decline in the plaintiffs' traffic benefits, but also deprives users who could have obtained potential trading opportunities through manual rush purchases, thereby disrupting the normal business ecosystem of the "Lufax" platform. Moreover, the rush purchase service operated by the defendant subverts the fair basis of product rush purchases on the "Lufax" platform's rules, and its deliberate circumvention of the regulatory mechanisms of the two plaintiffs reflects significant subjective fault and unfairness. Therefore, it is concluded that the rush purchase service operated by the defendant utilizes technical means to obstruct the normal operation of the financial business of the two plaintiffs, and causes harm to the overall interests of the two plaintiffs and the users of the "Lufax" platform, warranting a negative evaluation under the *Anti-Unfair Competition Law*.

Shanghai Pudong New Area People's Court delivered the (2019) H 0115 MC No. 11133 civil judgment: 1. The defendant shall immediately cease the unfair competition behavior of interfering with the sales of debt transfer products of the two plaintiffs through rush purchase services from the date the judgment takes effect; 2. the defendant shall immediately cease the unfair competition behavior of false advertising involved from the date the judgment takes effect; 3. Within ten days from the date the judgment takes effect, the defendant shall publish a statement on the "Lufax Invest" WeChat official account for fifteen consecutive days to eliminate adverse effects; 4. Within ten days from the date the judgment takes effect, the defendant shall compensate the two plaintiffs for their economic losses and reasonable expenses incurred in stopping the infringement, totaling CNY 500, 000; 5. The remaining claims of the two plaintiffs are dismissed.

After the first-instance judgment, neither the plaintiffs nor the defendant appealed.

[Commentary]

The "internet-specific clause" of the *Anti-Unfair Competition Law*, through illustrative norms, clearly defines the rules that operators participating in market competition in the internet environment should follow. Although the provision of online rush purchase services by operators does not fall under the explicitly regulated unfair competition behaviors stipulated in the "internet-specific clause", it should still adhere to the catch-all provision of the clause. Operators must not utilize technical means to hinder or disrupt the normal operation of network products or services legally provided by other operators by influencing user choices or through other means. When determining whether online rush purchase services constitute unfair competition under the catch-all provision of the "internet-specific clause", reference should be made to the judicial rules established in the Supreme People's Court's "Seaweed Quota Case". ① Applying the judgment rules established in the "Seaweed Quota Case", the assessment

---

① See Civil Agreement Supreme People's Court (2009) Min Shen Zi No. 1065. The Supreme People's Court in this ruling stated: "Overall, to determine whether an act constitutes unfair competition under Article 2. 1 and 2. 2 of the Anti-Unfair Competition Law, the following conditions must be simultaneously met: first, the law does not specifically regulate such competitive behavior; second, the legitimate rights and interests of other operators are actually harmed by this competitive behavior; third, such competitive behavior is inherently unfair or attributable due to a violation of the principle of good faith and recognized commercial ethics."

of whether the defendant's conduct constitutes unfair competition can be based on four criteria: 1. Whether the defendant's conduct involves the use of technical means to interfere with the normal operation of others' network products or services; 2. Whether the defendant's conduct falls outside the explicitly listed internet unfair competition behaviors in the clause; 3. Whether the interests protected by the *Anti-Unfair Competition Law* suffer actual harm due to the defendant's conduct; 4. Whether the defendant's conduct is inherently unfair based on internet business ethics.

Given that the determination of the first two criteria is largely covered by the factual analysis in this case, the assessment of whether the defendant's conduct constitutes unfair competition can simultaneously analyze both the resulting harm and the attributability of the conduct.

Ⅰ. Analysis of the damaging effects of the involved rush purchase service

The determination of harm in the context of internet environment is based on a causal relationship empirical analysis, which should comprehensively consider the "triple overlay" of public interest (market order), operator interest, and user interest. Operator interest mainly concerns the freedom of operators to conduct business activities without coercion; consumer interest primarily revolves around the freedom of consumers to make rational business decisions; public interest primarily focuses on whether the competitive mechanism and the goal of maximizing social welfare are compromised.

In this case, the two plaintiffs operate internet financial platforms, with debt transfer products characterized by low quantity, high demand, and strong randomness. Intending users not only need to log in to the plaintiffs' platform to browse information to identify target products that meet their needs but also need to increase the frequency of information browsing to rush purchase shortly after the target product is released. According to users' general browsing habits, the content they browse includes both the product they ultimately decide to purchase and other alternative products, involving a significant time cost in paying attention to the constantly changing product information. The necessity for users to devote sustained and comprehensive attention to rush purchase specific debt transfer products is precisely the expected outcome of the two plaintiffs launching such products as a marketing strategy, which can bring considerable traffic benefits to the plaintiffs.

Normal rush purchasing of debt transfer products from the two plaintiffs generally involves four stages: product retrieval, purchase decision-making, password input, and transaction confirmation, all of which rely on manual user intervention. However, the rush purchase service operated by the defendant essentially replaces manual methods with software systems to rush purchase debt transfer products from the two plaintiffs for users. As the software system consumes less time at each stage of the rush purchase process, users utilizing the defendant's rush purchase service have a higher success rate in rush purchasing compared to other users under equal conditions. Although rush purchasing of debt transfer products involves inter-user competition on the platform, the defendant's intervention through the operation of the rush purchase service and providing rush purchase advantages to some users have resulted in three types of damaging consequences:

(Ⅰ) Diminishment of platform traffic benefits: Users utilizing the defendant's rush purchase service only need to set up automatic purchases by determining the target product's amount range beforehand. Their behavior pattern has shifted from browsing product information first and then evaluating whether the product meets their needs to determining the demand first and then searching for matching products. At this point, users no longer heavily rely on the financial product information released by the two plaintiffs' platform, losing the drive to continue investing time costs. The frequency of visiting the platform by users will inevitably decline. Even though the defendant argues that the rush purchase service accesses the two plaintiffs' platform and retrieves product information through an Android emulator based on user preset demands, it significantly diminishes the traffic benefits of the two plaintiffs' platform compared to comprehensive information browsing undertaken by users during manual rush purchases. Moreover, the two plaintiffs' platform also offers other self-operated and non-self-operated financial products. When users browse information to rush purchase debt transfer products, they have ample opportunity to encounter these products and may find alternative products from them if they fail to purchase their desired debt transfer products. Therefore, the defendant's rush purchase service leads to a reduction in user visits to the two plaintiffs' platform and also decreases the chance to showcase other financial products of the two plaintiffs.

(Ⅱ) Deprivation of User Potential Trading Opportunities: Due to the intervention of the defendant's rush purchase service, the probability of users who normally rush purchase debt transfer products from the two plaintiffs decreases significantly, resulting in a severe skewing of investment returns from the platform's entire investors to a small portion of investors. The defendant's rush purchase service objectively alters the distribution of benefits of debt transfer products among users on the two plaintiffs' platform, causing a reduction in the opportunity benefits for most users who should have had them in market investment activities.

(Ⅲ) Disruption of Platform Business Environment: Although the defendant's rush purchase service can facilitate rapid transactions of debt transfer products on the two plaintiffs' platform in the short term, the practice of solely pursuing transaction speed does not align with the long-term interests of the two plaintiffs' platform. The two plaintiffs' platform relies on user attention and activity to achieve continuous operation, accumulating user groups and expanding influence through the cultivation of user habits and the establishment of user stickiness. Debt transfer products are an important carrier for accumulating user groups and expanding influence. However, in the rapid transactions facilitated by the defendant's rush purchase service, a small number of users, leveraging the advantage of computer systems, increase their probability of successfully rushing to purchase target products, crowding out the space for other users to obtain investment returns. This also associates the two plaintiffs' platform with negative images like the proliferation of "cheating tools". Over time, the confidence of investors, which the two plaintiffs' platform heavily relies on, will be shaken. The resulting consequences such as reduced user stickiness, investor and capital flow to other investment channels, will make it difficult for the two plaintiffs' platform to sustain its operations. The short-term transaction benefits obtained at this stage cannot compensate for the overall value reduction of the platform.

Ⅱ. Analysis of attributability of the involved rush purchase service

Competition and harm are often intertwined in a market economy. The pursuit of specific competitive interests by market entities is a normal commercial practice, and competitive behavior typically results in harm to one party. Therefore, the harm to competitive interests is not a sufficient condition for civil relief under the *Anti-Unfair Competition Law* unless the relevant competitive behavior is attributable. In this case, although the defendant's rush purchase service has caused harm to the two plaintiffs' platform, its attributability needs to be considered from the following two aspects.

On one hand, the defendant's rush purchase service disrupts the fair basis of product rush purchasing on the two plaintiffs' platform. The two plaintiffs' platform has established a "first come, first served" rush purchasing rule during the sales process based on the random release of debt transfer products. The core criterion for user competition is the time spent on rush purchasing, which consists of the time spent discovering the product and completing the transaction. Each part is influenced by specific factors. The time spent discovering the product is generally negatively correlated with the frequency of users browsing product information, meaning the higher the frequency of users logging into the two plaintiffs' platform to browse product information, the shorter the time spent discovering the target product. The time to complete the transaction is influenced by both objective and subjective factors—factors such as internet speed and computer response time depend on technical conditions, while factors such as decision-making decisiveness and operational proficiency depend on the user's own traits. Except for the influence of extremely improbable accidental factors, each user has a specific probability of achieving rush purchasing success based on their own characteristics and the costs they invest. This is the foundation upon which users on the two plaintiffs' platform compete with each other. User participation in the rush purchasing of debt transfer products on the two plaintiffs' platform is, in essence, an acknowledgment and acceptance of the aforementioned rush purchasing rules. Users agree to engage in rush purchasing in a relatively fair environment according to the probability factors preset by the two plaintiffs' platform and are willing to invest a certain amount of time or economic cost to improve the corresponding probability factors. The intervention of the defendant's rush purchase service, although superficially reflecting an increase in rush purchasing success rate through technical means, is not aimed at improving the probability factors. Instead, it fundamentally subverts existing rules and disrupts the fair competition basis for rush purchasing products among users. Users who conduct rush purchasing through normal means, regardless of how they shorten the time spent on rush purchasing, cannot compete with the time advantage formed by the automatic operation of the defendant's rush purchase service. Thus, the rush purchasing rules have undergone a change. Users no longer have a specific probability of rush purchasing success based on their corresponding influencing factors. The overall rush purchasing success rate is heavily skewed towards users using the defendant's rush purchase service, and the foundation of fair competition among users is severely compromised.

On the other hand, the defendant's rush purchase service deliberately circumvents the regulatory mechanisms of the two plaintiffs, reflecting the subjective intent held by the defendant towards this behavior. The two plaintiffs' platform has established specific regulatory mechanisms to curb illegal rush purchases and maintain established rush purchasing rules, specifically controlling abnormal trading behavior with excessively short transaction durations. However, the defendant's rush purchase service not only disrupts the established rush purchasing rules of the two plaintiffs' platform but also deliberately circumvents the platform's regulation by setting a lower limit on rush purchase duration, concealing its behavioral traces. It is evident that the defendant is well aware of the rush purchasing and regulatory rules of the two plaintiffs' platform and can reasonably foresee the adverse consequences that their rush purchase service may cause, yet maintains a positive expectation towards the occurrence of such consequences.

In conclusion, the rush purchase service provided by the defendant utilizes technical means to provide unfair rush purchasing advantages to users of the two plaintiffs' platform, hindering the normal operation of rush purchasing business for debt transfer products of the two plaintiffs. This action has caused harm to the overall interests of the two plaintiffs and platform users, unjustly disrupting the fair competitive business environment of the two plaintiffs' platform. Under the premise of both "harm" and "attributability" being met simultaneously, the defendant's conduct in this case constitutes unfair competition and should be subjected to negative evaluation under the *Anti-Unfair Competition Law.*

[Significance]

In recent years, the technology financial industry has experienced continuous growth. Technology financial products launched through online platforms such as websites and mobile applications have gained widespread popularity among users. Concurrently, various online rush purchase services have emerged. As a competitive practice conducted by operators, the evaluation and regulation of online rush purchase services under the Anti-Unfair Competition Law are crucial. This not only concerns the competitive interests of technology financial enterprises and the protection of investment users and consumers but also holds significant implications for maintaining a conducive business environment on financial platforms.

This case was recognized as Top 50 (typical) cases of intellectual property rights by Chinese courts in 2020, as well as Top 10 cases of intellectual property judicial protection by Shanghai courts in 2020. The judgment documents was honored as one of the "Hundred Excellent Judgment Documents" at the Fourth National Court Review and Top 10 excellent judgment documents by Shanghai courts in 2020.

[Case Index]

Case Number:

First instance: Shanghai Pudong New Area People's Court (2019) H 0115 MC No. 11133 (August 6, 2020)

Judges:

First instance: Jin Minzhen, Xu Jun, Jiang Guangrui

Drafted by: Xu Jun, Xu Hongtao

Translated by: Niu Tong

Proofread by: Shan Hao

31

Determination of Unfair Competition for Implicit Use of Search Keywords

—Unfair Competition Case between Shanghai X Software Technology Co. Ltd. and X Investment Management (Beijing) Co. Ltd. et al.

Rule

The act of setting another person's business mark as a keyword in the background of a search engine did not damage the identifiability of the trade mark and would not lead to confusion among the relevant public, and therefore did not fall within the type of unfair competition behavior such as trade confusion as provided for in the Anti-Unfair Competition Law. This type of use does not cause substantial damage to the "triple overlay" of interests of operators, consumers and the public interest, nor does it violate the principle of good faith and business ethics, and should not be regulated by the basic provisions of the Anti-Unfair Competition Law.

Basic Facts

Plaintiff: Shanghai X Software Technology Company Limited (hereinafter referred to as Shanghai X Software Company)

Defendant: X Investment Management (Beijing) Co., Ltd. (hereinafter referred to as X Investment Company)

Defendant: Beijing X Technology Co. (hereinafter referred to as Beijing X Technology Company)

The plaintiff is a collection of mobile application custom development, interactive marketing solutions, mobile application cloud platform services as one of the technology companies, the main VR panorama production and join services, the official website domain name for "www. 720think. com". The plaintiff found through the defendant Beijing X Technology Company operating “www. baidu. com” website search “Shanghai X technology limited company”, the search results show that the first link for the official website of the plaintiff company. And the search page to the end, the last link entry for “3DVR panorama to join _ VR investment to join _ VR panoramic marketing system agent”, the bottom of the “66 people this month have consulted the relevant issues 3DVR panorama to join the Kuleiman 3DVR panorama to join! ... telephone consultation: 24 hours manpower online” introduction, below the “Kuleiman to join more concern” “advertising” and other words. In the link entry, that is, in the domain name for “4g. kuleiman. com” website, the home page of the site has a “production of high-quality panoramic works to provide a perfect panoramic platform”. The website is operated by X Investment Company of the defendant. On 9 July 2019, the defendant X Investment Company added a URL with the name “www. 720think. com”.

The plaintiff Shanghai X Software Company claimed that the defendant X Investment Company using unlawful way, the plaintiff promoted “www. 720think. com” as keywords in search engines., make the plaintiff potential customers in the search for the plaintiff company name, in the search page of the defendant's promotional links, belongs to maliciously seize the plaintiff's customer source behavior. The defendant Beijing X Technology Company as a domestic professional search promotion services of the well-known company, the defendant X Investment Company should strictly verify whether the behavior constitutes infringement, its failure to reasonable verification obligation, should bear the responsibility of infringement. The behavior of the two defendants violated the Anti-Unfair Competition Law, constituting unfair competition against the plaintiff. The plaintiff requested as follows: 1. The two defendants to immediately stop the unfair competition; 2. The two defendants jointly compensate the plaintiff for the economic loss of CNY 400, 000 and stop the infringement of the lawyer's fee of CNY 10, 000 and the notary's fee of CNY 3, 995. The plaintiff withdrew the first claim as the lawsuit had been discontinued.

The defendant X Investment Company, argued that its behavior did not constitute confusing unfair competition and false publicity unfair competition under the Anti-Unfair Competition Law. The defendant's advertising link is located in the last page of search results, the plaintiff did not set up by the defendant's keywords and submerged in the search link, the behavior did not take advantage of the plaintiff's goodwill, did not cause actual damage to the plaintiff. The behavior did not violate the principle of good faith and accepted business ethics, the behavior is not improper and blameworthy.

Defendant Beijing X Technology Company argued that defendant X Investment Company promotion link has obvious "advertising" sign, in the front also the plaintiff did not display any information such as a commercial logo in the title of its promotional links, description or its website page to the public. Defendant X Investment Company only in the background of the system set the plaintiff's URL for keywords, and search for the plaintiff's business name in the foreground, the plaintiff's official website link is still in the first place in the search results, the link in the last, has ensured that the plaintiff's website for the visibility of consumers. The defendant set the behavior of the advertising link does not lead to search for the plaintiff's business name information network users in the search results can not be found or difficult to find the plaintiff's website link, or the original defendant's product confusion and misidentification and wrongly purchased the defendant's products.

[Holding]

Shanghai Pudong New Area People's Court held that the application of Article 2 of the *Anti-Unfair Competition Law* to determine whether a certain act is an act of unfair competition should generally meet the following conditions: 1. The law has not made special provisions for such competitive acts; 2. The legal interests protected by the Anti-Unfair Competition Law have actually been damaged by the act complained of; 3. The competitive act has violated the principle of honesty and good faith and generally accepted business ethics and has the characteristics of unfairness and blameworthiness. It is unfair and blameworthy.

Firstly, The Anti-Unfair Competition Law does not make any special provision for the behavior in question. In this case, the defendant X Investment Company in the defendant Beijing X Technology Company to provide the system background, the plaintiff's URL is set as a keyword, but in the front-end do not exist and the plaintiff company name, URL and other content-related information. In the bottom of the promotional link is clearly marked with the word "advertisement", the defendant's registered trademark "Kuleiman" and displayed in the search page at the bottom of the case, the relevant public in the case of general attention, will not lead to the confusion between the plaintiff and the defendant in terms of the sources of their products or that there is a specific relationship between the two, so the behavior does not fall under the provisions on confusion in the Anti-Unfair Competition Law.

Secondly, the legal interests protected by the Anti-Unfair Competition Law were not actually harmed by the actions complained of. Although the defendant set the plaintiff's URL as a search term, the plaintiff's official website still appeared at the top of the search results. The "display", which was free of charge, ensured that the URL of the holder of the exclusive right to use the trade mark was visible to consumers. The defendant's behavior did not deprive consumers of their right to choose. From the point of view of the interests of consumers, allowing the use of other people's trademarks, company names, domain names and other commercial signs as keywords can help consumers to obtain more information and choices and reduce the cost of their searches. When internet users search using a trade mark as a keyword, their purpose may also be to find information about the competitors of the owner of the trade mark. Such information, as long as it is not false or misleading, helps consumers to make rational purchasing decisions. The defendant's behavior in this case did not undermine the recognition of market participants and did not disrupt the normal market order.

Thirdly, the competitive behavior did not violate the principle of good faith and accepted business ethics. Free competition is a fundamental feature of the market economy, and any competition will lead to a reduction in the interests of competitors, and competition and harm go hand in hand and follow each other. Therefore, competition for business opportunities among competitors is the normal and proper feature of competition, and is also encouraged and promoted by market competition. In paid search advertising services, the keyword selection behavior itself is a means of market competition. In an open competitive environment, the use of implicit keywords is in line with the spirit of modern sales and legitimate competition, and the competitive behavior does not violate the principle of good faith and accepted business ethics.

On April 27, 2021, Shanghia Pudong New Area People's Court rendered (2020) H 0115 MC No. 3814 civil judgment: rejected all litigation claims of the plaintiff.

After the first instance, the plaintiff appealed but failed to pay the case acceptance fee on time. On November 1, 2021, Shanghai Intellectual Property Court made (2021) H 73 MZ No. 772 civil decision as follows: The case shall be handled on the basis of the appellant's voluntary withdrawal of the appeal.

[Commentary]

The so-called implicit use of search keywords refers to the use of other operators' trademarks, company names or domain names as search keywords within the background system of internet search engines. The implicit use of search keywords is the concept corresponding to the explicit use of search keywords, in the case of explicit use, the user is often other business subjects of the commercial identity of the keywords and display in the operation of the website or advertising content, so that other people's commercial identity can be directly displayed to internet users. For the explicit use of search keywords, judicial practice is mainly through the determination of trademark infringement, from trademark use, trademark confusion or well-known trademark dilution and other ways to regulate, China's existing judicial decisions for explicit use of the act is mostly found to constitute trademark infringement. ①However, for the implicit use of search keywords, because the keywords are only set in the background of the search engine, and thus the user can not see the search keywords in the promotional webpage, so it is generally not involved in trademark infringement. ②In judicial practice, most of the cases are evaluated from the perspective of anti-unfair competition on the invisible use of search keywords. At the same time, as the implicit use of search keywords is not one of the acts of unfair competition expressly stipulated in the Anti-Unfair Competition Law and the relevant judicial interpretations, the court in practice mostly evaluates according to the general provisions of Article 2 of the Anti – Monopoly Law.

Ⅰ. Consideration of the "triple overlay" of legal interests in the determination of unfair competition in the implicit use of keywords

Article 2 of the *Anti-Unfair Competition Law* stipulates that an act of unfair competition refers to the behavior of an operator who, in the course of his production and business activities, violates the provisions of the law, disrupts the order of competition in the market, and harms the legitimate rights and interests of other operators or consumers. Accordingly, the legal interests protected by the Anti-Unfair Competition Law are the "triple overlay" of public interests (market order), operators' interests and consumers' interests. The determination of unfair competition in general terms cannot be as simple and clear as the judgment of absolute right infringement, which cannot be countered by the simple fact that the rights and interests of the operator have been harmed by the competitive behavior, but rather requires a comprehensive consideration of the relationship between the order of competition and the

---

① See Tao Qian, Justification Analysis of Implicitly Using Competitors' Trademarks as Keywords in Paid Search Advertisements, *Intellectual Property*, Vol. 1, No. 1, 2017.

② Whether the invisible use of search keywords can constitute trademark use is also controversial in practice, for example, the Shanghai Putuo District People's Court held in the first instance judgment of "Love Dance OL" that: "By setting 'Love Dance' and 'Love Dance OL' as the keywords of 'Fantasy Love Dance', the trademark 'Love Dance' and 'Love Dance OL' are actually linked to the trademark of 'Fantasy Love Dance'." By setting "Love Dance" and "Love Dance OL" as the key words of "Dream Love Dance", the trademark "Love Dance" and "Love Dance OL" are actually linked to the product of "Dream Love Dance". LOVE DANCE "products established a link, belongs to the act of commercial use of other people's registered trademarks, still belongs to the field of protection of trademark law" [see Shanghai Intellectual Property Court (2019) Shanghai 73 civil final No. 130 civil judgment]. However, the mainstream view in practice is that implicit use of search terms does not constitute trademark infringement, see Beijing High People's Court (2013) Gao Min Zhen Zi No. 1620 Civil Judgement, Jiangsu Provincial High People's Court (2017) Su Min Shen No. 2676 Civil Ruling, and Beijing High People's Court (2018) Beijing Min Ren Ren Ren No. 177 Civil Judgement, among others.

interests of consumers. [1] Therefore, when applying Article 2 of the Anti-Unfair Competition Law to determine the damage of one behavior, it is necessary to make a comprehensive assessment of the interests of the "ternary superposition".

（Ⅰ）Consideration of the interests of market operators

Under the market economy, market competition is mainly expressed as competition for resources and business opportunities. As the Supreme People's Court pointed out in its civil judgment in the Shandong Foods and Ma Daqing case, in the Anti-Unfair Competition Law, the fact that an interest should be protected does not constitute a sufficient condition for the injured party to obtain civil remedies for that interest. Although a business opportunity is an interest that can be protected by the Anti-Unfair Competition Law, it is not a legal right in itself, and the conclusion of a transaction does not depend solely on the will of one party but requires the consent of both parties to the transaction, so others are free to compete for the opportunity to make a deal. [2] It is true that a business opportunity can be an interest protected by Anti-Unfair Competition Law. However, the protection of legal interests under the Anti-Unfair Competition Law is limited and requires a specific approach, is uncertain and conditional, and can only be protected by stopping an act of unfair competition when it is committed by another person. [3]

In this case, the plaintiff claimed that its trading opportunities might be reduced by the defendant's act of setting its URL as a keyword by X Investment Company. However, this kind of damage to trading opportunities with a certain degree of probability does not ipso facto obtain legal protection. Under the principle of freedom of competition, market competitors have the right to compete for trading opportunities through normal commercial means, and it is difficult for a competitor to prove that it has suffered damage merely because the other party's competitive market behavior may reduce the probability of obtaining trading opportunities. Whether the plaintiff to obtain the opportunity to trade, the key also lies in its own product quality, price, after-sales service compared to the defendant X Investment Company is more competitive. The defendant implicit use of the plaintiff's URL does not necessarily lead to the plaintiff's loss of trading opportunities, the plaintiff in fact did not prove that the defendant's behavior by the actual loss. In this case, the defendant Beijing X Technology Company to

---

① See Kong Xiangjun, *New Principles of Anti-Unfair Competition Law: Original Theory*, Law Press, 2019, p. 20 – 21.

② Supreme People's Court (2009) Civil Shen Zi No. 1065 Civil Ruling.

③ See Kong Xiangjun, *New Principles of Anti-Unfair Competition Law: General Introduction*, Law Press, 2019, p. 315.

provide implicit keywords paid search service is a normal commercial promotion services, does not affect the rights of their own web page at the same time appeared in the natural search results, also does not affect the rights of the natural search in the ranking, and thus the choice of keywords does not deprive the plaintiff of the effective use of their own URL to inform the opportunity to win customers and customers.

(Ⅱ) Consideration of the legitimate interests of consumers

The Anti-Unfair Competition Law mainly aims to protect the rights and interests of consumers by regulating and adjusting competitive relations and maintaining the order of competition. Therefore, the Anti-Unfair Competition Law only regulates the behaviors committed by operators that harm the rights and interests of consumers in relation to the competitive relationship and the competitive order.① From this level, the protection of consumer rights and interests under the Anti-Unfair Competition Law is closely related to the public interest, i. e. the competition order. In the dispute of unfair competition in the category of implicit use of search keywords, the focus should be on whether the use of implicit keywords has increased the cost of consumers in searching for goods or services through the use of search engines by disrupting the fair order of competition in the market, thus harming the legitimate rights and interests of consumers.

In this case, the defendant X Investment Company's promotional web page does not contain false or misleading information, web page information clearly indicates its own identity and does not contain the plaintiff's trademarks, business names and other commercial signs, and the promotion of the content of the advertisement with a clear mark so that it can be differentiated from the general results of natural searches, so that the consumer in general can distinguish between the plaintiff and the defendant without increasing the cost of their choices. On the contrary, when internet users use a commercial logo as a search term for searching, their purpose may be to look for information related to the commercial logo, but also may be to look for information about the competitors of the owner of the commercial logo, the use of implicit keywords may still help consumers to obtain more information and the opportunity to choose, and to reduce the cost of their searches.

(Ⅲ) Considerations of public interest

The protection of the public interest by the Anti-Unfair Competition Law is reflected in the maintenance of the order of competition in the market, and a fair market order is crucial to the

① See Wang Ruihe, edited by Wang Ruihe, *Interpretation of the Law of the People's Republic of China Against Unfair Competition*, Law Press, 2018, p.4.

development of the relevant market and the entire economic and social sphere. The so-called damage to the order of competition, that is to say, the operator's behavior by improperly harming the competitive advantage of others or improperly obtaining competitive advantage, thus leading to the loss of fair and normal competition order in the relevant market, and the result is often manifested in the allocation of resources and business opportunities in the market and the relevant operators to do business inputs are out of proportion. As stated in the judgment of this case, in the keyword search, good market order requires that each market entity maintains a clear and recognizable degree, so that consumers will not be confused about the source of the products and services provided by different market entities. In this case, on the one hand, the promotional link neither appears in the logo which is easy to cause consumer confusion nor affects the natural ranking of the search results, will not affect the identification and judgment of the plaintiff's potential customers, does not ipso facto constitute the damage to the plaintiff's competitive advantage; on the other hand, the defendant through the purchase of setting up the background of the implicit keyword service to the target group to display their own web page link, for potential business opportunities belong to the normal Commercial promotion behavior, also does not belong to the improper acquisition ofa competitive interests. Therefore, the implicit use of keywords in this case does not affect the normal order of competition.

Ⅱ. The principle of good faith and the values and standards of business ethics in the Anti-Unfair Competition Law

The Anti-Unfair Competition Law is a law that upholds business ethics. There is a clear difference between business ethics based on the value of efficiency and secular morality. Therefore, when applying Article 2 of the Anti-Unfair Competition Law to evaluate whether the perpetrator has violated the principle of honesty and good faith and whether he or she has violated business ethics, the value of upholding the freedom of competition and conforming to the spirit of the market should be taken into account in the business ethics, and it is necessary to avoid using only the standard of secular morality to measure the business ethics. ①As the Supreme People's Court pointed out in the civil judgment on the case of Shandong Foods and Madagascar: "Business ethics should be judged in accordance with the ethical standards of the participants in the market transactions in the specific commercial field, i. e., the economic person, which is different from the personal character and morality, and cannot be equated

① See Wang Yanfang, The Dual Construction of Values and Standards of Business Ethics in the Anti-Unfair Competition Law, *Intellectual Property*, No. 6, 2020.

with the general social morality, and embodies a kind of business ethics. The pursuit of fame and profit by economic agents is in line with the basic requirements of business ethics, but it does not necessarily meet the high standards of personal integrity; the diligence of enterprises in charity and public welfare is in line with social morality, but neglecting public welfare does not violate business ethics."①

In fact, the pursuit of profit is the "businessman's nature" of market operators, and free competition is the essential attribute of market competition. For the same trading opportunity, one competitor has something to gain and the other has something to lose. In order to obtain civil remedies, the party whose interests have been damaged must also prove that the competitor's behavior is improper. Only if competitors do not follow the principle of honesty and good faith when competing for business opportunities, violate the generally accepted business ethics, and seize the business opportunities that others can reasonably be expected to obtain by improper means, are they prohibited by the Anti-Unfair Competition Law. ②In this case, the exchange of information between the paid search advertisement service provider and the advertisers is a kind of transaction with "information of competitors" target consumer groups as the object, and it is a kind of service to help the advertisers locate the competitors' target consumer groups. Therefore, the selection of search keywords and their use in the background of search engines to promote their web links to potential target groups by means of payment is only a normal means of market competition. As long as the use of keywords does not improperly affect the keywords of the original rights of the commercial interests or reasonable expectations of the commercial opportunities, and can not be based solely on the use of keywords to obtain the benefits of its behavior in violation of the principle of good faith and business ethics. When the promotional link does not display the keywords implicitly used and clearly mark its identity as an advertising link, especially when the ranking of the promotional link in the search results is lower than that of the link of the original right holder of the keywords, the promotional link does not affect the visibility and identification of the link of the original right holder to the consumers, and does not interfere with the consumer's choice of information in a way that is confusing and does not reduce the original right holder's business opportunities. Therefore, this kind of market competition behavior should not be evaluated negatively by the Anti-Unfair Competition Law.

---

① Supreme People's Court (2009) CSZ No. 1065 Civil Ruling.

② Beijing High People's Court (2013) GMZZ No. 1620 Civil Judgement.

Ⅲ. Conclusion

The legislative purpose and applicable value of the Anti-Unfair Competition Law lies not only in the regulation of unfair competition, but also in the protection of operators' freedom of competition within the legal framework through the creation of a fair market competition order. Therefore, when determining whether an act is an act of unfair competition, the act should be strictly examined to see whether it harms the "triple overlay" of the interests of operators, consumers and the public interest, and the principle of honesty and trustworthiness as well as business ethics should be understood at the level of business ethics in the Anti-Unfair Competition Law. As an emerging means of market competition, the implicit use of keywords does not objectively constitute damage to the "triple overlay" legal interests, and subjectively does not contradict business ethics, so it is not appropriate to be subject to the negative evaluation of the Anti-Unfair Competition Law.

[Significance]

With the booming development of the internet economy, the selection of search keywords by market players for their relevant web pages in search engines has become a means of market competition. Whether the implicit use of other people's trademarks, enterprise names or other commercial logos as search keywords constitutes unfair competition is highly controversial in practice. The judgment in this case clarifies the adjudication line of the case of implicit use of search keywords, embodies the defense of operators' freedom of competition within the framework of the law, and has acertain guiding significance for the maintenance of a fair and orderly market competition environment in the field of internet searches. The case was awarded the Top Ten Influential Cases of China's New Culture and Entertainment in 2021, and the case analysis was awarded the Third Prize of Excellent Case Analysis of the National Court System in 2022.

[Case Index]

Case Number:

First instance: Shanghai Pudong New Area People's Court (2020) H 0115 MC No. 3814 (April 27, 2021)

Second instance: Shanghai Intellectual Property Court (2021) H 73 MZ No. 772 (November 1, 2021)

Judges and Juror:

First instance: Gong Xiaoyan, Jiang Guangrui, Lin Xinjian

Second instance: Ling Song, Yang Fuyu, Chen Yaoyao

Drafted by: Jiang Guangrui, Zhuang Yuqing

Translated by: Wang Jue

Proofread by: Shan Hao

32

Determination of Unfair Competition for Setting the Same App Wake-Up Strategy to Interfere with Another's Internet Service

—Unfair Competition Case between X Network Technology Co. Ltd. and Jiangsu X Software Technology Co. Ltd.

Rule

In the internet economic environment, whether or not the undertakings are in a competitive relationship with each other is not a necessary condition for filing an unfair competition complaint or making a determination of unfair competition. Undertakings using the internet to conduct production and business activities shall not impede or disrupt the normal operation of internet products or services lawfully provided by other undertakings. In evaluating atypical internet competition behavior by applying the "internet Special Provisions", the focus should be on whether the complainant's legally protected legal interests have actually been harmed by the complainant's behaviors, and whether the complainant's behaviors are unfair based on internet business ethics. The determination of whether the behavior of internet competition is fair or not should be carried out by taking the internet market as a scenario, and the interests of operators, consumers and the public shall be measured as the "triple overlay" of the interests of the operators, consumers and the public, so as to guarantee the freedom of operation of market subjects without illegal interference, maintain generally observed business practices and promote the openness, innovation, efficiency and security of the internet market.

Basic Facts

Plaintiff: X Network Technology Company

Defendant: Jiangsu X Software Technology Company

The plaintiff is the proprietor of "Alipay" App (hereinafter referred to as Alipay) with the payment function. As of June 2020, Alipay had a significant number of monthly active users, monthly active merchants, financial institution partners and digital payment trans behavior scale. The plaintiff is licensed to use the registered trademark "alipay" and use www. alipay. com as its official website. The defendant is the undertaking of the "Home Care Plus" App (hereinafter referred to as Home Care Plus), which provides research and development and operation of products for the home service industry. Until 2018, 37, 000 enterprises have used the home management system developed by the defendant, and more than 3. 7 million home service workers have been registered in the system.

In order to achieve smooth jumping between mobile phone applications, Apple uses the URL Scheme as a communication method in the iOS system, which is used to identify and wake up specific mobile phone applications or function modules. Mobile phone application developers can independently set the appropriate URL Scheme wake-up strategy, but if different mobile phone applications set the same URL Scheme, the jumping process will be in conflict. For this reason, enterprise users usually choose to use trademarks, brands and other identifying and proprietary logos as the URL Scheme of mobile applications. The plaintiff set the URL Scheme for jumping to Alipay as "alipays://" and "alipays://". The developer of the third party mobile application configured it according to the plaintiff's settings so that the third party mobile application could redirect users to Alipay to complete payments when needed. The plaintiff charged a service fee of 0. 6% to 1. 2% of the amount of a single payment.

The version of Home Care Plus at issue has the same URL Scheme as Alipay. On the iPhones which only install Alipay, after a user makes transactions through third party mobile Apps such as Pingduoduo and websites such as Taobao and chooses "Pay by Alipay," the user may make payment by jumping normally to Alipay according to the notification of the phone system. However, if the above payment steps are repeated after installing both Alipay and the version of Home Care Plus concerned in this case, the mobile phone system will prompt that it will jump to Home Care Plus and ask the user to choose whether to "Cancel" or "Open" the transaction. If the user selects "Cancel", the user will be stuck on the payment page of the third party mobile App or website and will not be able to proceed with the payment; if the user selects "Open", the user will be redirected to Home Care Plus and the mobile system will default to Alipay to wake up Home Care Plus. For this reason, Alipay has received complaints from users and security warnings from partner merchants.

The plaintiff, X Network Technology Company claimed that the defendant's behavior made users who would like to jump to Alipay divert to Home Care Plus, not only impede the Alipay normal operation, but also improper used the plaintiff's market results, clearly contrary to the URL Scheme settings industry practice and accepted business ethics and the principle of good faith, causing economic loss and goodwill damage to the plaintiff. It not only hindered the normal operation of Alipay, but also made improper use of the Plaintiff's market results, which was obviously contrary to the industry practice set up by the URL Scheme, the recognized business ethics and the principle of honesty and good faith, and caused the Plaintiff economic losses and goodwill damages. The Plaintiff requested that: 1. The defendant shall immediately stop the unfair competition behavior; 2. The defendant shall issue a written statement about the unfair competition behavior to eliminate the adverse impact; 3. The defendant shall compensate the plaintiff's economic loss and reasonable expenses to stop the unfair competition behavior, totaling CNY 1 million. During the trial, the plaintiff confirmed that the unfair competition behavior had ceased and applied to withdraw the first claim.

The defendant, Jiangsu X Software Technology Company, argued that the mobile phone applications which the plaintiff and the defendant operated do not overlap in the function, do not have the competitive relationship. The situation of the same URL Scheme setting is due to the development error, and the impact of the behavior is small and short-lived. Only when users who have both Alipay and Home Care Plus installed on their Apple mobile phones need to jump to Alipay, they will be misdirected to Home Care Plus. These users were already the defendant's users and there was no question of depriving the plaintiff of its user traffic or exploiting its market results.

[Holding]

Shanghai Pudong New Area People's Court held that, although the main business of the plaintiff and the defendant is different, but the conduct of the case has fully embodied the two sides on the flow of internet business interests of competition, the plaintiff hasthe factual basis to file the unfair competition claim. In this case, although the act complained of used technical means to interfere with the normal operation of Alipay, but does not belong to the unfair competition behaviors listed in Article 12(2) of the *Anti-Unfair Competition Law*. Therefore, it should apply the bottom clause of the article, and comprehensively consider whether the plaintiff's legal interests protected by the *Anti-Unfair Competition Law* have been actually harmed due to the complained behavior, and whether the complained behavior is unfair based on the business ethics of the internet, so as to determine whether the complained behavior constitutes unfair competition. In terms of damages, the behavior complained of not only resulted in a reduction of the traffic benefits and transaction revenues obtained by the plaintiff through Alipay, but also lowered the value of users, restricted users' free choice of payment tools, and disturbed the competitive order of the mobile phone application market. As for the unfairness, it has become an industry practice for developers to choose a logo that is directly related to them as a URL Scheme. The defendant's setting of the same URL Scheme as Alipay in Home Plus caused the normal wake-up of Alipay to be disturbed, which was not justified. In conclusion, the defendant's conduct substantially interfered with the normal operation of Alipay and constituted unfair competition.

On July 16, 2021, Shanghai Pudong New Area People's Court made (2020) H 0115 MC No. 87715 civil judgment: First, the defendant shall publish a statement and eliminate the impact of the judgment on its website, its WeChat public account Home Care Plus for seven consecutive days within ten days from the date of entry into force of the judgment, as well as on the unstitched page of China Intellectual Property News; Second, the defendant shall compensate the plaintiff for the economic loss of CNY 300, 000 and the reasonable expenses paid for stopping thc unfair competition behavior of CNY 185, 269 within ten days from the date of entry into force of the judgment, and the above amounted to CNY 485, 269; Third, the plaintiff's remaining claims are dismissed.

After the first instance judgment, the defendant appealed and then withdrew the appeal. On April 8, 2022, Shanghai Intellectual Property Court issued (2021) H 73 MZ No. 852 civil decision, allowing the plaintiff to withdraw its appeal.

[Commentary]

This case is a new type of unfair competition dispute in the field of internet, which involves the positioning of the competitive relationship in unfair competition litigation, the scope of application of the typed provisions of the "internet Special Provisions" and the conditions of application of the "internet Special Provisions", etc., which are discussed below. are discussed below.

I. Positioning of competitive relationships in unfair competition proceedings

In the past, judicial practice usually considered the existence of a competitive relationship as a preliminary element in determining whether or not an act of unfair competition has been established. The judicial policy of the Supreme Court has been that, in addition to the constituent elements of a general tort, the existence of a competitive relationship should also be examined in order to determine unfair competition. The existence of a competitive relationship is one of the conditions for determining what constitutes unfair competition. ①

The so-called competitive relationship, broadly speaking, refers to a social relationship formed in the process of competition between market participants. Due to the maturity of early market development, market competition is mainly among peers, so it is reasonable to take the competitive relationship as a prerequisite for determining unfair competition. However, strict adherence to the peer competition relationship will limit the scope of adjustment of the *Anti-Unfair Competition Law*. Especially as the internet economy is booming, the traditional pattern of different business fields has changed. Different types of business behavior are intertwined with each other, target audiences overlap with each other, and the mode of competition has evolved from competition in the same industry to competition in traffic, data, platform and ecological competition. The boundaries of market competition and competitive relations are becoming blurred, and the dissolution of the relativity of competitive relations has become an undeniable fact in the internet economy. Therefore, it is necessary to clarify that the *Antimonopoly Law* does not protect specific competitors, but the order of competition, and as a law of conduct, it aims to prohibit conduct inconsistent with the order of competition and to achieve greater freedom of competition. The judicial policy of the Supreme Court has also introduced a new requirement: "In accordance with the spirit of the new law on the integrated protection of the public interest, the interests of undertakings and the interests of consumers, and with a correct understanding of the legal position of the competitive relationship, the competitive relationship is not a condition for the determination of unfair competition or the filing of an unfair competition lawsuit."②

Taking this case as an example, although the main business of the plaintiff and the defendant are different, the behavior in question is directly manifested in the fact that Home Care Plus has set up the same URL Scheme as Alipay as its wake-up strategy, which

---

① See Cao Jianming, Increasing Judicial Protection of Intellectual Property Rights and Regulating the Order of Market Competition in accordance with the Law – Speech at the Symposium on Intellectual Property Rights Judgement of the National Courts (11 November 2004), *Intellectual Property Rights Judgement Guidelines and References* (Volume 9), Law Press, 2005, p. 16.

② See Tao Kaiyuan, Taking Xi Jinping's Thought on Socialism with Chinese Characteristics in the New Era as Guidance, Comprehensively Launching a New Journey of Judicial Protection of Intellectual Property Rights in the New Era – Speech at the Fourth National Court Intellectual Property Trial Work Conference and Commendation Meeting for Advanced Collectives and Advanced Individuals in Intellectual Property Trial Work (9 July 2018), *Intellectual Property Trial Guidance* (General Series 31), People's Court Press, 2019, p. 29.

objectively leads users who have installed both mobile phone apps to go to Home Care Plus when making payments through Alipay. The behavior in question fully reflected the fact that the original App and the Alipay App are not the same as the Home Care Plus App. The conduct in question fully reflected the competition between the plaintiff and the defendant in terms of traffic and other internet business interests, and the plaintiff had a factual basis for bringing an unfair competition claim.

Ⅱ. Scope of application of the typology of "internet Specific Provision"

In this case, although the act complained of used technical means to interfere with the normal operation of the Alipay App, it did not belong to the types of unfair competitionbehaviors on the internet that are explicitly listed in Article 12(2) of the *Anti-Unfair Competition Law*, i. e. the "internet Specific Provision". First, the behavior complained of did not include a link in the Alipay App and was also limited by the requirements of the iOS mobile phone system, which made it impossible to force the target to jump. Second, although the iOS mobile phone system prompted the user to open the Home Care Plus App in the process of jumping, and provided the user with the option of "Cancel" or "Open", the user's choice was limited to whether or not to jump to the App. However, at that point, the user's choice was limited to whether or not to jump to the Home Care Plus App, and the user was not able to modify, close or uninstall the Alipay App, so the behaviors complained of did not fall into the category of misleading, deceiving or forcing the user to modify, close or uninstall the Alipay App. Therefore, the behaviors complained of do not mislead, deceive or force users to modify, close or uninstall the Alipay App. Again, it is clear that the behavior complained of does not fall under the conduct of "maliciously implementing incompatibility with via network products or services lawfully provided by other undertakings", which is expressly prohibited by Paragraph 2(3) of the internet Specific Provision. It can be seen that with the continuous development of the internet industry, business forms and modes of competition are becoming richer and more diversified, and a large number of competitive behaviors in industrial practice are difficult to find a way of application in the typology of the internet Specific Provision. Innovation in the field of competition is never-ending, and it is difficult to succeed in the attempt to use the definitional system of concepts to replace the evaluation of the meaning of flow. The fairness test of competitive behavior can only be based on the judge's search in specific scenarios, based on the description of the facts of life, the use of detailed empirical knowledge to compare and weigh them, and at the same time the pursuit of value and the assessment of effectiveness. In view of the difficulties in the application of the law encountered in this case, it is necessary to further examine whether there is a possibility of adapting the internet Specific Provision.

Ⅲ. Application of the "internet Specific Provision"

The internet Specific Provision contains a provision that regulates other conduct that obstructs or interferes with the normal operation of network products or services lawfully provided by other undertakings. In applying this provision, it is necessary to focus on whether the claimant's legal interests protected by the *Anti-Unfair Competition Law* have actually been damaged by the complainant's behavior, and whether the complainant's behavior is unfair based on the business ethics of the internet, in order to determine whether it constitutes unfair competition.

In this case, the harm to the plaintiff's interests caused by the defendant's behaviors was mainly reflected in three aspects. The defendant set up the same URL Scheme for Home Care Plus as for Alipay, so that users who wanted to pay with Alipay were redirected to Home Care Plus. Although users can choose whether or not to jump to Home Care Plus, it is an undeniable fact that they cannot access Alipay. Once the user chooses to jump to Home Care Plus, any subsequent wake-up call to Alipay will default to Home Care Plus. It can be seen that the plaintiff to Alipay as the flow of the business model of the entrance to the interference by the behavior, the defendant can be through the behavior to obtain the plaintiff's traffic interests. Second, the transaction revenue loss. Payment transaction through Alipay, the plaintiff in accordance with the amount of a single transaction to collect a certain percentage of the service fee. If the user can not pay through Alipay, the plaintiff's service fee income will inevitably be reduced. Thirdly, the value of the user will be reduced. The Plaintiff, as a financial service company providing a payment function, must ensure the security of Alipay. As a result of the behaviors complained of, end-users and merchants have questioned the security of Alipay.

As can be seen from the above, the damage caused to the plaintiff by the behavior complained of is obvious. However, under the conditions of market economy, competition and damage go hand in hand. Competitive behavior inherently carries the gene of threatening the interests of others, and expect competitors to be gentle and elegant is unrealistic. Damage to the interests of competition does not necessarily constitute unfair competition, only when the competitive behavior is unfair at the same time, it is necessary to apply the *Anti-Unfair Competition Law* to regulate. In the traditional market area, the conclusion that competitive behavior is unfair is mainly based on the violation of the principle of good faith or business ethics. However, in the internet economic environment, which emphasizes sharing, common governance, openness and inclusiveness, its business ethics are different from traditional business ethics, and it needs a more effective and direct discourse system and analytical tools to actively respond to the real needs. Substantive judgment of interest measurement is undoubtedly a more realistic and appropriate choice, i. e. the framework of interest weighing formed on the basis of competition itself as the basis for determining unfair competition. To determine the unfairness of competition in the internet field, it is more based on the "triple overlay" interests of undertakings' interests, consumers' interests and public interests (market order), so as to safeguard the freedom of operation of market entities without illegal interference, maintain the business practices generally followed by market undertakings, and promote the openness, innovation, efficiency, safety and security of the internet market. and security of the internet market.

In this case, the behaviors complained of were not only detrimental to the interests of the complainant, but also to the interests of consumers. Consumers should enjoy full autonomy in choosing the payment tool to complete thetransaction. The behavior not only interferes with the normal leap of Alipay, but also makes Alipay as the first choice of payment tools, consumers can only choose other payment tools, unreasonably increase their transaction costs. At the same time, the behavior complained of also seriously disturbed the order of market competition, which represents the public interest of society. The main effects are as follows:

(Ⅰ) Undermining freedom of operation. The internet Specific Provision explicitly states that the normal operation of network products or services lawfully provided by other undertakings shall not be obstructed or disrupted. In other words, undertakings enjoy the right of business autonomy, and the way they choose to operate their products or services can be implemented. If the interests of business autonomy are not protected and the behavior of one party is allowed to directly interfere with the products or services of another party, it will inevitably trigger the defense or counter-attack of the other party, resulting in huge social costs and waste of resources. The behavior in question prevented the goal of accurate jumping between mobile applications from being achieved and directly interfered with the normal operation of Alipay. If such behavior is allowed to continue, mobile application developers will use the URL Scheme in an unregulated manner to gain competitive advantages, and the convenience and safety of mobile applications used by the public will be seriously affected.

(Ⅱ) Undermine operational efficiency. Business practice is a common way of behaving by market participants, which is the most efficient collective consensus. In order to regulate the business behavior of undertakings in the same industry and to maximize the overall interests of the industry, they tend to gradually explore and form general practices and binding norms in their business activities. Business practices, as given modes of behavior, inevitably limit the freedom of behavior of undertakings and therefore may not be adopted by every undertaking.

Nevertheless, undertakings should follow them, otherwise the relevant market may be too inefficient to generate the potential benefits that would attract undertakings to enter. In this case, although mobile application developers can independently set their own URL Schemes, it has become an industry practice for developers to choose as their URL Scheme a logo that directly refers to them in terms of their specific application. In addition to Alipay, "WeChat", "Weibo", "Youku" and other popular mobile applications all have URL Schemes directly related to the developer. The reason for this is that one of the main goals for developers when setting URL Schemes for mobile phone applications is to accept jumps from other mobile phone applications, so accuracy and convenience are the basic requirements that developers must take into account when setting URL Schemes. By choosing a more directional and concise logo as a URL Scheme, a particular mobile phone application can be most effectively identified and redirected by developers of other mobile phone applications. The behavior complained of clearly violates the business practice in the field of mobile phone application development and affects the efficiency of operation.

In conclusion, the defendant, as the developer of Home Care Plus, had no connection with the "alipay" logo, and set the same URL Scheme as the wake-up strategy in a certain version of Home Care Plus, even though the plaintiff had already set up and published the URL Scheme of "alipay". Such behavior of setting the same App wake-up strategy to interfere with other people's internet services constitutes unfair competition.

[Significance]

This case is the first ruling in China on unfair competition on the internet involving wake-up strategies of apps. The case explored the facts of the technical principles and functional objectives of mobile phone apps in setting up the URL Scheme as a wake-up strategy to achieve communication, and on this basis, through the "triple superimposed" measure of interests, it was found that the conduct in question constituted unfair competition, which protected the freedom of operation of market entities from unlawful interference and maintained business practice as a collective consensus. The case was awarded the 2022 People's Court of the Year Award for the People's Court of the People's Republic of China. The case was awarded the 2022 People's Court Typical Case against Unfair Competition, and the case analysis of the case was awarded the 2022 Second Prize for Excellent Case Evaluation by National Courts. In this dispute, the court also issued pre-litigation behavioral preservation measures upon request, which promptly and effectively stopped the unfair competition in question. The pre-litigation conduct preservation case was awarded the 50 Typical IPR Casesby Chinese Courts in 2020 and the Typical Cases on Strengthening IPR Protection by Shanghai Courts in 2020.

[Case Index]

Case Number:

First instance: Shanghai Pudong New Area People's Court (2020) H 0115 MC No. 87715 (July 16, 2021)

Second instance: Shanghai Intellectual Property Court (2021) H 73 MZ No. 852 (April 8, 2022)

Judges:

First instance: Xu Jun, Jiang Guangrui, Xu Hongtao

Second instance: Chen Huizhen, He Yuan, Du Lingyan

Drafted by: Xu Jun, Xu Hongtao

Translated by: Wang Jue

Proofread by: Shan Hao

Intellectual Property Contract Cases

33

Determination of Authorship for Internet Written Works

—Copyright Licence Contract Case between Shanghai X Information Technology Co. Ltd. and Chang

Rule

The general principle for determining authorship of internet written works is to focus on the protection of rights and promotion of the healthy development of the internet industry, and also balancing the interests of all parts, including authors, internet service providers and the public. Specific requirements and standards of evidence should be based on the law of creation of written works as the main basis for judging the author, followed by examination on the subjective and objective aspects of the examination. On the subjective side, factors such as the subjective purpose and motivation of the parties can be examined. On the objective side, the assessment can be based on factors such as the mechanism for obtaining benefits, the advertising content of the work and the likelihood of confusion. If the above factors are sufficient to establish adequate facts to the contrary, the authorship of the work may not be determined on the basis of the signature.

Basic Facts

Plaintiff: Shanghai X Information Technology Company Co. Ltd. (hereinafter referred to as Company)

Defendant: Chang

The plaintiff is the operator of the online literary website Qidian. com, and the defendant is the plaintiff's contract writer.

In January and October 2014, the Plaintiff and the defendant entered into the Exclusive Licence Agreement for Literary Works, agreeing that the agreed works would be Aftermath of the Crime and Spy on the Sea of Commerce. The agreement also stipulated that the defendant would exclusively grant the plaintiff the copyright in the agreed works and publish them on the plaintiff's platform, and that the agreed works would be all full-length novels created by the defendant until January 24, 2019, as stipulated in the agreement. The defendant created "Aftermath of the Crime" and "Business Spy" in accordance with the agreement, and the plaintiff paid the defendant a total remuneration of more than CNY 4. 19 million. However, the defendant did not grant any other works to the plaintiff during the term of the agreement, except for the above works. In May 2016, the web series adapted from "Aftermath of the Crime" was launched and became a phenomenal web series, which greatly increased the defendant's popularity.

In January 2016, the defendant posted on a microblog that "Someone wants lackeys, not talents". In December of the same year, the plaintiff Group published a microblog with pictures listing many of its well-known works, but not including the defendant's works. The defendant retweeted the microblog with the comment With the volume of so-and-so's temperament, this tree is about to fall, to send you a word: bah! The following January, the defendant retweeted the tweet. The following January, the defendant retweeted another person's microblog with the comment "This contract is much more generous than so-and-so's".

In August 2016, the defendant set up a studio called Chang Studio, with his wife Zhang as the contracted writer. The studio later signed an agreement with Culture Company X, agreeing to grant the copyright of The Third Personality created by Zhang under the pseudonym Chang A(which is homophonically different from Chang) to Culture Company X. After a culture company's network literature platform were published under the name of Chang works "the third person" "dangerous partner", two novels and the "Aftermath of the Crime" "business sea spy shadow" type tends to be the same, are crime, criminal investigation, undercover agents and other subjects, the writing language style is also similar. The defendant also posted in the WeChat circle of friends that "life for the second time, when the defendant, big and...so-and-so in suing me, so a servant for eight years of the author. Eight years for you to generate revenue of several million, but ultimately smash my rice bowl, do not let me send a new book, touch your already black conscience, you certainly do not have a guilty conscience. It's for the best, and I don't have to feel guilty. "

In August 2016, Hexun. com reported, "What's the reason for the big god writer to change his ' waistcoat' so often?" In the story, "After writing a ' Aftermath of the Crime' and it's prevalant, Chang recently had a new action, that is, signed another website, only renamed Chang A. The writer and Chang A are the same person, and even the writer did not shy away from this. Chang and Chang A is the same person, the writer does not avoid this, and even have the intention to let people know that they have changed their names, to get more support". 2017 February, surging net news "look back at the 2016 net article market: IP adaptation hot, head author bargaining power to improve the" in the statement "in the middle of 2016," the "Aftermath of the Crime" prevalent. The fascinating thing is that the author of the novel Chang soon after job hopping. The Baidu encyclopaedia of "the third Person" describes Chang as a writer for So-and-so Novels. com, who used the pen name Chang to publish The Remaining Sin. Chang's Baidu encyclopedia states that his real name is Chang A. Chang A generally refers to Chang. In September 2016, Zhiyin published an article that focused on the depiction of the defendant's marital life with Chang. It mentions that the defendant was imprisoned for an alleged crime before he went to university and that Chang is a teacher. He said of Aftermath of the Crime: "Aftermath of the Crime has also lived in the confusion of his own identity, like a microcosm of Chang's life in those years," adding that he is now working on a novel, The Third Personality.

In April 2017, the physical book of "Dangerous Beat" was released, signed by Chang A. On the front cover, it advertises: the undercover diary of a legendary informant; the author went undercover himself and truly recreated the cruelty, ferocity, calculation and bloodshed of the underground world. The back cover advertises: After Aftermath, Lao Chang is another phenomenal crime novel.

The plaintiff, a company, claimed that the plaintiff and the defendant had signed the Exclusive Licensing Agreement for Literary Works, which provided that the defendant would exclusively grant the plaintiff all copyrights to all works created from 25 January 2014 to 24 January 2019. However, the defendant only completed the "Business Sea Spy" and then stopped creating, but after the "Aftermath of the Crime" fire, initiated the establishment of Chang Studio, and recruited his wife, Zhang, as a contract author, using the pseudonym and the defendant's name is very similar to the Chang A, the essence is the golden shell, to continue to publish works. The plaintiff sought an order that 1) the defendant to continue to perform the contract; 2) the defendant to stop creating works for others that are not in accordance with the contract; 3) the defendant to stop conducting publicity and commercial promotion activities for the works that are not in accordance with the contract; 4) the defendant to stop publishing remarks that are unfavourable to the plaintiff's image and reputation and to remove the inappropriate remarks; and 5) the defendant to pay compensation to the plaintiff for breach of contract and economic loss in the amount of CNY 10 million.

The defendant, Chang, argued that he had exclusively licensed the agreed work to the plaintiff in accordance with the contract. The defendant has the freedom to create or not to create, and whether he continues to create is not restricted by the contract. The new work in question was created by Chang, the defendant is not the author, so the defendant has not breached the contract, and in this case no need to bear the responsibility of breach of contract.

[Holding]

Shanghai Pudong New Area People's Court held that the main issue in the dispute was whether the author of the written works "The Third Personality" and "Dangerous Partner", which were published on a third-party online literary platform during the contract period, was the defendant Chang or Zhang, whose pen name was Chang Mouyi. Although the disputed works were signed by Chang Mouyi, based on the background of the dispute between the plaintiff and the defendant, the special identity relationship between the defendant and Zhang, the confusing relationship between Chang Mouyi and Chang, the fact that the defendant partially acknowledged the creation of the works as well as the law of creation of written works, etc., the court held that there was solid and sufficient evidence to prove that the actual creator of the said works was the defendant. Therefore, the defendant's conduct constituted a breach of contract and should be held liable for breach of contract.

On January 31, 2019, Shanghai Pudong New Area People's Court issued (2017) H 0115 MC No. 90500 civil judgment: the defendant deleted the microblogs in question and paid the Plaintiff liquidated damages of CNY 1, 259, 697, and rejected the rest of the Plaintiff's litigation claims.

Following the first instance judgment, the defendant appealed. On September 27, 2019, Shanghai Intellectual Property Court issued (2019) H 73 MZ No. 138 civil judgment: the appeal was dismissed and the original judgment was upheld.

[Commentary]

This case is typical of disputes between online literary platforms and well-known writers, and the focus of the dispute is the determination of authorship of online written works. In legal practice, in the absence of evidence to the contrary, the signature is usually presumed to be that of the author. There are no clear legal provisions on the requirements and standards of proof to the contrary. The process of literary creation is extremely private, and there is very little direct evidence to prove the process of creation, especially in network literature, which is the difficulty of this case.

Through the trial, we believe that the determination of authorship of online written works should, in principle, focus on balancing the protection of rights and the promotion of the healthy development of the information network industry, as well as balancing the interests of authors, network service providers and the public. In terms of specific evidentiary requirements and standards, first, the author should be judged on the basis of the law of creation of written works. Secondly, it should be analysed under both subjective and objective aspects. On the subjective side, factors such as the subjective purpose and motivation of the parties can be examined. On the objective side, the assessment can be based on factors such as the mechanism for obtaining benefits, the advertising content of the work and the possibility of confusion. If the above factors are sufficient to prove sufficient facts to the contrary, the authorship of the work may not be based on the signature.

Ⅰ. Focusing on the protection of rights and the promotion of the healthy development of the internet industry, and balancing the interests of all parts, including authors, internet service providers and the public

Balancing interests is a perennial issue in copyright protection, and the central point of balance is how to stimulate creation and innovation. The whole development process of the copyright system is the history of the struggle to balance the interests of all parties, and the static and dynamic balance of interests has driven the development of the copyright system. In the internet era, the implementation of this kind of interest gathering and balancing has become more complicated.

The *Provisions of the Supreme People's Court on Several Issues Concerning the Application of Law to the Trial of Civil Disputes Involving Infringement of the Right to Disseminate on Information Networks* states in the Introduction that the right to disseminate on information networks shall be protected in accordance with law, the healthy development of the information network industry shall be promoted, and the public interest shall be safeguarded. Article 1 clearly stipulates that the people's courts shall take into account the interests of right holders, network service providers and the public when hearing civil disputes over infringement of the right to disseminate on information networks. Therefore, when determining the author of a written work on the internet, the interests of the author should be taken into account, but the interests of the network service provider and the public should also be taken into account, so as to encourage creativity and promote the healthy development of the information network industry.

Chang is an author, a company is a network service provider, and the audience of Chang's works and the service objects of Qidian Chinese are the public. The main business model of the paid online literary website represented by Qidian Chinese Website is as follows: The website signs a contract with the author, pays the author to obtain the copyright of the work, provides the author with a platform to publish, disseminate and promote the work, and then obtains income through the payment of reading and the operation of the copyright of the work; the author, by creating the work and transferring part of the copyright to the website, obtains the opportunity to publish the work on the website's platform, and then obtains income through the contract; the public obtains the desired work through the payment of fees. The author, by creating and transferring part of the copyright to the site, receives the opportunity to publish the work on the site's platform and then receives income through contractual agreements; and the public receives the desired work through payment. Under this model, each subject can live in its own place and receive appropriate services or remuneration at reasonable prices, which not only encourages authors to create, but also promotes the healthy development of the online literature industry. The structure of the model is as follows, just like a stable triangle, and the removal of any one of the interest chains can destabilize the model.

However, as mentioned above, there is always a static grabbing of benefits. Website and the author of the contract, will be due to the author's popularity of different voice, the contract agreed rights and obligations are different. If the author's popularity changes during the contract period, both sides of the right to speak with the original contract terms are out of balance, the interests of the grab may occur at any time. Chang after becoming famous, dissatisfied with the contract signed with the plaintiff, on behalf of Chang A in the third-party platform to publish works is the kind of interest grabbing situation.

From the perspective of the balance of interests, Chang, a company and the public can obtain appropriate benefits through the business model of the starting point of the Chinese language network, the industry development model is relatively healthy. In the contract between the platform and the author, the market influence of the platform, the quality of the work, the popularity of the author, etc. will certainly affect the discourse of both parties and directly determine the advantages and disadvantages of the contract terms. For established authors, the consideration paid by the platform must be higher. The platform pays a lower price to the unsuccessful authors and promotes them on the website in order to increase the popularity of some of them and bring more revenue to the platform, and to support and cultivate the unsuccessful authors. In this case, through the success of the "remaining crimes", Chang from obscurity to have popularity, reflecting the model of the author's cultivation role. The fact that Chang's remuneration from one company reached more than CNY 4 million also reflects the incentive effect. Without the cultivation of this mechanism and platform, it is difficult for ordinary authors to have the opportunity to publish and disseminate their works, and the internet literature industry cannot develop further. Therefore, first of all, Chang's behaviour is inconsistent with the principle of good faith. Secondly, if many writers follow suit, the platform's investment in cultivating writers will be reduced to nothing, directly endangering the foundation of the industry. For a company, the platform's business mechanism will be directly undermined, resulting in a loss of revenue. In the long run, other writers may not have the opportunity to publish their works, which will ultimately stifle creativity. For the public, in the short term it may be possible to get more of Chang's works. But in the long run, it will undermine the normal business mechanism of the industry, reduce the motivation of network service providers, and ultimately the public may not be able to obtain more new works.

Therefore, in order to take into account the protection of rights and promote the healthy development of the information network industry as the core, from the point of view of balancing the interests of right holders, network service providers and the public, the behaviour of Chang needs to be regulated.

Ⅱ. Taking the law of creation of written works as the main basis, then analyse both subjective and objective aspects to determine the author ofInternet written works

Individuals who claim authorship for the purpose of copyright protection must demonstrate and prove "the existence of facts such as originality, intellectual production, thinking, concepts, etc". Therefore, we believe that although there is a signature, efforts should be made to prove the process of creation, which can be based on the basic laws of creation of written works, and then determine the author of the work from the main body of the case, subjective and objective facts.

(Ⅰ) Based mainly on the basic laws of creation of written works

Each writer's work has its own unique "stylistic fingerprint". As stated in the judgment of the first instance, Jin Yong is good at martial arts and Qiong Yao is good at romance, but if the two writers were to swap their creative genres, they would probably both struggle. To determine the author of a written work, the basic law of creation is the most important basis. Specifically, it can be determined from the perspective of the author's basic type of work, the subject matter, and the basis of the life in which the work was created. If we refine this further, we can look at specific word habits and language styles. There is a classic example, known as the Bible of the US Constitution, the Federalist Papers, which consists of many articles, two politicians have claimed that 12 of the articles were their own creation. In order to find out who the authors of these articles actually were, historians combed through them and researched them from a political point of view, and after centuries they did not get a consistent answer. Later, this problem, which had been debated by historians for centuries, was easily solved by statisticians. The statistician's method is simple and practical, is to count the word frequency pattern of some common words in the articles, and then compare, the truth soon came out, the author of these articles directly refers to James Madison. After much verification, this result is unanimously accepted by historians and statisticians. As you can see, there is always a rule to follow in the creation of words, and it is very difficult to reproduce the many qualities, details and even habits of an individual's creation.

The four works in this case, its type tends to be the same, are crime, criminal investigation, undercover and other topics, writing language style is also similar, so the author for the same person is more in line with the basic law of the creation of written works. Chang relatively complex life experience decided to have the basis for the creation of such works. And Zhang as a teacher, there is no such reality and life experience, also basically no way to create such works. Therefore, according to the principle of the creation of written works, Zhang is still the author of the new work.

(Ⅱ) Examination of the subjective aspects of the parties

On the subjective side, the main thing to be examined is the subjective purpose and motivation of the party concerned, and whether there is an intention to forge the name on the work. In this case, Chang is obviously dissatisfied with the contract he signed with a company, and his published microblogging and circle of friends fully reflect this kind of emotion. However, the network literature author's heat is usually a short period of time, Chang is anxious to publish new works, further enhance his popularity, but also subject to his newly created works must be published in the starting point of the Chinese network of the contract agreement. Therefore, Chang had sufficient subjective purpose and motivation to publish his work on a third-party platform under another person's name, both to circumvent his contract with a company and to make the public believe that it was his new work.

(Ⅲ) Judgement based on the objective facts of the case

From the case of the objective facts to determine the author, can focus on the following points: 1. the mechanism of obtaining benefits, although the work is signed by others, but the interests of the ultimate flow to the author; 2. the real author of the degree of climbing, although the work is signed by the false name, but the ultimate point is generally the real author; 3. in the public, whether to produce confusion, or know that the work is the real author of the creation; 4. other facts that can be confirmed Other facts that can confirm the identity of the author, etc. As the facts of each case are different, the reference factors may vary. However, the two most important factors in determining the true author are the ultimate benefit of the work and the public perception of the author of the work, i. e. the "fame and fortune" brought by the work.

In this case, 1. From the benefit of the mechanism of judgment, Chang and Zhang is husband and wife, in the marriage, the new work of copyright property rights of economic benefits to the two common property. Works signed by Chang or Chang b, for the defendant to obtain the economic benefits are basically the same. 2. the real author of the degree of climbing, Chang and Zhang pen name Chang b only a word difference, and pronunciation is exactly the same, for readers, very easy to confuse. 3. public perception, Chang in the publicity of the new work deliberately linked to Chang, and do not publicize its studio contracted authors Chang b work The readers, the media and the network platform on the vast majority of the view that Chang A is the author of the "remaining offence" Chang Mou Mou. 4. other facts, a large number of news reports, physical book publicity and other circumstantial evidence also proves that Chang Mou Mou self-confessed that he created the "third persona" dangerous partner.

[Significance]

Internet literature is an important part of China's internet industry. In recent years, it is usually seen that, out of dissatisfation with contracts signed with the websites, through sneaky ways such as changing their names, the authors publish their works by their own without the authrization of their contracted website. The trial of this case has contributed to the cessation of such actions and the regulation of the internet literature industry. After the trial of this case, on November 16, 2020, the *Opinions of the Supreme People's Court on Strengthening the Protection of Copyright and Copyright – Related Rights* were issued. The determination of the author of the work in this case was in accordance with Articles 1 and 3 of the Opinions, which protect the rights and interests of the true creator while taking into account the requirements of the interests of the disseminator and the public, and make a comprehensive judgment by considering the nature of the work, the type, the form of expression, as well as the habits of the industry, the habits of the public's cognition and other factors. The case analysis of this case was awarded the Second Prize of the National Court Outstanding Case Evaluation in 2020.

[Case Index]

Case Number:

First instance: Shanghai Pudong NewArea People's Court (2017) H 0115 MC No. 90500 (January 31, 2019)

Second instance: Shanghai Intellectual Property Court (2019) H 73 MZ No. 138 (September 27, 2019)

Judges and Jurors:

First instance: Yang Jie, Lin Xinjian, Li Jiaping

Second instance: Lu Fengyu, Chen Yaoyao, Yi Jia

Drafted by: Yang Jie

Translated by: Wang Jue

Proofread by: Wang Jue

34

Judicial Determination of "Failure to Fulfil the Purpose of the Contract" in Franchise Contracts

—Franchise Contract Case between Zheng et al. and Nanjing X Catering Management Service Company

Rule

The purpose of the contract is what the parties intend to achieve by performing the contract, and whether thepurpose of contract can be achieved is the key element in the exercise of the right of rescission. In the case when the contract embodies multiple purposes, whether the right to rescind arises should be judged in the light of the extent of the impact of the failure of the purpose of the contract on the expected benefits of the parties. In the case of a regional agency-type franchise agreement that has a dual purpose of self-management and rebate income, if the contractual purpose of rebate income is frustrated by the franchisor, the basis of trust and confidence between the parties is lost and the licensee is entitled to the statutory right of rescission.

Basic Facts

Plaintiff: Zheng

Plaintiff: Jiang

Defendant: Nanjing X Catering Management Service Company Co. Ltd. (hereinafter referred to as Nanjing X Catering Company)

On September 1, 2018, the two plaintiffs (Party B) and the defendant (Party A) signed the Catering Service Agreement and the Supplementary Agreement, agreeing that: 1. The name of the proposed investment project is "Wu Ye". 2. The service period is one year from September 1, 2018 to August 31, 2019. 3. The agency mode includes single shop service or regional service, Party B chooses regional service, and pays Party A a one-time contract service fee of CNY 298, 000, in addition to enjoying the contractual rights of single store customers, it can also enjoy the contractual amount of new customer service transactions in the region. Party B chooses regional service and pays a one-time contract service fee of CNY 298, 000 to Party A. In addition to enjoying the contractual rights of single-store customers, Party B also enjoys the rebate of the contract amount of the service for newly transacted customers in the region. The rebate is calculated as follows: if the newly transacted customer is recommended by Party B, Party B can enjoy 50% rebate of the service fee of the contracted service amount of the newly transacted customer; if the newly transacted customer is developed by Party A itself, Party B can enjoy 20% rebate of the service fee of the contracted service amount of the newly transacted customer. Party A shall pay the intermediary service fee mentioned in this Article to Party B according to the agreement, otherwise it shall be regarded as Party A's breach of contract. If the newly transacted customer entrusts Party A to purchase raw materials, Party B can also enjoy a 10% material rebate of the contract price of raw materials purchased by the newly transacted customer. 4. Party B shall pay Party A an annual operation service fee of CNY 5, 000.

On the day the contract was signed, the plaintiff and the defendant's employee's conversation recording shows: the defendant said, the customer's materials of the new single shop in Pudong New Area are to pass from the plaintiff, the plaintiff enjoys a 10% material rebate; For new single shop customers, the defendant has a system can be queried, etc. April 1, 2019, the defendant to the plaintiff to send the "[...] catering agent customer rebate reception confirmation letter", uploading the single-store customer information, investment Amount, contract rebate amount, rebate description, etc. The "rebate description" records: "in accordance with the contract: (contract amount minus single-store lottery costs) the rebate basis on the first batch of materials multiplied by 20% plus 10%." April 4, 2019, the two plaintiffs received the Confirmation Letter, in the WeChat group with the defendant staff on the letter. The staff WeChat group questioned the rebate calculation method recorded in the letter, stating that the contractual agreement between the two parties that the rebate for signing new customers need not be deducted from the lottery fee, and that there was no agreement that the rebate for raw material purchases for new customers was only the cost of the first purchase of raw materials.

After the agreement was signed, the plaintiff purchased equipment from the outsider and renovated the shop at a total cost of CNY 102, 629. 09. Thereafter, a dispute arose between the parties and the defendant stopped supplying the plaintiff.

The two plaintiffs claimed that in the process of the agreement, the plaintiffs found that the defendant does not have "two shops a year" qualification, there is no legally valid registered trademark, it has repeatedly urged to franchise qualification certificate, the defendant delayed to provide, but also in accordance with the contract agreement to provide one-on-one camping planning services. And for the contract in the clear provisions of the rebate, the defendant also did not according to the agreed rebate. As the region to join a one-time service fee of CNY 298, 000, single store franchise requires only a one-time payment of tens of thousands the price difference between the two service fee, the reason why the plaintiff chose to join the region rather than a single shop to join, the purpose of which is to obtain the rebate income. Now rebate income can not be honoured, the plaintiff contract purpose is empty, can not continue to perform the contract. The two plaintiffs to order: 1. Terminate the two plaintiffs and the defendant signed the "catering services agreement" and "supplemental agreement"; 2. The defendant returned the two plaintiffs have paid but the defendant has not yet shipped the payment of CNY 21, 868. 65; 3. The defendant compensated the two plaintiffs have paid the loss of service fee of CNY 298, 000, 80% of the economic loss of equipment purchases, material breakage, and renovation and decoration, totaling CNY 82, 200. 07.

Defendant Nanjing X Catering Company argued that do not agree with the plaintiff to terminate the contract. The agreement signed by both parties is the true meaning of expression, legal and effective, because the plaintiff did not pay the second year of operation service fee, the contract automatically expires. Whether the defendant has "two shops a year" qualification and registered trademark is not the defendant to carry out the necessary conditions for franchising. With regard to the contract agreed rebate rules, the defendant explained to the plaintiff the specific details of the rules, did not violate the contract. Since the project, the defendant has provided a series of consulting, site selection, training and other activities and follow-up supervision and auxiliary services, has provided one-on-one construction planning services. For the plaintiff's claim in the unshipped goods and material damage loss agreed to return, the rest of the costs do not agree to return.

[Holding]

Shanghai Pudong New Area People's Court held that the main focus of the case was whether the plaintiff could unilaterally terminate the contract on the grounds that "the purpose of the contract could not be achieved". Article 94 (4) of the *Contract Law*, one party has other breach of contract can not achieve the purpose of the contract, the other party can terminate the contract. Therefore, whether the plaintiff has the right to rescind the contract, to consider whether the defendant's breach of contract caused the fundamental purpose of the contract can not be achieved. The case of "catering services agreement" article 2. 2 clearly recorded, the customer can choose to franchise, or regional agent. Combined with the defendant's self-reporting and call recording evidence shows that in the regional agent and single-store franchise service fee shows huge difference, the reason why the plaintiff chose the more expensive service fee of regional agent, is expected to through the rebate benefits faster back to the capital. It can be seen, in this case, the "catering services agreement" taking into account the dual nature of franchising and regional agents, the plaintiff concluded the fundamental purpose of the contract, a franchisee in the franchisor under the guidance of the franchisor to use the franchisor's relevant business resources, in a particular business model to carry out franchised business; secondly, to obtain the area of the new customers and the new customers material purchase fee rebate benefits. The contract between the two parties clearly agreed on the new customers by the defendant to develop their own, new customer service fees and new customers materials purchase fee rebate rules. And the two sides contract, the defendant in the interpretation of the contract terms not only did not explain any restrictions on the above rebate terms, but stressed that the defendant has a backstage system can be queried to the situation of new customers, and raw materials must be purchased through the defendant. Therefore, the two sides of the contract for the rebate rules have been clear and explicit agreement, both sides should abide by. However, from the defendant provided to the plaintiff's "rebate acceptance confirmation letter", the defendant and the plaintiff follow-up wechat records and the defendant's trial statement can be seen, the defendant's actual calculation of the rebate rules deducted from the new customer's single shop lottery fee, and material purchase fee rebate is limited to the first batch of material. The defendant also clearly indicated that can't provide the backstage system for the plaintiff to query the situation of the new customer. Defendant's behaviour above not only violates the contract, and let the plaintiff into the number of new customers, new customer service fee amount, new customer material purchase fee and other basic data completely passive acceptance but can not be verified, so that the selection of the region to join the purpose of the contract fell through. Therefore, the plaintiff has the right to terminate the contract.

Shanghai Pudong New Area People's Court on December 10, 2019 made (2019) H 0115 MC No. 79125 civil judgment: first, the termination of the Catering Service Agreement and Supplementary Agreement signed by the plaintiffs and the defendant on September 1, 2018; second, the defendant returned the two plaintiffs the payment for the undelivered goods of CNY 21, 868. 65, the amount of rebate of CNY 9, 760, and compensated the two plaintiffs for the service fee loss of CNY 238, 000, material loss of CNY 53; third, the two plaintiffs dismissed the rest of the lawsuit.

After the first instance, the defendant filed an appeal. On September 10, 2020, Shanghai Intellectual Property Court rendered (2020) H 73 MZ No. 84 civil judgment: the appeal was rejected and the original judgment was upheld.

[Commentary]

Ⅰ. The relationship between the statutory right of rescission and the purpose of the contract

Article 563(1)(i) to (iv) of the *Civil Code* contains two grounds for rescission directly related to "failure to achieve the purpose of the contract". Subparagraphs (i) and (iv) of this provision include the failure to achieve the purpose of the contract as a result of the act as a ground for cancellation, and according to the general concept of distinction, subparagraph (iv) may be equivalent in practice to a fundamental breach of contract, and the force majeure cancellation of subparagraph (i), although the conditions for cancellation are set at the level of the cause, is still ultimately the same as the judgment standard of subparagraph (iv). And (ii) and (iii) respectively from the contract performance before and after the expiry of different dimensions to set the conditions for discharge, but the landing point are in the debtor's willingness to perform, in (ii) the expected breach of contract system design, the debtor to have refused to perform the contractual obligations of the expression of the meaning of, in (iv) the system of delay in the arrangement of the debtor, The debtor is the refusal to perform the performance of the performance of the behaviour, the debtor in the situation of the performance of the will, the creditor period in the case of no in this case, the debtor is not willing to perform, the creditor expects the contract performance benefits can not be satisfied, the purpose of the contract is naturally frustrated, and therefore enjoy the right to terminate the contract. It can be seen, the *Civil Code*, Article 563, paragraph 1 of the grounds for cancellation of the consideration of the point is scattered, but can be attributed to the purpose of the contract can not be achieved, the purpose of the contract is whether or not the basic judgment of the right to cancel the legal.

Thus, the exercise of the right to terminate the contract is to allow the parties to get rid of the contract original rights and obligations of the constraints, the occurrence of the right to terminate the fault of the parties as a prerequisite, but the core for the purpose of the contract, the parties to enter into a contract expected to obtain the benefits, if there is room for survival, the legal right to terminate the contract does not necessarily play a role in the effectiveness of the right to terminate the contract. Because the purpose of the contract is the key factor of the right to terminate the contract, the plaintiff asked to terminate the disputed contract is the direct reason is unable to obtain the contract is expected to "rebate", the defendant's defence is also focused on the "rebate" can be included in the scope of the purpose of the contract. Within could be seen, both sides mainly focus on whether the plaintiff enjoys the right to terminate the contract, Behind the substance of the question is whether the contractual purpose of the disputed contract has been defeated, the court in considering whether the plaintiff enjoys the right to terminate the main factors that the main consideration of the contractual purpose of the composition of the terms and the criteria for the realisation of the purpose or not.

Ⅱ. Elements for determining the purpose of a contract in the context of contract rescission

(Ⅰ) Nature of the purpose of the contract

In order to resolve the dispute over the exercise of the right of rescission in this case, it is first necessary to define the judicial determination of the purpose of the contract. From the content of the provisions of the Contracts Section of the *Civil Code* as a whole, there are 11 expressions related to the purpose of the contract, but there is no definition of the purpose of the contract in the provisions. However, the substantive understanding of the purpose of the contract still needs to be analysed with the help of the original legislation, and the purpose of the contract is discussed in the context of contract cancellation. The premise of the legal cancellation of the contract is the loss of the basis for the continued existence of the contract, the contract obligations can not be completely fulfilled or the performance of the contract obligations of the creditor has no practical significance, the abiding party would like to get from the performance of the contract of the benefits of the contract, continue to maintain the contract is not necessary for both parties, at this time the law can intervene in the free will of the parties to the contract to give the abiding party to the unilateral cancellation of the contract right, from the contract to treat the The obligation to pay the constraints of the contract. Corresponding to the interpretation of the failure of the purpose of the contract, it can be considered that the purpose of the contract cannot be achieved, that is, the expected benefits of the parties based on the contract cannot be realized, and the purpose of the contract is approximately equal to the expected benefits of the contract. The expected benefit of the contract which is understood as the purpose of the contract has been expanded in form, not only limited to economic benefits, but also non-economic benefits such as identity benefits and personality benefits in the contract can be included in the consideration of the cause of statutory cancellation. Therefore, the purpose of the plaintiff's contract in this case should be considered from the perspective of the various benefits that the plaintiff wished to obtain from the performance of the contract.

(Ⅱ) Distinctions in the purpose of the contract

In terms of the method of determining the purpose of a contract, scholars have sorted out and summarised the types of typical transaction purposes from both abstract and concrete perspectives①. While the purpose of a typical contract can be identified in nine out of ten cases according to objective criteria, it is not easy to identify the purpose of an atypical contract. In practice, courts often confuse the purpose of a contract with the motive of the contract. Compared with the motive of the contract, the purpose of the contract has a certain objectivity, which is the result desired by the parties in concluding the contract, and can be reflected or inferred from the intention of the parties. Motive and purpose occasionally overlap or absorption phenomenon, when the motive appears in the intention, motive and purpose of the same thing, the reason behind the behaviour and the effect of the assimilation of the contract can be regarded as the purpose of the motive. In addition, the terms of the contract and the purpose of the contract also exists in connection, the contract terms are the externalised form of the party's expression of meaning, is the solidification of the purpose of the contract and the performance of the contract content, generally can be used to determine the contractual rights and obligations directly. Compared with the purpose of the contract, the contract terms are often easier to distinguish the form of identification, but in the contract terms of the understanding of the dispute, it may need to analyse the true meaning of the contract terms in conjunction with the purpose of the contract, and the purpose of the contract often need to present the contract terms, but also higher than the contract terms itself, the two are complementary to each other. In practice, in order to reduce the risk of proof can not, when the contract motive is expressed in the contract terms, as the contract conclusion or performance of the basis conditions, the contract motive has the possibility of upgrading to the contract purpose. From the parties signed

① See Cui Jianyuan, On the Purpose of Contracts and Their Failure to Realize, *Journal of Social Sciences of Jilin University*, No. 3, 2015.

the catering services agreement and supplementary agreement the main content can be seen, the plaintiff entered into the contract is the direct purpose of investment profit, the form of cooperation is used to join the way to carry out commercial activities, the contract between the two parties is actually franchise relationship. The plaintiff's investment profit belongs to the motivation level, the contract between the two sides did not clear investment risk processing problem, so the plaintiff after contracting whether the final profit can not be included in the consideration of the purpose of the contract can be realised, the plaintiff can not be investment loss led to the purpose of the failure to claim cancellation of the contract. From the establishment of the franchising relationship, the plaintiff as a franchisee, the commercial operation is established in the use of the defendant's brand resources, so the defendant authorized the plaintiff reasonable use of the use of the brand for the operation of course, the plaintiff chose to contract for the purpose, this is one of the purpose of the contract. And the contract signed between the parties in this case is different from the simple franchise contract, the plaintiff chose the form of regional agents, and single point of franchise is different, regional agents in the payment of higher cooperation service fee under the condition of enjoying the region of the new transaction shop service fee and material purchase fee rebate policy, in the contract terms clearly expressed the terms of regional agents, content, the plaintiff expects to get through the regional agents The purpose of more investment income is also an important factor in the contract, that is, for the purpose of the contract bis.

(Ⅲ) Effect of the dual purposes of the contract on the statutory right of rescission

There is no fixed formula for the parties to agree on the relationship of rights and obligations, and the contractual purpose of a complex contract is evolving towards diversification. Diversified contractual purposes can be differentiated in terms of importance, with the main contractual purpose generally being based on the main payment obligation of the contract, while the secondary contractual purpose arises from the subordinate payment obligation, the collateral obligation or even the motive of the contract. The main contract purpose will naturally lead to the contract can not continue to perform, produce the legal right of termination, and the secondary contract purpose is to be combined with the purpose of the reason, the degree of failure, the parties to continue to perform the contract on the impact of the consequences of cancellation of the comprehensive assessment of a variety of factors. However, in more than one contract purpose does not exist in the primary and secondary, can be considered independently, if a single contract purpose will make the parties to the loss of most of the expected benefits of the contract, continue to maintain the contractual relationship is meaningless, should be given to the parties to the right to rescind.

This case in the plaintiff's dual contract purpose, the exercise of the right to terminate the contract must be further analyzed. Combined with the relevant facts of this case, as the defendant's defence, the plaintiff objectively enjoys the operating advantages of the defendant's brand, has actually used the defendant's brand operating experience, materials to provide the basis for the smooth development of the relevant catering activities, and gained a certain amount of operating income, from the perspective of the realization of franchising, the plaintiff's pre-operating purpose has been achieved. But the plaintiff chose the form of regional agents to obtain rebate is also important contractual purpose, the two sides in the contract has agreed to rebate rules, and now the defendant unilaterally rebate rules "deducted from the new customer's single shop lottery costs and materials purchase fee rebate is limited to the first batch of materials" of the restriction of the declaration, and expressly stated that the backstage system can not provide the plaintiff to query the situation of new customers, the defendant's conduct is obviously not agreed, and the plaintiff to obtain the expected rebate purpose is far away, this purpose has not been achieved. In this case, the plaintiff's two contract purpose is not primary and secondary, there is no purpose of absorption of the statement, two equal order of the contract purpose can be achieved is the premise of the contract, therefore, the defendant's breach of contract has not made the plaintiff's purpose of franchising, but lead to the purpose of the rebate can not be realised, the plaintiff's expected important interests have been lost, in line with the law of our country on thc causc of thc right of tcrmination of thc elements, the plaintiff has a right of termination of the law. The plaintiff has the right to statutory cancellation.

Ⅲ. Spccial considcrations for thc statutory termination of the franchise agreement

The peculiarity of franchising is that the franchisor makes profits by exporting its successful business model and intangible assets, while the franchisee copies the franchisor's successful business model for business operations. In view of the franchisor for its business resources have absolute information advantage, this advantage is throughout the franchise contract in the process of negotiation, contracting, performance, so in fact, in the franchise contract status of the two sides is not completely equal, the two sides of the contractual status of the difference will generally be reflected in the terms of the franchise contract, to the franchisor of the pre-drafted form of the provisions of the typical. The "pre-drafting" of the franchise agreement is not regulated by any authority or third party neutral organisation. The pre-drafted nature of such contract terms and the absence of a model text will be directly reflected in the content of the contract, such as the rights and obligations of the franchisor and the franchisee are not adequately shared, and there are many provisions on the performance of the franchisee's obligations and the conditions for breach of contract, while there is little coverage of the franchisor's obligations and its liability for breach of contract. As a result, if a dispute arises between the parties during the performance of the contract, it is difficult for the franchisee to find a suitable basis for terminating the contract, if only from the perspective of the contractual agreement. Therefore, in judicial practice, in cases where the franchisee files a lawsuit claiming termination of the contract, the plaintiff usually has two ways to terminate the contract: first, the "cooling-off period" clause specific to the franchise contract, and second, the franchisor's breach of contract resulting in the failure to achieve the purpose of the contract.

If the franchisee wishes to terminate the contract on the basis that the purpose of the contract has been frustrated, the essence of the judicial determination of the statutory right of termination lies in understanding the frustration of the purpose of the contract. As mentioned above, the franchise contract has the natural characteristic of incomplete reciprocity of status, and is different from the immediate performance of the contract, the output of the franchisor's business model is not completed by the fulfillment of one-time obligations, the successful promotion of the business model covers the enterprise management, quality control, sales of goods, advertising and publicity, shop decoration, logo design, recruitment, staff training and other aspects of franchising often need to be franchise often requires the franchisor to provide long-term and continuous business guidance and staff training to the franchisee.[①] This long-term cooperative relationship determines that the continuation of the franchise contract is based on the trust relationship between the two parties, and if the franchisor's breach of contract breaks the franchisee's reasonable trust in the continuation of the business, it is naturally difficult to say that the purpose of the franchise contract has been realised, and it is not unreasonable for the franchisee to exercise the statutory right of cancellation. Therefore, from the individual characteristics of the franchise contract, the defendant refused to provide backstage system for the plaintiff to ask the new customers to join the behavior, the plaintiff has been put in for the number of new customers, new customer service fee amount, such as the purchase of materials and other basic data passive acceptance of the situation, but cannot be verified, so that the choice of the region to join the contractual purpose of the failure, the plaintiff can be the purpose of the contract cannot be achieved for the reason of termination of the contract. The plaintiff can terminate the contract for the reason that the purpose of the contract can not be achieved.

---

① See Li Zizhu, The Understanding and Application of the Right of Arbitrary Cancellation of Commercial Franchise Contracts, *China Business News*, 27 April 2016, p. 3.

[Significance]

The two parties to a franchise agreement have the natural characteristic of not being in a fully equal position, and this difference is generally reflected in the formulation of the terms of the franchise agreement, typically in the form of pre-drafted standard clauses prepared by the franchisor. If a dispute arises between the two parties during the performance of the contract, it is difficult for the franchisee to find an appropriate basis for terminating the contract, if only from the perspective of the contractual agreement. The trial of this case comprehensively grasped the whole process of contract performance, explored the true meaning of both parties, and searched for and identified the fundamental purpose of the contract, so as to find the theoretical and factual basis for the franchisee to exercise the statutory right to terminate the contract. The case study was awarded the Second Prize of Outstanding Case Analysis of the National Court System in 2021.

[Case Index]

Case Number:

First instance: Shanghai Pudong New Area People's Court (2019) H 0115 MC No. 79125 (December 10, 2019)

Second instance: Shanghai Intellectual Property Court (2020) H 73 MZ No. 84 (September 10, 2020)

Judges:

First instance: Sun Yan

Second instance: Liu Jing, Wu Yingzhe, Yang Wei

Drafted by: Sun Yan

Translated by: Wang Jue

Proofread by: Wang Jue

35

Judicial Determination and Consequences of Intellectual Property Contract Impasse

—Copyright Licensing Contract Case between X Film Industry Limited Company and Wen

Rule

In the event of a impasse in performance of a copyright licensing contract, the party in breach of the contract may not terminate the contract in accordance with Article 563 of the *Civil Code*, but may apply to the court for termination of the contractual rights and obligations in accordance with Article 580 of the *Civil Code*. The termination of the contractual relationship by the court shall be subject to the factual element of impasse, the substantial element of failure to realize the purpose of the contract and the procedural element of litigation. Liability for breach of contract arises and is determined independently from the termination of contractual rights and obligations by the court, which may determine the amount of damages in accordance with the principles of good faith and fairness, taking into account the agreement on liability, the benefit to third parties, the contractual consideration, the influence of the work, the subjective state of the parties, and the circumstances of the derogation.

Basic Facts

Plaintiff (Counterclaim Defendant): X Film Company Ltd.

Defendant (Counterclaim Plaintiff): Wen

Wen is the author of a series of martial arts novels called *The Four Famous Arrests*, and from 2016 to 2018, Wen (the licensor) and X film industry limited company (the licensee) entered into seven copyright licensing agreements in respect of all the novels in the "The Four" series. The contract at issue in this case is one of those seven contracts, namely the Animation Adaptation Right Cooperation Licence Agreement signed on April 9, 2017 between Wen (Party B) and X film industry limited company (Party A).

The Agreement mainly provides that Party A and Party B have signed the Exclusive Cooperation Agreement in relation to Party B's authorization of Party A to exclusively exploit the entire series of novels of The Four Famous Fugitives (including the series of Against the Wind and Water) and have entered into the relevant Supplementary Agreement. Party B agreed to license its literary work "The Four Famous Fugitives" series to Party A for the exclusive use of the rights agreed under the Agreement and the Parties will carry out the relevant cooperation. The agreement contains detailed arrangements for the anime adaptation of the literary works of The Four Famous Fugitives series and the mutual rights and obligations of the parties in the adaptation process. The term of the licence is from April 9, 2017 to April 9, 2027. The payment of the licence fee is as follows: Party A undertakes to allocate to Party B 30% of the actual proceeds (after tax for Party A) received by Party B from our operation of the adapted works, interpretations, secondary copyright works and peripheral derivative products as agreed in the Agreement, and Party A is not required to pay any other form of remuneration and expenses to Party B for cooperation or authorization of the authorized works under the Agreement, unless the parties separately agree otherwise. The clause on liability for breach of contract stipulates that Party B shall not unauthorisedly grant to others all the copyright rights already granted to Party A under the contract, failing which Party B shall be in breach of contract and shall be liable to pay Party A CNY 5 million as liquidated damages. Since 2018, Wen has frequently condemned X film industry limited company in the public media and demanded to unilaterally terminate the relationship with X film industry limited company in relation to the copyright licensing contract of the four famous novels. Since the same year, more than ten lawsuits and arbitration disputes have arisen between Wen and X film industry limited company over the above seven contracts concerning The Four series of novels. From June of the same year, the right to publish and distribute the simplified Chinese version of some of The Four novels in paperback was exclusively granted to other companies, and The Four paperbacks were subsequently published and distributed by other companies. In December of the same year, Wen exclusively granted other companies the right to disseminate the information network of The Four series, as well as the rights to sublicense, produce and distribute electronic publications, etc. Later, according to a notary, the total number of hits of the Four Famous Fellows series of novels on a certain platform had exceeded 5, 330, 000 times. X film industry limited company claimed an estimated loss of more than CNY 4 million, based on the price of the books published by the third party and the approximate revenue of the e-books.

Since the signing of the disputed contract, X film industry limited company has not actually performed. A film industry limited liability company said, in view of Wen's frequent public accusations of a film industry limited liability company and claimed cancellation of approval, resulting in the disputed contract, including a number of related to the four famous novels of the series of copyright licensing contracts are in a state of stagnation, unable to carry out the operation of the project. If Wen stops publicly defaming the company, the contracts can be performed normally.

The plaintiff, claimed that since June 15 2018, the defendant has violated the provisions of the disputed contract by successively granting the copyright of the series of works in question to others without the plaintiff's consent, which constitutes a breach of contract and should bear the corresponding breach of contract liability. The plaintiff sought an order that the defendant pay the plaintiff CNY 2 million for breach of contract.

The defendant, Wen, argued that the disputed contract had not been performed since it was signed in April 2017. The three breaches of contract acts alleged by the plaintiff are not related to the disputed contract. The three breaches of contract acts alleged by the plaintiff against the defendant are all related to the right to publish and the right to disseminate the information network of the series of written works in question. According to the disputed contract, the plaintiff brought a claim against the defendant for breach of contract, the premise of which is to cause damage, and Wen has transferred the proceeds of the situation. However, Wen did not transfer the work and X film industry limited company did not cause any damage.

Counterclaim plaintiff Wen claim, X film industry limited company has a number of breach of contract, the dispute contract agreed to terminate the conditions have been met. In addition, the legal termination of the disputed contract has also been fulfilled. Since the signing of the disputed contract, X film industry limited company has never carried out a development project, its passive inactivity shows that it will not fulfill the main obligations of the disputed contract. According to the relevant provision of the *Civil Code*, if one of the parties shows by its own behavior that it will not perform the main obligation, the contract may be terminated in accordance with the law. Finally, even if the court does not recognize the counter claimant's statutory right of rescission or right of contractual rescission, the rights and obligations of the disputed contract should be terminated in accordance with the provisions of Article 580 of the *Civil Code* on contractual impasse. The Counterclaimant requests that the Cooperative Licence Agreement for Anime Adaptation Rights be declared null and void and, if the above request is not granted, that the rights and obligations under the Agreement be terminated.

The counterclaim defendant, Cinema Company X, argued that it did not agree with all of the counterclaims of the counterclaim plaintiff. The counterclaim defendant did not change the coordinator. The counterclaim plaintiff's breach of contract led to the counterclaim defendant's interests, the counterclaim defendant's normal rights, is not a damage to the counterclaim plaintiff's rights. The disputed contract did not require the counterclaim defendant's development progress, and the counterclaim defendant had the right to arrange its own development. With regard to the large number of lawsuits between the parties, except for the present case, the counterclaimant is the plaintiff. The fact that the counterclaim defendant filed a large number of lawsuits did not justify the termination of the contract.

[Holding]

Shanghai Pudong New Area People's Court found that the focus of the dispute is: first, the plaintiff claimed that the defendant's breach of fact is established; second, how the amount of liquidated damages is determined if the defendant is in breach of contract; third, in the counterclaim, whether the counterclaim plaintiff has the right to rescind the contract; fourth, whether the contract can be based on the *Civil Code*, Article 580 by the court ruling of the termination of the relationship between rights and obligations.

Ⅰ. Whether the breach of contract asserted by the plaintiff in this case is established

The plaintiff exclusively enjoyed the worldwide information network transmission right and the distribution right of "The Four Against the Sea" and the information network transmission right, the publication right and the distribution right of the 21 parts of "The Four" during the license period agreed in the corresponding contracts. The defendant did not allow the plaintiff to obtain the exclusive licence rights during the information network transmission rights or publication and distribution rights of the above works to a third party, in violation of the agreement of the disputed contract Article 4. 2. 7. Therefore, the plaintiff claimed that the defendant Wen unauthorised information network transmission right or publication and distribution right of the above text works, constitute a breach of contract, with contractual basis, the court shall confirm.

Ⅱ. Howto determine the amount of the defendant's liquidated damages

In determining the amount of liquidated damages, the court shall take the actual loss as the basis, taking into account the performance of the contract, the degree of fault of the parties and the expected benefits and other comprehensive factors, and weigh them according to the principle of fairness and the principle of honesty and credit, and make a judgment. Taking into account the "The Four" series of written works in China's martial arts novels in the field of high visibility and influence, the defendant Wen unauthorised authorization of the subjective malicious intent of others and the defendant Wen authorization of others may benefit and other factors, the plaintiff adjusted the amount of liquidated damages to CNY 2 million, is still reasonable, the court of first instance shall be fully upheld.

Ⅲ. Whether the counter claimant has the right to rescind the contract

The court held that the contract inthis case did not provide for the counterclaimant's development progress. Furthermore, the counterclaimant had no evidence that the defendant had "expressly or by its own conduct ceased to perform the essential obligations of the contract". Therefore, given the specific circumstances of the case, the circumstances set out in Article 563(2) of the *Civil Code* did not apply to the termination of the contract.

Ⅳ. Whether the contractin this case can be terminated by a court judgment pursuant to Article 580 of the *Civil Code*

With regard to the contract: (1) X film industry limited company has objectively failed to fulfil its obligations under the contract to adapt any of the works in question from the time of the signing of the contract to the present day, which falls within the category of "non-performance of a non-monetary debt by one of the parties". (2) it falls within the exceptions provided for in Article 580 of the *Civil Code*, namely: ① actual inability to perform; ② the subject of the debt is not suitable for compulsory performance; ③ the purpose of the contract has not been achieved. The subject matter of the obligation is not suitable for compulsory performance. (3) The purpose of the contract can no longer be achieved. It was foreseeable that the contract in dispute would continue to exist and could not be performed and that the purpose of the contract could no longer be achieved.

On November 28, 2021, Shanghai Pudong New Area People's Court made (2020) H 0115 MC No. 75558 civil judgment: support the counterclaim of the plaintiff to terminate the contractual rights and obligations of the counterclaim request.

After the first instance judgment, both the plaintiff and the defendant appealed. On December 15, 2022, Shanghai Intellectual Property Court issued (2022) H 73 MZ No. 130

civil judgment: Dismiss the appeal and uphold the original judgment.

[Commentary]

I . Normative basis for the judicial termination of contractual relations

(I) Legal sources of the right to judicial termination

Contract impasse is not a legal concept in the normative sense, but rather a factual problem in describing the state of contract performance, the parties in a contract impasse can usually not exercise the rights created by the contract, the exercise of the right to request the right to be empty, but the corresponding obligation to pay has not been eliminated, and the relationship between contractual rights and obligations in the actual performance of the process of the contract appears to be in name only.

Regarding the norms of contract impasse can be traced back to the *Contract Law Revised in* 1999, Article 110, which mainly from the perspective of the contractual obligations of the performability of the three categories of creditors shall not demand the continuation of the performance of the situation, if there is a failure to perform, shall not be forced to perform the legal reasons, the actual performance of the right to claim is excluded, at this time, the contract continues to exist in terms of the early destruction of the other, the right way. ① Until Article 48 of the *Proceedings of the Work Conference on Civil and Commercial Trials of Chinese Courts f*urther clarifies that for some of the long-term contracts that have formed a deadlock, the court may judge the cancellation of the contract under certain conditions, the domestic judiciary has thus formed, at least temporarily, a relatively uniform ruling on breaking the contractual impasse by "cancellation of the contract".

The *Civil Code* differs from the Contract Law in that it further restricts the scope of the right of judicial termination by including as normative elements the "inability to continue the performance of the contract" and the "failure to achieve the purpose of the contract", so that only in the case of a contractual impasse, when the purpose of the contract has been frustrated, will the judiciary intervene to break a contractual impasse that has no value for existence.

It is only when the purpose of the contract has been frustrated that the judiciary can intervene to break a contractual impasse that has no value.

(II) Consideration of the value of judicial termination rights

Balance between the right to judicial termination and autonomy Article 119 of the *Civil Code* emphasises that "contracts must be strictly observed", which is also the most frequently

---

① See Cui Jianyuan, On the Cracking of Contractual Impasse, *Oriental Law*, No.4, 2020.

used provision in judicial decisions, meaning that the binding force of a contract continues to be effective after its conclusion without the intervention of the parties' will or legal factors. In order to maintain the status of autonomy in contractual relations, the law is also cautious about the mandatory intervention in the contract binding, the *Civil Code* for the restriction of contract binding circumstances can be broadly divided into three categories: the first category is the binding contract for the greater restrictions on the right, such as the right to arbitrary cancellation of the contract of entrustment; the second category is the binding contract for the right to a certain extent of the restrictions on the right to terminate a contract of continuity; the third category is the binding contract for the lesser restrictions on the right to terminate a contract. The second category is the right with some limitation on the binding force of the contract, such as the right to terminate in the continuing contract; the third category is the right with less limitation on the binding force of the contract, such as the change of circumstances①. The *Civil Code* imposes many restrictions on the exercise of the right of judicial termination, and the binding conditions are higher than those of the general statutory right of termination, precisely because the freedom of the parties in a contractual impasse, especially the creditor's freedom to exercise his rights, should still be valued, and the right of judicial termination can only be justified by incorporating other value considerations.

The efficiency value embodied in the right of judicial termination. The purpose of the right of judicial termination is to continue the performance of the deadlocked contract, which loses practical significance, continues to maintain the effectiveness of harmful and not conducive to the functioning of the social economy②. The copyright license agreement involved in the case is the license agreement involving the animation adaptation of the "Four Famous Fugitives" series of novels, and the two parties to the contract in the contract for several years for the substantial performance of the contract is not further, if the deadlocked attitude of the contract has been maintained, it inevitably restricts "Four Famous Fugitives" to the rhythm of development. If the deadlock in the contract persists, it will inevitably restrict the pace of development of the transformation and upgrading of the traditional written works of the novel series into animated works. The termination of the contract by legal means is conducive to the unification of social and economic benefits and the promotion of the prosperity of the cultural industry.

The right of judicial termination does not encourage efficient breach of contract. Efficiency

① See Wu Teng, The Resolution of Contractual Impasse in the Context of the Implementation of the Civil Code, *Jurisprudence*, No. 3, 2021.

② See Xu Bohan, On the Doctrinal Construction of the Defaulting Party's Right to Discharge, *Nan Da Law Journal*, No. 1, 2021.

breach and judicial termination of the reason why the correlation, mainly in the treatment of legal consequences are excluded from contract performance, but the judicial termination of the right to consider the efficiency factor, its logical basis is not the theory of efficiency breach of contract, give the court the power to terminate the deadlock in the contract does not mean that the court support the party efficiency breach of contract. Behind the theory of efficiency breach of contract is purely economic considerations, often trigger the parties to the contract in disregard of the principles of contractual rigour and good faith performance and wilful breach of contract, which is rejected by the socialist judicial system.

(Ⅲ) The right to judicial termination is not a statutory right to rescind a contract

The statutory right of rescission corresponding to Article 563 of the *Civil Code* is essentially a right granted by law to the parties themselves, except in cases of force majeure, the subject of the right is limited to the contracting party and the defaulting party is excluded from rescinding the contract on the basis of its unilateral intention. The right of judicial dissolution provided for in Article 580 of the *Civil Code* is obviously different from the right of statutory dissolution provided for in Article 563 of the *Civil Code*, especially in the case of a deadlock in the contract caused by the defaulting party, since, although the court may issue a ruling on the dissolution of the contract upon the request of the defaulting party, the decision on the dissolution of the contract is still in the hands of the court.

Ⅱ. Normative element of judicial termination of contractual relations

(Ⅰ) Factual element: the parties are at an impasse in the performance of the contract

According to the normative elements of Article 580(1) of the *Civil Code*, the possibility of a contractual impasse exists only if the nature of the parties' contractual obligation is a non-monetary payment obligation. In this case, the parties entered into a copyright licence agreement for a period of ten years, which is a typical long-term agreement, and the obligation agreed in the licence agreement was to produce an adaptation of the reactive animation work based on the Four Famous Shops, which involves a certain innovative expression of ideas and cannot be achieved by external physical coercive means. Since the parties entered into the contract has been on the copyright authorization issues of a number of litigation or arbitration, Wen also many times in public to release the cooperation of the remarks, Wen personal, require his cooperation to fulfil the contractual obligations is no longer possible. Therefore, the court held that the contract in question could not be performed and was not subject to compulsory performance, which constituted a deadlock in the copyright licensing contract.

(Ⅱ) Substantial element: failure to fulfil the purpose of the contract

The general contractual purpose of the licensor and the licensee in the copyright licensing contract is not the same, Wen as the licensor, its immediate purpose is to obtain the licence fee, X film industry limited company as the licensee, its contractual purpose is to obtain the licence right and then to adapt the work and then to make profit. From the point of view of film industry limited company X, although it has obtained a certain copyright, it has been unable to adapt the work due to Wen's breach of contract, from Wen's point of view, the contract is agreed to the subsequent profit sharing mode, because of the contract has reached a deadlock, and it cannot get the subsequent business cooperation income, so in a film industry limited liability company, the contractual purpose cannot be realised, namely, when the purpose of the contract could not be realised, the substantive elements of judicial termination of the contract were satisfied.

(Ⅲ) Procedural element: exercise by way of litigation

In practice, considering that a prolonged contractual impasse is not only meaningless for the parties, but may also be a waste of social resources as a whole, when the judicial authorities find a contractual impasse in litigation, they may guide the parties to apply for the termination of the contractual legal relationship through the exercise of the right of interpretation in order to achieve substantive justice.

Ⅲ. Liability for the judicial termination of contractual relations

(Ⅰ) Double independence of liability for breach of contract

It follows from the expression "without prejudice to the assumption of liability for breach of contract" in Article 580 of the *Civil Code* that, after the judicial termination of the contract, the parties may claim damages with reference to the cancellation of the contract, which will be dealt with in accordance with the rules on compensation in Article 584 of the *Civil Code*, that is, the assumption of contractual liability is relatively independent of the termination of the contractual legal relationship, and the parties may not refuse to assume liability on the grounds of the extinction of the contractual rights and obligations.

In other words, the assumption of contractual liability is relatively independent of the termination of the contractual legal relationship, and the parties may not refuse to assume liability on the grounds of the extinction of the contractual relationship of rights and obligations.

In practice, it should be noted that the defending party has a legally superior position in the performance and termination of the contract, in addition to the judicial termination of the rights of the way, there are often other more cost-effective way. In view of the judicial termination is the court to break the deadlock of the contract, the consequences of breaking the deadlock should be dealt with, if the defending party has filed a claim for compensation, the court should guide its claim for breach of contract. If the defending party has not filed a claim for damages, the court may first break the deadlock on the contract to form the evidence, in the formation of the termination of the contract decision tendency, should be timely to the defending party to assume responsibility for the breach of contract, guiding it to claim damages for breach of contract. If the defendant insists on not claiming liability for breach of contract, the court should indicate that the defendant may claim the right separately, so as to balance the contractual interests of both parties.

(Ⅱ) Special considerations of damages

In this case, there was a liability clause for breach of contract in the contract. When applying Articles 584 and 585 of the *Civil Code*, the following points should be taken into consideration when determining the amount of damages in accordance with the principle of good faith and the principle of fairness: 1. the amount of damages; 2. the situation of third party benefits; 3. the contractual consideration; 4. the influence of the work; 5. the subjective state; and 6. the situation of diminution of damages. The court upheld the claim for damages in its entirety on the premise of considering the above factors.

[Significance]

This case is a typical example of a court using the judicial deadlock system to terminate the rights and obligations of a copyright licence agreement. The two parties to the contract have not progressed in the substantive performance of the contract for several years after the contract was concluded, and if the deadlock of the contract continues, it will inevitably restrict the pace of development of the transformation and upgrading of the "The Four" series of novels from traditional written works to animated works. In this case, the contract was terminated by legal means, and the value embodied in the judgment is to put social benefits first, unify social and economic benefits, and better unleash the potential of the cultural industry.

[Case Index]

Case Number:

First instance: Shanghai Pudong New Area People's Court (2020) H 0115 MC No. 75558 (November 28, 2021)

Second instance: Shanghai Intellectual Property Court (2022) H 73 MZ No. 130 (December 15, 2022)

Judges:

First instance: Sun Yan, Wang LinLong, Liu Jialuo

Second instance: Fan Jingbo, Ling Zongliang, Ye Jufen

Drafted by: Sun Yan, Bian Guilong

Translated by: Wang Jue

Proofread by: Wang Jue

36

Determination of Breach of Contract and Liability in Integrated Circuit Layout Design Contract

—Integrated Circuit Layout Design Creation Contract between X Communication Technology Co. Ltd. and X Electronic Technology Co. Ltd.

Rule

Layout designs of integrated circuits are a special category of objects covered by the Regulations for the Protection of Layout Designs of Integrated Circuits. Due to the fact that it involves circuit design, chip flow, packaging and testing at all stages, and compared to other technological development, layout design of integrated circuits has its own industry specificity, which increased the difficulty of fact-finding in the case. The court determined through the rules of evidence that the target chip did not meet the agreed targets, decided that the main reason for the failure to meet the targets was due to the designer's design problems, and reasonably determined the amount of research and development costs to be returned by the developer to the client based on the premise of breach of contract, taking into account the special circumstances of the integrated circuit industry.

Basic Facts

Plaintiff (Counterclaim Defendant): X Communication Technology Company Limited (hereinafter referred to as X Communication Company)

Defendant (Counterclaim Plaintiff): X Electronic Technology Company Limited (hereinafter referred to as X Technology Company)

Defendant: Yuan

On July 30, 2020, X Communication Company and X Technology Company entered into a technical service agreement with a performance period from July 30, 2020 to July 30, 2021. The design and development project is a 470 – 510 MHz wireless transceiver chip with SMIC 55nm LL process requirements. 26 specifications are agreed for the chip function. X Technology Company is responsible for the chip design in accordance with the above specifications, the design cycle of a total of 4 months, "transceiver behavioural level model for algorithmic system simulation and schematic confirmation" must be completed within 2 months from the date of signing the contract, and submit a report of pre-simulation indicators; the latter 2 months to complete the "layout confirmation", to submit a post-simulation. Index report and the GDS layout required for chip flow. The total fee for R&D is CNY 2.3 million. The communications company shall pay CNY 400, 000 within 5 days after the contract is signed, CNY 400, 000 within 5 days after the design indexes are confirmed to meet the requirements, CNY 700, 000 after the GDS layout is uploaded to the third party's chip flow system, and CNY 800, 000 within 5 days after the chip test results meet the requirements and the design schematic is delivered. The X Technology Company shall obtain the relevant PDK (the relevant chip process documentation) and design accordingly. Acceptance shall be determined by both parties in accordance with the agreed joint test indicators. If X Technology Company fails to deliver a design that meets the agreed indicators and violates the working conditions, it shall refund all the research and development costs paid by X Communication Company.

During the performance of the contract, on August 6 and October 10, 2020, X Communication Company made changes to some of the indexes. X Technology Company submitted the design index report (pre-simulation report) on October 23, 2020, the GDS layout on March 15, 2021, the post-simulation index report on April 2 and the schematic diagram on April 14. X Communication Company paid CNY 400, 000 on August 6, 2020, CNY 400, 000 on December 10, 2020 and CNY 700, 000 on March 18, 2021; on April 6, X Communication Company commissioned a third party to flow the chip and paid a flow fee of CNY 377, 194. On October 22, X Communication Company performed testing on the chip returned from the flow-through, and found that the chip's receiving module did not work at all, and data transmission was not normal, and there were also problems such as abnormal noise in the transmitting module, high noise floor, and phase noise of a part of the phase-locked loop not according to specifications, etc. On 11 November, X Communication Company sent the document "Summary of the Test of YB2001" to X Technology Company to summarise the problems of the chip, and the other party did not object. After that, until December 29, the two parties communicated many times, but the chip problems were never solved. In the communication, Yuan admitted that the chip's receiving module is not working, and the transmitting module is not normal. Zhu X, the project manager of X Technology Company, told Wang X, the project manager of X Communication Company, that after checking the design, he found that the I0 alignment was too long and that there was a problem in the ERC (Electrical Rules Check).

The plaintiff, X Communication Company, claimed that the technical service contract clearly agreed the technical standards to be achieved by the chip design. However, the chip produced according to the design of the defendant technology company was found to have serious functional deficiencies and defects after testing. The chip design cycle was four months after the contract was signed, but the defendant technology company did not deliver the GDS version until mid-March 2021, which was seriously overdue. In addition, the defendant technology company failed to obtain the design process documents itself as agreed and instead requested the plaintiff to provide them. As the defendant, X Technology Company, failed to complete the design as agreed, it should return the research and development expenses and compensate for the loss of capital occupation. As the defendant Yuan is the sole shareholder of the defendant X Technology Company, it can't prove that the two defendants are independent of property, so it should be jointly and severally liable for the company's debts. The plaintiff requested that 1. the defendant, X Technology Company, to return the research and development costs of 1.5 million yuan and to compensate for the loss of overdue interest; 2. the defendant, Yuan, to be jointly and severally liable for the debt of the defendant, X Technology Company.

The defendant technology company argued that it had completed the design work as agreed in the contract and delivered all the design results. All stages of the design were verified and passed by simulation tests, proving that there was no problem with the design. The reason for the failure to complete the design by the contractual deadline was that the plaintiff had changed some of the requirements in the performance of the contract. After the delivery of each phase of the results, the claimant paid the phase of the research and development fee, indicating its acceptance confirmation. The third party is responsible for the chip flow, the physical chip indexes do not meet the standard is not its responsibility.

Defendant Yuan argued that his personal property and the company's property were independent of each other and should not be held jointly and severally liable.

The counterclaim plaintiff, X Technology Company, claimed that it had provided the chip design to the counterclaim defendant, X Communication Company, according to the contract, completed all the stage obligations, tested and verified the development results, and delivered all the design results. In December 2021, X Communication Company did not pay the final payment of the contract on the grounds that the chip did not work at all, etc., but the chip index did not meet the standard and was not the responsibility of the counterclaim plaintiff. The counterclaimant sought an order that X Communication Company should pay it CNY 800, 000 for the unpaid amount of the contract and the loss of overdue interest.

The counterclaim defendant, X Communication Company, argued that X Technology Company had failed to fulfil its chip design obligations as agreed. After testing, the chip was found to be incapable of sending and receiving signals with major defects. The contract agreed that the payment of CNY 800, 000 payment premise is the chip packaging test results meet the requirements. The reason that the chips are substandard was due to the fact that the design delivered by the counterclaim plaintiff did not confirm to the agreement, so it has no right to demand payment of the remaining amount.

[Holding]

Shanghai Pudong New Area People's Court held that: X Technology Company did not obtain the PDK file. ① X Technology Company delivered the GDS layout② on March 15, 2021 and the post-simulation③ indicator report on April 2, which significantly exceeded the design cycle and constituted a breach of contract without reasonable cause.

Regarding whether X Technology Company has delivered a design in accordance with the contractual agreement. First, it should be determined whether the sample chip conform to the contract. Since the chip in question is a wireless transceiver model, for receiving and transmitting the signal is its basic function, X Technology Company has self-recognition that the chip has the above-mentioned functional deficiencies and defects. At the same time, the

① PDK is known as Process Design Kit. It is produced by the Jingyuan Factory, and designers can apply to the factory to obtain it and use it in the design process.

② GDS is a standardised file format used primarily to send the completed final design to the fab at the end of the chip design cycle, containing all the necessary information required by the fab, including transistor configurations and other functional components that will be etched on the silicon substrate.

③ Post-simulation verification refers to checking the correctness of the chip design.

contractual agreement for the chip function requires both parties to acceptance, after the receipt of X Communication Company to send the test report, the two parties after a series of communication did not object to the report's test conclusions, as recognition of the existence of the target chip and other substandard parts. Therefore, the court found that the chip in this case had the above-mentioned problems that were inconsistent with the agreement. Second, in the integrated circuit chip design, pre-simulation, post-simulation are theoretical simulation results, pre-simulation and post-simulation tests do not mean that the final formation of the physical chip can fully achieve all the indicators agreed in the contract, and cannot be concluded that there is no problem in the chip design. Acceptance of the contract points to the physical chip after the flow of physical, according to the agreed standards, test one by one, to determine whether the chip is up to standard. Therefore, the payment behaviour of X Communication Company is only the fulfilment of its corresponding stage of obligations, does not mean to confirm that the design is free of defects. Again, when X Technology Company fulfilled its obligations, there were the following facts: first, its project manager Zhu repeatedly asked X Communication Company's technicians about the details of SMIC's "smic 55nm ll" process and indicated that it was different from the previous 40nm design, which to some extent reflects that the designers had no knowledge of the 55nm ll process adopted for the chip in question and lacked design experience. Secondly, during the communication between the two parties to solve the chip problem, Zhu had admitted in the WeChat group of both parties that the register of the chip appeared to be wrong and there were problems in the post-simulation test, and then said that there was a problem with the I0 alignment being too long in the design and there was a problem with the ERC, which indicated that there was a lack of rigor in the design and the design was not well thought out. Thirdly, X Technology Company suggested that the chip could not meet the design specifications due to parasitic effects in the manufacturing process or in the flow of chips. The court found that the company had failed to prove the possibility that the process problem affected the function of the chip. As a designer, he should fully consider the parasitic problem at the beginning of the design and try to avoid it. Even if it cannot be avoided, it is not so bad if the chip does not receive signals, sends out signals that are not normal, and other basic functions of the chip are significantly missing and defective after the flow of the chip. In conclusion, the court found that the main reason why the chip did not meet the standard was that X Technology Company's design did not comply with the agreement.

As a result of the failure of X Technology Company to deliver the agreed chip design, X Communication Company was entitled to request it to bear the breach of contract responsibility of returning the research and development expenses according to the agreement. For the specific amount of return, the court found that the failure of X Technology Company to deliver the agreed design is the main reason for the failure to achieve the purpose of the contract, but also took into account the chip field. The design and development has higher difficulty and risk of failure. Both parties are the main body of the field. The contract did not provide for remedial measures after the failure of the chip flow, reflecting the parties' insufficient anticipation of the difficulties and risks that might arise in the chip research and development. Even if X Technology Company has delivered the chip design schematic diagram to X Communication Company, although it has value, the contract in this case has been more than three years since its conclusion, the chip industry is developing rapidly, the performance index is updated quickly, even if the design is improved and all the indexes are realised, the existing market value will also be reduced to a considerable extent. In summary, the court determined that X Technology Company returned X Communication Company two-thirds of the paid research and development costs, that is, CNY 1 million. In the performance of the contract, Yuan was the sole shareholder of the technology company, and the evidence submitted by him was insufficient to prove that the two were independent of each other's property, so he should be jointly and severally liable for the company's debts.

Regarding the counterclaim of X Technology Company. The contract agreed to pay CNY 800, 000 of the premise is hased on that the chip sealing test results meet the requirements. However, the chip test results do not meet the requirements, so the prerequisites for the payment obligation has not been achieved. Therefore, its counterclaims were not supported.

Shanghai Pudong New Area People's Court made (2022) H 0115 MC No. 74327 civil judgment: the defendant X Technology Company return the plaintiff X Communication Company the research and development costs CNY 1 million and pay interest during the period of funds occupation; Yuan bear joint and several liability; dismiss the plaintiff the rest of the present lawsuit; dismiss the counterclaim plaintiff's all the counterclaim lawsuit request.

After the first instance judgment, neither the plaintiff nor the defendant appealed.

[Commentary]

The following aspects may be taken into account when considering contractual disputes relating to the creation of integrated circuit layout designs:

Ⅰ. Clarifying the meaning of ambiguous provisions through a general interpretation

Although the integrated circuit layout design creation contract dispute has certain peculiarities, the essence is still belongs to the contract dispute. Under the Circumstance that the plaintiff claimed that the defendant breach the contract, the plaintiff should be required to clarify its claim on the specific facts of defendant's breach an contractual or legal basis. However, often due to lack of ability to enter into contracts or lack of legal awareness of the contract, some of the terms of the contract there are ambigous or not clear enough, while the terms of the breach of contract is an important basis for judgment. In this regard, the provisions of Article 142 of the *Civil Code* should be followed, and the contract should be interpreted in accordance with the meaning of the words and phrases of the clause, the context, and the nature and purpose of the contract, in that order. ①In this case, X Communication Company argued that one of the breaches of contract by X Technology Company was the failure to obtain the process documentation for the project in this case, i. e. the design suite prepared by the foundry to define its process technology. In the second point of the contract, "Working Conditions", it was agreed that "Party B shall obtain the relevant process documentation and design the target accordingly". Whether "obtain" refers only to the result, that is, X Technology Company should obtain the process documentation and then complete the design, as to which party to provide does not matter; or special emphasis on obtaining the process, that is, X Technology Company should apply to the fab chip process documentation to complete the design, the two parties held a different understanding. After the dispute, the two parties failed to negotiate the terms of the case, and the interpretation of the text has two meanings, the terms of the contract should be placed in the interpretation of the contract as a whole. In the contract on breach of contract liability, it is clearly stated that X Technology Company Shall bear the liability for breach of contract. Therefore, if "obtain" in the above clause only emphasises the result that a certain technology company obtains the process file, the agreement is redundant, because the contract has already determined that the chip is to be flowed by SMIC's 55nm ll process, and therefore the design must be carried out using the fab's process file, or else it cannot be entrusted with the flow of the chip. The process of emphasising that X Technology Company should obtain the process documentation required for the design itself is consistent with its basic obligation as a designer to prepare the design documentation at the beginning of the design process, and is also consistent with the fact that obtaining the PDK documentation is an important part of the designer's performance, so that the contract establishes that the designer is liable for breach of this obligation, and the logic of the contract cannot be self-evident if it is not interpreted in this way.

Regarding the nature and purpose of the contract, the contract is commissioned design contract, X Communication Company as the commissioner, the right and obligation is to pay

---

① See SPC (2020) SLZC F No. 394 Civil judgment.

the fee to obtain the design; X Technology Company is the design party, the right and obligation is to deliver the design to earn design fees. PDK file is the premise for the design party to design, obtaining from a foundry is also consistent with the nature and purpose of the contract. Therefore, X Technology Company requires X Communication Company to provide the PDK behaviour constitutes a breach of contract.

Ⅱ. Constitutive judgments for overdue performance violations

X Communication Company claimed that X Technology Company's late delivery of design results twice during the performance period, the late delivery of the pre-simulation report in the first stage and the late delivery of the post-simulation report and GDS layout in the second stage, constituted a breach of contract. The so-called period of performance refers to the time when the parties to a contract should fulfil their contractual obligations in accordance with the provisions of the law and the contract. ① Whether or not it constitutes a breach of contract for late performance requires that the debtor fails to perform the obligation at the expiry of the performance period and that the debtor's failure to perform the obligation is not justified.

In order to determine whether the designer was late in delivering the goods, the first step should be to determine the period of performance for each stage of the designer's performance. In this case, the contract stipulated that the first stage of performance would take two months from the date of signing of the contract, and the second stage of performance would take four months from the date of signing of the contract. Secondly, the actual date of delivery by the designer should be determined, and the delivery records showed that a certain technology company had delivered the first-phase results 15 days late and the second-phase results three months late, objectively exceeding the performance period.

However, exceeding the time limit for performance does not necessarily mean that the obligor constitutes a breach of contract for late performance, especially in the case of entrusted design, technology development and other contracts, where the entrustor often requests changes and additional requirements on a temporary basis in accordance with changes in the actual situation, so it is necessary to ascertain whether the entrustor has carried out the acts that led to the increase in the workload of the design and development, and then to assess the proportion of the increased workload occupying the entire project or phase of the project's workload, and to consider the It is also necessary to assess the proportion of the increased workload to the workload of the entire project or phase of the project, and to consider the period of time overdue to fairly and reasonably determine whether the designing and developing party

① See Wang Liming, Research on Contract Law (Vol. 2), People's University of China Press, 2015 edition, p. 21.

constitutes a breach of contract for overdue performance.

During the design cycle of the first phase of the case, X Communication Company requested to add two new chip pins and requested to change the interface standard, which was equivalent to part of the content to be redesigned, and had a greater impact on the whole phase of the project. Considering that the number of objectively overdue days of X Technology Company was only 15 days, and that the delivery was on the National Day Holiday in the month of the delivery, it was concluded that the overdue delivery was with justifiable reasons, and it did not constitute a breach of contract for the overdue performance. In the second phase of the design cycle, X Communication Company only requested to add a module to one of the indicators of the chip in question, and compared with the 26 technical indicators of the whole chip project, this part of the increased workload accounted for a very small proportion, and did not significantly increase the workload, while X Technology Company was late for delivery for three months, significantly exceeding the second phase of the performance period, and there was no other reasonable grounds, so it was found that it constituted a breach of contract for overdue performance.

Ⅲ. Pathways to technical fact-finding

In this case, the core focus of the dispute between the two parties was whether the design delivered by Yuan complied with the contract. In this regard, it can be decomposed into the following content and ascertained in turn to determine: first to determine whether the design is qualified to judge the basis, and then to determine whether the chip is not agreed defects, and finally to determine whether there is a causal relationship between the resulting defects and the design.

(Ⅰ) Criteria for determining whether a design is acceptable or unacceptable under the contract

Since the parties did not conclude a supplementary agreement and could not reach a consensus after the dispute arose, the contract in question should still be used as a guideline for judging the rights and obligations of the parties. Article 4 of the contract stipulates that the acceptance criteria and method of acceptance shall be carried out jointly by both parties in accordance with the 26 specifications agreed upon above. Although the article does not specify the acceptance of the object, but the acceptance of the agreement is compared to the 26 specifications parameters for testing, because the integrated circuit layout design is only a virtual three-dimensional image, only on the physical chip testing, in order to determine whether the 26 specific indicators. Therefore, the contract acceptance clause for the object is the flow of physical chip rather than layout design, for X Technology Company delivered three-dimensional design there is no acceptance link, objectively cannot be viewed through the three-dimensional layout design can determine whether the design is in line with the agreement. Therefore, in this case, the only way to determine whether the design complies with the agreement is to check whether the designed chip complies with the 26 specific indicators.

(Ⅱ) Problems and reasons for the application of the burden of proof in determining the chip

During the trial, neither party applied for a judicial appraisal of the existing problems with the chips and their causes. Therefore, the ascertainment of the above technical facts needed to be determined on the basis of the available evidence and by applying the burden of proof. The allocation of the burden of proof is statutory in nature, and the substantive legal norms themselves contain the content of the law on the allocation of the burden of proof, and at the same time, the burden of proof should also be allocated in accordance with the principle of good faith, the principle of fairness and other factors in the light of the actual situation of the case. ①

With regard to the non-conformity of the chip, X Communication Company considered that the chip was mainly divided into the lack of function of the receiving signal, the defective function of the transmitting signal, and the defective function of the other features of the chip. In addition to confirming that there were indeed problems with the chip's transmission signal module, X Technology Company refused to recognize the other problems listed on the grounds that it had not participated in the chip testing. According to the communication records of both parties during the testing of the chip, a certain technology company has admitted that there is a situation where the receiving signal module of the chip does not work. It was agreed in the contract that after the return of the chip, the two parties would jointly accept the chip in accordance with the technical standards set out in the contract. In the actual performance, X Technology Company has to X Communication Company clearly indicated that it does not have the testing conditions, also does not have the obligation, in practice, by X Communication Company for testing, will be found with the agreed standards are inconsistent with the problem one by one feedback to X Technology Company, and then the latter is responsible for resolving. With regard to this mode, during the months-long communication, X Communication Company did not raise any objection, which was regarded as its recognition of

① See Zheng Xuelin, Liu Min, Song Chunyu, and Pan Huaming, Several Issues on the Understanding and Application of the New Provisions on Evidence in Civil Litigation, in Supreme People's Court, Civil Trial Division No. 1, edited by the Supreme People's Court, Supreme People's Court on Several Provisions on Evidence in Civil Litigation Application Handbook, Law Publishing House, 2020, p. 72.

the actual change of the acceptance mode, so it could no longer deny the existence of the above problems on the ground that it did not participate in the acceptance.

As to the specific causes of the chip problem, firstly, as a designer, a particular technology company, the chip structure and functional architecture come from its design, and its design is inseparable from the physical object. In addition, the process chosen for the chip in question is itself a mature chip technology that is not specifically tailored to the chip in question. If he believes that the manufacturing process has caused the physical chip to perform in an inferior manner, he should bear the burden of proof to that effect, otherwise his opinion that the manufacturing process has caused the chip to perform in an inferior manner is merely a subjective speculation which cannot be supported, and he can only draw the usual conclusion that the design of the chip determines the function of the chip. Second, although the chip in the use of metal material wiring due to the electrical effect of metal will produce a certain coupling phenomenon makes part of the function can therefore be affected.① but not to the chip receiving module does not work, sending module is not normal major problems. As a designer, it has the responsibility to take measures to avoid parasitic problems in the design or to make sufficient allowance in the design to minimise the influence of parasitic factors, so as to ensure that the chip can realise the established indexes, but it has not provided any evidence in this regard, and the actual production of the chip has the lack of basic functions, which should be regarded as the design of its ill-considered and insufficient simulation work. Finally, by reviewing the communication records between the two parties, it was found that its designers were not familiar with the process used in the chip in question and admitted that there were excessive wiring and problems with electrical rules in the design, which indicated that the designers were not familiar with the business and were not rigorous in their work, which further increased the reason why the functionality of the chip did not meet the standards due to its design. From the perspective of a high degree of probability, it was comprehensively determined that the main reason for the chip's substandard function was due to the design of X Technology Company.

Ⅳ. Multi-factor considerations to ensure appropriate proportionality of responsibility

If the parties have reached an agreement on the liability for breach of contract, such as the calculation of liquidated damages and the agreement on liquidated damages, it can also be regarded as a settlement and liquidation clause in the contract. ②In the determination of the chip

① See Sunja Kim, Parasitic Parameter Analysis in Layout Design, *China Integrated Circuits*, Vol. 11, 2006.

② See Wang Liming, Editor-in-Chief, *Interpretation and Evaluation of the Chinese Civil Code: General Provisions of Contract*, People's University of China Press, 2020, p. 506.

does not meet the standard of the main cause is X Technology Company design, X Communication Company as the contract can be based on the agreement to require the former to undertake the return of research and development costs of the breach of contract liability. For the specific amount of return, in addition to the main consideration of X Technology Company default leads to the purpose of the contract can not be achieved, but also to consider the defaulting party for the degree of performance of the contract, and whether there is a non-contractual, but sufficient to affect the performance of the contract. At the same time, it is also necessary to consider the subject matter of the contract involved in the industry practice, etc., in order to determine the amount appropriately to balance the interests of both parties.

Firstly, X Technology Company has provided all the design results. Even if X Communication Company believes that the chip has not achieved the agreed indicators and that the design results have no value, it can still independently or through a third party make modifications and improvements on this basis and finally complete the project, which will still have some value to the client. The research and development cycle of the project in question is from 2020 to 2021, and the chip industry is developing rapidly, and chip performance indices are updated and iterated rapidly. Considering that it has been more than three years since the contract was signed, even if all of the chip's indices are eventually realised, the chip's market value will be reduced to a certain extent.

Second, the contract does not agree on how to remedy the failure of the flow of film, reflecting the conclusion of the contract, both parties are too optimistic, the chip research and development of the possible difficulties and risks are not enough to predict, to some extent, resulting in the failure of the flow of film, the contract is difficult to continue the predicament. X Communication Company itself is also the industry enterprise, in this case on its behaviour is not to evaluate for negligence, but there are indeed deficiencies.

Finally, neither party proved that in the field of integrated circuits industry, whether the success of a single chip flow is the norm in the industry. On the contrary, a large number of examples show that every chip development faces a high probability of failure risk, so the content of the contract in question actually requires X Technology Company's design must be successful once the flow of film, for the design party is slightly harsh.

[Significance]

The trial of integrated circuit layout design creation contract disputes often involves a large number of technical terms and standards to determine the meaning, and it is difficult to ascertain the facts of the case. This case determines the main reason for the non-completion of the contract through the rules of evidence, and under the premise of breach of contract, gives due consideration to the special circumstances of the integrated circuit industry, and reasonably determines the amount of research and development costs to be returned by the developer to the client, which is instructive for the trial of disputes over the contract for the creation of integrated circuit layout designs. This case was published in People's Justice.

[Case Index]

Case Number:

First instance: Shanghai Pudong New Area People's Court (2022) H 0115 MC No. 74327 (August 31, 2023)

Judges:

First instance: Xu Tingzi, Xie Xiaojun, Chen Yao

Drafted by: Xie Xiaojun

Translated by: Wang Jue

Proofread by: Wang Jue

Intellectual Property Criminal Cases

37

Whoever Leases a House Knowing that It is Used to Counterfeit Registered Trademarks Shall be Punished as Joint Offenders

—Criminal Case of Counterfeit Registered Trademarks by Chen

Rule

Where a lessor clearly knows that the lessee produces commodities of counterfeit registered trademarks but still leases the house to provide production places and facilities for counterfeiting registered trademarks by the lessee, the lessor's act constitutes a joint criminal offense of assistance in the event and shall be punished as an accomplice for the crime of counterfeiting registered trademarks.

Basic Facts

Public Prosecution: Shanghai Pudong New Area People's Procuratorate

Defendant: Chen

In mid-June 2005, the defendant Chen leased the third floor attic of his own private house, located at Min Bei Team, Tianhuan Village, Sanlin Town, Pudong New Area District, to a man surnamed Lin at a rent of CNY 500 per month, and received a one-time rent of CNY 3, 000 for six months. In August 2005, the defendant Chen knew that the man would use the rented house for the packaging of counterfeit "Zhonghua", "Red Double Happiness" and "Peony" cigarettes, but still continued to lease the house to the man. Pudong Branch of Shanghai Municipal Public Security Bureau, together with Pudong Branch of Shanghai Municipal Tobacco Monopoly Bureau, seized a total of 1, 364. 4 cartons of cigarettes, 413. 5 kilograms of unpackeged cigarettes, 149, 400 sheets of wrapping paper, 18, 000 sheets of seals, 115 kilograms of plastic seals, 52 kilograms of lining paper and 9. 5 kilograms of tabs of the counterfeit brands mentioned above, with a total value of CNY 263, 740. 37. Shanghai Pudong New Area People's Procuratorate held that the evidential facts including the confession of the defendant Chen were sufficient for admission. The defendant Chen also did not dispute any of the above facts during the trial.

[Holding]

Shanghai Pudong New Area People's Court held that, the registered trademarks of "Zhonghua", "Red Double Happiness" and "Peony" were approved and registered by the China National Trademark Bureau and were protected by law. Shanghai X Company enjoys the exclusive right to use the above registered trademarks.

For the determination of criminal facts part, the defendant's behavior in this case constitutes a joint criminal offesne of counterfeiting registered trademark crime, and the determination of the elements are mainly three: first, crime of counterfeiting registered trademark committed by others is established, which is the premise that the defendant Chen constituted the joint crime. From the number of cigarettes seized at the scene and the appraisal conclusion of the appraisal institution, it can be proved that the production of counterfeit cigarettes implemented in the house rented by the defendant has constituted the crime of counterfeiting registered trademarks. Second, it is confirmed that the defendant subjectively knew that others were committing the criminal act of counterfeiting registered trademarks. Although the defendant Chen claimed that he did not know the purpose of renting the house to the man surnamed Lin when he rented the house, but during the period of renting, the defendant had already found out that he was packing cigarettes counterfeiting the registered trademarks of "Zhonghua", "Red Double Happiness", etc. , so the defendant was aware of the criminal offense of counterfeiting registered trademarks committed by others. Therefore, the defendant was aware of the criminal act of counterfeiting registered trademarks. According to defendant Chen, he had also asked the lessee to return the rent, thus indicating that the defendant must have known that there was a criminal offense. Furthermore, the defendant's rental of the house did provide facilities for others to commit the criminal act of counterfeiting registered trademarks, such as a production site. Although the defendant and the man surnamed Lin did not conspire together in advance, the defendant knew that the man was committing a crime and still continued to rent out the house, providing a place for others to commit a crime, thus the defendant's behavior was actually to help others to commit the crime together, which constituted assistance in the commission of a joint criminal offense. In conclusion, the defendant knew subjectively that others had committed the crime of counterfeiting registered trademarks, and objectively committed the act of providing conditions and assistance for others to counterfeiting registered trademarks, and his act conformed to the subjective and objective elements of the joint crime, therefore, the defendant's act should be dealt with as an accomplice to the crime of counterfeiting registered trademarks.

The defendant Chen, with knowing that others were producing cigarettes with counterfeit "Zhonghua", "Red Double Happiness" and "Peony" registered trademarks, as well as related materials such as wrappers and seals, still rented out his house to provide a production site for others' counterfeit registered trademarks. The defendant rented out his house to provide a production place for others to counterfeit registered trademarks, and the illegal business amount of the counterfeit cigarettes amounted to more than CNY 260, 000, which was a particularly serious case. According to the provisions of Article 16 of the *Interpretation of the Supreme People's Court and the Supreme People's Procuratorate of the Specific Application of Laws in Handling Criminal Cases of Infringing on Intellectual Property Rights*, the defendant's behavior was that of an accomplice, constituting the crime of counterfeiting registered trademarks. The procuratorate alleged that Chen was guilty of the crime of counterfeiting registered trademarks, and the charge was substantiated and should be supported. Given that Chen voluntarily confessed to the offense and had a good attitude towards it, he was punished leniently as appropriate according to the law.

On April 24, 2006, Shanghai Pudong New Area People's Court decided the (2006) PMXZ No. 583 Criminal Judgment: 1. Chen is guilty of the crime of counterfeiting registered trademark, sentenced to three years' imprisonment, three years' probation, and fined CNY 12, 000. 2. The seized counterfeit cigarettes with registered trademarks, as well as packaging materials and tools shall be confiscated. 3. the illegal proceeds of CNY 3, 000 of Chen shall be recovered and surrendered to the National Treasury.

After the pronouncement of the judgment of first instance, the defendant did not appeal, and the public prosecution did not protest.

[Commentary]

I. Whether the defendant's act of renting out the house constituted a joint offense of the crime of counterfeiting registered trademarks

According to the *Summary of the Symposium on Applicable Laws on Handling Criminal Cases of Counterfeit and Shoddy Tobacco Products and Other Criminal Cases* issued by the Supreme People's Court, the Supreme People's Procuratorate, the Ministry of Public Security and the National Tobacco Monopoly Bureau in December 2003, a person who, knowing or should know that another person is committing the act of counterfeiting registered trademarks, provides facilities and conditions such as houses, venues, equipments, vehicles, loans, money, accounts, invoices, certificates and technologies, etc., which are used for helping, producing, selling, storing, transporting counterfeit and substandard tobacco products, or illegally operating tobacco products, shall be recognized as accomplices, and shall be investigated for criminal liability in accordance with the law. Article 16 of the Interpretation stipulates: "Anyone who knows that another person has committed a crime of infringing intellectual property rights and provides him with loans, funds, accounts, invoices, certificates, licenses, or facilitates or helps him with production, business premises or transportation, storage, import and export, etc., shall be punished as an accomplice to the crime of infringing upon intellectual property rights." The provisions of this article on "accomplice" are conducive to cutting off the channels of providing convenient conditions for intellectual property crimes and limiting the space for intellectual property crimes, and are useful in punishing acts of assistance in intellectual property crimes. ①

A joint crime is an intentional crime committed by two or more persons. Joint crime includes prior conspiracy and in-process assistance, there are two conditions for the establishment: 1. In the subjective aspect, there must be common criminal intent. That is, each joint offender knows that he or she is committing a criminal act together with other people. 2. In the objective aspect, there must have a common criminal act. That is, the joint offenders in the participation in the joint crime, regardless of the division of labor, the degree of participation, have a common criminal purpose, interconnect with each other, cooperate with each other, and there is a correlation between their behavior. The above Interpretation of the Supreme People's Court and the Supreme People's Procuratorate is in line with the provisions of the *Criminal Law* on the constituent elements of joint crimes. First of all, the subject of the crime has subjective knowledge that another person is committing a criminal act. In this case, the defendant leased private attic to the perpetrator Lin, according to the facts of the activity in the common space and the objective conditions for the commission of the offense, the defendant necessarily had knowledge of the criminal acts committed by Lin in his attic. Secondly, in a joint crime, the link of criminal intent between the various accomplices may be realized by

① See Xiao Qianli, The Contribution of Criminal Protection of Intellectual Property Rights and Legislative Improvement—Interpretation of the Interpretation of Several Issues Concerning the Specific Application of Laws in Handling Criminal Cases of Infringement of Intellectual Property Rights, *Hebei Law Science*, No.2, 2006.

means of express, implied or tacit agreement, as well as by implicit recognition. ① In this case, the convenience or assistance provided by the defendant is inseparable from the implementation of the criminal act of infringement of intellectual property rights. The defendant provided storage space and other business conditions, it was with these objective conditions and help that Lin's criminal act can be sustained and successfully carried out. Although the defendant did not directly commit the specific intellectual property offense, there is only a difference in the division of labor and the degree of involvement between those who provided the conditions and those who committed the act. As long as the person who knows the existence of a crime and provides convenience or assistance for the implementation of the crime of intellectual property rights infringement, he constitutes a joint crime. Thirdly, the purpose for others to commit intellectual property crimes is to obtain illegal benefits, and the purpose for providing convenient conditions for others is also to obtain illegal benefits. In the case, the defendant, based on the expectation of stable income from rent and knowing that the other person committed intellectual property crime, still rented the house to the other person and made benefits therefrom. It can be seen that their purpose is common, and the illegal benefits obtained by the defendant as the helper are part of the illegal benefits obtained by the other person. To sum up, in light of the subjective and objective factors involved in the act of leasing house by the defendant Chen, such act provided convenience for intellectual property crimes, constituted a joint crime and shall be regulated and controlled.

Ⅱ. Calculation of illegal turnover

Article 12 of the Interpretation stipulates that the illegal turnover refers to the value of the infringing products which the perpetrator has manufactured, stored, transported or sold in the process of intellectual property infringement. The value of infringing products which have been sold shall bc computed according to the actual selling price. The value of unsold infringing products which have been manufactured, stored, transported shall be computed according to the label price or the ascertained average actual selling price of the infringing products. If the infringing product does not have label price or it is impossible to find out its actual selling price, it shall be computed according to the middle market price of the infringed product. However, the article does not clarify whether semi-finished products in the process of product manufacturing shall be included in the amount of illegal turnover. In this case, the counterfeit registered trademark cigarettes were seized during the manufacturing and packaging process and

① See Song Ge, Whether the Absence of Positive Action Can Constitute a Joint Crime with Others, *People's Procuratorial Semimonthly*, No. 7, 2004.

had not yet been sold, so there was no sales price. The price was not indicated on the cigarettes, so the court in this case computed the amount of illegal turnover based on the valuation price made by the price appraisal organization, which included not only the value of the packaged cigarettes of the counterfeit registered trademark, but also the value of the unpackaged cigarettes, the packing box and the trademark paper. In this case, the unpackaged cigarettes and the box were marked with the counterfeit registered trademark, and the perpetrator were already committing the criminal act. The value of the unpackaged cigarettes, the boxes and the trademark paper shall be computed in the amount of illegal turnover because it was the seizure rather than the subjective will of the perpetrator that prevented him from packaging the remaining portion into the final product.

[Significance]

The judgment in this case made it clear that the defendant's act of renting out the house constituted a joint crime of counterfeiting registered trademarks, and that the constitutive elements of common criminal intent on the subjective side as well as common criminal act on the objective side were required. The judicial practice of the joint crime of intellectual property rights infringement is conducive to cutting off the channels that provide convenient conditions and limiting the space for intellectual property rights crimes, which is beneficial to punishing the assistance of intellectual property rights crimes, thus effectively curbing the criminal offense of maliciously infringing on trademark rights.

[Case Index]

Case Number:

First instance: Shanghai Pudong New Area People's Court (2006) PXCZ No. 583 (April 24, 2006)

Judges:

First instance: Tang Liming, Chen Huizhen, Ni Hongxia

Drafted by: Ni Hongxia

Translated by: Shan Hao

Proofread by: Bi Jingran

38

Determination on the Nature of Tampering with Software Licence Agreements

—Criminal Case of Copyright Infringement by Xu et al.

Rule

After obtaining a perpetual licence agreement from the software company, the defendant added the name of the authorized software to the blank space of the licence agreement without authorization in order to make illegal profits, and the characteristics of his conduct were in line with the circumstances of forgery and alteration of authorization and licence documents of the copyright owner as stipulated in the judicial interpretation, which infringed upon the legitimate rights and interests of the copyright owner of the software, and belonged to the case of not having the permission of the copyright owner as stipulated in Article 217 of the *Criminal Law*. The defendant sold computer software products that were used without permission, and due to the special nature of computer software, the defendant was not required to provide copies of the relevant software. At the same time, the defendant provided the illegal installation serial number of the relevant software, so that the relevant software could be used normally by the buyer, and should be considered to have completed the act of copying and distribution.

Basic Facts

Public Prosecution: Shanghai Pudong New Area People's Procuratorate

Defendant: Xu

Defendant: Jiang

In July 2006, the defendants Xu and Jiang learned that X Dairy Company needed to purchase "Windows XP" and seven other types of X Company's software, and after a premeditated plan, purchased 67 sets of X Company's "Windows XP" software worth CNY 78,591 from a digital company, and accordingly obtained an open licence agreement from X Company. With premeditation, he purchased 67 sets of "Windows XP" software worth CNY 78, 591 from a digital company and obtained an open-ended licence agreement from the company. Later, taking advantage of the fact that a certain X Company could obtain serial numbers for software installation during the trial period, he added the names of the six types of trial software he had obtained to the perpetual licence agreement without authorization. Later, through an electronics company and an information company, the company resold the software to X Dairy Company, making a total illegal profit of CNY 294, 409, of which the defendant Xu received CNY 150, 000 and the defendant Jiang received CNY 144, 409.

On December 3, 2007, the defendant Jiang was detained by the public security authorities, and on December 5 of the same year, the defendant Xu surrendered to the public security authorities. On December 10 of the same year, the defendant Xu and defendant Jiang handed over all of the aforementioned illegal proceeds to the public security authorities.

The two defendants both have no objection to the charges of the public prosecution. Defendant Xu's defender, pleaded for mitigation of punishment due to the circumstances of confession, good attitude toward admission of guilt, and actively returning illegal gains. Defendant Jiang's defender, pleaded for mitigation of punishment due to the circumstances of good attitude toward admission of guilt, and actively returning illegal gains.

[Holding]

Shanghai Pudong New Area People's Court decided that the defendants, Xu and Jiang, had reproduced and distributed their computer software without the copyright owner's permission for the purpose of making a profit, that the amount of illegal income was huge, and that their conduct constituted the crime of copyright infringement. The procuratorate's allegation of the crime is well-founded and should be upheld. The defendant Xu has surrendered, and the punishment should be reduced in accordance with the law. His defender requested to mitigate the punishment, shall be accepted. Since the defendant, Xu and Jiang, both voluntarily confessed, showed a good attitude toward admission of guilt, and actively returned illegal gains after the crime, they were imposed lighter punishment. Defendant Jiang's defender's request for mitigating punishment, has been adopted. In the course of the case, the defendants actively negotiated with X Company and X Dairy Company for the proper handling of the social damage of their conduct and finally reached a "tripartite agreement", which playing a certain role in making up and being taken into consideration in sentencing.

Shanghai Pudong New Area People's Court made (2008) PXCZ No. 990 criminal judgment (July 11, 2008): 1. the defendant Xu committed the crime of copyright infringement, sentenced to two years and six months of fixed-term imprisonment, two years and six months of suspended imprisonment, and a fine of CNY 150, 000; 2. the defendant Jiang committed the crime of copyright infringement, sentenced to three years of fixed-term imprisonment, three years of suspended imprisonment, and a fine of CNY 144, 500; 3. the illegal proceeds of CNY 294, 499 shall be returned to X Company.

Thedefendants didn't appeal and the procuratorate didn't protest.

[Commentary]

For the trial of this case, the focus includes that adding and printing false licensed name of computer software in the blank of the licence agreement provided by X Company, whether belongs to "without the permission of the copyright owner"; how to determine the behavior of reproduction and distribution if there are no copies when the defendant selling the licence agreement tampered with; how to decide the accusation when the defendant's conduct also meet the elements of the crime of fraud and crime of copyright infringement.

Ⅰ. Whether tampering with a copyright holder's open licence agreement by adding the name of falsely licensed computer software in theblank of the agreement belongs to "without the permission of the copyright holder"

Article 217 of the *Criminal Law* stipulates that anyone who infringes copyright for profit in any of the following ways, and if the amount of illegal income is large or there are other serious circumstances, shall be sentenced to fixed-term imprisonment of not more than three years or criminal detention, and shall also be sentenced to a fine or a single fine; If the amount of illegal income is huge or there are other particularly serious circumstances, he shall be sentenced to fixed-term imprisonment of not less than three years and not more than seven years, and shall also be sentenced to a fine: (1) without the permission of the copyright holder, reproducing and distributing the copyright holder's written works, music, films, television, video works, computer software and other works; (2) publishing books for which others have exclusive publishing rights; (3) without the permission of the producer of audio-visual recordings, reproducing and distributing the audio-visual recordings produced by him; (4) producing or selling works of art for which the signatures of others have been forged. Accordingly, "without the authorization of the rightholder" is an important element of the objective aspects of the offense of copyright infringement.

Constituent elements in *Criminal Law* could be divided into descriptive and normative constituent elements, based on the criterion of whether or not a value judgment is required. Descriptive elements are those that do not require a value judgment but can be determined on the basis of knowledge of the facts. The normative constituent elements, on the other hand, are those that require the judge to make a normative, evaluative judgment based on certain criteria of value judgment in order to determine them. Obviously, "without the permission of the copyright owner" is a normative element. In order to accurately and timely apply the *Criminal Law* and correctly determine the constituent elements of the norm of "without the permission of the copyright owner", Article 11 of the *Interpretation of the Supreme People's Court and the Supreme People's Procuratorate on Certain Issues Concerning the Specific Application of Law in Handling Criminal Cases of Infringement of Intellectual Property Rights* (hereinafter referred to as the Interpretation) stipulates that "without the permission of the copyright owner" as stipulated in Article 217 of the *Criminal Law* shall be considered as a constituent element. The term "without the permission of the copyright owner" in Article 17 refers to cases where the permission of the copyright owner has not been obtained, or the permission document of the copyright owner has been forged or altered, or the scope of the permission has been exceeded.

The defendant in this case, after purchasing X Company's "Windows XP" software and obtaining an open licence agreement from the company, added unauthorized Microsoft "Office 2003 Win 32 ChnSimp OLP NL" and six other software names to the blank space of the licence agreement without authorization in order to make illegal profits. The open license agreement sold by X Company is to provide customers with the copyright holder's software authorization and licensing documents, and the defendant added and printed false computer software information on the agreement without permission, which obviously belongs to the forgery and alteration of its authorization documents, otherwise exceeded the scope of the company's licensing and the characteristics of its actions are in line with the "interpretation" stipulated in the case of forgery and alteration of the copyright holder's authorization documents, which harms the legitimate rights and interests of the copyright holder of the software. Its conduct is consistent with the situation of forging and altering the copyright owner's authorization documents as stipulated in the Interpretation, which harms the legitimate rights and interests of the software copyright owner and belongs to the situation of using the software without the permission of the copyright owner as stipulated in Article 217 of the *Criminal Law*.

Ⅱ. Whether the defendant in this case committed the act of reproduction and distribution

According to the provisions of Article 217 of the *Criminal Law*, the objective element for the defendant in this case to commit the offense of copyright infringement is to have committed the act of copying and distributing the computer software of the copyright owner without the copyright owner's permission. Article 2 of the *Interpretation of the Supreme People's Court and the Supreme People's Procuratorate on Certain Issues Concerning the Specific Application of Laws in Handling Criminal Cases of Infringement of Intellectual Property Rights (Ⅱ)* states that "copying and distributing" in the criminal offense of copyright infringement under Article 217 of the *Criminal Law* includes the acts of copying, distributing, or both copying and distributing. Therefore, the second key issue in this case was to establish that the defendant had committed the act of reproduction and distribution.

Computer software, as an intellectual achievement protected by *copyright law*, must be expressed in the form of certain carriers (e. g. CD – ROMs, hard disks, etc.) in order to be known and used by people. The law protects the copyright enjoyed by right holders in their software, not only to confirm the rights and clarify the static ownership of software copyright, but also to reasonably balance the interests of developers, distributors and users in the process of creating and using the software. The law stimulates innovation and promotes the dynamic use of software by granting the rightholder the exclusive right to reproduce and distribute his software or to licence others to reproduce and distribute his software. The right of reproduction and distribution is therefore an important property right of the software copyright holder. The act of copying and distributing the software without the permission of the copyright holder is a serious infringement of the legitimate rights and interests of the copyright holder and a disturbance of the socialist market economy system.

Article 8 of the *Regulations on the Protection of Computer Software* stipulates that the right of reproduction of the software by the copyright owner refers to the right to make one or more copies of the software. In this case, the defendant only added Microsoft "Office 2003 Win 32 ChnSimp OLP NL" and six other types of software names to the licence agreement and provided illegal installation serial numbers, but did not copy the software directly or provide copies to X Dairy Company. Therefore, there are two opinions as to whether the defendant in this case committed the act of unauthorized copying of software. The first opinion is that the defendants in this case only provided the illegal installation serial numbers of the six types of software they added, and did not provide the installation media to X Dairy Company, nor did they provide installation services, and that the copying of the relevant software was completed by X Dairy Company, and that the defendants in this case did not perform the act of copying the unauthorized software, but only assisted in the copying act of installing the illegal software by X Dairy Company. The second opinion, the above computer software copying behaviour formally completed by X Dairy Company, but in essence only because X Dairy Company has the conditions of self-installation, its implementation of the installation of computer software product number and password are provided by the defendant. Due to the special nature of the computer software installation method, the defendant was not required to provide a copy of the relevant software to X Dairy Company.

In practice, the original product number and password are more important than the software itself to complete the installation and use of genuine software. Because access to the software itself has very many channels, and even in the software of the official website will also provide software trial version of the relevant downloads, but if the lack of the original product number and password, then the software installed on the computer will not be able to fully use the product. The defendant in this case provided to X Dairy Company will be cracked after the original software product number and password. In other words, in X Dairy Company's computer is installed in the use of Microsoft "Office 2003 Win 32 ChnSimp OLP NL" and other six kinds of software full version, can be regarded as a copy of the six kinds of software in X Dairy Company's computer. Therefore, the above-mentioned copying should be considered as done by the defendant, and the second opinion was adopted in this case.

Article 8 of the *Regulations for the Protection of Computer Software* also provides that the distribution right of the software right holder refers to the right to make the original or a copy of the work available to the public by way of sale or gift. The "sale" of software is essentially an act of licensing by the software right holder to others to use his software, which is mainly reflected in the licensing of the right of reproduction, the right of distribution, etc. At the same time, software, as a digital product, has the characteristics of easy reproduction, and whether the software is genuine or pirated (i. e., whether it is legally authorized or not) often depends on whether the installation serial number (also known as the "installation registration code"), which represents the permission of the copyright holder, has been legally obtained. Thus, the presence of a legal installation serial number is usually a sign of legal copying and distribution, whereas the provision of copies is not relevant to software as a digital product. In practice, although software "sellers" generally provide installation media and installation serial numbers, it is common for software users to install and acquire software copies themselves, as they only need the installation serial number. Therefore, providing illegal installation serial numbers to others to enable them to copy and use the software should be considered an act of reproduction and distribution without the permission of the copyright owner. In this case, the key to the defendant's ability to add unauthorized software to the licence agreement was that he provided the illegal installation serial number of the relevant software, which enabled X Dairy Company to install and use the relevant software. And the latter in the purchase of the relevant licence agreement, because of the previous purchase of X Company's relevant software, holding a legal software replica, so in getting the defendant to provide the illegal installation serial number, through their own technicians on the licence agreement on the computer software on their own installation and normal use. Therefore, the defendant in this case not only committed the act of copying, but also the act of distribution.

Ⅲ. Why the offense of fraud is not established when the purpose of the act is to defraud

In this case, the crime of copyright infringement consists of copying and distributing the copyright holder's computer software without the copyright holder's permission for the purpose of making a profit. Because of the large amount of illegal proceeds, the penalty is imprisonment for a term of not less than three years and not more than seven years and a fine. At the same time, however, the offense of fraud refers to the act of obtaining a large amount of public or private property by means of fictitious facts or by concealing the truth for the purpose of illegal possession. If the amount is particularly large, it is punishable by a term of imprisonment of not less than 10 years or life imprisonment and a fine or confiscation of property.

During the trial, it was suggested that although the defendant's actions constituted the offense of copyright infringement, the defendant's actions also constituted the offense of fraud if, for the purpose of unlawful appropriation, the defendant used the method of fictitious facts and concealing the truth in order to obtain an exceptionally large amount of property, and that the case should be punished by conviction for a felony, i. e. the offense of fraud. The crime of copyright infringement under the law is clearly for the purpose of making a profit, and in judicial practice, several objective manifestations of the crime are often the voluntary surrender of property by the victim based on a false understanding after the perpetrator has fictionalized the facts and concealed the truth. Therefore, there is a relationship of competing laws. Competing laws refers to an act in accordance with several legal provisions of the composition of the offense, and due to the existence of a number of legal provisions of an inherent inclusion or cross-relationship, only one of the legal provisions can be applied, other legal provisions can no longer be applied to the situation. However, the reason why an act meets the definition of multiple offenses is not that the act has multiple attributes or produces multiple results, but because of the intricacy and complexity of the legal provisions, which include and overlap each other. Competing laws are therefore essentially a single offense and cannot be punished as such. The root cause of competing laws and regulations is that different legal norms in *Criminal*

Law from different perspectives to regulate the same legal facts, which arises from the relationship between laws and regulations, is a reflection of the intricate provisions of criminal legislation in the legal norms. There is a wide variety of criminal phenomena in social life, and different *Criminal Law* norms, as broadly applicable abstract provisions, can only regulate specific criminal phenomena from their own perspectives. The principle of supremacy of law is not and should not be a principle of application of competing laws. The competition of laws is a competition of the elements of a crime, not a competition of criminal sanctions. The standard of conviction for an offense does not depend on the severity of the statutory penalty of a particular article of law, but rather on the adequacy of that article to fully assess the criminal conduct of the offender. In order to achieve the legislative purpose, a special law should be applied in the case of a competing law, in accordance with the principle that a special law is superior to a common law. In criminal legislation and in the administration of justice, the setting of low legal penalties for certain offenses occurs from time to time, but this is a problem of criminal legislation, not of justice, and should be solved through the revision of *Criminal Law*. On the basis of the above analysis, it can be seen that the special law that can be applied in order to most comprehensively and appropriately evaluate the object of the offense violated by the defendant's criminal conduct in this case is the offense of copyright infringement.

In the course of the trial, the court took full advantage of the benefits of comprehensive intellectual property adjudication and, while hearing the criminal part of the trial, facilitated the copyright owner, the purchaser of the pirated software and the defendant to reach a "tripartite agreement" on compensation for the loss of the pirated software, so that the criminal case was dealt with at the same time as the civil case was resolved, This not only safeguarded the legitimate rights and interests of the copyright holder, but also maximised the recovery of the buyer's economic losses, fully reflecting the responsible attitude of the judicial authorities in safeguarding the legitimate rights and interests of copyright holders and consumers.

The defendants in this case exploited the loophole of leaving large gaps in the real licence agreement to add and print unauthorized information about Microsoft software, and provided customers with fake "agreements" to obtain illegal benefits. This case exposed the shortcomings in the management of a multinational company. After the case, the company made appropriate adjustments to the format of similar licence agreements to prevent similar cases from recurring. The trial had a positive legal and social impact.

[Significance]

The case, which took place in 2007, is the first one in the country where a person has been prosecuted for infringing copyright by adding the name of unauthorized computer software in the blank space of an open licence agreement for profit. In today's society, where computers have been an important part of people's work and lives, the value of computers depends on the wide variety of application software. As one of the carriers of intellectual achievements, computer software has been protected by China's *Copyright Law*. The defendant in this case took advantage of consumers' trust in a well-known company and tampered with the company's open licence agreement, adding and printing false information of Microsoft software in its blank space, providing customers with a false "agreement", the modus operandi is novel and covert, and achieves the purpose of false for real. At the same time, due to the particular nature of computer software installation, non-professional users generally will not notice whether the licence agreement provided by X Company has been tampered with when installing and using software. Therefore, similar infringement behaviour would cause greater damage to X Company's legitimate interests. This case was recognized as one of the Top 10 Cases on Judicial Protection of Intellectual Property Rights in China in 2008.

[Case Index]

Case Number:

First instance: Shanghai Pudong New Area People's Court (2008) PXCZ No. 990 (July 11, 2008)

Judges and Juror:

First instance: Ni Hongxia, Feng Xiang, Dong Yixian

Drafted by: Feng Xiang

Translated by: Wang Jue

Proofread by: Wang Jue

39

Intellectual Property Rights Protection under *Criminal Law* for Special Signs related to Social Welfare Activities

—Criminal Case of Selling Commodities with Counterfeit Registered Trademarks by Tian and Hu

Rule

Signs used for cultural, sports, scientific research and other social welfare activities are different from trademarks registered by commercial entities, and have special characteristics in terms of the subject of the right, the ways of use, and the public interest, with more diversified connotations. Therefore, the user should bear a higher level of duty of care. For the protection of intellectual property rights in respect of special signs, the impact of social reality and the special characteristics of special signs should be taken into account, the criteria for identifying identical and similar signs should be clarified, and commercial and non-commercial use should be distinguished.

Basic Facts

Public Prosecution: Shanghai Pudong New Area People's Procuratorate

Defendant: Hu

Defendant: Tian

The Bureau of Shanghai World Expo Coordination has registered the trademarks "" "" and other trademarks approved by the Trademark Office. The Federation Internationale De Football Association, referred to as FIFA, has been approved by the Trademark Office to register the trademarks of "FIFA" "FIFA WORLD

CUP" "SOUTH AFRICA 2010" " " " ZAKUMI " " " and so on. In April 2010, the defendants Tian and Hu brought a large number of lighters, plush toys, keychains, soccer balls, backpacks and other commodities with the above trademarks from Zhejiang X Goods Market after premeditation. The above goods included HAIBAO pendant, China Pavilion pendant, etc., that are purchased at CNY 18,950 from Zhejiang X Jewelry Co., Ltd.; China Pavilion model with World Expo emblem purchased at CNY 8,800 from X Craft Store; large and small HAIBAO lighters purchased at CNY 9,340 from Yiwu X Horse Lighter Trading Co., Ltd.; South Africa's World Cup soccer baby plush toys purchased at CNY 26,000 from Yiwu X Toy Store; crystal products of China Pavilion and HAIBAO, etc. purchased at CNY 10,150 from Jinyu X Shop. On April 19, 2010, defendants Tian and Hu rented a room at Xueye Road, Pudong New Area as a warehouse to store the aforesaid goods with counterfeit registered trademark, and sold them with Wang (to be dealt with separately) in the vicinity of Shanghai World Expo. On May 7 and May 8, 2010, public security officers from the Pudong Branch of Shanghai Municipal Public Security Bureau, together with law-enforcement officers of the Pudong New Area Branch of Shanghai Industrial and Commercial Administrative Bureau, seized commodities with counterfeit registered trademarks ready for sale, totaling 24 types and 14,216 pieces at the rented place. Upon comparison, the trademarks used on the seized commodities with counterfeit registered trademarks were identical to the vast majority of the aforementioned registered trademarks, with some minor differences in some of the logos, but the similarity was so high that it was sufficient to mislead the public. Shanghai Pudong New Area People's Procuratorate charged the defendants Tian and Hu with the crime of selling commodities with counterfeit registered trademarks, and filed a public indictment on July 14, 2010 in Shanghai Pudong New Area People's Court.

[Holding]

Shanghai Pudong New Area People's Court held that " " " EXPO 2010 " "FIFA" "FIFA WORLD CUP" "SOUTH AFRICA 2010" " " " ZAKUMI " " ", etc., are trademarks approved for registration by the Trademark Office of the State Industrial and Commercial Administrative Office and are protected by law. Anyone without the permission of the right holder may not use the above registered trademarks. The 2010 Shanghai World Expo and the World Cup in South Africa attracted worldwide attention, especially the mascot "HAIBAO" of the Shanghai World Expo, its image has been deeply rooted in people's hearts and widely accepted by the public in the publicity and during the holding of the World Expo. In order to obtain undue benefits, defendants Tian and Hu knew that the goods were counterfeiting the above registered trademarks but still sold them, and the pending sales amounted to more than CNY 460, 000 calculated according to the market median price of the infringed goods, which was a relatively large amount, and their acts constituted the crime of selling commodities with counterfeit registered trademarks. Moreover, the criminal acts of the two defendants took place during the World Expo and the upcoming of World Cup, which had a great impact on society. The prosecution charged the defendants Tian and Hu with committing the crime of selling commodities with counterfeit registered trademark, the charge is convicted and shall be supported. Regarding the calculation of the sales amount of the two defendants, the infringing goods were not marked, the actual sales price could not be identified, so the appraisal organization calculated the value of the infringing goods on the basis of market median price of the infringed goods, which complies with the law. Defendants Tian and Hu jointly committed the criminal act after premeditation, constituting a joint crime. The defendant Tian and Hu have started to commit the crime but failed to succeed for the reason other than their will, constituting an attempted crime, thus they may be subject to a lighter or mitigated punishment by referring to accomplished crimes. Defendants Tian and Hu voluntarily confessed to their crimes with good attitudes, and may be punished leniently as appropriate.

On July 27, 2010, Shanghai Pudong New Area People's Court made (2010) PXCZ No. 1651 Criminal Judgment: 1. Defendant Tian is guilty of selling commodities with counterfeit registered trademark and is sentenced to one year and ten months of imprisonment and a fine of CNY 70, 000; 2. Defendant Hu is guilty of selling commodities with counterfeit registered trademark and is sentenced to one year and ten months of imprisonment and a fine of CNY 70, 000.

After the pronouncement of the judgment of first instance, the defendants did not appeal, and the public prosecution did not protest.

[Commentary]

With the increasing number of international and domestic large-scale activities and sports events hosted or undertaken by China, such as the Olympic Games and other sports events, the organizers also pay more and more attention to the protection of intellectual property rights, and all kinds of special signs have also entered the public's field of vision. In this case, the HAIBAO and other trademarks held by the plaintiff are special signs, so the corresponding protection issues need to be handled carefully.

Ⅰ. Definition and characteristics of special signs

According to Article 2 of the *Administrative Regulations on Special Signs*, "special signs" refer to signs that are approved by the State Council to be used for national or international cultural, sports, scientific research or other non-profit social activities, which are composed of words and graphics in the form of titles and their abbreviations, emblems and mascots, etc.

There are certain differences between trademarks and special signs in terms of the subject, object and scope of rights protected. First, in terms of the subjects of rights, the subject of trademark rights in China is very extensive, and can be legally established enterprises, institutions, social organizations, as well as individual industrial and commercial households, individual partnerships, as well as foreign citizens or legal persons from the country which have signed an agreement with China or jointly participated in international conventions, or protect each other's trademark rights under the principle of reciprocity. The subjects of trademark applications are mostly profit-making organizations engaged in industrial and commercial business activities. Whereas, the subject of the right to special marks is the organizer of national and international cultural, sports, scientific research and other social welfare activities approved by the competent department of the State Council, generally the central state organs or organizing committees. The authorized users of the special sign can be legally established enterprises, institutions, social organizations, individual industrial and commercial households.

Secondly, with regard to the connotative nature of the mark, trademarks have a certain profit-making nature. According to the relevant provisions of the *Trademark Law*, the trademark shall be used in the production and operation activities, and the subject who applies for trademark registration and uses the trademark usually intends to use or protect the trademark, because the trademark bears the goodwill of commercial subjects. According to the definition in the Administrative Regulations on Special Signs, special signs should be used in cultural, sports, scientific research and other social welfare activities.

Thirdly, about the way of examination. The review of special sign is conducted in an exclusionary manner, that is to say, the examination authorities shall examine whether the special sign applied violates the provision on prohibiting registration of Article 4 of the *Administrative Regulations on Special Signs* and may approve the application if it does not.

Application for a special sign must be put on records before being protected by the regulation. The application for a special sign shall not infringe upon prior rights, including: (i) it shall not be the same as or similar to a special sign that has been applied for in advance; (ii) it shall not be the same as or similar to a trademark that has been applied for registration in advance or a trademark that has already been registered; (iii) it shall not be the same as or similar to a design patent that has been applied for in advance or a design patent that has already been granted in accordance with the law; and (iv) it shall not infringe upon the copyrights of others. Whereas, the approval of a trademark application is based on the procedures in the *Trademark Law*, such as application, examination, and publication of the preliminary examination (with the possibility of filing objections), which shows that the approval procedures are also different.

Ⅱ. Particularity of the protection of special marks in the context of intellectual property

The protective nature of the special sign reflects in the scope that it shall be used in cultural, sports, scientific research and other social welfare activities. Therefore, in determining whether the use of the special sign constitutes infringement, it is also necessary to consider whether it is used for commercial or social welfare activities.

In the author's opinion, in the judgment of infringement involving special signs, the following two points need to be considered. The first is to clarify the identification standards for "similarity" and "sameness", and the second is to distinguish commercial use from non-commercial use. Firstly, about the determination of "similarity" and "sameness", there lacks normative documents at the legislation level in China regulating the comparison of special signs. At present, there is only one Administrative Regulations on Special Signs, which was promulgated in 1996. The first paragraph of Article 16 of the *Administrative Regulations on Special Signs* stipulates that "using words, graphics or a combination thereof identical with or similar to any special sign owned by any other person without authorization" is infringement upon the relevant rights of the owners of special signs. Therefore, the standards for judgment of trademark infringement shall be referred to, and the judgment shall be made according to the attention of the general public. If the relevant public mistakenly believe that the two are somehow related, or that the sign is associated with the event, it is deemed to constitute a civil infringement. In the standard of constituting a crime, the standard of "double identical" shall be adopted.

Secondly, about commercial use and noncommercial use. Noncommercial use is generally easier to determine, including usage in journalistic works of art, legal proceedings, dissemination of information or commentary and in dictionaries. In this case, the defendants, Tian and Hu, for the purpose of obtaining undue benefits, knowingly sold commodities with aforesaid counterfeit registered trademarks, which was obviously for commercial use, and the pending sales amounted to more than CNY 460, 000 calculated in accordance with the median price of the infringed commodities in the market, which was a rather large amount. Their behaviors had already constituted the crime of selling commodities with counterfeit registered trademark. Moreover, the criminal acts of the two defendants occurred during the World Expo and the upcoming of World Cup, which had a significant social impact, therefore shall be regulated.

[Significance]

The World Expo is an important stage to display human wisdom and exchange the innovation achievements between various countries. The protection of intellectual property rights of the World Expo has been concerned by the whole society and the whole world. In 2007, the Organizing Committee of the Shanghai World Expo adopted the "2010 Outline of Intellectual Property Rights Protection for the Shanghai World Expo", which put forward ten concrete measures to strengthen the protection of intellectual property rights, a solemn promise made by the Chinese government to the world. In July 2009, Shanghai Higher People's Court issued the Opinions on Shanghai Courts Actively Serving and Guaranteeing the 2010 World Expo, which made it clear that one of the main tasks of the Shanghai courts in the judicial protection of intellectual property rights related to the World Expo is to hear intellectual property disputes related to the World Expo. Therefore, one of the key issues considered during the trial is how to reflect China's judicial protection of intellectual property rights, to better achieve the unity of social and legal effects, and to show the world the fair and efficient judicial image of our Chinese courts. The judgment of this case not only punished and educated the defendants, but also played a certain warning role in the society, which fully embodied the unity of social and legal effects, thus providing strong judicial protection for the World Expo, excellently interpreting the purpose of "Safe World Expo, justice follows; Harmonious World Expo, justice accompanies".

[Case Index]

Case Number:

First instance: Shanghai Pudong New Area People's Court (2010) PXCZ No. 1651 (July 27, 2010)

Judges:

First instance: Cao Jie, Chen Huizhen, Ni Hongxia

Drafted by: Yuan Tian

Translated by: Shan Hao

Proofread by: Wu Daiqing

40

Determination of the Loss to the Right Holder in the Crime of Disclosure-based Infringement of Trade Secrets

—Criminal Case of Trade Secrets Infringement by Wu

Rule

In criminal cases of infringement of trade secrets, if it is difficult to calculate the loss caused to the right holder by the infringement of trade secrets, the judicial practice may refer to the method of calculating the amount of civil damages stipulated in the Anti-Unfair Competition Law. If the defendant's illegal disclosure of trade secrets has resulted in the trade secrets becoming known to the public, the amount of the right holder's loss may be determined according to the commercial value of the trade secrets. The value of the trade secrets shall be determined on the basis of factors such as the cost of research and development, the revenue from the implementation of the trade secrets, the benefits to be obtained and the period of time for which the competitive advantage can be maintained.

Basic Facts

Public Prosecution: Shanghai Pudong New Area People's Procuratorate

Defendant: Wu

X New Drug Company in Shanghai signed an agreement with X Pharmaceutical Company in the United States, agreeing that X New Drug Company in Shanghai would provide synthetic chemistry services based on an order from X Pharmaceutical Company in the United States, and that the intellectual property rights generated would belong to the pharmaceutical company in the United States, and that the X New Drug Company in Shanghai would be obliged to maintain confidentiality of the corresponding information. In the fulfilment of the agreement, X U. S. Pharmaceutical Company orders and provides part of the structural formula of the synthetic path proposal, the X New Drug company in Shanghai based on the synthetic path proposal or their own design of the synthetic path of the specific synthetic experiments, and ultimately to the U. S. X Pharmaceutical Company to deliver the experimental report and the corresponding compounds. The content of the experimental report includes the order information, whether the target compound can be synthesized, the specific method and process of synthesis, etc., and the report has the word "confidential" (i. e. confidentiality) on it.

Defendant Wu had been working for X New Drug Company in Shanghai since 18 March 2008 as a synthesis researcher in the Pfizer project team. Wu signed an Employee Confidential Information and Invention Assignment Agreement, which stipulated that he was obligated to maintain confidentiality of the company's research materials and confidential or proprietary information obtained by the company from third parties during and after his employment. X New Drug Company in Shanghai has an access control system in its laboratory, which stipulates that employees can only use their own account numbers and passwords to log in to work computers, and also sets a series of prohibitions on the use of computers, including: not equipping computers with optical and floppy drives or USB ports if there is no special need to do so; not using, moving, or disassembling other people's computers without the permission of the owners themselves; employees are not permitted to take company's data out of the company. It is strictly prohibited to connect to the company's network and download the company's internal resources and information.

In September and October, 2010, the defendant Wu has several times to secretly remove and replace the computer hard drive, steal related research materials in other researchers' computers from X New Drug Company in Shanghai, including the public prosecutor's allegations of 89 compounds structural formula and synthesis process information. On the evening of October 16 of the same year, Wu went caught by security guards while stealing research materials in the above manner. On October 20, Wu went through the formalities of leaving the company and confirmed in writing that he would not disclose to anyone any commercial secrets of the company or its customers after leaving the company. After leaving the company, Wu publicly disclosed the structural formulae of the stolen materials on March 2 and 11, 2011 on the website of the company he had founded and on the SciFinder and ACDFIND databases, including the structural formulae of the 89 compounds alleged by the public prosecutor's office.

The public security organs received a report from X New Drug Company in Shanghai on December 22, 2011, and made a decision to file a case on April 13, 2012 after investigating and collecting evidence, and commissioned the Science and Technology Consulting Centre to conduct the relevant appraisal. Wu arrived at the case, truthfully confessed that he had committed the above acts.

After searching and identification by specialized institutions, of the 89 structural formulae mentioned above, all of them were first disclosed by the Defendant, except for one which was incorrectly examined; before the date of first disclosure, X Pharmaceutical Company in the United States had the patent priority right to three of the structural formulae, but the date of disclosure was after the date of first disclosure; the compounds of the structural formulae mentioned above have a high potential value for medicinal or other biochemical use and application, and they have practicability and bring economic benefits to the right holders; the structural formulae mentioned above are the same as the corresponding structural formulae of X Pharmaceutical Company in the United States. Amont them, 80 the structural formulae involved in research and development costs amounts CNY 2, 686, 103. 43. The compounds of the said formulae have high potential value and application prospects in pharmaceutical or other biochemical fields, are practical and can bring economic benefits to the right holders; the said formulae are the same as the corresponding formulae of X Pharmaceutical Company in the United States of America; and the research and development costs involved in 80 of the said formulae amounted to CNY 2, 686, 103. 43.

The Prosecution alleges that the Defendant Wu obtained the right holder's trade secrets by theft and illegally disclosed them, causing particularly serious consequences, which constitutes the crime of trade secret infringement.

Defendant Wu did not deny the acts alleged in the indictment, but argued that whether the structural formula in question was patentable could not be judged solely on the basis of novelty, and that the scope of patent protection included not only the compound but also the synthetic route and the use of the compound.

Defendant Wu's defence proposed: 1. Although the structural formula belongs to the research and development results, it does not constitute a trade secret. 2. The synthesis fee identified by the prosecution is not the actual loss caused by the defendant's actions to X Pharmaceutical Company in the United States. And only the public structural formula can still apply for patent protection, its value is not impaired.

3. Even if constitute a crime, should be deducted part of the structural synthesis fee, the amount of crime can not reach CNY 2.5 million.

[Holding]

Shanghai Pudong New Area People's Court held that: "In addition to one structural formula with false samples, the defendant Wu disclosed 88 structural formulas that were the same as those of X Pharmaceutical Company in the U. S. According to the prosecution and defence, the focus of the dispute in this case was mainly on: 1. whether the 88 structural formulas and their synthetic information were non-publicly known, practical and valuable; 2. the determination of the rights holders' damages. Regarding the first issue, according to the research of professional institutions, the 88 structural formulas were among the technical information that was not known to the public before the defendant's disclosure, so they were non-public; the research and development of the structural formulas involved the creative work of professional and technical personnel; the structural formulas could be synthesized into compounds or for the next step of research, and the failure of the synthesis could help expand the research ideas, so they could bring the competitive advantage to the right holder; and were practical and valuable. The right holder has utility and value. As to the second issue, the defendant's conduct caused the structural formula to become known to the public, and the damage caused to the right holder can be calculated according to the corresponding research and development costs. The research and development process includes the design of the structural formula, synthetic verification, repeated synthesis and other stages, and the expenses incurred by X pharmaceutical company in U. S. for this purpose are the research and development costs of the structural formula. In this case, the synthesis fee belongs to the latter two stages of research and development costs, can be identified as the defendant's conduct to the loss of the right holder, but one of the costs of structural formula from X pharmaceutical company in U. S. for the defendant which occurs in the next step in the research and development result after disclosure structural formula should not be identified as the loss of the right holder; X pharmaceutical company in U. S. enjoys the priority of the patent of the three structural formula of the synthesis fee should be deducted from the total amount. The total amount after deduction was more than CNY 2.6 million. In conclusion, the defendant stole the structural formula and synthesis information of X Pharmaceutical Company in the United States, which constituted trade secrets, and publicly disclosed the structural formula, which caused particularly serious consequences, and his conduct constituted the crime of infringing on trade secrets. The defendant truthfully confessed to his crime upon arrival at the scene, and was mitigated under the law.

Shanghai Pudong New Area People's Court issued the (2012) PX (Z) CZD No. 42 criminal judgment on October 25, 2013: 1. the defendant Wu committed the crime of infringing trade secrets and was sentenced to three years and six months of fixed-term imprisonment and a fine of CNY 100,000. 2. the impound mobile hard drive disk was confiscated.

After the first instance sentence, the defendant Wu appealed. On July 24, 2014, the First Intermediate People's Court of Shanghai Municipality issued (2013) HYZX (Z) ZZD No. 10 criminal verdict, which rejected the appeal and upheld the original verdict.

[Commentary]

One of the constituent elements of the crime of infringing trade secrets is to cause significant loss to the right holder, and the judicial interpretations provide two legal penalty ranges of over CNY 500,000 and over CNY 2.5 million as the standard of prosecution. However, neither the *Criminal Law* nor its judicial interpretation provides for the calculation of the loss of the right holder, resulting in the loss of the right holder is very difficult to use specific, quantitative form of expression, and becomes the focus and difficulties of the trial of criminal cases of infringement of trade secrets. The technical information involved in this case is the structural formula of the compound and the corresponding synthesis information, which is the stage results of research and development of new drugs, and is not actually used in production, and the defendant's conduct is illegal to obtain and disclose the trade secrets, and did not obtain economic benefits from them, which led to the determination of the loss of the right holder more difficult. However, the defendant publicly disclosure trade secrets, resulting in the right to the development of confidential information loss of secrecy, the value as a trade secret is completely lost or basically lost. This case refers to the method of determining the amount of damages in civil cases of disclosure-type infringement of trade secrets, and determines the loss of the right holder on the basis of the research and development costs paid by the right holder, which is of great significance in determining the loss of the right holder in criminal cases of infringement of trade secrets.

Ⅰ. Method of determining the right holder's loss in criminal cases of infringement of trade secrets

In 2001, the *Provisions of the Supreme People's Procuratorate and the Ministry of Public Security on the Standards for Pursuing Prosecution in Economic Crime Cases* (repealed) stated that the amount of direct economic loss, and in 2004, the *Provisions of the Supreme People's*

Court and the Supreme People's Procuratorate on the Handling of Criminal Cases of Intellectual Property Rights Infringement on the Specific Application of Laws and the Provisions of the Supreme People's Procuratorate and the Ministry of Public Security on the Standards for Filing and Pursuing Prosecution of Criminal Cases under the Jurisdiction of Public Security Organs (Ⅱ) in 2010, it is the amount of the loss. It can be seen that although the *Criminal Law* and its judicial interpretations do not specify the method of calculating the loss of the right holder, its connotation is expanding, and the scope of damages in the civil cases of trade secrets infringement is basically the same as the scope of damages in the civil case of trade secrets infringement, i. e., it reflects as much as possible the loss of the right holder due to the infringement of trade secrets, including the scope of direct economic loss and indirect economic loss that is bound to occur. The Ministry of Public Security's Answer on How to Determine the Calculation Method of "Causing Significant Losses to the Trade Secrets Holder" in Handling Commercial Crimes Cases also states that if it is difficult to calculate the loss caused to the right holder of the trade secrets infringement, the judicial practice may generally refer to the method of calculating the amount of civil damages prescribed in the *Anti-Unfair Competition Law*. Therefore, in criminal cases of infringement of trade secrets, judges often refer to the method of calculating the amount of damages in civil cases of infringement of trade secrets to determine the loss suffered by the right holder.

According to Article 20 of the *Anti-Unfair Competition Law*, the basis for determining the amount of damages in trade secrets infringement case is the loss of the right holder and the infringer's profit, in that order. Article 17 of the *Interpretation of the Supreme People's Court on Several Issues Concerning the Application of Law in the Trial of Civil Cases of Unfair Competition* also stipulates that the amount of damages may be determined by reference to the method of patent infringement, i. e., the infringer's profit and the multiplier of the patent licence fee, in that order; and at the same time stipulates that if the trade secret has already become public knowledge as a result of the infringing act, the amount of damages shall be determined according to the commercial value of the trade secret. The amount of damages, according to its research and development costs, the implementation of the trade secret of the revenue, the benefits, can maintain the competitive advantage of time and other factors. In judicial practice, the determination of the loss of the right holder, there are generally the following methods: (i) direct calculation of the loss method, that is, the direct calculation of the right holder in the infringed period of lost profits. Can compare the right holder in the infringement period of the previous year, the same time period, the same production conditions under the profit, the profit of the shrinkage is its direct economic loss during the infringement.

This mainly applies to the market situation is relatively stable, the rights holder of production, business in a continuous state, business information is complete. (ii) the infringer's profit calculation method, in the rights of the loss is difficult to calculate, the infringer will profit as the amount of the loss of the rights. (iii) cost calculation method, that is, the audit accounting for the right to research, development of trade secrets invested in the cost, as the right to loss. This mainly applies to the trade secrets in the industry or society is widely spread, resulting in the right to develop trade secrets completely lost the secrecy, so as to lose its value as a trade secret of the situation. ①

Ⅱ. Determination of the right holder's loss in the case of disclosure-based trade secrets infringement crime

In the case of disclosure-type trade secret infringement, the method of determination varies depending on whether the right holder itself has used the trade secret or not. If the trade secret has been used by the right holder and has an output, its implementation of revenue or available benefits have a basis for calculation, can be assessed by considering the research and development costs, implementation of revenue, available benefits and the time that the trade secret can maintain a competitive advantage. If the trade secret has not been used by the right holder, the research and development costs paid by the right holder for the development of the trade secret become the best basis for determining its loss. However, the resources invested by the right holder in the development of trade secrets are diverse, including direct financial inputs, material inputs and human inputs that are difficult to quantify; at the same time, some of the inputs do not directly correspond to the research and development of a trade secret. Therefore, in assessing which costs invested by the right holder can be included in the research and development costs of trade secrets, two points should be understood: first, whether the costs are generated as a result of the research and development act; second, whether the costs can be attributed to the trade secrets involved.

The trade secrets in this case were the structural formula of the compound and the corresponding synthesis information, as the stage result of the research and development of the new drug and not actually used by the right holder for production. The prosecution has taken the structural synthesis fee paid by the right holder as the research and development cost to determine the right holder's loss, while the defence argues that the synthesis fee is not the structural research and development cost. There are two main issues to be resolved: first, whether the structural synthesis fee is a research and development cost; and second, whether

① See Shen Zhixian, Editor-in-Chief, *Essentials of Intellectual Property Trials*, Law Press, 2010, p. 446 – 449.

the synthesis fee is a research and development cost for the structural formula in question.

Whether the synthesis costs of a structural formula are research and development costs can be assessed in the context of the research and development process of the structural formula. In the research and development of the structural formula in question by X Pharmaceutical Company in the United States and X New Drug Company in Shanghai, three major stages were involved: the design of the structural formula, the synthetic validation of the structural formula to test whether the structural formula could synthesise compounds, and the repeated synthetic experiments based on the purpose of optimization. Among them, the design of the structural formula was completed by X Pharmaceutical Company in the United States, and the synthetic verification and repeated synthetic experiments were completed by X New Drug Company in Shanghai. The cost of designing the structural formula is undoubtedly part of the research and development costs, but the prosecution and the victimized company did not provide any evidence to prove it. As for the synthesis fee of the last two stages, it was the fee for the synthesis service provided by X New Drug Company in Shanghai on behalf of X Pharmaceutical Company in the United States. Among them, the order content for the target structural formula, Shanghai X New drug company's experimental report, included the target structural formula, synthetic path, experimental conditions, experimental steps and other content. After comparing the order and the experimental report, it can be seen that X New Drug Company in Shanghai did not simply synthesise according to the instructions of X Pharmaceutical Company in the United States, but had to design, operate and test specific synthetic paths and steps. The result of the experiment is either to synthesise the target compound, to take the structural formula from conception to reality, or to obtain other compounds. The above process is a normal process of scientific experimentation, which is quite creative and constitutes research and development (hereinafter referred to as R&D) rather than a processing contract, and therefore the synthesis fee is an R&D fee rather than a processing fee as argued by the defence.

Whether the synthesis fee was for the research and development costs of the structural formula in question. The research and development results corresponding to the synthesis fee are experimental reports, the contents of which include the structural formula and its synthesis information, so the synthesis fee includes the value of the structural formula and the synthesis information. However, from the point of view of the research and development purpose of the structural formula, the value of these two parts is inseparable. X Pharmaceutical Company in U. S. commissioned X New Drug Company in Shanghai to synthesise the structural formula is based on the purpose of research and development of new drugs. From the initial basic research, target identification, structural formula design and synthesis, activity and toxicology experiments, etc., it takes more than ten years for a compound to finally become a drug, and most of the research and development revolves around the structural formula. Those pharmaceutical companies apply for patents on structural formulas before they become drugs and protect them through trade secrets before applying for patents. It can be seen that the structural formula is the core of new drug development. Although the defendant only disclosed the structural formula and others could not directly know the synthesis information based on the structural formula, the defendant's conduct resulted in the structural formula not being protected by the invention patent. For those pharmaceutical companies developing new drugs, once the structural formula is disclosed, its value is basically lost. Therefore, the synthesis verification fee and the repeated synthesis experiment fee invested by X Pharmaceutical Company in the United States for the research and development of the structural formula in question can be regarded as the research and development costs of the structural formula, and the right holder's loss can be determined accordingly.

X Pharmaceutical Company in the United States is one of the largest pharmaceutical companies in the world, and X New Drug company in Shanghai is a pharmaceutical research and development enterprise in the China (Shanghai) Pilot Free Trade Zone, which has a high reputation and influence in the industry. In addition to the synthetic R&D costs identified in this case, the defendant's conduct caused losses to the victimized company, as well as structural design costs that were inevitably incurred but not accounted for, and potential losses resulting from the loss of patent application rights for the technology in question, which were also taken into account in the determinationg of the sentence.

[Significance]

The judgment in this case fully reflects the court's efforts to protect the intellectual property rights of the "Four New Economies" in the Free Trade Zone, especially the pharmaceutical research and development industry. The case was recognized as one of the Top 10 typical cases in safeguarding and promoting scientific and technological innovation in accordance with the law, and has been compiled in publications such as the China Trial Cases in 2015, the Selected Intellectual Property Cases (2013 - 2014), the Selected Cases of Shanghai Courts in 2015 (Volume of Commercial Trial Cases), and the People's Court Newspaper.

[Case Index]

Case Number:

First instance: Shanghai Pudong New Area People's Court (2012) PX (Z) CZ No. 42 (October 25, 2013)

Second instance: The First Intermediate People's Court of Shanghai Municipality (2013) HYZX (Z) ZZ No. 10 (July 24, 2014)

Judges and Juror:

First instance: Chen Huizhen, Ye Jufen, Sheng Meifen

Second instance: Tang Zhen, Ye Yinyin, Hu Jiantao

Drafted by: Ye Jufen

Translated by: Wang Jue

Proofread by: Wang Jue

41

Storage and Provision of Works after "Transcoding" Constitutes Copyright Infringement

—Criminal Case of Copyright Infringement by Beijing X Information Technology Co., Ltd. et al.

Rule

The process of "transcoding" web pages inevitably leads to the storage of the works contained therein, and whether it infringes on the copyright of others depends on whether the storage is short-lived and temporary, whether it is necessary for the transcoding technology, and whether it possesses independent economic value. If an ISP (i. e. Internet Service Provider), under the pretext of transcoding, commits an act that goes beyond what is necessary for the transcoding technology and falls within the scope of protection of the exclusive rights of copyright, it shall be liable for infringement of copyright and, in serious cases, shall constitute an offense of copyright infringement. After transmitting the transcoded content to the user who triggered the transcoding, the operator also stores the content in its own server for other users to directly access, which is an act of copying and information via network dissemination of other people's works.

Basic Facts

Public Prosecution: Shanghai Pudong New District People's Procuratorate

Defendant: Beijing X Information Technology Limited Company (hereinafter referred to as Beijing X Technology Company)

Defendan: Yu

Shanghai X Technology Co., Ltd. (hereinafter referred to as Shanghai X Technology Company) holds the exclusive right to disseminate the written works "Xian Ao_Rivers and Mountains Outside the Mist" on the information network and publishes the aforesaid works on a reading website operated by it.

The defendant, Beijing X Technology Company, was established in February 2004 as a website operator. The defendant Yu was a shareholder of the company, responsible for technical work and acted as its legal representative. In 2012, Yu proposed to develop a touch-screen version of the novel product, i. e., to transcode the HTML format of the novel website into a WAP format website that could be read by mobile users. The development requirements put forward by Yu include: using thesame technical implementation and presentation logic as another novel search; the need to mark the source of the novel site, page description of the mechanism of real-time conversion, and can jump to the source of the novel site page; any user access to the converted page at the end of the session to delete to save space, etc. On December 3, 2013, X technology company in Shanghai sent a copyright infringement notification letter to Beijing X Technology Company, requesting the Beijing technology company to immediately disconnect from the website and delete from the website the page in WAP format for mobile users to read. The total number of pirated works listed in the annex is more than 4, 000. According to the notarisation of evidence preservation made by Shanghai X Technology Company on April 4, 2014 in relation to the novel channel of a website of the defendant and the investigation conducted by the public security authorities on the following day, the URL address of the webpage of the defendant's website was the address of the defendant's website when searching for and reading novels on that website.

On April 11 of the same year, the public security organs seized the hard drive disk of the server hosted by Beijing X Technology Company and ordered an examination. The examination authorities copied the disk, launched operating system on the copied disk, configured the relevant network parameters, and set up the network environment of the e-book website. Downloaded 798 e-books on the finished website, and compared with the novel of the same name of which Shanghai X Technology Company enjoys the exclusive information network communication rights. The same bytes accounted for more than 70% of the total number of bytes of e-books totaled 588. The appraiser was notified by the court appeared in court to accept the questioning, stated that: in the hard disk did not find the existence of the defendant Yu said automatic deletion mechanism; appraisal process in the laboratory local area network environment set up the defendant's website, can search for novels in the case in the search box, and can be clicked on the chapter catalog to enter the chapter content to read; when the connection to the internet environment for appraisal, the operation of the website operated in the same way as the LAN environment.

On 21 April of the same year, the defendant Yu voluntarily surrendered to the public security authorities and truthfully confessed to the relevant facts. On 21 August of the same year, the defendant paid CNY 8 million to X technology company in Shanghai and received a letter of understanding from the victimized company.

The procuratorate charged that Beijing X Technology Company had reproduced and distributed 588 of the righter's written works for profit without the author's permission, which is a serious offense and constitutes the crime of copyright infringement. The defendant Yu, as the directly responsible supervisor of Beijing X Technology Company, should be held criminally liable for the crime of copyright infringement. The defendant company and the defendant Yu are all self-surrendering and can be mitigated. The defendant company has compensated and received understanding from Shanghai X Technology Company, which may result in mitigating punishment.

The main arguments put forward by the defendant and his defence were as follows: 1. According tothe defendant Yu to the developers of the development requirements, the defendant's website provides a search engine plus transcoding services rather than content services, that is, in the user searches and clicks on the reading of the source web page transcoding temporarily copied to the hard disk to form a cache and provide users with the reading when the user leaves the page to automatically delete the cache. There was no evidence to prove that the programme developed by the technicians violated the above technical requirements mentioned by Yu. 2. Beijing X Technology Company had a legal department in charge of handling the "notice and deletion" of the alleged infringing works, and the notice letter from X technology company in Shanghai could not constitute an effective notice of infringement, so the Beijing X Technology Company had no subjective fault and did not infringe on copyright, let alone constitute the crime of copyright infringement.

[Holding]

Shanghai Pudong New Area People's Court held that, according to the evidence presented by the public prosecution office, users could search for and read novels on the novel channel of a website operated by Beijing X Technology Company, and that the hard disk of the server corresponding to that channel stored 588 novels that were substantially similar to the copyrighted textual works of the Shanghai-based technology company. The above facts proved that the defendant's website directly provided the aforesaid written works to network users, enabling them to read them at the time and place of their personal choice, thereby infringing on the Shanghai X Technology Company's right to disseminate the above works on the information network. The defendant and the defence suggested that the development of the defendant's website was designed as a search and transcoding service rather than a content service. However, according to the facts set out in the appraiser's report, the appraiser was able to read the novels in question online in the network environment set up by the defendant's website server and to download the novels in question from the server's hard disk. Visibly, the defendant website in its so-called "temporary copy" of the content transmitted to the user triggered "transcoding", did not immediately automatically delete the corresponding content from the server hard disk, the "copy" of the novel content can still be the "copied" novel content could still be reused by other users. In the process of providing the novel reading service, the defendant's website not only converted the format of the web page, but also stored the converted web page content in its server, so that later users could obtain it directly from its server, the above conduct obviously went beyond the necessary process of transcoding technology, and the content of the so-called "temporary copy" already had an independent economic value. The content of the so-called "temporary copy" already has an independent economic value. Therefore, the novel service mode of Beijing X Technology Company constituted a direct provision of the content of the work, and the above defence were not valid.

The defendant, Beijing X Technology Company, distributed the 588 novels in question, which X technology company in Shanghai had the right to distribute through an information network, through the defendant's website without permission, which was a serious offense and a crime of copyright infringement. The defendant Yu, as the directly responsible person in charge of the X Beijing Technology Company, should be held criminally liable for the crime of copyright infringement. The defendant company and Yu both surrendered and were given lighter sentences in accordance with the law. After the incident, the accused company paid compensation to Shanghai X Technology Company and reached an understanding, which may lead to a lighter punishment.

On December 29, 2016, Shanghai Pudong New Area People's Court made (2015) PX (Z) CZD No. 12 criminal judgment: 1. The defendant, Beijing X Technology Company, was sentenced to a fine of CNY 20, 000 for the crime of copyright infringement; 2. The defendant, Yu, was sentenced to three months' detention, three months' probation and a fine of CNY 5, 000 for the crime of copyright infringement; 3. The illegal proceeds should be confiscated;

and 4. The impound hard disk should be confiscated.

The defendants did not appeal the first instance verdict, and the public procuration did not file a protest.

[Commentary]

The main dispute issue in this case is whether the new channel of the defendant's website provides a content service or a simple search and transcoding service, i. e. a via network service.

I. Criteria for determining whether the use of transcoding technology infringes copyright

The transcoding technology relied on by the defendant is a technology that has emerged with the gradual popularisation of mobile reading. The general website for reading novels is designed for desktop computers, notebook computers and other traditional terminals equipped with larger displays and stronger multimedia processing capabilities, and the website adopts the HTML (i. e. Hypertext Markup Language) format. For users who use mobile phones to access the internet, due to the small screen and weak multimedia processing capability of mobile phones, when they directly enter the website to browse, it is often difficult to display all the contents and may appear garbled codes, and the contents of the website such as pictures and videos will consume too much time and traffic, making the user experience worse. To solve the above problems, the transcoding technology has been developed to convert web pages from HTML format to WML (i. e. Wireless Markup Language) format, which is suitable for reading on mobile phones.

With web transcoding technology, the content of HTML-formatted web pages must be stored in the server memory or on the hard disk before the conversion can be processed, and this process necessarily involves "copying" the works in the web pages. However, such temporary storage in the server memory or on the hard disk does not necessarily lead to an infringement of the reproduction right. If the "temporary copy" involved in the mobile phone reading transcoding technology were to be included in the scope of copyright protection, any unauthorised "temporary copy" would constitute an infringement of the right holder and there would be no room for the mobile phone reading transcoding technology to survive. This will directly restrict the development of this technology, which is contrary to the purpose of copyright to promote the development and prosperity of socialist science. Therefore, whether the copying involved in mobile phone reading transcoding is infringing or not should be judged according to the different implementation situations of the case.

In particular, the means of reproduction required in transcoding technology should meet the following conditions: (i) the replication is short-lived, temporary, in the transcoded content transmitted to the user at the same time, the server memory or hard disk content is automatically deleted and cannot be further stored; (ii) the replication of the transcoding technology is one of the necessary components, without this "temporary copy", the transcoding cannot be completed, and the user cannot see the normal display of the transcoded content on the mobile phone; (iii) the "temporary copy" created by the transcoding has no independent economic value, and when a user triggers a transcoding and receives the transcoded content, the transcoded content stored in the server memory or hard disk should be automatically deleted immediately. When a user triggers transcoding and obtains the transcoded content, the transcoded content stored in the server's memory or hard disk should be automatically deleted immediately and cannot be used by other users at the same time or reused, i. e. the value of a temporary copy is only to enable the person who triggered the temporary copy to browse the web page content on the mobile phone normally. If the above conditions are met, the operator's conduct does not constitute an infringement of the right of reproduction or the right of communication over information networks. However, if the operator, when using the transcoding technology, performs an act that goes beyond the necessary process mentioned above, it may constitute an infringement by entering into the scope of another person's exclusive copyright.

Ⅱ. Infringement of works transcoded and made available to the public

In this case, the defendant's website novel channel is a novel website developed for the mobile terminal, and the defendant and the defence put forward the defence that the website only provides search and transcoding services. As the website has changed the service mode, it is difficult to reproduce the alleged infringement, so it is not possible to technically analyse or identify the service mode of the website. However, based on the novel reading interface of the website set by the public security organs and the relevant facts reflected in the evaluation process, the defendant's defence could still be found to be true.

From the facts reflected in the appraisal process, in the network environment built by using the server of a website of the defendant, the appraiser could read the novel in question online and download the novel in question from the server's hard disk. It can be seen that the defendant a website in the process of providing novel reading service, not only carried out the web page format conversion, but also in its server stored after the format conversion of the web page content without immediate deletion, so that later users can directly obtain from its server. However, in the case of exempted web page transcoding, the search engine should have automatically deleted the temporarily stored content immediately after transmitting the transcoded web page to the mobile phone users, and the continued storage of the content in its server was not a mandatory procedure for the provision of transcoding service. The above copying behavior of the defendant's website was obviously not transient and temporary, exceeding the necessary process of transcoding technology, and the content of the so-called "temporary copy" already had independent economic value. Therefore, the behaviour of Beijing X Technology Company constituted a direct provision of the content of the work, which was a direct infringement of the right to disseminate information network.

From the novel reading interface of the website. To only provide search and transcoding services for the operator, when the user clicks on the search results, the address bar shows the URL is generally "search engine URL + web page URL chained" in the form of a mixture of URLs. However, in this case, when the user searched and read novels on the novel channel of the defendant's website, the address bar only showed the URL of the defendant's website, which also proved that the defendant's website did not provide network services. The defendant claimed that the above situation might have been caused by the recoding of the URL address, but the behaviour of an internet service provider that deliberately hides the URL address of the source website so as to make it look like a content service provider is inconsistent with common sense and contrary to the facts proved by other evidence in the case.

The defendant also argued that the reason why the appraiser was able to read the novel in the network environment set up in the laboratory, may be because the defendant company in the development of the PC user specifically set up the "administrator privileges", the appraiser is to use the computer operation, so it can be read to the server by the other users to search, read all the formed "Cache" content, if you use mobile phone operation can not read. If the content of the defence is true, when the PC user search, read a novel chapter, is directly from the defendant's website server to the PC user, the behaviour belongs to the work of providing behaviour.

On the basis of the above facts, the court found that the defendant's website, after transcoding the work, also made the work in question directly available to the public, and that its behaviour was an act of dissemination of infringing works through the information network. According to Article 13(2) of the *Opinions of the Supreme People's Court, the Supreme People's Procuratorate, the Ministry of Public Security and the Ministry of Justice on Several Issues Concerning the Application of Law in Handling Criminal Cases of Infringement of Intellectual Property Rights*, if one disseminates another person's written works to the public through the information network without the permission of the copyright holder for profit-making purposes, with a combined quantity of more than 500 works, this is a case of the "other serious circumstances" as stipulated in Article 217 of the *Criminal Law*. Therefore, the actions of the defendants in this case constitute the crime of copyright infringement.

[Significance]

This case concerns the determination of the nature of the act of "transcoding" web pages and delineates the boundaries of the act of "transcoding" web pages. The ruling of the judgment made it clear that transcoding is a technical means of converting the format of web pages, which is reasonable and necessary, but if it goes beyond the necessary limit of the "temporary copy" required for transcoding, it constitutes a violation of the law. However, if the "temporary copy" necessary for "transcoding" is exceeded, then storing and making available the transcoded work to the public will constitute copyright infringement. The case was recognized as one of Top 10 intellectual property cases by Chinese courts in 2017 and one of Top 10 typical copyright cases in Shanghai in 2016, and was selected as one of the Annual Cases of China's Courts (2019) and the People's Court Newspaper. The judgment of this case was selected as one of Top 10 Excellent Adjudication Documents of Shanghai Courts in 2017.

[Case Index]

Case Number:

First instance: Shanghai Pudong New District People's Court (2015) PX (Z) CZ No. 12 (December 29, 2016)

Judges and Juror:

First instance: Sun Baoxiang, Ni Hongxia, Ye Jufen

Drafted by: Ye Jufen

Translated by: Wang Jue

Proofread by: Wang Jue

42

Judicial Determination of Copyright Infringement of "Compilations" of Internet Questionnaires

—Criminal Case of Copyright Infringement by Zhang et al.

Rule

Whether an internet question bank can be considered a compilation should be judged in the light of factors such as the source of the questions, the method of proposing the questions and the way in which the questions are selected or arranged. The question bank that reflects personal choice and judgment in the selection or arrangement of questions, and has originality, belongs to a compilation work. As a type of work prescribed by China's *Copyright Law*, a compilation work belongs to the category of works protected by the crime of copyright infringement. If a person reproduces or distributes a compilation work for profit without the permission of the copyright owner, obtains a certain amount of illegal income, or has other serious circumstances, he or she will be held criminally liable for the crime of copyright infringement

Basic Facts

Public Prosecution: Shanghai Pudong New Area People's Procuratorate

Defendant: Zhang

Defendant: Qiu

X information technology company is the author and copyright owner of the special equipment question bank involved in the case, which was registered as a work in the category of written works on July 25, 2018, with creation completed on March 15, 2015 and first published on April 1, 2015. The special equipment question bank includes boiler safety management, pressure vessel safety management, and other types of operation and items of the subject. Defendant Zhang entered X information technology company as a technical developer in 2010, changed to a salesperson in 2015, and was dismissed from X information technology company in August 2017. Defendant Qiu joined X information technology company in March 2015 to work as a salesperson, and in June 2017 proposed to terminate the employment contract and left the company.

In February 2017, defendants Zhang and Qiu registered and established Chahong Company as the actual operator, with defendant Zhang in charge of technology andsales in some areas, and defendant Qiu in charge of sales. Defendant Zhang developed and registered the "National Certification Online Learning Platform" website (domain name www. qgkzzx. com). Defendant Zhang, Qiu in the premise without the permission of X information technology company, copy the special equipment question bank and into the "national examination and certification online learning platform" website to the user, the user to buy a learning card can enter the card number and password to log in and use the question bank. After identification, the special equipment questions in the library and the "national examination and certification online learning platform" extracted questions one by one comparison, there is a corresponding relationship between the library of the same proportion of 99.86%. The defendants Zhang, Qiu illegal business amounted to more than CNY 1.2 million.

The procuratorate claimed that the defendants Zhang and Qiu had reproduced and distributed their written works without the permission of the copyright holder, and the amount of illegal proceeds was enormous; their actions violated Article 217 (1) of the *Criminal Law*, and they should be held criminally liable for the crime of copyright infringement. Defendants Zhang and Qiu committed a joint crime, to which Article 25 (1) of the *Criminal Law* applies.

Defendant Zhang argued that it was not a crime because the copyright of the Special Equipment Question Bank did not belong to X information technology company. Defendant Zhang's defence argued that defendant Zhang subjectively did not have the intention to infringe upon the copyright of X information technology company and objectively did not commit the act of infringement. Does not constitute the crime of copyright infringement.

Defendant Qiu argued that he did not commit a crime, arguing that the question bank was a public resource, that the questions came from practitioners in the relevant industries, and that he did not illegally obtain the question bank. Defendant Qiu's defence argued that the facts and evidence against defendant Qiu were unclear and insufficient, and that defendant Qiu did not commit the crime of copyright infringement.

[Holding]

Shanghai Pudong New Area People's Court found that the defendants, Zhang and Qiu, had reproduced and distributed their works without the copyright holder's permission for the purpose of profit, and that the amount of their illegal business was more than CNY 1.2 million, which is a crime of copyright infringement with other particularly serious circumstances. According to the examination syllabus, X information technology company organised the preparation of the questions and selected the questions according to certain criteria, and selected the questions that could be included in the question bank, reflecting the personal selection and judgment of the content of the question bank, which was original and belonged to the compilation work. As a legal type of work, a compilation work belongs to the category of "other works" stipulated in Article 217 of the *Criminal Law*. Therefore, others are not allowed to copy and distribute the Special Equipment Question Bank without the permission of the copyright holder. Defendants Zhang, Qiu subjectively with the intention of infringing the copyright of others and for the purpose of profit, in accordance with the subjective elements of the offense of copyright infringement. Defendants Zhang, Qiu without the permission of the copyright owner, unauthorised reproduction and distribution of their compilation works, committed the act of copyright infringement. After identification, the defendant Zhang, Qiu illegal business axnted to more than CNY 1.2 million, is with other particularly serious circumstances, their conduct has constituted the offense of copyright infringement. The arguments of the two defendants and the defence opinions of their lawyers were not accepted.

Shanghai Pudong New Area People's Court issued(2019) H 0115 XC No. 4634 criminal judgment on June 23, 2021: The defendant Zhang was sentenced to three years and six months imprisonment with a fine of CNY 700,000; the defendant Qiu was sentenced to three years and three months imprisonment with a fine of CNY 600,000; the illegal proceeds shall be confiscated; and the tools seized in the case shall be confiscated.

Following the first instance verdict, the two defendants appealed. On September 27, 2021, the Shanghai No. 3 Intermediate People's Court issued (2021) H 03 XZ No. 63 criminal decision: the appellant Qiu was allowed to withdraw his appeal; the appellant Zhang's appeal was dismissed and the original verdict was upheld.

[Commentary]

In the internet era, the development of new technologies and new forms of business has brought new opportunities and challenges to the legal protection of intellectual property rights. As a product adapted to the development of the times, the internet question bank is not only the core intellectual property of the company, but also raises new issues of ensuring data security and strengthening the protection of intellectual property rights. Whether or not internet question bank can be protected as works under *criminal law*, and how to protect them, must be combined with the characteristics of the internet question banks themselves and the subjective and objective aspects of the perpetrators to make a comprehensive judgment.

Ⅰ. Criteria for recognizing internet question banks as compilations

According to the provisions of the *Copyright Law*, a compilation work is a compilation of a number of works, fragments of works, or data or other materials that do not constitute a work, and the selection or arrangement of its contents reflects the originality of the work. In this case, the special equipment question bank is an internet question bank for a technical qualification examination, containing questions on boiler safety management, pressure vessel safety management and other types of operation and project, and the type of questions includes single-choice questions and multiple-choice questions. Whether this kind of internet question bank is a compilation work can be considered mainly from the following points of view:

(Ⅰ) The source of the question bank. Special equipment question bank for all kinds of special equipment operators test design, combined with different kinds of special equipment operators test, in boiler safety management, pressure vessel safety management, pressure piping safety management, lift safety management, lifting machinery safety management and other kinds of work under the project to organise a number of experts in the field of proposal, The source of the questions includes the original questions of the experts as well as the questions modified and summarised by the corresponding examination syllabus, and the questions are handed over to X information technology company after the experts have made the questions.

(Ⅱ) The method of proposing questions. From the point of view of X information technology company on the selection of the topic, X information technology company will be expert proposal of the topic after rounding off to determine the topics to be retained in the question bank, the type of questions, including single-choice questions and multiple-choice questions, Each type of work in the question bank and the project to which the question relates contains basic knowledge (generally accounting for 10%-30% range), professional knowledge (generally accounting for 20%-40%), safety knowledge (generally accounting for 10%-55%), regulatory knowledge (generally accounting for 10%-40%) and personalized knowledge for specific types of work and projects set. The minimum number of supporting questions for each type of work and project and the number of specific knowledge points to prepare supporting questions are clearly limited, the final question bank can be generated by the computer to meet the ratio of each type of work and project under the knowledge category, the final question bank can be generated by the computer to meet the ratio of each type of work to the knowledge categories under the project and prioritize the coverage of specific knowledge points for the logic of generating randomly selected questions for the examination.

(Ⅲ) Assessment of originality. The object of copyright protection is the original expression of ideas and facts, and in determining the originality of a work it should be ensured that the work is independently created by the creator and that it reflects the creator's individual choice, judgment and skill, among other factors. Similarly, originality requires that a work reflects the creator's individual choice, judgment and skill. In particular, the internet question bank has the characteristic of randomly selecting the questions for the examination and it is impossible to judge the originality by the arrangement of the questions, so in determining the compilation work, the focus should be on whether the selection of the questions is original or not. In this case, the originality of the question bank can be judged from two aspects:

Firstly, the choice of title. Compilations can be divided into two categories: compilations resulting from the compilation of works, and compilations resulting from the compilation of information that does not constitute a work, such as facts and data. Precisely because the source of the content of a compilation work is usually a pre-existing work or data, the creator's contribution is not in the pre-existing work or data itself, but rather in the "selection or arrangement" of that content. In this case, on the one hand, X information technology company in accordance with the examination syllabus, organised the preparation of questions, and the questions in accordance with certain criteria for selection, select the questions can be included in the question bank, the content of the question bank personalized selection, judgment and other factors, with originality. On the other hand, the fact that the question bank of the special equipment in this case contains content from public sources and third parties does not affect the assessment of its originality. In the case of compilation works, the compiled content may be a work, a fragment of a work, or data or other materials that do not constitute a work, and the compilation work as a whole is protected by copyright because its content is selected or arranged to form an intellectual creation with originality. The material in a compilation work may have different sources, and the source of the compilation material does not affect the legal protection of the compilation work, and it cannot be denied that a special equipment question bank constitutes a compilation work because it contains test questions from other sources.

Secondly, the results obtained from the selection of the questions. The defence submitted that the question bank used by the defendant was a new compilation work, different from the special equipment question bank formed by its original selection and arrangement. In this case, and special equipment operators examination questions related to the axnt of information, the scope is difficult to accurately determine, even in the face of the same range of information, different subjects in the use of different selection or arrangement methods, due to the addition of their own personalized subjective judgment, will get different compilation results. In this case, the identification of the "national examination and certification online learning platform" test questions and special equipment question bank test questions of the same proportion of 99.86%, that is, the defendant used its original selection and arrangement of the method of compilation results and special equipment question bank compilation results are basically the same, obviously not in accordance with common sense, which also from another angle to argue that This is another argument for the originality of the special equipment question bank.

Therefore, combined with the source of test questions, the method of proposing questions, the selection of questions and other factors, the special equipment question bank in the selection of questions reflects personalized selection, judgment, is an original question bank, can be identified as a compilation work.

Ⅱ. Exploration of the legislative intent of the types of works that constitute the offense of copyright infringement before and after the amendment of Article 217 of the *Criminal Law*

Whether "compilation works" belong to the category of works protected by the offense of copyright infringement is somewhat controversial in practice. It is argued that compilation works are "works" protected by the criminal offense of copyright infringement, and that infringement of copyright in compilation works constitutes the criminal offense of copyright infringement if certain conditions or circumstances are met. There is also a view that Article 217 of the *Criminal Law* on the offense of Copyright Infringement does not list compilation works as a type of work, so they cannot be protected as "works" in the offense of copyright infringement, and the defendant cannot be found guilty of copyright infringement on the basis of infringement of copyright in the compilation work.

With the development of cultural and scientific endeavors, the scope of works protected by copyright under the *Criminal Law* has been clarified in accordance with the law, both to prevent the scope of criminal action from being too broad and to precisely define the boundaries between crime and non-crime. Throughout, the provisions on types of works in Article 217(1) of the *Criminal Law* have undergone a process of gradual clarification.

In addition to the explicit provisions on "written works, music, films, television, video works and computer software" in Article 217(1) of the *Criminal Law* as amended in 1997, the specific types of works included in "other works" have been the subject of considerable controversy in practice. It is still not clear what types of works are included in "other works".

The 2011 *Opinions of the Supreme People's Court, the Supreme People's Procuratorate and the Ministry of Public Security on Various Issues Concerning the Application of Law in Handling Criminal Cases of Infringement of Intellectual Property Rights*, in Article 13, on the issue of the standard of conviction and punishment for the distribution of infringing works through the information network, also expands the types of works in the first paragraph of Article 217 of the *Criminal Law* and explicitly stipulates that works of fine art and photography are also covered by the scope of protection of this provision of the *Criminal Law*. It also expanded the types of works in Article 217(1) of the *Criminal Law*, specifying that works of art and photography also fall within the scope of protection of this article. However, the introduction of this Opinion did not fundamentally resolve the controversy over the types of works protected by Article 217(1) of the *Criminal Law*.

The Amendment (XI) to the Criminal Law of the People's Republic of China, which entered into force on March 1, 2021, amended Article 217 of the *Criminal Law* by amending the first paragraph of the Article to read as follows: "Without the permission of the copyright holder, reproducing, distributing or transmitting to the public through an information network his or her written, musical, artistic, audio-visual or computer software works or other works as prescribed by laws or administrative regulations. other works". This amendment essentially responds to the controversy over the types of works in practice. The works covered here include all types of works prescribed by laws and regulations. This article selectively specifies some common types of works, such as written works, music, fine arts, audio-visual works, computer software, etc., and makes the underlining provision of "other works prescribed by laws and administrative regulations". Therefore, types of works that are not explicitly listed in Article 217(1) of the *Criminal Law* may also be subject to the regulation of the offense of copyright infringement if they are types of works prescribed by laws or administrative regulations.

The trial of this case coincided with the amendment of Article 217 of the *Criminal Law* by the *Criminal Law* Amendment Act (XI). From the point of view of the legislative intent of the *Criminal Law*, compilation works, as statutory types of works, belong to the category of "other works" stipulated in Article 217 of the *Criminal Law*. Therefore, without the permission of the copyright holder, others are not allowed to copy and distribute the Special Equipment Question Bank.

Ⅲ. Determination of the subjective and objective elements of the offense of copyright infringement in compilation works

To determine the offense of copyright infringement involving compilation works, it is necessary to integrate the evidence of the whole case and make a comprehensive analysis combining subjectivity and objectivity.

Firstly, subjectively, with the intention of infringing the copyright of others and for the purpose of profit. In this case, the defendant's copyright infringement intention of the judgment, can be derived from the following aspects of the comprehensive judgment: First of all, from the defendants on the nature of special equipment question bank on the point of view, the two defendants in X information technology company signed a confidentiality agreement, the agreement agreed that the defendants in the customer information, data information and technical information to achieve confidentiality, the two defendants in the QQ chat talk about "you go back to look at the company's confidentiality agreement" "question bank is a risk point, our customer resources is a risk point", indicating that the two defendants in the case of knowing that the special equipment question bank is one of the information technology company's core data resources, still use the question bank content.

Secondly, from the defendant's understanding of the nature of their own behaviour, the defendant Zhang did not leave from X information technology company on the registration of the establishment of the Chahong company, the two defendants due to "are X information technology company's employees", "feel that not quite morally", are not Served as the legal representative of Chahong Company, external in the name of other people to sell study cards, in X information technology company found that Chahong Company in the same kind of business and then registered to set up other companies, received a letter from X information technology company's lawyers to consult with lawyers, indicating that the two defendants on the acquisition of special equipment question bank and sales of the infringing behaviour of the infringement of the two defendants are aware of. Whether the defendants have a profit-making purpose, according to the relevant witness testimony, the receipt of evidence, combined with the confession of the two defendants, the defendants Zhang, Qiu in the commercial business activities to others to sell the study card containing the question bank for profit, part of the customer is also a information technology company's customers, it can be concluded that the two defendants have a profit-making purpose.

Next, the offense of copyright infringement was committed by reproducing and distributing the compilation work of the copyright owner without his permission. In this case, the defendant committed the offense with a clear and coherent purpose. First of all, from the special equipment question bank access, according to the relevant witness testimony, X information technology company and special equipment question bank related to the source code and supporting exercises and other data in X information technology company's technology research and development system, only X information technology company's research and development technicians have the right to log in through the account and password. And X information technology company also did not authorise the defendant Zhang X, Qiu X use special equipment question bank. And the defendant Zhang X in X information technology company as a technical research and development personnel, can access to special equipment question bank. Secondly, from the defendants set up a website in the source of the test questions, the two defendants mentioned in the statement of the question bank there are questions from X information technology company copy over or to X information technology company's website to the latest questions copied over to the question bank and X information technology company to make the Chahong question bank to maintain consistency with X information technology company's question bank. Relevant objective evidence also shows that the defendant's work computer access to X information technology company's R&D centre extranet IP address and test database server intranet IP address records, and stored X information technology company's test question files. Again, from the special equipment question bank in the test questions and the defendants set up a website in the test questions comparison results, according to the relevant appraisal opinion, the special equipment question bank and the "national examination and certification online learning platform" in the study questions comparison, there is a corresponding relationship between the question bank is basically the same. Finally, from the two defendants sales study card situation, according to the defendant's statement, the study card customers exist part of a former information technology company's customers. Without the authorization of X information technology company, the two defendants committed acts of copyright infringement.

In conclusion, if a person reproduces and distributes a compilation work of a copyright owner without his/her permission for the purpose of making a profit, and if he/she reaches a certain amount of illegal income or has other serious circumstances, he/she shall be held criminally liable for the offense of copyright infringement.

[Significance]

This case is the first case in China involving the infringement of copyright by an online question bank for a technical qualification examination, which is a useful exploration of the types of works protected by the offense of copyright infringement. For the first time, it has been clarified that the question bank of online training platform constitutes a compilation work, which belong to the types of works protected by the offense of copyright infringement. The case protects the legitimate rights and interests and core intellectual property rights of enterprises, strengthens the management of intellectual property rights on the internet, and better safeguards the construction of the "Leading Zone". This case was awarded as one of the fifth batch of typical cases of Shanghai courts in ensuring the healthy development of private enterprises in accordance with the law, and a typical case of Shanghai courts in ensuring the development of the digital economy.

[Case Index]

Case Number:

First instance: Shanghai Pudong New Area People's Court (2019) H 0115 XC No. 4634 (June 23, 2021)

Second instance: Shanghai No. 3 Intermediate People's Court (2021) H 03 XZ No. 63 (September 27, 2021)

Judges:

First instance: Ni Hongxia, Wang Xiao, Ye Jufen

Second instance: Cheng Tingting, Gao Weiping, Zhu Yu

Drafted by: Wang Xiao

Translated by: Wang Jue

Proofread by: Wang Jue

43

Application of Injunctions in Punishment of Trade Secret Crimes

—Criminal Case of Trade Secret Infringement by Ji et al.

Rule

For criminals who have been sentenced to probation for the crime of infringing on trade secrets in accordance with the law, starting from the needs of severe crackdown and crime prevention, a prohibition order can be applied according to the criminal situation, prohibiting them from engaging in production and business activities related to trade secret crimes during the probation period. The court may consider the following factors comprehensively when declaring an injunction: 1. Type and quantity of the trade secret possessed by the defendant; 2. Value of the trade secret possessed by the defendant and the extent of impact on the future production or operation of the victim; 3. Whether the defendant violates professional requirements such as prohibition of business strife and qualification access when committing the trade secret crime; 4. The possibility and convenience of the defendant to disclose or use the trade secret again or allow others to use it; 5. Whether there is an upstream or downstream industry chain closely related to the defendant's commission of the trade secret crime; and 6. Serious consequences that may be caused to the victim, the industry in which the defendant works or the public interests by repeated offense committed by the defendant.

Basic Facts

Public Prosecution: Shanghai Fengxian District People's Procuratorate

Defendant: Ji, Liu, Wang and Sui

The "upper card device controlled by the conjugate cam" and the "paper bag turnover device" involved in the case are the core technologies of the victim, constituting technical information unknown to the public before April 9 and May 7, 2020 respectively, with a research and development value of CNY 1. 2404 million and CNY 833, 100.

From 2013 to 2017, the defendants Ji, Liu, Wang and Sui worked for the victim as the general manager, executive vice general manager and mechanical design supervisor respectively. During the tenure, each defendant signed the Labor Contract and the Confidentiality Agreement. From March to May 2019, the four defendants left office from the victim.

In December 2018, the defendants Ji, Liu and Wang conspired to jointly establish Shanghai X Environmental Technology Company. In April 2019, Shanghai X Environmental Technology Company became the controlling shareholder to establish Shanghai X technology company, producing and selling the same type of bag-making machine as the victim for profit.

The four defendants all started to work for Shanghai X technology company after leaving the victim. Before leaving his job, Sui copied the electronic mechanical drawings of the victim and modified the company's name before handing over the same to Wang for production. Wang used the abovementioned drawings to manufacture five sets of L-shape bag-making machines similar to those of the victim, and sold two sets with the sales amount of CNY 2. 65 million. Before leaving his job, Liu backed up the hard disk of all the electronic mechanical drawings of the victim that he was responsible for and took the backup electronic mechanical drawings to Shanghai X technology company to be used until the crime was discovered.

On May 11, 2021, the four defendants were caught and brought to court.

During the trial, the four defendants respectively compensated the economic losses of the victim unit and obtained the forgiveness of the victim unit. The four defendants also returned part of the illegal gains.

The prosecutor accused that the defendants Liu and Sui, in violation of the confidentiality obligation and the requirements of the right holder for keeping the trade secrets, disclosed, used and allowed others to use the trade secrets under their possession, which resulted in serious circumstances. The defendants Ji and Wang, having obtained, disclosed, or used such trade secrets despite being fully aware of the trade secrets, shall be investigated for criminal liability for the crime of infringing upon trade secrets respectively.

The four defendants had no objection to the *corpus delicti*, offenses and sentencing proposals in the bill of prosecution, and signed and concluded their cases, nor did they raise any objection during the court hearing.

The defenders of the four defendants had no objection to the corpus delicti and charges charged by the prosecutor. The defender of the defendant Ji argued that the defendant Ji was a first-time offender and casual offender without any criminal record and little danger to the society; he was willing to make all efforts to compensate for the losses of the injured unit and hoped that probation could be applied to him. The defender of the defendant Liu argued that the defendant Liu truthfully confessed after being arrested and voluntarily pleaded guilty and accepted the punishment, which has a good basis for probation and correction, and hoped that the defendant Liu would be sentenced to fixed-term imprisonment of not more than one year and probation could be applied to him. The defender of the defendant Wang argued that the defendant Wang was a first-time offender and casual offender without any criminal record and confessed as an accomplice and had refunded and compensated the injured unit with forgiveness, and hoped that the defendant Wang would be given a lighter punishment and probation could be applied to him. The defender of the defendant Sui argued that the defendant Sui was an accomplice as a result of relatively minor criminal circumstance with minor subjective viciousness and little harm to the society; he pleaded guilty and accepted the punishment voluntarily; and had refunded and compensated the injured unit with forgiveness, and hoped that the defendant Sui would be sentenced to fixed-term imprisonment of not more than one year or Short-term custody, with probation and exemption of fines.

[Holding]

Shanghai Pudong New Area People's Court held that, after authentication, both the "upper card device under the control of the conjugate cam" and the "paper bag inverting device" involved in the case constituted technical information unknown to the public. The victim was mainly engaged in the production and sale of bag-making machines. The above-mentioned two technical information were key technologies of L-model bag-making machines produced and sold by the company, and could bring economic benefits to the company, and had commercial value and practicability. The four defendants were former employees of the victim, and had signed a Labor Contract and a Confidentiality Agreement, expressly agreeing to keep the company's trade secrets confidential. Therefore, the victim had taken confidentiality measures against the above-mentioned two technical information. Therefore, the "upper card device under the control of the conjugate cam" and the "paper bag inverting device" constituted the trade secrets of the victim.

Liu and Sui disclosed and used the trade secrets that they possessed against the confidentiality agreement and the requirements of the obligee for keeping the trade secrets confidential. Ji and Wang shall be fully aware of the aforesaid acts, but still obtained, used and disclosed the trade secrets, causing great losses to the obligee of the trade secrets, and their acts constitute the crime of infringing upon trade secrets. This case was a joint crime. The four defendants conspired, divided their work and cooperated with each other in the joint crime, and they played basically the same roles. All the four defendants truthfully confessed their crimes after being arrested, which is a confession, and they shall be given lighter punishments in accordance with the law. The four defendants voluntarily pleaded guilty and accepted punishment, and shall be given lighter punishments in accordance with the law. The four defendants paid compensation for the economic losses of the victim unit and obtained forgiveness, returned part of the illegal gains, and shall be given lighter punishments as the case may be. In comprehensive consideration of the nature of the crime, circumstances, social harmfulness and confession and repentance performance of the four defendants, probation and injunction shall be announced for all of them.

On February 10, 2022, Shanghai Pudong New Area People's Court rendered the (2021) H 0115 XC No. 5190 Criminal Judgment: 1. the defendant Ji committed the crime of trade secret infringement, and was sentenced to fixed-term imprisonment of two years, suspended for two years and six months, and fined CNY 180, 000; 2. the defendant Liu committed the crime of trade secret infringement, and was sentenced to fixed-term imprisonment of two years, suspended for two years, and fined CNY 150, 000; 3. the defendant Wang committed the crime of trade secret infringement, and was sentenced to fixed-term imprisonment of two years, suspended for two years, and fined CNY 150, 000; 4. the defendant Sui committed the crime of trade secret infringement, and was sentenced to fixed-term imprisonment of one year and nine months, suspended for one year and nine months, and fined CNY 100, 000; 5. the defendants Ji, Liu, Wang, and Sui were prohibited from engaging in the manufacturing, sale and relevant business activities of bag machines during the period of probation; 6. the illegal income of the defendants Ji, Liu, Wang, and Sui who withdrew from the business shall be confiscated in accordance with the law, and the illegal income not withdrawn shall be recovered in accordance with the law; and 7. the seized mechanical parts that infringe upon trade secrets, mobile hard disks, USBs, computers and other seized tools for criminal purposes that infringe upon trade secrets shall be confiscated and destroyed in accordance with the law.

After the pronouncement of the judgment of first instance, the prosecutor did not protest, and the defendants did not appeal.

[Commentary]

Injunctions are a system newly added in the *Amendment VIII to the Criminal Law of the People's Republic of China* and an innovation to specific enforcement methods of non-imprisonment sentences. According to the *Amendment VIII to the Criminal Law of the People's Republic of China*, offenders under public surveillance or on suspended sentence can, depending on the seriousness of the offense, be prohibited from engaging in certain activities, entering certain areas or places or contacting certain people during the period of public surveillance or suspended sentence. Injunctions are issued to prevent prisoners from contacting criminal inducements again, promote education and correction of offenders, and effectively maintain social order, which reflects the criminal justice policy of combining leniency with severity.

The application of injunctions in intellectual property crimes is not uncommon, but such injunctions are usually applied in trademark-related crimes such as crime of counterfeiting registered trademark and crime of selling goods bearing counterfeited registered trademark, and such crimes usually involve fields that affect personal health and safety such as food and drug. For example, the Guidelines on the Sentencing of Common Intellectual Property Crimes issued by the intellectual property division of the Shanghai High People's Court provides that where counterfeited registered trademark products or those bearing counterfeited registered trademark sold are food, drugs, articles exclusively used by mothers and children, pesticides, veterinary drugs, fertilizers, seeds and other products that may endanger personal safety, probation shall generally be accompanied by injunctions.

Whether injunctions shall be applicable to other types of intellectual property crimes involving other fields is a subject of limited laws and regulations and seldom mentioned in judicial practice. As a type of intellectual property crimes, crime of trade secret infringement, as long as conditions for application of injunctions are met, offenders may be prohibited from engaging in production and operation activities related to trade secret crimes during probation.

I. Reasonableness of injunctions in trade secret-related crimes

Considering the connotation and characteristics of trade secrets, trade secrets are compatible with injunctions. Prohibiting offenders who are sentenced to probation from engaging in production and operation activities in connection with trade secret-related crimes can reasonably strengthen the effect of trade secret protection. Trade secrets refer to any technical information or business operation information which is unknown to the public, capable of bringing about economic benefits to the obligee, has practical utility and for which the obligee has adopted secret-keeping measures. Pursuant to this definition, a trade secret shall meet the three requirements of confidentiality, confidentiality and economy. Confidentiality is the core requirement of trade secrets and also the essential difference between trade secrets and general technical information and business operation information. Among trade secret-related crimes, undermining confidentiality is a typical criminal circumstance. For example, defendants make public trade secrets obtained by improper means, or disclose their trade secrets in violation of confidentiality obligations or confidentiality requirements, which results in public knowledge of relevant technical information or business operation information.

In this case, trade secrets often become invalid as a result of crime. As such, in the enforcement of sentence, there is no need to continue to protect the "trade secret" and usually there is no need to apply injunctions. However, what constitutes a trade secret crime does not necessarily lead to the invalidation of the trade secret. For example, in a pure utilization crime of trade secret infringement, the defendant merely uses the trade secret obtained by improper means or obtained by breaching confidentiality obligation or requirement, which does not result in the leakage of the trade secret and keeps the trade secret unknown to the public. In such case, the confidentiality of the business secrets shall be properly ensured in addition to punishments upon crimes. This goal coincides with the core function of injunctions to prevent recidivism. The application of injunctions to trade secret crimes can strengthen the effect of probation, effectively prevent the continuation or recurrence of infringement of trade secrets, and practically protect the legitimate rights and interests of trade secret owners.

Ⅱ. The principle of injunctions applicable to trade secret-related crimes

(Ⅰ) The principle of necessity

In terms of provisions of the *Criminal Law*, injunctions are not a new type of criminal penalty, but the innovation of the specific regulatory measures for offenders under public surveillance and offenders on probation. ① Criminal penalties are to be punished for crimes that have been committed in the past, while injunctions are preventive measures based on the future personal danger and social harmfulness of offenders. When the court decides on the application of injunctions, it should not only pay attention to the facts of conviction, but also to the facts of sentencing. The main basis for deciding whether to apply injunctions to offenders is the comprehensive assessment of the personal danger of offenders re-offending. The announcement

① See Hu Yunteng, Zhou Jiahai and Yu Haisong, Understanding and Application of the Provisions on Issues Relating to the Application of Prohibition Orders to Criminals Sentenced to Control or Probation (for Trial Implementation), *People's Judicature*, Vol. 13, 2011.

of injunctions is only necessary when the offenders pose a relatively high personal danger and it is necessary to prevent them from re-offending. It should be specially pointed out that the purpose of applying injunctions is not to aggravate the punishment of offenders. Therefore, it should be avoided to apply injunctions mainly based on the objective harm of offenders' crimes. It is even more improper to demote offenders who should not be eligible for probation to a sentence and then apply injunctions to balance the sentencing, using injunctions as an alternative penalty measure. ①

(Ⅱ) The principle of Relevance

Article 2 of the *Provisions of the Supreme People's Court, the Supreme People's Procuratorate, the Ministry of Public Security and the Ministry of Justice on Issues Concerning the Application of Injunctions to Offenders Under Public Surveillance or on Suspended Sentence (for Trial Implementation)* (hereinafter referred to as the Provisions) stipulates that: When announcing injunctions, the people's court shall, on the basis of the causes, nature, means, repentance and consistent performance of any offender, fully consider the relevance to the offense committed by the offender, and pertinently decide one or more contents among prohibiting the offender from "engaging in certain activities, accessing certain areas or places or contacting certain persons" during the term of such public surveillance or suspended sentence. Pursuant to this Article, when applying injunctions against offenders of the crime of trade secret infringement, a court shall fully consider the relevance of injunctions with the crime of trade secret infringement. The creation and application of injunctions shall be combined with the degree of personal danger of offenders, the behavioural characteristics of trade secret crimes and the legal interests of trade secrets.

(Ⅲ) Principle of proportionality

When applying injunctions in crimes involving business secrets, courts shall also ensure harmonious proportion, that is, the period, scope and degree of injunctions shall be commensurate with the necessity of preventing the offenders from committing new offenses, promoting the offenders' reform and preventing the business secrets involved in the lawsuits from being infringed upon again by offenders. For example, the period of injunctions shall be compatible with the degree of confidentiality of the business information concerned. If the relevant business secrets are close to being declassified, it is not appropriate to impose long-term injunctions. Another example is that if offenders are prohibited from engaging in certain

① See Yu Jian and Shao Min, On the Judicial Application of the Criminal Law Prohibition Order System, *Law Science*, Vol. 11, 2011.

business activities, it is not appropriate to set too wide the scope of business activities so as to prevent offenders from engaging in legitimate production and business activities.

Ⅲ. Considerations of applying injunctions to trade secret-related crimes

According to Article 2 of the Provisions, when pronouncing injunctions, a court shall consider the factors such as the reasons for the crime, the nature of the crime, the means of crime, the repentance after the crime, the consistent personal performance of the offender, etc. The following factors may be considered for the specific trade secret-related crimes: 1. Types and quantity of the trade secrets possessed by the defendant; 2. Value of the trade secrets possessed by the defendant and the extent of influence on the future production and operation of the victim; 3. Whether the defendant violates professional requirements such as prohibition of business strife and qualification access when committing the trade secret-related crime; 4. The possibility and convenience of the defendant to disclose, use or permit others to use the trade secrets again; 5. Whether there is an upstream or downstream industry chain closely related to the trade secret-related crime committed by the defendant; and 6. Serious consequences possibly caused to the victim, the industry which the defendant belongs to or the public interests by repeated offense committed by the defendant.

In the present case, the four defendants possessed the electronic drawings of all the trade secrets of the victim, while the prosecutor only accused two technical secrets, therefore, the relevant trade secrets still had certain economic value and played an important role in the production and operation of the victim. However, the defendants set up competing companies independently after they left the victim, trading in similar products and engaging in similar business. In addition, although the storage medium of the relevant trade secrets had been confiscated and destroyed, the four defendants, with their professional and technical backgrounds, have the capability and possibility to disclose and use the trade secrets or license others to use the trade secrets. After comprehensive consideration of the above circumstances, the court announced injunctions against the four defendants.

[Significance]

This case is the first case in Shanghai in which injunctions are applied to offenders of the crime of trade secret infringement. The judgment of this case clarifies that, for the purpose of severely cracking down on and preventing crimes, the offenders of the crime of trade secret infringement whose sentence is suspended according to the law may be ordered to prohibit them from engaging in production and operation activities related to the crime of trade secrets during the probation period according to the circumstances of the crime. The application of injunctions in the crime involving trade secrets in this case has enriched the means of trade secret protection, strengthened the protection of trade secrets, and prevented enterprises from suffering losses due to further leakage of trade secrets. It also fully demonstrated the criminal policy of combining leniency with severity, and played a good legal and social effect in guiding the innovative development of enterprises, maintaining the market competition order and creating a business environment ruled by law. The casehas been recognized as one of 50 Typical Intellectual Property Cases by Chinese Courts in 2022, the Typical Cases of Intellectual Property Protection by Procuratorates, and the Excellence Award for Excellent Case Analysis in the National Court System in 2023.

[Case Index]

Case Number:

First instance: Shanghai Pudong New Area People's Court (2021) H 0115 XC No. 5190 (February 10, 2022)

Judges:

First instance: Ni Hongxia, Hu Chengang, Lu Guangyi

Drafted by: Hu Chengang

Translated by: Shan Hao

Proofread by: Wang Jue

44

Application of the Principle of Comprehensive Evaluation in the Determination of the Objective Constitutive Elements of the Copyright Infringement Crime

—Criminal Case of Copyright Infringement by Wang et al.

Rule

In order to fully evaluate a criminal act of the actor, the amount of illegal profits, the amount of illegal turnover and the number of reproductions as objective constituent elements shall be subject to the following thoughts for determination and sentencing in conviction and sentencing: First of all, the evidence concerning the amount of illegal turnover, illegal proceeds and the amount of infringing copies of the defendant shall be fully examined to judge whether the relevant objective elements can be proved and whether the acts of the defendant can be comprehensively evaluated and the facts of the case can be correctly confirmed. Secondly, for the objective elements of the constituent elements that are proved by sufficient evidence, a certain objective element of the constituent elements shall be selected, whichever is higher, to determine the benchmark penalty within the corresponding scope of statutory penalty. Finally, other objective elements that are proved by evidence shall be taken as the circumstances for sentencing at the discretion of the judge, and the benchmark penalty shall be adjusted within the scope of the judge's discretion.

Basic Facts

Public Prosecution: Shanghai Pudong New Area District People's Procuratorate

Defendant: Wang

Defendant: Wu A

A company completed the artwork of " Lina Bell" on March 12, 2021. Upon authorization, the doll of "Lina Bell" based on the original shape of the artwork was first released by a resort on September 29, 2021. Since October 2021, the defendant Wang, in collusion with Wu B, without the authorization of the copyright owner of the art works of " Lina Bell", instigated others to produce dolls counterfeiting the image of "Lina Bell" for profit-making purposes, and instigated the defendant Wu A to attach a tag to the counterfeit dolls and deliver goods for the purpose of making profits, and then sell them to the public through offline and online means. From October 2021 to the date of the crime, Yuan and Chen produced more than 25, 000 dolls counterfeiting the image of "Lina Bell" for the defendants Wang et al. On December 24, 2021, the Public Bureau organ successively seized the defendants Wang and Wu A, and seized dolls, accessories of the dolls, semi-finished products, trademarks, bar labels, shipment ledgers, mobile phones and other articles counterfeiting the image of "Lina Bell". Upon visual observation by the relevant public, comparing the counterfeit " Lina Bell" doll seized on the site with the "Lina Bell" artwork created by the copyright holder, and the genuine doll, there were only subtle differences. The alleged infringing product in this case was a copy of the "Lina Bell" artwork.

The prosecutor held that the defendantsWang and Wu A, for the purpose of making profits, copied and distributed others' works of art without the authorization of the copyright owner, which resulted in particularly serious circumstances, and they shall be investigated for criminal liability for the crime of copyright infringement. The defendants Wang and Wu A voluntarily pleaded guilty and accepted the punishment, so they may be given lenient punishment. The case was a joint crime, and the defendant Wang played a dominant role in the joint crime, so the defendant Wang was the principal criminal. The defendant Wu A played a secondary role in the joint crime, so the defendant Wu A was an accessory, and shall be given a lighter or mitigated punishment.

Defendants Wang and Wu A charged against the indictment of the *corpus delicti*, charges, sentencing circumstances and sentencing proposals had no objection and signed in the end, in the trial process also no objection, that voluntary guilty plea.

The defender of the defendant Wu A had no objection to the facts and crimes of the copyright infringement that the prosecutor accused. The defender of the defendant Wang had objection to the quantity and sales amount of counterfeiting dolls with the image of "Lina Bell" which the prosecutor accused, and considered that the "amount of illegal gains" or "other serious circumstances" shall be the standard for sentencing on the crime of copyright infringement stipulated in the *Criminal Law* of the People's Republic of China, and the "other serious circumstances" shall only apply when the "amount of illegal gains" cannot be ascertained, so the amount of illegal turnover shall be the basis for sentencing in this case.

[Holding]

Shanghai Pudong New Area People's Court of Shanghai held that, from the description of the facts of the crime of copyright infringement in the *Criminal Law* of the People's Republic of China, if illegal gains obtained by an actor from a crime can be ascertained, the conviction and punishment shall be based on the illegal gains; however, if the illegal gains cannot be ascertained based on the evidence of the whole case, or the application of the illegal gains criteria cannot be used to assess the crime in a comprehensive manner, the conviction and punishment shall be based on the quantity of reproductions ascertained, which did not violate the provisions of the law. In this case, the documented evidence could not prove the total amount of illegal gains obtained by the defendant Wang from selling the counterfeit "Lina Bell" dolls and the total amount of illegal turnover, so the prosecutor's accusation of constituting a crime based on the number of replicated and counterfeit "Lina Bell" dolls has legal basis. Accordingly, it was determined that the defendants Wang and Wu A produced more than 25, 000 counterfeit "Lina Bell" dolls without the authorization of the copyright owner for the purpose of profits, and sold such dolls online and offline, and their behaviours have constituted the crime of copyright infringement and constituted other particularly serious circumstances.

On April 26, 2023, Shanghai Pudong New Area People's Court rendered the (2022) H 0115 XC No. 1439 Criminal Judgment: 1. the defendant Wang committed the crime of copyright infringement, was sentenced to fixed-term imprisonment of three years and three months and fined CNY 200, 000; 2. the defendant Wu A committed the crime of copyright infringement, was sentenced to fixed-term imprisonment of one year and fined CNY 30, 000; 3. the illegal income withdrawn by the two defendants, the dolls infringing the copyright, the materials and tools mainly used for manufacturing the infringing products, and the personal effects used for committing the crime shall be confiscated in accordance with the law; the illegal income not withdrawn by the two defendants shall continue to be recovered.

After the pronouncement of the judgment of first instance, the prosecutor did not protest, and the defendants did not appeal.

[Commentary]

The focus of dispute of the case is: are there factual and legal basis for the prosecutor to accuse the defendants Wang and Wu A of the crime of copyright infringement by virtue of the quantity of infringing copies produced by the two defendants?

Ⅰ. Analysis on the Incrimination Mode of the Crime of Infringing Copyright

For a long time, there exists a myth in China's *criminal law* that for crimes against property, functional crimes and economic crimes, the amount of money is the most direct or even the only form of indication of the seriousness of their social harm, so that the amount of money is used as the only or the most important criterion for the measurement of the seriousness of the social harm of a crime in the *criminal law* normative setup as well as in the judicial practice,[①] i. e., the "center theory of amount" or "priority theory of amount". Its disadvantage lies in the inadequate evaluation of the harmfulness of the crime to the society, which leads to the neglect of the other elements of the criminal constitutive elements, and finally the inaccuracy of the conviction and the imbalance of the sentencing. Of course, the amount of economic crime is an important index to measure the social harmfulness of crime, but it still needs to take the plot as the lever to balance the social harmfulness. The intellectual property rights infringement crime is an economic crime with a victim and the infringement act often results in damages to the intellectual property rights and interests of the specific right holders. With respect to the crime of copyright infringement, the object of the crime or the legal interests protected include the copyright administration system of the country, the copyright of others and rights and interests relating to the copyright. In evaluating criminal acts of copyright infringement, not only the disruption of the national copyright administration order by acts shall be taken into consideration, but also the actual losses of the right owner shall be considered.

In terms of criminal legislation, Article 217 of the *Criminal Law* clearly stipulates the crime of copyright infringement, that is, infringement of copyright or the rights relating to copyright for the purpose of making profits, resulting in a large amount of illegal income or other serious circumstances. Legal provisions list various circumstances that constitute such crime. In terms of the methods of conviction, the copyright infringement crime adopts the dual conviction mode of "amount + (general) circumstances". According to the stipulation of crime of amount in China's current *criminal law*, the standard of conviction and punishment has

---

① See Yu Zhiqiang and Wang Ding, Changes and Exploration of the Applicable Path of Plot Elements, *Tribune of Political Science and Law*, Vol. 2, 2019.

changed from the unitary pattern of amount to the dualistic pattern of amount and other circumstances. Even though the standard of conviction and sentencing for a specific crime is a unified mode of amount, the relevant judicial interpretation also introduces the dual mode of amount① according to the principle of consistency between crime and responsibility and the basis of sentencing stipulated in the Article 61 of the *Criminal Law*.② On the one hand, it weaves the net of *criminal law*, covers the blind spots, prevents the indulgence of crime, and realizes the negative evaluation and condemnation to the crime of intellectual property. On the other hand, it comprehensively and reasonably appraises the interests gained by the actor due to the crime, and the losses suffered by the intellectual property right owner due to the crime, so as to realize the strict protection of intellectual property. As to the amount and the nature of the plot, there are different understandings in theory: one opinion holds that the amount or circumstance is a suggestive provision, rather than a necessary component of crime;③ the second opinion holds that the amount or circumstance is a necessary component of crime;④ and the third opinion holds that the amount or circumstance is a necessary component of crime. The provision of general circumstances in *criminal law* indicates that the constitutive elements and elements of crime stipulated in the provision are not complete. Only by combining other constituent elements of crimes can a complete constituent element of a crime be formed, which can then be organically unified into a complete constitution of a crime and a crime be determined accordingly .⑤ The author agrees with the third opinion, amount and plot, as objective constitutive elements, can be used as parallel selection items to describe the state of infringement of legal interest of copyright infringement crime completely, and mark the demarcation line between crime and non-crime clearly, which is conducive to the refinement and quantification of the standard of confirmation of crime in judicial practice.

In terms of criminal justice, Article 4 of the *Interpretation (Ⅱ) of the Supreme People's Court and the Supreme People's Procuratorate on Issues Concerning the Specific Application of Law in Handling Criminal Cases of Intellectual Property Rights Infringement* provides that the people's court shall impose a fine in accordance with the law after taking into account the

---

① See Liu Defa, It Is Appropriate to Apply the Binary Choice Model to the Conviction and Sentencing Standard for Amount Offenders, *Procuratorate Daily*, July 9, 2018, p. 3.

② Article 61 of the *Criminal Law* stipulates that when deciding on the penalty for a criminal, he shall be sentenced in accordance with the relevant provisions of this Law, taking into account the facts of the crime, the nature of the crime, the circumstances and the degree of harm done to society.

③ See Gao Mingxuan, *Chinese Criminal Law*, People's University of China Press, 1989, p. 83.

④ See Zhang Mingkai, *Criminal Law*, Law Press, 2007, p. 108 – 109; Liu Yanhong, A New Theory of Circumstances Offenders, *Modern Law Science*, Vol. 5, 2002.

⑤ See Min Kai, Circumstances and Amount of Economic Crimes, *Political Science and Law*, Vol. 10, 2009.

circumstances of illegal income derived from the crime, volume of the illegal turnover, loss caused to the right holder, and harm to the society. Article 10 of the *Interpretation of the Supreme People's Court on Several Issues Concerning the Specific Application of Law in the Handling of Criminal Cases of Infringement of Intellectual Property Rights (Ⅲ)* reemphasizes the above provision. It can be seen that the criminal judicial level also attaches equal importance to making a comprehensive and sufficient judgment on the social harmfulness of crimes of infringing upon intellectual property rights. The perspective of conviction and sentencing shall not be limited to the profit-making activities of an actor, but also the loss of interests of the right holder as well as the social effect, etc. caused by the specific infringement act shall be analyzed. Specific to the crime of copyright infringement, it includes the amount of illegal income derived therefrom, the amount of illegal turnover, the quantity of reproductions and other circumstances equivalent to the aforesaid three parties.

The mixed structure of "circumstances + amount" is not the whim of the legislators, but based on the deep analysis of the existing judicial dilemmas of the circumstances. ① In the judicial application, the amount and the circumstances are complementary to each other based on different "views of the crime" perspective, in order to achieve the ideal effect of complementary advantages.

Ⅱ. The parallel selection relationship between the amount of illegal gains and criminal circumstances

For the crime of copyright infringement, the objective constituting elements of the crime are divided into "amount of illegal gains", "other serious circumstances" and "other especially serious circumstances", and the relevant circumstances are further divided into "amount of illegal turnover" and "quantity of duplicates". The important focus of dispute in this case is whether the defendant shall be convicted and punished on the basis of the number of copies he has made under the circumstance that the amount of illegal gains of the defendant is unable to be ascertained. The defender believes that the amount of illegal gains, the amount of illegal turnover, and the quantity of duplicates shall be applied progressively, i. e. "quantity of duplicates" shall be applied only when "amount of illegal gains" and "amount of illegal turnover" cannot be ascertained. The author holds the following views:

Firstly, from the perspective of literal interpretation, the word "or" used in Article 217 of the *Criminal Law* is used to connect the words "amount of illegal gains" and "other serious

---

① See Yu Zhiqiang and Wang Ding, Changes and Exploration of the Applicable Path of Plot Elements, *Tribune of Political Science and Law*, Vol. 2, 2019.

circumstances"; Article 5 of the *Interpretation of the Supreme People's Court and the Supreme People's Procuratorate on Issues Concerning the Specific Application of Law in Hearing Criminal Cases of Intellectual Property Rights Infringement* uses the expression of "any of the following circumstances", which clearly defines the amount of illegal business operation and quantity of reproductions as the content of the crime of copyright infringement. Neither "or" nor the "one of" in the technical level of legislative language can draw the conclusion of progressive application claimed by the defense. On the contrary, "or" and "one of" express choice and juxtaposition in terms of meaning, specifying that the amount of illegal gains, the amount of illegal business operations and the quantity of reproductions are "equivalent", and only appraising the social harmfulness of criminal acts from different perspectives, and there is no issue concerning the order of application.

Secondly, from the perspective of system interpretation, the crime of selling goods bearing counterfeit registered trademarks, the crime of selling infringing duplicates and the crime of illegally manufacturing or selling logos of illegally manufactured registered trademarks, which are the same type of crimes as the crime of intellectual property rights infringement under Section 7 of Chapter Ⅲ of the *Criminal Law,* all adopt the dual criminalization mode of "amount + circumstances", and the amount of illegal income, the amount of illegal turnover (sales amount) and the amount of logos are listed as objective constitutive elements of criminalization, which together constitute the scale for assessing the social harmfulness of criminal acts. Taking the crime of counterfeiting patents as an example, Article 4 of the *Interpretation on Issues Concerning the Specific Application of Law in Handling Criminal Cases of Intellectual Property Rights Infringement issued by the Supreme People's Court and the Supreme People's Procuratorate* prescribes the serious circumstances of counterfeiting patents as follows: the amount of illegal business operations; the amount of illegal gains; direct economic losses of patentees; and the combination of the quantity of the counterfeited patent, the amount of illegal business operations and the amount of illegal gains. The fourth circumstance mentioned above is an interpretation of the same kind made on the basis of the consideration of the first three circumstances and in combination with the quantity of counterfeit patents, which serves to show the parallel selectivity relationship of the above four circumstances. Within the scope of such crimes, the understanding of the objective elements of the copyright infringement crime shall not be particular, but shall be interpreted in a systematic manner within the system of intellectual property infringement crimes, i. e. the permutation logic among the objective elements of the copyright infringement crime shall also be interpreted as a parallel selectivity relationship.

Thirdly, from the perspective of historical interpretation, the legislation and justice of intellectual property infringement crimes are developing towards a strict direction. At the legislative level, in 1997, the *Criminal Law* set up the crime of copyright infringement, and the Amendment (Ⅺ) to the *Criminal Law* in 2020 expanded the criminal object. The criminal detention penalty is deleted from the first-instance statutory penalty, and the second-instance statutory penalty is commuted from seven years to ten years in order to intensify the crackdown on the copyright infringement crime from the two perspectives of details of crimes and statutory penalties. At the judicial level, comparing the *Interpretation of the Supreme People's Court and the Supreme People's Procuratorate on Several Issues Concerning the Specific Application of Law in Hearing Criminal Cases of Intellectual Property Rights Infringement promulgated by the Supreme People's Court and the Supreme People's Procuratorate* on December 8, 2004 with the *Interpretation of the Supreme People's Court on Several Issues Concerning the Specific Application of Law in Hearing Criminal Cases of Illegal Publications promulgated by the Supreme People's Court* in 1998, for the commencing standards of the crime of copyright infringement, the amount of illegal business operations is lowered from CNY 200,000 to CNY 50,000, and the amount of illegal gains is lowered from CNY 50,000 to CNY 30,000. Different from property crimes and other economic crimes, with the development of economy and society, the threshold of the crime of copyright infringement has been continuously lowered, and the intensity of criminal justice crackdown has been continuously increased.

Ⅲ. Implementation the "principle of comprehensive evaluation" and for the complete evaluation of criminal acts and their social harms

In general, the amount of illegal gains and the amount of illegal business operation are important standards for assessing the social harm caused by the acts of intellectual property right infringement committed by the actors and the actual losses of the right holders. However, considering only the amount of illegal gains or the amount of illegal business operation may lead to an inadequate evaluation of the process of criminal acts and the harm to the society. Specific to crime of copyright infringement, the following circumstances may exist inaccuracy or imbalance of conviction and sentencing:

Firstly, where the counterfeiting cost is high and the illegal turnover of infringing copies is relatively large, the amount of illegal gains after deduction of the input from the sales amount does not reach or has just reached the threshold of conviction, while the illegal turnover or the quantity of infringing copies have reached the standard of serious or particularly serious circumstances. If conviction and sentencing are made only based on the amount of illegal gains, it will be impossible to evaluate such problems as the high illegal business turnover and large amount of infringing reproductions.

Secondly, the counterfeiting cost is relatively low and the illegal turnover of the infringing copies has not reached or has just reached the threshold of conviction, but the quantity of the infringing copies reaches the standard of serious or extremely serious circumstances. If conviction and sentencing are carried out based on the amount of illegal business operation or the amount of illegal gains, it will make it impossible to evaluate the losses to the right holder caused by the circulation of infringing copies in the market.

Thirdly, the perpetrator stocks up a large number of infringing duplicates for sale, and the number of duplicates has reached the standards for serious or especially serious circumstances, but is not sold or is caught after selling a small portion of the duplicates for reasons other than the perpetrator's will; the amount of illegal gains or the amount of illegal business operations cannot be fixed or has just reached the threshold for criminalization. If the conviction and sentencing were based on the amount of illegal gains or the amount of illegal business operations, it would be impossible to make a conviction or sentence would be too light, and it would be impossible to evaluate the problem of the cessation form of hoarding infringing copies for sale.

Therefore, in order to fully evaluate the defendant's criminal act of infringing upon copyright, the amount of illegal proceeds, the amount of illegal operation and the number of reproductions as objective constituent elements shall be subject to the following thinking for determination and sentencing: First of all, the evidence concerning the amount of illegal business operations, illegal proceeds and the amount of infringing copies of the defendant shall be fully examined to judge whether the relevant objective elements can be proved and whether the acts of the defendant can be comprehensively evaluated and the facts of the case can be correctly confirmed. Secondly, for the objective elements of the constituent elements that are proved by sufficient evidence, a certain objective element of the constituent elements shall be selected, whichever is higher, to determine the benchmark penalty within the corresponding scope of statutory penalty. Finally, other objective elements that are proved by evidence shall be taken as the circumstances for sentencing at the discretion of judges, and the benchmark penalty shall be adjusted within the scope of judges' discretion. In this case, the documented evidence could not prove the illegal proceeds obtained by the defendants Wang and Wu A from selling the infringing duplicates of dolls with the image of "Lina Bell", so the amount of illegal turnover that could be ascertained could not be used to fully evaluate the criminal activities of the two persons. However, the evidence of the whole case taken together could prove that the defendant Wang instigated others to produce a number of infringing copies of dolls with the image of "Lina Bell", so there was legal basis for the prosecution to accuse the defendant Wang of the crime of copyright infringement on the basis of the number of infringing copies produced by the defendant.

[Significance]

The artwork image in this case, "Lina Bell", is a new IP role launched by Shanghai Disney in September 2021. The defendants in this case, Wang, Wu A, and Wu B, began to counterfeit the registered trademark immediately after the copyright holder published the relevant IP roles. The subjective malice of infringement is evident. Pudong People's Court held the trial in public on the World Intellectual Property Day (April 26th) and made the judgment at court. Deputies to the Shanghai Municipal People's Congress and the Pudong New Area people's congresses, representatives of the copyright parties and the public attended the trial at the site. The trial of this case showed the court's distinct attitude towards severely cracking down on illegal and criminal links in the gray interest chain of piracy and equally protecting the legitimate rights and interests of Chinese and foreign right holders in accordance with the law, which played a positive role in continuously creating a business environment ruled by law and promoting the formation of a new pattern in all-around opening up.

[Case Index]

Case Number:

First instance: Shanghai Pudong New Area People's Court (2022) H 0115 XC No. 1439 (April 26, 2023)

Judges and Juror:

First instance: Ni Hongxia, Lu Guangyi, Zhang Peihua

Drafted by: Lu Guangyi

Translated by: Shan Hao

Proofread by: Xi Bingrui

Intellectual Property Administrative Cases

45

Determination of the Use of Non-generic Terms in Specialized Fields for the Purpose of Advertising Constituting "Misleading"

—Administrative Penalty and Reconsideration Decision Case Between China X Investment Company and the Administrative of Shanghai Pudong New Area Market Supervision Administration, Shanghai Pudong New Area People's Government

Rule

The essence of unfair competition by false advertising is that the content of the advertising is "misleading". When operators in specialized fields use non-generic terms in advertising, although the term has no recognized meaning, if combined with the relevant professional background related to the term and the operator's historical use of the term, the relevant public, based on their knowledge of the term will misunderstand the configuration and performance of the goods, then the publicity content constitutes false advertising. In the case of publicity content has easily led to misunderstanding of the public, merely including a general disclaimer at the end of the brochure is insufficient to eliminate the above misunderstanding.

Basic Facts

Plaintiff: China X Car Investment Company (hereinafter referred to as X Car Company)

Defendant: Shanghai Pudong New Area Market Supervision Administration (hereinafter referred to as Pudong Market Supervision Administration)

Defendant: Shanghai Pudong New Area People's Government (hereinafter Pudong New Area Government)

The plaintiff, X Car Company, is the general distributor of a certain automobile brand vehicle in China. Its 2014 vehicle involved in the case has four models. In the promotional materials, the vehicle configuration table shows the All Terrain Feedback Adaptive System, the central electronic differential lock, and the lateral support adjustment of the driver's seat as the standard equipment, and it also describes the five modes of the All Terrain Feedback Adaptive System, including the Big Rocks/ Round Rocks slow-moving mode (hereinafter referred to as the Big Rocks Mode). At the end of the promotional material are statements such as "... This brochure should neither be considered a reliable guide to the current technical specifications of a particular brand of automobile nor a sales offer for any particular brand of automobile."

Only one model of the 2014 Vehicles comes standard with a seat that enables the driver's seat to be adjusted for lateral support, and the Big Rock Mode can only be achieved with the addition of a two-speed transfer case, but all four models come standard with a single-speed transfer case that is equipped with a T-3 Torsen-type center differential. Plaintiff's 2013 model year vehicle of a certain make and model (hereinafter referred to as the 2013 Vehicle) came standard with a two-speed transfer case equipped with a friction plate self-locking center differential, which was also labeled in the configuration sheet as having a central electronic differential lock as standard equipment.

Starting from March 20, 2015, consumers successively reported that the vehiclesin question were falsely advertised. The defendant Pudong Market Supervision Administration filed a case, conducted an investigation, and held a hearing in accordance with the law. According to the appraisal report submitted by the plaintiff and expert opinion: "central electronic differential lock" is not a professional term of the automotive industry, there is no standard definition; T-3 Torsen type central differential is a mechanical differential, which with the vehicle's electronic differential system, can realize the central electronic differential locking function; it cannot show in the instrument panel operating status; it excels in normal highway driving. Friction plate self-locking center differential is an electronically controlled anti-slip differential with a central electronic differential locking function; it can display the working status in the instrument panel; it has better extreme off-road capability.

The plaintiff issued two public statements during the course of the investigation, stating that the standard features in the brochure regarding the central electronic differential lock and seat lateral adjustment were typographical errors, and that it omitted a footnote stating that the Big Rock mode could not be realized without a two-speed transfer case. Plaintiffs successively amended the aforementioned promotional content.

On November 11, 2016, the Pudong Market Supervision Administration issued an Administrative Penalty Decision, finding that the Plaintiff's publicity regarding the All Terrain Feedback Adaptation System, the Central Electronic Differential Lock and the Driver's Seat Lateral Support Adjustment did not correspond to the actual configuration of the vehicle, and constituted misleading and false publicity. Therefore, it was ordered to stop the illegal behavior, eliminate the influence, and imposed a fine of CNY 90, 000 administrative penalty. X Car Company was not convinced, and applied for administrative reconsideration to the defendant Pudong New Area Government, which made an administrative reconsideration decision on February 27, 2017, maintaining the above Decision on Administrative Penalty.

The plaintiff, X Car Company, claimed that it did not advertise the Big Rock model as standard. The purpose of the illustrations in the brochure was to introduce the best features that could be realized by the vehicle, which was a common practice in the industry. The vehicle in question had a differential transmission and a central electronic differential locking function, and it was not improper to label it as a central electronic differential lock. The lateral support adjustment function in the brochure was a printing error. Consumers can recognize whether the vehicle has the configuration or function in question by observing the appearance of the vehicle, and there will be no misunderstanding. In order to avoid misunderstanding of the content of the brochure, the plaintiff has made a reminder in the brochure, and has fulfilled its duty to remind. The plaintiff requested the court to order: revoke the"administrative penalty decision" and "administrative reconsideration decision".

Defendant Pudong Market Supervision Administration argued that, 1. big rock mode needs to be optional two-speed transfer case to be enabled, but the plaintiff did not make a prompt; 2. central electronic differential lock and central electronic differential locking function are two different concepts, the plaintiff's 2013 models of vehicles and the 2014 models of vehicles involved in the realization of the function of the components, cross-country performance and the dashboard display is different, but they are all for the same publicity and did not make any explanation; 3. the specialized configuration of the issue can not be identified by simply observing the appearance of the vehicle, which obviously increased the consumer's duty of care;

4. the tips at the end of the brochure alone can not avoid the misunderstanding caused by the above publicity.

Defendant Pudong New Area Government argued that it had the legal authority to make administrative reconsideration, and that the reconsideration decision was factually clear, procedurally lawful, and correctly applied the law.

[Holding]

Shanghai Pudong New Area People's Court held that the essence of unfair competition due to false publicity lies in content makes the relevant public misunderstand the quality and performance of the goods, which should be determined according to the daily life experience, the general attention of the relevant public, the fact of misunderstanding and the actual situation of the subject of publicity, and other factors. The plaintiff advertised that the Terrain Response System, the Central Electronic Differential Lock and the Driver's Seat Lateral Support Adjustment Function were the standard equipment of the vehicle in question. However, only one of the four models was equipped with the Driver's Seat Lateral Support Adjustment Function as standard, which clearly constituted misleading and false advertisement. In terms of the Terrain Response Adaptive System, the brochure described in detail that it had five modes, but it did not remind consumers that the Big Rock mode could be realized only after the optional two-speed transfer case was installed. After reading the brochure, consumers would have a misunderstanding of the above features and performance of the vehicle in question. With respect to the center electronic differential lock, the plaintiff's 2013 vehicles are equipped with a standard "friction plate self-locking center differential" to achieve the so-called center electronic differential lock function, and are advertised as equipped with a standard center electronic differential lock. The 2014 vehicle in question has a standard "T – 3 Torsen Center Differential" that works in conjunction with the electronic differential system to achieve this function. Although the function can be realized, the equipment used to realize the function is different, the off-road performance is different, and the display status on the dashboard is also different. After the plaintiff changed the equipment, still in the configuration table on the standard equipment for the same expression, to the relevant public could easily mislead the public into believing the vehicle was equipped with a "friction plate self-locking center differential", known for superior off-road performance. Therefore, the plaintiff's above behavior constitutes misleading false publicity. Under such circumstances, the plaintiff's mere general disclaimer at the end of the brochure could not eliminate the misunderstanding of the relevant public due to the extremely informative and clear publicity in the entire brochure.

On September 28, 2017, Shanghai Pudong New Area People's Court decided the (2017) H 0115 XC No. 291 Administrative Judgment: rejected the plaintiff X Car Company's litigation request.

After the first-instance judgment, the plaintiff and the defendant did not file an appeal.

[Commentary]

I. The essence of unfair competition by false publicity is "misleading"

According to Article 9, paragraph 1, of the *Anti-Unfair Competition Law* (1993), operators shall not use advertising or other methods to make misleading and false publicity about the quality, composition, performance, use, producer, expiration date or place of origin of goods. From the textual point of view, "misleading" and "false" are juxtaposed qualifiers of "publicity", and the content of publicity is "false" and causes "false". The content of the publicity is "false" and the consequence of causing "misleading" is the necessary condition to be satisfied to constitute "misleading false publicity". Therefore, according to the literal interpretation, both misleading true publicity and non-misleading false publicity cannot be included in the scope of adjustment of this article. Article 8, paragraph 1, of the *Anti-Unfair Competition Law* effective from January 1, 2018, stipulates that operators shall not make false or misleading commercial publicity on the performance, function, quality, sales status, user evaluation, and honors of their goods, so as to deceive and mislead consumers. Therefore, the key to determining whether false publicity constitutes unfair competition lies in whether the publicity behavior is sufficient to produce misleading consequences.

The specific determination of "misleading" is often highly discretionary. The people's court shall determine the misleading false publicity behavior according to the daily life experience, the general attention of the relevant public, the fact of misunderstanding and the actual situation of the target of publicity. The publicity content of this case is the publicity on vehicle configuration and performance in the field of automobile, and in determining whether it is easy to mislead, in terms of the subject matter, it should not be judged on the basis of the cognitive standards of professionals such as experts in the automobile industry or other general public who have no possibility of contacting the vehicle in question, but on the basis of the cognitive standards of the relevant public such as the consumers or potential consumers of the vehicle in question, and the relevant operators in the automobile industry chain, and so on. Cognitive standards for judgment. From the subjective point of view, the relevant public should not be required to do extremely in-depth and comprehensive research and understanding of the configuration and performance of the vehicle in question, but should be determined by the judgment made by the relevant public with ordinary attention. From the basis of judgment, it should be based on the relevant public's daily life experience, but should also refer to the background knowledge of the automobile industry, and combined with the specific circumstances of the publicity behavior, to make a comprehensive determination. From the perspective of objective consequences, the publicity behavior should be sufficient to make the relevant public have a wrong understanding of the configuration and performance of the vehicle in question, thus affecting their purchase choices.

The false publicity behavior mainly manifests itself in the publicity of the three configurations of the vehicle in question, i. e. Big Rock Mode, Central Electronic Differential Lock and Driver's Seat Lateral Support Adjustment of the All Terrain Adaptive Feedback System. Among them, the Big Rock Mode and the driver's seat lateral support adjustment function are not standard functions of the vehicle in question, but can only be realized after the addition of the corresponding optional equipment, and some models cannot realize the driver's seat lateral support adjustment function through the optional equipment. According to the relevant public's daily life experience, the above two advertisements are not only false, but also obviously misleading, which is not difficult to recognize. What is more controversial between the parties is whether the publicity content of the central electronic differential lock constitutes false publicity.

Ⅱ. Determination of "misleading" publicity using non-generic terminology

In the fourth generation of a series of vehicles of a certain brand launched by the plaintiff, the 2013 model year vehicles were equipped with a two-speed transfer case as standard equipment, which was equipped with a "friction plate self-locking center differential", and was labeled as standard equipment on the brochures with "center electronic differential lock". Later, due to business adjustment, the standard equipment of the 2014 model year vehicles, i. e. the vehicles in question, was changed to a single-speed transfer case equipped with a "T－3 Torsen Center Differential", and "Center Electronic Differential Lock" was labeled as the standard equipment on the brochure. The Plaintiff claimed that the label "center electronic differential lock" referred to the "center electronic differential locking function", which could be realized by the friction plate self-locking center differential alone, while the T－3 Torsen center differential could be realized by cooperating with the EDS of the vehicle. The T－3 Torsen Center Differential is capable of performing this function in conjunction with the vehicle's EDS. In view of the fact that the plaintiff used the term "center electronic differential lock" in the brochure, its argument that the label refers to the "center electronic differential locking function" lacks merit. As for "central electronic differential lock", it is not a term stipulated in the national standards or industry standards of the automobile industry, nor is it a common term generally accepted and used by people in the industry. Therefore, the plaintiff's use of this term in its brochures for publicity can hardly be regarded as a "false" commercial promotion. Whether such behavior constitutes "misleading" commercial publicity should be judged in the light of the meaning of the terminology related to "central electronic differential lock" in the field of automobiles, and the general understanding of the relevant public of "central electronic differential lock", so as to determine whether the Plaintiff's use of such terminology in its brochures is "false". The general understanding of the relevant public of "central electronic differential lock" should be judged against the meaning of the terminology related to "central electronic differential lock" in the automobile field, so as to determine whether the relevant public will misunderstand the content of the publicity.

In the automotive industry, the automotive industry terminology related to "central electronic differential lock" includes differential, differential lock, electronic differential system (also known as electronic differential lock), etc. Among them, differential refers to a device that enables the left and right or front and rear drive wheels to rotate at different speeds. This differential refers to the device that can make the left and right or front and rear drive wheels rotate at different speeds, including the front drive axle inter-wheel differential (adjusting the front wheel speed difference), the rear drive axle inter-wheel differential (adjusting the rear wheel speed difference) and the center differential (adjusting the front and rear wheel speed difference). Differential lock is a locking structure on the differential, whose function is to improve the passing ability of the car on a bad road surface (such as ice, snow, mud, etc.), i. e., when one of the drive axles of the car is idling, the differential is locked, and most of the torque, or even all of the torque, is transferred to the drive axle which is not slipping, and the full use of its adhesive force produces enough traction, so as to enable the car to continue to drive. Different differentials adopt different locking methods, and the "T-3 Torsen center differential" and "friction plate self-locking center differential" involved in this case are the mainstream center differentials with locking functions in the market nowadays. Electronic differential system (i. e. EDS, also known as electronic differential lock) is an extended function of ABS, when the electronic control unit according to the wheel speed signal determines that the driving wheel of one side is slipping, EDS will automatically start to work, through the hydraulic control unit of the wheel to apply the appropriate strength of the braking, so as to improve the adhesion of the utilization rate of the driving wheel of the other side, so as to improve the vehicle's ability to pass.

There are the following differences between the aforementioned "friction plate self-locking center differential" and the "T－3 Torsen-type center differential": (1) Different control methods. The connection conditions and torque distribution ratio of the former are controlled by the electronic system without manual control. The latter is a mechanical differential, through the intermeshing interlock and torque unidirectional transmission from the worm to the turbine structure to achieve its locking function, and can work with the vehicle's EDS toenhance its functionality. (2) Off-road performance is different. The low-speed gear of the vehicle fitted with the former can provide 2.93 times the driving torque, making the vehicle in extreme off-road terrain increase the ability to get out of trouble, with better extreme off-road capabilities. Vehicles fitted with the latter have outstanding performance in normal highway driving and are able to strike a good balance between on-road and off-road driving. (3) Different screen display states during operation. The former has communication with the CAN bus and can display its working status in the instrument panel. The latter has no communication with the bus and cannot display its working status in the instrument panel.

For the corresponding consumers, the meaning of the standard equipment with the same name (i. e. "central electronic differential lock") listed in the brochures of the same brand and model of vehicles launched by the Plaintiffs in two consecutive years (i. e., the 2013 and 2014 models of a certain brand of fourth-generation Discovery vehicles) should be consistent. Given that "Center Electronic Differential Lock" is not a common industry term, consumers who see the advertisement in the configuration sheet may, based on their everyday experience and other automotive industry terminology associated with the name, understand it to mean an electronically controlled center differential with a locking function, which Plaintiffs' the essential features of the friction plate self-locking center differential that is standard on the 2013 model year vehicles. Although the T－3 Torsen center differential that is standard on the vehicles at issue is also a center differential with a locking function and is compatible with electronic differential systems, they do not have the same off-road performance, and the level of off-road performance is an important consideration in consumers' choice of off-road vehicles. Plaintiff in the 2014 model year vehicles to change the equipment and off-road performance has been reduced in the case, but still in the configuration table on the part of the content of the same as the 2013 model year vehicles, easy to make the relevant public produce the vehicle standard equipment and its performance with the 2013 models of the vehicle of the same misunderstanding, and in fact there are relevant consumers do have such a misunderstanding. Therefore, the Plaintiff's publicity constitutes misleading and false publicity.

Ⅲ. The effect of disclaimers on "misleading"

When operators promoting its products or services for publicity, they sometimes at the same time attach disclaimers in the brochure or publicity content near the promotional content, such as "pictures for reference only" "prices for reference only" and so on. Such statements can block the determination of false publicity, mainly depending on its statement of whether the content is sufficient to enable the relevant public to eliminate its misunderstanding, should be combined with the statement of the orientation, content and so on to make a comprehensive judgment. For example, taking the common instant noodles (braised beef noodles) as an example, its publicity as the content of the picture contains a large piece of beef, which obviously does not match with the actual product. However, due to the operator in the picture significantly labeled "picture for reference only", and in the ingredient list detailed indication of its ingredients, combined with the general knowledge of ordinary consumers for instant noodles, a misunderstanding of the ingredients of the goods will not be aroused. Therefore, under such circumstances, the seemingly "false" publicity content may not constitute misleading false publicity as stipulated in the Anti-Unfair Competition Law due to its reasonable disclaimer.

In this case, the disclaimer on the brochure in question reads "...This brochure should neither be regarded as a reliable guide to the current technical specifications of a particular brand of automobile..." In terms of orientation, the disclaimer was at the end of the brochure, rather than at the point of the content of the publicity that needed to be clarified. In terms of content, it was a general statement and did not address any specific promotional content. In the case that the publicity content of the case has caused the relevant public to misunderstand, just a general disclaimer at the end of the brochure can not eliminate the misunderstanding of the relevant public due to the extremely informative and clear publicity in the entire brochure.

[Significance]

Operators should adhere to the principle of honesty and good faith in their production and business activities, and shall not make false or misleading commercial publicity on the performance, function and quality of their goods, causing harm to the legitimate rights and interests of consumers. This case involves the determination of whether the use of non-generic terminology for publicity in specialized field constitutes false advertising. Starting from the essence of false publicity, the judgment in this case clarified the issues regarding the definition of relevant public, the standard of general attention, and the validity of disclaimers in the determination of false advertising in the professional field. The case was honored as one of the 50 Typical Intellectual Property Cases of China's Courts in 2017, the Top 10 Cases of Shanghai

Courts for Judicial Protection of Intellectual Property Rights in 2017, and the case analysis was honored as the Second Prize of Outstanding Case Analysis of the National Court System for the Year 2018.

[Case Index]

Case Number:

First instance: Shanghai Pudong New Area People's Court (2017) H 0115 XC No. 291 (September 28, 2017)

Judges:

First instance: Zhang Bin, Xu Jun, Ye Jufen

Drafted by: Ye Jufen

Translated by: Shan Hao

Proofread by: Xi Bingrui

46

Understanding and Determination of "Exemption from Punishment" according to the Administrative Penalty Law

—Administrative Penalty Decision Case between Chen et al. and Shanghai Pudong New Area Intellectual Property Office

Rule

The term "exemption from punishment" as mentioned in Paragraph 2 of Article 27 of the *Administrative Penalty Law* means that an administrative illegal act shall not be punished because it does not meet the punishable requirements necessary for administrative penalties. In determining whether a violation meets the criteria of the provision, it is necessary to assess whether the corresponding violation simultaneously satisfies the three conditions of "minor violation", "timely correction" and "not having caused harmful consequences". When administering penalties for trademark infringement violations, in addition to the relevant provisions of the *Trademark Law*, it is also necessary to follow the principle of proportionality of penalties as stipulated in the Administrative Penalty Law.

Basic Facts

Plaintiff: Chen A

Plaintiff: Chen B

Plaintiff: Wang

Defendant: Shanghai Pudong New Area Intellectual Property Office (hereinafter referred to as Pudong Intellectual Property Office)

Third Party: X West Catering Company

December 15, 2017, the defendant Pudong Intellectual Property Office issued the

Pudong Intellectual Property Office [2017] No. 1520178337, [2017] No. 1520178323, [2017] No. 1520178336 Administrative Penalty Decision (hereinafter collectively referred to as the "Sued Decision") to plaintiffs Chen A, Chen B and Wang respectively, stating that upon investigation, the three plaintiffs jointly invested in the operation of a milk tea shop. The three plaintiffs jointly invested in the operation of the milk tea store, and on September 17, 2017, their store officially opened for business and was marked with the word "HEAKCAA 喜茶" on their store sign, in-store promotional banners, price lists, and milk tea cups. The third party X West Catering Company registered trademark No. 19122315 "**HEEKCAA**", No. 13595312 "**喜茶**", the approved use of services for the 43rd class of cafes, teahouses, restaurants and so on. Without the permission of the trademark registrant, the three plaintiffs marked the word "HEAKCAA 喜茶" on their store sign, in-store promotional banners, price lists and milk tea cups, which was similar to the registered trademark of the trademark right holder, and was used for the same kind of services, which could easily lead to confusion among the relevant public. The aforesaid acts of the three plaintiffs constituted the acts referred to in Article 57(2) of the *Trademark Law* of "using a trademark similar to its registered trademark on the same kind of goods/services without the trademark registrant's permission, which is likely to lead to confusion". According to Article 60(2) of the *Trademark Law*, the three plaintiffs were ordered to immediately stop the infringing behavior and each of them was fined CNY 4, 000.

The three plaintiffs claim that they did not intend to use the allegedly infringing logo, the allegedly infringing logo was authorized by X West Catering Company and they signed a catering service agreement (franchise contract). X West Catering Company charged the plaintiffs to join the fee and issued a letter of authorization, the plaintiffs were in the unknowingly use of the authorized trademarks, there was no subjective infringement of intent, and the use of time was only one month, the violation of the law was minor, and after the defendant's first visit, the plaintiffs stopped the business and rectified the situation in a timely manner without causing any harmful consequences. The three plaintiffs were also the victims of trademark infringement, after paying a huge amount of authorization fees, rent and renovation costs, and shall not add insult to injury, and then suffer the defendant's fine. The defendant made the accused decision to find the facts are not clear, the application of the law is wrong, shall be revoked. The three plaintiffs requested the court to order: withdraw the sued decision, and exempt the three plaintiffs from the liability of fine.

The defendant Pudong Intellectual Property Office argued that the defendant's punishment on the three plaintiffs for infringement of the exclusive right to use the registered trademarks of others was in accordance with the law, the administrative subject is qualified and is legally valid. First, the fact of the defendant's decision on the three plaintiffs is clear, and the evidence is solid and sufficient. Second, the defendant's decision on the three plaintiffs to make administrative punishment procedure is lawful. The defendant's decision on the three plaintiffs to make administrative punishment has a sufficient legal basis, the punishment is appropriate. Reasons held by the three plaintiffs that they should not be punished cannot be established. The three plaintiffs' illegal business profits amounted to CNY 12, 000, at the same time caused confusion to the public, having caused harmful consequences. The defendant's decision on the three plaintiffs were fined twice the amount of illegal business profits, which is within the range of the law, also the minimum within discretion, but also in the spirit of punishment and education, hoping that the three plaintiffs can realize their own mistakes and correct, to avoid more serious violations of the law in the future.

The third party, X West Catering Company, stated that before the three plaintiffs signed the catering service agreement with them, the trademarks of "**HEEKCAA**" and "喜茶", by the third party's use and promotion of publicity in the country already has a high degree of popularity and reputation, in this case, the three plaintiffs neither stop signing or infringing, nor did they ask X West Catering Company for the trademark certificate or other documents proving the right of the authorized logo, it is evident that the three plaintiffs knew or should have known that the allegedly infringing logos existed in infringing circumstances but still used them in the stores they operated, which should not be exempted from the penalties.

[Holding]

Shanghai Pudong New Area People's Court held that, according to Article 61 of the *Trademark Law* and the *Decision of the Shanghai Municipal People's Government on Matters Relating to Intellectual Property Rights in Pudong New Area*, the defendant had the statutory authority to investigate and handle complaints and reports of infringement of the exclusive right to use registered trademarks within the jurisdiction. In the three cases, the defendant had received, investigated, inquired and provided feedback on the complaints, and the enforcement procedures were in line with the relevant regulations.

The focus of the dispute in the three cases was whether the administrative penalties imposed by the defendants for the trademark infringement of the three plaintiffs were correct in terms of the application of the law and whether the amount of the penalties was lawful. First of all, article 27, paragraph 2, of the *Administrative Penalty Law* provides that "if the violation is minor and is corrected in a timely manner, and does not cause harmful consequences", no penalty shall be imposed, as an administrative violation does not have the requirements for the punish ability of an administrative penalty and is therefore not punishable. The three plaintiffs' behavior has not yet satisfied the three elements of "minor violations", "timely correction" and "no harmful consequences". Firstly, the three plaintiffs did not authorize the use of the project logo for strict examination, subjective aspects of greater fault. Secondly, the store has been operating for more than a month since the opening to the defendant's door-to-door law enforcement inspection, the three plaintiffs' behavior has infringed on the legitimate rights and interests of the third party as the No. 19122315 English word "HEEKCAA" and No. 13595312 Chinese word "喜茶" trademark rights and interests of consumers. Thirdly, the three plaintiffs in the defendant law enforcement inspection, only after the display of the allegedly infringing signs of the store signs, decorations all removed, but at this time the harmful consequences have already occurred, has not yet reached the above provisions of the timely correction of the requirements.

Next, the amount of punishment imposed by the defendant on the three plaintiffs is lawful. The three plaintiffs jointly invested one-third each to open the store. From the time the store formally open for business until it was investigated, the turnover was CNY 12, 000. The decision in question, based on these circumstances, used the three individuals' investment ratios and profit-sharing ratios as the basis to determine that each plaintiff's illegal business turnover was one third of the total, i. e., 4, 000 yuan. Consequently, the corresponding administrative penalties were imposed in accordance with the law and did not violate the principle of proportionate penalties as stipulated in Article 4 of the *Administrative Penalty Law*.

In summary, the three plaintiffs sued that the sued decision was unclear in facts, incorrect in application of the law, and demanded that the sued decision be revoked. Such argument is lack of factual and legal basis.

Shanghai Pudong New Area People's Court made the (2018) H 0115 XC No. 373 – 375 Administrative Judgment: rejected the plaintiffs' litigation request.

After the first-instance judgment, neither the plaintiffs nor the defendant file an appeal.

[Commentary]

The three plaintiffs believed that their violations were minor, and took the initiative to correct the violations in a timely manner, without causing harmful consequences, in accordance with the provisions of Article 27, Paragraph 2, of the *Administrative Penalty Law*, and should be exempted from punishment. In this regard, it is necessary to correctly understand Article 27, Paragraph 2, of the *Administrative Penalty Law*, and combined with the facts, determine whether the actions of the three plaintiffs comply with this article. Consequently, a comprehensive review of the legality of the defendant's administrative action should be conducted.

I. Correctly understanding Paragraph 2 of Article 27 of the *Administrative Penalty Law*

Articles 25①, Article 26② and Paragraph 2 of Article 27 of the *Administrative Penalty Law* provide for "Exemption from Punishment" in three cases, respectively. Articles 25 and 26 are mainly based on the incapacity of the perpetrator, and the existence of special circumstances for the subject of the act makes the act inherently unlawful. The Exemption from Punishment provided for in Paragraph 2 of Article 27, "Where the violation is minor and is corrected in a timely manner, with no harmful consequences", means that the administrative department, in accordance with the provisions of laws and regulations, exempts the perpetrator of the violation from the application of the administrative penalty, which shall have been imposed, due to the existence of legal reasons.③ That is, the behavior is still illegal in nature, but the perpetrator does not bear the legal responsibility of administrative punishment. From the literal meaning of the provisions, three elements should be satisfied at the same time: 1. "The violation is minor", that is, compared with other administrative offenses, the nature of the act, the circumstances, the social harm, etc., are minor, special attention needs to be paid that if the laws, regulations, rules, etc., have already provided detailed provisions for cases where the illegal act is minor, these should be applied first. Only in the case that the other provisions do

---

① Article 25 of the Administrative Penalties Law: If a person under 14 years of age commits an unlawful act, he or she shall not be subject to administrative penalties and shall instruct his or her guardian to discipline him or her; if a person who has reached the age of 14 but is not yet 18 years of age commits an unlawful act, he or she shall be subject to a lighter or less severe administrative penalty.

② Article 26 of the Administrative Penalties Law: If a mentally ill person commits an unlawful act when he or she is unable to recognize or control his or her own behaviour, he or she shall not be subject to administrative penalties, but his or her guardian shall be instructed to keep him or her under close supervision and to provide him or her with treatment. Intermittent mental patients who commit unlawful acts when they are in a normal state of mind shall be subject to administrative penalties.

③ See Answers to Questions Concerning the Implementation of Article 27 of the Administrative Punishment Law of the People's Republic of China.

not specify situations of "not punishable" should the provisions of paragraph 2 of Article 27 of the *Administrative Penalty Law* be applied. 2. "Corrected in a timely manner", mainly emphasizes the timely adoption of corrective measures in order to avoid the occurrence of harmful consequences. If an act, even if corrected, can not avoid or eliminate the occurrence of harmful consequences, there is no need to apply the provision. 3. "No harmful consequences", refers to objectively not causing infringement of the legal interests protected by law. Academics have two different perceptions of the harmful consequences, one is that the harmful consequences are the damage caused by the illegal act to the object protected by the administrative law of our country; the other is that the harmful consequences are the damage that has been or may be caused by the illegal act to the administrative management order protected by the administrative law.① Here shall be understood in a broad sense.

Ⅱ. The behavior of the three plaintiffs constitutes trademark infringement as stipulated in Article 57(2) of the *Trademark Law*

The object of administrative penalty is the act that shall be subject to administrative penalty, that is, the act or omission of the administrative counterpart in violation of the obligations under the administrative law and shall be punished according to law. It is the basis for the actor to bear the liability for administrative penalty.② Therefore, identifying and recognizing the behavior of the three plaintiffs and its nature is a prerequisite for the administrative department to impose administrative penalties. In the course of the trial, the three plaintiffs had proposed that the use of the infringing logo in the milk tea store opened by them was authorized by X West Catering Company, which had a lawful source, and should be subject to the provisions of Article 60(2) and Article 64(2) of the *Trademark Law* on lawful source, and should not be subject to a fine. Comprehensively considering the evidence in the case, "HEEKCAA" and "喜茶" logo is the third person, X West Catering Company's No. 19122315, No. 13595312 registered trademark, and its authorized use of services are the 43rd class of cafes, tea houses, restaurants and so on. The three plaintiffs jointly funded the opening and operation of the milk tea store, fulls within the same kind of services as the field of third party's registered trademark. The three plaintiffs, by signing a catering service agreement with X West Catering Company, were authorized to open "喜茶" store in Shanghai Pudong New Area, No. 322 Rongke Road. Upon comparison of the logos of "HEAKCAA 喜茶", "HEAKCAA" and "喜茶" used by the three plaintiffs on the posters, banners, price lists and milk tea cups

① See Quan Mengyan, Exploration and Analysis of the Provisions of Article 27 of the Law on Administrative Penalties on Not Imposing Administrative Penalties, Master's Thesis, East China University of Political Science and Law, 2016, p. 36.

② See Jiang Bixin, On the Constitutive Elements of Punishable Behavior, *Journal of Law Application*, Vol. 6, 1996.

in their milk tea shops with registered trademark No. 19122315 "HEEKCAA" and registered trademark No. 13595312 "喜茶" of the third party, in the English part, only the third letter "A" and "E" differed from each other, and the overall font and pronunciation were similar; in the Chinese part, only the font of the characters "喜茶" differed, and although there was an icon in the upper right corner of the Chinese characters "喜茶" used by the three plaintiffs, the icon and the text in the box (the vertically arranged "GANGZUO 港座") were small as a whole, and the position of the icon was higher and there was a certain distance from the characters "喜茶", which could be easily ignored by the relevant public, thus leading to confusion. Therefore, the behavior of the three plaintiffs belongs to the *Trademark Law*, Article 57 (2) without the permission of the trademark registrant, the use of its registered trademark on the same kind of goods in close proximity to the trademark, easily lead to confusion, and not the *Trademark Law*, Article 57 (3) of the sale of goods infringing the exclusive right to use registered trademarks. Therefore, the defendant can be in accordance with the provisions of Article 60, paragraph 2 of the *Trademark Law* on the three plaintiffs to impose administrative penalties.

Ⅲ. The behaviors of the plaintiffs do not satisfy the requirements stipulated in Article 27 (2) of the *Administrative Penalty Law*

In determining whether a violation complies with the provisions of this article, it is necessary to determine whether the corresponding violation satisfies the three elements of "minor violation", "timely correction" and "no harmful consequences". In practice, the determination of "minor violations" generally takes into account the subjective degree of fault of the perpetrator, whether the act violates only procedural provisions, and the amount and number of violations involved.

Firstly, from the three plaintiffs' subjective degree of fault. The actor's subjective degree of fault is one of the important factors to determine the nature of trademark infringement and the circumstances, while the nature of trademark infringement, and the circumstances is one of the elements to determine the punishability and social harm of the act.

The three plaintiffs claimed in the trial that the customer service of X West Catering Company of the outsiders informed them that they could visit "喜茶" (the third party's directly-managed store in Shanghai) located in a shopping mall in Shanghai, which made the three plaintiffs mistakenly believe that the outsiders were the formal operator of the "喜茶" and entered into the franchise agreement with it. The allegedly infringing store signs, in-store banners, price lists and logos on the milk tea cups used by the plaintiffs in the milk tea stores they operate were all made in accordance with the authorization of the outsiders (or purchased from the outsiders). “喜茶” is not a highly recognized trademark, and the three plaintiffs themselves have no subjective malice in infringing. The three plaintiffs, as franchisees of the milk tea store, should have exercised reasonable diligence in reviewing whether the licensor was the rightful owner of the licensed logo. However, according to the evidence in the case, X West Catering Company in the process of signing the franchise contract, to the plaintiffs provided a copy of the business license, “HEAKCAA 喜茶” authorization, store qualification certificate and other materials, but did not provide the alleged infringement of the logo of the trademark registration certificate. The three plaintiffs, in the case of not finding out the relevant facts in the store opened by the use of “HEAKCAA 喜茶”“喜茶” word mark, did not fulfill a reasonable audit obligation, and with a subjectively significance fault. It is not merely a matter of complying with the agreement to use the licensee designated logo, decoration, etc., that the subjective bad faith can be excluded, and the fault is not directly related to the popularity of the infringed trademark.

Secondly, from the perspective of the harmful consequences of the three plaintiffs' offenses. Administrative penalties are not usually based on the occurrence of harmful results as a basic requirement, but the harmful consequences of a certain behavior can usually reflect the size of the social harm of the behavior.① The milk tea store operated by the three plaintiffs started to operate on September 17, 2017 to the public. After receiving complaints from the public, the defendant carried out an enforcement inspection of the store in question on October 25 of the same year, and after a series of statutory procedures, including investigation and inquiry, the defendant ultimately made a decision to impose an administrative penalty. Visibly, there has been more than a month since the store in question open to the inspection of the defendant, the three plaintiffs' behavior has already infringed on the third person, X West Catering Company as the legitimate rights and interests of the trademark right holders of No. 19122315 “HEEKCAA” and No. 13595312 “喜茶”. At the same time, it also harmed the interests of consumers, and caused certain harmful consequences.

Third, from the three plaintiffs timely correction of illegal behavior. The so-called timely correction, should be the harmful consequences have not yet occurred before the correction. According to the interrogation records submitteded by the defendant, the three plaintiffs removes the display of the allegedly infringing signs of the store signs, decorations only after the defendant's inspection, but at this time the harmful consequences have already occurred. It

① See Yin Peipei, The Theory of Not Imposing Administrative Penalties – Based on the Expansion of the Provisions of Article 27, Paragraph 2 of China's Administrative Penalty Law, *Political Science and Law*, Vol. 11, 2015.

has not yet reached the requirement of the above provisions of the timely correction.

Ⅳ. The punishments imposed by the defendant on the three plaintiffs comply with the principle of punishment in proportion to offense

According to Paragraph 2 of Article 4 of the *Administrative Penalty Law*, the establishment and imposition of administrative penalties must be based on facts and shall correspond to the facts, nature and seriousness of the violations of law as well as the extent of harm caused to society. Generally speaking, the implementation of administrative penalties needs to take into account the following factors: the facts of the offense should be punished, the nature of the offense and whether it belongs to the scope of administrative penalties, the circumstances of the offense, the degree of social harm, etc. In this case, the three plaintiffs each invest 1/3 of the capital to open the store. From the store formally open for business to when it was investigated and dealt with (lasted more than a month), the turnover was CNY 12, 000. The decision in question, based on the investment ratio of the three plaintiffs' investments and profit sharing as a basis, determined that the illegal business turnover for each plaintiff was one third of the total, amounting to CNY 4, 000 each. The defendant, within the range of Article 60, Paragraph 2 of the *Trademark Law*, taking into account the circumstances of the three plaintiffs illegal behavior, nature, social harm, subjective fault and other factors, the three plaintiffs imposed a fine of CNY 4, 000, did not violate the above principles.

[Significance]

Along with the growth of the internet economy, the phenomenon of counterfeit brands has emerged along with the proliferation of "internet-famous stores". This case is an intellectual property administrative litigation arising from a trademark administrative penalty imposed by the Pudong Intellectual Property Office against an operator imitating "Heytea", and is the first administrative case accepted by a Shanghai court after exploring the reform of the administrative "three-in-one" system for patents, trademarks, and copyrights. In the trial of the case, the court gave full play to the leading role of the judiciary, combined with the spirit of the provisions of China's Administrative Penalty Law, and made a decision adhering to the principle of proportionality in punishment and penalties, supporting the administrative department to actively perform its duties, effectively maintaining the order of intellectual property administration, and vigorously promoting the administrative protection of intellectual property rights. The judgment of this case also suggests that the franchisees should diligently verify the relevant qualifications of the licensor and the legality of the business resources before engaging in the relevant business. The judgment of this case is of positive significance in purifying the market order and safeguarding the legitimate rights and interests of consumers.

[Case Index]

Case Number:

First instance: Shanghai Pudong New Area People's Court (2018) H 0115 XC No. 373 – 375 (August 14, 2018)

Judges:

First instance: Jin Minzhen, Ni Hongxia, Lu Guangyi

Drafted by: Lu Guangyi

Translated by: Shan Hao

Proofread by: Xi Bingrui

47

Judicial Review of Administrative Cases on Geographical Indications Certification Trademarks

—Administrative Penalty and Administrative Reconsideration Case between X Catering Management Company, Pudong New Area Intellectual Property Office and Pudong New Area People's Government

Rule

The function of a geographical indication certification mark is to identify the source of the goods, as well as to identify the quality, manufacturing method and other specific qualities of the goods arising from the origin of the goods from a certain region, which are determined by the natural or human factors of that region. Products that can use geographical indications must also meet the specific quality requirements of the certification mark for geographical indications while using the certification mark for geographical indications. The determination of infringement of the right of proof mark of geographical indication shall be analyzed comprehensively with the characteristics of the proof mark of geographical indication and the provisions of the *Trademark Law* on the infringement of the exclusive right of registered trademark. Without the permission of the owner of the trademark of geographical indication, the act of using the trademark logo on the outer package of the goods is a trademark infringement. Trademark infringement in the Pilot Free Trade Zone can not exclude the application of China's *Trademark Law* and other laws. Imported goods with Chinese labels, are sold in China, their behavior should be regulated by the Chinese laws.

Basic Facts

Plaintiff: X Catering Management Company

Defendant: Shanghai Pudong New Area Intellectual Property Office (hereinafter referred to as Pudong Intellectual Property Office)

Defendant: Shanghai Pudong New Area People's Government (hereinafter referred to as Pudong Government)

Third Party: Zhejiang X Technology Promotion Center

"Longjing Tea" is a certification trademark registered in China by Zhejiang X Technology Promotion Center of Zhejiang Province. The trademark registration No. 5612284 approved to be used on the goods (30 categories): tea. remains valid until December 6, 2028. The plaintiff imported tea from Singapore on three separateoccasions in 2018 and 2019, commissioned an outsider customs broker to handle the formalities of importing the above tea, and affixed Chinese labels with the words "ShengXi LongJing Tea" and "LongJing Tea" on the packages of tea without the authorization of the trademark owner, and then sold them in China.

On November 2, 2020, the defendant Pudong Intellectual Property Office made PZCZ [2020] No. 1520198343 Administrative Penalty Decision, found that the plaintiff's behavior constituted the infringement of the exclusive right to use registered trademarks as stipulated in paragraph 2 of Article 57 of the *Trademark Law*, and decided to order the immediate cessation of the infringing behavior, confiscate the infringing tea, and impose a fine of CNY 545, 273.06.

The plaintiff disagreed with the decision and applied for administrative reconsideration to the defendant Pudong Government. After examination, the defendant Pudong Government held that the plaintiff's reasons for reconsideration were no legal basis. Therefore, it made the Administrative Reconsideration Decision, PFFJ [2020] No. 1010, on March 22, 2021, uphold the aforesaid administrative penalty decision made by the Pudong Intellectual Property Office.

X Catering Management Company claimed that the defendant Pudong Intellectual Property Office, confiscation of tea and fines of that administrative penalty decision is unclear, the application of law is not appropriate. And there is no factual and legal basis that the administrative reconsideration made by the defendant Pudong Government to be maintained. 1. The plaintiff's behavior does not constitute an infringement of the "Longjing Tea" trademark. Imported Chinese labeling behavior is not the plaintiff's behavior, the Chinese labeling behavior occurs in the pre-entry, should not be identified as the plaintiff's behavior in China, the defendant's decisions are no factual and legal basis. The Chinese labeling of "ShengXi LongJing Tea" and "LongJing Tea" is not distinguish the source of goods, does not meet the legal definition of "trademark use" under *trademark law*. 2. The Administrative act of imposing an administrative fine on the plaintiff does not have the legality, and the amount is too high to be reasonable. The plaintiff's behavior does not constitute trademark infringement, should not be administrative penalty. The plaintiff's product sales behavior should not be imposed the administrative fine. Even if the plaintiff's behavior constitutes trademark infringement, the administrative fine of CNY 545, 273.06 is too heavy, no legal basis and not reasonable. The Plaintiff claimed that the Administrative Penalty Decision of Pudong Intellectual Property Office PZCZ [2020] No. 1520198343 and the Administrative Reconsideration Decision of Pudong Government PFFZ (2020) No. 1010 shall be revoked.

The defendant Pudong Intellectual Property Office argued that the administrative penalty decision made by the plaintiff's factsis clear, the evidence is solid, the legal basis is sufficient, the procedure is legal, the content of the penalty decision is lawful and reasonable. The registered trademark "LongJing Tea" is a geographical indications certification trademark. The plaintiff labeled Chinese words "LongJing Tea" and "ShengXi LongJing Tea" on the tea packaging without permission, which serves to identify the origin place and other specific quality of the goods and easily cause confusion. The Plaintiff's unauthorized use of "LongJing Tea" and "ShengXi LongJing Tea" damaged the legitimate rights and interests of the registered trademark "LongJing Tea". Plaintiff attached "LongJing Tea" "ShengXi LongJing Tea" Chinese labeling behavior constitutes the use of trademarks. Who used "LongJing Tea" trademark on the tea in question was the plaintiff rather than its supplier TWG Company, and the plaintiff could not provide clear information on the source of tea, also did not provide the "LongJing Tea LongJing Tea" registered trademark license basis for TWG Company. So there is no evidence to prove that the Plaintiff's use has obtained the authorization of the owner of the registered trademark "LongJing Tea". Because the plaintiff does not have the circumstances of no administrative penalty, mitigation, light or heavy administrative penalty, should be given in the general range of administrative penalty, that is, 1.5 times to 3.5 times the amount of illegal business. Therefore, the defendant in accordance with the provisions of the law, in the general range of the plaintiff imposed a fine of 2 times the amount of illegal business and confiscation of infringing goods of the penalty decision is lawful and reasonable, full consideration of the "penalties in line with offenses" "combination of punishment and education" and other principles.

The defendant Pudong Government argued that the plaintiff's use of "LongJing

Tea" infringed the exclusive right to use the registered trademark No. 5612284. The administrative penalty imposed by the defendant Pudong Intellectual Property Office on the plaintiff is legal and reasonable. The defendant Pudong Government had the legal responsibility to make the administrative reconsideration decision, which was clear in facts, conclusive in evidence, correctly applicable in law, and legally processed.

The third party Zhejiang X Technology Promotion Center stated that it is the registrant of the geographical indication certifications trademark No. 5612284 "LongJing Tea" and manages the trademark in accordance with the law. The plaintiff, without the authorization, attached Chinese labels with the words "ShengXi LongJing Tea" and "LongJing Tea" on the tea packages, and used the logo similar to the "Longjing Tea" trademark registered by the third party as the product name or decoration, causing confusion among the relevant public regarding the origin and specific quality of the goods involved. This infringed upon the trademark exclusive rights of the third parties to use the trademark. The administrative penalty imposed by the defendant Pudong Intellectual Property Office on the plaintiff and the administrative reconsideration decision made by the defendant Pudong Government were legal and reasonable. The two defendants were qualified, the facts were clear, the evidence was indeed sufficient, the application basis was correct, the procedure was legal, the content was appropriate, and their administrative actions were legal and reasonable.

[Holding]

Shanghai Pudong New Area People's Court held that, according to Article 76 of the *Implementing Regulations of the Trademark Law*, using a mark that is the same or similar to another person's registered trademark as a product name or decoration in the same kind of goods or similar goods, if it misleads the public, constitutes an infringement of the exclusive right to use a registered trademark as stipulated in Article 57 (2) of the *Trademark Law*. The plaintiff's use of the "LongJing Tea" logo on the packaging of the goods constituted trademark infringement under Article 57 (2) of the *Trademark Law*. The evidence provided by the plaintiff to the defendant Pudong Intellectual Property Office was insufficient to prove that it met the conditions for using the "LongJing Tea" geographical indications certification mark, which constituted an infringement of the third party's exclusive right to use the "LongJing Tea" registered trademark. The defendant Pudong Intellectual Property Office's determination of the plaintiff's behavior in the case was accurate, with sufficient evidence and in compliance with legal provisions. The defendant Pudong Intellectual Property Office's determination of the administrative penalty decision was clear, the evidence was true and sufficient, the application of laws and regulations was correct, in accordance with legal procedures, and the penalty result was appropriate. The plaintiff's request to revoke the administrative penalty decision lacks factual and legal basis, and shall not be supported by the court. The evidence and basis provided by the defendant Pudong Government were sufficient to prove that they had the authority to make the defendant's reconsideration decision, and the reconsideration decision made was legal. The plaintiff's request for revocation of the reconsideration decision cannot be substantiated.

On September 16, 2021, Shanghai Pudong New Area People's Court issued the (2021) H 0115 XC No. 399 Administrative Judgment, rejecting the plaintiffs' litigation request.

After the first instance judgment, the plaintiff filed an appeal. On August 17, 2022, Shanghai Intellectual Property Court issued the (2022) H 73 XZ No. 1 administrative judgment, rejecting the appeal and upholding the original judgment.

[Commentary]

Geographical indications, or "appellations of origin", are a kind of intangible property. As geographical indications have the function of indicating the origin, quality, reputation and other characteristics of commodities, it has also become an effective carrier for promoting the economic development of regional characteristics, a vivid carrier for protecting and inheriting traditional excellent culture, and an important resource for right holders and enterprises to participate in market competition. When the geographical indications certification mark is infringed, the administrative department may impose corresponding administrative penalties on the infringer according to the law, and the infringer may request for administrative reconsideration if the infringer is not satisfied with the administrative penalties. The judgment of whether the behavior of the perpetrator infringes upon the trademark right of geographical indications and the review of the legality of the administrative penalty and administrative reconsideration are the main contents of the administrative cases of intellectual property rights of geographical indications certification mark.

Ⅰ. Judicial review of geographical indications trademark infringement

The function of a geographical indications certification mark includes two aspects, one is to identify the source of the goods, and the other is to identify other specific qualities of the goods arising from the origin of the goods from a certain region, such as the quality and the manufacturing method, etc., which are determined by the natural factors or human factors of the region. In this case, LongJing Tea as China's traditional tea, has a high reputation, its specific quality is mainly by its tea producing areas of natural factors, picking conditions and production technology and so on. The third party Zhejiang X Technology Promotion Center, holds the No. 5612284 "LongJing Tea" registered trademark in the 30th category "tea" and, during the registration period, act as the holder of the geographical indications certificate trademark. The third party, as the right holder of the geographical indications certification mark, has the right to effectively manage or control the use of the mark, so that the commodities using the mark can meet the requirements of the rules on the management of the use of the mark. The third party has the right to stop the use of "LongJing Tea" if it does not conform to the conditions for the use of the geographical indications "LongJing Tea".

As to whether the behavior of the perpetrator infringes the trademark right of the geographical indications trademark, in addition to judging whether the goods are the same or similar, and whether the trademarks are the same or similar, the most crucial thing is to judge whether the behavior of the perpetrator belongs to the behavior of trademark use. Article 48 of the *Trademark Law* stipulates that the use of a trademark referred to in this Law refers to the use of a trademark on goods, packaging or containers of goods, and instruments of trade in goods, or the use of a trademark in advertisements and publicity, exhibitions, and other commercial activities for the purpose of identifying the source of goods.

(Ⅰ) Judge the act pattern. The plaintiff implemented the act of attaching Chinese labels. According to the agreement signed between the plaintiff, X Catering Management Company, and an outsider X Customs Brokerage Company, X Customs Brokerage Company acted as an agent for the sorting and review of import customs declaration documents. X Catering Management Company is responsible for fulfilling the import contract. According to the inquiry records of personnel from X Catering Management Company and X Customs Brokerage Company, the text content on the Chinese label on the outer packaging box of the tea in question was provided by X Catering Management Company. After the label was made and confirmed by X Catering Management Company, it was then affixed by X Customs Brokerage Company. The product was sold by the plaintiff. Therefore, the act of attaching should be recognized as being carried out by the plaintiff, and the relevant legal consequences should also be borne by the plaintiff.

(Ⅱ) Specific requirements for geographical indications trademarks. According to the provisions of the Implementing Rules for the Administration of the Use of the LongJing Tea Certification Mark, the LongJing Tea Certification Mark is a certification mark registered by the Trademark Office of the State Administration for Industry and Commerce, which is used to certify the specific qualities of the LongJing Tea. Zhejiang X Technology Promotion Center is the registrant of LongJing tea trademark, and enjoys the exclusive right of LongJing tea trademark. The geographical scope of cultivation of the products using the certification mark of LongJing tea is the following counties (cities and districts): Xihu District (West Lake Scenic Spot) of Hangzhou City, Xiaoshan District, etc. The products are grown in accordance with GB/T 18650 and the certification mark of LongJing tea. The products are produced and processed according to the provisions of GB/T 18650 "Geographical Indications Products LongJing Tea", and the quality of the products is in line with GB/T 18650 "Geographical Indications Products LongJing Tea". GB/T 18650 "Geographical Indications Products LongJing Tea" further specifies that the LongJing Tea is picked within the scope of the protection of LongJing Tea Geographical Indications Products in line with the selection of the appropriate LongJing Groups, etc. The LongJing Groups have been examined (recognized) and determined to be suitable for the cultivation of LongJing Tea. LongJing Tea is a flat green tea with "green color, rich aroma, mellow taste and beautiful shape", which is processed according to the traditional craft within the scope of the protection of geographical indications products, and the fresh tea leaves of tea tree varieties that are suitable for the processing of LongJing Tea are examined (recognized). LongJing Tea for processing equipment, processing technology, processing technology has the corresponding requirements, the product according to the sensory quality (including appearance, aroma, taste, soup color, leaf bottom and other requirements) is divided into special grade, first grade, second grade, third grade, fourth grade, and fifth grade, and meet the corresponding quality and safety indicators and physical and chemical indicators (moisture, total ash, water leachate, powder and broken tea), and to meet the requirements of a certain amount of negative deviation of the net content. Therefore, the products that can use the geographical indications of "LongJing Tea" must meet the above planting area and quality requirements.

(Ⅲ) The judgment of confusion and misidentification. The plaintiff's use of "ShengXi LongJing Tea" and "LongJing Tea" as trade names can easily lead to public misunderstanding regarding the source of the goods and their specific qualities. The plaintiff in the case using the Chinese label on the outer box of the goods prominently marked "ShengXi LongJing Tea" "LongJing Tea" as a trade name, on the one hand, easily caused the relevant public to mistake the source of tea, and mistakenly believe that the plaintiff's sales of tea from the LongJing Tea cultivation area; on the other hand, it will also lead to the relevant public on the tea processing technology, sensory quality, quality and safety indicators, physical and chemical indicators, net content requirements and other specific qualities of LongJing Tea, mistakenly believe that the plaintiff's sales of tea with the "LongJing Tea" geographical indications of specific qualities of the goods.

In summary, Article 76 of the *Implementation Regulations of the Trademark Law* stipulates that if a trademark that is identical or similar to another person's registered trademark is used as a product name or decoration on the same or similar goods, misleading the public, it constitutes an infringement of the exclusive right to use a registered trademark as stipulated in Article 57 (2) of the *Trademark Law*. The plaintiff's use of the "LongJing Tea" logo on the outer packaging of the goods constituted trademark infringement under Article 57 (2) of the *Trademark Law*. The evidence provided by the plaintiff to the defendant Pudong Intellectual Property Office was insufficient to prove that it meet the conditions for using the "LongJing Tea" geographical indications to prove the trademark, which constituted an infringement of the third party's exclusive right to use the "LongJing Tea" registered trademark.

Ⅱ. Regulating trademark infringement in the free trade zone

In this case, the labeling behavior occurs before the goods out of customs, labeling behavior should be subject to China's *Trademark Law*. On the one hand, China (Shanghai) Pilot Free Trade Zone is based on China's laws and regulations in China's regional special economic zones, due to the special nature of the customs policy of the Pilot Free Trade Zone, the imported goods into the zone procedures, customs clearance is more convenient, but in the Pilot Free Trade Zone of the infringement of trademarks, can not be excluded from China's *Trademark Law* and other laws. On the other hand, the plaintiff on the import of tea goods attached to the Chinese label for the purpose of circulation in China, the tea goods have been into China and sales, attached to the label of the specific time and place do not affect the nature of the labeling behavior, the plaintiff's behavior should be subject to the regulation of China's laws.

Ⅲ. Judgment of the legality of the intellectual property administrative penalty and administrative reconsideration

Article 60 (2) of the *Trademark Law* provides that the administrative department for industry and commerce, when dealing with the infringement is found to be established, shall order the immediate cessation of the infringing act, confiscate and destroy the infringing goods and tools mainly used in the manufacture of the infringing goods and the counterfeiting of the registered mark, and if the amount of the illegal business operation is more than CNY 50, 000 yuan, it can be imposed on a fine of not more than five times the amount of the illegal business operation, and there is no amount of the illegal business operation or the amount of the illegal business operation is less than CNY 50, 000 yuan. A fine of not more than CNY 250, 000 may be imposed... The defendant, Pudong Intellectual Property Office, based on the plaintiff's illegal business amount of CNY 272, 636. 53, combined with the nature and circumstances of the plaintiff's illegal acts, made a decision to confiscate the infringing products and impose a fine of twice the amount of the illegal business amount on the plaintiff, which was consistent with the above provisions of the law and within a reasonable range.

Regarding whether the amount of unsold tea can be included in its illegal business turnover, according to Article 78 of the *Regulations for the Implementation of the Trademark Law*, the following factors can be taken into account in calculating the illegal business turnover stipulated in Article 60 of the *Trademark Law*: (i) the sales price of the infringing goods; (ii) the marked price of the unsold infringing goods; (iii) the average price of the infringing goods that have been identified as having been sold accurately; (iv) the middle market price of the infringed goods...Therefore, the illegal business amount includes both the business amount of the infringing products that have been sold and the business amount of the infringing products that have not been sold. In this case, the defendant Pudong Intellectual Property Office of the plaintiff has sold the value of infringing goods, according to the actual sales price. The value of unsold infringing goods, in accordance with the average price of the actual sales of infringing goods, in line with the above provisions.

With regard to the judgment on the circumstances in which administrative punishment should, can be exempted, mitigated or reduced, according to the provisions of Article 27 of the *Administrative Punishment Law* (amended in 2017) : "If the party concerned has one of the following circumstances, the administrative punishment shall be mitigated or reduced in accordance with the law: (i) taking the initiative to eliminate or mitigate the harmful consequences of the illegal act; (ii) being coerced by another person to commit an illegal act; (iii) cooperate with the administrative department to investigate and deal with the violation of law with meritorious performance; (iv) other law shall be mitigated or reduced administrative punishment. If the offense is minor and corrected in time, without causing harmful consequences, no administrative penalty shall be imposed. " In this case, although the plaintiff can cooperate with the investigation of the defendant Pudong Intellectual Property Office, but the plaintiff's trademark infringement has been implemented, the consequences of the illegal behavior has occurred, and in the case of sales still exists after being filed, the amount of illegal business is high, does not belong to the situation of minor violations, does not constitute the conditions of mitigation, alleviation or exemption from administrative punishment, the penalty decision made by the defendant, Pudong Intellectual Property Office, did not violate the laws.

[Significance]

This case marks the first administrative case involving intellectual property rights of geographical indications. It serves as a vivid practice of the "three-in-one" trial mechanism for intellectual property rights. Additionally, it highlights the Pudong Court's achievement in developing an enhance version of this trial mechanism nationwide. This case clarifies the rules of adjudication for infringement of geographical indications certification mark rights, reflecting the determination and strength of strict intellectual property protection and strengthening the protection of geographical indications. This case is an administrative case involving intellectual property rights in the Free Trade Zone, and the judgment made it clear that if goods are imported into the Free Trade Zone, entered into China and sold in China, the relevant acts are still subject to the regulation of China's laws, which positively responds to the demand for judicial protection of intellectual property rights in the China (Shanghai) Pilot Free Trade Zone, and pushed forward the construction of a business environment based on the rule of law.

This case was honored as one of Top 10 Intellectual Property Cases by Chinese Courts in 2022, Top 10 Typical Cases on Intellectual Property Protection by Shanghai Courts in 2022, and Top 10 Cases on Judicial Protection of Intellectual Property by Shanghai Courts in 2022.

[Case Index]

Case Number:

First instance: Shanghai Pudong New Area People's Court (2021) H 0115 XC No. 399 (September 16, 2021)

Second instance: Shanghai Intellectual Property Court (2022) H 73 XZ No. 1 (August 17, 2022)

Judges:

First instance: Wu Jinshui, Wu Zhiyong, Wang Xiao

Second instance: Qian Guangwen, Ling Zongliang, Fan Jingbo

Drafted by: Wang Xiao

Translated by: Shan Hao

Proofread by: Xi Bingrui

48

Judicial Review of the Administrative Offense of Registering the Names of Major National Projects in Bad Faith

—Administrative Penalty Decision Case between X Enterprise Management Group Co., Ltd. and Shanghai Pudong New Area Intellectual Property Office

Rule

Business operators applying for trademark registration in their production and operation activities shall comply with the principle of good faith. An applicant for trademark registration who knows that it is the name of a major national project but still registers a trademark identical or similar thereto violates the principle of good faith, goes against the public order and good morals and is an illegal act disturbing the order of trademark registration. In determining whether the applicant is in bad faith, the subjective and objective factors of the applicant and the act of application shall be considered comprehensively, combined with the influence of the national project, the applicant's scope of business, the intention of the application for registration, the point in time when the application for registration was filed, the designated categories of goods and services, and previous applications for registration of the trademark. The fact that the relevant trademark registration application is rejected or the registered trademark is invalid does not affect the administrative authority's ability to impose administrative penalties for the violations of law that existed during the trademark registration process.

Basic Facts

Plaintiff: X Enterprise Management Group Co., Ltd. (hereinafter referred to as X Enterprise Management Company)

Defendant: Shanghai Pudong New Area Intellectual Property Office (hereinafter referred to as Pudong Intellectual Property Office)

The "East Data West Computing" Project refers to the construction of a new type of computing network system integrating data centers, cloud computing and big data, guiding the eastern computing demand to the west in an orderly manner, optimizing the layout of data center construction, and promoting the synergistic linkage between the east and the west. On May 24, 2021, the National Development and Reform Commission and other four departments jointly issued the "National Integrated Big Data Center Collaborative Innovation System Arithmetic Hub Implementation Plan", in which the "East Data West Computing" Project was first proposed.

The plaintiff is mainly engaged in the business of investment in information technology industry, operation of industrial parks and investment in new energy industry. On June 10, 2021, the plaintiff entrusted Shanghai X Intellectual Property Service Co., Ltd. to apply for registration of 5 trademarks, such as "East Data West Computing", "Cloud via Network Linkage" and so on, in Classes 9, 35, 37, 38, and 42, respectively. In October 2021, such trademark registration applications were successively rejected by the State Intellectual Property Office in accordance with Item 7, Paragraph 1 of Article 10 of the *Trademark Law*. The Plaintiff did not apply for trademark review. The plaintiff has no illegal income. The defendant believed that the plaintiff's application for registration of the trademark "East Data West Computing" is the same as the name of the major national project, violating the principle of honesty and good faith, contrary to public order and morals, in order to seek improper benefits, disturbing the order of trademark registration, violating the provisions of Paragraph 6 of Article 3 of the *Several Provisions on Regulating Application for Trademark Registration*. The plaintiff was then subjected to an administrative penalty decision: 1. A warning; 2. A fine of CNY 3,000. The plaintiff appealed to the court, requesting a judgment to cancel the administrative penalty decision.

The plaintiff, X Enterprise Management Company, claimed that the plaintiff had no act in violation of the law during the trademark registration application, so the grounds on which the defendant imposed the administrative penalty on the plaintiff could not stand. First of all, the right granted by the law to the plaintiff is to apply for trademark registration according to the law. The plaintiff, based on its own business scope and business needs, entrusted a professional and legal third-party company to apply for registration of trademarks, the plaintiff can not be found to have subjective malicious intent. Second, "East Data West Computing" Project is not a major project, at least not as of June 10, 2021, when the plaintiff filed the application to register the relevant trademarks, and the plaintiff was unaware that "East Data West Computing" Project was a major project. Therefore, the plaintiff did not have a malicious intent to seize the trademark. Moreover, by June 2, 2021, a large number of companies with names that include "East Data West Computing" have been registered. All of plaintiff's applications were within the bounds of the law. The plaintiff also did not apply for review after the registration application was rejected. The plaintiff did not obtain any illegal benefits through trademark registration and did not cause any adverse results. Finally, the defendant, as a unit of power, should not substitute punishment for administration, and should not make a decision on punishing the plaintiff's legal claims and activities. The plaintiff requested that the administrative penalty decision made by the defendant, Pudong Intellectual Property Office, shall be revoked.

The defendant, Pudong Intellectual Property Office, argued that in respect of the administrative penalty decision made on the plaintiff, the facts were clear, the evidence was conclusive, the legal basis was sufficient, the punishment was appropriate, and the procedure was legitimate. Therefore, the defendant requested to dismiss the plaintiff's claims. Firstly, according to the defendant's investigation, the plaintiff knew that "East Data West Computing" Project was the name of a major national project, but still attempted to apply for the trademark "East Data West Computing Cloud Network Linkage" which was similar to it, and when the agency company proposed to apply for the trademark "East Data West Computing" alone, it did not explain to the agency that "East Data West Computing" was the name of a major national project, and finally adopted the agent's suggestion of applying for registration of the trademark of "East Data West Computing". It is a case of maliciously grabbing the name of a major national project, violating the principle of good faith, going against public order and morals, and seeking undue benefits. The plaintiff is engaged in business activities related to the information technology industry, and its knowledge of the industry exceeds that of the general public. The name of the "East Data West Computing" Project is similar to the name of the "West-East Gas Pipeline" and "South-North Water Diversion" Projects, so it is easy to recognize the "East Data West Computing" Project as a major project. Thus, the plaintiff's claim that they did not know that the "East Data West Computing" was the name of a major project is inconsistent with facts. Secondly, the plaintiff claimed that the registration and establishment of a large number of companies whose names contain "East Data West Computing" means the use of "East Data West Computing" in the enterprise name, which is irrelevant to the application for the trademark registration in this case. Finally, the *Notice of the State Intellectual Property Office on Continuing to Crack Down on Trademark Malicious Registration Behavior* stipulates that "...focuses on cracking down on the following typical illegal behaviors that violate the principle of honesty and good faith, go against public order and good morals, and seek undue benefits to disrupt the order of trademark registration: ...(ii) maliciously snatching marks that are identical or similar to national strategies, national policies, major projects, major scientific and technological projects, important events with high visibility, important exhibitions, major archaeological discoveries, etc. ..." The actions listed in the notice are typical illegal acts that violate the principle of good faith, violate public order and good customs, seek improper interests, and disrupt the order of trademark registration. Therefore, the plaintiff's behavior violated the provisions of Article 3 of the *Several Provisions on Regulating Application for Trademark Registration*, which provides that "Applications for trademark registration shall comply with the principle of good faith. The following acts shall not be committed: ...(vi) other acts in violation of the principle of good faith, in violation of public order and good morals, or having other adverse impact". The plaintiff has disturbed the order of trademark registration, which does not belong to the situation of not causing harmful consequences, and shall be subject to administrative penalty.

[Holding]

Shanghai Pudong New Area People's Court held that, the plaintiff's claims, facts and grounds were untenable under the law. During the hearing of the case, the court fully explained to the plaintiff the facts and legal basis for the Office to impose administrative penalties, pointed out the illegal aspects of the plaintiff's behavior, and responded to the plaintiff's litigation opinions one by one.

The plaintiff recognized the error of its behavior, as well as the adverse effects of the violation of law, accepted the administrative penalty imposed by the defendant, applied to the court for the withdrawal of the lawsuit, promised to immediately pay the fine, and strengthened the management of trademark application in the subsequent management.

On April 3, 2024, Shanghai Pudong New Area People's Court made (2023) H 0115 XC No. 1872 Administrative Ruling: the plaintiff's request to revoke the lawsuit was allowed.

[Commentary]

The principle of good faith is a basic principle in civil law, and is the emperor clause for carrying out all civil activities. Paragraph 1 of Article 7 of the *Trademark Law* clearly stipulates that the application for registration and use of trademarks shall be based on the principle of good faith. The *Trademark Law* which was amended in 2019 further refines the application of the principle of good faith in the application for trademarks registration.

Ⅰ. Types of malicious trademarks registration

Malicious trademark registration refers to improper registration behavior that violates the principle of good faith and prohibitive legal provisions, harms the public interests or the legitimate interests of others, and intends to obtain the "rights" of registered trademarks. ① According to the different behavior of trademark registration, malicious trademark registration can be divided into the following three type. The first type is a malicious registration that is not intended for use, which is a new provision added in the revision of the *Trademark Law* in 2019, whose intention is to stop the behavior of bad faith application for registration at the source, so that the trademark application registration will return to the origin of the system for the purpose of use. ② The second type is maliciously registering trademark by improper means, including copying, imitating or translating another person's well-known trademark, maliciously registering another person's trademark by a party with a business relationship, maliciously registering a trademark to the detriment of another person's prior rights, and obtaining trademark registration by deceptive means or other improper means. The third type is maliciously registering trademark in bad faith in violation of the legality clause, such as the registration of trademark in bad faith by using official symbols, undesirable symbols, and geographical symbols as trademarks. The above reflects the different value orientations of trademark registration, i. e., legitimate purpose, legitimate behavior and legitimate object.

Ⅱ. Double evaluation of malicious trademark registration

Malicious trademark registration may infringe on private interests as well as causing damage to public interests. For example, the third type of malicious trademark registration in violation of the legality clause is a typical example of infringement of the public interests. For the infringement of private interests, usually by rejecting the application for trademark registration or invalidation of registered trademarks can be regulated; and as for infringement of

---

① See Wu Handong, Interpretation of the Conceptual System of Malicious Trademark Registration and Analysis of the Application of Norms, *Modern Law Science*, No. 1, 2023.

② See Wang Lianfeng, Study on the Application of Article 4 of the New Trademark Law, *Journal of Political Science and Law*, No. 1, 2020.

the public interests, in addition to the rejection or invalidation of the application, it may also be subject to appropriate administrative penalties for jeopardizing the order of trademark administration. That is to say, it is necessary to make a double evaluation of malicious trademark registration in legal aspect.

As far as the system design is concerned, the legislative purpose of the *Trademark Law* is not only to protect the exclusive right to use trademark, but also to strengthen the trademark management and maintain the normal order of trademark registration. The functions of the two go hand in hand, and there is no substitution relationship. If the trademark registration behavior at the same time damages the above two, the behavior should be evaluated separately. The intervention of administrative penalties, will also greatly increase the cost of malicious trademark registration, not only on the malicious registrant for punishment, blocking the path of its unproductive, but also on similar malicious registration behavior to deter, playing a positive effect of guidance.

Ⅲ. Administrative review of malicious trademarks registration

The determination of administrative violations shall be based on facts, comply with the principle of punishment in proportion to offense, and determine the illegality and culpability of the act under the *Trademark Law, Administrative Penalty Law* and other relevant legal systems. Specific to the administrative punishment of malicious trademark registration, it shall also be judged from the principle of good faith, specific types of legal interests infringed upon, and policy orientations.

Applying for trademark in production and business activities is a legal right of the market entity, but the exercise of the right must comply with the provisions of the law, and shall not violate the basic principle ofgood faith. The determination of whether the application violates the principle of good faith can not be based only on the result that the trademark registration application is rejected or the registered trademark is invalid, but shall be a comprehensive consideration of the subjective and objective factors of the applicant and application.

In this case, in the subjective aspect, firstly, the plaintiff clearly knew that "East Data West Computing" was the name of the national project before applying for such trademark. The plaintiff had been engaged in business activities related to the information technology industry for a long time, and had sufficient contact with and understanding of the "East Data West Computing" Project. "East Data West Computing" Project, jointly proposed by the National Development and Reform Commission and other four departments, is surely belongs to the national level of major projects. The plaintiff, when questioned by the defendant, clearly indicated that the plaintiff knew that the "East Data West Computing" was the name of China

National Big Data Computing Project. The plaintiff had been engaged in this area, where "East Data West Computing" Project was highly compatible with, so the plaintiff had endeavored to participate in the project. Therefore, the plaintiff claimed that it did not know that "East Data West Computing" Project was a major project when it applied for the trademark registration, which was obviously inconsistent with the facts, and the court did not accept it. Secondly, the plaintiff has clear knowledge of preemptive registration of "East Data West Computing". When the plaintiff communicated with X Company through wechat, it said that it is necessary to squat the "East Data West Computing Cloud Network Linkage" trademark, to protect its own project concept, which showed that the plaintiff clearly knew the legal effect of the trademark application. Again, the plaintiff concealed the fact that "East Data West Computing" Project was a major national project from X Company. The plaintiff did not make a truthful statement when communicating with X Company, especially when X Company suggested applying for a separate trademark "East Data West Computing", the plaintiff still did not clearly inform the meaning of "East Data West Computing", so that X Company filed an application for trademark registration in question.

In terms of objective aspects, firstly, the plaintiff applied for the trademark registration within a very short period after the publication of "East Data West Computing" Project. The concept of the "East Data West Computing" was first proposed on May 24, 2021, and released to the public on May 26, 2021, whereas the plaintiff decided to apply for registration of the "East Data West Computing" trademark on June 2, 2021, and filed the application on June 10, 2021. The time gap is less than half a month, which is a typical preemptive trademark registration behavior, and at the same time, it also confirms its subjective intention to snatch the "East Data West Computing" trademarks. Secondly, the trademark "East Data West Computing", which the plaintiff applied for registration, contains the name of a major project and is designated for goods and services related to information data. The term "East Data West Computing" is not a common expression in daily life and is a made-up term. The plaintiff applied for registration of this term as a trademark, is intentional to implement the "hitchhiking" and "clout-chasing" behavior. Next, the plaintiff's application for registration of the name of a major national project as a trademark, on the one hand, was deceptive, easily misleading the public into believing that "East Data West Computing" was the plaintiff's goods or services, or that there was a special connection between the plaintiff and the "East Data West Computing" Project. On the other hand, by utilizing the exclusivity of trademark right, it improperly occupied public resources and excluded or restricted other market entities from legally using the name of "East Data West Computing" Project, thus jeopardizing the order of trademark management.

In addition, the *Notice of the State Intellectual Property Office on Continuing to Crack Down on Trademark Malicious Registration Behavior* issued by the State Intellectual Property Office in March 2022 explicitly lists the act of maliciously snatching the same or similar signs as those of major projects as a typical illegal act that violates the principle of good faith, goes against the public order and morals, and seeks to obtain undue benefits and disrupts the order of trademark registration.

Accordingly, the plaintiff had a definite purpose and clear understanding of the application for the registration of the trademarks related to "East Data West Computing" trademark and was subjectively malicious. Combined with the time of application, the trademark logo and the category of goods, as well as the possible adverse consequences, it is sufficient to conclude that the plaintiff has applied for trademark registration in bad faith, violating the principle of good faith.

[Significance]

Applying for trademark registration in production and business activities is a legal right of the market entity, but the exercise of the right must be in accordance with the provisions of the law and must not violate the basic principle of good faith. This case makes it clear that if the applicant maliciously seizes the trademark, violates the principle of good faith, and violates public order and good morals, not only will the trademark registration application be rejected or invalidated, but also be subject to administrative penalties due to the illegal application for registration. Through the interpretation of the law and reasoning during the trial, the plaintiff recognized the violation of the law and voluntarily withdrew the lawsuit and fulfilled the administrative penalties.

[Case Index]

Case Number:

First instance: Shanghai Pudong New Area People's Court (2023) H 0115 XC No. 1872 (April 3, 2024)

Judges and Juror:

First instance: Bao Yehong, Hu Chengang, Wang Qian

Drafted by: Hu Chengang

Translated by: Shan Hao

Proofread by: Bi Jingran

Intellectual Property Preservation Cases

49

Review and Execution of Intellectual Property Evidence Preservation

—Computer Software Copyright Infringement Case between X Company and X Insurance Company

Rule

As computer software is easy to be uninstalled and deleted, it is difficult for the right holder to obtain evidence of the use of pirated software by the end user in reality, and applying to the court for the preservation of evidence has become an important way for the right holder to obtain evidence. On the one hand, the court shall strictly examine the conditions of evidence preservation to avoid becoming a tool for the parties to obtain evidence; on the other hand, the court shall actively implement evidence preservation behavior in accordance with the law, so that evidence of infringement by the defendant can be fixed in a timely manner. Although the *Copyright Law* provides for the application of the statutory compensation ceiling when the plaintiff's loss and the defendant's profit cannot be determined, if there is evidence proving that the right holder's loss or the infringer's unlawful profit has already exceeded the statutory compensation ceiling, the amount of compensation shall be reasonably determined above the statutory compensation ceiling by synthesizing the evidence of the case.

Basic Facts

Plaintiff: X Company

Defendant: X Insurance Company

Plaintiff X Company is the copyright owner of the Microsoft Server series of software. The defendant had eight branches nationwide, with 52 sub-branches. The plaintiff found that there was a gap between the defendant's software purchase records and the actual use of the software in its user-registered database, so it sent a letter requesting the defendant to verify its use of Microsoft software and reply with the verification results and treatment opinions. Afterwards, the plaintiff and the defendant after consultation on the software procurement issues to form the "minutes", agreed by the defendant to the plaintiff to purchase a batch of genuine software, the two sides in February 20, 2009 before the signing of the completion of the purchase contract of the above products. Thereafter, the two sides had another consultation, the defendant proposed within CNY 300, 000 to purchase software, the plaintiff did not agree. Afterwards, the defendant also failed to fulfill the procurement program in accordance with the agreement of the Minutes.

The plaintiff requested to order: 1. the defendant to immediately stop the infringement, delete the illegal copying and installation of the plaintiff's copyrighted Microsoft Server series software; 2. the defendant to compensate for the plaintiff's economic losses, including direct economic losses, translation and notary fees, attorney's fees, and other reasonable costs of CNY 100, 000; 3. the defendant in the New People's Evening News, the page not in the middle of a seam publicly apologized to the plaintiff for the loss of the plaintiff. During the trial, the plaintiff withdrew the first claim.

In the prosecution at the same time, the plaintiff filed an application for evidence preservation, requesting the preservation of the defendant's business premises of the computer using Microsoft Server series software evidence. On June 8, 2009, the court to the defendant's business premises of the defendant to use the case of the software for the preservation of evidence, a random inspection of the defendant's server room of the 11 servers, which has 2 units of the case of the use of Microsoft The Court randomly checked 11 servers in the Defendant's server room, of which 2 used the Microsoft Server 2003 Standard Edition software, 5 used the Microsoft Server 2003 Enterprise Edition software, 1 used the Microsoft Server 2008 Enterprise Edition software, 1 used the Microsoft SQL Server 2000 Enterprise Edition software, 2 used the Microsoft SQL Server 2000 Enterprise Edition software, and 1 used the Microsoft SQL Server 2000 Enterprise Edition software. Microsoft SQL Server 2005 Enterprise Edition software was used on 2 units.

Based on the results of evidence preservation, the Plaintiff changed the second claim to compensation for economic loss of CNY 1, 169, 792 (including direct economic loss of CNY 1, 121, 053 and reasonable expenses of CNY 48, 739). During the trial, the defendant confirmed that it had only purchased the plaintiff's copyrighted 10 sets of

Office XP licenses and 5 Win Cal 2000 client authorizations in bulk, and had not purchased the Server series software in question, which was used on 27 servers within the head office alone.

The defendant X Insurance Company argued that the plaintiff's claim was not supported by lawful, valid and sufficient evidence, and the plaintiff's claim for change exceeded the statutory period, and should be disallowed in accordance with the law.

[Holding]

Shanghai Pudong New Area People's Court held that, the plaintiff enjoys the copyright of the software involved in the case and is protected by China's *Copyright Law*. The defendant's unauthorized commercial use of the plaintiff's copyrighted computer software infringed upon the plaintiff's copyrighted computer software. The plaintiff, based on the preservation of evidence, requested a change in the lawsuit during the organization of evidence exchange in the court, which did not exceed the time limit for presenting evidence. Due to the defendant's infringement of the plaintiff's property rights and not causing any harm to the plaintiff's personal rights, the plaintiff's request for an apology from the defendant was not supported.

On April 22, 2010, Shanghai Pudong New Area People's Court decided the (2009) PMS (Z) C No. 128 Civil Judgment: 1. the defendant shall compensate the plaintiff for the economic loss of 1, 100, 000 yuan and reasonable costs of 47, 673 yuan within ten days from the date of entry into force of this judgment; 2. the plaintiff's remaining claims shall be dismissed.

After the first-instance judgment, the plaintiff and the defendant did not file an appeal.

[Commentary]

Ⅰ. Evidence preservation: an effective means for a software right holder to obtain evidence on infringement

Computer softwarefalls under the category of electronic evidence, that is, in electronic form or with the help of electronic technology, electronic equipment and the formation of various types of electronic data or electronic information. Generally attached to an object, to which the data, stored information to prove the facts of the case, the content of the composite, both text and images, different from the traditional physical evidence, documentary evidence, audio-visual materials. Electronic evidence has two main characteristics: one is hidden, without the use of electronic equipment can not directly identify the content of the evidence; the second is the vulnerability, that is, the content of the change and destruction is quite convenient, and not easy to be detected. Therefore, in order to ensure the eligibility of electronic evidence, the access to evidence should be professional, timely and avoid tampering by both parties.

Due to the limitations of certain conditions, it is often difficult for the evidence collected by the parties themselves to comprehensively reflect all the information of the case. In order to legally and effectively fix the evidence, the parties in the litigation generally use two ways for evidence preservation, one is to apply to the notary public, and the other is to apply to the court. When the suspected infringer is the end user, the infringing software is used within the unit, which has a certain degree of concealment, and it is difficult for both the right holder and the notary to enter the unit to collect evidence. At the same time, the infringing software is under the control of the infringer, the content is easy to be tampered with. At this point, the court's evidence preservation becomes the most effective way to obtain evidence, the court's participation also makes the preserved evidence has a strong credibility, to ensure the objectivity, authenticity and legality of the evidence.

Ⅱ. Preliminary evidence: precondition for applying for evidence preservation

In order to prevent parties from abusing evidence preservation measures, applications for evidence preservation must meet certain conditions. Review criteria should include:

Procedural standards: 1. in the statutory time limit (seven days before the expiration of the deadline for evidence), to meet the timeliness of the preservation of evidence. 2. specify specific location and equipment of the respondent to implement the infringement of the specific content of the evidence, the application for preservation, the main features of the evidence, and the basic methods of preservation, etc. 3. in accordance with the requirements of the corresponding property security.

Substantive criteria: 1. submitted to prove the existence of infringing facts of *prima facie* evidence. 2. requested preservation of evidence and the case has relevance. 3. evidence may be lost or difficult to obtain later. The parties may explain this precondition, in software infringement litigation, the allegedly infringing software is under the control of the infringer, coupled with the easy modification of electronic evidence, usually able to meet this premise. ①

In this case, X Company obtained prima facie evidence based on its own monitoring and investigation. The plaintiff discovered that the defendant purchased the number of software and its scale of operation, so it repeatedly communicated with the defendant, and twice sent a lawyer's letter to the defendant to claim their rights. The two sides conducted a number of

① See Guangdong Provincial High People's Court, Civil Division 3: The Application of Evidence Preservation in Intellectual Property Civil Litigation, *People's Justice*, Vol. 19, 2007.

discussions, and signed the "minutes", the defendant to the plaintiff to buy a certain amount of genuine software. The Minutes agreed that "both parties are sincere in continuing to resolve the issue of the general public's use of genuine Microsoft software through the form of business negotiations." In this formulation, although the defendant did not directly admit that it had used pirated software, the defendant admitted indirectly that it had pirated the plaintiff's software. When the defendant later failed to fully fulfill the agreement, this minute became strong prima facie evidence of the defendant's infringing behavior.

Ⅲ. Lawfulness, specialty, integrity and nondestructive: four basic principles for implementing the preservation of evidence

Compared with general evidence preservation, evidence preservation of computer software requires more specialized technology and careful deployment. Evidence that exists in the computer, some set into a hidden format or stored in a hidden partition, some encrypted, and some have even been deleted, so the preservation of evidence is not a simple copy and export can be realized, the need to carry out professional operations, and even disassemble the relevant equipment and then recover the data. And the act of preservation itself may inadvertently cause damage to the evidence.

For this reason, the preservation process should follow the following basic principles: 1. the principle of legality, that is, the main body of evidence collection, authority, evidence collection procedures and methods should be legal. 2. the principle of professionalism, that is, should be carried out in the case of professional and technical personnel involved. Such as the court's internal software technicians, or hire relevant experts. 3. Integrity principle, refers to the system is in normal operation, on the spot complete record of evidence acquisition, access, storage or transmission process. 4. The principle of minimal destruction, means that the methods used to obtain evidence must not alter the original evidence, and particular attention must be paid to preventing the preserved party from accessing digital equipment or adopting covert means to deliberately destroy the evidence, and at the same time, attention must be paid to avoiding inadvertent damage to the evidence by investigators and to preventing the destruction of evidence by the systems that are in operation (e. g., formatted hard disk, anti-virus, etc.). The principle of minimal damage should be borne in mind in the steps of inspection, backup, analysis, preservation and post-processing of evidence.

The specific implementation of evidence preservation, can follow the above four basic principles, comprehensively adopt a variety of means of preservation, in accordance with the following workflow implementation of evidence preservation behavior: 1. Preparation before preservation. Including: (1) the applicant beforehand to investigate the scene, make orientation map; (2) determine the preservation of participants, in addition to the judge, should also include with the preservation of matters related to the professional and technical personnel, such as computer software professionals; rights or their agents, technicians can arrive at the scene in order to confirm the need for preservation of evidence; (3) formulate the preservation program, consider in advance the possible emergencies (such as the respondent does not cooperate with the situation), prepare countermeasures; (4) prepare relevant materials, including rulings, lists, transcripts, blank USB flash drives and other mobile storage devices. 2. control the scene. After arriving at the scene, informing the identity, serving the ruling to the respondent, clearing the irrelevant persons out of the scene, isolating the object of preservation, avoiding the software being destroyed or the information being tampered with. 3. Implementing preservation measures. Including: (1) access to evidence, by the court or hired professional and technical personnel to implement the operation, both parties can be present, but should not contact the object of preservation, to take preservation measures as far as possible in order not to the respondent's normal production and operation of the damage or obstruction to the principle. (2) preservation of evidence, by both parties to confirm the cleanliness of the USB flash drive and other storage devices, access to evidence sealed on the spot, and make a list of preservation. (3) Making a preservation record, fixing the contents of the preservation, and the persons present signing on the record. ①

In this case, before the implementation of evidence preservation, the court required the right holder to visit the defendant's office beforehand, and made a detailed location map of the office. Considering the large scale of the defendant's operations, including the company headquarters and 8 branches, under 52 branches, only to the preservation of the company headquarters has 40 to 50 computers, nearly 30 servers. The court sent seven personnel involved in the preservation of evidence, including three judges, a clerk, two technicians, a camera personnel; the plaintiff's side to participate in the preservation of the agent and the company's technical personnel, the defendant's unit of the main person in charge of the information technology department was also present, to fully ensure the impartiality of the composition of the participants. In the implementation of evidence preservation: 1. First find the person in charge of the defendant company, informing all the identity of the person, the purpose of serving documents; 2. Soldiers divided into two ways, part of the server room to retrieve evidence, part of the office to retrieve evidence; 3. The server room of the computer

① See Shanghai High Court Civil Division 3, December 6, 2009, Answers to Several Issues Concerning On-site Investigation and Preservation of Electronic Evidence in Intellectual Property Cases Involving Computers and Other Digital Devices (I): General Issues.

and the office of the client computer implementation of the random inspection, check the computer in the use of the software involved in the case and the site to delete the situation; 4. The existence of the software involved in the computer Copy and save the software in question on the computers to USB flash drives and removable hard disks, which were sealed on the spot and signed by the person in charge of the defendant; 5. Create an evidence preservation list, recording in detail information such as the computer number, name of the software, serial number, and the name of the software that was deleted on the spot, and signing it by both parties; 6. Make a preservation transcript of the person in charge of the defendant's information technology department. During the period, the court personnel took photos of the preservation site and the contents of the computer that were difficult to preserve. In the preservation process, the defendant had tried to delay and delete the software, but due to the court made full and thorough preparations beforehand, to understand the defendant's office distribution, so in the defendant's staff on the pretext that the head of the company is having a meeting to ask for the preservation of the staff to wait for the time being, but then delayed in appearing, the preservation staff came directly to the defendant's company's computer room, forcing the person in charge of the defendant to have to appear. Thus for timely preservation, prevent the defendant to destroy the evidence to win the time, successful evidence preservation.

[Significance]

This is a case in which a financial enterprise was sued by an internationally renowned company for its long-term use of pirated software. Due to the complexity, concealment and easy loss of computer software, it was difficult for the right holder to obtain evidence of the end-user's use of pirated software, and the implementation of the court's preservation of evidence also raised high requirements. In this case, the court, based on the plaintiff's application for evidence preservation, successfully conducted random checks on the computers and servers in the defendant's business premises after careful deployment, so that the evidence of the defendant's infringement could be fixed, and the results of the preservation played an important role in the identification of the infringing acts and the determination of the amount of compensation. After the case took effect, the court sent a judicial proposal to the Shanghai Municipal Financial Services Office, suggesting that it should strengthen the supervision of financial enterprises, and copied the judicial proposal to the Shanghai Supervision Bureau of the China Insurance Regulatory Commission. The Shanghai Municipal Office of Financial Services responded positively to the judicial recommendation, stating that it had taken three improvement measures to actively promote the strengthening of intellectual property protection and operation in accordance with the law by financial enterprises in the city, and resolutely prevented the recurrence of such cases in the city's financial system. This case was honored as one of the 50 Typical Cases of Judicial Protection of Intellectual Property Rights by Chinese courts in 2010.

[Case Index]

Case Number:

First instance: Shanghai Pudong New Area People's Court (2009) PMS (Z) C No. 128 (April 22, 2010)

Judge and Jurors:

First instance: Ni Hongxia, Sun Guoying, Shen Hui

Drafted by: Ni Hongxia, Ye Jufen

Translated by: Shan Hao

Proofread by: Xi Bingrui

50

Judicial Review of Pre-litigation Behavior Preservation Applications in Unfair Competition Disputes

—Pre-litigation Behavior Preservation Case between Chongqing X Information Technology Company and Chen et al.

Rule

When reviewing the pre-litigation behavioral preservation of intellectual property rights, the people's court shall take into account whether the applicant's request has a factual basis and legal basis, whether the failure to take preservation measures will cause irreparable damage to the applicant, whether the adoption of behavioral preservation measures will lead to a significant imbalance in the interests of the parties, as well as whether it will be detrimental to the public interests of the society, and so on, in order to make a judgment.

Basic Facts

Applicant: Chongqing X Information Technology Company (hereinafter referred to as Chongqing X Company)

Applicant: Shenzhen X Computer System Company (hereinafter referred to as Shenzhen X Company)

Respondent: Chen

Respondent: Shanghai X Information Technology Company (hereinafter referred to as Shanghai X Company)

Chongqing X Company is the copyright owner of the online game "Catch Monster Together" and authorized Shenzhen X Company to operate the game exclusively. The game utilizes an instant positioning system for cell phones, captures demon spirits around them and cultivates them through the AR function, and completes many functions in the game such as battling, displaying, and trading. Since the game was launched on April 11, 2019, there have been more than 20 million registered users, it topped the App Store free list on the day of its launch, and won awards such as the OPPO Beauty Award, which has a high degree of visibility and market reputation.

Respondent Chen sold virtual positioning plug-ins through WeChat, Taobao, and other channels, and the plug-ins deceived the positioning system of the online game Catch Monster Together by changing the operating environment of the cell phone, so that the game players could rapidly change the geographic location to capture the demonic spirits through the virtual positioning plug-ins without any need for actual displacement. Moreover, Respondent Chen disseminated the game video that utilized the virtual positioning plug-in to obtain improper benefits to the unspecified public through live broadcasting, recording, and advertising.

The two applicants claimed that the respondent Chen used and sold in large quantities to game players in the game plug-in devices with virtual positioning function, tampered with the real geographic location of players, and enabled players to cheat and participate in activities such as the seizure of resources in the game, which seriously undermined the fairness of the game and constituted unfair competition against the applicants. In addition, the respondent Chen recorded the process of using the virtual positioning plug-in to operate the game in question into several videos, which were placed on the bilibili website and App platform operated by the respondent Shanghai X Company to conduct publicity, promotion and other commercial activities, and set up a special area. The respondent Shanghai X Company magnified the scope of influence of the respondent Chen's unfair competition behavior, and should also stop the infringing behavior immediately. The two Claimants requested the following rulings: 1. Respondent Chen shall cease the unfair competition of providing and promoting the virtual positioning plug-in which impedes the normal operation of the online game Catch Monster Together; 2. Respondent Shanghai X Company shall immediately delete the virtual positioning plug-in promoted by Respondent Chen that impeded the normal functioning of the online game Catch Monster Together on the bilibili website and App platform operated by it.

[Holding]

Shanghai Pudong New Area People's Court held that this case is a dispute over unfair competition, and the following factors should be considered in the review of pre-litigation behavioral preservation: 1. whether the applicant's request has a factual basis and legal basis; 2. whether the failure to take preservation measures will cause irreparable damage to the applicant; 3. whether the adoption of behavioral preservation measures will lead to a significant imbalance of interests between the parties; 4. whether the adoption of preservation measures will harm the public interest.

First, as to whether the applicant's request has a factual basis and legal basis. The virtual positioning plug-in provided and promoted by respondent Chen changed the normal operation of the online game in question by altering the game's environmental dynamics, resulting in the difficulty in realizing the functional play of the game in question which is based on geographic location, and the balance between the input and output of the players' time and money was broken, which resulted in the lowering of the applicant's chances of obtaining the income from the game by means of value-added services, and the applicant's lawful interests and benefits were impaired. At the same time, the game players using the virtual positioning plug-in will obtain obvious competitive advantages compared with those who do not use it, and it is difficult to protect the legitimate rights and interests of the normal game players who abide by the rules of the game. Moreover, the subjective intention of respondent Chen to make profits based on the game in question was obvious. Therefore, the above behavior of Respondent Chen allegedly constituted unfair competition against the Applicant. Respondent Chen further expanded the scope of influence of its behavior by publicizing and promoting the virtual positioning plug-in with the help of bilibili website and App platform operated by Respondent Shanghai X Company. Therefore, the applicant's request to take pre-litigation behavioral preservation measures against the respondent has a corresponding factual basis and legal basis.

Second, whether the failure to take preservation measures would cause irreparable damage to the applicant. The preliminary evidence submitted by the applicants shows that the game in question has suffered complaints and bad reviews from some normal players due to the virtual positioning plug-in problem, and the download volume of the game in question has also shown a downward trend. The problems caused by virtual positioning have brought and are bringing negative impacts to the two applicants. In addition, a via network game from the project, design, and production to online operation, needs to spend a lot of Human, material, and financial resources, if not stop the respondent's above behavior in time, let the virtual positioning plug-in flood, may be on the applicant's competitive advantage, business interests, and the game's market share to bring irreparable damage.

Again, whether the adoption of behavioral preservation measures will lead to a significant imbalance of interests between the parties. Both parties to the civil litigation have equal legal status, so the people's court in deciding whether to take pre-litigation behavioral preservation measures, should consider whether to take the measure will lead to a significant imbalance of interests between the parties. In this case, as mentioned above, the virtual positioning plug-in in question provided and promoted by respondent Chen has brought and is bringing negative impacts to the two applicants, and the applicants' lawful rights and interests are at risk of being eroded. The Applicants requested the Court to order respondent Chen to stop providing and promoting the virtual positioning plug-in which impeded the normal operation of the game in question, and Respondent Shanghai X Company to delete the relevant videos on the bilibili website and App platform operated by Respondent Shanghai X Company, which were reasonable measures taken to prevent the game in question from continuing to cause damage, and that the application was clearly directed and appropriately scoped, and would not result in a significant imbalance of interests between the parties. The application was clearly directed and appropriately scoped, and did not result in a significant imbalance of interests between the parties. In addition, the Court ordered the applicant to provide appropriate security, and the respondent's damage caused by the applicant's pre-litigation behavioral preservation error has been adequately safeguarded by law.

Lastly, whether the adoption of preservation measures will jeopardize the public interest. Pre-litigation behavior preservation of civil litigation between the parties to the legal action, so the people's court on the consideration of social public interest should be scrutinized. Only in the case of public health, environmental protection and other major social interests can it be recognized as affecting the public interest. In this case, the virtual positioning plug-in is a market-oriented product, the product itself does not have the attributes of social public products, the product provider is also a completely market-oriented business entity, so the respondent to take pre-litigation behavioral preservation measures will not harm the public interest.

Pudong New Area People's Court made the (2019) H 0115 XB No. 1 order: 1. Respondent Chen immediately stopped the act of providing and promoting the virtual positioning plug-in that impeded the normal operation of the online game Catch Monster Together; 2. Respondent Shanghai X Company immediately deleted the videos on the 103 bilibili website and the App platform operated by Chen. Chen, the respondent, immediately deleted the video of Chen promoting the virtual positioning plug-in that impedes the normal operation of the online game "Catch Monster Together".

After the first instance decision, the parties did not apply for reconsideration.

[Commentary]

This case is the first case of pre-litigation behavioral preservation ruling made by a domestic court against online game plug-in. Pre-litigation behavioral preservation is the interested party due to the emergency of the situation to the people's court before the application to prohibit the respondent for certain behavioral preservation measures, in order to avoid their legitimate rights and interests by irreparable damage. As a temporary measure, pre-litigation behavioral preservation is very important to the right to timely and convenient protection to protect their legitimate rights and interests.

I. Basic principles for pre-litigation behavior preservation

(I) Principle of activeness and timeliness

Compared to the physical object, intellectual property rights are intangible, making it challenging to restore their original status once upon. Even if the intellectual property rights holder wins the lawsuit, they may have already lost the competitive advantage in the market or had their commercial secrets leaked. Therefore, the people's court of intellectual property rights should take a relatively positive attitude toward pre-litigation behavioral preservation. For there may be applicant's trade secrets are about to be unlawfully disclosed, the applicant's right of publication, privacy and other personal rights are about to be infringed upon, the intellectual property rights are about to be unlawfully disposed of, the applicant's intellectual property rights in the exhibition of time-sensitive occasions such as is or is about to be infringed upon the time-sensitive hit program is or is about to be infringed upon, etc., the People's court shall make a decision in a timely manner. The people's court shall make a ruling in a timely manner. Where a ruling is made to take preservation measures, it shall immediately begin to enforce them in order to stop the infringing acts that may cause irreparable damage to the applicant in a timely manner.

(II) Classified policy implementation principle

There are various types of intellectual property rights, and the people's courts should distinguish between different types of intellectual property rights and adopt a categorized approach when determining whether to take behavioral preservation measures. For the copyright and trademark preservation cases, because these types of intellectual property rights have relatively clear right boundaries, whether the action constitutes infringement is also easier to judge. If the applicant provides sufficient evidence and the facts are clear, effective measures should be taken to stop the infringement and reduce the cost of the rights defense. For patent rights, because the design patent has not been tested, its rights itself is the existence of greater instability. And utility model patents and patents of invention often involve complex technology, whether the respondent is infringing, the people's court often needs to carry out professional technology than the other party can determine, so the patent infringement case should be careful to take pre-litigation behavioral preservation measures, in order to maintain the normal operation of the enterprise.

(Ⅲ) Principle of coordination in proportion

Pre-litigation behavioral preservation is the people's court according to the applicant to provide evidence to the respondent's behavior of certain restrictions on the temporary measures. This is according to the nature and characteristics of intellectual property rights on the rights of the person in the formal court proceedings before a strong protection. But at the same time, the People's court shall also pay attention to the respect for the rights of the respondent, to achieve proportionality and coordination. Therefore, the right to apply for pre-litigation behavioral preservation, the people's court shall require the corresponding security. In the event of a preservation error, the applicant shall bear the corresponding liability, and the principle of objective attribution of liability shall be applied without regard to the applicant's subjective situation. At the same time, except in exceptional circumstances, the people's court shall question the respondent in order to fully safeguard the applicant's right to defend himself or herself thoroughly.

Ⅱ. Factors to be considered for pre-trial behavior preservation

(Ⅰ) Determination of likelihood of winning a lawsuit

Article 7 of the *Provisions of the Supreme People's court on Several Issues Concerning the Application of Law in the Review of Act Preservation Cases of Intellectual Property Disputes* (hereinafter referred to as the *Provisions on the Preservation of Acts*) stipulates that, in reviewing the preservation of acts, the people's court shall consider whether the applicant's request is factually and legally based, including whether the validity of the intellectual property rights for which protection is sought is stable. In judicial practice, to determine whether the applicant's request has a factual basis and legal basis, it is mainly to determine whether the applicant's request has the possibility of success. Considering the behavior preservation decision is a procedural decision, the people's court in the review of behavior preservation application, for the degree of possibility of success to grasp the possibility of advantage. Usually, the judge's heart "not entangled", that is, "including the factual findings of not entangled as well as the application of the law of not entangled", so as to arrive at the possibility of winning the judgment. In addition to the application of pre-litigation behavioral preservation, should also consider whether the effectiveness of the intellectual property rights for protection is stable. Whether the effectiveness of intellectual property rights is stable or not can generally be examined from the following aspects: the type or attribute of the right in question, whether the right in question has gone through substantive examination, whether the right in question is in the process of being declared invalid or withdrawn and the possibility of being declared invalid or withdrawn, and whether there is a dispute over the ownership of the right in question, and so on.

(Ⅱ) Determination of irreparable damage

The meaning of "irreparable harm" is highly uniform both at home and abroad. From the perspective of foreign practice, in the patent case between Apple and Samsung, the U. S. Federal Court of Appeals, when discussing the irreparable harm suffered and to be suffered by Apple, fully analyzed from the perspective of market share division, user experience and access, and made a more convincing judgment. The application of the "inverse proportionality principle" in the case suggested that the higher the applicant's proof of the likelihood of success, the lower the requirement of proof of irreparable harm. In the case of pre-litigation behavioral preservation of intellectual property rights, if the following circumstances exist, it can be generally recognized as irreparable damage to the applicant: the respondent's behavior will infringe the applicant's goodwill or the right to publish, the right to privacy, and other rights of a personal nature and cause irreparable damage, the respondent's behavior will lead to the infringement of difficult to control and significantly increase the applicant's damages and the respondent's infringement will lead to a significant reduction of the applicant's market share.

(Ⅲ) Introduction of interest balance

As the parties to a civil lawsuit are of equal legal status, the people's court, in deciding whether or not to take pre-litigation measures of behavioral preservation, shall consider whether or not the adoption of such measures will lead to a significant imbalance of interests between the parties. Regarding the criteria to be adopted for balancing interests, Article 7 of the *Provisions on Behavioral Preservation* stipulates that "whether the damage caused to the applicant by not adopting behavioral preservation measures exceeds the damage caused to the respondent by adopting behavioral preservation measures", i. e., the basic judgment criterion of whether the disadvantage to the respondent caused by applying pre-litigation behavioral preservation measures is smaller than the disadvantage to the applicant caused by not applying pre-litigation behavioral preservation measures is set out. The basic judgment standard that the disadvantage to the applicant is less than the disadvantage not to apply the pre-litigation behavioral preservation. That is to say, the people's court in considering whether to use pre-litigation behavioral preservation should not simply consider the applicant's damage, in assessing the loss faced by the applicant at the same time, should also respondent due to pre-litigation behavioral preservation of the loss faced by the scope of consideration. The United States court in the eBay case put forward a similar requirement of "balance of hardship". In order to guarantee the realization of this goal, Article 5 of the *Provisions on the Preservation of Acts* stipulates that the People's court shall question the applicant and respondent before ruling on the adoption of preservation of acts as a procedural design, so as to achieve the introduction of a balance of hardship by means of procedural requirements.

(Ⅳ) Consideration of public interests

The pre-litigation behavioral preservation system of civil disputes between private subjects, its primary consideration is the interests of the parties. Therefore, most of the cases really do not have the public interest to play a role, but with the social development, scientific and technological progress, the judicial results of the social impact is becoming more and more prominent. Public interest as the most peripheral level of the measurement of interest to expand the measurement dimension, "interest" subject range becomes "parties + third party + society (future)". Especially in cases of pharmaceutical patent infringement, if the pre-litigation behavioral preservation blocked the supply of certain necessary medical procedures, drugs or devices, the public health and other public interests in the denial of pre-litigation behavioral preservation of relief, will play a decisive role. Similar public interest considerations also exist in the United States, for example, in *Abend v. MCA, Inc.*, the U. S. Court of Appeals for the Ninth Circuit stated that although the defendant had infringed on the plaintiff's copyrights, recalling the movie Rear Window from the marketplace would be detrimental to the public interest and unfair to the plaintiff, and the court denied the plaintiff's motion to recall the movie. However, we believe that public interest considerations should still be limited to a specific scope, and generally only be taken into account when public health, environmental protection, and other significant social interests are involved, in order to prevent respondents from arbitrarily and unduly restricting applicants from exercising their legitimate rights in the name of the public interest.

Ⅲ. Procedural issues to be paid attention to in pre-litigation behavior preservation

(Ⅰ) Whether the hearing procedure is necessary

Although Article 50(4) of the *TRIPs Agreement* does not provide for a hearing as a mandatory procedure for the adoption of interim measures, however, considering that the court's decision on behavioral preservation takes effect immediately, and although the parties may apply for reconsideration, the enforcement of the decision will not be suspended during the period of reconsideration, whether or not to take behavioral preservation measures is of great significance to both parties. In order to ensure the fairness of the procedure, and to protect the respondent's right to obtain the opportunity to fully express their views, "behavioral preservation provisions", Article 5, the people's court ruled that before taking behavioral preservation measures, shall question the applicant and respondent, but due to the urgency of the situation, or the questioning may affect the implementation of the preservation measures, etc. except. However, the article only provides that the court shall fulfill the "inquiry" procedure, but the way how to inquire, telephone inquiry, on-site inquiry or should be heard, "behavioral preservation provisions" has not been clearly stipulated. In this regard, the author believes that, due to the special nature of intellectual property rights, the rights of the rights of the real, effective, stable, whether the authorization chain is complete, infringement of notarization whether there are defects and other issues in judicial practice is more common, and is the main defense, in view of the pre-litigation behavioral preservation of the respondent has a greater impact, in addition to the urgent situation or the impact of the implementation of the preservation measures, the people's court shall summon the both parties to hold on-site hearing procedures, in order to make an objective and fair behavioral preservation ruling. Of course, if the respondent fails to cooperate or refuses to appear in court, the court may ask the parties about the relevant issues by telephone or e-mail and make a good record of the work.

(Ⅱ) Whether the respondent can lift the behavioral preservation by providing security

Intellectual property disputes are different from disputes arising from property rights, claims and other property rights, disputes can generally be remedied by monetary payments, while intellectual property disputes, especially trade secret disputes, infringement of rights once the implementation of a significant impact on the right holder. Therefore, it is not appropriate to lift the preservation measures due to the security provided by the respondent. The *Provisions on the Preservation of Acts* stipulate in Article 12 that the people's court shall not lift the preservation measures taken by the people's court due to the provision of security by the respondent, except with the consent of the applicant.

(Ⅲ) Whether the subjective element of fault is required for the determination of party application error

The author believes that the applicant, as the initiator and beneficiary of the preservation measures, should be cautious in initiating these proceedings, and make a comprehensive assessment of the preservation behavior, so as to reduce the damage caused by the respondent due to abusive litigation. Therefore, the subjective state of the applicant should not be taken into account in the determination of the applicant's application error. As long as the consequences of an application error as stipulated in Article 16 of the *Provisions on the*

Preservation of Acts occur, the applicant shall be liable for the damages caused to the respondent as a result of the application for the preservation of acts, irrespective of whether or not there is any fault on his part.

[Significance]

The game in question is the first location-based AR exploration game in China, and this pre-litigation preservation ruling is the first pre-litigation injunction made by a domestic court against AR exploration game plug-ins. The decision refined the conditions for pre-litigation preservation in intellectual property cases, and provided an in-depth analysis of whether the applicant's request had a factual and legal basis, whether failure to take preservation measures would cause irreparable damage to the applicant, whether taking preservation measures would lead to a significant imbalance of interests between the parties, and whether it would jeopardize the public interest, which is an important reference point for the adjudication of similar cases. Important reference significance for similar cases. In addition, the case timely stopped the "parasite" of online games and gave it a negative evaluation in law, which fully reflected that thePeople's court provides strong judicial protection for the fair and orderly market competition order of the cultural and creative industries. This case was honored as one of the 50 Typical Intellectual Property Cases by Chinese Courts in 2019, and the Typical Case on Strengthening Intellectual Property Protection by Shanghai Courts in 2019.

[Case Index]

Case Number:

First instance: Shanghai Pudong New Area People's court (2019) H 0115 XB No. 1 (August 27, 2019)

Judges and juror:

First instance: Xu Jun, Jiang Guangrui, Lin Xinjian

Drafted by: Jiang Guangrui

Translated by: Shan Hao

Proofread by: Xi Bingrui

51

Application of Pre-litigation Behavior Preservation in Unfair Competition Disputes

—Pre-litigation Behavior Preservation in Unfair Competition Case between Chengdu X Technology Company and Nanhai X Network Technology Company

Rule

The "irreparable damages" in the context of pre-litigation behavioral preservation for unfair competition disputes are not limited to the impairment of economic interests. The occurrence or continuation of the acts complained of will seriously undermine the applicant's operating mechanism, cause the public to question whether the applicant has assumed social responsibility, and put the applicant at risk of being complained against or penalized, which should be deemed to constitute "irreparable damages".

Basic Facts

Applicant: Chengdu X Technology Company (hereinafter referred to as Chengdu X Company)

Applicant: Shenzhen X Computer System Company (hereinafter referred to as Shenzhen X Company)

Respondent: Foshan Nanhai X Network Technology Company (hereinafter referred to as Nanhai X Company)

Respondent: Shanghai X Network Technology Company

The applicant, Chengdu X Company, was the copyright owner of the online game Arena Of Valor, and it authorized the applicant, Shenzhen X Company, to operate the game exclusively. The game attracts more users by providing them with free downloads, creating a fair competitive environment, and providing value-added services such as "skins" for profit. The Arena of Valor account adopts a real-name system and an "anti-obsession" mechanism for minors, who are only allowed to log in to the game for a specified period of time. The applicant also through the game user agreement explicitly requires the user shall not provide the game account to others to do coaching and playing and other commercial uses. The Substitute Leveling App operated by the respondent Nanhai X Company uses the form of "cash back for sending orders" and the establishment of a special area for "Arena of Valor" to lure and encourage users including minors to through its platform for commercialization, scale "Arena of Valor" game coaching transactions. The order taker can log in the game in question with a non-real identity, and minors can also take orders to obtain other people's game accounts to bypass the "anti-obsession" mechanism to enter the game and earn fees. The respondent, Shanghai X Network Technology Company, provided the download of the client on its platform. "The Substitute Leveling App profits by taking a certain percentage of the handling fee from the recharge of the platform users." The Substitute Leveling App was launched in around 2020 and had been downloaded more than 10, 000 times by the time the applicant's notarized deposition was taken.

The two applicants applied for behavioral preservation: the respondent Nanhai X Company immediately stopped allowing minors to engage in game coaching, and the respondent Shanghai X Network Technology Company immediately stopped providing the "Substitute Leveling App" on its platform.

[Holding]

Shanghai Pudong New Area People's Court held that, firstly, whether the applicant's request has factual and legal basis. The actions of the defendant not only damaged the fair competition mechanism of the game in question, but also allowed users to bypass the applicant's real-name account system and the "anti-obsession" system for minors, hindering the operation order of the game in question, and constituting the possibility of unfair competition.

Secondly, whether the failure to take preservation measures would cause irreparable damage to the applicant. If the acts involved in the case are not stopped, the commercialized and large-scale coaching transactions will be carried out through the network to break through the time and geographical limitations, resulting in the public questioning whether the applicant has adopted the "anti-obsession" mechanism in accordance with the law and whether it has undertaken social responsibility, which puts the applicant at the risk of being complained about and punished, thus causing irreparable damage to the applicant's goodwill. The applicant's goodwill was irreparably damaged.

Thirdly, whether the adoption of behavior preservation measures would lead to significant imbalance of interests between the parties. The pre-litigation behavior preservation application is clear and appropriate in scope, and will not lead to significant imbalance of interests between the parties. In addition, the applicant provided appropriate security, pre-litigation behavior preservation error may bring damage has been sufficient legal protection.

Lastly, whether the adoption of preservation measures would jeopardize the public interest. The Substitute Leveling App in question is a market-oriented product, and does not have the attribute of social public product, so taking pre-litigation behavior preservation measures against the respondent will not harm the social public interest. On the contrary, the timely adoption of preservation measures can effectively protect the normal order of game operation and ensure the implementation of the "anti-obsession" mechanism for minors.

On December 27, 2021, Shanghai Pudong New Area People's Court made the (2021) H 0115 XB No. 1 decision: the respondent Nanhai X Company immediately stopped allowing minors to provide substitute leveling service for Arena of Valor through the Substitute Leveling App, and the respondent Shanghai X Network Technology Company shall immediately stop providing the "Substitute Leveling App" until the "Substitute Leveling App" stops the behavior involved in the case.

After the first instance decision, the parties did not apply for reconsideration.

[Commentary]

This case is the first case of pre-litigation behavior preservation against unfair competition based on the mechanism of "anti-indulgence" for minors against online game coaching. In recent years, the application number of pre-litigation behavior preservation in unfair competition disputes is increasing, and it is worthwhile to analyze the review elements of this kind of preservation.

I. Pre-Litigation behavior preservation of the legal provisions and review elements

China's earliest provisions on the preservation systemwere from the *Patent Law of the People's Republic of China* in 2000. After joining the World Trade Organization, based on the relevant provisions of the "Trade – Related Aspects of Intellectual Property Rights Agreement (hereinafter referred to as TRIPs agreement)", our country amended *Copyright Law of People's Republic of China* and *Trademark Law of People's Republic of China*. Subsequently, in 2001 and 2002, the Supreme People's Court issued the *Interpretation of the Supreme*

People's Court on Issues Concerning the Application of Law to Pre-litigation Cessation of Infringement of the Exclusive Right to Use Registered Trademarks and to the Preservation of Evidence and the Supreme People's Court's Provisions on Several Issues Concerning the Application of Law to Pre-litigation Infringement of Patent Rights, further refine and improve the system of pre-litigation behavior preservation. The *Civil Procedure Law of the People's Republic of China*, as amended in 2012, uniformly stipulates the behavior preservation system in the field of civil litigation and refines it into two forms, namely pre-litigation preservation and in-litigation preservation.

On December 12, 2018, the Supreme People's Court issued the *Provisions on Several Issues Concerning the Application of Law in Reviewing Behavioral Preservation Cases of Intellectual Property Disputes* (hereinafter referred to as the *Behavioral Preservation Provisions*). According to Article 7 of the *Behavioral Preservation Provisions*, an application for behavioral preservation shall take into account the following factors: first, whether the applicant's request has a factual basis and legal basis, including whether the effectiveness of the intellectual property rights for which protection is requested is stable; second, whether the failure to take behavioral preservation measures will cause irreparable damage to the applicant's lawful rights and interests or result in damages such as difficulty in enforcing the ruling in the case; third, whether the damage caused to the applicant by not taking behavioral preservation measures exceeds the damage caused to the respondent by taking behavioral preservation measures; fourth, whether taking behavioral preservation measures is detrimental to the public interest of the society; and fifth, other factors that should be taken into consideration. Accordingly, an application for behavioral preservation in unfair competition disputes should follow the above considerations.

Ⅱ. Considerations in pre-litigation behavior preservation of Unfair Competition

(Ⅰ) The determination of factual basis and legal basis shall be based on the perspective of behavioral law

The *Provisions on Preservation of Conduct* no longer use the expressions "possibility of infringement" or "possibility of success", but "whether there is a factual basis and legal basis". The expression suggests that the adjudicator to review the content of the facts and law, and compared with the previous expression of the wording is more moderate, to avoid causing the party's resistance.

Behavioral preservation as a special means of relief, has the urgency, the review time is shorter. The author believes that the "factual basis and legal basis" review standard should not be too high. Review standard is too high will cause the behavioral preservation review is the same as the entity trial, lost the behavioral preservation review of the necessity and timeliness, can't give full play to the function of the system, is not conducive to the timely and effective protection of the rights of the person. In addition, behavioral preservation review is not the only way to avoid mistakes, require the parties to provide security can play the same function.① Article 101, Paragraph 1 of the *Civil Procedure Law*② provides that an applicant for pre-litigation behavior preservation shall provide security. Article 105 of the Act provides that the applicant shall be liable for damages if the application is erroneous. Security and liability for damages can effectively deter abusive behavioral preservation. Therefore, the standard of review corresponds to the preponderance of proof standard.

Regarding the specific content of the review of the "factual basis and legal basis", compared with trademark and patent infringement, etc., which can directly review the attribution of rights and then compare the accused products, the content to be reviewed in unfair competition disputes is even more ambiguous, such as the existence of the rights and interests of the competition that the application protects, and the legitimacy and damage caused by the accused behavior, etc. The corresponding issues are more difficult to judge. In the review, the characteristics of unfair competition as a behavioral law should be grasped, and the idea of tort law should be avoided. The core of the review lies in the legitimacy of the competitive behavior. The reason why competitive behavior is improper is because it is damaging, i. e., it damages certain interests.③ Compared with the 1993 *Anti-Unfair Competition Law*, the newly amended law puts "market competition order" before the rights and interests of operators and consumers, and introduces "consumer interests", realizing the "triadic superposition" of public interests, operators' interests and consumers' interests. The analysis of the damage results of the actionable behavior can also be carried out from the above three aspects. After determining the damaging nature of the competitive behavior, the attributability of the behavior is then considered, including the subjective intent of the respondent, the manner of the behavior, and so on. As for the competitive relationship between the parties in dispute, it can be a consideration in determining the applicant's eligibility to apply, but it is not a constituent element.

This case involves the judgment of whether commercial coaching of online games

① See Song Yushui, Du Changhui, Feng Gang, Jiang Liwei, Research on the System of Intellectual Property Behavioral Preservation, *Intellectual Property*, Vol. 11, 2014.

② The Civil Procedure Law was amended in 2023, respectively, and the provisions cited in this book are the provisions of the Civil Procedure Law as it existed prior to the 2023 amendment.

③ See Kong Xiangjun, *New Principles of Anti-Unfair Competition Law: Original Theory*, Law Press, 2019, p. 17.

constitutes unfair competition. When reviewing the case, the court first confirmed that the two applicants had legitimate rights and interests in the game in question, and then judged whether there was a possibility of unfair competition on the part of the respondent. The court held that the respondent's behavior caused the following damages to the applicants: firstly, it destroyed the game mechanism of fair competition and harmed the user experience; secondly, it interfered with the real-name mechanism of the game and the mechanism of the minors' "anti-addiction", and harmed the commercial interests of the two applicants; thirdly, it increased the risk of minors becoming addicted to the internet, and infringed on the social and public interests. At the same time, the behavior in question was blameworthy. The Respondent used the Applicant's competitive online game as a profit-making tool, resulting in the objective consequence of harming the Applicant, but the Applicant had no way to know the real user information and was difficult to regulate. The Respondent explicitly requested the order takers to turn off their positioning to avoid penalty measures such as blocking their numbers, deliberately circumventing the Applicant's regulatory mechanism, reflecting its subjective malice. In summary, the court found that the applicant's application for behavioral preservation "has a factual basis and legal basis".

(Ⅱ) "Irreparable damages" focuses on the diminution of competitive advantage

"Irreparable damages" is an important consideration in the review of behavioral preservation, which is also the difficult part of the review. With regard to the meaning of "irreparable damages", the domestic and foreign understanding is relatively uniform, that is, can not be compensated through monetary compensation. The Supreme People's Court's *Opinions on Several Issues of Intellectual Property Trial Service in the Current Economic Situation* (FF [2009] No. 23) has put forward a clear requirement: "In determining whether it will cause irreparable damage to the applicant, it should focus on whether the relevant damage can be made up through monetary compensation and whether there is a reasonable expectation of enforceability." *The Provisions of the Supreme People's Court on Several Issues Concerning the Application of Law in the Review of Behavioral Preservation Cases of Intellectual Property Disputes* (hereinafter referred to as the "Exposure Draft"), which was issued in 2015, defined "irreparable damages" as "damages suffered by the applicant that cannot be measured by money".① However, the definition was deleted from the *Provisions on Preservation of Behavior* issued in 2018, leaving the concept of "irreparable damages" still vague. In the

① *Article 7 of the Interpretation of the Supreme People's Court on Several Issues Concerning the Application of Law to the Examination of Behavioral Preservation Cases of Intellectual Property and Competition Disputes (Draft for Comment).*

author's view, the core of the judgment of "irreparable damages" should be that it is impossible to quantify and calculate through money, or it is difficult to make up for it with monetary compensation.

With regard to the specific circumstances of "irreparable damages", article 10 of the *Behavioral Preservation Provisions* lists them. Among them, item (1) is that the respondent's behavior will infringe the applicant's goodwill or the right of publication, the right of privacy and other rights of a personal nature and cause irreparable damage, mainly refers to the situation that the monetary compensation can not be made up for; item (2) and item (3) are respectively that the respondent's behavior will lead to the infringement of the rights of the applicant is difficult to control and significantly increase the applicant's damages and the respondent's infringement of the rights of the applicant will lead to a significant reduction in the applicant's relevant market share, which often leads to a serious loss of the applicant's market competitive advantage or business opportunities. (2) and (3) respectively, the respondent's behavior will lead to uncontrollable infringement and significantly increase the applicant's damage and the respondent's infringement will lead to a significant reduction in the applicant's relevant market share, which often leads to the applicant's competitive advantage or serious loss of business opportunities in the market, although it can be compensated through monetary compensation, the applicant's loss is so large or complex that it is not possible to accurately calculate the amount of its damage, which is also difficult to compensate for the damage; (4) is an underpinning case, and it may be explored and clarified in specific cases. ① In the review of behavioral preservation of unfair competition disputes, "irreparable damages" are mostly reflected in the impairment or even loss of competitive advantage, which is manifested in the impact on goodwill and market share. For example, in Taobao v. "Help 5 Tao" plug-in pre-litigation behavior preservation case, the respondent illegally implanted its plug-in into Taobao client, diverting the applicant's users and affecting the applicant's market evaluation of its products. In this case, the behavior in question undermined the applicant's real-name system for online games and the anti-obsession mechanism for minors. If the act is not stopped, commercialized and scaled-up coaching transactions will be carried out in large quantities with the help of the via network to break through the time and geographical restrictions. A large number of players will be able to reach a coaching deal without real-name authentication. Minors can also enter the game system by taking orders without any restriction on time and

① See Song Xiaoming, Wang Chuang, Xia Junli, and Lang Guimei, The Understanding and Application of the Provisions on Several Issues Concerning the Application of Law to the Review of Behavioral Preservation Cases of Intellectual Property Disputes, *People's Justice*, July 2019.

duration, which leads the public to question whether the applicant has taken anti-addiction measures in accordance with the state regulations and whether it has undertaken social responsibility, which lowers the social evaluation of the applicant and its products, thus causing irreparable damage to the goodwill of the applicant. In addition, if the applicant was penalized for failing to implement the anti-obsession mechanism for minors, the game in question might face the penalty of being taken off the shelves, which would deal an extremely severe blow to its market share, and should be deemed to constitute "irreparable damages".

(Ⅲ) The balance of interests needs to fully assess the interests of both parties

Both parties to the civil litigation have equal legal status, so the people's court in deciding whether or not to take pre-litigation behavior preservation measures, should consider whether or not the adoption of such measures will lead to a significant imbalance of interests between the parties. Regarding what standard should be adopted for the balance of interests, Article 7 of the *Behavioral Preservation Provisions* stipulates: "Whether the damage caused to the applicant by not adopting the behavioral preservation measures exceeds the damage caused to the respondent by adopting the behavioral preservation measures", i. e., it establishes that the disadvantage to the respondent brought about by applying pre-litigation behavior preservation measures is less than that brought about by not applying those measures. In other words, when considering whether to adopt pre-litigation behavior preservation, the people's court shall not consider the applicant's damages alone. While assessing the damages faced by the applicant, the damages faced by the respondent due to pre-litigation behavior preservation should also be taken into consideration. In this case, the respondent provided and promoted the client in question, which has brought and is bringing negative impact to the applicant, and the applicant's legitimate rights and interests are at the risk of being eroded. The adoption of the pre-litigation behavior preservation application will not result in a significant imbalance of interests between the parties.

(Ⅳ) Consideration of the public interest of society limited to a specific scope

Article 10(4) of the *Behavioral Preservation Provisions* stipulates that the people's court, in reviewing an application for the preservation of acts, shall consider whether the adoption of the preservation of acts is detrimental to the public interest of society. The "social public interest" is a concept with rich and changing meanings. *The Opinions of the Supreme People's Court on Several Issues Concerning the Service of Intellectual Property Trial in the Current Economic Situation* (FF [2009] No. 23) states that the people's court shall strictly examine the respondent's defense of social public interest, which is generally considered only when public health, environmental protection, and other significant social interests are involved. In the

"Daoxiangcun" behavioral preservation case①, the Beijing Intellectual Property Court evaluated whether the adoption of behavioral preservation measures was detrimental to the public interest, and the Court held that the adoption of the relevant behavioral preservation measures not only did not detract from the public interest, but also helped the relevant public to a certain extent to identify the source and provider of the relevant goods, and promoted the public welfare. In extraterritorial practice, the "public interest" in most injunction decisions refers to the public interest protected by the substantive law involved in the case, such as technological advancement and public health and interests. In *Abbott Lab v. Mead Johnson*②, the plaintiff and the defendant manufactured the same type of oral electrolyte, and the plaintiff argued that the defendant allegedly used false advertising. The U. S. Court of Appeals for the Federal Circuit held that monopolization is usually contrary to the public interest, the case involved the medical industry and high social costs, and considering that the defendant's product was safe and effective, the court did not support ordering the applicant to sell the infringing product, but ordered the defendant to correct the inaccurate advertising information. In the author's opinion, the consideration of public interest should be limited to a specific scope, and only be considered in cases involving public health, environmental protection and other significant social interests, so as to avoid the applicant from restricting the respondent from exercising its legitimate rights in the name of public interest.

In this case, take behavioral preservation measures not only will not be detrimental to the social public interest, but also to protect the rights and interests of minors have a promotional effect. Preventing minors from becoming addicted to games is a systematic project, which requires game companies to fulfill their legal obligations effectively, and also requires game trainers and other peripheral industries to assume the necessary social responsibility, and jointly build a barrier to protect the rights and interests of minors. The court issued a ban on the game coaching platform involved in the incident, demonstrating the judicial protection of minors' rights and interests of the distinctive attitude, but also to such games around the platform to give a warning, and jointly for the growth of minors to create a healthy cyberspace.

[Significance]

This case is the first case in China to issue a pre-litigation prohibition order against unfair competition based on the "anti-addiction" mechanism for minors in relation to online game

---

① Beijing Intellectual Property Court (2015) JZMCZ No. 1606 Civil Judgment.

② Abbott Laboratories v. Mead Johndon & Co. , 971 F. 2d 6 (1992), 19.

coaching. The Pre-litigation Behavior Preservation measures adopted in this case swiftly and efficiently stopped the game coaching transactions against minors, effectively ensured the implementation of the "anti-addiction" mechanism for minors, and positively safeguarded the public interest. The case was commented on in the "Rule of Law Review" column on the front page of the Rule of Law Daily, and reported by the People's Court Daily and other media. The case was honored as one of the top ten cases of judicial protection of intellectual property rights by Shanghai courts in 2021, one of the top ten influential cases of China's new cultural and entertainment industry in 2021, a reference case in Shanghai, and an award of excellence for the excellent case analysis of the national court system in 2022. The judgment was selected as one of the People's Court's Typical Cases of Anti-monopoly and Anti-unfair Competition in 2023, the Sixth National Court's "One Hundred Outstanding Judgment Documents", and 10 Typical Cases on Promoting Socialist Core Values by the Shanghai High People's Court.

[Case Index]

Case Number:

First instance: Shanghai Pudong New Area People's Court (2021) H 0115 XB No. 1 (December 27, 2021)

Judges:

First instance: Wu Zhiyong, Ni Hongxia, Yuan Tian

Drafted by: Yuan Tian

Translated by: Shan Hao

Proofread by: Xi Bingrui

52

Judicial Review of the Application of Injunctions in Respect of Imminent Infringement of Intellectual Property Rights

—The Application of Pre-Trial Behavior Provision Case between X Network Company and Zhuhai X Network Technology Company

Rule

Pre-Trial injunctions may apply to the imminent infringement of intellectual property rights. In reviewing the application for pre-trial prohibition orders for imminent infringement of intellectual property rights, the court shall consider whether the applicant's request has a factual basis and legal basis, whether the failure to take behavioral preservation measures will cause irreparable damage to the applicant's legitimate rights and interests, whether the taking of behavioral preservation measures will lead to a significant imbalance of interests between the parties, and whether the taking of behavioral preservation measures will be detrimental to the social public interest, etc., and shall make a judgment. In particular, whether imminent infringement is established should be examined in the light of the acts that have been or are being committed by the respondent.

Basic Facts

Applicant: X Network Limited Company (hereinafter referred to as X Network Company)

Respondent: Zhuhai X Network Technology Company (hereinafter referred to as Zhuhai X Company)

Respondent: Shanghai X Network Technology Company (hereinafter referred to as

Shanghai X Company)

The 2022 Beijing Winter Olympic Games are the exclusive property of the International Olympic Committee. China Central Radio and Television (CCTV) is authorized by the International Olympic Committee to enjoy the exclusive right to broadcast and display works or signals containing audio-visual footage of the Olympic Games through all media platforms in China (including Macao SAR) during the period of January 1, 2021 to August 31, 2022, as well as to sub-license others. China Central Radio and Television (CCTV) and its authorized entities have the right to take legal measures against infringement in their own name. The applicant X Network Company, is authorized by China Central Radio and Television Station to enjoy the right todisseminate, broadcast and make available to the public the programmes of the 2022 Beijing Winter Olympic Games through information networks.

The respondent Zhuhai X Company is the main operator of the software "Mobile TV Live Streaming", which provides the public with online viewing services of the events of the 2022 Beijing Winter Olympic Games through the broadcasting of CCTV5 + and other television channels during the period when the Games are held. The respondent Shanghai X Company is the main operator of "2345 Mobile Assistant" application market, which provides search and download services for Android cell phone software, and the application market provides download services for "Mobile TV Live Streaming Book".

X Network Company requested the following: 1. The respondent Zhuhai X Company, strengthened the content audit on the platform of "Mobile TV Live Streaming", and was not allowed to provide any program of the Beijing Winter Olympic Games and the contents of the Opening and Closing Ceremonies during the period of the Beijing Winter Olympic Games (including but not limited to the live broadcasting, watch back, on-demand broadcasting, short videos, motion pictures) without permission; 2. The respondent Shanghai X Company, shall immediately stop providing the download of the application software "Mobile TV Live Streaming Book" in "2345 Mobile Assistant".

[Holding]

Shanghai Pudong New Area People's Court held that, the following factors should be taken into account in the review of an application for interim measures:

Ⅰ. Whether the applicant's claim has factual and legal basis

The program of the 2022 Beijing Winter Olympic Games is an"original expression" in the field of literature and art, and can be protected as an audio-visual work. The applicant is legally authorized to exclusively enjoy the right to disseminate, broadcast and make available the programs of the 2022 Beijing Winter Olympic Games to the public through the information network, as well as the right to sub-license, and has the right to defend its rights, and the effectiveness of the intellectual property rights for which it seeks protection is stable.

The respondent Zhuhai X Company, without authorization, disseminated and broadcast the audio-visual works of the Beijing Winter Olympics event program to the public through the information via network, which had a greater possibility of infringement.

Although the application market "2345 Mobile Assistant" can download and install the "Mobile TV Live Streaming Book", the "Mobile TV Live Streaming Book" is not specifically used for the infringement in question, and the Applicant did not prove that it had notified the Applicant of the infringement in question. The applicant did not prove that it had notified Shanghai X Company of the infringing behavior, so Shanghai X Company's behavior did not have a greater possibility of infringement.

Ⅱ. Whether the failure to take interim measures will cause irreparable damages to the legitimate rights and interests of the applicant

The program of the Beijing Winter Olympic Games is a highly time-sensitive and popular program with high economic value. As the acts complained of took place during the Beijing Winter Olympics, the respondent Zhuhai X Company, without paying the corresponding consideration, may plunder the economic benefits that should belong to the applicant and the relevant licensees, which may damage the normal market competition order of the media industry of the sports event programs and the applicant's competitive advantage in the market, and bring the applicant irreparable damages.

Ⅲ. Whether the adoption of interim measures will lead to a significant imbalance of interests between the parties

The acts complained of have had and are having a negative impact on the applicant, and the applicant's legitimate rights and interests are at risk of being eroded. The applicant's application for interim measures is a reasonable measure to prevent its interests from being continuously damaged or the damage results from expanding, and will not materially affect the normal operation of the "Mobile TV Live Streaming Book" software. The application was clearly directed and appropriately scoped, and did not result in a significant imbalance of interests between the parties. In addition, the applicant has provided appropriate guarantees, and the respondent has sufficient legal protection for the damages that may be brought about by the applicant's pre-trial interim measures errors.

Ⅳ. Whether the adoption of interim measures is detrimental to the public interest of society

The online retransmission and broadcasting of the 2022 Beijing Winter Olympic Games event programs are also of a certain public nature. Admittedly, the respondent Zhuhai X Company's act under complaint may objectively expand the dissemination of the 2022 Beijing Winter Olympics and enrich the channels through which the relevant public can choose to watch the programs of the events of the 2022 Beijing Winter Olympics, but if such result is realized under the premise of possibly violating the provisions of the law and infringing on the legitimate rights and interests of the right holders, then the act under complaint shall not be permitted by the market. If preservation measures are taken against the act, it can protect the relevant public from watching the 2022 Beijing Winter Olympics event programs through many legal channels, including the applicant, and obtaining a better online viewing experience, thus promoting the lawful dissemination of the 2022 Beijing Winter Olympics, and will not harm the social public interest.

In summary, the applicant against the respondent Zhuhai X Company's interim measures application meets the conditions of the people's court to make pre-trial interim measures, should be supported, but its respondent Shanghai X Company's interim measures application does not meet the conditions of the people's court to make pre-trial interim measures should not be supported.

On February 13, 2022, Shanghai Pudong New Area People's Court made the (2022) H 0115 XB No. 1 decision: 1. the respondent Zhuhai X Company shall immediately stop providing live audio-visual programs of the Opening and Closing Ceremonies and competitions of the 24th Winter Olympic Games in Beijing in 2022 on its software"Mobile Phone TV Live" during the period of the 2022 Beijing Winter Olympic Games (from the date of the making of the Decision to 20 February 2022); 2. the remaining applications of the applicant shall be rejected.

After the first instance decision, the parties did not apply for reconsideration.

[Commentary]

In this case, the respondent Zhuhai X Company committed the act complained of, by way of retransmission of CCTV5 + and other television channels, unauthorized to provide the public with online viewing services of the 2022 Beijing Winter Olympic Games event programs. This act of real-time web retransmission is characterized by non-interactive communication, i. e., it starts with the beginning of the web channel or program being retransmitted and ends with it. Therefore, the pre-trial injunctions in this case were mainly made against the respondent's infringement behavior that had not yet been committed but was about to be committed. Therefore, the dispute in this case focuses on whether pre-trial injunctions can be applied to imminent infringement of intellectual property rights.

I . The imminent infringement can be applied to pre-trial injunctions

Imminent infringement (imminent infringement) refers to the infringement has not yet been implemented but is about to be implemented. The difference between imminent infringement and general infringement is whether the infringement has been or is being implemented by the law. For example, the perpetrator intends to disseminate a certain work on the internet and has already uploaded the work to a server. For the act of uploading, it has already been committed, but for the act of dissemination, it is still in the stage of being about to be, but has not yet been, committed. Therefore, the act of uploading the work infringes upon the right of reproduction of the work, but it is an imminent infringement for the right of dissemination on the information via network or the right of broadcasting. Similar to imminent infringement is the concept of preparation for a crime in *Criminal Law*, which has in common the fact that preparations have been made but have not yet been "started". If imminent infringement is not prevented, the result of the infringement will occur, causing damage to the right holder.

(I) The legal basis for the application of pre-trial injunctions for imminent infringements

China's intellectual property sectoral law on the application of pre-trial injunctions for imminent infringement, mainly from the *Agreement on Trade – Related Aspects of Intellectual Property Rights (TRIPs Agreement)*. Article 50, paragraph 1, of the Agreement provides that the judicial authorities have the power to order prompt and effective provisional measures in order to: (1) prevent the infringement of any intellectual property right and, in particular, to prevent goods from entering the channels of commerce within their jurisdiction, including imported goods immediately after customs clearance; and (2) preserve the relevant evidence of the alleged infringement. Paragraph 3 provides that the judicial authority has the power to require the applicant to furnish any reasonably available evidence to satisfy the judicial authority with a sufficient degree of certainty that the applicant is the holder of the right and that the applicant's right is being infringed or that such infringement is imminent, and the power to order the applicant to furnish a bond or an equivalent security that is sufficient to protect the defendant and to prevent abuse. Under these provisions, the purpose of judicial interim measures is to prevent the infringement of intellectual property rights, both where rights are being infringed and where infringement is imminent.

The TRIPs Agreement requires member states to formulate relevant regulations to provide a minimum level of protection for property rights in the legislation on intellectual property. After China's accession to the WTO, the *Copyright Law*, the *Trademark Law* and the Patent Law were amended accordingly, and the provision of pre-trial injunctions for imminent infringements was introduced. For example, Article 49 of the *Copyright Law* amended in 2001 stipulates that if a copyright owner or a copyright-related right holder has evidence that another person is committing or is about to commit an act of infringement of his/her rights, and that failure to stop the act in time will cause irreparable damage to his/her lawful rights and interests, he/she may, before filing a lawsuit, apply for a people's court's measure of ordering to stop the act in question.

However, in judicial practice, there are still different understandings on whether and how to apply the injunction in imminent infringement, mainly in two aspects: firstly, in the interpretation of the law, the article uses the expression of "order to stop the relevant act", but since the act is in the state of "to be implemented", there is no possibility of "stop", there is a logical contradiction between the two; secondly, in terms of standards of proof, the court requires the applicant to submit evidence to prove that the respondent's act has constituted infringement, which makes the circumstance of pre-trial injunction applicable to imminent infringement overridden.

The *Copyright Law*, as amended in 2020, has further improved the formulation of the legal provisions and made the logical relationships therein more fluent. Article 56 of the Law stipulates that if a copyright owner or a copyright-related right holder has evidence that another person is committing or is about to commit an act that infringes his/her rights or impedes the realization of his/her rights, and that failure to stop the act in time will cause irreparable damage to his/her lawful rights and interests, he/she may apply to the people's court for measures such as preservation of property, ordering a certain act, or forbidding the commission of a certain act, etc., according to law, prior to the filing of a lawsuit. From this point of view, the application of pre-trial injunctions for imminent infringement of intellectual property rights, including copyright, is fully supported by the law.

If we look further into the jurisprudence, the application of injunction against imminent infringement is essentially a claim for elimination of danger. Article 1176 of the *Civil Code* stipulates that if an infringement jeopardizes the safety of the person or property of another person, the infringer shall have the right to request the infringer to bear the responsibility of stopping the infringement, removing the nuisance, eliminating the danger, and so on. This provision is for the infringement of the consequences of the infringement has not yet appeared, but there is a real possibility of infringement of the situation, the law gives people threatened by the infringement of a kind of protective right of request. The imminent infringement is even further, aimed at the infringement before the implementation of the act, naturally more before the infringement of the consequences of the realization of the protection of civil rights across the front.

(Ⅱ) The value basis of the application of pre-trial injunctions for imminent infringement

Imminent infringement because of its infringement has not yet been implemented, the results of the damage has not yet occurred, so pay more attention to the behavior and results of the prevention. Judicial practice for imminent infringement also has a lot of positive exploration, such as Shanghai Pudong New Area People's Court make the creation of food company case (2021). The court has been through the judgment of the way to order the defendant to stop unfair competition imminent infringement. ① Compared with the judgment, the value of pre-trial injunctions is inherently compatible with the logic of the pre-trial injunctions system.

The primary function of pre-trial injunctions, as a type of provisional relief measure, is to avoid irreparable damage, i. e., the function of maintaining the status quo. By requiring the respondent to act or refrain from acting in a certain way to avoid the change of the existing state, the expansion of the established damage or even fundamentally avoid the occurrence of damage. ② The most powerful way to avoid irreparable damage is to stop the infringing behavior before it is committed, so as to eliminate the possibility of damage at the source. Therefore, through the pre-trial injunctions to stop imminent infringement is to maximize the embodiment of the act of preservation of temporary relief value.

Ⅱ. Application of imminent infringement of pre-trial injunctions of the determination standard

When applying pre-trial injunctions to imminent infringement, the court shall pay attention to reviewing the constituent elements of imminent infringement and pre-trial injunctions separately. In particular, due to the similarity of the two intrinsic characteristics, will involve the possibility of infringement of the determination, both have the protection of intellectual

---

① See Chen Huizhen, Pudong Court Stops Immediate Infringement, *China Intellectual Property News*, November 16, 2001.

② See Zhang Haiyan and Su Jie, Activation of Pre-litigation Behavioral Preservation System of Intellectual Property Rights under Functionalism Perspective, *China Journal of Applied Jurisprudence*, Vol. 6, 2020.

property rights against continued infringement of intellectual property rights, the prevention of irreparable harm, etc., [①] so it should be more strictly differentiated between the two standards of judicial review, in order to avoid duplication of the review and circularity of the argument.

（Ⅰ）Determination of what constitutes imminent infringement

This review aims to determine whether imminent infringement is established. According to relevant legal provisions and doctrine, constitute imminent infringement should meet the following elements. First of all, the respondent should implement a certain behavior, with a certain external form, pure "thought crime" can not constitute imminent infringement. Secondly, the respondent's behavior does not constitute infringement, otherwise it is a general infringement. Whether the behavior constitutes infringement, should be combined with specific legal provisions to judge. For example, the actor for the actual sales and exhibition, demonstration of goods, because the patent law clearly stipulates the promise to sell, the behavior directly constitutes patent infringement, but because the *trademark law* does not stipulate the promise to sell, the behavior may not constitute trademark infringement, but constitutes imminent infringement. Again, there is a close connection between the acts performed by the respondent and the infringement. In other words, it should be able to infer that the implementation of the infringing behavior has a greater likelihood based on the prior behavior that has been implemented. For example, the perpetrator has completed all or the main preparatory acts of infringement, or the perpetrator has committed infringement and has implemented part of the preparatory acts of infringement, or the perpetrator has expressed the intention to implement the infringement of express, implied, and so on and has implemented part of the preparatory acts of infringement, etc. Because the imminent infringement does not infringement has occurred as a prerequisite, so for the possibility of imminent infringement of judgment, should take a more stringent standard, should require the imminent infringement more "urgency". Only when the available evidence is sufficient to make the judge believe that the infringement of a certain or a greater probability of infringement may occur, is sufficient to recognize as imminent infringement. Finally, there is no requirement that the respondent be subjectively at fault. As the attribution of intellectual property infringement does not require the perpetrator to be at fault, only liability requires the perpetrator to be subjectively at fault. Therefore, as a protective claim, the determination of imminent infringement is not subjective fault.

---

① See Han Tianlan, The Application of Pre-Trial Injunction in Intellectual Property Litigation, *Electronics Intellectual Property*, Vol. 4, 2004.

(Ⅱ) Determination of the application of pre-trial injunctions

The purpose of this review is to determine whether the pre-trial injunctions can be applied. According to Article 7 of the *Provisions of the Supreme People's Court on Several Issues Concerning the Application of Law to the Review of Interim measures Cases of Intellectual Property Disputes*, the people's court shall review the application for interim measures, and shall comprehensively consider whether the applicant's request is factually and legally based; whether the failure to take measures of interim measures will cause the applicant's lawful rights and interests to suffer irreparable damages, or will cause such damages as difficulties in the implementation of the ruling of the case; and Whether the damage caused to the applicant by not adopting interim measures measures exceeds the damage caused to the respondent by adopting interim measures measures; and whether the adoption of interim measures measures is detrimental to the public interest.

The particularity of a pre-trial prohibition orders application for imminent infringement of intellectual property rights lies in the fact that the infringing act and the result of the damage have not yet appeared, and the specific circumstances such as the form and type of the act and the extent of the damage are not yet clear. Therefore, in determining the likelihood of success, the determination of irreparable damage, and the balance of interests and public interest considerations, it is necessary to set up a hypothetical infringing behavior and damages, and if there is only a general possibility of infringement and damages, a temporary prohibition order should not be issued. ① This hypothetical situation should be based on the behavior that the perpetrator has already committed or is currently committing, combined with the perpetrator's past infringement pattern or expressed infringement intent, as well as common infringement situations, to reasonably deduce that the perpetrator is about to commit an infringing act, and then to anticipate the damage that may be caused by the infringing act if it is carried out.

As in this case, the respondent Zhuhai X Company had committed infringement during the Beijing Winter Olympics by rebroadcasting the CCTV Sports Channel, and although the infringement stopped instantly due to the non-interactive nature of the rebroadcasting act, it could be foreseen that it might still make the infringing work available online in the future by the same means. Therefore, the court reviewed the finding of pre-trial prohibition order on the basis of the hypothetical infringing acts.

① See Yang Jing, Study on the Judgment Rules and Typology of "Irreparable Damage" from the Perspective of Pre-litigation Injunction of Intellectual Property Rights, *Electronics Intellectual Property*, Vol. 8, 2014.

[Significance]

This case is a pre-trial prohibition order against infringement of copyright and unfair competition of the programs of the 2022 Beijing Winter Olympics. The decision is not only against the pirated broadcasting of Beijing Winter Olympics programs, but also against the possible pirated broadcasting of Beijing Winter Olympics live programs in the future, and is a pre-trial prohibition orders against imminent infringements. The decision was made during the period of the Beijing Winter Olympics, which timely and vigorously protected the order of dissemination of the events of the Beijing Winter Olympics and safeguarded the environment of intellectual property rights protection of the Beijing Winter Olympics, and received wide attention from the society and the media. The case was honored as the Top 10 Typical Cases of Copyright in Shanghai in 2022, the Typical Case on Strengthening Intellectual Property Protection Efforts by Shanghai Courts in 2022, and the Top 10 Judicial Cases on China's Cyber Governance in 2022, and was included in the work report of the Supreme People's Court.

[Case Index]

Case Number:

First instance: Shanghai Pudong New Area People's Court (2022) H 0115 XB No. 1 (February 13, 2022)

Judges:

First instance: Wu Zhiyong, Ni Hongxia, Hu Chenggang

Drafted by: Hu Chenggang

Translated by: Shan Hao

Proofread by: Xi Bingrui

后　　记

本书由上海市浦东法院人民法院知识产权审判庭和同济大学上海国际知识产权学院共同编写，除编辑委员会成员外，曹闻佳、胡琛罡、桑清圆、刘乐等同志承担了大量编校、审稿等工作，杨岸松、陈安悦、邓海婷、周佳熹、许静、张轩、单浩、牛童、王珏、詹雅晴、郑珂、席冰蕊、吴玳清、毕菁然等同志承担了大量事务性工作。对以上同志的辛勤付出表示由衷感谢！

书中难免存在差错疏漏之处，恳请读者批评指正。

编　者

2024 年 7 月

Afterword

This book is jointly compiled by the Intellectual Property Division of Shanghai Pudong New Area People's Court and Shanghai International College of Intellectual Property of Tongji University. In addition to the members of the editorial board, Cao Wenjia, Hu Chengang, Sang Qingyuan and Liu Le undertook a great deal of editing, proofreading and reviewing, and Yang Ansong, Chen Anyue, Deng HaiTing, Zhou Jiaxi, Xu Jing, Zhang Xuan, Shan Hao, Niu Tong, Wang Jue, Zhan Yaqing, Zheng Ke, Xi Bingrui, Wu Daiqing and Bi Jingran has done a lot of transactional work for this book. Heartily appreciation should be given to the above colleagues for their hard work!

We would be grateful if you make comments on this book or point out errors and omissions in the book.

The Editors

July 2024